孙中山与辛亥革命

沈渭滨◎著

上海人民出版社

谨以此书悼念恩师陈旭麓先生

——作者

孙中山像

驅除韃虜恢復中華

敦生同志

創立民國平均地權

孫文

孙中山手书同盟会政治纲领条幅

黄兴像

冯夷擊鼓走蛟門　銅馬西来風雨窨此地

信陵善養士　被令谁解救王孫

中華民國元年夏月　黄兴

黄兴手书条幅

上海军政府都督陈其美等护送孙中山到上海北站赴南京就职

大总统誓词

序　言

杨国强

　　《孙中山与辛亥革命》是沈渭滨先生积多年研究之后的一部力学深思之作。我得以先读，获益良多。

　　近代中国以古今中西之争亘贯百年新陈代谢。这个过程产生过许多出众的思想和议论。但据我私见，具有完备形态并能影响社会意识的理论则只有两个：一个是五四前八十年里的三民主义，一个是五四后三十年里的毛泽东思想。毛泽东思想当然超越了三民主义。然而同先于孙中山的人物和思潮相比，三民主义仍然有它耐读耐想的地方。

　　19世纪的中国人为救亡图改革，由民族主义凝积成一种强烈的国家观念。这种观念饱含着一腔爱国血诚，但在这种观念里，国家的四周又是看不到社会的，因此也常常使人感到国家观念本身的浮泛悬空。梁启超批评李鸿章"知有朝廷而不知有国民"，其实，当维新变法时潮初起之时，活跃在潮头的人们中间也少有真能深知"国民"本义者。虽说他们手中拿着李鸿章那一代人所没有的民权和民智，但民权民智都是被救亡招来的，目的本在致国家于富强之境。它们的价值是由国家观念派生出来的。

　　孙中山也是一个为救亡而图改革者，同样具有强烈的国家观念。但他以民生立义，却又非常明白地表现了对于社会的关注与思考。由此产生的是一种比救亡更加深邃的思想内容。这种思想内容是19世纪的仁人志士们眼中和心中都没有的。方《民报》发刊之初，正是民族主义与民权主义在党人中行时的年头，但他却预言"二十世纪不得不为民生主义之擅扬时代也"。比照后来的历史，由国家观念和社会观念嬗递而引发的历史变迁正是20世纪中国的潮流之一。当然，在孙中山作预言的时候，更能够召唤人心的是武装革命。即使是他周围的那个群体里，也很少有人对此热心唱和。真正以社会思潮的形式体现国家观念与社会观念嬗递的，是十五年之后新文化运动中立论于改造社会的争鸣。它们成为马克思主义在中国传播的一种思想前潮。虽说后来的争鸣并不以民生主义发露的社会观念为源头,但就 20 世纪中国社会的思想代谢而言,孙中山毕竟在同一个问题上显示了最早的自觉和先觉。

自 1911 年以后,孙中山的名字就与辛亥革命连在一起,在八十多年岁月里成为几代人记叙、探究和反复咀嚼的一个题目。由此产生的众多著述曾各见风采地写出了不同的历史学家对孙中山的理解和认知。而孙中山也在后人的笔下获得了一种常新的意蕴。与既有的著述相比,后出的《孙中山与辛亥革命》以叙事、说理、辨疑、讨论汇贯圆融见风格,并在许多地方都表现出富有个性的思考和见解。

历史人物是由时代造就出来的,他们的心路和行迹也只有在时代的衬映之下才会显得清晰。因此,刻画历史人物需要历史感。《孙中山与辛亥革命》一书对此多有心悟,全书以孙中山的思想和活动为脉络,多方面地穿织了 19 世纪末期和 20 世纪初期中国社会的思潮起落、人才消长、群体聚散、物候代谢;并以众多的肖像和曲折的事态写出了革命与朝廷的矛盾、革命与改良的矛盾、革命团伙内部的矛盾。这个过程显出了与历史进化相关的大是大非,也显出了创造历史的人们各自身上的长处和短处。孙中山的形象和人格是与他的友朋、同志、论敌相比较而互见的,因此,孙中山的探索、追求、失败、成功,以至其才识情性,喜怒哀乐都见血见肉,形神兼备。

历史给人以知识,也给人以智慧。前者需要审断,后者需要思辨,而审断与思辨都是通过历史学家的劳动表现出来的。《孙中山与辛亥革命》一书于叙事之中别出心裁,在记实的同时往往对成说作探求审断,表现了作者读史之际的认真思索。例如“行其所志”一章描述了从檀香山兴中会到香港兴中会的史事,并勘比两会章程,信而有征地提出了一些与其他历史学家不同的看法。“中国同盟会”一章则排比史实,对同盟会的组织结构作细密分析,然后指出:“许多研究者和辛亥革命史论著,在谈到同盟会组织体制时,往往只说成立大会时确定的执行、评议、司法三部,并以‘三权分立’学说作为分析的出发点,很少有人注意到最初确定的‘三权分立’经历着一个名存实亡到名实俱亡的变化过程。”与此类似的审断之见还有不少,它们都显示了作者执意求真的识力和努力,史事的叙述也因之而带上了鲜活的研究气息。与记实相比,对于历史的解释和说明常常更困难一些。这种困难在于:一方面,深藏于史实内里的因果、意义、联系只有通过解释和说明才能够显现出来,另一方面,解释和说明是主观的,而深藏于史实内里的东西却是客观的。两者之间的一致不能借助于直观,只能借助于思辨。《孙中山与辛亥革命》一书于铺叙史事之中常以可观的篇幅作论,力求发掘义理,表现了作者对于历史思辨的自觉追求。例如"新世纪的新力量"一章对中国资产阶级的逐层分析,指出其中的各个部分在相当长的时间缺乏统一性。"'联络学界,开导华侨'"一章写出了孙中山和留学生之间的历史感应。"两条战线"一章详论革命派与改良派之间的异同,等等。这些内容都已不止乎记实,而是表达了作者对那一段历史的体验和理解。比之叙事,这一类地方更见作史的个性和苦心。

　　除了审断思辨,《孙中山与辛亥革命》一书给我以深刻印象的是沈渭滨先生治学的严肃谨慎。全书不少地方都不作一点游词地标出了作者目前不能给以回答的问题。把原来留在心里的问题写入章节之中本非撰作此书的必有之义。但问题本身也是研究的一种结果,它们与见解一起放在人们的眼前,展示了作者在这个题目下已经完成的部分和尚未完成的部分。学术总是与问题结缘的,学术又是天下之公器。因此,见解可以沟通读书人与作书人,问题也可以沟通读书人与作书人。

　　沈渭滨先生是我老师一辈的人,但以师门叙先后,他又是我众多的学兄之一。他喜欢热闹,也耐得住寂寞。我在他寓所曾看到过一副对联:"半世坎坷皆为字,一生惬意是文章",其中一半写出了往事的叹喟,一半写出了人生的寄托,可谓甘苦皆备。学者各有气象,坎坷惬意都画出了一个人的情性。他以《孙中山与辛亥革命》一书纪念陈旭麓教授,既说明了学生对于老师长久的怀念,也说明了老师留下的感召力长久地存在于人间。当此学问之道日见落寞之际,这种有志"薪尽火传"的精神无论如何总是令人起敬的。

　　　　　　　　　　1993 年 7 月 22 日于上海社会科学院历史研究所

目　录

导　论

辛亥革命是与清王朝"自改革"相反相成的革命

众所周知,辛亥革命是经过长期酝酿而爆发的伟大革命,孙中山是在不断摸索救国救民道路的艰苦斗争中成为世所公认的革命领袖。

关于辛亥革命的酝酿和准备,很多研究者把目光丛集于辛亥前十年,这当然是应该与必须的。但我认为可以放得更长些,至少应划到19世纪60年代清王朝实行"自改革"开始。

"自改革"是晚清著名学者诗人龚自珍提出的。早在鸦片战争前夕,龚自珍有感于清王朝由盛转衰的败象,呼吁当道者"与其赠来者以劲改革,孰若自改革"。但当时的清王朝昏昏噩噩,仍固守老一套。直到第二次鸦片战争后,一些汉族地方实力派,开始感到坚船利炮的重要,纷纷效法西方,练兵制器以图"自强",进而办工厂企业以"求富"。洋务活动,得到了主政的慈禧默认,辅政的奕䜣支持。长达30余年的洋务运动,可以说是清政府由下而上第一次实行的"自改革",使中国近代化跨出了一小步。期间,维新派从批评洋务派徒袭"西方皮毛"中脱颖而出,主张把学西技推向学西政,掀起了维新改革运动,社会思潮为之大变。受此影响,光绪帝决心变法,推行新政,开始自上而下的第二次"自改革"。但戊戌维新仅止百日,即被慈禧扼杀。新政措施绝大多数未经实施,成为一纸空文。"树欲静而风不止",符合进步潮流的改革一旦启动,总会成为一股巨大的力量,谁也无法阻挡。中经义和团反帝爱国运动和八国联军侵华,慈禧在帝国主义"追凶"的压力下,既实行"量中华之物力,结与国之欢心"的卖国政策,又不得不捡起被自己扼杀的变法措施,为我所用。于1901年下诏实行"新政",被迫开始了自上而下的第三次"自改革"。于是,在前两次"自改革"的基础上,改官制、练新军、设工厂、造轮船、废科举、办学堂、奖励工商实业、派遣留学生等次第推行,到 1905 年,甚至想进行政治体制改革,如地方设谘议局,中央设资政院,实行"预备立宪"等,其广度与深度超过了百日维新。

　　经过晚清近五十年的三次"自改革",社会确实有所进步:民族资本有了增长,新兴的中国资产阶级开始形成;新学盛行,新式知识分子群体产生;新潮迭起,从洋务思潮变为维新改良,再变为民主共和,层层推进。尤其是辛亥前十年的"自改革",正朝着宪政方向渐进,符合时代潮流的需要。但历史的吊诡在于:一切事物在一定条件下必然会走向自己的反面。清王朝的"自改革",由于主观动机仅是为了维护"万世一系"的统治,尤其是最后十年的宪政改革,出于"皇位永固,外患渐轻,内乱可弭"的目的,结果是"自改革"反而为辛亥革命的发生、为自己的灭亡创造了条件。历史辩证法充分显示了"自改革"走向清王朝愿望反面的各种关节点:

　　官制改革因着眼于加强中央集权,造成了地方督抚的不满;而推行地方自治,又为督抚抗衡中央集权提供了合法分权的平台。废科举断了广大士子"学而优则仕"的进身之阶,士绅被边缘化,清王朝失去了官僚体制不断补充的人才资源;而办学堂,则为新学和新思潮的衍生造成了广阔的空间,新式知识分子日益革命化;编练新军,结果是练出了反叛王朝的革命武装;奖励工商实业只不过是一项口惠而实不至的政策;办商会,使绅商结合,创造了"在商言政",要求发展民族资本的资产阶级新型社团;办新政的经费大多转嫁于民,苛捐杂税日见严重,民怨沸腾,社会矛盾尖锐,"民变"频生;"不准革命",激起了革命反弹,促成民主革命思潮高涨。加上最后三年的清王朝主政者既缺乏宪政改革的诚意,能拖则拖,说变就变,放慢改制步履,蹒跚前行,理所当然地被走向共和的民主大潮冲走。历史表明,虽然同样是前进运动,但走得慢的必然要为走得快的让路。可以断言,没有晚清的"自改革",就没有辛亥革命的社会基础和阶级基础,没有依附于新兴资产阶级的知识分子群体,没有社会思潮沤浪相逐的层层递变,也没有反戈一击的革命化了的新军,更没有被边缘化而挤入谘议局的地方士绅,甚至没有最初拥护宪政最后又对之绝望的君宪派。辛亥革命至少是晚清五十年来长期酝酿与准备的结果,是与清王朝"自改革"本意不同、方向一致、相反相成的革命。它既顺应了结束君主专制、建设民主共和的社会诉求,又反映了新兴民族资本要求发展的愿望。所以它是一场关于全民利益的民主革命,又是代表中国上升时期民族资本要求解除封建主义束缚,寻求发展机遇的资产阶级民主革命。

辛亥革命运动也是知识分子寻找出路的运动

　　从广义上说,辛亥革命前的五十年中,社会各阶级、各阶层都在寻求出路,包括个人出路、国家出路两个相辅相成的方面。但其中，近代知识分子和被边缘化了的士绅，表现得尤为突出。他们在辛亥革命准备阶段政治倾向的异动，尽管与社会思潮的嬗变影响有关，但很大程度上与清末"新政"废除科举制度更有直接关系。

科举制度自隋代大业以来直到晚清，已实行了一千多年，期间固然有很多弊病，但基本上是广大士子读书做官的一条相对公平的路径；也是君主专制时代官僚体制得以延绵不绝的人才资源所在。不论种族，不论贫富，只要考试合格，就能入仕做官，补充到相应的体制内担任各级职位，做君下面的臣。当然，捐钱也可以做官，但不是正途，为士林所不齿。废除科举，不啻是绝了士子读书做官的路，破灭了他们延续了千百年来"金榜题名"的理想。既然没有了出路，没有了奔头，那只好找新的出路。

废科举的同时，大办学堂，固然培养了一批新式知识分子，清政府也颁发了给予留洋归来的"洋学生"和国内新学堂毕业的优等生以"同进士"、"同举人"的奖励章程，表面上给予读书做官的机会，但实际上只是虚衔，很少有人能以此虚衔进入体制内做臣子的。于是大批从新学堂毕业的学生，也要找出路。

士绅和知识分子是当时中国社会中最有影响、最富活力的群体。他们的向背，很大程度上决定了统治秩序的安危。不要低估废除科举带来的负面影响，它实际上是自己割断了与士子生命相系的脐带，把士子抛给了社会；不要太乐观地估计清王朝兴办学堂的本意，实际上是自己培养了一大批原想作为体制内臣子的反叛者。这两类人，疏离朝廷，成了"无父无君"的动乱之原。可以这么说，辛亥革命就是知识分子包括士绅反对和叛离清王朝的政治运动。他们在动乱中找出路。其中一部分人是真心向往革命，在反清建国的斗争中起了先锋与桥梁的作用，一部分人是革命同路人，也有不少人是为了革命后能在新政府里当官获取权力。所以，民国政府甫经成立，士绅也好，知识分子也好，不少人都争相做官，弄得乌烟瘴气，阵营大乱。孙中山明显感到同盟会内部为当官而争权夺利的斗争实在太厉害，弄得他非常恼火。同盟会改组为国民党后，一大批旧官僚旧政客"咸与维新"，涌了进去，以致谭人凤把它称为"狐群狗党"，孙中山也说："党员于破坏成功之后，已多不守革命之信誓，不从领袖之主张，纵能以革命党而统一中国，亦不能行革命之建设。其效果不过以新官僚代替旧官僚而已。"可见，确实有一部分人是为了当官找个人出路而参加革命。只要看一看汪精卫在谋刺载沣前后180度的大转变，想一想陈其美排挤上海光复有功的李燮和乃至刺死陶成章，研究一下武昌起义后武汉与上海在组建临时政府问题上的权力之争，分析一下为什么各省谘议局一成立，就有不少士绅挤了进去？就会明白革命与个人出路之间的微妙关系。为个人找出路并无不可,太想当官而革命,迟早会暴露私心而不利于革命。

我们以往较多地注意于知识分子革命化的研究,这当然是必须的。但很少注意于知识分子思想复杂性的研究,尤其忽视知识分子,包括被边缘化了的士绅,在参加革命、同情革命中的自我扩张和为国家谋出路的同时,为个人找出路的盘算,这样就难以正确了解辛亥时期知识群体的思想面貌和革命派内部的分化斗争。

"排满建国"是辛亥革命时期最能动员社会的口号

辛亥革命时期的社会矛盾相当尖锐。其中之一就是"满汉"矛盾。表面上看,清王朝已延续了二百多年,"满汉"矛盾已不像清初那样激烈尖锐,正在趋于缓和,其实,它仍然像蕴藏在地壳中的一团岩浆,一旦时机成熟,就会喷发。就汉族士大夫说,清军入关之初对汉人进行的残暴屠杀,清初康、雍、乾三朝的"文字狱"等,都是一道道刻在心头、永远抹不去的伤痕。"非我族类,其心必异",这种基于中国人的民族区隔心理,在士大夫思想中根深蒂固,即使是体制内的汉族高官,满汉之间关系,也是一道不敢逾越的鸿沟,一不小心,就会粉身碎骨,更不要说体制外的士子了。就广大百姓来说,清政府的苛捐杂税和政治压迫,目历身受,体察最为直接,要求有所改善也最为迫切,"满汉"矛盾正在下层社会中激起日益增长的怨愤与不满。革命派就是基于普遍存在的"反满复汉"的社会心理,鼓吹"排满救国"。可以说"反满"是辛亥革命酝酿准备阶段最能激扬民心、最能动员社会的口号,比之民主、宪政,下层民众最能听得懂也更能引起共鸣。既然知识阶层和普通百姓,都从各自的文化心理和现实境遇中有强烈感受,那么,"排满建国"也自然成为激发革命热情的批判武器。立宪派那些秀才们,只看到"满汉"矛盾正在趋于缓和的表面现象,有意无意地忽视了它是一座民族矛盾的活火山,试图用西方的民族主义理论去批判革命派在"反满"问题上的"大汉族主义",尽管说得没错,却是不识时务的书生之见,在民族感情转化为政治态度上,输了重要一着。

我们在研究辛亥革命时,既不要因为"反满"口号流露出狭隘民族主义的色彩而忽视它在动员革命中所起的一定作用,也不应为了说明辛亥革命是一场民主革命而故意拔高"反满"的性质,抹去它的特色,把它说成是符合民主革命的需要。事实上,孙中山的民族主义,从一开始的狭隘民族主义到"五族共和"的近代国家主义(国族主义)到反帝的民族独立主义(近代民族主义)有一个逐步发展过程。历史主义地分析"满汉"矛盾，是历史学家的责任。

"排满"为了建国，一旦以汉族为主体，包括各族在内"五族共和"的新国家建立，"满汉"矛盾便逐渐淡化。所以，"排满建国"作为社会动员的口号，是特定历史条件的产物。

会党是革命派联系下层社会的纽带

与"满汉"矛盾相关的，还有会党和革命派的关系问题。以往，我们较多地论说了革命派利用会党作为反清起义的武装力量，较少研究革命派把联络会党作为联系下层社会的纽带及其在发动农村问题上的作用。

早在20世纪初年留日学生革命化期间，湖南留日学生就宣传一种思想，认为中国有上等、中等、下等三种社会，革命派是中等社会的"前列"，会党、军人、劳动者属于下等社会。要实行民族革命，必须以下等社会作为"革命事业之中坚"，"以下等社会为根据地"[1]。革命派负有破坏上等社会，卵翼下等社会的责任。他们还转释日本学者的文章，认为"中国的劳动社会、军人社会，大半出于秘密社会之间，而以军人社会、劳动社会与秘密社会相为援引，则自成不可拔之根据"[2]。这一思想被后来成立的华兴会、光复会所接受，而早些时候成立的兴中会已在实行。他们都以联络会党为己任，并以会党作为联系下层社会的纽带，证明辛亥革命准备时期，革命派已懂得动员社会的必要。辛亥革命不完全是"精英革命"，社会也并非没有动员起来。其中，尤以光复会做得最为充分、最为成功。

浙江原是会党林立之区。浙江士大夫的反清传统源远流长。1903年，受"浙学会"东京会议派遣的陶成章、魏兰，遍访浙江会党，并与白布会、伏虎会、终南会、双龙会、龙华会等建立了良好关系。这些会党组织，以地域而言，多在浙东、浙西一带；以成员而言，除了破产农民和失业小手工业者外，大多还有当地的农民加入。如白布会多温州客民，双龙会多松阳农民，龙华会在金华亦有不少农民加入，一闻号令，"耕者无不弃耒耜"，踊跃从事。特别是敖嘉熊主持的温台处会馆，直接与农村，尤其是占温州、台州、处州三府半数人口的客民有所联系。光复会成立后，浙江会党更是成了联系市井下层与广大农村的纽带。陶成

[1][2]《游学译编》:《民族主义之教育》，见张枬、王忍之编:《辛亥革命前十年间时论选集》第1卷上册，三联书店1960年版，第408—409页。

章在联络会党、发动农村的过程中,还一度提出过农民的土地问题。他在《龙华会章程》中写道:"赶走了满洲鞑子皇家,收回了大明江山,并且要把田地改作大家的公有财产,也不准豪富们霸占。"他之所以把反清革命与土地问题联在一起,写进会党章程(其实应是拟议中成立的《革命协会章程》),就是因为浙江会党中有农民,号召会党发动农村,参与反清斗争。后来,主持浙东会党的联络中心,由温台处会馆转移到绍兴大通学堂。徐锡麟、秋瑾等更是深入农村,在联络会党和发动农村中起过重要作用。他们组织光复军,并在安庆、绍兴发动了反清起义,虽然失败,光荣牺牲,但因为光复会扎根在社会底层,会党联系农村的纽带关系还在,光复会才得以重建,继续参与反清革命。以往由于国民党制造正统史观,光复会联络会党、发动市井和农村的斗争史实,被忽视甚至湮没。新中国成立后,史学界特别是浙江的学者做了许多踏实而深入的发掘,光复会研究有了长足进步。但我认为进一步研究光复会与下层社会特别是其与农村的关系还需加强,这不仅是正确论定光复会历史的需要,而且关系到"辛亥革命有没有农村发动"这样一个重大问题的历史解读。

会党与资产阶级民主革命派相结合,是会党历史上的黄金时代。革命派注意了会党与下层社会的天然联系,却没有也不可能去改造他们流氓无产者固有的恶习。革命成功后,会党恶习急遽膨胀,最终沦为社会恶势力而成为反对革命的工具。

"三民主义"与中华文化的近代转型

孙中山在辛亥革命中的伟大贡献,不仅在于从思想上、组织上,领导了这场伟大的革命,而且在于创造性地提出了"三民主义"理论,推进了中华文化的近代转型。

中华文化是以儒学为核心,儒、释、道兼容并包,博大精深的文化体系。儒学自孔子首倡,历两千多年的发展变化,到宋明理学,已趋于极致,既失去了继续发展的内驱力,也难以应对鸦片战争后西学东渐与社会转型的需要。以儒学为核心的中华文化面临着历史性转折的关口,近代志士仁人,对中华文化转型所作的努力,都无法使中华文化更新,难以形成理论体系,只有孙中山的"三民主义"才成为中华文化近代转型第一个完备的理论体系。孙中山是中华文化转型的第一推手。他不是儒士,但他能以中西学问兼备的通识,对儒学"治国,平天下"的"外王"之术,作了推陈出新,提出了"民有、民治、民享"为指归的理论体系；"三民主义"也不是"新儒学"，在"修身、正心、齐家"的儒学之道方面，并无更新，而只是一种应对近代中国面向世界的政治、社会学理。"三民主义"经历着从提出、发展、到完备的过程。在此期间，以儒学为核心的中华文化，再也不可能像以往那样以原生态面目指导与影响社会的意识，只能以切合近代社会发展需要的新型理论体系，成为转型的趋向和应对社会需要。就其转型的意义上说，孙中山无可争辩是第一人，后来者踵武其后而有所发展。正像著名学者杨国强教授在本书初版《序言》中所说："近代中国以古今中西之争亘贯百年新陈代谢。这个过程产生过许多出众的思想和议论。但据我私见，具有完备形态并能影响社会意识的理论则只有两个：一个是五四前八十年里的三民主义，一个是五四后三十年里的毛泽东思想。毛泽东思想当然超越了三民主义。然而同先于孙中山的人物和思潮相比，三民主义仍然有它耐读耐想的地方。"传统的中华文化，只有在不断探索救国救民、应对世界变局和社会发展要求中，才能赓续和继往开来，生生不息。

本书正是基于以上认识进行写作和增订的。有的予以专章专节展开，有的限于体例结构只能点到为止。至于其他若干问题的一得之见，也在相关的史实陈述中有所论列，期望读者与专家不吝指正。

一　立志与求索

（一）青少年时期

中国民主革命的先行者孙中山先生,是中国人向西方寻求救国救民真理的漫长历程中,杰出的代表者之一。他所领导的辛亥革命,推翻了长达二千年的君主专制统治,建立了中国历史上前所未有的民主共和国,具有划时代的意义。

毛泽东说:"中国反帝反封建的资产阶级民主革命,正规地说起来,是从孙中山先生开始的。"[1]

孙中山先生名文,字逸仙。"中山"二字,是他第一次反清起义失败后,流亡日本化名"中山樵"的借用名。后来国人就约定俗成地通称他为孙中山了。其实,孙中山的谱名为德明,乳名帝象。入村塾读书时,塾师给他取名文,字载之。后来他到香港求学时,受洗加入基督教,受洗时号日新。他的国文辅导老师区凤墀,按照日新的广东谐音改为逸仙。所以孙中山在 1896 年应英国著名汉学家翟理斯(H. A. Giles)编纂《中国人名辞典》的约请,写生平事迹时称:"仆姓孙名文,字载之,号逸仙。"[2]

至于孙中山的化名,远不止"中山樵"一个。据不完全统计,有高野长雄、陈文、陈载之、中山二郎、吴仲、高达生、杜嘉诺、艾斯高野、阿罗哈(Dr. Alaha)等[3],总数达 30 余个。其中,以"中山"在国内最为人知。在日本,则称孙文,欧美称孙逸仙。

中山先生 1866 年 11 月 12 日(清同治五年十月初六日)诞生于广东省香山县(今中山市)翠亨村一户贫苦农民家庭。孙氏先世,祖籍广东东莞,自明代起

---

[1] 毛泽东:《青年运动的方向》,《毛泽东选集》(合订本),人民出版社 1966 年版,第 551 页。

[2] 孙中山:《复翟理斯函》,广东省社会科学院历史研究室、中国社科院近代史研究所中华民国史研究室、中山大学历史系孙中山研究室合编:《孙中山全集》第 1 卷,中华书局 1981 年版,第 47 页(下同)。

[3] 陈锡祺主编:《孙中山年谱》上册,中华书局 1991 年版,第 3 页(下同)。

孙中山父亲孙达成画像　　　　　　　孙中山母亲杨氏画像

从东莞迁至香山[1]。祖父孙敬贤,曾薄有田产,生活小康,因迷信风水,家道中衰,到先生的父亲孙达成少年时,已生活艰难,日趋贫困。孙达成 16 岁时,迫于贫穷,只能到澳门打工,学裁缝、做鞋匠。直到其 32 岁时,才略有积蓄,回乡与隔田村(今崖口乡)杨氏结婚。婚后佃耕二亩半田地,兼作村中更夫以维持生计。孙达成夫妇育有三子三女。孙中山上有一兄孙眉(字德彰,号寿屏,1854—1915),一姐孙妙茜(1863—1955),下有一妹孙秋绮(1871—1912)。此外,还有一兄、一姐,在他诞生时都已夭折,所以他排行老五,实际上是家中的老三。大哥孙眉,也因家庭困难,在 1871 年 17 岁时,跟随舅父杨文纳漂洋过海,到檀香山一所农牧场作雇工。孙中山成了二老膝下唯一的儿子。像村里贫苦人家孩子一样,孙中山自五六岁起就参加力所能及的农业劳作,常跟着姐姐孙妙茜上山打柴割草。"每年还要替人牧牛几个月,换回牛主用牛给孙家犁翻二亩半地的工价。有空时,就帮家中做零活。在日常劳动中,他的身体锻炼得很是结实。"[2]这为他后来不辞辛劳地奔走革命事业,打下了良好的体质基础。

　　1876 年孙中山 10 岁时,入村塾读书。他聪敏颖悟、熟读好记,常得塾师称赞。但对老师只求死背硬记、不求甚解的教学方法很是不满。课余纳凉时,他常在家门前榕树下,满怀兴致地听村中一位参加过太平军的老人讲太平天国故事,对洪秀全反清事迹十分敬慕。1878 年,孙中山 12 岁,大哥孙眉回家完婚。这时,孙眉

　　[1]关于孙氏祖籍,长期来以罗香林著《国父家世源流考》所称:出于广东省紫金县忠坝公馆背村最为流行。1986 年,中山大学邱捷经过缜密调查、考证,论定罗说非是,孙氏祖籍应是广东东莞,自明代五世祖起迁至香山。之后,各书多以邱氏考定为是。参见氏著《孙中山领导的革命运动与清末民初的广东》一书中相关的考辨文章,广东人民出版社 1996 年版。
　　[2]陆天祥:《孙中山先生在翠亨》,《广东辛亥革命史料》,广东人民出版社 1991 年版,第 454 页。

在檀香山经努力拼搏，已经拥有了 6 000 英亩的大牧场，雇工数百人，成了檀香山有名的华侨资本家。他向村民讲述檀香山的风土人情、物产垦殖和自己艰苦创业的经历，鼓励他们出洋致富。孙中山很想随大哥赴檀，但父母不同意自己的小儿子去外国吃苦谋生。孙中山只能眼巴巴地看着大哥带领招募来的乡民，离村而去。

次年，即 1879 年的夏季，出洋的机会终于降临。父亲同意他陪随母亲去檀香山看望孙眉、小住一阵子。于是母子俩登轮出海，驶向渴望已久的异国土地。夏秋之交，抵达檀香山后，孙中山先在孙眉开设的店铺里帮做店务。同年 9 月，他不愿再回翠亨，提出要进校读书。经大哥同意并给予资助[1]，进了英国圣公会在当地办的意奥兰尼学校（Iolani School）。这所学校的学生，多数是夏威夷人或夏威夷人和白人的混血儿，中国学生很少。"孙中山入学时不会英语，所以老师先让他旁听 10 天，然后教他英语字母和语法"[2]。孙中山学习认真，进步神速。三年后即 1882 年 7 月，他以优异成绩毕业。当时的夏威夷国王卡拉卡瓦（Kalakaua）在毕业典礼上和王后爱玛亲授奖品，华侨社会引以为荣。

同年，入美国人办的奥阿厚书院（Oahu College）读高中。先生自述："此为岛中最高之书院，初拟在此满业，即往美国入大书院，肄习专门之学。"[3]但由于他就读期间想受洗入基督教，遭到孙眉反对，怕他"日趋洋化"，令其回国专攻国学，并分给一部分财产以资策励[4]。于是孙中山只在奥阿厚书院读了一个学期的高中课程，便回国了。

1883 年 6 月回国后，他在故乡热衷于改良乡政，反对村民崇拜偶像。因捣毁村中北极殿神像，遭到村民反对，只得离乡去香港。11 月，入拔萃书室（Diocesan Home, Hong Kong）继续高中学业。这是一所英国圣公会办的男子中学。孙中山读了不足两月，就于 1884 年转学到当地最好的中央书院（The Central School）就读。但他在拔萃书室求学时，终于和同乡同学陆皓东[5]受洗入基督教。

---

[1] 冯自由：《孙眉公事略》，《革命逸史》第 2 集，中华书局 1981 年版，第 2 页。

[2] 马兖生：《孙中山在夏威夷：活动和追随者》，台北近代中国出版社 2000 年版，第 9 页。

[3] 孙中山：《复翟理斯函》，《孙中山全集》第 1 卷，第 47 页。

[4] 冯自由：《孙眉公事略》，《革命逸史》第 2 集，第 2 页。

[5] 陆皓东（1868—1895），名中桂，字献香，号皓东，广东香山（今中山市）人。与孙中山自小莫逆，友谊敦笃，为村塾同学。1884 年离港赴沪，入上海电报学堂，毕业后在上海电报总局任职。期间回粤或途经香港时，常与孙中山、九列等相聚，抨击清廷腐败，倡言反清革命，成为孙中山志同道合的挚友。1892 年离沪返粤时，曾借宋耀如会见孙中山畅谈革命。又与九列等合资，在广东顺德创办"兴利蚕子公司"，以改良蚕种为目标。孙中山为该公司书"兴创自我，利归于农"对联。1893 年参加广州南园广雅抗风轩集会。1894 年陪同孙中山到天津上书李鸿章。1895 年协助孙中山在香港建立兴中会总部，发动广州起义。他设计了青天白日旗作为起义军军旗。广州起义事泄，皓东为避免起义名单落于敌手，返回起义机关销毁，不幸被捕。受尽酷刑，坚贞不屈。1895 年 11 月 7 日慷慨就义。死后尸骨遍寻不得，亲属以其衣冠葬于翠亨村北犁头山脚。孙中山称其为"中国有史以来为共和革命而牺牲者之第一人"。

孙中山 18 岁时的照片

1884 年 18 岁的孙中山,受父母之命、依媒妁之言,回到翠亨村,于 5 月 26 日和同县外茔乡(今珠海市金鼎区外沙乡)华侨卢耀显之女卢慕贞(1867—1952)结婚。卢慕贞是个旧式的乡村女子,婚后因孙中山长期在外奔走革命,夫妻俩在一起的时间不多。但她任劳任怨,上伺公婆、下育子女[1],恪尽妇道,使孙中山在革命生涯中免除后顾之忧,令人同情与敬重。同年 11 月,孙中山应大哥之召,再赴檀香山,嗣与兄长在神道观问题上见解不合,发生冲突,被孙眉送至茄荷蕾埠开设的商店帮助店务,并收回以前赠给的财产。孙中山觉得久居于此,难伸夙志,便自赴檀香山正埠,准备取道回国。孙眉虽亲往慰留,甚至不给旅费,希望小弟留在檀香山帮助自己打理事业。但孙中山去意已决,在友人资助下,于 1884 年 4 月自檀香山归国。8 月,去香港中央书院复学。孙眉事后深感自己对弟弟督责过严,便寄给父亲一笔相当可观的钱,作为孙中山日后向学的费用。

1885 年,孙中山在香港中央书院高中毕业。这时,他已确立了反清之志。次年秋,经喜嘉理(C. R. Hager)牧师介绍,进广州博济医院(Caton hospital)附设南华医学堂读书,"以学堂为鼓吹之地,借医术为入世之媒"[2]。博济医院创办于 1835 年(清道光十五年),是亚洲最早的西医医院。1855 年(清咸丰五年)开始招生习医[3]。孙中山在此读了一年之后,于 1887 年 9 月,转入香港西医书院(The College of Medicine for Chinese,Hong Kong),接受正规系统的大学医学教育。期间,父亲孙达成于 1888 年春病故。大哥孙眉于数月前闻父病重,特地赶回故乡,与孙中山亲侍汤药。两人倾心沟通,尽释前嫌。日后,孙中山的革命事业得到孙眉的倾力资助,与这次兄弟俩的真诚交流不无关系[4]。

1891 年,孙中山在西医书院读大四时,通过好友、同学陈少白的介绍,结识了时年 19 岁的少女陈粹芬。陈粹芬(1872—1960),原名香菱,又名瑞芬,祖籍

---

[1] 孙中山与卢夫人育有一子二女。子孙科,字建华,号哲生(1891—1973),长女孙娫(1895—1913),次女孙婉(1896—1979)。

[2] 孙中山:《有志竟成》,《孙中山全集》第 6 卷,第 229 页。

[3] 陈锡祺主编:《孙中山年谱长编》上册,第 42 页。

[4] 冯自由:《孙眉公事略》,《革命逸史》第 2 集,第 2 页。

福建厦门，生于香港。家境贫寒，文化程度不高。但她信服孙中山的志向，成了他的"红粉知己"。不久，两人在距屯门不远的红楼租屋同居[1]。后来，她一直陪伴孙中山为革命流亡、颠沛，并负起照顾同志生活的责任。党人因其排行第四，尊称她为"四姑"。1910年因病回香港治疗。革命成功后便功成身退，隐居于澳门和香山石歧。孙家包括大哥孙眉都把她视为家族成员，待之甚善，并在其去世后，把她安葬于翠亨村北山头脚[2]。

经过五年的教学、实习，1892年，时当26岁的孙中山在香港西医书院毕业，获医学士学位。从13岁到26岁，孙中山完成了长达13年的西方新式教育，由一个山村农家子，成长为具有医学专门知识与技能的近代知识分子。可以说，他是当时中国接受西方学校教育时间最长、学业训练最系统化的人物之一。

当然，孙中山青少年时代这种生活经历的负面影响，是他难以得到系统正规地学习传统文化的机会。这使他不得不依靠聘请国文老师，在课余补习经史之学来充实自己对传统学问的认知和了解。早在檀香山就傅西校时，他就曾在课余参加由杜南在当地创办的华侨学校学习中文课程[3]。在香港拔萃书室读书时，拜长于文学、曾任德国柏林大学汉文教授的区凤墀牧师为师，认真学习国学[4]。及至进入博济医院附设南华医学堂习医，更是延聘了一位名叫陈仲尧的老师，每日到寓所教授。次年转学香港西医书院，陈夫子也同行，每日课余授读，及至毕业，"所学亦已大进"[5]。他研读过中西合璧的四书五经[6]；也认真读过马史班书[7]。所以他自承"于圣贤六经之旨，国家治乱之源，生民根本之计，则无时不往复于胸中"。[8]甚至连发辫、服饰都没有改易，直到大学毕业以后，还保持着清朝汉人的着装：瓜皮小帽，长袍马褂，脑后拖着一根长长的辫子，并且在文章中，还经常引经据典。他在接受西学的同时，确实具有相当的国学造诣。但他毕竟是个新式知识分子，不是传统意义上的儒生。坦率地说，他的旧学根

[1] 参见庄政：《孙中山的大学生涯》，台北"中央日报"出版部1995年版，第177—192页；另见李又宁：《一位被遗忘的革命女性——陈粹芬》，台湾《传记文学》第39卷，第4页。

[2] 参见尚明轩主编：《孙中山的历程》上册，解放军文艺出版社1998年版，第15页。另见黄健敏：《翠亨村》，文物出版社2008年版，第189页。

[3] 吴相湘：《国父的一位汉文教师：杜南》，台北《近代史论丛》第3集。

[4] 冯自由：《区凤墀事略》，《革命逸史》初集，第12页。

[5] 冯自由：《孙总理之文学》，《革命逸史》初集，第13—14页。

[6] 邵元冲：《总理学记》，尚明轩主编：《孙中山生平事业追忆录》，人民出版社1986年版，第694页。

[7] 《镜海丛报》1895年11月6日，转引自黄明同等著：《孙中山的儒学情结》，社会科学文献出版社2010年版，第21页。

[8] 孙中山：《上李鸿章书》，《孙中山全集》第1卷，第16页。

底并不深厚,与熟读经史的士大夫不能相比。在他一生中,基本上没有士大夫一类的同志和足资信赖的朋友。日后团聚在他周围形成核心与骨干的,大多是留学生和新式学堂出身的知识分子。这就使得他长期来被排除在中国社会影响力最深厚的士绅群体之外,很难得到他们和君主立宪人士的理解和支持。除了政见相左的原因外,文化背景的差异恐怕也是一个不可忽视的因素。

青少年时代是一个人的人生观、世界观形成的重要阶段。孙中山在异乡客地经受西方教育的同时,不仅成为接受新知、开眼看世界、具有世界意识的近代知识分子,而且逐步成长为一个关心祖国命运,萌生反清之志的革命者。

(二) 萌生反清之志

自从 1840 年鸦片战争后,先进的中国人为民族独立、国家富强而向西方学习以来,长期停留在制器练兵和工艺制造的器物层面上,直到 19 世纪 80 年代起才逐步从批判洋务派"徒袭皮毛"的反思中,迈向学习西方政治体制的制度层次,打开了学习西方的新局面。当时,以康有为代表的维新志士,仰慕西方资产阶级国家的君主立宪政体,期望以君民共治的方式使中国日臻富强;而以孙中山为旗手的革命者,则追求民主共和政体,立志推翻清王朝,建立民主共和国,使中国雄踞于世界民族之林。这两个伟大的政治家差不多同时登上政治舞台,维新改革思潮也演得颇有生气,但历史最终选择了民主革命的道路。

孙中山走上反清革命的道路并成为民主革命的先行者,有一个曲折复杂的思想演化过程。他自己曾不止一次地说过,1885 年是他革命思想的起点。1918 年他撰写革命经历时称:"予自乙酉中法战败之年,始决覆清廷,创建民国之志。"[1]1923年 1 月写《中国革命史》一文时又说:"余自乙酉中法战后始,有志于革命。"[2]

从孙中山早年的生活经历和思想演化过程看,他说自己在 1885 年有了"决覆清廷"的志向并非言过其实,但若说那时已经有了创建民主共和国的思想则恐未必。所谓"民国"只可能是汉族人作主之国,而不是一个民主共和国。所以,1885 年作为孙中山革命思想萌发的起点,只能标志他开始成了个反清革命论者,还不是个民主革命论者。即使他的反清革命思想中,狭隘的民族主义仍占着主导地位。

---

[1] 孙中山:《有志竟成》,广东省社科院历史研究室等合编:《孙中山全集》第 6 卷,中华书局 1981 年版,第 229 页。

[2]《孙中山全集》第 7 卷,第 59 页。

孙中山在 1885 年萌发反清革命的志向决非偶然。这里面有时代的因素，有历史的因素，更有他个人思想演化的因素。

从时代的因素看，19 世纪 70 年代正是中国边疆危机日亟，救亡图存开始形成社会思潮的时期。清政府外交上的无能和清军的不堪战守，对有识之士是一种深深的刺激。早期改良派人士的救亡更法主张，正逐渐为标格天下已任的士大夫们所理解、接受。问题是这些自觉觉人的思想界的精英们，他们的文化背景决定了他们对清王朝弊政的观察和对西方政体的向往时，不可能超越传统心态和思维方式的制约束缚，因此，他们对清政府所持的态度，也只能局限在改良补过的立场而不敢越过雷池。

孙中山和他们不同。他是一个长期受过西方新式教育的近代知识分子。其知识结构、价值标准、思维方式乃至生活情趣已与传统士大夫迥然有别；他的生活经历、社会关系也和与统治层面有着密切联系的早期改良派人士不同，具有较大幅度的人格自由和更鲜明的个性。这就使他有可能更敏锐地把握时代的症候和感受社会思潮的冲击。当他身处异域而回过头来观察中国问题时，腐败落后的切肤之痛更为强烈，问题看得更为真切。他自承受中法战败的刺激而萌生"决覆清廷"的志向是可能也是可信的。

从历史的因素看，传统的"反满复汉"思想因清王朝的腐败正在民间潜在滋长，由民间秘密结社领导的造反起义从未间断。孙中山的故乡香山县是洪门活跃地区之一。1832 年香山天地会首领张斗举义，1837 年香山天地会支派三合会起事，1843 年张斗余部高明远又在香山重起，这些都是当地家喻户晓的事；太平天国天王洪秀全的故乡花县距香山不远；太平军余部在嘉应州的覆灭，这些又是人们茶余酒后议论的热点。孙中山自幼受会党造反和太平天国起义的影响、熏染，集中到一点就是"反满"，这对他确立"决覆清廷"之志确实起过潜移默化的作用。所以他后来曾说："予革命思想之成熟，固余长大后事，然革命之最初动机，实予在幼年时代与乡关宿老谈话已起。"[1]

从孙中山的思想演变看，他长期受过西方教育，不满清政府的腐败专制，有拯救国家、改造社会的炽烈愿望。这种爱国之情在一次撼动人心的历史事变冲击下，迸发出对现存统治秩序的叛逆情绪，完全符合一个有为青年确定终身志向的常规[2]。中法战争作为孙中山从爱国到反清的思想变化的契机，是合情也

---

[1] [日]宫崎寅藏：《孙逸仙传》，《建国月刊》第 5 卷第 4 期。
[2] 在早期的中国革命党人中，类似孙中山那样因中法战争失败的刺激而萌生"反满"志向者，不乏其人，如尤列、杨衢云、陆皓东、程璧光、程奎光等均是。

是合理的。

孙中山早期思想的变化过程，可以分为依次递进的三个阶段：

第一阶段是他的幼年时期，即从 6 岁到 12 岁(1872—1878)的 6 年。这一时期中，他像大多数农村孩子一样，除了帮助家里做些力所能及的农活外，对世界一无所知。留给他最深的印象，一是因家庭生活困难而对贫乏之苦有难忘的体验。他后来直言不讳地自认出身于贫苦的农家，"早知稼穑之艰难"[1]。这种儿时得来的感受，导致了他日后对农民问题、特别是土地问题的严重关注。他说："我受幼时境遇之刺激，颇感到实际上及学理上有讲求此问题之必要。吾若非生而为贫困之农家子，则或忽视此重大问题，亦未可知"[2]；二是对死记硬背、不求甚解的传统教学方法多所不满[3]。这对他后来接受西方教育时努力探求新知，一生重视读书是一种直接的推动；三是爱听太平遗兵谈论洪杨故事，在儿童嬉戏中常以洪秀全第二自居。这虽说是童稚式的好奇心理，但说明他自幼就在这种历史氛围下受到熏染，汉族反抗满族统治的民族情绪一度引起过他的共鸣，并在意识潜层中留下了深深的刻痕。以上三个方面，作为孩提时代的深刻印象保存在成长后的记忆中，原不为奇，因为任何人都曾有过这种直感经验重演的情感活动。孙中山后来多次提到它们，完全是一种感情追溯，而不是在制造自小就有革命思想的神话。

第二阶段是檀香山求学时期，即从 13 岁到 17 岁(1879—1883)的 5 年。这是孙中山早期思想中政治意识萌发的时期。1879 年孙中山随母亲到檀香山去，可说是他一生中第一个重大转折。他后来回忆当时的心情说："始见轮舟之奇，沧海之阔，自是有慕西学之心，穷天地之想。"[4]前二句形象地道出了一个农村少年走出闭塞落后的狭小天地，面对浩瀚大海和未来生活的惊喜之情；后二句则是他在日后接受西式教育、追求新知时所得的悟性，并不是同一时序上的感受。但到檀香山去，确是他成为一个具有世界意识的新式知识分子的重要起点。

在檀香山读初中的 5 年，孙中山最初萌发的新思想和新信念，不是政治而是宗教。他所在的意奥兰尼学校校长韦礼士牧师(B. A. Willis)为了使该校的

---

[1] 孙中山：《拟创立农学会书》，《孙中山全集》第 1 卷，第 25 页。

[2] [日]宫崎寅藏：《孙逸仙传》，《建国月刊》第 5 卷第 4 期。

[3] 由美国人林伯克撰写的孙中山传记中，曾详细记述了孙中山在村塾受读时对传统教学方法的不满情绪，参见[美]林伯克著，徐植仁译：《孙逸仙传记》第 7 章《中山和三字经》，上海三民公司 1926 年版，第 44—47 页。

[4] 孙中山：《复翟理斯函》，《孙中山全集》第 1 卷，第 47 页。

中国学生们皈依上帝,一开始便有计划地安排了宗教教师和圣经课程,规定每个星期日必须去教堂做礼拜。据说有的中国学生对此提出了异议[1],但孙中山却在不断的宗教灌输中被基督教教义所吸引。如果不是因哥哥孙眉的反对,他将受洗了。这是可以理解的。宗教最容易在精神饥荒的土壤中生根,尤其是对那些涉世未深、思想犹如白纸的青少年,更能产生潜意识的影响。

应该客观地指出,孙中山在 1885 年以前受基督教的影响是很深的。表现之一是在一神教教义的支配下曾多次毁坏过中国人传统供奉的神像。第一次是在檀香山求学期间毁坏了大哥家悬挂的关帝画像,结果遭到了孙眉的强烈不满,因此停止了他的学业,把他遣送回翠亨老家。第二次是由檀香山回到故乡后在乡里参与乡政改革时,他和他的同乡同学陆皓东一起,毁坏了村庙偶像。结果遭到了乡绅们的激烈反对,他父亲为了避免事态扩大,不得不把他送往香港。中西文化在神道观念上的两次尖锐冲突都使孙中山付出了沉重代价,但他并不因此稍息对基督教的笃信,终于在 1883 年年底在香港和陆皓东等接受了由美国公理会传教士喜嘉理牧师的洗礼,成了一名基督徒。表现之二是他曾一度想当传教士。此事发生在 1884—1885 年间。喜嘉理牧师对此曾有详细记述:原来,孙眉因其加入基督教而十分不满,在 1884 年 11 月把孙中山召回檀香山。他只得从正在就读的香港中央书院辍学回到哥哥身边。"既抵檀岛,其兄胁迫禁阻之,又不予一钱,使无以馈粥资,而其竟不改初志。侨居之中华信徒,廉得其情,乃醵资遣之归国,学习传道科,盖彼时其传道之志,固甚坚决也。向使当日香港或附近之地,设有完善之神学院,俾得入院授以相当之课程,更有人出资为之补助,则孙中山先生者,殆必为当代著名之宣教师矣。"[2]

值得注意的是,在辛亥革命史中不少早期的革命党人都加入过基督教。著名的如上述孙中山、陆皓东外,还有陈少白、郑士良、谢缵泰、曹亚伯、刘静庵等等。有的虽未入教,但对基督教表现了浓厚的兴趣。如杨衢云常去教堂做礼拜;如黄兴在 1903 年逗留上海期间曾多次去圣彼得堂守道,以致该堂的中国籍会长吴国光将要对他登册记名[3]。至于党人利用宗教掩护革命活动,更屡见不鲜。孙中山自己就曾在他的革命生涯中,无数次地得到过宗教界的朋友和同志

---

[1] 参见[美]史扶邻著,丘权政等译:《孙中山与中国革命的起源》,中国社会科学出版社 1981 年版,第 12 页。

[2] 冯自由:《孙总理信奉耶教之经过》所附《美国喜嘉理牧师关于孙总理信教之追述》,着重号为我所加,见《革命逸史》第 2 集,第 14 页。

[3] [美]薛君度著,杨慎之译:《黄兴与中国革命》,湖南人民出版社 1980 年版,第 23 页。

的赤诚相助,其中就有与他同时受洗的陆皓东以鲜血和生命来殉他们的共同事业。所以,基督教与中国革命的关系,实在是一个饶有兴味、值得深究的课题。

孙中山在檀香山求学期间的另一个思想热点是政治。从时序上说,他对政治的关注较之对基督教的兴趣稍晚,大约在 1881 年前后。那时,夏威夷正在开展反对美国吞并的运动。1882 年秋,夏威夷国王卡拉卡瓦环游世界后提出了"夏威夷是夏威夷人的夏威夷"口号,民气高涨[1]。当地华侨中不少人也支持夏威夷人民的反美斗争;而意奥兰尼学校在韦礼士牧师主持下,成了一个"反美和反吞并主义情绪的堡垒"[2]。身处其间、耳闻目击的孙中山,对此不能不有所感应。可以说,夏威夷人民强烈的民族主义情绪对年轻的孙中山不啻是上了最初的一堂政治课,促使他对清政府统治下的中国前途与命运发生无限联想。后来孙中山毕生为国家独立、民族命运而奋斗,与他在人生观形成时期的这种闻见、感受,不无关系[3]。宗教令他精神升华,政治却使他双脚着地。

后来,他在一次讲演中说:"忆吾幼年,从学村塾,仅识之无。不数年得至檀香山,就傅西校,见其教法之善,远胜吾乡。故每于课暇,辄与同国同学诸人,相谈衷曲,而改良祖国,拯救同群之愿,于是乎生。当时所怀,一若必使我国人人皆免苦难,皆享福乐而后快者。"[4]显然,五年来的西式教育和西方宗教的熏染,檀香山人民反美斗争的启示,陶铸了这个中国青年的心灵,使他把所学的西方社会知识和自己目历身受的体验,融和为观察、思考祖国命运的新的价值标准,生发出救世济人的崇高之想。虽然,这一理想的意识潜层中还烙下了宗教救世的印痕,但"改良祖国,拯救同群"的爱国心,毕竟不是寄托在彼岸世界的虚幻中,而是根植于改造落后祖国的此岸世界土壤里,他已经把自己的理想追求和国家命运开始联在一起了。从那时起,他萌发了"良善政府"的朦胧想法,据他在意奥兰尼学校的中国同学钟工宇回忆:

> 我们在课外常用方言交谈,他告诉我:"他想知道何以英美政府和人民相处得这样好?"有一天晚上,他问我:"为什么满清皇帝自命为天子,而我们是天子脚下的虫蚁,这样对吗?"我当时无法回答。[5]

的确,这样重要而又复杂的问题,对于像孙中山和他的同学来说都是难以解释

[1] 吴相湘:《孙逸仙先生传》上册,远东图书公司 1982 年版,第 31 页。

[2] [美]史扶邻著,丘权政等译:《孙中山与中国革命的起源》,第 11 页。

[3] 陈少白:《兴中会革命史要》,中国史学会主编:中国近代史资料丛刊《辛亥革命》第 1 册,上海人民出版社 1957 年版,第 25 页。

[4] 孙中山:《在广州岭南学堂的演说》(1912 年 5 月 7 日),《孙中山全集》第 2 卷,第 359 页。

[5] 迟景德:《国父少年时代与檀岛环境》,转引自吴相湘:《孙逸仙先生传》上册,第 33 页。

清楚的。但能提出这种问题,就足以表明孙中山在政治上的思考具有超越同龄人的早熟性。比起他幼时在家乡热衷于听太平遗兵谈论洪杨故事,他对政治的关注已经含有理性的成分;而"改良祖国、拯救同群"的"良政府"思想虽然还很朦胧,但较之以往想做"洪秀全第二"的童稚心理,也无疑是相对成熟的思考。从此,良政府思想就一直萦怀在他的心头,不仅成为他日后由爱国通向革命的桥梁,而且即使在民国成立之后,他孜孜追求的,还是要建立一个"良好稳健之政府"[1]。

第三阶段是他离开檀香山到香港读高中的时期,即从 17 岁到 20 岁(1883—1886)的 3 年。这是孙中山的政治意识从朦胧到清晰的时期。

1883 年 7 月,孙中山离开了生活了 5 年的檀香山。在回翠亨村的途中,第一次直接感受到清王朝吏治败坏的刺激。当他所乘的船只途经一个设有清政府厘卡的小岛时,遭到了一群税吏的反复骚扰和无耻勒索,船只也被故意扣留,只是由于船主行了贿才得以放行。这一切对船主和乘客来说,早已司空见惯、习以为常了,但对涉世未深、多年生活在海外的孙中山来说,却深为吃惊,无法容忍。他对早已麻木了的乘客说:"中国在这些腐败万恶的官吏掌握中,你们还坐视不救么?"[2]接着他大讲了一通改革弊政的必要性,但说者谆谆,听者藐藐。回到翠亨后,他又以同一主题向村民宣传:"你们说朝廷是好的,官吏是坏的,他们中间的异点是什么呢? 朝廷是由什么组成的? 因为官吏腐败,所以朝廷亦是腐败的。"[3]这种不避危险的大胆言论,率直地表露了他对现政府的批判态度和不满情绪,透露出他的良政府思想中蕴含着去除恶政府的趋势和向革命方向发展的可能性。因为,良政府思想虽然不是以暴力推翻现存政权的革命思想,但它以批判现存政权的腐败黑暗为前提,便与革命前的舆论动员、革命者的自身思想建设有相近乃至相通之处;它又以建立廉洁清明的政治为追求目标,便与革命后新政权的建设方向相吻合。所以,良政府若不是作为一种政治主义,它在一定条件下是可以通向革命的,两者之间没有一条不可逾越的鸿沟。

---

[1] 1923 年 2 月 19 日,孙中山在香港大学的演说中说:"我既自称革命家,社会上疑义纷起,多所误会,其实中国式之革命家,究不过抱温和主义,其所主张者非极端主义,乃争一良好稳健之政府。"(《孙中山全集》第 7 卷,第 116 页)这段话对我们了解孙中山的思想、性格、思维方式与传统文化的关系至为重要。尽管孙中山主张暴力推翻清王朝,是一个革命家和革命党的领袖,但他思想中"良政府"愿望从未放弃。所以在他的革命过程中,经常会出现相反相成的矛盾统一的行为方式。可以说,不了解或不研究他的"温和主义"的一面,就很难理清他的思想面貌和变化发展的特点。

[2] [美]林伯克著,徐植仁译:《孙逸仙传记》,第 131 页。

[3] 同上书,第 132 页。

孙中山的这种良政府思想在故乡有过一次小小的实验,这就是他组织发动了当地的乡政改革活动。就改革的内容看,诸如修建村路、夜点街灯、清扫街道、巡夜保卫、管理村塾等等,基本上没有超出类似西方社会中地方自治的范围,也符合中国农村向有自行管理乡政的传统,契合中国农民讲求实惠、不肯骤冒风险的心态,所以一时颇得父老赞誉。但当改革一旦从修桥补路式的善举涉及毁坏偶像崇拜的精神领域时,中西两种文化在神道观念上的冲突就顿时趋于尖锐。原来,翠亨村像珠江三角洲各地乡村都有村庙和村神一样,在村东口筑有村庙北极殿。殿中供奉村神北帝及天后娘娘、金花夫人这三位珠江三角洲普遍信仰的神祇[1]。孙中山在实行乡政改良的同时,常宣传破除偶像崇拜,说木偶无知,信奉无益。"每过庙宇,辄指之曰淫祀。"某日,他与陈皓东入北极殿,毁坏了北帝及二位娘娘的偶像。事后乡人大为鼓噪。因为"北极殿在翠亨村民生活中,有着重要意义。通过北帝,在翠亨村里生活的人的身份进行了划分。在翠亨村里只有加入村庙的人才算是'翠亨人',才能获得'村民'的身份,享有'村民'的权利,才能受到村神北帝的庇佑,一村人遇到大小事情都会到庙中求神问卜……村民出外谋生要求北帝保佑顺利,在外回乡也要首先到庙中答谢神恩。"[2]这样一位受村民顶礼膜拜的神祇被破坏,当然为大众所不容。结果,不仅完全抵销了孙中山在乡政改革中获得的良好形象,而且也使他无法在故乡站住脚跟,不得不去香港暂避风头。这是他一生中首次在社会改造活动中受挫,究其原因不在改革本身不受欢迎,而在于他缺乏足以改造农民落后文化心理的精神武器。但是,故乡之行,使他亲身感受了政府的腐败和社会生活的落后,这对他的政治意识由朦胧到清晰,是一个有力的促进。

　　直观经验只有上升到理性思考才能造成认识上的飞跃。香港的读书生活无疑为孙中山思想的飞跃发展提供了条件。他在此地连续生活了7年半之久,不仅完成了高中和大学的学业训练,而且经历了由良政府进向反清革命的思想转变,开始了武装起义的筹备。可以说,这块言论相对自由、清朝统治势力所不及的英国管辖地,是孙中山一生中最令他深情的地方之一。他在晚年曾不无怀恋地说:香港是他的新思想和革命思想的"发源地"[3]。

---

　　[1][2] 节选自黄健敏著:《翠亨村》,文物出版社 2008 年版,第 116—117 页。
　　[3] 孙中山:《在香港大学的演说》(1923 年 2 月 19 日),《孙中山全集》第 7 卷,第 115 页。孙中山在这一演说中较为详细地说明了他的"革命思想及新思想"在香港发源的过程。他把香港的市镇建设、社会秩序、官员作风等方面与翠亨村、香山县、广州乃至北京等地作了比较,得出了必须改革中国"恶政治"的结论。认为首先要推翻清政府,才能建设一个"良好之政府"。

1883 年 11 月，到港不久的孙中山进入了由英国圣公会设立的拔萃书室攻读高中课程，但两个月后就辍学，并于翌年 4 月转入中央书院继续高中学业。这是一所由港英当局创办的高级中学，成立于 1862 年。教师全都是来自英国本土的剑桥、阿巴丁、牛津等著名大学的毕业生，他们年轻饱学、思想新进；学生除在港华人子女外，有来自英国、美国、葡萄牙、印度、菲律宾等许多国家的青年，也有少量从中国大陆来就读的学生；课程设置从 19 世纪 80 年代起已与英国本土的文法学校相差无几，包括有英文、文学、世界史、英国史、地理、几何、算术、代数、卫生、机械制图、簿记及常识等，原有的中文课程已被取消。是当时堪称全港第一流的高级中学[1]。从这座学校出身的中国学生中有过不少知名人物：在孙中山入校前有胡礼垣、何启，与孙中山同时或稍后的有陈锦涛、王宠惠、谢缵泰、温宗尧、梁敦彦等[2]，他们都曾在中国的思想文化界、政治外交界产生过重要影响。孙中山进入这所学科设置完备、师资力量充实、教学方法新颖、人才辈出的学校读书，接触到许多国家的优秀青年，不仅对他西学知识的加增大有裨益，而且对他的世界意识拓展也是一个难得的机会。正是在该校就读的两年半时间内，由边疆危机引起的中法战争极大地吸引了孙中山的注意力。

从这场战争爆发之时起，他就认真阅读报纸和听取前线回港的士兵口述，密切注视着战争的动向[3]。清军在战场上的无能和政府在外交中的怯懦，深深地刺痛了孙中山的爱国热情和民族自尊心。1884 年秋，香港船坞工人拒修法国军舰一事，给他以很大鼓舞，觉得这事"证明了中国人民已经有相当觉悟"，"表示中国人还有种族的团结力"[4]。但是当这场战争最后以清政府签订条约的方式向法国卑怯求和告终时，孙中山的民族主义感情受到了极大的伤害。太平天国故事，汉族人民抗击清王朝的斗争事迹，在现实政治的巨大冲激下一齐涌上心头，使他感到这样一个腐败的清政权是中国积弱落后的根源，实在是非除去不可了，于是"决覆清廷"的志向应时而生。后来他之所以多次强调自己革命思想的起点在乙酉中法战败之年，原因就在于这场战争对他刺激甚深，使他对这个政权的不满达到了绝望的程度。他的这种感受决非事后追忆中的矫饰，而是当时的实在震撼。康有为不也是在中法战败后的 1888 年第一次上书请求变法图存吗？可见这场战争在中国的思想界所引起的震动和危机感是何等巨大了。春江水暖鸭先知。这两位近代史上的伟人几乎同时按着了时代的脉搏。"决覆

[1][2] 参见吴伦霓霞：《孙中山早期革命活动与香港》，中山大学学报论丛《孙中山研究论丛》第 3 集，另见吴相湘：《孙逸仙先生传》上册，第 34—35 页。
[3][4] [美]林伯克著，徐植仁译：《孙逸仙传记》，第 158、161 页。

清廷"和变法图强,从不同的侧面以不同的方法预告着近代中国革新时代的
到来。

上述孙中山早期思想发展的历程表明:他先是在西方基督教的熏染下有了宗
教救世的感情,又在西式教育的启示和夏威夷人民反美情绪的感召下,由宗教救
世拓展到"改良祖国,拯救同群"的理想追求,萌生了良善政府的朦胧之想,然后在
清政府腐败专制现实的反复刺激下,朦胧的良政府思想和汉族反抗满族统治的民
族感情相契合,终于在乙酉中法战败的强烈震荡中跃进到"决覆清廷"的反叛境
界。这个思想历程的每个阶段,都贯串着他对国家前途、民族命运的思考,所以它
既是由爱国进向反清,又是以反清和救亡互为映衬的。这样,孙中山的决覆清廷
志向虽然带着强烈的狭隘民族主义色彩,却又包含着反映时代变革要求的新因
素。从此,他的政治觉醒时代开始到来,他将在自己选定的充满荆棘的政治斗争
之路上,经历着血与火的洗礼。

(三) 政治觉醒时代

1885 年作为孙中山早期思想发展过程中的第一次飞跃,标志着他"改良祖
国,拯救同群"的良政府理想,在如何对待现政权问题上由朦胧变得清晰。至于
在"决覆清廷"之后要建立一个什么样式的良善政府,那时的孙中山还不甚了
了。极而言之,充其量只不过是他在中学阶段从英国史或世界史课本上得来的
泛泛认识。所以,"决覆清廷"和"创建民国"作为良善政府理想的两个环节,不
是破中有立地融为一体的;从孙中山思想发展历程观察,这两者也不是同一时
序上的认识。"创建民国之志",至少要在他接受大学教育之后,当他亲身参与
"决覆清廷"的反清革命活动之时,才有可能对革命后的未来政府模式作理性的
思考,这就是为什么他在大学时代仍热衷于"反满"言论鼓吹的缘由。

孙中山于 1886 年 20 岁时从香港中央书院高中毕业,面临着选择未来职业
以继续深造的困惑。像大多数青年一样,他对未来也有着美丽的憧憬。当时,他
一度希望进陆军学校,又想做个海军军官,但都没有成为现实。后来,他期望做一
名律师,也因当时中国没有法律学校而作罢。最后他选择了医生这个职业,认为
"医亦救人苦难术"[1],决定进西医学校进行深造。在喜嘉理牧师介绍下,他于
同年春夏间以减免学费的优待,进入美国基督教长老会创办的广州博济医院附

---

[1] 孙中山:《在广州岭南学堂的演说》(1912 年 5 月 7 日),《孙中山全集》第 2 卷,第 359 页。

设南华医学堂读书。

有一种说法，认为孙中山选择学医是他政治上深思熟虑的结果。这显然是把一个人的政治思想和职业选择完全等同起来的看法。就孙中山的实际情况说，选择学医的原因主要出于他早先就有的宗教救世感情。这件事，喜嘉理牧师在追述孙中山信奉基督教的文章中有过详细说明。他说：孙中山在中学时代完全有可能成为一名优秀的传教师，只是由于香港没有完善的神学院而无法实现此种理想，不得不"拟舍此而学医，以为传道而外，惟行医最能为功于社会"[1]。这就说明，即使孙中山已经萌生了"决覆清廷"的志向，他的未来职业选择仍然另有价值标准，不必一切都服从于政治理想的需要。

在南华医学堂，孙中山只读了一年便转入由香港伦敦传道会与香港议政局议员何启创办的西医书院[2]，开始了为期5年的高等医学教育的正规训练。据考证，他在1887年9月注册入学[3]，于1892年7月以优异成绩毕业，获医学士学位，时年26岁。

从南华医学堂习医起到西医书院毕业的6年，是孙中山政治觉醒的时代。这一时期中，他的"反满"情绪日见高昂，民主思想逐步加增，以进化论为核心的宇宙观正在形成，可以说是他向民主和科学求索的阶段，也是他成为一个资产阶级革命家过程中十分重要的阶段。

在这一时期中他开始广泛交游。其中有他在西医书院的英籍教师康德黎和孟生，他们对孙中山的学业有过很大帮助，尤其是康德黎博士曾对孙中山热爱达尔文学说起过积极的诱导作用，在后来孙中山被清驻英使馆囚禁时多方奔走、呼吁释放，是孙中山的救命恩人；有当时站在中国思想界前列的著名改革家何启、郑观应及在香山"兴蚕桑之利，除鸦片之害"[4]的同乡前辈郑藻如，他们对孙中山进一步认识西方的议会政治、立志改革中国的弊政，产生过重要影响，尤其

---

[1] 冯自由：《孙总理信奉耶教之经过》，《革命逸史》第2集，第14页。

[2] 西医书院是何启为纪念他的英籍妻子雅丽氏（Alice Walkden）于1887年2月创办的雅丽氏纪念医院（The Alice Memoried Hospital）附设的一所医科大学。学制五年，第一、二年为基础医学阶段，设有植物学、化学、解剖学、生理学、药物学、物理学、病理学、医学、外科学、产科与妇科学等课程。第三学年起学科渐减、实习增加，但同时又新设了法医学、公共卫生学及实用初级外科三门课程。各科每年都举行专门考试，由港英当局派遣专家作为考试委员，考试极为严格。学生学习五年考试合格者方可毕业，获医学士资格后才能成为真正的医生。该校以掌院主持院务，下设教务长担任实际管理工作。首任教务长为孟生博士（Dr. P. Mansan），继为康德黎博士（Dr. James Cantlie, 1851—1926）。何启被选为名誉秘书，并担任法医学及生理学教授。

[3] 关于孙中山入学时间的考证，可参见陈锡祺：《关于孙中山的大学时代》，中山大学学报论丛《孙中山研究论丛》第1集。

[4] 孙中山：《致郑藻如书》，《孙中山全集》第1卷，第1页。

是何启,堪称孙中山大学时代的政治导师,在孙中山民主主义思想的形成过程中占有重要地位;有同学好友郑士良、陈少白、尤列、杨鹤龄、关景良、王孟琴、何隆简、杨遁安等,他们经常在课余议论时政、倡言反清,尤其是郑、陈、尤、杨四人,更是孙中山志同道合的莫逆之交。

郑士良(1863—1901),广东归善县淡水墟人,是孙中山在广州博济医院附设南华医学堂的同学。他自幼练习拳技,稍长好结交绿林豪杰与洪门会党,深受反清复明思想的影响。曾在广州德国教会创办的礼贤学校读书,加入基督教。毕业后进广州博济医院附设南华医学堂学习,与孙中山一见如故,引为知己。孙中山说他为人"豪侠尚义,广交游,所结纳皆江湖之士,同学中无有类之者"[1];他对孙中山的"反满"志向也一闻悦服、深表钦佩,坦陈自己是洪门三合会成员,表示如日后有事,可代为罗致会党,以听指挥。孙中山转入香港西医书院后,他也辍学回到故乡,开设同生药房,暗中仍从事联络三合会工作。以后凡因事去香港,必与孙中山等志同道合的好友聚会,畅谈反清,放言无忌[2]。孙中山和郑士良的交往,是他革命生涯中联络会党的开始,不仅对他了解广东洪门的情况有重要意义,而且使他对会党中蕴藏着的巨大反清力量有了最初的认识。

陈少白、尤列、杨鹤龄三人是孙中山大学时代最亲密的朋友。陈少白(1869—1934),广东新会人,原名闻韶,号夔石,肄业于广州格致书院。因困于家贫,辍学去香港谋生,经区凤墀牧师介绍结识孙中山。他"丰姿俊美,才思敏捷,诗词歌赋、琴棋书画,无所不通"[3],两人一见倾心。在孙中山的努力下,他于1890年进入香港西医书院求学,得与孙中山朝夕相处。由于志同道合,孙中山和他义结金兰,约为兄弟[4],后来成为孙中山革命事业最得力的助手之一。举凡联络会党、筹划武装起义、创办报刊宣传革命等皆为之擘画,但"度量褊狭,出语尖刻,人多惮之"[5]。

尤列(1866—1936),广东顺德人,字令季,别字少纨。他出身于当地书香之家,祖父、父亲皆为邑中名士。本人则生性不羁,浪漫幽默。他自17岁起即外出游历,足迹遍历大江南北,曾到过日本、朝鲜。游上海时,他参加了洪门,得知会党反清复明宗旨;游南京时,曾往访太平天国遗迹。在边疆危机刺激下,他"蒿目时艰,慨然有匡复之志"[6],后入广州算学馆肄业。1886年在广州初识孙

---

[1] 孙中山:《有志竟成》,《孙中山全集》第6卷,第229页。
[2] 冯自由:《郑士良事略》,《革命逸史》初集,第24页。
[3][4][5] 冯自由:《陈少白之词章》,同上书,第3页。
[6] 冯自由:《尤列事略补述一》,同上书,第30、31页。

中山,两人未得深谈。1889 年以广东舆图局测绘生被委为中、法、越定界委员,未就舍去。旋考任香港华民政务司署书记,与孙中山时相过从,"自是二人交谊有如胶漆"[1]。

杨鹤龄(1868—1934),广东香山翠亨村人,生于澳门,家世豪富,曾在广州算学馆就读,与尤列同学。他与孙中山自小相识,孙中山在香港时常下榻于他所开设的杨耀记店铺中。为了使友朋相聚能得其所,他特地在商店楼上独辟一室,于是孙中山、陈少白、尤列等人常和他一起"高谈造反覆满,兴高采烈,时人咸以'四大寇'称之"[2]。

1887—1892 年孙中山在香港西医书院求学时,常与陈少白(左三)、尤列(左四)、杨鹤龄(左一)畅谈革命,抨击时政,被时人戏称为反清"四大寇"。图为四人与其友人的合影

孙中山后来回忆当时情况说:

数年之间,每于学课余暇,皆致力于革命之鼓吹,常往来于香港、澳门之间,大放厥辞,无所忌讳。时闻而附和者,在香港只陈少白、尤少纨、杨鹤龄三人,而上海归客则陆皓东而已。若其他之交游,闻吾言者,不以为大逆不道而避之,则以为中风病狂相视也。予与陈、尤、杨三人常住香港,昕夕往还,所谈者莫不为革命之言论,所怀者莫不为革命之思想,所研究者莫不为革命之问题。四人相依甚密,非谈革命则无以为欢,数年

[1] 冯自由:《尤列事略补述一》,同上书,第 30、31 页。
[2] 冯自由:《兴中会四大寇订交始末》,《革命逸史》初集,第 9 页。

如一日。故港澳间之戚友交游，皆呼予等为'四大寇'。此为予革命言论之时代也。[1]

这段话,形象生动地说明了孙中山与志同道合的学友间相互砥砺、尽情鼓吹的情状,他的反清志向已经坚定不移了。应该指出,孙中山所说的革命,在那时还只是造反的同义语。这不仅因为他和他的同志们当时还没有采用过这一词汇,据说直到 1895 年广州起义失败,孙中山等流亡日本时才从神户出版的报纸上得到启发,"革命"二字始为党人沿用[2];而且也因为那时有关西方资产阶级自由、平等、博爱的学说还没有在中国广泛传播,这些青年学生虽然可能在讲堂或书本上略有闻见,但距离以此为批判武器还很远。所以他们的高谈阔论,其主要内容还没有超越"反满复汉"的老课题,人们不把他们看作类似西方的革命家,而是视为造反的"大寇",避之惟恐不及,其原因正在于此。

相对地说,孙中山与郑观应、何启等人的交往,可能比之陈少白、尤列等在政治识见上的受益更多。一则,他们或是同乡前辈,或是师长,在人生阅历、西学知识上远胜于血气方刚的青年学生;二则他们都是当时著名的思想家,对于中西政体的比较已经进入理性思考的阶段,比之较多从直观经验上感受清王朝腐败的青年,更具学理上的感染力。虽然他们对现政权的态度远不如前者激烈,但在他们的批判中,民主主义的成分更能催人深思、给人启示。从后来孙中山上书李鸿章、举行乙未广州起义、谋两广独立等活动都曾得到过他们的支持,与他们磋商的史实看,他们对孙中山的思想影响是重大而且深刻的。可以说,孙中山在 20 世纪初年前后时时流露的改革思想和表现出来的政治上的温情主义行为,很大程度上得自于他们的熏染;他的民主主义思想的一个重要源头,也是从他们的言论和著作中得到最初的泉水。

孙中山和郑观应的交往约在 1890 年前就已开始[3]。他们的关系至少持续到 1894 年上李鸿章书之后。在此期间,郑观应已经刊印了多种宣传改革主张的著作,主要有 1873 年的《救时揭要》,1880 年的《易言》三十六篇本,1894 年的

---

[1] 孙中山:《有志竟成》,《孙中山全集》第 6 卷,第 229 页。

[2] 参见冯自由:《革命二字之由来》,《革命逸史》初集,第 1 页。冯自由此说,经日本学者安井三吉考证,断定不确。孙中山在 1895 年 11 月 2 日晚间,偕陈少白、郑士良乘"广岛丸"货轮,从香港出发,于同月 9—10 日之间抵达日本。所谓"中国革命党孙逸仙"云云,经查当时日本各报并无此报道。参见李吉奎著:《孙中山与日本》,广东人民出版社 1996 年版,第 8 页注释。

[3] 参见陈锡祺:《关于孙中山的大学时代》,中山大学学报论丛《孙中山研究论丛》第 1 集。关于孙中山何以结识郑观应,不少学者认为是经陆皓东介绍的。这种说法有一定可能性,但目前尚缺乏史料根据,是一个值得研究的问题。

《盛世危言》五卷本以及《中外卫生要指》等书。由于史料匮乏，现在尚难断定孙中山是否看过上述著作，但郑观应主张发展农业、培养人才的思想，曾为孙中山所接受，并在他所写的《农功》一文及后来的《上李鸿章书》中有所反映[1]。至于《中外卫生要指》的编辑，正如有的学者所指出：郑本人不懂医学，此书编成很可能得到过孙中山的帮助[2]。孙郑交往，使孙中山对当时的洋务事业及李鸿章的观感产生深刻印象，后来发生上李鸿章书与此有直接关系。想必孙中山曾经与他的挚友们谈起过他对李鸿章的看法，所以，陈少白会有"李鸿章在当时算为识时务之大员"的评论[3]，对孙中山上书一事并不感到惊讶。

与郑观应相比，何启对孙中山思想的影响更大，与之交往更密切。何启（1859—1914），字迪之，号沃生，广东南海人，是孙中山大学时代的法医学和生理学两门课程的老师。他早年毕业于香港中央书院，所以又是孙中山的老学长。后来他留学英国，1879年毕业于阿巴丁大学，获医学士和外科硕士学位，是英格兰皇家外科医师学会会员；同年又进林肯法学院学习法律，1882年偕妻子雅丽氏返回香港，执律师业，1890年被选为香港议政局议员。这样的经历，使他对西方社会、政治和人文历史有着广泛的理解，比之出身于封建士大夫的知识分子更能以世界眼光观察中国问题。因此，他的思想中民主主义色彩较之同时代的改革家更浓重与深刻。在孙中山就读西医书院期间，他们俩的关系就很密切，孙中山从西医书院毕业后，仍把他看作自己政治上的导师；何启也一度把改造中国的希望寄托在孙中山策划的密谋活动上。所以两人之间的交往从1887年孙中山进入西医书院到1900年孙李谋两广独立，断断续续地保持了10多年。

何启自1887年起开始撰写呼吁改革的论著。其中，孙中山可能读到的是1887年的《曾论书后》和1894年的《新政论议》两种。前一种是针对清王朝著名外交家曾纪泽发表在1887年1月《亚细亚评论季刊》上的《中国先睡后醒论》一文所作的驳论，全名《书曾袭侯〈中国先睡后醒论〉后》。曾纪泽为了替洋务运动张目，在文章中说这是中国从沉睡中"忽然醒悟"的表现。何启对此严加驳斥，

---

[1] 关于《农功》篇，向来认为是郑观应所作，《盛世危言》5卷本就辑入此篇。但孙中山曾向戴季陶说《盛世危言》辑入了他的两篇文章。陈少白则指出其中一篇是论及农业的。冯自由更确指《农功》篇乃孙中山所作。《孙中山全集》的编者据此认为此篇初为孙中山所写，经郑观应修改后辑入《盛世危言》，故将此篇全文收录于《孙中山全集》第1卷。但中山大学陈锡祺教授于1983年发表《关于孙中山的大学时代》一文，对此提出不同意见。认为孙中山可能写过有关农业的文章。但《农功》篇不大可能是孙中山所作，真正的作者是郑观应。我个人认为，陈教授最重要的证据是《农功》篇中插有郑观应的一段话。但细读全文，这段话完全与上下文游离，很可能是郑在辑录《农功》时加的一段夹注。
[2] 参见陈锡祺：《关于孙中山的大学时代》，《孙中山研究论丛》第1集。
[3] 陈少白：《兴中会革命史要》，《辛亥革命》第1册，第28页。

认为中国当时不但未醒,而且单纯以办洋务求强,"无异睡中之梦,梦中之梦";进而指出治国的根本,在于实现"公平"两字。"公与平者,即国之基址也。公者无私之谓也,平者无偏之谓也。公则明,明则以庶民之心为公心,而君民无二心也;平则顺,顺则以庶民之事为事,而君民无二事矣。"[1]阐述了国家乃天下公器,国事乃天下公事的思想。由这一思想出发,他认为衡量一国的政令是否公平,不在于当道者的自认,而在于天下百姓的评价,"公平无常局,吾但以民之信者为归;公平有变法,吾但以民之信者为主"[2],一切应以"民之信否"为标准。很明显,这种返求于民的主张,不仅与传统意义上的"民贵君轻"的民本思想有着渊源,而且与西方主张民权的民主思想也是颇为接近的。作为一种新的价值观,它含有重经验、重实践的近代科学方法论的意义;作为一种政治主张,则是要"变君主专制之家天下为万民共有之公天下。"[3]

何启的文章是用英文写成的,由他的同学好友胡礼垣译成中文,连同前后总序合编为《新政真诠》初编,于 1887 年刊印。那时孙中山正进西医书院习医,平时喜欢阅读中外政治历史著作,对于自己所仰慕的老师的著作不大可能置之不顾。从后来上李鸿章书中批评洋务派只注意"船坚炮利,垒固兵强"看[4],他与何启的观点是颇为相近的;他在 1895 年 1 月与日本友人梅屋庄吉的谈话中说到中国"昏睡的人太多了","睡觉的中国人虽不是全体国民,但是蒙上眼睛毫无反应的人实在太多了"[5],则他在中国是否已经醒来的看法上,也和何启的观点相同。据此,我认为孙中山很可能读过《新政真诠》初编。

后一种《新政论议》是何启、胡礼垣有关如何改造中国的政治方案,编为《新政真诠》二编,刊于 1894 年。文章首先描述了清王朝统治下的中国政治、民情、习俗到处呈现的败坏腐朽现状:"山多宝藏不能兴也,水多货财不能殖也,道途跋涉舟车空也,城廓倾颓登冯寂也,官府豺狼民侧目也,厘卡贼盗旅裹足也,衙门苟且无忌惮也,监牢地狱绝祥刑也。士习则尚浮嚣,宜其蠹国也;农则不教稼穑,宜其惰偷也;工则不分良楛,宜其日拙也;商则贩运拮据,宜其迟鬻也",其结果,必然是公道绝,实事废,国体弱,外侮生[6]。文章接着对"兹当玉弩惊张之

[1][2]何启、胡礼垣:《新政真诠》初编,上海格致新报馆 1901 年铅印本,第 3、18 页。
[3]熊月之:《中国近代民主思想史》,上海人民出版社 1986 年版,第 160 页。
[4]孙中山:《上李鸿章书》(1894 年 6 月),《孙中山全集》第 1 卷,第 8 页。
[5]孙中山:《与梅屋庄吉的谈话》(1895 年 1 月 5 日),陈旭麓、郝盛潮主编《孙中山集外集》,上海人民出版社 1990 年版,第 121 页。
[6]《新政真诠》二编,格致新报馆排印本,以下所引皆同,不另注;又:中国近代史资料丛刊《戊戌变法》第 1 册,收录《新政论议》(节录)可参看。

会,金瓯震荡之辰"的中国,开列了 7 条改革措施:一是选有志改革者入仕,即所谓"择百揆以协同寅";二是厚俸养廉,即所谓"厚官禄以清贿赂";三是以真才任公事,则需"废捐纳以重名器";四是广立学校培养会通中西知识的真才实学者,即所谓"宏学校以育真才";五是"倡文学以救多士",庶几人人皆可参政;六是县府省皆设议员,凡为议员者均需选举产生,即所谓"行选举以同好恶";七是行辟门议政之法,各省议员每年一次集于京师,开院议事,即所谓"开议院以布公平"。很明显,这 7 条改革主张是一个连环套,层层紧扣集中到开议院的根本环节上。何启等认为只有作育立志改革、具有会通中西知识、注重民生国计、清正廉明的真才实学者,才能真正为民办事;而只有开设议院,使这些为民办事的真才进入议院,才能达到公平天下,国基稳固的目的。在这样的政体中,君主的职能,只是对议员议决之事"御笔书名,以为奉行之据",类似英国君主立宪制模式中的国君地位。

如果我们把孙中山上李鸿章书中"人尽其才"一节所论及的内容与《新政论议》相比较,就可发现书中所列的教养有道、鼓励以方、任使得法与何启在《新政论议》中的观点有着惊人相似之处。所不同的,仅是孙中山就西方对人才培养使用的角度立论而已,这当然是由于双方写作的对象不同所致。退一步说,即使孙中山没有看过《新政论议》,但他在和何启的交往中,后者关于作育真才、设置议院的思想也极可能是双方感情互通的基点。正是由于基本政治主张上有共同语言,才会促成他们在乙未广州起义中的合作。

这样看来,孙中山在大学时代除与志同道合的学友鼓吹反清外,思想深处还受到了当时的著名改革家和改良思潮的影响。就反清与改革的内涵说,前者更多地和传统的民族感情相维系,后者则是当时中西文化交汇的反映,是历史前进方向的标志。孙中山受他们影响并乐与交往,表明他正处于像海绵吸水那样接受新知的状态,这对孙中山民主革命思想的形成是一个不可缺少的准备阶段。他自称香港是他革命思想和新思想的发源地,正是确切地表达了这一时期的思想内涵。以往有的史学家认为,既然孙中山在 1885 年确立了反清革命的志向,又说受改良思想影响,这是矛盾的,于是,哪一种思想为主的问题成了研究孙中山早期思想中争论不休的焦点。经过近年来史学界对改良与革命的整体反思,认为两者之间没有一条逾越不了的鸿沟,已日益成为人们的共识。即使从历史人物的思想形成过程考察,谁也不会否认前人的思想正是后来者新思想得以形成的必要养料。在近代中国,早期改良派和维新派都曾得益于洋务派介绍西学与引进西方机器生产而扩大视野,没有洋务派"徒袭皮毛"式地学习西方,他们也就不可能从对"徒袭皮毛"式的批判与反思中脱颖而出,把学习西方从长技推向西政;同样,中国早期革命派包括孙中山在内,若没有改良派和改革思潮对于西方民主主义和西方政治体制的思考所滋润,他们也就不能及时得到民主思想的起码养料而迅速成长。就这种思潮相续、思想继承的意义上说,改良派是吃了洋务派的奶又骂娘;革命派未尝不是吃了改良派的奶而否定了娘呢?这种思想史上的吐故纳新,对于尚未形成思想体系的历史人物,强分主次是很难的,弄得不好就会出现"剪不断理还乱"的窘境,只能使研究者陷入自寻烦恼的尴尬局面。

可以肯定的是,由于改革思想较之传统的种族革命具有更丰富深刻的内蕴,它所体现的民主主义思想反映了 19 世纪八九十年代中国社会的需要,对于孙中山新思想的形成更具吸引力。所以,他与学友们在反清问题上的尽情发泄,多为同志间感情的外向交流,而他与何启等改革家的交往,可得思想深处的理智酵化。

在大学时代另一个值得注意的问题是他的宗教感情正在逐步淡化,而以进化论为核心的科学世界观却在逐步形成。如果说,孙中山在中学时代由于西学教育的熏染和政治环境的刺激,主要解决了人生观的问题,那么,在大学时代随着医学科学知识的加增和课外阅读的拓展,他的宗教世界观受到了冲击。这件事他曾向日本友人宫崎寅藏谈论过:"我对基督教的信念,随科学研究而逐渐减退。我在香港医学院求学期间,觉得基督教的理论缺乏逻辑,因而开始阅读哲学书。当时,我的信念相当倾向于进化论,可是又没有完全放弃基督教。"[1]他的这段回忆,既说明了宗教热情减退的原因,又指出了进化论成了他的新信念。

宗教可以给人们精神上的慰藉,但因为它是一种"颠倒了的世界观"[2],无法成为认识世界、改造世界的思想武器。作为宗教有机构成一个重要方面的宗教神话,面对直接研究人的生理构造和病理机制的医学科学,它的许多核心观念如上帝观、三位一体说、上帝造人论等,立即显出了它的迷信和荒诞。从本质上说,宗教和科学是水火不容的。所以,当孙中山的医学和科学知识逐日加增时,便感到原有的宗教信仰在科学研究面前陷入了矛盾的困境。

[1][日]宫崎寅藏:《孙逸仙传》,《建国月刊》第 5 卷第 4 期。孙中山对进化论的向往,在他《复翟理斯函》中也有表露,参见《孙中山全集》第 1 卷,第 47 页。

[2][德]马克思:《〈黑格尔法哲学批判〉导言》,《马克思恩格斯选集》第 1 卷,人民出版社 1972 年版,第 1 页。

对于已经确立除去恶劣政府志向的孙中山来说,他所要寻找的真正现实性,是人怎样能在改造社会中发挥实实在在的作用。既然宗教神学宣扬对来世的向往和对现世的谦卑忍耐,无法承担认识世界、改造世界的指导性责任,那么重新寻求一种积极进取的学说,也就成了势所必然的追求。他开始广泛阅读课外书籍特别是哲学书籍,其中法国革命史和达尔文的进化论,成了他注目的对象。

达尔文的进化论作为一种自然科学的理论,它以自然选择为中心,从变异性、遗传性、人工选择、生存竞争和适应性等方面论证了物种起源,即生物界的进化现象,说明了自然选择在生物进化中所起的作用。作为 19 世纪人类最伟大的发现之一,他的这一学说深刻地改变了人们的思维方式和世界观的知识体系,已经远远地超出了自然科学的范畴。它对于宣扬上帝创造万物的宗教神学是一种直接的否定;对于正在寻求救国救民真理、力图使落后贫弱祖国奋发自雄的孙中山,是一种深刻的启示。他的信念,便渐渐地由宗教神学转向唯物的进化的科学世界观了。这个转变,对孙中山奠定终身的思想基石具有极其重要的意义。所以,他在大学时代逐渐信仰进化论,这是他的"新思想"又一重要组成部分。

1891 年 3 月,正当孙中山读到大学四年级时,香港有"教友少年会"的创设。这是当地青年基督徒成立的一个讲求伦理道德修养的自发性组织,宗旨在于"联络教中子弟,使毋荒其道心,免渐堕于流俗"。会内设有"培道书室",作为会友"公暇茶余谈道论文之地,复延集西友于晚间在此讲授专门之学"的场所。孙中山的信仰虽在发生变化,但对基督教并未放弃。他不仅出席了成立大会,而且写了《教友少年会纪事》一文,发表于同年 6 月上海广学会出版的《中西教会报》上。在这篇文章里,孙中山从宗教伦理道德观出发,抨击了人心不一,世情奸恶,教中某些人趋势利、慕声名,竟致讳道媚人、猥投时尚的恶行,指出青年教徒"慎交游"、"培道德"、"消邪伪"对恪守圣道的重要性[1]。很显然,他仍然推重和尊敬基督教,只不过,他更多地是从宗教伦理的感化力量方面而不是从宗教神话方面表现出他的宗教感情而已。在孙中山的思想认识中,宗教与革命从来不是相互冲突的,信仰上帝和信仰进化论也可并行不悖。王宠惠回忆说:孙中山在大学时代课余常与陈少白一起拜访其父王煜初牧师,"互相探讨耶稣与革命之理想,

---

[1] 以上有关引文均见陈建明:《孙中山早期的一篇佚文——〈教友少年会纪事〉》,《近代史研究》1987 年第 3 期;另见《孙中山集外集》第 597—598 页。

耶稣之理想为舍己救人，革命之理想为舍己救国，其牺牲小我，求谋大众福利之精神，原属一致"[1]。孙中山自己在1896年12月所写的《第一次广州革命的起源》一文中也说：起义失败，"旅居欧美之后，我们逐渐明白，我们最大的希望就在于用《圣经》和教育作为晓导苦难同胞的办法，使他们了解上帝的祝福存在于公正的法律之中，苦难的解脱发见于文明进化之途"[2]，这些都是明证。所以孙中山信仰的变化，不等于他从有神论者变成了无神论者；他的宗教热情在科学面前的减退，不等于他放弃了基督教，这正是他思想复杂之所在。当然，若就他用作改造社会、指导革命的理论武器来说，显然不是神创说和宗教目的论。随着他日后实践的深化和社会进化史观的确立，以进化论作为宇宙观的趋势将愈益自觉和明确。

如果说，大学时代的交游给了孙中山以民主主义的思想养料，广泛的课外阅读给了他科学的进化的世界观，那么，香港作为近代城市的市政面貌及管理方式，则给他以思考改革中国社会的启示。他通过香港和内地的比较考索，原有的去除恶政府志向更为坚定，而对未来良政治的理想开始有了可资师法的榜样。1923年孙中山在回答自己革命思想得自于何时何地时说，香港的市政建设给他以深刻印象并导致他进行政治上的反思。他说：

> 我于三十年前在香港读书，暇时辄闲步市街，见其秩序整齐，建筑闳美，工作进步不断，脑海中留有甚深之印象。我每年回故里香山二次，两地相较，情形迥异……我恒默念：香山、香港相距仅五十英里，何以如此不同？外人能在七八十年间在一荒岛上成此伟绩，中国以四千年之文明，乃无一地如香港者，其故安在？[3]

人们总是从活生生的事实中得到感受，从现实的差异中发生疑问，获得启示。康有为不也是在1879年初游香港时，从香港市政面貌中悟出"乃知西人治国有法度，不得以古旧之夷狄视之"[4]的道理吗？对于古老文明和近代文明的认辨，总是通过两种文明的外观进入理性思考的。孙中山从香港市政建设联想到内地何以落后，正是他理性反思的开始。

疑问导向求索。求索之一法，诉诸于经验。孙中山从自己的乡政改良活动

---

[1] 王宠惠：《追忆国父述略》，载王云五等著：《我怎样认识国父孙先生》，台北《传记文学》丛刊之三，1967年版，第75页。
[2] 陈旭麓、郝盛潮主编：《孙中山集外集》，第4页。
[3] 孙中山：《在香港大学的演说》，《孙中山全集》第7卷，第115页。
[4] 康有为：《康南海自编年谱》，中国近代史资料丛刊《戊戌变法》第4册，第115页。

中发现,地方长官的好恶是政治改良成败的关键。由此,他开始作比较研究,即"由市政之研究进而为政治之研究。研究结果,知香港政府官员皆洁己奉公,贪赃纳贿之事绝无仅有,此与中国情形正相反","于是觉悟乡村政治乃中国政治中之最廉洁者,愈高则愈龌龊"[1]。他对清政府腐败的认识从实际经验上升到了理性的判断。于是,再求之于熟悉西方政治的长老:

> 又闻诸长老,英国及欧洲之良政治,并非固有者,乃人经营而改变之耳。从前英国政治亦复腐败恶劣,顾英人爱自由,佥曰:"吾人不复能忍耐此等事,必有以更张之。"有志竟成,卒达目的。我因此遂作一想曰:"曷为吾人不能改革中国之恶政治耶?"[2]

他所"闻诸"的"长老",就他在大学时代的交游看,只能是他的英国老师和长期生活于英国的中国老师何启。就这位长老回答的内容推敲,似乎何启的可能性更大。

经过这番的比较、研究,他得出的结论是:"中国则并无良政府,数百年来只有败坏一切之恶政府。我因此于大学毕业之后,即决计抛弃其医人生涯,而从事于医国事业。由此可知我之革命思想完全得之香港也。"[3]从乙酉中法战败之年萌生的"决覆清廷"之志,经过香港时期大学时代的几多陶冶,终于在原来的民族主义情绪上增加了符合时代要求的民主主义内容;对于未来良政治的追求,更明确地从向往香港的建设成就出发,向着西方的立宪制度迈进了。由此可见,孙中山的大学时代确实是他政治上开始成熟的时代,也是他作为一个民主革命先行者不可缺少的思想准备的时代。

1892 年 7 月,当孙中山获得西医书院授予的医学士学位和领得在香港开业行医的资格证书,告别母校时,他已经是一个准备投身于现实政治斗争,对未来充满信心的"医国手"了。

那么,他何时开始医国的大业呢?

(四) 立党开会

辛亥革命史的研究者,一般都把 1894 年孙中山在檀香山成立的兴中会作为他开始革命的标志。其实,孙中山早在大学毕业后不久就已在酝酿立党开会之事,而兴中会也在 1893 年冬初就已成立于广州。

---

[1][2][3] 以上引文均见孙中山:《在香港大学的演说》,《孙中山全集》第7卷,第116页。

有关酝酿立党一事,涉及孙中山与辅仁文社的关系;关于广州兴中会,则涉及后人如何估量其意义,两者都与孙中山何时开始革命活动有重要关系。

孙中山自香港西医书院毕业后,应澳门镜湖医院之聘,即赴该医院挂牌行医。这家由中国人开设的澳门最大的医院,一向以中医中药为患者治病,但因孙中山学的是西医,镜湖医院主持人为此特开先例,允许孙中山兼用西医西药诊治。孙中山擅长外科和治疗肺病,加之他的老师康德黎博士每逢孙遇到疑难重症,必自香港乘轮船赴澳门悉心指导,所以孙中山行医不及三月,即"声名鹊起","就诊者户限为穿"[1]。许多当地士绅,也都慕名而乐意与他交往。

孙中山在澳门行医时,仍下榻于香港杨鹤龄开设的杨耀记商号内。和他同住一室的,有他的好友、"四大寇"之一的尤列。尤列性喜交友,自孙中山赴澳行医后,又结识了辅仁文社社员、时任香港圣若瑟书院教师的罗文玉,并经罗介绍,常与辅仁文社成员相往来。1892年秋,罗文玉在香港上环寿而康酒楼设婚宴,文社同仁毕至,尤列也应邀参加。婚宴当夜,尤列偕同辅仁文社社长杨衢云一起去孙中山寓所,介绍杨与孙相见。由是,杨衢云"朝夕常至,至则抵掌而谈,达旦不倦"[2]。孙杨二人成了可以倾心相谈的好友,孙中山因此和辅仁文社有了关系。

辅仁文社的英文名称叫"Chinese Patriotic Improvment Association",可译为"中华爱国互助促进会"[3],是香港一批中产阶层的青年知识分子,在维新爱国共识的基础上结成的社团。1890年在香港发起,1891年3月14日成立于香港。社员约有16人左右[4],社长杨衢云名飞鸿,字肇春,号衢云,福建海澄人。1861年12月生于香港,比孙中山大5岁。他的祖父曾署理新兴知县,后因不满清朝统治弃官去南洋槟榔屿。他的父亲在16岁时由南洋回国,定居于香港。衢云于14岁时进香港船厂学习机械,不慎失去右手中间3根指头,只得辍学英文,入香港圣保罗书院,至20岁毕业。后一度担任香港湾仔国家书院英文教员、招商局书记。他为人"仁厚和蔼,急公好义,尤富于爱国思想,……自

---

　[1] 陈少白:《兴中会革命史要》,《辛亥革命》第1册,第27页。

　[2] 冯自由:《兴中会首任会长杨衢云补述》,《革命逸史》第5集,第9页。

　[3] 中文译名据袁鸿林:《兴中会时期的孙杨两派关系》,中南地区辛亥革命史研究会等编:《纪念辛亥革命七十周年青年学术讨论会论文选》,中华书局1983年版,第1页。张玉法的《清季的革命团体》谓英文名称为"China Patriotic Reform Association"可译为"中华爱国者改良社"。

　[4] 社员人数至今说法不一,有16人、17人之说。贺跃夫在《辅仁文社与兴中会关系辨析》一文中,根据美籍学者薛君度提供的《辅仁文社序》,认为社员只有7人。见《孙中山研究论丛》第2集。

中法战役失败后即有志于反清复汉"[1]。辅仁文社成立时他在香港新沙宣洋行担任副经理。

辅仁文社的主要创始人还有谢缵泰。谢字圣安,号康如,广东开平人。1872 年 5 月生于澳洲悉尼。其父在澳经营进出口贸易数十年,开设益泰号,是澳洲中华独立党领袖。谢缵泰 7 岁加入基督教,自少即受到父亲"反满复汉"思想影响。他自述:当他约 12 岁时,父亲对他讲述了清兵入关时残酷杀戮的故事,于是他发誓长大回国后,将竭尽全力把"满族鞑虏驱逐出去"[2]。1887 年谢入香港中央书院读书,结识了杨衢云、周昭岳等人。他说:"这使我开始觉醒到计划组织一个中国亿万人的革新运动,一个驱逐满洲鞑靼篡夺者的运动,正好是时候了。"[3]他一共结识了 16 人,其中杨衢云、陈芬、周昭岳、黄国瑜、罗文玉、刘燕宾 6 人和他的思想一致,都具有反清倾向;其他人则相对温和,但都愿意改变国家落后面貌,有爱国心。当辅仁文社正式设立总部时,他在香港工务局任书记。

辅仁文社其他成员,现有姓名可考者共 10 人,其情况分列于下[4]:

姓　名	籍　贯	出身学校	职　　业
陆敬科	广东南海	中央书院	中央书院教员
黄国瑜	(不详)	中央书院	香港政府翻译
温宗尧	广东新宁	中央书院	中央书院教员
罗文玉	广东顺德	中央书院	圣若瑟书院教员
胡干之	广东番禺	圣保罗书院	沙宣洋行买办
何汝明	广东香山	圣保罗书院	圣保罗书院教员
刘燕宾	(不详)	圣若瑟书院	炳记船务书记长
温　德	(不详)	中央书院	政府翻译
陈　芬	(不详)	中央书院	政府翻译
周昭岳	广东南海	中央书院	商人

由上可见,辅仁文社社员大多出身广东和毕业于中央书院,或在洋行、学校任职,或在香港政府机关工作,有一定社会地位,他们是一批对西方比较了解的近代知识分子。

辅仁文社成立时,曾发表"辅仁文社序"与"社纲"。根据美籍华裔学者薛君

---

[1] 冯自由:《中华民国开国前革命史》上编,上海革命史编辑社 1928 年发行,第 5—6 页。

[2][3] 谢缵泰:《中华民国革命秘史》,《广东文史资料·孙中山与辛亥革命史料专辑》,广东人民出版社 1981 年版,第 291、292 页。

[4] 参见吴伦霓霞:《孙中山早期革命运动与香港》,《孙中山研究论丛》第 3 集。

度教授提供的资料,转引如下[1]:

辅仁文社序

六合以人为贵,而人之贵责明道也。道本无影无形,循乎道而事事,悉可归于正者则曰理。是则理之不可须臾离也明矣。人欲明道达理,必先内修心性,外尽伦常。而朋友乃五伦中之一,审是,友道其容缓乎?友道求则相与以成道者,友助其切切也。一曰扶危济困异姓何殊同脉。二曰劝善规过,益不啻严师。三曰切磋琢磨,学识均能增益。能尽乎此则声应气求,自当行乎道而应乎理焉。兹我同志七人,以为此社名曰辅仁文社,但愿同心同德,有始有终,恪守社义,历久不渝其载,是为至要。

社纲(中译)

一、磨砺人格,臻于至善。二、不得沉溺于当世之恶习。三、为未来中国青年作表率。四、以多途增进中外文、武两种学识。五、精通西学、科学。六、以爱国者自励,努力扫除被侮辱和所受之国耻。

这6条社纲贯穿了一个基本主旨:学习西方,维新爱国。那么社纲何以没有反映杨衢云、谢缵泰等人的"驱逐满洲鞑靼篡夺者"的反清思想呢?据谢缵泰的解释是为了避免清政府和港英当局的注意。他说:"广州的满清官吏和他们的特务奸细是这样使人害怕和恐怖,以致人们都不敢谈论革命,不敢跟有革命倾向的人来往";"我们采用'热爱祖国'作为我们的格言,并把会议地方名为'辅

---

[1] 薛君度教授于1984年3月访问复旦大学,并与历史系同仁就辛亥革命与黄兴研究等问题进行座谈交流。其间,我曾提及辅仁文社一事,并请薛教授惠他所掌握的社纲原件。1985年他再次来复旦,交予一篇作于同年4月6日的中文手写稿复印件:"请留转历史系中国近代史教研室陈匡时、沈渭滨及夏林根诸位先生收",并注明:"我忘记去年三月你们哪一位要这个材料"。在经陈、夏传阅后,以我开设"辛亥革命史研究"选修课并从事孙中山与辛亥革命研究,决定将薛君度先生的这篇文稿交给我保存,供教学与研究之用。

薛君度先生的手稿复印件原文如下:

"(注)辅仁文社,于一八九一年三月十四日成立于香港,史家对其宗旨,向无定论。一九六四年我离港返美前,从该社成员之一谢缵泰的儿子处手抄辅仁文社序(中文)和社纲(英文)各一份。据我所知从未发表过。另外,他送我一些其他有关文件(英文石印)复印。一九八四年三月,我把这些资料以及孙中山先生信件,送给中山大学孙中山研究室。后来贺跃夫所撰《辅仁文社与兴中会关系辨析》一文(见《孙中山研究论丛》一九八四年第二集),根据我的提供,首次发表了《辅仁文社序》和《社纲》原文和译文。社纲翻译得很好。但是第六条最后一字应为suffered,不是offered,所以意义就大不相同。可能是我提供的资料笔误所致。现将《辅仁文社序》和中译《社纲》录载如后:

辅仁文社序(沈按:见下列原文,此处从略)

社纲(中译)(同上)

君度按:(本文系根据过去发表过的几篇文章重写。讨论黄兴是否主张过放弃武昌一节,及有关辅仁文社注释,则系新撰。一九八四年十二月廿六日脱稿)此文尚未发表。"

薛君度先生按语中的"本文",系指他在复旦交流时所展示的一篇论文的初稿。

仁文社'，但这并没有能阻挡欧籍警察的不时到访"[1]。其实，除了避忌外，恐怕和半数人员不具有反清思想更有关系。

社纲是判定组织性质的一面旗帜。辅仁文社社纲的基本点是维新爱国，所以有人说它"以开通民智"为宗旨，并未"含有政治上激烈之性质"[2]；有人则说它是"研究学业，盖一变相之俱乐部"[3]，都不失为确当之论。假如因为其半数成员有反清思想而不顾社纲的基本主旨，把它说成是一个类似檀香山兴中会那样性质的革命团体，恐怕是过分夸大了。

孙中山和辅仁文社的关系，仅仅是他和文社社长杨衢云的关系，目前还没有材料证明他参加了辅仁文社[4]。但由于他和杨衢云志向相同、意气相投，两人在朝夕倾谈中，他必定了解辅仁文社的情况，同时也会对杨谈到自己的交游及立党开会的设想。杨表示支持并主张"先在广州组织团体以共策进行，总理（孙中山）韪之"[5]。由于当时孙中山在澳门行医并开设中西药局，业务颇为发达，所以谈过后没有什么动作。此事直到1893年春，孙中山因愤于澳门葡萄牙籍医生的排挤，改赴广州行医，在西关冼基开设东西药局后，才提到日程上来。据《孙中山年谱》记载：1893年秋，孙和陆皓东、郑士良、陈少白、尤列、程璧光、程奎光等，经常在广州圣教书楼后的礼拜堂及广雅书局内的南园抗风轩聚谈政治[6]。这批人中，有他在大学时代鼓吹反清革命的同志如陆、郑、陈、尤；有新联络的清军广东水师军官如二程兄弟。其中程璧光系广东水师广丙舰管带，毕业于福建水师学堂，曾被派赴英国学习海军业务；其弟程奎光为镇涛舰管带，也毕业于福建水师学堂。两人在中法战争后对清廷腐败"咸愸然忧之。奎光尤义愤填膺，隐然有脱离异族政府之志。"[7]所以，这类聚谈，可说是为立党开会作了思

---

[1] 谢缵泰：《中华民国革命秘史》，《广东文史资料·孙中山与辛亥革命史料专辑》，第292—293页。
[2] 冯自由：《中华民国开国前革命史》上编，第6页。
[3] 陈少白：《兴中会革命史别录》，《辛亥革命》第1册，第76页。
[4] 荣孟源先生在《兴中会创立的时间和地址考》一文中认为：孙中山经尤列介绍结识杨衢云后，"他大概在这个时候就参加了辅仁文社"。荣氏并根据孙中山在《伦敦被难记》中自称："予早年在澳门，始知有一种政治运动之存在，此种政治运动，大可名之曰'少年中国党'之形成。予以该党宗旨见识宏远，适合时势，深表同情，即报名入党"一段文字，说孙中山参加的"少年中国党"就是辅仁文社（见《大公报》1951年3月16日；另见《辛亥革命史论文选》下册，三联书店1981年版，第1258—1259页）。荣氏此说，缺乏旁证，只是推论。张玉法也有类似看法，但他的说法，似乎比较含糊。他说："似孙所指'少年中国党'，必另有一个具体的组织。这另外的一个组织，就现有的资料看来，最大的可能是'辅仁文社'。"（《清季的革命团体》，第155页）他只说"最大的可能"，就是因为"现有的资料"还不能说明"少年中国党"究竟是一个什么样的团体，也不能直接证明它就是辅仁文社，更不能证明孙中山参加了辅仁文社。
[5] 冯自由：《兴中会首任会长杨衢云补述》，《革命逸史》第5集，第9页。
[6] 广东省哲学社会科学研究所历史研究室等合编：《孙中山年谱》，中华书局1980年版，第26页。
[7] 冯自由：《程璧光与革命党之关系》，《革命逸史》第2集，第25页。

想和组织上的准备。

1893 年冬初,孙中山认为时机成熟,便约集同志在广雅书局内南园抗风轩正式开会讨论成立组织。会义由九列主持,孙中山提议组织的名称叫"兴中会",以"驱逐鞑虏,恢复华夏"为宗旨,"众赞成之,即日成立"[1]。这次抗风轩集会,就是广州兴中会的成立会议。参加者有孙中山、程耀辰、程璧光、程奎光三兄弟,陆皓东、魏友琴、郑士良、九列共 8 人,他们也就成了广州兴中会的最初一批成员。

值得注意的是,广州兴中会没有选举和推定领导人。孙中山虽是整个组织的灵魂,兴中会的名称和宗旨都是他提出的,但会议却在九列主持下,会后九曾到香港向杨衢云谈了此事,杨对之十分赞赏[2]。这说明,广州抗风轩集会成立组织一事,确是孙中山与杨衢云共同商量过的,而且在成立组织后两人还保持着一定的联系,九列正是双方联系的居间人。因为他既是孙中山反清思想的同调者和密友,又与辅仁文社经常往还,最合适充当双方联络人的角色。所以九列在 1927 年曾说过:"满清季叶,政治窳败,外侮纷乘,国成病夫,奄奄垂毙。事势至此,不能苟且偷生。所谓'天下兴亡匹夫有责'。列于是与我至友孙中山先生,纠合黄咏襄、杨衢云先生及诸同志创立兴中会,从事革命,以为国民之先导。"[3]这段话虽说的是 1895 年成立香港兴中会之事,但从中透出了自广州兴中会成立以来,孙中山与杨衢云之间,扩而大之兴中会和辅仁文社之间一直通过九列的居间保持着联络,这就是为什么 1895 年兴中会与辅仁文社很快合作的原因。此其一。

其二,孙中山自小受到民间秘密结社影响,在开始组织团体结合同志时,由于没有任何可资借鉴的组织形式,会党的结合方式成了唯一比较熟悉的模式;况且,参加者中九列、郑士良又都是洪门中人,所以这次成立会上产生的组织使用了与洪门会党相同的"会"的名称,定名为兴中会[4],并且以会党山头奉"大

---

[1] 1927 年香港《大光报》连载之《杨衢云略史》,转引自《清季的革命团体》,第 156 页;1936 年九列亲友所刊之《顺德九列先生八秩开一荣寿征文启》,亦有相同记载。冯自由:《兴中会首任会长杨衢云补述》作:"众赞成之,而不及制定会名"(《革命逸史》第 5 集,第 9 页)。冯自由此文,与上述二文内容几完全一致,但在会名问题上故意不提兴中会,其目的在于自圆其"兴中会创始于 1894 年檀香山"之说,不足为训。《革命逸史》各集所载文章,有不少抵牾,其中一个原因,即为冯自由出于制造国民党正统史观而故意删改。

[2] 据香港《大光报》1927 年连载之《杨衢云略史》称:"公居港,弗克来会,次日,九君适往港,为公道之。"转引自张玉法:《清季的革命团体》,第 156 页;另,冯自由:《兴中会首任会长杨衢云补述》称:"公居港,勿克来会,次日九列适往港,为公道之,公大称善。"(《革命逸史》第 5 集,第 9 页)

[3] 冯自由:《九列事略补述二》,《革命逸史》初集,第 37 页。

[4] 关于兴中会名称,《檀香山兴中会成立宣言》中有一段文字:"用特集会众以兴中,协豪贤以共济,抒此时艰,奠我中夏。"(《辛亥革命》第 1 册,第 58 页)细读之,在爱国感情中确带有会党特具的语气。

哥"为首领的方法,奉孙中山为当然领袖。因此,广州兴中会尽管没有推定领导人,孙中山实际上居于领袖地位是无可怀疑的。

顺便说个问题,近代中国最早一批资产阶级政治团体如兴中会、强学会、保国会、自立会等等都离不开一个"会"字,这是因为在中国历史上除了民间秘密结社会党和教门外,没有出现过其他一个组织名称可资借鉴。取"会"字作为组织名称,本身就折射出资产阶级政治家摆脱不了旧式会党的传统影响,所以早期的政治团体都多少带有秘密结社的色彩,如明显的地域性,搞秘密活动,强调首领的地位,具有山头主义倾向等等[1]。

指出 1893 年广州兴中会应是孙、杨共同议定的产物以及以尤列为孙、杨之间的居间人,并不等于说它是"辅仁文社的广东支会"[2]。首先,现存材料表明1892 年孙、杨相识后的关系是志同道合的朋友而不是同一组织的领导与被领导者,他们之间的商议完全是朋友间的平等交流,不是领袖对属下的指示或命令。所以,杨衢云只是建议"先在广州组织团体",孙中山对这一主张表示同意而已,其间丝毫没有组织统属上的联系;其次,尤列主持抗风轩集会,会后到香港向杨"道之",不等于他作为辅仁文社的代表参与组织支会事宜。尤列虽经文社社员介绍结识了杨衢云和其他成员,但他并没有加入辅仁文社[3],所以谢缵泰在他所著的《中华民国革命秘史》中,从未提及尤列是辅仁文社社员,一切有关文社的材料中,统计社员人数和提及社员姓名时都没有包括尤列在内;最后,辅仁文社与广州兴中会两者宗旨完全不同。前者的 6 条社纲充其量只反映了维新爱国的主旨,后者却明确提出了"驱逐鞑虏,恢复华夏"的宗旨。因此,1893 年广州兴中会的成立只和辅仁文社社长杨衢云有密切关系,不能说与辅仁文社整个组织有着母体与子体、总会与支会的上下统属关系。广州兴中会完全是在孙中山努力下建立起来的一个独立的组织。

1893 年广州兴中会的成立,就近代中国资产阶级政治组织史的时序上说,它理应是第一个具有革命倾向的政治组织。因为它已经有了组织的名称:兴中会;已经有了组织的宗旨:驱逐鞑虏,恢复华夏;已经有了组织的成员:孙中山等

---

[1] 参见拙作:《会党与政党》,《革命史资料》第 10 期,上海人民出版社 1990 年版,第 3—10 页。

[2] 荣孟源先生认为:"广东立会既是辅仁文社社长杨衢云的主意,首先在广东建立机关者又是辅仁文社社员尤列和周昭岳(沈案:系指 1893 年两人在广州设立兴利蚕子公司一事),在抗风轩开会的主持人又是尤列,可见这个会就是辅仁文社的广东支会。"(见《兴中会创立的时间和地址考》)

[3] 荣氏认为尤列"由罗文玉介绍,参加辅仁文社"。其实,按之原文:"社员中有罗君文玉者,与顺德尤君善,尝介绍之于文社",只能解释为罗文玉把尤列介绍给文社其他成员,不能得出介绍尤列参加文社的结论。

8 人,具备了一个政治团体必须具有的最基本要素。

1893 年广州兴中会作为后来一系列区域性兴中会的起源,在辛亥革命史上的意义在于孙中山自乙酉中法战败之年萌生"决覆清廷"之志后,经过多年的摸索,终于进到了结集同志、团聚力量、组织革命团体的新阶段,标志着他由"革命言论时代"向实际革命活动的转折。

但是,广州兴中会还不是一个资产阶级民主革命性质的团体,它的宗旨体现不出近代民主革命历史潮流的趋势,更多地带有反清"复汉"的民族主义色彩。尽管近代中国一切腐败落后的集中体现是与帝国主义相勾结的清政府,要解决民族独立的根本问题必须首先推翻这个卖国政府;反清革命确实也反映了广大人民群众的愿望,但狭隘的民族主义毕竟不能成为指导中国民主革命的思想武器,恢复汉人统治也不可能解决民族独立的任务;虽然,孙中山经过大学时代的政治思想陶冶,反对专制、主张宪政的民主主义思想成分有了很大增长,师法西方、建设良善政府也已有所考虑,但旧传统与新思想仍相互交织在一起,以致在凝聚同志、结合团体、揭橥宗旨时,仍然使用传统的语言,这就使得广州兴中会只能算作一个种族革命性质的团体记录在辛亥革命史册上。

1893 年广州兴中会的酝酿、成立,说明了孙中山在香港西医书院毕业后已经开始了革命的组织准备。他在《有志竟成》中所说:"及予卒业之后,悬壶于澳门、羊城两地以问世,而实则为革命运动之开始也。时郑士良则结纳会党、联络防营,门径既通,端倪略备。"[1] 或隐或现地说明他已经在开始革命活动了。虽然这话是后来的追忆,免不了授人以怀疑之柄,但广州兴中会的成立以及它的宗旨,却是不容置疑的事实,说他那时还是个改良主义者,恐怕在情理上和事实上都是说不通的。

（五）上书李鸿章

孙中山虽然在 1893 年成立了反清"复汉"性质的广州兴中会,并从事于结纳会党、联络防营之类的秘密活动,但广州兴中会没有制定明确具体的革命进行计划,他自己思想上除了反清"复汉"外,仍存有依靠汉族大员进行改革的愿望,以实现其国富民强的理想。所以在冬初成立组织之后,便于次年 1 月回翠亨村撰写《上李鸿章书》,并开始筹划北上天津、上书请愿之事。

---

[1]《孙中山全集》第 6 卷,第 229 页。

《上李鸿章书》开宗明义地宣称："欧洲富强之本,不尽在于船坚炮利、垒固兵强,而在于人能尽其才,地能尽其利,物能尽其用,货能畅其流——此四事者,富强之大经,治国之大本也。我国家欲恢扩宏图,勤求远略,仿行西法以求自强,而不急于此四者,徒为坚船利炮之是务,是舍本而图末也。"[1]文章接着对这四事作了具体阐述:

所谓"人能尽其才"有三个方面,即教养有道,鼓励有方,任使得法。教养有道,是指政府应广设学校,师法西方教育,使学有所用,各有所长,因人因地施教,以收教养之功;鼓励有方,指学习西方,奖励发明,创立学会学报,鼓励实学;任使得法,则指政府用人务取其长而久其职,学优取仕,厚其俸禄。文章认为做到这三个方面,就能达到"天无枉生之才","野无抑郁之士","朝无幸进之徒",而收人尽其才的实效。

所谓"地能尽其利"也有三个方面,即农政有官,农务有学,耕耨有器。农政有官,希望政府仿效西方国家设立农官,经略农事以劝农民;农务有学,要求政府设立农政学堂,对土壤、植物、农业化学等详加考究,倡明农学,收"一亩为数亩之用,变一国为数国之大"的功效;耕耨有器,认为中国应购买西方国家的农业机械并进行仿制。文章指出:"农政有官则百姓勤,农务有学则树畜精,耕耨有器则人力省。此三者,我国当仿效,以收其地利者也。"

所谓"物能尽其用"是指穷理日精,机器日巧,开源节流。文章认为"泰西之儒以格致为生民根本之务,舍此则无以兴物利民,由是孜孜然日以穷理致用为事。"文章呼吁中国应大力讲求格致之学,推广机器之用,以谋国家富强。

所谓"货能畅其流",在于关卡无阻碍,保商有善法,广建铁路,发展航运业。文章批评了清政府层层设关、处处立卡,阻难商贾的弊政,指出应学习西方、体恤商民;又批评了洋务派虽有招商轮船之设,但只限于沿海大江,不多设于支河内港,不能畅开货流、便于商运,提出要在富庶之区如粤、港、苏、沪、津等处修建铁路,招商兴筑。

文章强调这四大宗旨的急务在于兴农政,即优先发展农业的近代化,并表示愿协助李鸿章首先在农业上学习西方,因地制宜,次第举办。孙中山自信地指出:如政府采纳他的这些主张,"以中国之人民财力,而能步武泰西,参行新法,其时不过二十年,必能驾欧洲而上之"。

十分明显,《上李鸿章书》的四点宗旨,都是希望中国学习西方,保护和发展

---

[1] 孙中山:《上李鸿章书》,《孙中山全集》第1卷,第8页。以下所概括各点均据此文,不另作注。

本国农工商业的大计,可以说这是孙中山最初提出的一个发展中国民族资本的经济纲领。其中,以"农政之兴尤为今日之急务"的主张,体现了孙中山重视农业在国民经济中的基础地位,以农业近代化为首选的经济思想。值得注意的是洋洋万言的上书中没有一句涉及改革现行政治制度的话,也没有任何介绍西方政体的内容。这就是说,《上李鸿章书》并不是一件政治作品,不能以此作为论定孙中山在1894年前的政治思想的根据。但上书李鸿章一事却反映了孙中山企图一展其经世抱负,知遇于当道以实现其建设民富国强的夙愿。所以应该把《上李鸿章书》和上书李鸿章分开来进行分析。

《上李鸿章书》的出现,绝非偶然。它是孙中山长期思考、酝酿的产物。早在他的大学时代,即他自称的"革命言论之时代",就已在思考如何把中国建设成一个民富国强的近代化国家,尤其是关于农业近代化问题,更是他致力思索之所在。1890年,他在致同乡前辈郑藻如的信中,着重论述了自己"实事之欲试者"的三个方面,即学习西方、提倡农会以鼓励农民,使地尽其利;立会设局、劝禁鸦片,以利国计民生;广立学校、培植人才,以收人才盛、风俗良、国家强的实效。这三个方面后来都程度不等地体现在《上李鸿章书》中。1891年他写的《农功》一文,其主要内容几乎尽入《上李鸿章书》。有的话一字不改,如"一亩之田变数亩之用";有的小有改动,主旨仍旧一贯,如"是即强兵富国之先声,治国平天下之枢纽也"一句,变为"富强之大经,治国之大本也";至于"以农为经,以商为纬,本末备具,巨细毕赅",显然是"农政之兴尤为今日之急务"的同调。

这说明,即使孙中山已经确立反清志向、提出"驱逐鞑虏,恢复华夏"的反清宗旨时,他的思想也不是单一的,经济思想、宗教思想等都是他思想整体的重要组成部分,惟其如此才显出了他思想的多样性和复杂性。所以,即使孙中山已经在进行政治变革的革命实践时,并不排斥他可以同时在思考非政治变革的实业救国方案。可以说,革命和建设一直是他思想中平行发展着的两条思路。反清革命是他去除恶劣政府的既定手段;使祖国与欧洲先进国家并驾齐驱,乃至超越其上,是他建设良善政府所要实现的理想目标,两者都贯穿着爱国救亡的主旨。

按常理,革命和建设应有时序上的先后之别。不分先后作为平行的思路,只能反映孙中山思想中狭隘的大汉族主义并没有因民主主义的加增而消色,他与满族统治者誓不两立,却寄希望于汉族的洋务派官僚。思想上的困惑必然会造成行为方式上的矛盾。上书李鸿章,正是表现了孙中山仍在暴力与非暴力问题上的摇摆。一方面,他在大学时代和志同道合者公然倡言排满,高谈阔论,放言无忌;另一方面,又呱呱希望于上书公卿,知遇于汉族的开明大员,一展他建设国家的经世抱负。1890年致郑藻如信,是现存史料中最早透露这一讯息的文献。他在信中说:

> 某留心经济之学十有余年矣,远至欧洲时局之变迁,上至历朝制度之沿革,大则两间之天道人事,小则泰西之格致语言,多有旁及。方今国家风气大开,此材当不沦落。某之翘首以期用世者非一日矣,每欲上书总署,以陈时势之得失。[1]

他说留心经世之学已十有余年,可能稍有夸张,但说期望用世已非一日,则完全符合他早岁"志窥远大,性慕新奇"[2]的性格和抱负。后来,他在和郑观应的交往中想必也谈起过自己的这类想法,以致郑观应在把他所写的《农功》辑入《盛世危言》时,情不自禁地批上了一段夹注:

> 今吾邑孙翠溪西医颇留心植物之理……尚欲游学欧洲,讲求新法,返国试办。惟恐当道不能保护,反为阻遏,是以踌躇未果。[3]

批注明白地反映了孙中山有着一展经世之才、建设国家的初衷。孙中山在和这些著名改革家的接触中,不仅从他们那里吸收了民主主义的思想养料,从而加深了他对西方议会民主制度的了解,而且也从他们那里获得了对自己建设近代化国家理想的同情和支持,加强了他的非暴力、温和主义的色彩。这就是他受当时著名改革家的影响之表现,或者说受到当时改良思潮影响的结果。

但是,非暴力的温和主义既可以属于根本上不触动旧体制的改良;也可以属于根本上改造旧体制的革命范畴。前者,方法与目的相联乃至同一;后者方法与目的相分,纯属手段问题。因此,承认并肯定孙中山受到改良思潮和改革家思想影响,并不等于同时承认孙中山是个在保存清王朝前提下进行政体改革的"改良主义"者,更不能据此说明上书李鸿章是政治上的"改良主义"行为。简言之,不能不加分析地把非暴力的温和主义的和平手段一概说成是改良主义行为。如果把上书李鸿章一事解释为改良行为,那么这种说法忽视了一个基本事实,即近代中国还没有出现过一个和满族统治者(不仅仅是皇帝)势不两立、发誓要推翻清王朝的改良主义者!如果以为温和的和平方式必定是改良,那么这种分析不仅把革命单纯地理解为暴力,而且也不符合孙中山自己说他作为一个

---

[1] 孙中山:《致郑藻如书》,《孙中山全集》第1卷,第1页。
[2] 孙中山:《复翟理斯函》,同上书,第43页。
[3] 孙中山:《农功》,同上书,第5页。

中国式的革命家,"究不过抱温和主义,其所主张者非极端主义,乃争一良好稳健之政府"的自我剖析[1]。所以,我认为孙中山确实受到改良思潮和著名改革家思想的影响,但主要不是表现在上书李鸿章的事件上。从后来的史实看,他对民主共和还是君主立宪的问题,在相当一段时间有所摇摆,即使是他已经提出"建立合众政府"这一主张后,他仍然会流露出君民共治的意向,尽管他心目中的君主绝不能是满族皇帝。《上李鸿章书》和上书李鸿章主要反映了孙中山的革命与建设、暴力与非暴力问题上的困惑,甚至还夹杂着政治理想和个人追求之间的矛盾心态。后者,对于一个尚未形成理论体系的业余革命家来说,是一种常见的心理。

如果把上书一事放到当时的历史背景下考察,就可看到孙中山知遇当道的个人追求如同他的反清志向一样,体现着救亡图存的爱国主义情操:

从19世纪70年代起,外国资本帝国主义对中国的侵略正在逐步深化。由于外国商品的汹涌入侵,中国的对外贸易不断恶化。在1891—1893年的统计年度中,入超的指数达52%[2],进口的外国货以工业消费品为绝大多数,鸦片也占了相当数量,超过了435公担[3],出口的12种主要商品仍以棉花、丝、茶、豆类等农作物为大宗[4]。

外国工业品的大量输入,势必严重阻碍民族工业的发展,尤其是土纺土织业受到摧残,在19世纪80年代后,不少地区的土纺家织业被压抑到几乎濒临消失的境地。农产品的大量输出,必然促使中国农村为适应市场需要而扩大商品经济作物的种植面积。这两方面都加速了农村自然经济的瓦解,迫使农村日益卷入世界资本主义的漩涡。但是农村中的商业性农业如同城市资本主义工业受到束缚压抑一样,在宗法制度的强固影响下,在封建地主阶级政治经济特权压制下,在商业高利贷资本盘剥下,加上农业技术的原始落后,受到了严重阻碍,农村的农业近代化经营微乎其微。清政府和当权的洋务派官僚,则根本没有考虑过农业近代化问题,19世纪80、90年代,他们的主要精力仍放在船坚炮利上。于是,如何真正解决民富国强的问题,尤其是如何使农业近代化,成了中国面临的严重问题。

从国际形势看,到19世纪90年代,世界主要资本主义国家已经完成了向帝国主义阶段的过渡。世界殖民地也已大体被瓜分完毕,中国成了各帝国主义国家垂涎的对象。1894年前,各国已经在中国建立了各自的势力范围:英国独占了长江流域;法国已深入西南地区;俄国兼并了黑龙江流域以北、乌苏里江以

---

[1] 孙中山:《在香港大学的演说》,《孙中山全集》第7卷,第116页。

[2] 参见严中平等编:《中国近代经济史统计资料选辑》,科学出版社1955年版,第64页列表统计。

[3][4] 同上书,第74页所载:《各年十二项主要进口货物统计》表。

东的大片中国领土,还想把东北和朝鲜纳入它的势力范围;后起的日本一意想在中国东北发展势力。各帝国主义出于自身的利益,在远东展开角逐。美国勾结日本,支持日本侵略朝鲜进而进占中国东北以打击沙俄在该地区的势力;沙俄为抵制美国势力进入东北,也表示支持日本的侵略意图;英国为防止沙俄南下,利用日本对抗沙俄而暗中怂恿日本进入东北。因此,19世纪90年代初期,正是国际帝国主义在朝鲜和中国东北问题上勾心斗角、形势紧张的时候。

在国际国内形势的催逼下,如何解救中国免于瓜分,发展中国的城乡资本主义,成为相辅相成的两个方面。孙中山所考虑的也正是这两方面的问题。他看到了中国面临着列强环视、瓜分豆剖的危机,立志要推翻误国卖国的清王朝;他也看到了洋务派"徒为坚船利炮之是务"而忽视发展农工商实业的根本大利,希望通过上书请愿的方法,"冀九重之或一垂听,政府之或一奋起"[1],实现自己民富国强的经世抱负。这就使他日渐形成了革命和建设两条平行发展的思路,从而使自己的行为方式产生了相互矛盾的现象:为了革命,他在大学毕业后暗中从事联络防营、结纳会党、集结同志、组织团体;为了求强,他梦想有一天能伸展抱负、说动公卿,甚至出国考察以所学报效国家。貌似矛盾的现象深处,确确实实地跳动着一颗救亡图存的爱国之心。上书当道虽然多少流露出个人的利益追求,但若把这种人之常情推向极端,夸大为孙中山想由此挤入官绅阶层以改变其出身低微、职业卑下的地位,则不仅是一种匪夷所思的主观推论,而且也完全不符合孙中山一生无意于仕途的品格。

孙中山之所以选择李鸿章作为他上书求强的对象,既有个人的历史渊源,也有他和同时代人对李鸿章相一致的观感。李鸿章曾经是他就读的香港西医书院的赞助人,也是他大学毕业时由校方推荐求职的"雇主"。虽然这件事由于两广总督衙门的官僚主义作风而最终未能实现,但孙中山的名字和他的基本状况,似乎已经为李鸿章所知悉[2],这就发生了个人之间的历史联系。至于孙中山对李的观感一向不恶。且不说他曾从郑观应那里了解过李鸿章的事业,即使

---

[1] 孙中山:《伦敦被难记》,《孙中山全集》第1卷,第52页。

[2] 据与孙中山同时被推荐的西医书院毕业生江英华回忆:"毕业后因香港未有位置,时香港总督罗便臣曾驰函北京英公使,托英公使转商于北洋大臣李鸿章,谓总理(孙中山)与余两人识优学良,能耐劳苦,请予任用。李覆书罗便臣总督云:可来京候缺,每人暂给月俸五十元,并欲授我二人'钦命五品军牌'。总理(孙中山)为潜身京师,运动诸人革命,允即前行。吾二人遂借康德黎师往省(广州)。转商两广总督领牌,然后晋京,以免惹清政府之忌。讵总督衙门诸多为难,欲吾二人填写三代履历等等,方准领得。总理(孙中山)气怒而返港,余亦劝其莫轻易进京,以免身危。遂不果。自是总理愈不满于清吏,而革命之心亦益决。此事外人知之者绝鲜,总理亦不喜对人言。"(转引自吴相湘:《孙逸仙先生传》上册,第89页)李鸿章既然覆书表示可以让孙中山等来京候缺,则对孙中山的情况必然有所知悉。

是他一向崇敬的康德黎博士,对李鸿章也有着"中国之俾斯麦"[1]的赞誉。至于时人包括外国观察家,都把李鸿章看作为了解西方、致力中国富强的一流人才,所以当孙中山决心上书时,陈少白一点也不感到惊讶,认为"孙先生所以要上李鸿章书,就因为李鸿章在当时算为识时务之大员,如果能够听他的话,办起来,也未尝不可挽救当时的中国。"[2]陈少白是第一个看到《上李鸿章书》的人,并为之作过文字上的删改,知道书中没有丝毫政治改革的内容,他说的"未尝不可挽救当时的中国"一语,自然不是指政治上的改良救国,许多研究者以此作为孙中山改良思想的旁证,实在是弄错了陈话的原意。正是在这个意义上,中山大学邱捷教授认为:"这个上书,也反映了孙中山政治思想与革命斗争中的矛盾状况。不过,那不是改良思想与革命思想的矛盾,而是政治革命与实业建设思想的矛盾。孙中山无论是进行政治革命还是构思实业建设的蓝图,都是为了把中国建设成一个独立、民主、富强的国家。"[3]这一看法与我上述的分析是不谋而合的。

为了上书李鸿章,孙中山作了许多人事关系上的准备。约在 1894 年 2 月底至 3 月初,他先找了已经卸任的澳门海防同知魏恒,请他写信把自己介绍给时在上海的盛宙怀,然后准备到上海请盛宙怀作书介绍给他的堂兄、李鸿章的得力洋务干将盛宣怀,最后通过盛宣怀介绍给李鸿章。

魏恒字莘士,号叔平,曾在粤经商,并纳资得官。因帮同盛宙怀办过广东海防捐而与盛氏兄弟相识。自卸澳门海防同知职后赋闲在广州。他对孙中山的学识和医术早有所闻,也欣赏孙中山远游京师然后赴欧洲考察之事,便以提携后进的姿态,作书致盛宙怀,希望盛宙怀能赐书给堂兄盛宣怀,介绍孙中山与之相见。魏恒致盛宙怀信函全文如下:

> 荔孙世丈大人赐览:久违榘训,驰系实深。侄卸前山篆回省,值台旌已先期遣发,未获面别,殊深怅仄。兹恳者,香山县医士孙生,名文号逸仙,人极纯谨,精熟欧洲掌故,政治、语言、文字均皆精通,并善中西医术,知者甚多,妒者亦复不少。现拟远游京师,然后仍作欧洲之游。久仰令兄观察公德望,欲求一见。知侄与世丈处,既有年谊世好,又蒙青照有素,特属函恳赏赐书函于令兄观察公前先容,感激云情,不啻身受者矣。侄赋闲省寓,毫无善状,幸上下人口平安,堪以告慰。省中新政,谅已早有风闻,兹不多赘。

---

[1] 罗香林:《国父之大学时代》,重庆独立出版社 1945 年版,第 6 页。

[2] 陈少白:《兴中会革命史要》,中国近代史资料丛刊《辛亥革命》第 1 册,第 28—29 页。

[3] 邱捷:《孙中山上书李鸿章及策动李鸿章实行"两广独立"新探》,见氏著:《孙中山领导的革命运动与清末民初的广东》,广东人民出版社 1996 年版,第 8 页。

匆匆泐布，敬请崇安，惟照不庄。兴里侄恒顿首。廿八日。[1]

孙中山拿到了魏恒书函后，便把药局的事务交托陈少白处理[2]，自己于1894年3月间偕同窗好友陆皓东北上。陆原是上海电报局的领班生[3]，而盛宣怀正是上海电报局的总办。陆皓东相伴，目的仍在打通请盛宣怀介绍见李鸿章的路径。

同月，孙、陆到达上海，见到了盛宙怀。因为有魏恒手书，盛宙怀碍于情面，才勉强写了致堂兄盛宣怀的引荐信：

> 敬禀者：顷有沪堂教习唐心存兄之同窗孙逸仙兄，系广东香山县人，精熟欧洲医理；并由广东前山同知魏直牧函托转求吾哥俯赐吹植。附呈原信，祈詧阅，特此禀达。恭叩福安。弟宙怀谨禀。初十日。

盛宙怀的引荐信，强调了魏恒函托一事，并将魏信附上，可见其态度并不积极。同时，信中提到了"沪堂教习唐心存兄之同窗孙逸仙兄"一语，可知孙中山在见盛宙怀时把唐心存搬了出来，作为一种关系，求盛宙怀介绍[4]。

孙中山在沪期间，遇见了正在上海的郑观应，并在郑寓得见了香港《循环日报》创办人、现任上海格致书院院长王韬。由于孙中山在大学时代曾读过王韬与英国传教士理雅各(James Legge)合译的英文版四书五经以及王韬在报纸上发表的不少文章，所以对王韬也很仰慕，便把《上李鸿章书》的内容和王韬说了，"王韬也重新替他加以修正"[5]。至于郑观应，很早就知道孙中山有游学欧洲的打算，他与盛宣怀关系极熟，便慨然为孙中山作书介绍：

> 杏翁仁兄方伯大人阁下敬肃者：敝邑有孙逸仙者，少年英俊，曩在香港考取英国医士，留心西学，有志农桑生植之要术，欲游历法国讲求养蚕之法，及游西北省履勘荒旷之区，招人开垦，免致华工受困于外洋。其志不可谓不高；其说亦颇切近，而非若狂士之大言欺世者比。兹欲北游津门，上书傅相，一白其胸中之素蕴。弟特敢以尺函为其介，俾叩谒台端，尚祈进而教之，则同

---

[1] 此信及以下《盛宙怀致盛宣怀函》、《郑观应致盛宣怀函》，均见拙作：《一八九四年孙中山谒见李鸿章一事的新资料》，刊于《辛亥革命史丛刊》第1辑，中华书局1980年版，第88—94页。文章发表后，承戈止曦（武曦）兄撰文指出排印中个别脱字、错字，并对魏恒、唐心存其人其事作了介绍及补正（见《对〈一八九四年孙中山谒见李鸿章一事的新资料〉补正》，《学术月刊》1982年第8期），深表感谢。鉴于拙文已为孙中山及辛亥革命史研究者多所引用，兹将这三件新资料全文再次照录，并对首刊本排印中的脱字、错字，以"·"标出，敬请方家注意。若需引用，请以本书为准。又：三份函件的原件，现藏上海图书馆。

[2][3] 均见陈少白：《兴中会革命史要》，《辛亥革命》第1册，第26、28页。

[4] 关于唐心存其人，我曾向上海图书馆葛正慧先生请教，据葛先生考证认为是在上海电报学堂（天津电报学堂在沪之分堂）任教的唐元湛（详见拙文附录葛先生考证）。兹据武曦兄在其大作中称，唐心存并非唐元湛，前者为沪堂测量塾教习，后者为测量塾学生。但唐心存不可能与孙中山有过"同窗"关系，孙中山把他搬出来，完全是为了拉关系。

[5] 陈少白：《兴中会革命史要》，《辛亥革命》第1册，第28页。

深纫佩矣。专肃，敬请勋绥，惟祈钧鉴不备。教小弟制郑官应顿首。

再肃者，孙逸仙医士拟自备资斧，先游泰西各国，学习农务，艺成而后返中国，与同志集资设书院教人；并拟游历新疆、琼州、台湾，招人开垦，嘱弟恳我公代求傅相，转请总署给予游历泰西各国护照一纸，俾到外国向该国外部发给游学执照，以利遄行。想我公有心世道，必俯如所请也。肃此，再叩勋绥不备。教小弟名心又肃。

孙中山持盛宙怀、郑观应两信（魏恒信函已装入盛宙怀致盛宣怀信封内），于6月间到达天津。当时盛宣怀正在天津筹办东征转运。6月26日（五月廿三日）盛宣怀收到其堂弟及郑观应信，但是否接见孙中山则无资料佐证，有否写信给李鸿章也无确凿旁证，不过据《孙中山年谱》称："盛宣怀接郑信后，曾致函李鸿章，介绍孙中山往见。"[1]至于孙中山通过什么关系求见李鸿章，现存资料多有牴牾之处[2]，撇开这些细节，孙中山虽然把文章送给了李鸿章，但由于李鸿章其时正忙于处理因朝鲜问题引起的中日外交交涉及撤军事宜，根本没空接见孙中山。这样历时近半年的上书求强活动最终未能成功。

如前所述，孙中山在1890年致郑藻如的信里就谈到他早有"上书总署，以陈时势之得失"的愿望，只是由于自感准备不足而"踌躇审慎，未敢遽求知于当道者"，但这种想法从未放弃，这次上书可以说是他苦心筹划，寄予极大期望的行动，结果白费心血，当道者不但对他的求强大计不屑一顾，而且还给他吃了闭门羹，可以想见对他的打击是何等巨大！

怀着极其失望的心情，他与陆皓东由天津到了北京，躬亲目击了京师的腐败奢靡景象，这对他企图发展民族资本的农工商实业以实现民富国强的愿望又是一个刺激。于是，他和陆皓东一起，"闷闷不乐的回到了上海"[3]。这时，中日

---

[1] 见该书第27页。但此事的原始出处，该书未标明，很值得怀疑。所以，后出的陈锡祺主编《孙中山年谱长编》上册，在记述上书一事时，就没有提及盛宣怀曾致函李鸿章之举，见此书第72页。

[2] 邹鲁在《中国国民党史稿》里称孙中山得之于总理衙门委员徐秋畦介绍，上书于李（该书第1册，第2页）；冯自由：《中华民国开国前革命史》称孙中山通过王韬介绍李鸿章幕府洋务文案罗丰禄（上编，第4页）。

[3] 陈少白：《兴中会革命史要》，《辛亥革命》第1册，第28页。不少研究者出于对孙中山上书一事认为是改良主义表现的看法，在孙中山上书失败后引用他所写的《伦敦被难记》中下列一段话："于是吾党怃然长叹，知和平之法无可复施。然望治之心愈坚，要求之念愈切，积渐而知和平之手段不得不稍易以强迫"，以说明上书失败后孙中山由改良变为革命，或说明原先的革命思想占了上风。其实，这段话是紧接着"顾日中战事既息，和议告成，而朝廷即悍然下诏，不特对于上书请愿之人加以谴责，且谓此等陈请变法之条陈，以后概不得擅上云云"（《孙中山全集》第1卷，第52页）这段文字之后的，可见明明是指1895年4月《马关条约》订立后孙中山才有易和平为强迫的感叹。那时，他不仅已经建立了檀香山兴中会，而且也成立了香港兴中会，正在用武装起义的办法作推翻清政府的尝试。怎么能把它移到1894年6月上书失败后的思想变化，以证明革命与改良的关系呢？

甲午战争已经爆发。7月25日，日舰在牙山口外丰岛附近的海面击沉清政府运载援兵赴朝的英船高升号，清军700余人死难。29日，日军攻击牙山东北成欢驿清军，聂士成败走，牙山失陷。8月1日，中日两国同时宣战。9月15日，日军猛攻平壤清军，双方激战，左宝贵以身殉国，叶志超逃走，日军占领平壤。17日，北洋舰队在黄海海面被日军舰队偷袭，海战中致远号管带邓世昌与全船官兵壮烈牺牲，经远号管带林永升中炮阵亡，全船官兵战至最后，与船同毁。北洋海军损失舰船五艘，官兵伤亡较重。这一系列的败况传出，朝野为之震动。孙中山则"以为时机可乘"[1]，便在10月间由郑观应弄得出国护照之后，由上海乘轮船经日本到檀香山做反清的事业去了。在出国前，他曾经由上海至武汉，沿途观察了长江形势。

　　上书的失败，使孙中山企图知遇于李鸿章一展他经世之才、谋民富国强的良善愿望归于破灭，也使他原先思想中革命救国和实业救国两条并行思路的整体构架发生变动。从此，他把实业救国的理想暂行搁置，致力于反清革命的大业。他从自己的上书实践中获得了教育，终于使近10年的求索有了一个明确的答案：只有全力推翻清王朝，才有可能建设起一个真正富强的新国家。从此，他再也不计个人的进退得失，把自己的一生完全融化在革命事业中，成了一个职业革命家。

---

　　[1] 孙中山：《有志竟成》，《孙中山全集》第6卷，第229页。

二　行其所志

（一）檀香山兴中会

1894年10月，孙中山回到了阔别多年的檀香山。当时檀香山华侨正在开展反对夏威夷共和国歧视华人经商和投资新式工业的斗争，并全力支持原夏威夷王国摄政王后恢复统治权。这就增加了孙中山在檀香山鼓吹革命、结集力量的麻烦。在大哥孙眉的协助和资助下，经一个多月的游说奔走，终于在11月间成立了檀香山兴中会[1]。

兴中会之所以能很快在檀香山成立，现有的资料和文献都语焉不详。据1999年马兗生、林文光合著的《孙中山在夏威夷：活动和追随者》英文本，后由马兗生翻译改写的同名中文本披露，此事与当地一个名为"中西扩论会"的组织热情支持有关。马兗生在中文本中称：中西扩论会成立于1883年，会员主要是当地的一些知识分子。"他们集会的目的是研究学术，交换知识，并在一起练习说英语。这个组织颇有朝气。一些知识分子集合在一起，免不了讨论时局。所以他们很支持孙中山的革命道理，邀请孙中山做他们的名誉主席。兴中会的成立，以中西扩论会为基础。这个组织的会员几乎都参加了兴中会。"[2]中西扩论会这一组织，在吴相湘的著作《孙逸仙先生传》上册中，也提到过[3]，马兗生所

---

[1] 通行的说法认为檀香山兴中会成立于1894年11月24日，根据是兴中会"会底银"清册（即《兴中会会员及收入会银时日与进支簿》）上所列第一个交纳会费的何宽交银日期。我认为以交纳会费的日期作为檀香山兴中会的成立日期，严格地说是证据不足的。因为它只说明了交费日期，并不能证明成立日期。所以檀香山兴中会成立日期自可稍稍模糊些，不必确指某日。

[2] 马兗生：《孙中山在夏威夷：活动和追随者》，台北近代中国出版社2000年版，第21页。

[3] 吴相湘在说到兴中会成员何宽时，称何宽在1893年曾组织过中华扩论会，见氏著：《孙逸仙先生传》上册，第114页。但他把"中西扩论会"误为"中华扩论会"，把成立年代列为"1893年"，而且没有注明史料来源。

说,不是孤证。况且马氏的丈夫林文光,是出生在夏威夷的第二代华人,其父林志出生于香山,早年来夏威夷,从 1903 年起就追随孙中山。马兖生在 1986 年退休后同林文光结婚,定居于夏威夷,研究并发表过有关夏威夷历史及夏威夷华人的文章[1]。她在中文版中披露的上述事实是可信的。

檀香山兴中会的成立会议在卑涉银行(Bishop Bank)经理何宽的寓所召开。何宽,广东香山人,与孙眉关系密切,孙眉的商业存款即在卑涉银行存放。

爱玛巷 157 号李昌家

何宽本人除任该行华经理外,还担任檀香山《隆记报》的编辑[2],算得上是一个有新学知识和世界眼光的人。出席者有何宽、李昌、李禄、李多马、李杞、宋居仁、卓海、林鉴泉、侯艾泉、夏百子、陈南、曹采、许鬻、黄亮、黄华恢、程蔚南、邓荫南、郑金、郑照、刘寿、刘卓、刘祥、钟木贤、钟工宇等 20 余人[3]。据说人们到何宽家开会时,觉得何家太挤,就在同天转移到李昌家开会(何、李两家同住在一个巷子内)[4]。孙中山担任

会议主席,提议定名为兴中会,规定以振兴中华挽救危局为宗旨,并宣布章程 9 条,众无异议。接着举行选举,公举永和泰号司事刘祥、卑涉银行华经理何宽为正、副主席,永和泰号司账黄华恢为管库,程蔚南、许直臣为正副文案,李昌、郑金、黄亮、李禄、李多马、邓荫南、林鉴泉等为值理[5]。

会毕,孙中山命各会员填写盟书。盟书内容为:"联盟人某省某县人某某,驱除鞑房,恢复中国,创立合众政府。倘有贰心,神明鉴察。"[6]盟词由李昌宣

[1] 马兖生:《孙中山在夏威夷:活动和追随者》前言,第5—6页。
[2] 冯自由:《开国前海内外革命报书一览》,《革命逸史》第 3 集,第 138 页。
[3][5] 冯自由:《兴中会组织史》,《革命逸史》第 4 集,第 3 页。
[4] 马兖生:《孙中山在夏威夷:活动和追随者》,第 23 页。
[6] 孙中山:《檀香山兴中会盟书》,《孙中山全集》第 1 卷,第 20 页。《全集》编者注明:"据《檀山华侨》中邓《中国国民党茂宜支部史略》,参照冯自由著:《中华民国开国前革命史续编》上卷(上海中国文化服务社 1946 年版)增补。"

读,各会员以左手置《圣经》上,高举右手,向天次第读之,如仪而散。

会后,各会员又相继四出联络,继而又有90余人次第入会,包括孙眉、简永照、尹煜传、杨文纳、古义、伍云生、李光辉、容兆吉、陆望华、陆灿、张福如、许帝有、叶桂芳、程祖安、郑发、卫积益等在内[1]。总计自1894—1895年间在檀香山入会有姓名可考者共126人(包括孙中山)[2]。

其间,兴中会派宋居仁、李昌到茄荷雷(Kahului)建立以孙眉为主席的分会;派孙眉去百衣(Paia)建立以邓荫南为主席的分会[3]。

1894年11月24日,会员开始交纳会底银,现存《兴中会会员及收入会银时日与进支数簿》中所记,自该日至1895年6月2日,共计缴纳会底银人数112人,银288元;另有股份银1 100元,两项合计共1 388元。为支持孙中山革命活动支给了他1 004元[4]。其中所谓股份银,目的是为了发动反清起义而进行的筹饷活动,为了避免会员恐惧,以"集股举办公家事业"为名,规定每股科银10元,成功后收回本利合计百元[5]。

檀香山兴中会从它发布的宣言来看,没有公开揭出反清革命的主旨,而是宣扬了"振兴中华,维持国体"的主张。宣言胪陈了国家面临的危亡处境,饱含着对清朝统治者的严正批判和对民族危亡的深深忧虑:

> 中国积弱,非一日矣! 上则因循苟且,粉饰虚张;下则蒙昧无知,鲜能远虑。近之辱国丧师,翦藩压境,堂堂华夏,不齿于邻邦;文物冠裳,被轻于异族。有志之士,能无抚膺! 夫以四百兆苍生之众,数万里土地之饶,固可发奋为雄,无敌于天下。乃以庸奴误国,荼毒苍生,一蹶不兴,如斯之极。方今列强环列,虎视鹰瞵,久垂涎于中华五金之富、物产之饶。蚕食鲸吞,已效尤于接踵;瓜分豆剖,实堪虑于目前。有心人不禁大声疾呼,亟拯斯民于水火,切扶大厦之将倾。用特集会众以兴中,协贤豪而共济,抒此时艰,奠我中夏。仰诸同志,盍自勉旃![6]

宣言使用了一系列排比和对偶的写作手法,读来琅琅上口,不失为一篇充满着

---

[1] 名单据冯自由:《华侨革命开国史》,商务印书馆1947年版,第26—27页。

[2] 冯自由:《兴中会会员人名事迹考》,《革命逸史》第4集,第24—36页。但冯在此文中申明:"其中有一人二名者,亦有不用本名者,以年代湮远,无从稽考。"故126人之数仍非确数。目前别无其他统计可资考核,故暂从此说。

[3] 冯自由:《华侨革命开国史》,第26页;黄大汉:《兴中会各同志革命工作史略》,第11—12页。

[4][5] 冯自由:《兴中会组织史》,《革命逸史》第4集,第3、8页。

[6]《檀香山兴中会章程》,《孙中山全集》第1卷,第19页。由于此文内容实际上分为两部分,即一部分为宣言,一部分为章程,故有的资料集称其为《檀香山兴中会成立宣言》。

救亡爱国感情的优秀散文。如果光从宣言本身分析,檀香山兴中会还只是一个以爱国主义为宗旨的团体。它对清王朝的批判,措辞虽然严正,但也只限于"庸奴误国,荼毒苍生"。至于"因循苟且,粉饰虚张","蒙昧无知,鲜能远虑"之类的用词,在当时不少改革派的文论中都可看到。而宣言所列的 9 项规条中第一条申明宗旨称:"是会之设,专为振兴中华,维持国体起见。盖我中华受外国欺凌,已非一日。皆由内外隔绝,上下之情罔通,国体抑损而不知,子民受制而无告。苦厄日深,为害何极!兹特联络中外华人,创兴是会,以申民志而扶国宗"[1],更增加了它的温和色彩。但由于它的入会誓词规定为"驱除鞑虏,恢复中国,创立合众政府",就使檀香山兴中会成了一个在爱国救亡公开宣言下的具有民主主义性质的革命团体了。所以,1894 年檀香山兴中会的成立,标志着近代中国第一个资产阶级革命小团体的诞生。这在辛亥革命史上是有特殊意义和特殊地位的。

从 1893 年的广州兴中会"驱除鞑虏,恢复华夏"到 1894 年檀香山兴中会的"驱除鞑虏,恢复中国,创立合众政府",既表明了孙中山反清革命思想一脉相承的连续性,又表现了他由反清革命论者向民主革命论者的跃进。他把推翻清王朝与建立"合众国"式的共和制度联了起来。尽管以后孙中山的言论中还有不少大汉族主义的思想和感情流露出来,但其主流方面却是日益向民主共和国的方向靠拢了。如果说,1885 年确立"决覆清廷"的志向是他早期政治思想发展过程中的第一次飞跃,那么,1894 年檀香山兴中会入会誓词的提出,标志着第二次飞跃的开始。

有的研究者怀疑檀香山兴中会入会誓词的可靠性。薛君度在其所著《黄兴与中国革命》中指出:

经常有人说:最初在檀香山和香港入会的兴中会成员须要宣誓'驱除鞑虏,恢复中华,创立合众政府'。目前,这件事还不能在文献或参与者的著作中得到确证。事实可能是:立誓词一事是逐步发展起来的,而后人则据以推断一开始就是如此。要是说,在檀香山建立兴中会的时刻就定出了这个誓词,那无论如何是值得怀疑的。孙中山檀香山之行公开陈述的宗旨,是募集款项用以建立农学会。虽然,他有可能将其组织兴中会的真实意图,向少数经过仔细抉择的同志们说过,可是,许多参加这个组织的人,对此是一无所知的。既然如此,要求创立时的会员宣誓革命,就很值得怀疑了。[2]

[1]《檀香山兴中会章程》,《孙中山全集》第 1 卷,第 19 页。
[2][美]薛君度著,杨慎之译:《黄兴与中国革命》,湖南人民出版社 1980 年版,第 36 页。

薛君度的怀疑理由是"誓词还不能在文献或参与者的著作中得到确证"。这个理由不是没有道理的。据现存史料,檀香山兴中会入会誓词的主要部分,即"驱逐鞑虏,恢复中国,创立合众政府",最早出现于 1929 年檀香山出版的郑东梦所编《檀山华侨》中邓想《中国国民党茂宜支部史略》一文[1]。号称熟悉兴中会会史掌故、1912 年先担任南京临时政府临时大总统孙中山的机要秘书,不久改任袁世凯北京政府临时稽勋局局长的冯自由,在他写于 1928 年的《中华民国开国前革命史》上编中,述及檀香山兴中会成立过程时没有提到入会誓词一事,更无誓词内容[2]。出版于 1939 年的《革命逸史》初集,其中《檀香山兴中会》一文,也没有提及此事[3]。1945 年出版的《革命逸史》第 3 集,其中《兴中会创始于檀香山之铁证》一文,开始出现誓词的部分内容:"驱逐鞑虏,恢复中国,创立合众政府。"[4] 到 1946 年出版的《华侨革命开国史》,始以盟书形式全文出现[5]。其后,1948 年的《中国革命运动二十六年组织史》即沿用盟书全文。按理,这是兴中会组织史上一件十分重要的事,足以说明檀香山兴中会的性质,但冯自由长期在他的著述中不提,似不属疏忽之列。说檀香山兴中会有入会誓词;现行的盟书原本即是如此形式、如此内容,确实值得怀疑。但这也仅仅是怀疑而已。因为目前谁也提不出否定这一入会誓词的足够资料,或者谁也不能证明邓想所说的"驱逐鞑虏,恢复中国,创立合众政府"是杜撰的。但冯自由在《华侨革命开国史》中使用的盟书全文,就内容细读之,上下文之间缺乏连贯性,即自"某省某县人某某"到"驱除鞑虏"云云,显得突兀,语气不相衔接;"倘有贰心,神明鉴察"一句,其中"神明"二字,显然不符孙中山信奉基督教,以上帝为一神教的教义,因为"神明"二字,在中国人的习惯上是指菩萨一类的神祇,绝不包含上帝的意义,而基督教只奉上帝,反对偶像崇拜,绝不可能信奉传统神祇。这些,都是令人困惑的[6]。所以我以为入会誓词的主要部分,即"驱逐鞑虏,恢复中国,创建合众政府"虽然是孤证,可以怀疑而无法推翻,与其说其无,不如信其有;而盟书却大可怀疑,与其信其原始形式即如此,不如当

---

[1] 参见广东省社科所历史研究室等合编:《孙中山年谱》第 28 页及《孙中山全集》第 1 卷第 20 页《檀香山兴中会盟书》编者注文。

[2] 冯自由:《中华民国开国前革命史》上编,第 4 页。

[3]《革命逸史》初集,第 15 页。

[4]《革命逸史》第 3 集,第 28 页。

[5]《华侨革命开国史》,商务印书馆 1947 年上海初版,第 26 页。其重庆初版时间为 1946 年。

[6] 我只表示"困惑",因为仅从孙中山信奉基督教着眼分析。退一步说,孙中山考虑参加者不全是基督徒,故使用传统意义上的"神明"一词,也是有可能的。但奇怪的是为什么入会宣誓却又要使用基督教《圣经》,并完全模仿西人宣誓形式?

作参考更客观。

　　檀香山兴中会的民主主义性质,在它的章程中也有所体现。首先是章程规定了以"公举"的办法产生组织的领导人和办事人员,体现了会员的民主权利和领导机构产生的民主程序;其次是章程规定"凡会内所议各事,当照舍少从公之例而行,以昭公允",具有民主集中制的色彩,避免了家长制的独断专行;再次,章程规定各项规条如有变动,"亦可随时当众议订加增",充分发扬了集体讨论、集体议决的平等作风[1]。这一切,都使檀香山兴中会超越了旧式会党讲江湖义气、内部实行严格的封建等级制和家长制的窠臼,对建立近代资产阶级政团具有作始意义。

　　但是,檀香山兴中会仍没有完全摆脱旧传统的影响,如孙中山在会内既非主席[2],又不担任领导成员,却是它的当然领袖,这既不符合民主程序,也不体现会员在会内一律平等的精神,多少反映出类似旧式会党首领的特征。这种情况,在后来一系列的区域性兴中会组织过程中都一仍其旧,没有根本改变。这说明那时的入会者虽已有了初步的民主思想,但在意识潜层中仍残存着旧式秘密结社立党开会模式的影子,包括制定章程的孙中山也不例外。

　　1894 年檀香山兴中会的性质,还可以从它最初入会的 20 余位成员的职业状况加以分析。根据冯自由所撰《兴中会会员人名事迹考》一文所列[3],他们的职业情况是:

　　商人:程蔚南、郑照、黄华恢、刘祥、刘卓、黄亮、钟木贤、李多马、李禄、刘新寿、钟宇、曹采(共 12 人);

　　工人:陈南、夏百子、宋居仁、李杞、侯艾泉(5 人);

　　公务员:李昌、卓海(2 人);

　　银行家:何宽;

　　农业家:邓荫南;

　　教育家:许耋;

　　报界:林鉴泉。

其中商人 12 人;加上银行家、农业家各 1 人,共 14 人,占会员总数一半以上,而

---

　　[1]《檀香山兴中会章程》,《孙中山全集》第 1 卷,第 19—20 页。

　　[2]冯自由在其所著的《中华民国开国前革命史》上编中,称举孙中山为会长(第 4 页);《革命逸史》初集:《檀香山兴中会》亦称举孙为会长;但《革命逸史》第 4 集:《兴中会组织史》中却不再提孙中山为会长而确指公举刘祥、何宽为正副主席,《华侨革命开国史》亦如之。

　　[3]《革命逸史》第 4 集,第 24—29 页。

所谓公务员,其中李昌系檀香山政府衙署通译,卓海则为税关通事,均为政府职员,并非体力劳动者[1]。所以檀香山兴中会可以说是以华侨中小资产阶级及其知识分子为主体的革命团体。

檀香山兴中会成立后,孙中山曾延丹麦人柏氏(Victor Bache)为教习,对成员进行每周两次的军事训练,参加者有侯艾泉、李杞、郑金、郑照、许直臣、杜守传、陆灿等20余人[2]。与此同时,孙中山在檀香山积极筹饷以作反清起义之用,至1895年1月,募得经费约合港币13 000元。其中,孙眉和邓荫南皆大力支持;孙眉以低价卖出一部分牛牲所得捐赠;邓荫南则变卖其农场,"表示一去不返之决心"[3]。

综上可知,无论从檀香山兴中会的入会誓词、组织章程、活动内容看,它绝不只是一个爱国团体,而是一个民主革命的组织。我们通常说檀香山兴中会是近代中国第一个资产阶级民主革命的小团体,这个结论是正确的。

但是,纵观檀香山兴中会的成立过程,也可发现有若干明显的缺陷。首先,孙中山组织这一团体的目的主要是为了筹饷,即"拟向旧日亲友集资回国,实行反清复汉之义举"[4],不是为了在海外建立健全、巩固的革命根据地;其次,缺乏深入细致的思想发动,成立得比较仓促。孙中山10月抵檀,到11月下旬即成立组织,前后仅一个月左右。参加者基本上半是靠孙眉的友情,半是靠孙中山自己的游说[5],对反清革命的重要性、必要性认识不足;最后,组织成立后,既没有对入会者经常进行民主革命的教育,又没有充分利用组织的力量向广大华侨进行必要的宣传和发动,结果,参加者自身缺乏统一的认识,未参加者对清王朝怨而不怒,怒而不反的复杂感情没有得到消除,这就为后来被梁启超"保皇即革命"的论调所迷惑而纷纷转向保皇组织埋下了根子。

这一切说明孙中山当时的组织建设思想还很不成熟,他还没有认识到一个坚强统一的组织是进行民主革命艰苦复杂斗争的重要保证。檀香山兴中会作为他亲手创建的第一个资产阶级民主革命的小团体,有这样那样的缺陷是完全可以理解的,但长此以往不加改变,在这个模式上长期徘徊这就值得令人深思了。

---

[1]《革命逸史》第4集,第28、29页。
[2][3][4] 冯自由:《兴中会组织史》,《革命逸史》第4集,第3、4页。
[5] 冯自由称:"总理(孙中山)莅檀后,先赴茂宜农场就商于乃兄,德彰首赞成之,且愿划拨财产一部为助,更移书檀埠各亲友为总理先容。"(同上书,第3集)所以,第一批入会者中有不少人都是孙眉的好友。

（二）　上海同志宋耀如

1917 年在上海拍摄的宋庆龄全家照。前排：宋子安；第二排右起：宋庆龄、宋子文、宋霭龄；后排右起：宋美龄、倪桂珍、宋耀如、宋子良

檀香山兴中会成立后，孙中山原拟赴美洲发展组织，筹募起义经费。但由于甲午战争中清军屡败，京畿告急，清廷集中力量应付关外军事，无暇他顾。上海同志宋耀如认为是反清革命的天赐良机，便函促孙中山回国发动。

宋耀如（1861—1918），宋庆龄的父亲。原名韩教准，祖居海南岛（今海南省）文昌县昌洒区牛路园村。父韩鸿翼，母韩王氏，祖辈务农。1875 年，因家境贫困，随兄长韩政准到爪哇谋生。在爪哇，过继给婶母韩宋氏的弟弟、时在美国波士顿开丝茶店的堂舅，遂改姓宋。

1878 年，随养父到美国波士顿，帮助店务，改名宋嘉树，号耀如。他要求上学读书遭拒绝后，逃离养父家，到美国海岸警卫队一条缉私船上做侍童。后又几经转移，于 1880 年 11 月在威明顿第五街监理公会教堂受洗，皈依基督教，取教名查尔斯·琼斯·宋（Charles Jones Soon）。不久，受资助，于 1881 年 4 月就读于达勒姆主日学校（Sunday School）和圣三一学院（Trinity College），即后来的杜克大学（Duke University）学习神学。1882 年秋，转入田纳西州纳什维尔市的温得毕尔特大学（Vanderbilt University）神学院半工半读。1885 年 5 月毕业，于同年 12 月被美国监理公会以"副牧"的神职，派往中国传教。1886 年抵达上海，在江苏昆山、七宝、太仓等地传教。1890 年，自请改为"本处传道"，在上海定居，执教于上海慕尔堂主日学校。同时，他在自家地下室内开办小型印刷厂，为美华圣经会印刷《圣经》。此外，他还担任上海阜丰面粉公司的经理，并热心创办"上海中华基督教青年会"。因经商获利，常捐款给教会[1]。

---

[1] 以上根据盛永华主编：《宋庆龄年谱（1893—1981）》上册第 9—14 页有关宋耀如内容改写，并适当参考陈漱渝：《宋庆龄祖籍考察纪实》载《文史资料选辑》第 21 辑及吴相湘：《孙逸仙先生传》上册第 117 页转引的[美]包华德：《民国名人传记辞典》第 3 卷，第 141—142 页相关内容。

孙中山何时和宋耀如相识？至今仍扑朔迷离。一般都认为是1894年孙中山偕陆皓东北上天津上书李鸿章时，途经上海留寓于宋宅，是两人的首次会面[1]。但这一说法有以下几点难以解释：一、孙、宋人分南北，地隔千里，在素无谋面的情况下，孙中山怎么会贸然下榻于宋家？二、宋耀如为什么在毫无思想交流、不知对方底细的情况下，能接纳孙中山？三、两人为什么能成为志同道合的同志，以致宋耀如写信给孙中山促其归国发动革命？可见1894年之说，有不少难以说通的疑点，其中，特别是孙中山上书李鸿章时，还没有建立兴中会，没有武装反清的设想。宋耀如怎么能函促以归？除非两人在1894年会面时深谈过革命，但这方面至今没有翔实的史料佐证。

其实，根据孙中山的自述，两人的第一次接触，应是在1892年。这是孙中山于1912年4月17日致友人李晓生信中提到的。原文如下：

晓生兄：宋君嘉树者，二十年前曾与陆烈士皓东及弟初谈革命者，二十年来始终不变，然不求知于世，而上海之革命得如此好结果，此公不无力。然彼从事于教会及实业，而隐则传革命之道，是亦世之隐君子也。弟今解职来上海，得再见故人，不禁感慨当年与陆皓东三人屡作终夕之谈。今宋君坚留弟住其家以话旧，亦得以追思陆皓东之事也……弟孙文谨启，即晚。[2]

这是一件研究孙、宋关系的重要史料，也是出自孙中山手书的第一手资料。信写于1912年4月，所称"二十年前"，上推应是1892年，又曰"初谈革命者"，当属最初接触之谈。

现在没有史料可以说明宋耀如为什么在1892年会和孙中山有所接触。比较合理的解释，一是双方都是基督徒，宗教信仰使他们走到了一起。值得注意的是：两人都是基督教新教的信徒。新教是16世纪"宗教改革运动"的产物。虽然宗派繁多，但它的基本教义较之以教皇为绝对权威的天主教那种墨守旧章、思想陈旧者迥然不同，属于革新、进步的宗教组织，在当时反对封建专制制度中起过重要作用。其中，反对教皇对各国教会的强权控制；反对教会拥有地产；反对教会享有解释《圣经》教义的绝对权威，而以《圣经》为信仰的最高准则；强调教徒直接与上帝相通，无须由神父作中介等，一定程度上体现了民主自由的倾向。虽然随着时间推移，教义在各宗派的传播中有所变化和交叉，但新教

---

[1]冯自由：《兴中会初期孙总理之友好及同志》，《革命逸史》第3集，第19页；另见王耿雄：《孙中山与上海》，上海人民出版社1991年版，第15页。
[2]孙中山：《致李晓生函》（1912年4月17日），《孙中山全集》第2卷，第342页。

上述精神大体相承,基本不变。二是两人都有改良祖国、拯救同群的共志。孙中山早在檀香山求学期间,就生发出救世济人、关怀祖国命运之想。"当时所怀,一若必使我国人人皆免苦难,皆享福乐而后快者。"[1]

宋耀如当时也是个关怀祖国命运、渴望国家富强的热血青年。他早年生活过的波士顿,有着抗击英国殖民统治的光荣传统,被誉为美国革命的摇篮和独立自由的象征。正是在波士顿革命历史和林肯独立精神的鼓舞下,宋耀如第一次萌生了"中国应该学习美国"的想法,有了希望中国"国家独立,民族革命"的朦胧意识。从此,他一直心系祖国,有着强烈的爱国情绪。据于醒民、唐继无著:《宋氏家族第一人——宋耀如全传》所记,他进入"圣三一学院"读书时,一个参加过 1884 年欧洲革命、自称"革命军上士伊连"的老人,向宋耀如介绍欧洲革命时,宋马上联想到了祖国,向老人请教"中国应该怎样革命"[2]。1884 年中法战争时,宋耀如在田纳西州纳什维尔市温得毕尔特大学读书。他在市内大街上听到有人发表赞扬法军的侵华演说,立即提出抗议,责问演说者:"先生,你不感到羞耻吗? 如果你是弱者,是受侵略者,你被强者欺凌,被侵略者踩躏,你也会这样手舞足蹈,引以为荣吗?"他说:法国"就像当年凶残的不列颠人侵略北美一样,蛮不讲理地侵略中国。他们这样伤天害理、不顾廉耻、不怕舆论谴责,难道也是诵读《圣经》的教徒,也是信奉上帝的儿女?"[3] 义愤之下,他自制了一块木板,上写道:"请捐款给遭受野蛮侵略的中国"。他对那些反对者说:"强大的中国一定会诞生,到那时候,谁都不敢碰她!"[4] 上引宋耀如的这些话,由于原书作者没有注明资料来源,而且全书都带有明显的文学描写色彩,不足作为可靠史料予以采信。但作者是两位训练有素的史学工作者,自称写作本书前曾广泛查阅了国内外各种报刊、档案,并力所能及地访问了宋家亲友,加以考订核实。所以虽不可尽信,但相信也不是杜撰。在宋耀如早年资料至今奇缺的情况下,我不得不录而用之,借以勾勒出宋耀如早年思想的大体脉络,说明宋耀如这个根植于祖国的青年基督徒,同样是一个关怀祖国命运,渴望中国富强进步的爱国者。如果这一判断不错,那么 1892 年孙、宋首次接触,就有了大体相同的共同语言和思想基础,才能如孙中山信上所写"屡作终夕之谈"。

在解释了 1892 年孙、宋首次接触的思想基础后,以下的问题是:两人接触的居间撮合人是谁? 在什么地方接触?

---

[1] 孙中山:《在广州岭南学堂的演说》,同上书,第 359 页。

[2][3][4] 于醒民、唐继无:《宋氏家族第一人——宋耀如全传》,第 49、67、68 页,东方出版社 2008 年版。

根据上引孙中山致李晓生信的内容看,撮合人毫无疑问是陆皓东。

陆皓东(1868—1895),名中桂,字献香,号皓东。广东香山(今中山市)人。孙中山的同乡和村塾同学。两人自幼交好,都有改革弊政和改良乡政的愿望。1883年7月,他曾和孙中山一起捣毁村中北极庙神像,为村民所不容,与孙中山同时离村去香港。是年底,又与孙中山在香港同时接受喜嘉理牧师的洗礼,皈依基督教。1884年到上海,进上海电报学堂学习。

上海电报学堂创立于1882年,是一所培养电报专业人才的中等技术学校。校址初在胡家宅会香里(今福州路西藏中路东南转角处),后移到郑家木桥(今福建中路)上海电报总局内。学生最初仅20人,主要学习收发报技术,学制不定。学而优者,派至上海电报总局任职,缺额陆续考补。后因急需电报人才,学堂规模扩大,先后添设测量塾、按报塾、额外塾。1910年与上海电报高等学堂合并,移至爱文义路(今北京西路)。陆皓东1884年入校学习时,学堂创办不久。他学了几年、何时毕业,史无明文,只知毕业后派至上海电报总局充领班生,应该是个学而优的毕业生。

宋耀如于1890年由"巡行传道"转为"本处传道"后,在上海定居下来,与妻子倪桂珍住在虹口美租界朱家木桥一带岳父家里。值得注意的是,宋耀如执教的慕尔堂主日学校,恰与陆皓东供职的上海电报总局,同在郑家木桥一带。慕尔堂建于1874年,原为纪念美国堪萨斯州基督徒慕尔死去的8岁女儿,由当地信徒捐款,在上海建立的教堂。不久,"圣三一堂"并入,成为基督教新教美国监会在上海差会的重点教堂之一。陆皓东既是新教信徒,慕尔堂又在上海电报总局附近。他要做礼拜,很可能就在新教的慕尔堂。于是,就可能与执教于慕尔堂主日学校的宋耀如相遇相识。这虽属推测,但合乎情理。两人同属新教,又志趣相投,成了互可信赖的朋友。据前引于醒民等的著作,陆皓东成了宋家的座上客,两人在客厅里经常长谈,主题总是围绕着怎样才能使中国尽快富强和如何结成中国的"自由之子社"展开。时间是在1890年宋耀如在虹口东有恒路建了宅第后。不过,宋耀如何时建私宅,至今有关方面尚未查明,这一说法还不足以定论。但陆、宋相识交往应在1890年宋嘉树在上海定居到1892年陆皓东偕宋耀如南下与孙中山接触之间。

陆、宋交往过程中,陆皓东势必会向宋嘉树谈到自己同乡好友孙中山,激起了宋耀如想见孙中山的欲望。就像日本志士宫崎寅藏在1895年从陈少白处听到了孙中山革命志向后,急着要会见孙中山那样。可以说孙中山的思想和人格魅力,是他凝聚同志和朋友的磁力场。

陆皓东与宋耀如之所以选在1892年南下，现在还没有具体佐证的史料。但可以从现存资料的蛛丝马迹中寻绎出比较合理的解析。

据1895年广州起义失败后被捕的陆皓东供词称："吾姓陆名中桂，号皓东，香山翠微乡人，年二十九岁，向居外处，今始返粤……居沪多年，碌碌无所就，乃由沪返粤，恰遇孙君，客寓过访。远别故人，风雨连床，畅谈竟夕。吾方以外患之日迫，欲治其标，孙则主满仇必报，思治其本，连日辩驳，宗旨遂定，此为孙君与吾倡行排满之始。"[1]这段亲笔供词，值得注意处有三点：一是陆皓东因自觉在沪"碌碌无所就"，乃由上海离职返粤；二是访孙中山于客寓，"畅谈竟夕"；三是陆、孙经"连日辩驳"后确定宗旨，"倡行排满之始"。根据第三点说两人"倡行排满之始"，可以推知第二点：两人"畅谈竟夕"，必不在供词所称"今始返粤"的1895年，应在此以前。若以孙中山回忆作证，两人畅谈革命排满的时间，即陆皓东由沪返粤，至迟当在1892年。请看孙中山在《有志竟成》一文中，回忆他在香港西医书院求学时期(1886—1892)，倡言革命时的情况说：

> 数年之间，每于学课余暇，皆致力于革命之鼓吹，常往来于香港、澳门之间，大放厥辞，无所忌讳。时闻而附和者，在香港只陈少白、尤少纨、杨鹤龄三人，而上海归客则陆皓东而已。[2]

文中提到"上海归客"陆皓东，证明陆并非如其供词所称于1895年"今始返粤"、"恰遇孙君，客寓过访"，他早在1892年时已从上海返回广东，并去香港孙中山寄寓的杨耀记店铺楼上，与孙中山、尤列、陈少白、杨鹤龄"四大寇"畅谈革命了。他故意把时间延后到举行广州起义的1895年，显然是为了保护尤列、陈少白、杨鹤龄等革命同志。

既然陆皓东与孙中山等"风雨连床，畅谈竟夕"，确定"反满"宗旨，发生在孙中山就读大学的6年时期内，那么何以遽断在1892年呢？根据就是前揭孙中山致李晓生信中所写："宋君嘉树者，二十年前曾与陆烈士皓东及弟初谈革命者"一语。信中所称"二十年前"，是一个明确的时间限定语，不是一个模糊的约数。在没有其他资料可以证明具体时间的情况下，不应作为约数来解读。如果认定宋耀如是在陆皓东居间介绍下与孙中山"初谈革命"，那么陆皓东供词、孙中山致李晓生信以及孙中山的《有志竟成》相互参证，可以肯定，孙、宋、陆三人"初谈革命"的时间是1892年。

---

[1] 邹鲁：《乙未广州之役》，中国近代史资料丛刊《辛亥革命》第1册，第229页。
[2] 孙中山：《有志竟成》，《孙中山全集》第6卷，第229页。

孙中山和宋耀如首次接触的地点在哪里？

有一种说法是在广州。日本学者久保田博子在其论文《关于宋庆龄与孙中山的结合——兼论宋庆龄在中国革命中的地位》中称："1892年陆皓东由上海到广州,与孙文等革命同志有过来往。……宋嘉树去广东,通过陆皓东与孙文联系是有可能的。"[1]久保田博子的这一推论,是有可能性的。因为,据孙中山在西医书院同学江英华回忆:1892年孙中山在西医书院毕业后,经英国驻香港总督罗便臣通过英国驻华公使,向北洋大臣李鸿章推荐孙中山、江英华两人"学识优良,能耐劳苦,请予任用",李鸿章同意两人来京候缺。孙中山偕江英华在业师康德黎陪同下,到广州向两广总督衙门申请领牌[2]。孙中山确实到过广州,有所逗留,那么,在广州恰遇陆皓东、宋耀如的机缘不能说没有可能。

但广州是清政府管辖的华南重镇,骁骑密布,禁锢森严,要在广州客寓中畅谈反清革命,而且"屡作终夕之谈",毕竟危险性太大。而且,孙中山、江英华去广州是为了向两广总督衙门申领牌照,然后晋京候缺。领牌时还要填三代履历,约束甚严。在这样的特殊环境下,陆皓东、宋耀如"客寓过访","畅谈竟夕",似乎不合情理。因之,在广州相聚尽管有可能,但可能性不大。

相比之下,三人相聚很有可能是在香港。理由如下:

其一,1892年中外关系相对平静,香港又是英国当局管辖之地,清政府权力所不逮,言论也较内地相对自由。人员往来聚合不易引人注目。这是天时、地利方面的条件。

其二,孙中山自1883年到港读书,到1892年大学毕业,居港几近十年,人际关系网络早已形成。结交者除同学、同志外,举凡业界如业师康德黎等,商界如辅仁文社杨衢云等,政界如香港议员何启等,宗教界如区凤墀牧师等,在在皆有,比之广州人生地不熟要优越得多。接待朋友,高谈阔论,自合情理。这是人和方面的条件。

其三,孙中山的大学时代,自称是其"革命言论时代",所谈、所怀、所研究者,莫不为革命。说明他与志同道合的学友间相互砥砺、尽情鼓吹,已经到了"无所忌讳"的阶段。陆皓东作为"上海归客",宋耀如作为陆皓东朋友,在香港参与倡言,正是躬逢其盛。所以才有供词所称:"风雨连床,畅谈竟夕"、"连日辩驳,宗旨遂定,此为孙君与吾倡行排满之始"的直白。孙中山对此也念念不忘,

---

[1] 参见华中师范学院辛亥革命史研究室、中南地区辛亥革命史研究会编辑:《国外辛亥革命史研究动态》第3辑,华中师范大学出版社1984年版。

[2] 吴相湘:《孙逸仙先生传》上册,第89页。

以致 20 年后仍使他"不禁感慨当年与陆皓东三人屡作终夕之谈"。可见孙中山对与陆皓东、宋耀如"初谈革命"印象之深。

从以上天时、地利、人和、机遇几方面分析看,孙中山在陆皓东居间介绍下和宋耀如首次相聚的地点,极有可能在香港。具体说,极有可能是在香港杨耀记店铺楼上孙中山下榻之所。这个地方,不仅是孙中山大学时代课余常与陈少白、尤列、杨鹤龄倡言排满,大放厥词之处,而且也是他毕业后悬壶澳门时,仍下榻于此的寄寓所在。

还有一个问题:宋耀如为什么会在 1892 年随陆皓东南下香港?

据上文分析,除了他早已渴望国家富强、改良祖国的一腔热忱,通过陆皓东介绍,想会见孙中山的愿望外,一是陆皓东恰巧在当年离职返粤。与陆同行,自可得以面见孙中山;二是宋耀如为了筹办印刷厂订购相关设备,与陆南下,显得更加自然。宋耀如自 1890 年改为"本处传道"后,便在上海定居。不久,在虹口东有恒路(今东余杭路)购地建屋,并在自家地下室创办印刷所,为上海美华圣经会代印《圣经》。宋氏新宅建于何年,至今尚未查明;宋耀如在地下室办印刷厂也没有确切年代记载。这为宋氏早期经历的研究,带来了很大困难,但也留给后人一个思考探索的空间。据宋耀如在美国温得毕尔特大学神学院就读时期的同学和挚友步威廉(William Burke)的儿子詹姆斯·伯克所著《我的父亲在中国》一书所记,1896 年,宋耀如"在虹口新居接待步威廉",可知宋耀如虹口新居,至迟在 1896 年已经落成。在此之前,即 1890 年宋耀如在"本处传道"后定居上海的居所,应该住在岳父倪蕴山的家里。倪蕴山于 1889 年已经去世,倪府成了宋耀如及其妻子倪桂珍(倪家长女)、倪桂珍妹妹倪桂金和夫婿牛尚周的共同居住处。按照长幼次序的传统,把 1890 年至宋耀如新宅落成前的倪府,说成宋耀如家也无不可。这样,《宋庆龄年谱》所称"在自家地下室里开办小型印刷厂"一语[1],就成了一句模糊而不确定的说法,它既可以指新建宋宅里的地下室,也可以理解为宋耀如在 1890 年居住的倪府。依我的估计,1890 年时的宋耀如传道积蓄不会太多,要在上海购地建新宅的可能性不大,所以办印刷厂,最大可能是在倪府的地下室里。

在上海定居后的二年,宋耀如深感执教于慕尔堂主日学校及服务于上海中华基督教青年会的薪金微薄,又得到上海美华圣经会委托代印《圣经》的机缘,决定开设小型印刷厂。办印刷厂需要机器设备。因为传统的木板刻印,既不合

---

[1] 盛永华主编:《宋庆龄年谱(1893—1981)》上册,广东人民出版社 2006 年版,第 14 页。

委托方印刷《圣经》的要求,又需要较多的人力和资金投入,显然势不可行。传统的石印,虽然资金投入不多,但不合委托方要求。美华圣经会印刷的《圣经》都是铅印本。于是只有购置印刷器械,才能实现办厂赚钱目标。可是19世纪末,上海还没有制造印刷器械的工厂企业。当时,所有教会开办的印刷出版机构如墨海书馆、美华书馆、土山湾印书馆、益智书会、同文书馆等使用的铅字印刷机,都购自外洋。宋耀如要办印刷厂印制《圣经》,只能向国外订购器械。香港是内地与海外沟通的港口,许多外国企业都有分支机构在港办理业务。宋耀如结识陆皓东之后,既欲一见孙中山,又得知陆皓东有离职南下的企图,加上原拟去香港订购印刷器械的需要,于是欣然与陆皓东结伴南下了。我这一分析,虽然没有具体史料佐证,纯属推理,但由于存在无可否认的前提——1892年宋耀如、陆皓东和孙中山"初谈革命"、首次相聚,以及宋耀如确实在自家地下室办过小型印刷厂印制《圣经》,这样的推理也就合乎逻辑了。历史研究在没有确切史料、一片空白的情况下,只要有确切无误的前提,是可以也允许利用上下、左右、前后的旁证,进行合理分析、推论,得出结论的。这个结论,虽有待日后发现的新资料作检验,但它不失为试图解析疑团的一种方法。这也是所谓形式逻辑与历史逻辑的统一。

综上分析、论证,可知1892年宋耀如在陆皓东陪同、引荐下,在香港与孙中山首次相聚,畅谈革命,给孙中山留下了深刻、难忘的印象。孙、宋的首次交往,奠定了日后革命同志和亲密战友的坚实基础。从此,宋耀如在"从事教会及实业"的掩护下,"传革命之道",成为孙中山革命事业的"上海同志",对上海辛亥革命作出重要贡献而很少为世人所知的革命"隐君子"。1894年,孙中山偕陆皓东北上天津上书李鸿章,途中在上海逗留时,再次与宋耀如相聚,更加深了宋对孙革命事业的理解和支持。所以当1895年中日甲午战争清军在战场败绩,京津岌岌可危,"清廷之腐败尽露,人心愤激"之时,"上海同志宋耀如乃函促"孙中山归国,以图反清革命大业。才会有孙中山发动广州起义之举。

(三) 民主革命派诞生

孙中山接读宋耀如来信后,决定放弃计划中的美洲之行,于1895年1月中旬离檀返国,途经日本横滨,在同月下旬到达香港。旋即与辅仁文社社长杨衢云会晤,商讨成立组织、进行反清起义之事;同时又与自己一派的郑士良、陆皓东、陈少白、黄咏商、杨鹤龄、尤列诸人接触,"拟联络全省革命同志,扩大兴中会之组织,以利进行"[1]。

当时,辅仁文社方面,杨衢云与谢缵泰曾有过商量,据谢自述:"1895 年春天,杨衢云跟我商量过,我们就与孙逸仙博士及他的朋友联合起来,组织兴中会革命党。"[2]辅仁文社中一部分成员也赞同联合,"且愿取消旧社名义,为新团体成立之表示"。杨衢云更是"欣然赞成"[3],表现了积极的态度。

由于两派在反清起义上有共同的思想基础,所以合作谈判很快成功。1895 年 2 月 21 日,兴中会与辅仁文社"合并为一",仍定名兴中会,设总机关于香港士丹顿街 13 号,为避清廷耳目,对外称"乾亨行"[4]。辅仁文社方面加入兴中会的只有 3 人,即杨衢云、谢缵泰和周昭岳。

凡入会者,均循檀香山兴中会宣誓方式,以左手置于《圣经》上,举右手向天宣誓。誓词为"驱除鞑虏,恢复中华,创立合众政府,倘有贰心,神明鉴察。"[5]

香港兴中会也对外发布章程。章程实际上分为宣言与章程两部分。其宣言部分与檀香山兴中会基本相同而有所修改。原"乃以庸奴误国,荼毒苍生,一蹶不兴,如斯之极"一句,改为"乃以政治不修,纲维败坏,朝廷则鬻爵卖官,公行贿赂;官府则剥民刮地,暴过虎狼。盗贼横行,饥馑交集,哀鸿遍野,民不聊生,呜呼惨哉!"[6]这种改动,使原来较为含糊的语句,变得内容更为具体,措辞更为激烈,抨击更为猛烈,但没有根本性质上的不同。所以,宣言部分虽作了修改,但仍没有公开揭出革命主旨;加强了批判,表现的仍是忧国忧民的爱国之情。章程部分改动较大,与檀香山兴中会章程相比,不仅把原来的 9 条扩充为 10 条,而且条理更加清晰,各条内容更为具体,其救亡图存、维新改良的色彩也更为显明。

所谓条理更加清晰,是指香港兴中会 10 条章程就会名、总部、分会、宗旨、会员条件、领导机构、入会方法程序、支会与总会关系、筹款、会所等皆分条叙述,较之檀香山兴中会章程,更具内在逻辑,更符合组织建设的要求。

所谓各条内容更为具体,一是与檀香山兴中会原有规条相比而言,如原规

---

[1] 冯自由:《中华民国开国前革命史》上编,第 7 页。

[2] 谢缵泰:《中华民国革命秘史》,《广东文史资料·孙中山与辛亥革命史料专辑》,第 293 页。

[3] 冯自由:《华侨革命开国史》,第 3 页。

[4] "乾亨"一语,取自《易经》,寓"乾元奉行天命,其道乃亨之义",意为"物极必反,汉族已有否极泰来之象"。这一名称,由黄咏商取定。黄为广东香山人,世居澳门,父黄胜为中国第一代派赴美国留学儿童,学成归国。后任香港议政局议员,与何启有戚谊。兴中会酝酿成立时,黄咏商由何启介绍结识孙中山,加入兴中会。见冯自由:《黄咏商略历》,《革命逸史》初集,第 6 页。

[5] 冯自由:《华侨革命开国史》,第 4 页。

[6] 孙中山:《香港兴中会章程》,《孙中山全集》第 1 卷,第 21 页。

定领导机构组成:"本会公举正副主席各一位,正副文案各一位,管库一位,值理八位,差委二位,以专司理会中事务。"香港兴中会章程规定:"本会按年公举办理人员一次,务择品学兼优、才能通达者。推一人为总办,一人为帮办,一人为管库,一人为华文案,一人为洋文案,十人为董事,以司会中事务。凡举办一事,必齐集会员五人,董事十人,公议妥善,然后施行。"后者较之前者增加了领导班子的任期(每年公举一次),成员的条件(品学兼优、才能通达),改值理、差委为董事,增加了议事必需的成员等内容,从而使领导机构的组成趋于制度化。再如会员入会规定,檀香山兴中会仅规定:"凡新入会者,须要会友一位引荐担保,方得准他入会。"香港兴中会章程改一人引荐为二人,增加新入会者的条件:"心地光明,确具忠义,有心爱戴中国,肯为其父母邦竭力,维持中国以臻强盛之地";增加入会手续:当众自承甘愿入会,亲填名册,即缴会费等内容。

二是指檀香山章程所无而香港章程新设的内容,如章程第一条:"会名宜正也。本会名曰兴中会,总会设在中国,分会散设各地";章程第六条支会,规定各地可按章程自行立会,一地一会,以 15 人起会,由总会给照认妥后才能与总会保持联系;第七条人才宜集,第九条公所宜设等均有具体规定。

所谓救亡图存、维新改良色彩更显明,主要表现在章程的第二、第三条。其中第二条不仅重申了檀香山章程宣布的"振兴中华、维持国体"的宗旨,而且对之详加引申,强化了救亡图存的内容,全文如下:

二,本旨宜明也　本会之设,专为联络中外有志华人,讲求富强之学,以振兴中华、维持国体起见。盖中国今日政治日非,纲维日坏,强邻轻侮百姓,其原皆由众心不一,只图目前之私,不顾长久大局。不思中国一旦为人分裂,则子子孙孙世为奴隶,身家性命且不保乎!急莫急于此,私莫私于此,而举国愦愦,无人悟之,无人挽之,此祸岂能幸免? 倘不及早维持,乘时发奋,则数千年声明文物之邦,累世代冠裳礼义之族,从此沦亡,由是泯灭,是谁之咎? 识时贤者,能无责乎? 故特联络四方贤才志士,切实讲求当今富国强兵之学、化民成俗之经,力为推广,晓谕愚蒙。务使举国之人皆能通晓,联智愚为一心,合遐迩为一德,群策群力,投大遗恨。则中国虽危,无难救挽。所谓"民为邦本,本固邦宁"也。

第三条为檀香山章程所无,其内容完全是当时正在盛行的维新改革措施,如"设报馆以开风气,立学校以育人材,兴大利以厚民生,除积弊以培国脉等事,皆当惟力是视,逐渐举行。以期上匡国家以臻隆治,下维黎庶以绝苟残,必使吾中国四百兆生民各得其所,方为满志"。

综观香港兴中会章程各条内容，无论为檀香山章程已有而新章程详为增添者，或原章程所无而新增者，其基本主旨与立场完全没有新的本质上的变化。说它们之间"并不是同一事情的简单延续，而是跨出了有重大意义的一步。香港兴中会在章程中提出的政治主张以及它的组织成员，和檀香山兴中会比起来，都有很大的不同"，不知从何说起。实际上，它和入会誓词的民主革命性质仍有明显差别；尽管比前一个章程确实措辞火辣，不再含糊其辞，对清王朝的残暴腐败从正面进行了猛烈抨击，但根本上说，仍没有脱离救亡爱国的主要倾向。至于说它"更为明显地把矛头指向了朝廷和官府，公开揭示了兴中会反抗清王朝的宗旨"[1]，更令人大惑不解。如果章程真正公开了兴中会的反清宗旨，那么还要秘密的入会誓词干什么？比较起来，说它"不过为掩护革命活动的一纸具文"[2]，似乎较为贴近。但这种说法忽视了两个章程在对清政府批判的程度上确有不同的事实，也忽视了它在组织建设上较之檀香山章程更趋于完善，不利于说明新章程的产生是孙中山在组织建设问题上及时总结、与时俱进的结果。

香港兴中会的成立，是孙中山与杨衢云相互合作的结果，扩而大之，也可说是孙派与杨派合作的产物。虽然，说那时兴中会中已有杨派的存在似乎有些夸大，因为原辅仁文社社员加入兴中会而有名可稽者只有杨、谢和周昭岳3人，势力太小，但若以古语"三人成众"论之，说派也未尝大错。他们之所以一拍即合，原因在于杨、谢早就有反清革命思想，而周昭岳也是谢缵泰在物色文社成员时知道谢真实思想的六人之一。看来他较之其他文社社员更为激进，所以不避危险参加了这个新建立的密谋组织。此外，如前所述，与尤列的居中联络也有关系。所以冯自由在《兴中会组织史》中说："因素知辅仁文社社员杨衢云、谢缵泰等平日宗旨相同，遂与接洽组党事件。"[3]由于文社加入兴中会只有3人，与孙派相比实在不足与之双峰并峙，所以杨衢云等才同意"取消旧社名义"[4]。

但是，孙、杨合作之初就因派系不同而存有矛盾，其焦点是在会长人选上。

与檀香山兴中会成立时会员公举正副主席、司库、文案、值理、差委等领导

---

[1] 章开沅、林增平主编：《辛亥革命史》上册，人民出版社1981年版，第89页。

[2] 张玉法：《清季的革命团体》，第166页。

[3] 冯自由：《兴中会组织史》，《革命逸史》第4集，第8页。但冯自由在其所著《中华民国开国前革命史》一书中称，"因闻杨衢云、谢缵泰等所设辅仁文社宗旨相同"（上编，第7页），把杨、谢等人的宗旨相同变成了辅仁文社与兴中会宗旨相同，使不少研究者以此为据，论定辅仁文社是一个与兴中会同具反清革命思想的组织。其实从社纲中是得不出反清革命结论的。所以，冯自由在后来所写的有关香港兴中会组织史文章中，都作了文字上的修正，限定在杨、谢等人宗旨相同上。

[4] 冯自由：《中华民国开国前革命史》上编，第7页。

人员不同,香港兴中会成立时没有职员选举,也没有会底银的缴纳和筹款的记载。尤其是会长一职,竟然既非孙中山,也非杨衢云,而是推出了一个对《易经》颇有研究,既非孙派、也非杨派的黄咏商担任。

黄担任会长之事,冯自由在《中华民国开国前革命史》、《兴中会组织史》、《华侨革命开国史》等著述中均未提及,只在《黄咏商略历》一文中,以"何(启)介绍咏商于总理,咏商由是入党,大得众信任"[1]一句,敷衍过去。黄何以得选任会长?原因不明。有的研究者认为"或因其鬻产八千元以充军费,也许是因为他是较为超然的人物,与孙中山和辅仁文社都没有什么渊源"[2]。这种说法的可能性较大,但也仅是推论。联系后来的情况,他的当选至少说明孙、杨二人都在会长一职上取回避态度,而这种回避,恰恰是两派存有矛盾的反映。

辅仁文社创始人之一的谢缵泰在所著《中华民国革命秘史》一书中自述:"我同孙逸仙博士和其他一些人的第一次见面是在1895年3月13日,那时我们两党早经联合。孙氏的言貌,当时对我并未构成良好的印象。我有过一种奇怪的感觉,觉得对他还是以躲开一点为妙。"[3]这个谢缵泰,对孙中山印象一直不好。在1895年10月10日选出杨衢云为香港兴中会会长以前,他的日记中有一系列对孙中山很反感的记载:

> 孙逸仙看来是一个轻率的莽汉,他会为建立"个人"的声望而不惜冒生命的危险,他提出的都是易招物议的事情,他以为自己没有什么干不了的——事事一帆风顺——大炮!(1895年5月5日)

> 孙念念不忘"革命",而且有时全神贯注,以致一言一行都显得奇奇怪怪!他早晚会发疯的。我也是一个认为不能把领导运动这个重大责任信托给他的人……(1895年6月23日)

这几段日记,不仅表明谢缵泰对孙中山有看法乃至成见,而且也隐约反映出有一些人——极可能是杨衢云一派人,认为"不能将领导运动这个重大责任信托给他"。

谢缵泰对于孙中山的形象及性格的看法是否正确,另当别论,但透露出来

---

[1] 冯自由:《革命逸史》初集,第6页。冯自由故意回避黄任兴中会会长事,即使在他所写的《兴中会初期孙总理之友好及同志》、《兴中会时期之革命同志》这样的类似花名册之类的文章中,介绍黄咏商时亦矢口不提会长一职。

[2] 张玉法:《清季的革命团体》,第166页。

[3] 《广东文史资料·孙中山与辛亥革命史料专辑》,第287页。以下所引谢缵泰对孙中山观感,均出自该书,只注明月日,不另注明出处。

的情绪,则是兴中会内部确有山头主义或派系感情。这种内部的分歧,冯自由在《革命逸史》中多次有过记载。但与谢缵泰偏袒杨衢云一样,冯自由等的记载则偏向孙中山。两派的矛盾,在 1895 年 10 月 10 日选举会长问题上闹到几乎出人命案子的程度[1],最后,会长一席还是由杨衢云获得。

香港兴中会虽然内部有派系斗争,但其主流仍是孙、杨合作,共图反清大业。从此,反清革命有了一个统一的指挥中心,它立足于国内,对结集同志、扩大队伍、经营广东、筹划反清起义,起了领导和核心作用。可以说,1895 年香港兴中会的成立,真正标志了中国资产阶级民主革命派的诞生。

从 1893 年广州兴中会的成立到 1895 年香港兴中会,近代中国的资产阶级民主革命派经历着一个孕育到呱呱坠地的过程。广州兴中会作为孙中山亲手创立的第一个革命小团体,虽然提出了“驱除鞑虏,恢复华夏”的反清革命宗旨,但它没有体现出民主主义的时代潮流,人数又少,而且没有什么行动计划。它的意义只是表明了孙中山和少数几个人开始从革命言论走向革命行动。檀香山兴中会揭出了“驱除鞑虏,恢复中国,创立合众政府”的口号,标志着孙中山从反清革命跃进到资产阶级民主革命的新阶段,成了一个民主主义革命家。与广州兴中会相比,从几个人发展到了二十多位成员[2],从没有切实计划发展到了筹集起义饷款、进行军事训练,作为孙中山建立的第一个中国资产阶级民主革命的小团体,它是当之无愧的。但是,它的立足点还在海外,入会者的民主革命思想准备十分不足,也未能形成坚强的领导核心,作为一个政治派别还缺乏共同的思想基础和强有力的领导集体,所以,当孙中山一离开檀香山,它就逐渐涣散了。只有到了香港兴中会成立,这些缺陷才逐步得以克服,而原先的民主主义色彩得以张扬。它继承了檀香山兴中会的宗旨,建立了领导核心,制定了行动计划,参加者和联络者在同一个反清目标下统一行动,而且人数也从原来的

---

[1] 当时,黄咏商辞去会长职务,兴中会需新选会长,以便对即将发动的广州起义进行全面负责,并作为起义后成立的新政府的总统。杨派人物拥戴杨衢云为会长,孙派人物认为会长一席应由孙中山担任。据谢缵泰在《中华民国革命秘史》中所记,10 月 10 日选出杨衢云为会长,孙中山因此心中不快(《孙中山与辛亥革命史料专辑》第 295 页);但陈少白则称,会上选出的是孙中山。隔天,杨向孙要求将会长一职转让给他,事为郑士良所知,极为愤怒,表示要把杨杀死。孙中山等为防止事态恶化,竭力阻止,并在另一个会议上将自己的总统(会长)职位让给了杨衢云(《兴中会革命史要》,《辛亥革命》第 1 册,第 30—31 页)。冯自由说法稍有不同,称当选举时,衢云要求此席甚力,郑士良、陈少白反对之,孙中山不欲因此惹起党内纠纷,表示谦退,结果此席为杨所得(《革命逸史》第 4 集,第 9 页)。各种说法究竟以何种为可靠,因史料限制,无法考定。但从会长选举问题中,足见孙、杨两派存有矛盾,而两派的记载都有失公正,各有偏护自己一方的倾向。

[2] 系指最初入会者,至 1894 年则先后加入共 126 人。见《革命逸史》第 4 集,第 24—36 页。

几十人,发展到了百余人。据统计,自 1894—1895 年参加兴中会有姓名可考者共有 178 人。其中商人 96 人,工人 39 人,农牧家等 6 人,医生、教员、报界、传教士等 9 人,公务员 10 人,水师官兵 4 人,学生 2 人,会党分子 12 人。所有这些成员,79％是华侨[1]。有这样一批人团聚在兴中会组织中,为了同一目标而与清王朝展开生死斗争,虽然他们中有的人思想觉悟还不高,有的人组织观念还较薄弱,但从整体上说,一个不同于以维新改良为宗旨、以上书请愿为手段、以拥护光绪皇帝为号召的新的资产阶级政治派别诞生了。

(四) 义师先声

乙未广州起义的筹备

广州起义是孙中山及兴中会领导的第一次反清武装起义。它是资产阶级革命派以暴力革命形式宣告一种新的政治力量登上历史舞台的开始。

孙中山自上书李鸿章未果之后,就决心用暴力手段推翻清王朝。1894 年檀香山兴中会即是以此为目的而成立。他在同年下半年就对陈少白谈起造反一事,并指令陈少白预作准备[2]。但在何时何处发动起义,当时还未决定。约在这年 12 月,由于接到上海宋耀如的来信,报告"清廷之腐败尽露,人心愤激"[3],孙中山才决定利用甲午战争造成的契机,以广州为目标,"与邓荫南等三五同志返国以策进行,欲袭取广州以为根据。"[4]抵达香港后,一切工作包括与辅仁文社合并组建香港兴中会,都是为着发动广州起义。

香港兴中会成立后,一切都以筹划起义为根本任务展开。首先,在组织方面,推定孙中山驻广州专任军务,"郑士良、陆皓东、邓荫南、陈少白等佐之";杨

---

[1] 据冯自由:《兴中会会员人名事迹考》,《革命逸史》第 4 集,第 24—47 页列名统计。

[2] 陈少白说,自檀香山兴中会成立后,"会中情形,日日在那里发展,他就写信给我,信上说:'前次从香港到澳门去,在香山轮船栏杆旁所说的话,不要忘记。'究竟他所说的在轮船上讲的什么呢? 就是讲到将来有机会的时候,预备怎样造反。他信上还说:'这件事可以做得到的,你预备,我就要来了。'这时候,已是十一月。"(《兴中会革命史要》,中国近代史资料丛刊《辛亥革命》第 1 册,上海人民出版社 1957 年版,第 29 页)

[3][4] 孙中山:《有志竟成》,《孙中山全集》第 6 卷,第 230 页。据冯自由:《兴中会会员人名事迹考》一文所记,随孙中山归国的"三五同志",见邓荫南、陈南、夏百子、李杞、侯艾泉(《革命逸史》,第 4 集,第 25、27、35 页)。但据《兴中会会员及收入会银时日与进支簿》所记,邓荫南于 1895 年 1 月 21 日交纳会底银,陈南于 1895 年 4 月 20 日交会底银,李杞、侯艾泉在 1895 年 6 月 2 日交会底银(《革命逸史》第 4 集,第 7、8 页),所以张玉法在《清季的革命团体》一书中认为孙中山所说"不一定指同时返国"(第 178 页)。我同意这一分析。

衢云"驻港专任后方接应及财政事务,黄咏商、谢缵泰等佐之"[1]。3月16日,孙、杨、谢等议定遴选三千人,由香港乘船至广州起事,并通过了由陆皓东设计的"青天白日旗"以为起义军旗帜。

孙中山为了在广州筹划起义,约于1895年春,在广州双门底王家祠云岗别墅设立农学会,以研究农学为名行掩护革命进行之实,所以它实际上是广州起义的省内总机关。由于孙中山手订的农学会章程宣扬中国非研究农学、振兴农业,决不足以致富强之理,使粤中官绅潘宝璜、潘宝琳、刘学询等数十人皆署名赞助,收得了很好的掩护效果。孙中山利用公开的农学会,吸收了左斗山、魏友琴、程奎光、程璧光、程耀辰、陈廷威等数百人加入兴中会[2]。其后,又设分机关于东门外咸虾栏张公馆及双门底圣教书楼后之礼拜堂,"以容纳往来同志及贮藏秘密文件"[3]。

除设立机关、吸收会员外,孙中山作为起义的军务专任,还积极从事武装力量的组织工作。依靠郑士良、程璧光、邓荫南、李杞、侯艾泉等一批新老兴中会的骨干,孙中山联络了北江、西江、汕头、香山、顺德一带的绿林,香港、顺德等地的会党,三元里的乡团和广州的清军水师及防营[4]。其中最为重要的有两股力量:一是中日甲午战争后被两广总督所遣散的军队,约二百名左右,散处于新安县属的深圳、盐田、沙头各地,这批人被招募加入了兴中会,由朱贵全统率,集中于九龙,成为香港一路杨衢云的主要武力;另一是汕头地区的部队,孙中山把他们视为进攻广州的重要依靠之一[5]。

自从孙中山在博济医校结识郑士良之后,他一直把联络会党这股现成的反清力量当作重要工作对待,这次筹备广州起义,得郑士良助力最多。郑最初负责香港、九龙、新安等地会党的联络和发动,后因杨衢云自告奋勇,才改为专任广州附近的会党[6]。孙中山一开始他的革命活动就注目于会党,这就使近代史上的会党与资产阶级革命派开始发生关系,成了辛亥革命时期引人注目的一大问题。

---

[1][2][3] 均见冯自由:《兴中会组织史》,《革命逸史》第4集,第9、10—11页。圣教书楼为教徒左斗山所设,孙中山在广州行医时以同教关系,曾借此为诊所,与左斗山关系密切。孙为筹备广州起义,发展了左斗山及书楼司事王质甫加入兴中会,书楼成为兴中会集议及贮藏军火之处。杨衢云从香港运来的600支枪只,即准备交王质甫收存。(参见冯自由:《圣教书楼》,《革命逸史》初集,第13页)

[4] 参见陈锡祺:《同盟会成立前的孙中山》(修订本),广东人民出版社1984年版,第37页;许师慎编著:《国父革命缘起详注》,正中书局1947年版,第24页。

[5] 说见张玉法:《清季的革命团体》,第217页。关于汕头军,另见孙中山:《伦敦被难记》,《孙中山全集》第1卷,第54页。

[6] 冯自由:《郑士良事略》,《革命逸史》初集,第24页。

除会党以外,兴中会还注意联络驻防广州的清军郑绍忠部之"安勇"及广东水师。这是资产阶级革命派最早注意并利用清政府军事力量的尝试。利用清政府的武装力量,符合革命派反清起义需要武装,但还不懂建立革命武装重要性的实际状况。这样做,优点是可以较快地掌握一批具有一定军事素养的部队以应起义的燃眉之急;缺点是通过策反而来的清军在革命思想上缺乏坚实的基础,不可能真正成为革命的武装力量。孙中山和他的同志们在第一次反清起义中就已注意利用清军,这是革命派睿智的表现,具有开创性,但后来一直未能进一步发展到建立自己的革命武装的新阶段,则未免因循守旧,失去了此事的作始意义。

筹组起义力量的同时,孙中山还从夏威夷请来了7名美国化学师,专门制造供战斗所用的炸弹。

杨衢云为首的一方在香港也开展了积极的筹备工作。一是筹措起义经费。由杨介绍加入香港兴中会的香港日昌银号店主余育之,"独慨助军饷万数千元"[1];黄咏商则"鬻其苏杭街洋楼一所以充军费,得资八千元"[2],两者相加约有港币2万元。当时,孙中山一派人也从檀香山华侨处募款,截至1895年9月,共筹集美元1 388元约合港币2 800元。很明显,起义用的经费主要是杨派筹措的。二是购运枪械。起义用的武器弹药都是由香港方面购买,并由杨衢云亲自负责。截至起义前夕,杨已购得长短枪600余杆[3]。三是招募武力。按3月16日会议决定,香港一路应招募3 000名会党,作为进攻广州主力之一。因此招募会党的工作,香港方面也在进行。

其次,在宣传方面,决定利用香港出版的西文报刊制造舆论,争取中外同情者。这项工作主要是杨派人物负责进行,而在其中起重要作用的是孙中山大学时代的老师何启以及支持广州密谋的香港《德臣西报》编辑托玛斯·哈·黎德和《士蔑西报》记者邓勤。

杨衢云、谢缵泰这些人,在香港上层人物中的关系远较孙中山一派深切,但若没有何启的支持,他们同样将遇到困难。因此,何启作为孙中山尊敬的老师,实际上充当了孙派和杨派的中介,在这场密谋中起了幕后指导者的作用[4]。据

---

[1] 冯自由:《余育之事略》,《革命逸史》初集,第45页。
[2] 冯自由:《黄咏商略历》,同上书,第6页。
[3] 冯自由:《圣教书楼》,同上书,第13页。
[4] [美]史扶邻著,丘权政等译:《孙中山与中国革命的起源》,中国社会科学出版社1981年版,第61页。

谢缵泰所记,杨、谢等人"经常会见何启大律师,他暗中答应支持我们。我们还取得《德臣西报》和《士篾西报》两报编辑的暗中支持"[1]。而这两家报纸的编辑之所以支持广州密谋,据说主要是受何启的影响[2]。

何启答应为兴中会发动的广州起义起草宣言书,而两报则以社论或评论宣传密谋者的政治主张,以争取欧洲人的支持。据史扶邻的著作,《德臣西报》早在 1895 年 3 月 12 日就以社论的形式首次暗示了广州密谋的存在,改革党的意图是"以和平手段实现政变",使中国"摆脱暴政的邪恶制度",新政府将承认所有的外债,中国的资源将会向英国企业和资本开放。因此,"他们比起会党来,更值得欧洲人的支持和保护"[3]。

3 月 16 日,谢缵泰、杨衢云会见《德臣西报》编辑黎德,他答应支持。同天,该报发表文章再次暗示中国将有一场大变动,"到那时一些已经获悉这次密谋的中国显要官员将站在造反者一边"[4]。

3 月 18 日,《德臣西报》发表长文,论述了密谋者的政治目标。该报称:"就国家而言,没有提出要建立一个共和国。正如改革党提出的那样,中央政府应包括皇帝和三位主要的国务大臣",新政府将实行一系列的改革措施,包括要以专业考试改进官僚政治,取消捐纳制度,提高薪金以减少贪污腐化;实行司法改革;普及现代教育;允许信教自由;发展经济,整顿地方政府,开放更多的贸易中心和港口,废除一切有碍于贸易的法律,甚至连国内税收也在类似海关协议那样的安排下交给外国人经办,直至中国有一天不再需要任何外国援助为止[5]。

5 月 23 日,《德臣西报》刊登了何启所写的一个体制改革计划。它描述了起义后所要建立的一个君主立宪政体的轮廓:组成的新政府除皇帝外还有总理和内阁。全国将划分为 4 个行政区,实行地方自治。区级及下属议会,其成员均通过选举逐级产生,直至选出国会。地方官吏由人民推荐,皇帝委任,各级议会代表和官员都须经过合格的考试[6]。

5 月 30 日,《德臣西报》和《士篾西报》同时刊登了谢缵泰致清朝皇帝的公开

---

[1] 谢缵泰:《中华民国革命秘史》,《广东文史资料·孙中山与辛亥革命史料专辑》,第 294 页。
[2] 史扶邻:《孙中山与中国革命的起源》,第 61 页。
[3] 史扶邻:《孙中山与中国革命的起源》,第 62—63 页。由于我无法看到《德臣西报》和《士篾西报》,所以只能转引史扶邻的著作。史扶邻有机会阅读《德臣西报》及其海外版,以及最早登载何启所写的体制改革计划的 5 月 23 日《华字日报》,相信他的描述是可以信赖的。
[4] 同上书,第 64 页。
[5][6] 史扶邻:《孙中山与中国革命的起源》,第 64、65 页。

信,信中警告光绪皇帝"必须仿效西方进行改革,否则要面对种种后果"[1],据说这封公开信在新加坡和远东其他报纸上也得到发表,并通过英国和其他外国报纸而广为传播,以测探海内外国人的意向[2]。

此后,《德臣西报》仍陆续发表若干有关广州密谋的文章,对密谋者的纲领进行评论,要求英国人和欧洲各国给予支持[3]。

再次,多方争取外国政府的同情支持而进行外交活动。这方面孙、杨两派都在进行,孙中山早在1895年1月,在香港结识了日本人梅屋庄吉,筹划起义军火。梅屋庄吉(1866—1934),日本长崎人,原姓本田,自小过继给经商的梅屋吉五郎做养子,改姓梅屋。14岁时,只身到中国上海打工,半年后返回长崎。曾做过经营采矿和粮食贸易生意,事业失败后,去新加坡学习摄影,开过照相馆。1894年从新加坡至香港,在中环大马路28号开设梅屋照相馆。据日本人车田让治所著《国父孙文与梅屋庄吉》一书记述:孙中山由老师康德黎介绍,在一次宴会上结识了梅屋。两天后,又去梅屋照相馆拜访,交谈良久。孙中山的革命热情,使梅屋非常感动,两人就"中日之亲善,东亚之兴隆,以及人类之平等,所见全同"[4]。当孙中山提及筹划起义缺乏军火时,梅屋当即表示:"君若举兵,我以财政相助。"[5]据说随后即筹集一笔资金,派员赴澳门、新加坡、厦门[6]。但中文资料付阙,难以佐证。从此,梅屋庄吉便成了终身追随孙中山革命事业的日本友人。

同年3月,孙中山又通过友人介绍,多次与日本驻香港领事中川恒次郎接触。日本出版的《原敬关文书》中保存了两次谈话的记录报告。第一次是在1895年3月1日,这次谈话的主要目的是为了向日本请求支援军火,孙中山说:

> 本拟于去岁北洋舰队大演习后,即刻举事,乃以失机,以至于今,现广东省对其党徒注目殊为严密,举事非易。且缺乏兵器,因之前来商讨,目前能协助筹借枪炮二万五千、短枪一千支否?[7]

他说原拟于1894年北洋舰队大演习后即刻举事,就目前所见资料而言很难证实,但若联系到1893年秋孙中山在广州秘密联络广东水师广丙舰管带程璧光、

[1] 史扶邻:《孙中山与中国革命的起源》,第71页,注释④。

[2] 谢缵泰:《中华民国革命秘史》,《广东文史资料·孙中山与辛亥革命史料专辑》,第295页。

[3] 据史扶邻披露,《德臣西报》海外版在1895年8月29日、9月26日、10月16日、10月24日各天,都有关于广州密谋的文章发表。见《孙中山与中国革命的起源》,第68—71页正文及有关注释。

[4] [日]车田让治:《国父孙文与梅屋庄吉》,转引自李吉奎:《孙中山与日本》第3页注释之①。

[5][6] 据车田上述所著书转引梅屋庄吉:《永代日记》,见李著《孙中山与日本》第3页注释之①。

[7] 陈旭麓、郝盛潮主编:《孙中山集外集》,第122页。

镇涛舰管带程奎光的事实,很难说这是无中生有。因为 1894 年 5 月,正逢北洋海军三年大阅之期,朝廷命李鸿章会同定安出海校阅。7 月,北洋水师提督丁汝昌率北洋大小舰只 21 艘出海受阅。北洋精锐齐出,南方若有所动,难以回驶镇压。只是由于资料限制,至今还不清楚孙中山当时的起义计划和计划因何事而失去机会没有实施。在同一次谈话中,当日本领事问及起义目的与方法时,孙中山说:"统领乃广东省海南岛人康祖诒、原任神户领事吴、曾纪泽之子、某等四人",把康有为列为广州密谋的领导人之一。不少研究者怀疑此事的真实性。其实从章太炎所撰《驳康有为论革命书》的有关内容看,孙中山和康有为在广州密谋中确实互通款曲:"始孙文倡义于广州,长素尝遣陈千秋、林奎往,密与通情。"[1] 章太炎把此事说成康有为"素志革命",实际上恰恰从一个侧面反映了孙中山在当时对君主立宪政体还缺乏本质的认识,与康一起策划了广州密谋。

在这一次谈话中,日本领事对孙中山的请求,表示有所困难,但又说"企图可嘉,则小生亦当襄助"[2]。第二次在 4 月 17 日。日本领事在事后向政府的报告中说:"孙文称:自澳门近傍运进兵器之计划已成功,只需本邦稍示声援,即可起事",报告还指出,兴中会的起义在于"使两广独立为共和国"[3]。由于孙、杨两派的活动,也由于日本政府对华政策的需要,结果获得了"日本政府的秘密支持"[4]。此外,据说孙中山还准备通过德国驻香港领事克纳普博士,争取德国也支持广州起义[5]。

可见,各方面的准备工作都进行得很顺利。

但是,在宣传工作方面有两点值得讨论:一是作为反政府的密谋行动,是否需要通过大众传播媒介向外暗示? 固然,从争取舆论支持和减轻群众对起义的恐怖心理说,预先作些暗示性宣传不是没有意义的,但不断地散布广州有密谋存在,并公然揭出起义目标及未来政府的结构、政策等内容,是否有点操之过急? 据说,在起义发动之前的好几个星期,广东地方当局就已有所警觉并作了准备[6],只是由于两广总督谭钟麟的昏聩,起义机关才没有被破坏。联系到起义前夕负责起草起义檄文及安民告示的兴中会会员朱淇后来出事,看来起义筹备过程中不是没有疏漏之处的。

二是为什么上述香港两报发表的有关密谋者政治意图的文章,竟与兴中会

[1]《章太炎全集》第 4 册,上海人民出版社 1985 年版,第 183 页。
[2]《孙中山集外集》,第 122 页。
[3] 同上书,第 123 页。
[4][5][6] 史扶邻:《孙中山与中国革命的起源》,第 65—66、68、72 页。

"创立合众政府"的主张有很大距离？史扶邻认为《德臣西报》3月18日的长文和5月23日的政治体制改革计划,都是何启的思想。其与传统理解的兴中会目标有如此矛盾,是因为兴中会领导人对广州起义结果没有把握,为了取得外国支持而接受了何启施加的温和影响[1]。应该承认,何启作为孙中山政治上的导师和广州密谋的幕后指导者,这些作品当然反映了他的政治思想和主张;密谋者们为了争取英国和欧洲各国的支持,何启的作品在公开发表时更应带有温和的色彩。但是,无论如何,何启在表达未来新政权的君主立宪政体构架时,若不取得孙、杨等人的首肯也是绝对说不通的,换言之,何启所表达的政体结构决不可能超越孙、杨等兴中领导人的政体选择。在这个前提下,结论不应只限于何启施加影响,而应客观地承认孙、杨思想中有着君主立宪的改良成分。他们尽管已经提出了"创立合众政府"的主张,孙中山在与日本领事谈话中更明确提到要使两广成为独立的共和国,但那时他们对这两种政体的本质区别还很不清楚,只是笼统地认为都是"立宪政体",都是对君主专制的否定,所以孙中山会把康有为拉出来作为广州密谋的"统领"。联系到后来的孙、康合作谈判,与李鸿章谋两广独立以及孙中山致刘学询信,可以证明他在向往"合众政府"时,同时也可接受一个非满族的汉人皇帝,组织一个君宪政权。这表明,社会的人们总是要受到社会思潮的影响,历史人物必定受到历史条件的限制,孙中山也无例外。

由于广州和香港两方面的共同努力,1895年8月27日,"袭取广州的计划已完成。设在士丹顿街13号的'乾亨'俱乐部奉命关闭"[2]。8月29日,兴中会领导人孙中山、杨衢云、黄咏商、陈少白、谢缵泰,会同何启、黎德在杏花楼酒店召开秘密会议,着手考虑未来临时政府的建设问题。兴中会方面阐述了未来政府的方案,何启担任发言人,黎德同意尽力设法争取英国政府和人民的同情支持[3]。10月9日,由《德臣西报》编辑黎德和《士篾西报》助理编辑高文起草的起义军致列强的宣言,经何启和谢缵泰修改后得以通过[4],宣言"要求承认为民主国家交战团体"[5]。这份英文宣言准备到时通告各国。10月10日,兴中会改选会长,这一职务也就是未来临时政府的总统,孙、杨两派经过一番矛盾争执之后由杨衢云出任兴中会会长。此外,讨满檄文和安民布告,由兴中会会员朱淇起

---

[1] 史扶邻:《孙中山与中国革命的起源》,第65—66、68、72页。

[2][3][4] 谢缵泰:《中华民国革命秘史》,《广东文史资料·孙中山与辛亥革命史料专辑》,第295页。

[5] 冯自由:《兴中会组织史》,《革命逸史》第4集,第11页。

草,先期印就,准备到时张贴城内外。至此,广州起义的一切筹备工作均告结束。

起义的流产及其原因

广州起义定在阴历九月初九日(10月26日)重阳节发动。准备到时利用当地重阳扫墓的习俗,起义军混在结队入城的四乡民人中以避免当局的怀疑。

在制定起义军战斗方案时,孙中山主张"外起内应"的方针,收"以少胜多"的效果。其具体部署是选百人左右的敢死队袭取广州,编5人为一队,以20人进攻衙署,杀死府署官吏,使城内清军因无人指挥而不战自乱;以20人埋伏城中冲要,作为打援;以20—30人围攻旗界,任务完后分头放火,以扰乱秩序壮大声势。当孙中山把这一计划提交讨论时,大家担心人少力薄,冒险性太大,改为"分道攻城"的方针。决定以附近的防军、绿林、乡团为中军总部;左翼由汕头军组成,自东南路进攻;右翼由西江北江沿岸军组成,自西路进攻;命陈青率敢死队于省垣各要口施放炸弹,并保卫机关部[1]。各部的统帅人员也相应指定:刘裕统北江一路;陆锦顺统顺德一路;李杞、侯艾昌统香山一路;麦某统龙眼洞一路;杨衢云统香港一路;汕头及西江沿岸招募的两军由吴子才统率,同时向广州进逼,作为牵制岭东清军的钳制力量。规定各路在重阳节清晨集中广州听候命令[2],义军以红带缠臂为标志,以"除暴安良"为口号。

广州起义作为孙中山和兴中会发动的第一次反清起义,在战略和战术方针上都暴露出幼稚的弱点。当时革命派的战略思想是袭取广州以为根据地,然后效法太平军挥师北上。这种战略思想是盲目搬运,不切实际的。第一,兴中会本身没有自己的军队,只是依靠临时运动的绿林、会党和勇营组成武装力量,他们虽可暂时听命、冒死一搏,但难以指望成为实现既定政治目标而长久作战的革命军;太平军是政教合一的太平天国领导下的国家军队,参加者都是拜上帝会的成员,有共同的宗教信仰和经过较长时期的组织训练,编制严密有序,斗志旺盛,目标明确。两者的素质完全不同。第二,挥师北上、长驱直入,必须建立在革命形势高涨、各地反清起义蓬勃开展的基础上,才有可能利用各支起义队伍客观上形成的战略协同形势,而不至于在初起时就被敌方集中兵力扼杀于摇篮之中。太平天国起义时,广西全省天地会领导的反清起义此起彼伏,全国也

---

[1] 许师慎编著:《国父革命缘起详注》,第24页。
[2] 邹鲁:《中国国民党史稿》,第3册,第657—658页。

形成了只须星星之火即可成燎原之势的反清潜流,广州起义时显然不具备这样有利的历史条件。

在战术上,孙中山最初主张"外起内应"是因为他认为"兵贵精不贵多",所以只要百人敢死队"事便可济"。其实,当时兴中会招募起义力量并不容易,不存在贵多或贵精的问题,关键在于究竟有多少能投入作战的力量。从实际情况看,计划中要招集四五万之众,但真正能调动的人数与此有很大距离,如香港一路原定招募3 000人,实际仅得400人左右,这就说明他们对起义力量的估计是脱离实际的。特别是没有注意到对这批人员思想素质的估计,缺乏深入细致的思想教育,其中有的人完全不知内情,只听说"杨衢云言省城现有招勇,每月给饷10元,先给盘费附轮到省,各给红带一条为号"[1],便加入其中。应该指出,在没有对起义武装进行深入教育的情况下,在没有对起义所在地群众作必要的思想发动条件下,贸然举行起义是一种单纯军事冒险的表现。广州起义作为革命派发动的第一次反清起义,虽在将起未起中流产,但已经有着革命派单纯军事冒险的先兆了。

1895年10月25日(九月初八日),各路起义军除香港一路外都已按期到达广州。26日(初九日)黎明,绿林、军队、民团各路首领集中于总机关讨取命令、口号,但作为主力之一的香港一路在规定时间内仍未能到广州集中;同时,孙中山发觉另一路主力汕头的武装也未赶到,而且枪械也未能从香港运来。在这种情况下,孙中山认为人员大量集中,"届期而不能举,事必外泄",便当场决定将部队遣回,听候命令;并电告香港,不要再来广州。筹备半年多的广州起义因此流产。

孙中山作为广州起义的军事总指挥,作出的这个决定无疑是正确的。拟议中的广州起义主要依靠香港和汕头的两股力量,枪械则依靠香港运来,在主力未到、械弹不至的特定情况下,只有遣回队伍,分散目标,才能避免作无谓的牺牲。

起义的流产,既与主力未到,届时不能举事有直接关系,于是便产生了责任问题。在这个问题上,现存史料中国民党人的不少记载采取了把责任完全推在杨衢云身上的做法,其中影响最大的,莫过于以当事人身份谈当时事的陈少白《兴中会革命史要》。该文称:

到初九日(10月26日)⋯⋯本来香港船在早晨六点钟就应该拢岸了,

---

[1] 邹鲁:《中国国民党史稿》,第3册,第662页。

我们一直等到八点钟，才见孙先生行色匆匆的拿了一个电报来，一看是杨衢云打来的。电报上说"货不能来"。我就同孙先生商量这事怎样办呢？我说："凡事过了期，风声必然走漏，再要发动一定要失败的。我们还是把事情压下去，以后再说吧！"孙先生也以为然。一方面就把领来的钱，发给绿林中人，叫他们回去再听命令。同时马上打电报给杨衢云，叫他"货不要来，以待后命。"[1]

这段记述有三个要点：一是起义不成系因香港一路没有如期赶到；二是杨衢云给孙中山电报表示"货不能来"；三是遣散待命是陈少白的主意。除最后一点可以不计外，前两点明显流露出对杨的不满。后来，不少谈论广州起义的书籍论文，基本上以此为根据指责杨误了大事。

其实，陈少白上文所说，与孙中山亲述有所不同。孙中山在《伦敦被难记》中称：

> 于是兴中会起事之计划定矣。……因于汕头及西江沿岸募集两军，同时向广州进逼。……是两军者，期于西历一千八百九十五年十月某日，一由西南，一由东北，同时向广州进发。……除汕头及西江两军外，又有四百人自香港驰至。迫会兵之期已届，各军与省城之距离，军行约四小时可达；又有卫队百名身藏利器，巡行于兴中会之四周；复有急使三十人，奉会员命，分赴各邑，令党人于翌晨同时起事。讵意会员部署略定，忽有密电驰至，谓西南、东北两军中途被阻。两军既不得进，则应援之势已孤，即起事之谋已败。然急使既遣，万难召回。一面又连接警报，谓两军万难进行，幸彼此各自为谋，未尽覆没。于是党员急起而消灭种种形迹，毁文籍，藏军械，且连电香港，令缓师。然香港党员接电之时，已在港军尽发之后。港军乘轮舟赴粤，并挈有大宗枪械，分储若干箱。党员接电后，非特不将港军暂行遣散，且追踪至粤。于是该党员及其部众尽投于罗网矣。[2]

《伦敦被难记》人所熟悉，但这段记述却很少为人引用。原因就是不合国民党正统史观的口味。从上述孙中山自述中可以明显看出，广州起义之所以举而未发，原因不在香港一路 400 人未到，而在汕头及西江两路中途被阻；所谓密电，不是杨衢云打来"货不能来"云云，而是报告两军受阻消息；孙中山接电后即电告香港，但已在港军尽发之后，无法阻止；总部下令销毁文件不是因港军未到，

[1] 见《辛亥革命》第 1 册，第 31 页。
[2]《孙中山全集》第 1 卷，第 53—54 页。着重号为作者所加。

而是因汕头西江两军不能到达之故。

1911年孙中山在一份回忆录中,对广州起义未发原因的解释,基本上与上述写于1897年的《伦敦被难记》相同,只是不提西江一路而专指汕头部队:

> 我们拟订了一项大胆的计划,……简单说来,就是要攻占广州城……而要做到这一点,就必须得到一大批汕头地方士兵的帮助,他们也是对现状不满的……一切都准备好了,完全取决于汕头士兵能否越野行军一百五十多哩前来和我们会合,从香港来的一支特遣队又能否及时赶到。……一切似乎都在顺利进行,却突然来了一个晴天霹雳。这是汕头方面领导人拍给我的一份电报:"官军戒备,无法前进。"现在该怎么办?我们所依靠的正是汕头军队。我们试着召回我们的侦察人员,又给香港发了电报。但是来不及了,一支四百多人的特遣队已经带着十箱左轮手枪乘轮船出发。我们的同谋者惊慌了,接着就开始出现一阵混乱,大家都想在风暴到来之前逃走。我们焚毁了所有的文件,贮藏好军械弹药。我潜逃到珠江三角洲海盗经常出没的河网地区,躲藏了几昼夜……[1]

两件写于不同年代的材料,无可争辩地证明了陈少白在《兴中会革命史要》中把责任全部推在杨衢云身上的说法不确。广州起义届期不举,香港与汕头方面都有责任,但汕头部队不来,香港人员已发,不能说主要责任在香港方面[2]。

广州起义的流产,导致了人员被捕、烈士死难的严重后果。清广州地方政府在重阳节前已从两方面途径侦知党人届期将有大举。一条是来自为起义起草讨满檄文及安民布告的兴中会成员朱淇胞兄的告发;另一条途径来自清方派驻香港密探的侦察报告。结果广州机关部的陆皓东、程耀臣、程奎光等6人被捕,香港方面随船到省的丘四、朱贵全等40余人被盘获。兴中会在粤机关几被破坏殆尽,到1900年才在史坚如等人的努力下有所复苏。

---

[1] 孙中山:《我的回忆——与伦敦〈滨海杂志〉记者的谈话》(1911年11月中旬),《孙中山全集》第1卷,第549—550页。又:孙中山于1897年7月至1898年8月间与宫崎寅藏等笔谈时,对广州起义流产原因的叙述亦与此相同。他说:"当时弟已领千二百壮士进了内城(九月一日),已足发手。后有人止之,谓此数不足弹压乱民,恐有劫掠之虞。后再向潮州调潮人三千名为弹压地方,候至初九仍未到。各人会议,定策改期。是午后二时发电下港,止二队人不来。不料该头目无决断,至四时仍任六百之众赴夜船而来。我在城之众于九日午已散入内地,而港队于十日早到城,已两不相值,遂被擒五十余人。"(《孙中山全集》第1卷,第185页)

[2] 冯自由为了把责任归之于杨衢云,将孙中山打电报给杨一事说成是九月初十日。实际上根据孙中山自述,他是在初九日当天下午二时发的电报,发电后他已遣散部众,自己也到城外躲了起来,怎么能在初十日再打电报给杨呢?可见,冯自由所说既与孙中山自述不合,也有悖于常理(冯说见《兴中会组织史》,《革命逸史》第4集,第11—12页)。

被捕党人在敌人残酷迫害下,受尽折磨。其中陆皓东、丘四、朱贵全3人被杀,程奎光在营务处被杖毙,程耀辰被监禁而死,他们是资产阶级民主革命过程中第一批死难的烈士。尤其是陆皓东,大义凛然,直认革命不讳,在供词中称:"今事虽不成,此心甚慰,但我可杀,而继我而起者不可尽杀。"[1]表现了坚贞不屈、甘洒热血的英勇气概,令后人肃然起敬。

广州起义虽然流产,但它在中国革命史上的意义不可低估。它反映了资产阶级革命派的最初一批成员已经表现出敢于对封建统治者斗争的精神。尽管当时历史的主要潮流还是维新改革,尽管乙未广州起义在全国没有引起巨大反响,但它毕竟是资产阶级革命派发动的第一次反清武装起义,成了辛亥革命的先声。

---

[1] 陆皓东供词,参见《辛亥革命》第1册,第229页。孙中山称陆皓东是"中国有史以来为共和革命而牺牲者之第一人"。

三　流亡革命家

（一）成立横滨兴中会分会

广州起义失败后,清广东地方政府悬红缉捕孙中山、杨衢云、郑士良、陈少白等人[1]。当时,孙中山仍隐匿在广州城内3天之久。后因搜查严密,即乘小火轮由广州经顺德至香山唐家湾。然后乘肩舆赴澳门,再搭轮往香港。而郑士良、陈少白等,已先期抵达香港,共商后事。他们原本想在香港居留,但因港英当局与清廷勾结,判孙、郑、陈3人五年内不能在港登陆,不得已,决定东渡日本。杨衢云为免遭通缉,也离港去安南(越南)、新加坡、印度,直至南非。从此,孙中山开始过着长期的流亡生涯。

1895年11月2日,孙中山、郑士良、陈少白三人,乘日本“广岛丸”货轮离开香港,于同月12日到达日本神户,13日随船抵达横滨。这里是“广岛丸”的目的地,需要停航卸货,孙中山等只得上岸。面临着异国他乡、人生地不熟的困境,孙中山想起了年初结识的两位旅日华侨陈清、谭发,决定请他俩帮忙。原来,孙中山在1895年1月接到宋嘉树来信促其归国,便乘轮由檀香山回国准备筹划反清起义。船泊横滨期间,孙中山在船上向归国侨胞演讲排满救国之道。适有旅日华侨横滨售物行商人陈清聆听演说。陈当即走报在当地开设文经印刷店店主冯镜如(冯自由之父)、冯紫珊、谭发等。冯镜如,广东南海人。父业医,曾以交结太平军部将嫌疑,瘐死南海县狱。镜如愤然走避日本,居横滨数十年。为人行侠好义,有爱国心。甲午中日战起,愤清廷不纲,毅然剪除发辫。其弟紫珊,亦在横滨开设致生印刷店。谭发(号奋初),为当地均昌洋服店司理。“三人

---

[1] 清政府悬赏格:孙中山赏花红银1 000元;陈少白100元;杨衢云100元。见邹鲁:《乙未广州之役》,中国近代史资料丛刊《辛亥革命》第1册,第230页。

皆以笃信新学见称,闻陈清言船上有高谈反清复汉之异人,奇之。"急命陈清重登该轮邀请登岸相见。谭发与之上船。孙中山以船只开行在即,不便登陆,"即交陈等兴中会章程及讨满檄文一大束,令转交冯等照章设立分会"。陈、谭回报冯镜如后,"镜如等得陈归报,遂召集少数同志为组织之预备"[1]。孙中山与陈青等在船上的这次偶然相遇,却为此时到横滨的窘困,提供了解决难题的契机。

孙中山想起谭发在船上曾答应"以后有什么事,可以帮忙",所以决定一试。他据着地址,找到了谭发,说明来意,商量栖留问题。谭发就代为租得一个楼面。孙回船带领陈少白、郑士良到租赁的楼面住下。虽然楼面很小,只有 6 席的一个房间,但三个亡命客终于在旅日华侨的帮助下,得以有了住宿的场所。后来,陈少白回忆说:"现在我回想起来,总觉得那时候的舒服,真非言语所能形容了。"[2]确实,一个人在患难中得到他人的赤诚相助,才会有这种难以形容的感受。

隔了一两天之后,孙中山等在谭发陪伴下,到设于山下町 53 番地文经印刷所拜访店主冯镜如。"既相见,欢若平生。"即在店中二楼,邀请冯紫珊、谭发、梁达卿、黎炳垣、赵明乐、赵峄琴、温遇贵等 10 余人与孙中山相见,会商组织兴中会事宜。经讨论,众举冯镜如为会长,赵明乐为管库,赵峄琴为书记,冯紫珊、谭发、黎炳垣等为干事。半月后,复设会所于山下町 175 番,继续加入者有温芬(炳臣)、郑晓初、陈才、陈和、黄焯文、黎简卿、陈植云、冯懋龙(后易名自由)等 10 余人[3]。孙中山流亡期间,在海外组织的第一个兴中会分会就此成立。

从横滨兴中会分会的成立过程,可以看到孙中山的反清革命思想与言论对海外爱国华侨的影响。日本是相对南洋各地华侨并不很多的国家,但他们目睹明治维新以来日本的进步与发达,对祖国在清政府统治下的腐败落后很为不满,像冯镜如那样愤清政府不纲而毅然割去发辫者,虽属少数,但像陈清、谭发等仰慕反清志士的爱国华侨,仍有一批人在。当他们在无意中聆听孙中山的反清言论时,就心生惊奇,视为异数。而孙中山为传播反清思想每每爱发高论。他长期生活在海外,深知华侨渴望祖国富强的心理,他的演说既有针对性,又富感染力,极易引起听者共鸣。后来,孙中山之所以在海外华侨中具有广泛影响,其中一个重要方面就是他的反清口头宣传,给受众以振聋发聩的震撼力。他的人格魅力充分体现在反清革命演讲中。

[1][3]冯自由:《兴中会组织史·五、横滨兴中会》,《革命逸史》第 4 集,第 14 页。
[2]陈少白:《兴中会革命史要》,中国近代史资料丛刊《辛亥革命》第 1 册,第 33 页。

横滨兴中会分会自成立以后,会员的人数续有增加,据统计,有姓名可依的会员如下:

姓　　名	籍贯	入会时间(年)	从业	身　　份
冯镜如	南海	1895	侨商	横滨文经印刷店店主
冯紫珊(镜如弟)	南海	1895	侨商	横滨致生印刷店店主
谭有发(谭发,号奋初)	三水	1895	侨商	横滨均昌洋服店司理
陈清(又名无辈清)	—	1895	侨商	横滨售物行
赵明乐	新会	—	侨商	横滨广福源号店主
赵峄琴(明乐族弟)	新会	1895	侨商	横滨广福源号店主
黎炳垣(字焕墀)	南海	1895	侨商	法国邮船公司横滨支店买办
温遇贵(炳臣侄)	南海	1895	侨商	横滨某洋行买办
温　芬(字炳臣)	南海	1895	侨商	在某洋行任职
陈　才	南海	1895	侨商	在横滨营包裹生意
陈　和(陈才弟)	南海	1895	工人	横滨打包工人
黎简卿(炳垣之叔)	南海	1895	侨商	横滨东昌打包店东主
梁达卿	南海	1895	侨商	横滨广万泰商号店主
郑晓初	香山	1895	侨商	某英国保险公司买办
黄焯文	香山	1895	侨商	英国邮船公司买办
冯懋龙(字建华,后易名自由)	南海	1895	留学生	镜如子
张　果(字能之)	香山	1898	侨商	日本邮船公司买办
陈植云	南海	1898	侨商	横滨人和洋服店及永乐酒楼东主

资料来源:①冯自由:《兴中会初期孙总理之友好及同志》;②《兴中会时期之革命同志》,均见《革命逸史》第3集。表中陈和,冯自由记为"横滨侨商"。我据其身份是"打包工人",故列为"工人"。

据上表可知,横滨兴中会分会成员,大多数是来自广东珠江三角洲的旅日侨商,其中,店东9人,买办5人,其他4人。他们都是有一定资产、有文化的体面华侨,即使像陈和这样的工人,也不是纯粹靠出卖劳动力维生的低层华侨,他是经营包裹生意的陈才兄弟。这就决定了他们加入兴中会的动因,就如孙中山交给陈清等转交冯镜如的《檀香山兴中会章程》所宣示:"集会众以兴中,协豪贤而共济,抒此时艰,奠我中夏。"爱国之情,促使他们聚集一起,成立组织。冯自由说,当时孙中山交给陈清的,除章程外,还有"讨满檄文"。这恐怕是他为提高其父冯镜如形象的饰词。因为1894年檀香山兴中会并未产生过"讨满檄文"之类的文件。所谓"讨满檄文"，那时还未产生，直到孙中山到达香港后与辅仁文社筹划广州起义时，才委诸朱淇起草。至于"入会誓词"是否转交，史无明文，而且横滨兴中会分会的成立会议，也缺乏入会宣誓仪式的记载，只是按《章程》规定推选会长等会务人员，由此可以推测横滨兴中会成立时，很可能没有进行过"驱除鞑虏，恢复中华，创立合众政府"誓词仪式，这符合当时旅日华侨"风气未开"的思想状况。所以成立不久，孙中山有赴檀香山之举，向横滨兴中会分会会员商借 500 元路费时，会员"大为反对"，赵明乐竟辞去管库一职，与其弟峰琴从此不再来会所，而其余各会员也"多一筹莫展"，足见横滨兴中会分会的思想并不一致。

横滨分会成立后，会务开展并不理想。从上表可知，直到 1898 年仅有 2 人入会，据冯自由所记，自孙中山赴檀岛后，"各会员供给月费者渐少，镜如等以经费无着，遂将会所取消，凡有会务均假文经商店二楼开会决之。"[1]留在横滨的陈少白，又不善交际，只是忙于为冯镜如的文经印刷店编辑《华英字典》，会务"迄无起色"。由此可知，当时的孙中山和革命党人，对发展组织、加强组织建设尚处在认知的自在而非自为阶段，只求聚合成团，不知加强教育、健全建设，听之任之。后来，组织涣散，几乎被保皇党攘夺，吃了大亏之后，才有所醒悟。这就是所谓："吃一堑，长一智"是也。

横滨兴中会分会最引人注目的一件工作，是 1897 年由冯镜如联络旅日侨商，发起创设大同学校以教育华人子弟。学校公请兴中会推荐校长，陈少白荐梁启超担任，后由康有为改荐其弟子徐勤承乏。徐为培植师门势力，所聘教员均为康门徒侣，"故自大同学校成立后，兴中会势力日见衰退"。及至戊戌政变后，大同学校竟成康党天下，学校会客室贴有"孙文到不招待"字条，以致与孙中山发生激烈驳论[2]。两派宗旨不合，学校根基动摇，闹到要解散的程度。日本人对徐勤所作所为深为不满，指责其诋毁孙中山，操纵舆论。徐勤遂致函宫崎寅藏作自我解辩。称："前闻田野氏云：贵邦人士咸疑仆大攻孙文，且疑天津《国民[闻]报》所刊《中山樵传》出自仆手。闻言之下，殊甚惊异。仆与中山樵宗旨不同，言语不合，人人得而知之。至于攻讦阴私之事，令人无以自立，此皆无耻小人之所为，仆虽不德，何忍为之？而贵邦人所以致疑者，此必有一二人造为浮言，以惑贵邦人听闻耳。仆绝无此事也。今支那之局，譬之海舟遇风，其势将

---

[1] 冯自由：《兴中会组织史：五、横滨兴中会》，《革命逸史》第 4 集，第 15 页。
[2] 冯自由：《戊戌后孙康二派之关系》，《革命逸史》初集，第 50 页。

覆,而舟人犹复互相争斗,以任其溺灭,虽下愚之人,不致若是。贵邦人咸具血诚,乃心东亚,特以此相规劝,仆实感谢不止,而欲斤斤以自辩者,盖欲洗不白之冤而释四方之疑也。先生人望所宗,惓惓于仆,故敢以此相告……"[1]

信中所谓《国闻报》刊出的《中山樵传》,确实是一篇恶毒攻讦孙中山的文章,诬称孙中山行医时诱奸妇女;鲸吞香江富商借贷之金为"花酒夜合之费";来日本,"欲惑商人、棍骗财物以为自娱"等等[2]。这样一篇无中生有、恶意污蔑的文章,不仅引起党人愤怒,而且也招致日本正义人士的不满。徐勤不得不为之辩白,死不认账,诿故他人。后来,由犬养毅调解,且允担任名誉校长,一场风波始告平息。虽然当时孙康二派正在谋求合作,尚未反目,但康党在戊戌政变后,急于谋求海外势力,乘兴中会对组织建设尚处于幼稚阶段之际,蓄意攘夺,已见端倪。可惜的是,孙中山及其同志经此仍未醒悟,以致横滨兴中会分会日趋涣散,连冯镜如也倒向保皇派,而檀香山兴中会又差一点被保皇党夺去。

(二) 考察欧洲社会

孙中山在横滨居留不久,决定与郑、陈分头活动。他命郑士良回国收拾余众,谋卷土重起;陈少白则留在日本,"考察东邦国情",结交朝野人士;自己准备重返檀香山,在当地华侨中展开工作。

1895 年 12 月中旬,孙中山断发改装,赴檀香山。孙中山这次回檀,首先是为了看望家族。原来,孙中山的同乡好友陆灿(字立本,号炳谦,别字逸生)于1895 年自檀香山回故乡翠亨村结婚。孙中山曾捎话让陆灿到香港见面,请他把母亲杨太夫人、妻子卢慕贞及儿子孙科、女儿孙瑗护送到檀香山,以免遭清政府

孙中山 1896 年断发易服照

---

[1]冯自由:《中华民国开国前革命史》上册,中国文化服务社 1944 年版,第42—43 页。又见冯自由:《清季革命保皇两党冲突始末》,《革命逸史》第 6 集,第 11 页。

[2]转引自陈锡祺主编:《孙中山年谱长编》上册,第163—164 页。

迫害[1]。家属到檀后，孙眉将他们安置在茂宜岛西南部的库拉（Kula）牧场。孙中山于 1896 年 1 月到达檀香山后，先到库拉牧场看望母亲和夫人、孩子。他对大哥孙眉讲述了广州起义失败的经过，孙眉鼓励他说："这不算一回事，还应继续干下去。"[2]孙中山在家没有久留，就到火努鲁鲁去整顿兴中会会务。但当地华侨因广州起义流产，颇多失望、灰心。孙中山原拟推广兴中会的设想终于未能如愿，进行迟滞，成绩并不理想。1896 年 6 月中旬，孙中山自檀香山到达美国旧金山，在华侨中宣传革命。旋赴芝加哥、纽约进行发动，不过成绩更差。美洲之行，使孙中山强烈感受到华侨"风气未开"，政治意识很是淡漠。

1896 年 9 月，孙中山决定离开美洲大陆，到英国去。英国是当时资本主义世界中最发达强盛的国家之一，也是孙中山心仪已久的地方。他自檀香山就傅西校起，长期受到的是英国式教育，他的西学知识就主要成分而言，也是英国的人文历史、政治经济较其他欧美国家为多。所以，他想到英国去实地了解西方社会，以扩大视野，寻求救国救民的真理。9 月 23 日，孙中山由纽约赴英，月底到达伦敦。10 月 11 日，被清驻英公使馆诱执，准备秘密押回国内。10 月 23 日，孙中山在康德黎、孟生和其他英国友人，特别是英国公众舆论的关怀营救下被清使馆释放，重获自由。伦敦被难，使孙中山深深体会中英两国人民的友好情谊。他被英国人看作是与封建暴政作坚决斗争的中国英雄，一下子成了舆论和公众注目的对象。报纸的记者不断对他进行采访，英国著名汉学家翟理斯（H. A. Giles）约请他撰写自己的小传，准备收入正在编撰的《中国人名辞典》。孙中山于 1896 年 10 月 24 日写了《致伦敦各报主笔函》，表示了他对英国政府、报界的谢意和自己的感受。他说："最近几天中所发生的实际行动，使我对充溢于英国的宽大的公德心和英国人民所崇尚的正义，确信无疑。我对立宪政府和文明国民意义的认识和感受愈加坚定，促使我更积极地投身于我那可爱而受压迫之祖国的进步、教育和文明事业。"[3]11 月，他复函翟理斯，除依请写了自己的传略外，函中述提出此次赴英目的是"来游上邦，以观隆治"；"久欲访求贵国士大夫之谙敝邦文献者，以资教益；并欲罗致贵国贤才奇杰，以助宏图"[4]。

为了满足外国人对乙未广州起义的探求欲，孙中山约在 1896 年 12 月写了

---

[1] 参见黄健敏：《翠亨村》，第 234—235 页。
[2] 马兖生：《孙中山在夏威夷：活动和追随者》，第 41 页。
[3]《孙中山全集》第 1 卷，第 35—36 页。
[4] 孙中山：《复翟理斯函》，同上书，第 46、47 页。

有关广州起义的原因和经过一文[1]，在 1897 年初写了《伦敦被难记》一书。前一篇文章，孙中山对他和他的同志们在反对封建专制清王朝斗争中采取的方法作了巧妙说明："我们千方百计地努力以不流血的手段来夺取国家、建立政府。我认为，我们会做到这一点；但是，如果这样做注定要失败，我们就会毫不犹豫地求助于武力。"[2]在后一本用英文写成的小册子《伦敦被难记》中，孙中山回顾了广州起义的始末和自己被清驻英使馆诱执的全过程。为了避免英国人对革命党人在其租借地香港进行急激之革命感到不快，孙中山在《伦敦被难记》中将兴中会说成是 1892 年在澳门成立的"少年中国党"（The Young China Party），并申说"其党有见于中国之政体不合于时势之所需，故欲以和平之手段，渐进之方法请愿于朝廷，俾倡行新政。其最要者，则在改行立宪政体，以为专制及腐败政治之代"[3]。同时，又强调了清廷连上书请愿的和平方式都不能容忍，"吾党于是怏然长叹，知和平之法无可复施。然望治之心愈坚，要求之念愈切，积渐而知和平之手段不得不稍易以强迫"[4]，曲折地说明了兴中会武力反清的真实意图及其合理性。

综观孙中山在伦敦蒙难后所写的一系列政论性文章，可以看到他一直在使用曲笔表达自己的政治主张。当他揭露清政府腐败时，抨击猛烈，淋漓酣畅，足以使身处资产阶级自由平等生活方式下的欧洲人对清政府专制统治产生反感；当他表达自己的政治主张时，总先强调温和方式的一面，然后笔锋一转归结到不得不取强制手段，以适应欧洲人尤其是英国人的心态，获取他们的同情支持。这种表达方式，既不违背他作为温和革命家的真实，又表现了宣传中的灵活性，以适应对造反有着普遍反感的英国公众舆论。

孙中山脱险后，继续在伦敦居留了一年多，直到 1897 年 7 月才离英赴加拿大。在他居留伦敦期间，结识了不少外国友人，如英国人摩根、大英博物馆东方部的道格拉斯以及俄国政治流亡者沃尔科夫斯基、克雷格斯等。其中，对日后革命事业帮助很大的日本友人、植物学家南方熊楠，意义更为重要。

南方熊楠（1867—1941），日本和歌山县人。1887 年就读于美国密歇根州立大学农学院，毕业后曾去古巴、墨西哥考察。1892 年到伦敦。次年发表《远东的星座》论文，受到大英博物馆馆长佛兰克爵士的器重。1895 年受聘在该馆东方图书部协助编目，整理大英博物馆汉、日书目的编制。1897 年，通过该馆东方部

---

[1] 孙中山：《第一次广州革命的起源》，《孙中山集外集》，第 3—7 页。
[2]《第一次广州革命的起源》，《孙中山集外集》，第 4 页。
[3][4]《伦敦被难记》，《孙中山全集》第 1 卷，第 50、52 页。

主任R. K. 道格拉斯的介绍,结识孙中山。3月16日,两人相见交谈。孙中山曾问南方:"一生之所期为何?"南方回答称:"但愿我等东方人,一举将西方人悉逐于国境之外也!"[1]激烈言论,使孙中山和在座的道格拉斯深为吃惊。之后,孙中山和南方熊楠几乎每日相见,一起参观、访友、就餐、讨论,交往密切。经南方介绍,孙中山结识了在英国的镰田荣吉、田岛坦、德川赖伦等进步人士。后来又经镰田介绍,孙中山认识了冈本柳之助。冈本是旧和歌山藩士,曾在军中服役。退役人以浪人身份活动,与朝鲜金玉均、朴泳孝等交往。1895年10月,因参与刺杀朝鲜高宗王妃闵氏,被捕入狱。出狱后继续研究宗教及"东洋问题"[2]。有人认为:"在以后的革命活动中,冈本对孙中山有所帮助。"[3]但专门研究孙中山与日本的李吉奎氏称:"现有史料未能发现孙与冈本交往记载,但孙与朴泳孝来往颇密,或许是镰田介绍信起了作用。"[4]

南方熊楠又托田岛坦介绍菊池谦让、尾崎行动与孙中山相识。菊池是熊本人,新闻记者;尾崎是三重县人,当时担任松方正义、大隈重信内阁的外务省参事官。他的弟弟尾崎行昌,与内田良平、宫崎寅藏熟识。这些人,后来都参与了孙中山的革命活动。而南方熊楠始终以学者身份与孙中山保持联系[5]。

孙中山在伦敦居留期间,正是西方主要资本主义国家已经完成向帝国主义过渡的时期。一方面,随着大工业的发展和海外殖民市场的不断开拓,欧洲各国尤其是英国,已经建成为高度物质文明的国家。工厂林立,交通发达,城市面貌日新月异,消费水平不断提高,呈现出一派繁荣景象;另一方面,随着财富的大量积聚,资本主义制度所固有的各种社会矛盾也日趋明显。首先是分配不均所导致的贫富两极分化现象越益严重。荒凉破落的贫民窟和美轮美奂的华丽居宅形成了强烈对照;大腹便便的暴发户与在饥饿线上挣扎的人群反差明显,使人深感这个社会并非真正是"乐土"。

其次是劳资关系日形紧张。资本家为赚取最大利润,早已放弃了以往那种惯于在工人身上打小算盘的剥削方式和陈旧的管理方法,代之以用伪善的改革来榨取更多的剩余价值。他们取消了原先在工厂区内实行的实物工资制,通过了10小时工作日法案,并实行了一大串比较次要的其他改良措施;为了减少同

---

[1]《南方熊楠全集》第8卷,第196页;《全集·别卷1》,第118页,转引自李吉奎著:《孙中山与日本》,第12页。

[2]见《东亚先觉志士记传》下卷,第186—189页,转引自李吉奎:《孙中山与日本》,第14页。

[3]尚明轩:《孙中山的历程》上册,第174页。

[4][5]见《孙中山与日本》,第14页。

工人冲突时所造成的困难和损失,他们学会了避免不必要的纠纷,默认工联的存在和力量,并把罢工变为实现自己目的有效手段,鼓吹和平的协调;为了自己和家属不致因城市不卫生而感染流行病,他们在城市中修筑了下水道,在最破旧的贫民窟周边建造了宽阔的街道,猪和垃圾堆消除了。"所有这些对正义和仁爱的让步,事实上只是使资本加速积聚于少数人手中和消灭那些没有额外收入就不能维持下去的小竞争者的一种手段。"所以尽管"资产阶级掩饰工人阶级灾难的手法又进了一步"[1],英国工人阶级的状况并没有得到真正的改善。严酷的事实越来越迫使工人们从资本主义制度本身中去寻找自己悲惨处境的原因,于是英国的工人运动"又向前迈进了一大步"。从19世纪80年代起,英国工人的罢工不断,并且开始公开推出候选人参加议会选举。在伦敦、格拉斯哥、索尔福以及在其他许多选区里,"都有独立的工人候选人出来同两个旧政党的候选人竞选",并获得了以往不曾有过的间接和直接的成绩[2]。

再次,随着英国工人运动的发展,马克思主义在工人阶级中得到了日益增长的拥护者,而资产阶级为了抵制马克思主义的传播,出现了各种打着社会主义牌号的所谓学说和理论,社会主义成了时髦的风尚。正如恩格斯在1892年为《英国工人阶级状况》英文版所写的序言中指出:

> 对于我在1885年看到的情况的这种叙述,我只需要作少许补充。不用说,现在的确"社会主义重新在英国出现了",而且是大规模地出现了。各色各样的社会主义都有:自觉的社会主义和不自觉的社会主义,散文的社会主义和诗歌的社会主义,工人阶级的社会主义和资产阶级的社会主义。事实上,这个一切可怕的东西中最可怕的东西,这个社会主义,不仅变成非常体面的东西,而且已经穿上了燕尾服,大模大样地躺在沙龙里的沙发上了。[3]

面对着上述资本主义世界纷繁复杂的矛盾,孙中山表现出惊人的求知欲。一方面,他广泛地熟悉社会、结交流亡英国的外国爱国者。他去过英国的宪政俱乐部,到过爱尔敦农业馆,参观过李勤街工艺展览会,还与俄国爱国者交往,与俄国民粹派杂志《俄国财富》的记者晤谈中国革命问题,并希望自己所写的《伦敦被难记》能译成俄文出版[4];另一方面,他潜心阅读西方国家的政治、经

---

[1][2]恩格斯:《〈英国工人阶级状况〉1892年德文第二版序言》,《马克思恩格斯选集》第4卷,第274—275、285—286页。

[3]同上书,第284页。

[4]参见《孙中山年谱》,第34—35页。又,孙中山在与《俄国财富》杂志的记者谈论中国革命问题时,已明确表示必须用武力推翻清王朝,无法进行改良。见《孙中山全集》第1卷,第86页。

济、军事、外交乃至农业、畜牧业、矿业、工艺制造方面的各类书籍,大英博物院里经常留下他伏案苦读的身影。他接触了当时欧洲的各种社会学说,又目睹了英国的社会现实,这一切,都对他的思想发展起了酵化作用,对他的民主主义思想成长有着重要影响。他后来回顾自己这段经历时说:

> 伦敦脱险后,则暂留欧洲,以实行考察其政治风俗,并结交其朝野贤豪。两年之中,所见所闻,殊多心得。始知徒致国家富强、民权发达如欧洲列强者,犹未能登斯民于极乐之乡也;是以欧洲志士,犹有社会革命之运动也。予欲为一劳永逸之计,乃采取民生主义,以与民族、民权问题同时解决。此三民主义之主张所由完成也。[1]

这段话明确地显示了孙中山在留欧期间寻求救国救民真理过程中的悟性。他所说的"三民主义之主张所由完成",并非指已经形成了三民主义的思想体系,而是指他对民生问题的关心。因为作为三民主义思想体系之一的民生主义,其核心观念——平均地权,直到 1903 年左右才真正出现[2];而民族主义,在当时乃至以后几年中仍时时夹带着狭隘的大汉族主义色彩;民权主义也还没有从"创立合众政府"明确地进到"创立民国"的阶段。但是,民生问题的认真思考却正是在留欧时期开始的。

他山之石,可以攻玉。孙中山看到了欧洲发达国家贫富悬殊的社会现象,怀着使中国在推翻清王朝之后发展民族经济时避免重蹈覆辙的崇高之想,悟出了减轻人民负担、缓和社会矛盾的重要性。这种基于对贫富悬殊的担忧而萌生的民生改善愿望,既有中国社会兴亡治乱的历史悟性,又反映出西方社会学说的直接影响。

在中国,引起社会周期性震荡的根本原因是封建地主土地所有制。占人口极小部分的地主,依仗封建政治特权和严苛的剥削手段,占有大量土地,而占人口绝大多数的农民却处于少地、缺地的困境。土地分配的不均,导致了一系列社会不安定因素,最终引发农民起义;而每一次大规模的农民战争,都不同程度地冲击了土地集中的不合理状况,迫使新的统治集团作出必要的让步,使土地问题暂趋缓和,社会也就获得了相对稳定。这种集中—分散—再集中的周而复始循环,恰与起义—让步—再起义的兴亡治乱互为因果,成为中国历史上极显著的社会现象。历来的地主阶级经世家本着修齐治平的儒学原旨,无不对这一

---

[1] 孙中山:《有志竟成》,《孙中山全集》第 6 卷,第 232 页。
[2] 参见张继:《平均地权与土地改革》,刊《平均地权史话》,商务印书馆 1914 年版,第 1 页。

现象进行探究；不少地主阶级改革家也都曾对土地问题提出过改革方案。可以说，关心土地问题、探求分配方案，成了中国士大夫经世致用最核心之所在。孙中山虽然不是传统意义上的儒者，但他自小生长在农村，对作为中国农民的根本问题——土地问题，有着天然的感情联系；而且长期来"留心经济之学"，对历代关于土地改革方案如王莽之王田与禁奴、北魏之均田、唐之永业与口分田、宋之王安石青苗法乃至洪秀全之田亩制度，均了然于胸，所以，当他考虑民生问题时，自不能不以土地问题作为解决贫富悬殊、避免社会动乱的基点。他后来曾对宫崎寅藏说过关于土地思想的渊源：当宫崎问及"土地平均之说得自何处？"他回答说："吾受幼时境遇之刺激，颇感到实际上及学理上有讲求此问题之必要。吾若非生而为贫困之农家子，则或忽视此重大问题，亦未可知。"[1]这一回答，透出了他在思考民生问题时是从农民立场出发的讯息。1899—1900 年间，他在日本和章太炎、梁启超等聚谈时，"恒以我国古今之社会问题及土地问题为资料。如三代之井田，王莽之王田与禁奴，王安石之青苗，洪秀全之公仓，均在讨论之列"[2]。所以，孙中山的民生史观中，带着农民朴素的平等思想和传统的经世思想的深深印痕。

孙中山的民生史观又不同于传统的经世致用思想。它是孙中山在留欧时期面对西方大工业文明所造成的严重社会病而探求中国未来社会健康发展道路的理性思考，是传统儒学修齐治平原旨与西方主观社会主义相互糅合的产物。它要解决的已经不再是在维护封建土地私有制的前提下，以土地平均分配求得农业文明的延续和发展，而是在发展资本主义前提下，以土地平均分配促使工业文明的迅速成长。就其本质来说，已经是世界资本主义范畴中的农业社会主义思想了。当他亲眼目睹资本主义世界贫富反差强烈的社会现实后，他既同情欧洲工人阶级的苦难，又担忧工人运动造成社会革命；既要师法西方发展民族工业，又害怕由此产生的工业社会弊症，这种矛盾惶遽的心态不只是孙中山个人的心理，本质上也是农业文明进入工业文明社会时，先进思想家所共有的一种社会文化心态。正是在两难的困惑中，传统价值判断契入了对西方社会主义思潮的选择，促使孙中山倾心于非马克思主义的小资产阶级的主观社会主义。美国经济学家亨利·乔治(Henrry George)的"单税社会主义"成了他服膺的理论。

---

[1] [日]宫崎寅藏：《孙逸仙传》，《建国月刊》第 5 卷，第 4 期。
[2] 冯自由：《同盟会四大纲领及三民主义溯源》，《革命逸史》第 3 集，第 206 页。

亨利·乔治在他所著的《进步与贫困》一书中宣称:资本主义社会愈进步,地租愈上升,地价愈高涨。它们反过来吞掉了物质进步的利益,造成了贫富悬殊的社会矛盾。只有废除土地私有制,实行土地国有政策,把地租交给国家,废除一切税收,才能使分配趋于平均,实现社会主义。这种经济理论,从根本上忽视了资本家榨取工人剩余价值这一资本主义制度的基础。正是资本主义制度造成了社会的两极分化和财富分配的不平,所以把工人阶级处境悲惨的原因归之于地租与地价的上涨,是当时流行的各种非马克思主义社会主义学说中模糊工人阶级视线的一种资产阶级改良主义理论。孙中山对亨利·乔治的"单税社会主义"之所以注目,根本上是与他对农民土地问题的重视分不开的。正如冯自由所说,孙中山"以为此种方法最适宜于我国社会经济之改革,故提倡唯恐不力。在欧洲及日本两地同盟会成立时所提'平均地权'一项,即斟酌采用亨利·乔治学说而成一家者也"[1]。因此,孙中山的平均地权思想就其性质来说,无非是一种农业社会主义的理论。它体现了孙中山对农民苦难生活的深切同情,反映了他追求救国救民真理的一片忠贞和苦心,但却没有从根本上找准真正解决资本主义贫富分化的原因。

现在还没有材料可以证明孙中山何时接触亨利·乔治的学说[2],比较可能的是他留居伦敦期间。因为那时他正在潜心阅读各种社会学说的著作;他自己也说"三民主义之主张所由完成"是在这个期间。尽管留欧时期他的三民主义思想体系还没有"完成"而只是一个雏形,但从此以后,他对民生问题,尤其是土地问题的思考,成了他关心的热点。所以,西欧时期的所见所闻,对他构建以民族、民权、民生三个方面为核心的民主革命理论框架,无疑具有重要意义。就这点上说,1896—1897年对于孙中山成为旧民主主义革命时代的思想家,是一个必要的理论准备阶段。

留欧期间的大量阅读,加深了孙中山对书籍的爱好和收藏的兴趣。孙中山自就傅檀香山西校起,就喜欢阅读课外书籍。他一生爱好读书,也爱好收藏书籍。这对他拓展视野,增进新知,成为高瞻远瞩、中西融通的革命家,具有特殊

---

[1] 冯自由:《同盟会四大纲领及三民主义溯源》,《革命逸史》第3集,第206—207页。
[2] 有一种说法,认为孙中山知道亨利·乔治的单一税主张,大约是去欧洲以前,在1894—1895年筹组兴中会期间。因为上海出版的《万国公报》在1894年10、11月(光绪二十年九、十月)第69、70册上发表了孙中山的《上李鸿章书》,紧接着于同年12月出版的第71册上发表了介绍亨利·乔治学说的文章,估计孙中山看到过这一介绍(见章开沅、林增平主编:《辛亥革命史》第1卷,第100页)。这一说法具有极大可能性,但仍然只是一种推论。比较而言,孙中山说他三民主义主张完成于留欧期间的自述,似乎更具有第一手的可靠性。

意义。有研究指出:上海孙中山故居内保存有孙中山的大量藏书,大抵有 1 932 种 5 230 册,其中西文(包括英、法、德、俄文)种类最多,计有 1 528 种,2 029 册,中文 389 种,3 143 册,日文 15 种 58 册[1]。事实上,故居还有少量书籍未编入序号,因此也未编入《上海孙中山故居藏书目录》[2]。正如有人对孙中山藏书进行长期研究后所论:"在 20 世纪所有中国人中,就阅读西文书籍数量之多、方面之广、层次之高而言,恐怕还找不出第二个人可以超越孙中山。"[3]

(三) 与康梁谈合作救国

从兴中会筹备广州起义到孙中山、杨衢云等革命党人流亡海外,民族资产阶级的另一个派别——维新派,在国内有了迅速发展,并逐渐形成为一种政治力量。1895 年康有为发动"公车上书",是维新派登上政治舞台的标志。1898 年 6 月至 9 月的"百日新政",成了维新派爱国救亡、清明政治、力图变中国为君主立宪政体的最杰出的政治表演。但康梁维新派只依靠光绪皇帝,走自上而下的变革道路,没有强大实力,在西太后为代表的封建守旧势力反击下,百日维新立即烟消云散。9 月 21 日的戊戌政变,不仅导致了新政失败、光绪帝被囚禁和"六君子"死难,而且也使得维新派的精神领袖康有为及其最重要的一批政治助手梁启超等人在国内无容身之地。康有为在政变前已离开北京,政变发生后,在英国人帮助下逃到香港,然后又在日本人掩护下流亡日本;梁启超不久也在日本人安排下,到达日本横滨和康有为会合。

在康梁到达日本之前,孙中山已经从欧洲回到了日本横滨。他是在 1897 年 7 月初,离开英国经加拿大,于 8 月中旬抵达横滨的。甫抵日本,便受到了日本朝野人士的热情欢迎。原来,当 1896 年孙中山离日赴檀时,曾指令陈少白留日结交日本朝野政治家,并介绍日人菅原传与陈少白相识。陈在孙离日后,又先后结识了日本退职海军大尉曾根俊夫和日本自由民权运动重要人物宫崎弥藏和他的弟弟宫崎寅藏,开始了和日本政界人士的接触。其中,宫崎寅藏在把中国革命党介绍给日本政界有势力人物中起了极为重要的中介作用。

---

[1] 郭骥:《上海孙中山故居藏书研究现状述评与展望》,上海市孙中山宋庆龄文物管理委员会编:《孙中山宋庆龄文献与研究》第 2 辑,上海书店出版社 2011 年版,第 161 页。

[2] 同上书,第 161 页,注释[1]。

[3] 姜义华:《孙中山的革命思想与同盟会——上海孙中山故居西文藏书的一项审视》,《史林》2006 年第 5 期。

宫崎寅藏（1871—1922），原名虎藏，号白浪庵滔天。生于日本熊本县玉名郡荒尾村一个下级武士家庭。兄弟11人，先后死去6人，只留下两个姐姐和两个哥哥。他的几个哥哥都是日本自由民权运动的积极参与者[1]，其中三哥弥藏是醉心于亚洲革命的自由民权论者，对他影响最大。由于日本政府对自由民权运动实行高压和收买相结合的政策，自由民权运动受到极大摧残，一切民主活动被严厉取缔，使得一些自由民权论者计划在国外传播他们的政治理论，以推动

宫崎寅藏

本国实现民主改革。三哥弥藏的中国革命论便是这种形势下的产物。这样的中国革命论在当时有一定的进步意义，但日后却成了侵略政策的鼓吹者[2]。三哥的这个思想，对宫崎产生了重要影响，他称之为"不仅是我暗夜中的明灯，也是指示我一生进路的指南针"[3]。这样，宫崎寅藏也成了一个中国革命论者。

宫崎曾多次到过中国。第一次在1892年，同年7月回日本。为了实行"中国革命主义"，他游说三哥弥藏与朝鲜志士金玉钧订交。1894年4月在为金玉钧举行的追悼会上，宫崎结识了日本立宪改进党领导人之一、国会议员犬养毅，后来就一直在犬养资助下活动。1896年结识亡命日本的兴中会会员陈少白，从陈处得知孙中山，私心仰慕，产生了和孙中山订交的强烈愿望。第二次在1897年2月。他和平山周、可儿长锼等谒见立宪改进党党魁、当时担任日本外相的大隈重信伯爵，经犬养毅从中斡旋，得到外务省支持，去中国调查秘密会社。7月到达香港，通过陈少白的介绍信，他辗转结识了维新派和兴中会两方面的若干人员，对孙中山和康有为都产生了良好印象，认为两人"在思想上是相同的，

---

[1] 宫崎寅藏的大哥真乡八郎，是熊本自由民权运动的先驱者之一，因批评政府而被捕下狱。出狱后仍坚持斗争。1877年4月，在参加西乡隆盛发动的复旧叛乱中战死。二哥宫崎民藏是较多注意社会改革的自由民权论者。他主张通过社会改革来达到防止财富垄断、贫富分化悬殊的目的，对亨利·乔治的"单税社会主义"理论十分钦佩。其中"土地共有论"后来曾对宫崎寅藏关心社会改革和土地问题，产生过影响。

[2] 日本学者吉野造作对此有过论析。他说：当时日本有志青年在民间发展的方向有两条："一条是愤慨于藩阀专制，因而埋头于政府革新的运动；二是绝望于国内当世，而求友于邻邦，首先一新东洋的空气，由之冀求慢慢地改进其祖国。后者虽是少数人，但是他们却或往来于朝鲜，或投身于中国，而直接间接地帮助了日后日本的大陆政策。"（见[日]吉野作造著，陈鹏仁译《宫崎滔天著〈三十三年之梦〉解说》，刊[日]宫崎滔天著，林启彦改译并注释：《三十三年之梦》，花城出版社、三联书店香港分店1981年联合出版，第249页）

[3] [日]宫崎滔天：《三十三年之梦》，第46页。

都主张民权共和之说"[1]，有了撮合两党的设想。同年 9 月回到日本。

宫崎到日本后，立即会见了孙中山。他对孙中山的为人和气魄极为钦佩，认为孙是东洋的珍宝，把希望完全寄托在他的身上了[2]。事后，宫崎立即向犬养毅汇报。犬养表示"这是份大礼物，怎能不会他一面？"[3]犬养毅和大隈重信，虽然都是立宪改进党的首领，但在对待中国反政府势力上态度不同。大隈主张保持现政权，但清政府必须改革，即所谓"东亚保全论"；犬养则表示支持民族主义，即支持反清革命，比较重视下层社会。应该说两人的分歧仅是策略不同。大隈注重对现政权的控制，犬养着眼于反政府的在野力量，以便在特定条件下发挥其作用。所以较之大隈注重当前利益说，相对注重于日本的未来利益。在犬养毅的布置下，经宫崎寅藏等人的安排，孙中山回到日本后便由宫崎及平山周引至东京与犬养毅相见，孙中山追忆说：

> 抵日本后，其民党领袖犬养毅遣宫崎寅藏、平山周二人来横滨欢迎，引至东京相会。一见如故，抵掌谈天下事，甚痛快也。时日本民党初握政权，大隈为外相，犬养为之运筹，能左右之。后由犬养介绍，曾一见大隈、大石、尾崎等。此为予与日本政界人士交际之始也。[4]

在犬养毅委托下，孙中山在日期间的生活费用，都由当时日本著名实业家、福冈煤矿资本家平冈浩太郎承担[5]；而平山周则负责照料孙中山的生活起居，和孙同居于寓所。

中国民族资产阶级两个政治派别的代表人物，都在 1898 年共居于日本横滨，这决非巧合。据陈少白说："戊戌年康梁失败，先后从北京逃了出来，梁启超在天津就和平山周同乘日本兵船到东京，康有为先到了香港，才由宫崎招待到日本。宫崎、平山为什么要使康梁到日本呢？当时日本朋友的意思，以为孙先生和康梁同是要救中国的人，如果居间调停，或者可以联合，中国事当更好办了。所以他们使两方面都到了日本，就有联合的机会。"[6]正是在日本方面安排下，自 1898 年秋天开始，孙中山与康有为商谈双方合作问题。谈判断断续续进行到次年的夏秋之交，虽然最后因两派宗旨不同而未成功，

---

[1][2][3] 宫崎滔天：《三十三年之梦》，中译本，第 116、124 页。

[4] 孙中山：《有志竟成》《孙中山全集》第 6 卷，第 232—233 页。

[5] 平冈浩太郎(1851—1906)，日本九州福冈人，号玄洋、静修，明治时代著名的政治活动家和实业家，日本大陆政策的积极推行者之一，浪人组织玄洋社首任社长。1894 年，因朝鲜爱国志士金玉钧被刺杀，他积极主张惩罚清政府。后又与头山满、川上操六等谋议，帮助内田良平等组织"天佑侠"，计划侵略朝鲜。他是玄洋社和黑龙会活动资金的主要提供者。

[6] 陈少白：《兴中会革命史要》，中国近代史资料丛刊《辛亥革命》第 1 册，第 57 页。

但其间对中国革命和改良运动的进程产生了重要影响，有必要多花些篇幅予以说明。

<h2 style="text-align:center">孙康合作的由来</h2>

孙康合作究竟是怎样搞起来的？概而言之，一是由于两派自身处境的需要，二是由于日本方面的意图。前者反映了革命派还没有成熟，维新派也未退色；后者则反映了日本对华政策的变化。

孙康之间早在1895年之前就已在国内有所接触。1893年，孙中山自澳门改往广州行医，在双门底圣教书楼设立诊所。当时康有为的长兴学舍从长兴里移于广府学宫，改名"万木草堂"，与圣教书楼相距不远。圣教书楼实际上是一所经营新学书报的书店，"凡属上海广学会出版之西籍译本如林乐知、李提摩太所译《泰西新史揽要》、《西学启蒙》十六种、《万国公报》等类，皆尽量寄售，实为广州唯一之新学书店"[1]。康有为素好浏览西学译本，凡上海广学会出版的书报，莫不尽量购取，因此常到圣教书楼买书。孙中山知其有志西学，很想与康结交，曾托友人转达这一意愿，不料康有为申言："孙某如欲订交，宜先具门生帖拜师乃可。"孙中山以康妄自尊大，"卒不往见"[2]。

康有为

1895年，正在筹备广州起义的兴中会，与维新派在政治上开始了正式接触。孙中山在广州筹设农学会时，曾请康有为及其大弟子陈千秋等参加。"陈颇有意，以格于师命乃止。"[3]这一年春，陈少白奉孙中山之命赴上海召集同志回广东起事，恰与赴京应试的康有为、梁启超师徒同寓一个客栈。陈少白主动拜访过康有为并与他谈论改革与革命之事，康流露出同情之意[4]。不久，康梁赴京，发动"公车上书"，正式掀起争取君宪的维新运动；孙中山等在广州树起反清革命旗帜。以后几年，两派的斗争方式、政治道路已明显分道扬镳，思想距离日益拉大。但由于双方都为爱国救亡而奔走，所

---

[1][2][3][4] 冯自由：《戊戌前孙康二派之关系》，《革命逸史》初集，第47页。另见陈少白：《兴中会革命史要》，中国近代史资料丛刊《辛亥革命》第1册，第45—46页。

以仍保持着一定程度的接触。这种接触,维新派方面由康有为胞弟康广仁充当联系人,兴中会方面,因孙中山与杨衢云都已流亡海外,所以只能由谢缵泰出面。由于谢属杨派健将,所以,他与康广仁的接触在很大程度上只能反映杨派的思想主张。双方接触的最早记载是在1896年2月21日,康广仁和谢缵泰会晤于香港,就"维新需联合与合作的重要性"问题,各自发表了见解。谢缵泰则以派外人身份提出了"联合各党派,统一中国"的主张[1]。此后,康谢两人于1896年10月4日、1897年3月21日、9月29日,断断续续地商谈过有关时局和合作的事宜。其中最重要一次是1897年9月29日双方在香港公园的长时间交谈。在这次秘密会晤中,康广仁表示他要与胞兄康有为认真讨论合作问题,同时他表白他们并非"亲满",而是在试图发动一次和平革命。康广仁说:"让我们联合起来吧。一个缺一条腿、一只手的人能有什么用处呢?我将把你的见解转告家兄,我可以肯定,他必定欣然赞同你的见解。是的,我们应当把'上层'人士召集起来开一次会议。我们希望看到对王朝和千百万民众都有好处的'和平'革命。但是,我们还必须作好准备,随时采取行动。"[2]也就是说,维新派主张改革,但不排斥在改革受挫时"采取行动"。当时维新派对自己的政治命运还没有把握,预感有被随时扼杀的危险。因此,需要有一批不同政见的力量与之保持接触,也不排斥必要时采用非温和手段以保护自己。这就是康广仁与谢缵泰保持若即若离关系的策略方面的原因。

以后,康广仁与谢缵泰仍有过几次对话和函商。谢则把联合谈判的内容写信给在南非的杨衢云,听取他的意见。1897年11月8日,康广仁从上海来信告诉谢缵泰:梁启超赞成合作[3]。这是梁启超对与兴中会合作的首次表态。所以,梁启超后来曾一度积极主张与革命派联合,是有其思想基础的。

孙中山一派,与维新派也有过办学方面的合作,此即前节所述创办大同学校一事。康有为并亲书"大同学校"校名[4]。在一段时间内,孙中山、徐勤时相过从,"彼此往来异常亲热,真无所谓有彼我之分"[5]。

但是,当1898年6月光绪帝下诏变法,新政措施次第出台后,维新派满怀着实现政治理想的期望,觉得有恃无恐,便中断了与兴中会的联络,横滨的大同学校也发生了"不招待孙逸仙"的夺权事件,维新派明显地冷落了革命党人。

---

[1][2] 谢缵泰:《中华民国革命秘史》,《广东文史资料·孙中山与辛亥革命史料专辑》,第298、299页。
[3] 谢缵泰:《中华民国革命秘史》,《广东文史资料·孙中山与辛亥革命史料专辑》,第299页。
[4] 冯自由:《戊戌前孙康二派之关系》,《革命逸史》初集,第48页。
[5] 陈少白:《兴中会革命史要》,《辛亥革命》第1册,第46页。

可见革命派和维新派在戊戌以前早有接触。虽然渠道狭窄,商谈方面不广,双方也未能步调一致,而且各有目的,但并没有相互仇视,而是作为有共同语言的志士相互钦佩。从维新派方面看,他们尽管不赞同暴力,态度显得谨慎、迂回,但并未拒绝对话;从兴中会方面看,他们一度想请康有为加入广州密谋,又以极大诚意敦促合作。所以当1897年日本志士宫崎寅藏偕同平山周、可儿长铗到中国南方考察时,陈少白会为其作书介绍于康有为弟子、澳门《知新报》主笔之一的何树龄;而何又为宫崎介绍兴中会成员区凤墀牧师。更有意思的是,宫崎在澳门结识的一位中国人张玉涛居然称:"内有康有为先生,外有孙逸仙先生,中国之事,还不能说是毫无希望。"[1]这表明两派都把对方视为同志和朋友,并将孙康作为救国的中流砥柱,足见当时这两个政治立场和宗旨并不相同的派别,分歧还很不明显。他们都在民族危亡感召下,从事救国改革的大业。这个共同的目标正是两派日后谈判合作的思想基础,而戊戌前的多次接触也为两派的合作谈判创造了前提。

但是尽管两派互为同调的事实早已有之,要坐下来真正会谈合作的实质问题还需要条件。这个条件在戊戌政变后终于具备,这就是大家都处于艰难困苦的不利形势下,而且有了第三种力量的斡旋。

从兴中会的情况看,1895年广州起义流产后,"举国舆论莫不目予辈为乱臣贼子,大逆不道,咒诅谩骂之声不绝于耳"[2];国内的革命势力受到极大摧残;海外的革命活动也备遭阻力。孙中山在檀香山的鼓吹成绩并不理想;到美洲,欢迎革命主义者,"每埠不过数人或十余人而已"[3];日本稍好,但"数年之中而慕义来归者不过百数十人"[4]。孙中山深感这是革命活动最艰苦的时期。在这种情况下,兴中会确实需要与一切爱国力量合作,把不同政见的志士联合起来。孙中山甚至表示:"倘康有为能皈依革命真理,废弃保皇成见,不独两党可以联合救国,我更可以使各同志奉为首领。"[5]

从维新派方面说,他们的处境更惨。政变之后,维新派在国内苦心经营的一切都被废除,骨干被杀;在国外除占夺了横滨大同学校外,没有任何立足之地。要想谋东山再起,与孙派谈判合作未必不是一法。所以,他们需要同志,需

[1][日]宫崎滔天著,林启彦改译注释:《三十三年之梦》,三联书店香港分店、花城出版社1981年联合出版,第114页。

[2]孙中山:《有志竟成》,《孙中山全集》第1卷,第235页。

[3]同上书,第231页。

[4]同上书,第233页。

[5]冯自由:《毕永年削发记》,《革命逸史》初集,第74页。

要地盘，需要帮助，甚至需要同情以调整刚刚遭受失败的痛苦心态。

两派合作谈判成为事实，更是日本朝野人士一手牵线搭桥的结果。

首先，康梁之被接到日本，目的就是为了促成孙康两派合作。宫崎寅藏对此有详细记述。他说：1898年他和平山周第二次到中国考察政情，得知政变消息和康有为到达香港的情报后，"当时我非常重视康先生，认为在他的同志之中多少会有些杰出人物，所以，想利用这个机会使他同孙党结合，再与哥老、三合等帮会相通，梦想掀起一番风云"[1]。他准备把康有为从香港接到日本去，并把自己的想法向日本驻香港领事馆的二等领事上野季三郎作汇报。一开始，上野对此并不热心，但第二天态度大变并以私人身份拜访了康有为。康对去英国还是去日本先有一番犹豫，经上野劝说后坚定了去日决心。康拿出两件光绪帝密电抄件：一是给日本驻华公使矢野文雄，电文是"皇上密旨，请电矢野公使"[2]；另一件给日本外务大臣大隈重信，电文为："康有为亟欲亡命至贵国，谨请保护。"[3]后来大隈来电指示："康有为君若来，须予以适当之保护。"[4]于是，在宫崎的陪同下，康有为到了日本。

日本为什么要把孙康两派都弄来避难？说穿了是和日本政府力图扩张其在华势力有密切关系。自甲午战争后，日本在中国的侵华势力迅速发展，但日本政府注意到清政府因日趋腐败而为中国人民所日益不满，他们希望中国出现一个革新的殖民地政府。就大隈重信的对华观点而言，他对康有为一派更为关心，因为他所领导的立宪改进党与康有为的维新运动，同属于君主立宪的范畴，既有政见上的共同语言，又有寄希望于维新成功的日本对华政策的需要；就犬养毅而言，他希望孙中山领导的兴中会在日本扶植下成为清政府的真正强有力的反对派。这样，孙中山与康有为，成了大隈内阁对华政策需要扶植的目标。宫崎只不过是执行日本对华政策的不自觉工具罢了。尽管他确实怀有真诚支持中国革命的感情，但他不察资助他的某些日本政界人士的真实意图，不能不说是他的人生之旅中的一个悲剧。

其次，合作谈判完全是由日本人撮合的。康梁到日本后，一切均由日本政府供给。内阁总理兼外相大隈重信及文部相犬养毅，对康梁及随同来日的户部主事王照，优礼有加。当时，日本就希望孙康两派能携手合作，而从中作具体撮合的，仍是以奉行中国革命论的宫崎寅藏为主要人物。当康有为到达横滨

[1] [日]宫崎滔天：《三十三年之梦》中译本，第134页。
[2][3] 均见[日]宫崎滔天：《三十三年之梦》中译本，第143页注释第21、23；另见该书第136页。
[4] 同上书第143页注释第24；另见该书第136页。

的次日,孙中山即亲访宫崎寅藏,要他介绍与康有为会晤。孙中山认为,"彼此均属逋客,应有同病相怜之感,拟亲往慰问,借敦友谊,爰托宫崎、平山向康示意。康自称身奉清帝衣带诏,不便和革命党往还,竟托故不见。事为犬养毅所知,雅不欲中国新党人,因此意存隔阂,遂约孙、陈、康、梁四人同到早稻田寓所会谈"[1],开始了两派的合作会谈。

可见孙康合作谈判并非偶然。它既是戊戌以前秘密接触的延续,又是两派在各自困难情形下需要相互奥援的结果,更是日本政府出于对华政策需要的一种有意识安排。

孙康谈判与破裂

从现存史料看,孙康合作谈判似有两个阶段。第一阶段自康梁抵日不久起,到1899年初康有为离日赴加拿大止;第二阶段自1899年春起,到1900年7月唐才常自立军起义失败止。前一阶段谈判因康有为坚持保皇立场而未取得任何进展;后一阶段主要谈判对手梁启超一度有联合愿望和合作表现,曾使谈判出现过转机,但因维新派私心膨胀、手段狡猾,终于使两派关系破裂。

第一阶段谈判,根据当事人陈少白及熟悉兴中会掌故的冯自由所记,可以厘定的具体会谈次数只有三次:首次是由犬养毅撮合约孙、陈、康、梁同赴犬养在早稻田寓所进行的。这首次会谈,康有为推故不来,仅孙中山、陈少白和梁启超3人,由犬养毅作陪。内容"不外陈说合作之利,彼此宜相助,勿相扼"之类[2],会谈直至天亮结束。由于梁无法全权决定,表示要"回去同康有为商量,再来答复"[3],所以会谈没有结果。

第二次是在首次会谈的两天以后,革命派方面以主动拜访的形式,在康有为寓所进行的。陈少白作为孙中山的代表,约平山周同往,康有为、梁启超都参加,此外还有徐勤、王照、梁铁君在座,双方共7人。内容主要围绕是否应该保皇。陈少白反复陈说"今日局面,非革命国家必无生机",希望康有为"不以私而

---

[1] 冯自由:《戊戌后孙康二派之关系》,《革命逸史》初集,第49页。在孙康谈判中,宫崎寅藏曾起过重要作用,但他在所著《三十三年之梦》中,对合作谈判一事记述极为简单,只称:"次日孙逸仙先生来访,要我介绍与康先生会晤。康托词拒绝。"他怎样介绍的过程,避而不谈,接着分析了康拒绝原因后,说:"然而我国的有心人士,却莫不为之惋惜。甚至有人费尽心思斡旋他们的秘密会面,但终未能成功。不仅如此,在无知之辈中间甚或演出互相倾轧的丑态,竟至有人捏造谣言来中伤孙先生,以致两人之间的关系日益疏隔,的确令人遗憾。"(第147—148页)看来,孙康合作话因涉及日本对华政策,宫崎为避讳起见,不能直言。

[2][3] 均见陈少白:《兴中会革命史要》,《辛亥革命》第1册,第57页。又,冯自由:《戊戌后孙康二派之关系》一文,对这次会谈也有类似记述。见《革命逸史》初集,第49页。

忘公,不以人而忘国",放弃保皇,改弦易辙[1];康有为则强调:"今上圣明,必有复辟之一日。余受恩深重,无论如何不能忘记,惟有鞠躬尽瘁,力谋起兵勤王,脱其禁锢瀛台之厄,其它非余所知,只知冬裘夏葛而已。"[2]双方谈了约 3 个小时,由于各自立场不同而未获结果。这次会谈中出现了一个具有戏剧性的情节,即与康同往日本的王照,忽然揭发日本政府压制他的自由,而被康斥退。陈少白记此事称:

> 我们一共七个人围着一张大圆桌坐下,还没有讲到什么问题,王照——他是坐在我的左边——就对我说:"请你先生评评理,我们住在这里,言语举动,不能自由,甚至来往的信,也要由他们检查过,这种情形实在受不惯。"话还未了,康有为觉得不妙,就悠悠的对梁铁君说:"你给我领他到外边去,不要在这里啰皂吧。"梁铁君起来强拉着王照出去,我们就彼此纵谈。[3]

陈少白这段记述,把康有为固执专横、压制言论的性格负面,生动地表现了出来。孙康合作之不能成功,除双方宗旨不同外,实在和康有为的这种性格大有关系。

第三次,由欧榘甲代表康有为到宫崎寅藏寓居的小客栈"对阳馆",约孙中山、陈少白商谈,讨论许久,仍没有结果。因为欧榘甲对任何事都无权作主,"总说要回去请教康先生再定"[4]。

资料所记,就是这些。当然,决不止于三次。因为从陈少白所述中可以隐约看出,革命派一定单独与梁启超有过接触。《兴中会革命史要》称:"当时我们也曾问过梁启超,合作之后,如何对待康有为? 他说惟有请康先生闭门著书,由我们出来做去,他要是不答应,只好听他,我们也顾不了许多了。"[5]梁若果真说过这种话,以他与康的关系,必不会在其他师弟兄到场的情况下公然倡言。所以,第一阶段的会谈,很可能两方面有过私下接触的机会,谈得更加深入具体而无所顾忌。

值得注意的是,当康有为多次与孙中山、陈少白接触,以不放弃保皇主张而使会谈陷于僵局时,他却与兴中会的谢缵泰在作私下函商。1898 年 3 月 11 日,杨衢云从南非抵达香港,谢缵泰向他面告了与康广仁秘密晤谈的情况。杨听后立即去日本会见孙中山。杨是否把康谢谈判的内情告诉过孙,史无明文,但他

---

[1] 陈少白:《兴中会革命史要》,《辛亥革命》第 1 册,第 58 页。
[2] 冯自由:《戊戌后孙康二派之关系》,《革命逸史》初集,第 49 页。
[3] 陈少白:《兴中会革命史要》,中国近代史资料丛刊《辛亥革命》第 1 册,第 58 页。
[4][5] 同上书,第 59 页。

却向在香港的谢缵泰通报了孙康合作谈判的情况。1898 年 12 月 9 日,杨致函谢称:革命党与维新党的合作取得了成效,但由于"自私和妒忌",两党的联合可能有困难。谢得信后即于 12 月 24 日写信给在日本的康有为,劝康应该合作,"并介绍杨衢云与之接洽"[1]。1899 年 1 月 9 日,康有为自日本回信给谢缵泰,表示同意谢提出的合作要求。这证明康谢之间的感情联系较之康孙之间要深得多。这早在 1897 年 9 月康广仁与谢缵泰在香港公园长时间密谈中已有所透露。康广仁说:"像孙逸仙那样的一些人使我惊骇,他们要毁坏一切。我们不能同这样轻率鲁莽的人联合",并说"杨衢云是一个好人"[2]。康广仁的这种看法,当然不只是个人的私见,实际上是以康有为为首的维新派,企图在兴中会内部寻找适合自己需要的支持者的反映。他们看中的不是孙中山一派,而是社会地位较高,与香港中上层接触多的杨、谢等人。

1899 年初,康有为在日本受到冷遇后,离开日本去加拿大,两派第一阶段合作谈判因此结束。康受冷遇,原因有两点:一是日本内阁发生变动。1898 年 11 月,宪政党和进步党分裂,大隈内阁解散,山县有朋组阁。山县内阁对华政策与大隈不同,因此对被清政府通缉的康有为十分冷淡;二是王照在日本揭发康有为伪造光绪密诏,"由此康作伪之真相尽为日人所知"[3],使得"以前待康先生以上宾"的日本政界人士,"对他的为人逐渐感到厌腻而疏远了"[4]。在此情况下,日本政府乘机以资助旅费九千元的形式,让康有为离境去加拿大。

通观第一阶段谈判,革命派方面确有合作的真诚愿望,态度也较主动积极,但同时抱定革命反清宗旨,并不因争取维新派合作而有所退让。通过谈判,孙、陈等对康有为保皇的心态有了进一步了解,意识到康尽管原来有过同情革命的表现,但随着他进京参与新政,知遇于光绪帝之后,忠于君上之心志已无可改易,与他谈合作事实上已不可能,于是,转而把希望寄托于梁启超了。维新派方面,自政变以来,康门弟子中不少人因境遇困厄而志气颇多颓丧,对与革命派合作一事,内部分为两种意见。一种是附和乃师主张,采取不合作态度,如徐勤者流;一种则认为合作是顺天应人,但因格于康有为的师道尊严,不敢公开倡言,如梁启超等人。两种不同意见虽不能说康门弟子已经有所分化,但却显示着一种新策略的趋向开始在维新派中出现,即拓展视野、因时制宜、把握机遇、谋求

[1] 冯自由:《中华民国开国前革命史》上编,第 43 页。
[2] 谢缵泰:《中华民国革命秘史》,《广东文史资料·孙中山与辛亥革命史料专辑》,第 298 页。
[3] 冯自由:《戊戌后孙康二派之关系》,《革命逸史》初集,第 49 页。
[4] [日]宫崎滔天:《三十三年之梦》中译本,第 148 页。

进取。梁启超正是这种新策略的代表人物。他在维新派艰难竭蹶之中,表现出不同于乃师的灵活机智、随时应变的识见与才具,预示着维新派的梁启超时代已为时不远了。

梁启超

第二阶段的合作谈判紧接着康有为离日开始,由梁启超代表维新派。这一阶段的会谈不仅是桌面上的磋商,而且有实际行动上的联合,其经过远较第一阶段曲折复杂。

梁启超因乃师离去而暂脱羁绊,在和革命派的接触中显得异常活跃,手段不凡。他先是和杨谢一派保持联系。1899 年 3 月 28 日,他致函谢缵泰,告知康有为已离日赴美,并表示他同意谢提出的合作。这一态度虽与康有为在日时相一致,但因为梁启超早已与陈少白等有过合作谈判的私下表态,所以比康有为只同意与杨谢合作,在内涵上要宽泛得多。经过三个多月的观察了解,梁启超终于弄清了杨虽为会长但在兴中会中实际上没有什么力量,便逐渐把注意力由杨派转移到孙派。6 月 6 日,梁启超在冯镜如介绍下与杨衢云单独会见于文经书店,"事后杨驰函告谢,谓梁不愿早事联合,祗言各宜先向自党运动,以待时机"[1],实际上是梁中止了以杨为谈判对手的接触。自此,梁与孙派往还密切。表现出极愿与兴中会合作的意向。其同学韩文举、欧榘甲、张智若、梁子刚等主张尤形激烈。

约在是年夏秋间,梁启超作书致孙中山表白自己对合作一事的态度:

> 捧读来示,欣悉一切。弟自问前者狭隘之见,不免有之,若盈满则未有也。至于办事宗旨,弟数年来,至今未尝稍变,惟务求国之独立而已;若其方略,则随时变通,但可以救我国民者,则倾心助之,初无成心也。与君虽相见数次,究未能各倾肺腑,今约会晤,甚善甚善。惟弟现寓狭隘,室中前后左右皆学生,不便畅谈。若枉驾,祈于下礼拜三日下午三点钟到上野精养轩小酌叙谭为盼。此请大安。弟名心叩。十八。[2]

---

[1] 冯自由:《中华民国开国前革命史》上编,第 43—44 页。梁杨会晤,之所以要通过冯镜如介绍,一是冯系横滨兴中会会长,二是梁系冯镜如之子冯自由的老师,两人情谊甚密。事见丁文江、赵丰田编:《梁启超年谱长编》,上海人民出版社 1983 年版,第 180 页。

[2] 冯自由:《中华民国开国前革命史》上编,第 44—45 页。信中称"室中前后左右皆学生",系指梁到日本后,有十几名时务学堂学生先后赴日,仍依梁就读。事见《梁启超年谱长编》,第 185 页。

这是现存孙康谈判过程中梁启超致孙中山的一件重要信函。可能是孙中山在约请梁启超会谈的信中,曾对梁或维新派在合作谈判中的态度有所微词,对坚持保皇不求变通表示不解,所以梁在接受约请时写了这封回信。这封回信值得注意之处有三点:一是梁启超坦率地承认了以往合作谈判中他(或维新派)确有"狭隘之见"。所谓狭隘之见主要是派别利益在作祟,这就意味着梁启超将在自我反省中以新的姿态与对方商谈合作问题;二是梁申明自己的宗旨在惟求国家独立。联系到第一阶段会谈中因双方各自在保皇和革命宗旨上坚持而形成僵局的事实,梁在信中以国家独立为宗旨的说法,至少是避开容易形成死结的危险区,体现了求大同的意向,这是他不同于康有为固执保皇的高明处;三是明确宣布在宗旨不变的前提下,办事方略可随时变通。从维新派以往的政治斗争看,他们的策略是说动公卿、自上而下的变革,手段温和,方法和平。梁宣布方略可随时变通,无疑使革命派加深了对梁的好感,认为他将倾向革命而对之寄予期望。

孙梁之间在约定的会谈中谈了些什么具体内容,史无明文,但从后来发生的史实看,不外乎双方捐弃前嫌,在救国目标下联合起来之类的话题,其中很可能就双方合作的具体问题进行了讨论,所以冯自由在《中华民国开国前革命史》中记孙梁携手之经过称:

> 康有为离日赴美后,己亥夏秋间,梁启超因与中山往还日密,渐赞成革命,其同学韩文举、欧榘甲、张智若、梁子刚等主张尤形激烈。于是有孙康两派合并之计划,拟推中山为会长,而梁副之。梁诘中山曰:如此则将置康先生于何地? 中山曰:弟子为会长,为之师者其地位岂不更尊? 梁悦服。[1]

文中关于康有为的一段孙梁对话,迹近哄骗小儿,不足为据,但两党合并之计划,言之凿凿,似不可能作伪[2]。梁并作书致康有为,内有:"国事败坏至此,非庶政公开,改造共和政体,不能挽救危局。今上贤明,举国共悉,将来革命成功之日,倘民心爱戴,亦可举为总统。吾师春秋已高,大可息影林泉,自娱晚景。启超等自当继往开来,以报师恩。"书末署名者共有 13 人,皆康之门生[3]。除梁启超外,有韩文举、欧榘甲、罗普、罗柏雅、张智若、李敬通、陈侣笙、梁子刚、谭柏生、黄为之、唐才常、林圭。如果这封信确实为梁所写,那么他所说共和政体之

---

[1] 冯自由:《中华民国开国前革命史》上编,第 44 页。

[2] 冯自由在其所著《康门十三太保与革命党》一文中,对此事有相同记述,并称:"一时孙康合作之声浪,轰传于东京横滨之间"(《革命逸史》第 2 集,第 29 页)。言之凿凿,似不可能作伪。

[3] 冯自由:《康门十三太保与革命党》,《革命逸史》第 2 集,第 29 页。

类的话显然已与革命派主张相近[1]，而他劝康有为息影林泉，自娱晚景云云，确有撇开乃师另辟蹊径的图谋。据说书去之后，各地康徒为之哗然，皆指此 13 人为逆徒，蔑呼为"十三太保"。

1899 年秋，梁启超去香港，曾与在港筹办《中国日报》的陈少白讨论合作之事。讨论结果十分圆满，双方准备订立联合章程，推徐勤起草。不料徐勤"阳为赞成，阴实反对"，并与康徒麦孟华向康有为密报，称梁启超"渐入行者圈套，非速设法解救不可"[2]。当时康有为已经在加拿大创立了保皇会，会务颇有起色。他接到梁信时"怒不可遏"，又得徐、麦告密，立派叶觉迈携款赴日，勒令梁启超即往檀香山办理保皇会事务，并令支持合作的欧榘甲赴美国旧金山任《文兴报》主笔。梁启超不敢违拗，于 1899 年 12 月 19 日离东京去檀香山，十三人小团体无形瓦解，孙康合作功败垂成[3]。

梁在离日前，还向孙中山表示"共谋图事，矢言合作到底"，并托孙中山作书介绍给檀香山兴中会成员。孙中山"坦然不疑"，便为之介绍给孙眉、李昌、郑金、何宽、卓海诸人。12 月 31 日，梁抵檀香山。次年 1 月 11 日致函孙中山，报告他会见李昌、何宽等人情况。信全文如下：

> 逸仙仁兄足下：弟于十二月三十一日抵檀，今已十日，此间同志大约皆已会见。李昌兄诚深沉可以共大事者；黄亮、卓海、何宽、李禄、郑金皆热心人也。同人相见皆问兄起居，备致殷勤。弟与李昌略述兄近日所布置各事，甚为欣慰。令兄在他埠因此埠有疫症，彼此不许通往来，故至今尚未得见，然已彼此通信问候矣。
>
> 弟此来不无从权办理之事，但兄须谅弟所处之境遇，望勿怪之。要之我辈既已订交，他日共天下事必无分歧之理。弟日夜无时不焦念此事，兄但假以时日，弟必有调停之善法也。匆匆白数语，余容续布。此请大安。弟名心叩。一月十一日。[4]

梁启超这封信，其实是一种信号。他以所谓从权办理、谅弟处境等含糊之辞，隐

---

[1] 此信为《梁启超年谱长编》所不载。信中所称共和政体云云，验之梁在 1899 年发表于《清议报》各文，似不可能。

[2] 均见冯自由：《中华民国开国前革命史》上编，第 44 页；另见《革命逸史》初集，第 29 页。"行者"系康徒对孙中山所用之隐语。

[3] 见冯自由：《中华民国开国前革命史》上编，第 44 页；另见《革命逸史》初集，第 29 页。对于冯自由记此事，已有学者提出质疑，参见李吉奎：《孙中山与日本》，第 84—87 页；桑兵：《孙中山的活动与思想》，中山大学出版社 2001 年版，第 22—24 页。

[4] 冯自由：《中华民国开国前革命史》上编，第 46—47 页。

约地表示了他将在乃师旨意支配下有不利于合作的举措,希望孙中山"勿怪";同时,他表白自己仍以双方合作为重,对康有为必有调停善法,希望孙中山给以时间。这些隐晦曲折、语不由衷的文字,实际上掩盖了他在合作幌子下开始觊觎檀香山地盘的企图。

梁启超在康有为离开日本后和孙中山一派的联系中,主流确实是考虑两派合作的。这主要是因为当时维新派的处境仍然困难,对于用和平方法实现君宪政体的可能性自觉渺茫,而对武装勤王存有不妨一试之想。所谓武装勤王,就是戊戌政变光绪帝被囚瀛台,慈禧太后及当权者不仅株连维新党人,而且密谋废立。流亡海外的康有为、梁启超等一方面组织保皇会,发动海外华侨不断电请慈禧归政,要求"今上复位";另一方面试图联络国内维新人士,积蓄力量,组织武装,发动勤王举义,以武力胁迫西太后归政,保全光绪复辟大位。

武装勤王的动议,最初是由唐才常提出来的。

唐才常(1867—1900),字伯平,号佛尘,湖南浏阳人。与"戊戌六君子"之一谭嗣同共师事理学大家欧阳忠鹄,究心经世之学。两人交谊深厚。才常早年就学于岳麓书院、校经书院,肄业武昌两湖书院。甲午战争后,立志救国,崇尚维新,与乃师欧阳忠鹄、学友谭嗣同等开湖南维新之端。时人将其与谭并称"浏阳二杰"。1897年创办《湘学报》(旬刊),自任主笔,又与熊希龄等创办湖南时务学堂,亲任中学分教习。1898年戊戌政变发生,谭嗣同慷慨赴义,唐才常流亡日本,与康、梁共商勤王之策。经费一事由康有为在海外募集;勤王举义由自己在国内发动。并建议康、梁与孙中山一派通力合作,共图大业。康以与孙宗旨不同,拒绝合作,梁则心有所动。这次武装勤王的商议,是在梁主持之下进行的,反映了他思想上确有策略性变化,也从一个侧面说明他确实愿意和兴中会合作以获得奥援。唐才常对康有为拒不与孙中山一派合作深为不满。决定往访孙中山,共商大计。1898年10月,在好友毕永年荐引下,同赴横滨会见孙中山,[1]"对于湘、粤及长江沿岸各省之起兵策划,有所商榷",唐、毕仍主张孙、康合作,两党联合进行之议,孙中山欣然同意。唐闻之大悦,"愿约梁启超同向有为进言"[2]。

兴中会方面对梁启超的这种变化是意识到的,所以陈少白会认为"梁启超个人对于革命向来甚少反对,而不少赞成",梁和康有所不同,"弃保皇而取革命",目的是出于救国[3]。缘于这种认识,孙中山、陈少白等人对梁启超才会寄

[1] 陈锡祺主编:《孙中山年谱长编》第1卷,第167页。
[2] 冯自由:《毕永年削发记》,《革命逸史》初集,第74页。
[3] 陈少白:《兴中会革命史要》,《辛亥革命》第1册,第64页。

予希望,有所好感。1899 年 11 月间,孙中山和梁启超等曾联席欢送唐才常、林圭回国,席间两派情绪都很激昂悲壮。若说梁和孙合作会谈中一开始就在玩弄欺骗手段,这不仅不符合梁于戊戌维新失败后,尤其在 1899 年所表现出来的行动和思想实际,而且也不符合维新派那时正积极酝酿武装勤王的史实。

问题的复杂性在于梁启超与孙中山合作过程中所表现出来的变化,仅仅是策略方面,他的根本宗旨始终未变。在他看来,为了实现君主立宪,可以是自上而下的和平变革;在此路不通时,也可采取自下而上的暴力手段,打击顽固派而使光绪帝复辟。策略手段的变化,一是需要调整维新派的心态,二是需要获得革命派的同情支持。两者都要从康有为的僵硬态度中解脱出来。梁启超和孙中山会谈合作,确实是基于这种策略变动的需要,所以他的言论才会与康有为死抱光绪帝不同,把复辟仅仅是作为实现君主立宪的手段,而不仅仅是个人知遇之恩的表现。革命派体察到了梁的思想变化,却错误地以为梁也主张革命,甚至认为他已放弃保皇,这只能反映出革命派自身对民主共和政体和君主立宪政体的界线还缺乏明确的一贯的认识,是自己的不成熟。

正像革命派有自己的小算盘一样,梁和兴中会谈合作也有自己的利益与打算,这就是渡过难关、发展本派力量。所以,他到檀香山之后,看到当地兴中会成员思想基础薄弱,又表现出对他的欢迎和热情,便觉得有机可乘,产生了占领革命派地盘,使之成为保皇会基地的图谋。正是从这个意义上说,1900 年 1 月 11 日致孙中山信,可以作为梁启超与革命派关系将要发生性质变化的一个信号,即从有合作诚意变成了以合作为幌子的欺骗,带上了两面派的色彩。3 月 13 日,梁在致康有为的信中报告了他窃夺檀香山地盘的经过及其对孙派经营广东的看法:

> 弟子近作一事,不敢畏罪而隐匿于先生之前,谨以实告。其事维何?则已在檀山入三合会事是也。檀山之人,此会居十之六七。初时日日演说,听者虽多虽喜欢,然入我会者卒寥寥,后入彼会,被推为其魁,然后相继而入,今我会中副总理钟木贤、张福如,协理钟水养皆彼中之要人也。……
>
> 今先生既不能在港,而今日经营内地之事,实为我辈第一着,无人握其枢,则一切皆成幻泡,故弟子欲冒万死,居此险地,结集此事。……且"行者"日日布置,我今不速图,广东一落其手,我辈更向何处发轫乎?此实不可不计及,不能徒以'行者'毫无势力之一空言可以自欺也。……[1]

---

[1] 丁文江、赵丰田编:《梁启超年谱长编》,第 200—201 页。

信之第一段所称钟木贤、张福如二人，都是檀香山兴中会成员[1]。从行文中可知，梁启超在檀香山发展保皇会起初成绩并不理想，后以参加当地三合会拉拢该会要人钟木贤等兴中会会员，才打开局面。联系梁在檀山鼓吹"名为保皇，实则革命"的蛊惑论调，可以看到他不仅在思想而且在组织上都在挖兴中会墙脚。檀香山兴中会成员之化为保皇派，是通过梁启超打入三合会被举为首领的途径演化的。

信之第二段所说经营内地为第一要着，完全是与孙中山兴中会对着干的。当时，兴中会联合三合会、哥老会在香港成立"兴汉会"，推孙中山为总会长，兴中会因此势力大振。梁启超眼见孙中山"日日布置"而维新派"无人握其枢"，焦急异常，表示自己冒死在檀香山活动，或可有所得。后来的事实证明，梁启超利用华侨的爱国热情，为自立军武装勤王募集了十万银元的巨款，而檀香山兴中会成员也绝大部分成了保皇会会员。及至孙中山发觉，作书指责梁失信背约，已经为时太晚了。

综上孙康合作谈判的两个阶段，可以看到在第一阶段中以兴中会为主动，维新派取不合作主义。双方宗旨明确，谁都不肯稍改，不存在谁欺骗、谁上当的问题。第二阶段中，梁启超开始采取主动合作态度，有变和平为激烈的趋向，及至 1900 年 1 月起，梁启超在合作幌子下以两面派手法窃夺兴中会地盘，革命派不察，上了他的当，终于导致合作破裂，两派交恶，其后愈演愈烈，几至水火不能相容。本来是一件好事，到最后变成了双方关系破裂、无法修好的根源，令后人不胜感慨！

平心而论，两派虽在反清还是保皇上有所分歧，但根本目的上并无不同。从两派的政治利益上说，无论民主共和还是君主立宪，都是为着变革封建君主专制制度，都属于资产阶级民主主义范畴；从两派宗旨上说，无论革命还是保皇，都是为着救国。第一层意思，前人自然无法体认；但第二层意思两派都已明白。梁启超说他的宗旨务求国之独立，但可以救我国民者则当倾心相助；陈少白也说"救国"是梁启超的宗旨，"简直说，革命和保皇，亦不过是救国之一策"[2]。假如双方都能始终坚持这一共识，则中国民主革命的进程将会大大加速，何至于会出现尔后各为对手的局面？可惜的是双方都太注意各自的派别利益。诚如杨衢云所说，"自私和妒忌"使梁启超背信弃义，窃占兴中会地盘，而使革命派感

---

[1] 见冯自由：《兴中会初期孙总理之友好及同志》，《革命逸史》第 3 集，第 14、16 页。
[2] 陈少白：《兴中会革命史要》，《辛亥革命》第 1 册，第 64 页。

到吃亏上当;革命派方面,就当时的认识水平言,并非因认清了革命与保皇的区别而对维新派齿冷。实在说,孙中山并非不可接受一个皇帝,并非不可接受君主立宪政体,问题是他从反清立场出发,不能接受一个满族皇帝和在满族皇帝领导下的君主立宪政府,这是他与康有为合作中真正坚持的立场,及至发觉梁启超窃夺地盘,拥戴光绪,就无法容忍而与之决裂了。所以两派失此合作良机,根本上不在政体见解不同,方法道路有异,而在保的是哪一个皇帝,其直接原因则在于地盘归属这个具体利益。

(四)筹划惠州发难

正当孙康两派在海外谋求合作的时候,中国劳动群众的反帝爱国斗争日趋高涨。帝国主义各国自 1895 年《马关条约》订立后,在中国掀起了一股股强租港湾、攫取路权、划分势力范围的侵华恶浪,民族危机日益严重。北方的下层群众在义和团的领导下,以反洋教斗争的形式打击外国侵略者,肩负起了挽救民族危亡的重任。

1899 年,身在海外的孙中山,已经感受到"山雨欲来风满楼"的气氛。他认为下层群众的奋起,为反清革命造成了可乘之机,决心继广州起义后再次筹划在国内发动起义。为此,他一方面命陈少白去香港创办报刊、宣传革命;另一方面命史坚如入长江以联络会党,命郑士良在香港设立机关,招待会党,开始了宣传和组织两方面的积极准备。

为了鼓吹革命、唤醒国人,孙中山早在 1885 年确立"决覆清廷"之志时就已利用口头宣传这一原始的鼓动形式。1895 年起开始注意文字宣传[1],但总的说,他对文字宣传的重要性,在认识和行动上既不如杨衢云、谢缵泰,更落后于维新派和保皇党。杨、谢因长期与商界、政府接触,懂得文字宣传、制造舆论之重要。谢曾于 1894 年 5 月间,在香港报纸上发表反对鸦片走私的政论文章,并在英国和中国内地广泛散发过他写的小册子[2]。香港兴中会成立后,他与杨一手抓宣传,在《德臣西报》发表他写的致光绪帝公开信,并在新加坡和远东其他报纸上转载,又联络何启、黎德、高文等人写反清宣言,发有关广州密谋的社论、评论,一时舆论腾播,引起了英国和有关国家对中国时局的关注。而这时的孙

---

[1] 参见张玉法:《清季的革命团体》第 3 章第 4 节《主义与宣传》。
[2] 谢缵泰:《中华民国革命秘史》,《广东文史资料·孙中山与辛亥革命史料专辑》,第 293 页。

中山,主要精力放在筹备起义的组织工作上,没有对宣传工作花更多的力量。这虽说是党内分工所使然,但由杨派负责宣传,也可从一个侧面反映出孙杨之间对宣传问题的熟悉程度。1898年戊戌维新运动处于高潮时,谢缵泰"感慨时事,特绘制《东亚时局形势图》,以警世人,图中以熊代俄国,犬代英国,蛙代法国,鹰代美国,日代日本,肠代德国,其旁题词曰:沉沉酣睡我中华,那知爱国即爱家! 国民知醒宜今日,莫待土分裂似瓜"[1]。这种以文配图的宣传形式,不仅主题突出,而且通俗易懂,充分说明了他对宣传的重视。这幅图后来曾广为流传,在群众中产生过重要影响。

至于维新派之重视宣传,更为世人所知。康有为在公车上书不久,即创办报纸,宣传变法,至百日维新前,全国各地维新报刊、学会结社已蔚成风气;政变后康梁虽流亡海外,但仍极重视文字之功。1898年12月23日,梁启超即在日本横滨创办了《清议报》,月出三册,以"主持清议,开发民智为主义"[2],成了维新派宣传改良主张、抨击西太后等封建顽固派、鼓吹保皇论的主要宣传阵地。梁本人,则"以饱带感情之笔,写流利畅达之文"成了"舆论之骄子,天纵之文豪"[3],由他所开创的报章体这一新文体,影响之巨深,几无与伦比。相形之下,革命派方面对舆论导向的认识,就显得较为迟缓了。

革命派创办报纸的动议,是由当时堪称兴中会最有文才的陈少白提出的。孙中山最初对此尚有犹豫,后来也同意了。陈少白于是从1899年秋间开始着手筹备,所有机器铅字皆由孙中山在横滨购置运到香港。1900年1月25日创刊,取名《中国日报》。起这个名称,目的在于"俾中国之人尽知中国之可兴,而闻鸡起舞、奋发有为也"[4]。《中国日报》的创刊,标志着民主革命派文字宣传阶段的到来。此后,办报刊一直成了革命派极为重视的宣传形式。《中国日报》的社址设在香港士丹利街

陈少白

---

[1] 冯自由:《三十九年前之东亚时局形势图》,《革命逸史》初集,第42页。
[2]《本报改定章程告白》,《清议报》第11册,1899年4月10日。
[3] 吴其昌:《梁任公》,胜利出版社1944年版,第29页。
[4]《中国日报序》,1900年1月25日。

24号,此处也就成了兴中会早期在香港招待同志、聚议晤谈的机关。在1905年前,该报由陈少白主持社务兼任主编,日出4开一张半,共6页,后增至2张8页。除日报外,还另出10日刊一种,称《中国旬报》。初任笔政者,除陈少白外,尚有洪孝充、陆伯周、杨肖欧、陈春生、黄鲁逸诸人。在最初半年中,"以不审英人对华政策所在,未敢公然大倡革命排满之说,半载后措辞始渐激烈"[1]。1905年中国同盟会成立后,其成为机关报之一,与《民报》并列为革命派两大宣传阵地,先后充任笔政者有郑贯公、陈诗仲、黄世仲、冯自由、王军演、卢少歧、丁雨宸、梁襄武、何冰南、何雅选、卢信、廖平子诸人,皆一时俊秀。自1906年改组起,由冯自由主持社务兼任主编,社址迁于上环德辅道301号,报务因革命思潮日盛而大有进展。1909年冬,同盟会南方支部成立,报社再次改组,由李以衡为经理,谢英伯、张绍轩等为编辑,直至1911年11月广东光复,《中国日报》社自香港迁至广州。1913年8月,"二次革命"失败后,被龙济光强行封禁,前后存在13年之久,是革命派创办的大型报纸中时间最长、影响最深者之一。在香港创办的《中国日报》,不仅成了宣传革命的阵地,而且也是孙中山谋划第二次反清起义的据点。冯自由说:"兴中会迭谋策动广州、惠州军事,其大本营即设于报社三楼,党人出入,络绎不绝",说的正是实情。

陈少白在筹办报纸的同时,还按孙中山指令"联络会党,招集旧人"。为此,在兴中会会员陈南介绍下,参加了广东嘉应州和平县的三合会,被封为会中三个最重要的职位之一—"白扇"。后来,又通过毕永年的关系,联络了长江流域的哥老会,于是有"兴汉会"的成立。

毕永年(1869—1902),号松甫,长沙人,拔贡出身。少读王船山遗书,隐然有兴汉之志,斥曾国藩、左宗棠、胡林翼、彭玉麟等湘军将帅为"湘人败类"。弱冠与维新志士谭嗣同、唐才常交往,与商救国大计,积极运动会党,"日往来于汉口、岳州、新堤、长沙之间,与哥老会诸首领杨鸿钧、李云彪、张尧卿、辜天祐、师襄、李堃等谋匡复事业,且投身会中,被封为龙头之职"[2]。1898年秋到日本,会见孙中山,加入兴中会。陈少白参加广东三合会后,为进一步联络长江流域会党,因而托书毕永年招集长江流域会党首领到香港商谈联合大事。1900年春,哥老会著名山堂领袖杨洪钧、李云彪、张尧卿、辜鸿恩等人到达香港。毕永年因缺路费未至,后由宫崎寅藏寄去路费始得来港参与其事。

---

[1] 冯自由:《华侨革命开国史》,第8页。
[2] 冯自由:《毕永年削发记》,《革命逸史》初集,第74页。

当时,参加者中有素与唐才常关系密切的哥老会首领师襄其人,因与康派相善,"企图从孙派手里夺取这些帮会的领导"[1],几至与参加者发生内哄。后被以照顾内地会众为名请回,结果他参加了唐才常自立军起义,后被捕牺牲。[2]

师襄走后,兴中会、哥老会、三合会三派的代表,于1900年2月间,在香港召开联席会议。出席者哥老会有6人,即腾龙山堂堂主李云彪,金龙山堂堂主杨鸿钧,××山堂堂主辜鸿恩,××山堂堂主辜仁杰,骨干李和生、张尧卿;三合会首领2人,即曾捷夫、曾仪乡;兴中会3人,即陈少白、杨衢云、郑士良(一说陈少白、郑士良、史坚如)[3]。会议决定三派成立联合组织"兴汉会",推孙中山为总会长,定堂名为"忠义堂"、会名"兴汉会",制定纲领为"驱除鞑虏、恢复中华、创立合众政府",各人歃血立誓,制造总会长印信,派宫崎寅藏专程赴日本送交孙中山[4]。在这次联合会议上,陈少白被封为"龙头之龙头"。这次联席会议,使两广、闽浙、两湖的会党,开始团聚在革命派的周围,在会党史上是前所未有的。"兴汉会"的成立,增强了兴中会孙中山一派的力量,杨派的势力更加相形见绌。杨衢云在各路山堂领袖到达香港举行联席会议前夕,已看出了这一趋势。他很有自知之明,便在1900年1月底2月初把自己担任的兴中会会长一职主动地让给了孙中山[5]。

会议决定分三路回内地:一路向两广;一路向闽浙;一路经上海回两湖,目的"都是为了把会议结果向各地同志报告"。[6]会议结束后,毕永年曾偕同杨鸿钧、李云彪等赴日本会见孙中山请示方略。孙以"候命进止"分别遣之回国。同年夏,毕永年、杨鸿钧、李云彪等人自日回沪,迟迟未得孙中山指令。不久,杨鸿钧、李云彪、辜鸿恩、张尧卿诸龙头参加了唐才常的自立军。毕永年因愤唐才常

---

[1] [日]宫崎滔天:《三十三年之梦》中译本,第169页。

[2] 同上书,第170页。

[3] [日]同上书,第169、170页。

[4] 冯自由:《毕永年削发记》,《革命逸史》初集,第75页。

[5] 冯自由在《杨衢云事略》中称:"己亥(清光绪二十五年),湘人毕永年与哥老会龙头李云彪、杨鸿钧、辜天祐诸人有联合全国各秘密会党,奉总理为首领之议。衢云于是辞退兴中会会长职,并荐总理自代。未几,兴中、三合、哥老三会代表在香港开会,同举总理为会长。"(《革命逸史》初集,第5页)据谢缵泰《中华民国革命秘史》称联席会议在1900年2月间召开,则杨辞兴中会会长职,应在1月至2月初。

关于杨是否自动辞职,谢缵泰所说与冯自由不同。据其所著《中华民国革命秘史》称,杨于1900年1月24日由日本到香港,面告谢缵泰:兴中会正在与两湖会党联合,孙中山要杨将会长一职让给他,杨表示谁做会长都可以。谢劝杨为防止党内分裂,还是把会长让给孙中山为好。(见该书第305—306页)我曾指出,在现存兴中会史料中,孙派及杨派的记载都各有偏袒自己的特点。冯、谢关于此事记载,从情理及孙中山为人看,我认为冯说更合理,故取冯说而以谢说录存备考。

[6] [日]宫崎滔天:《三十三年之梦》中译本,第171页。

不与康有为断绝关系及"会党诸友见利忘义",决然削发,投普陀山为僧,法名"悟玄"。他入山后,"所部尽归唐才常"[1]。有的著作因此说:"这样,兴中会所联系的长江地区的会党力量,事实上,反而为保皇党人所利用了。"[2]其实这是误解。这些山堂首领只是一度投入唐才常的自立军,但不久,由于康有为对自立军允诺的汇款迟迟未到,"以是各党目对康、梁感情日恶。杨鸿钧、李云彪率先离异。辜鸿恩则发贵为票,李和生则发回天票,各自为谋。固不俟汉口事泄,而会众已先后解体矣"[3]。

在兴中会联络长江会党过程中,关于郑士良的活动,现有史料不论是陈少白的《兴中会革命史要》,冯自由的《革命逸史》、《中华民国开国前革命史》,还是宫崎寅藏的《三十三年之梦》,都只写了陈少白的活动,而没有关于郑士良的记载,这是令人奇怪的。按孙中山在《有志竟成》中所说,他是"命郑士良在香港设立机关,招待会党"的,而郑又是广东嘉应州的会党成员,为什么在组织兴汉会过程中竟毫无动作,反倒是陈少白在主持一切? 参加联席会议的三合会成员曾捷夫、曾仪乡二人是否系郑士良活动而来? 这些都是问题。因乏史料,只能阙疑待考。

除毕永年受陈少白之托而在长江联络会党外,史坚如同时也在做联络长江各山堂的工作。史坚如是当时最年轻的兴中会成员。他是在1898年9月戊戌政变发生以后倾向反清革命的。他原名经如,字文纬,1879年生于广州一个官宦富家。7岁而孤,幼多病,稍长好浏览古今史籍,痛恶八股。甲午之役,愤清腐败,渐生反清思想。对君主专制抨击甚烈,认为:"君主专制必不能治,即治亦不足训也。今日中国正如数千年来破屋,败坏至不可收拾,非尽毁而更新之不为功。世之谈变法者,粉饰支离,补苴罅漏,庸有济乎!"百日维新失败后,他愤而呼曰:"天下事败矣! 此老妇可杀也!"[4]表现出一个年轻人特有的方刚血气。当时,日本人高桥谦等创"东亚同文会"于广州,史坚如仰慕往访,高桥力劝其东游日本,说"大可增长见识,物色豪杰,且中国革命党领袖亦在日本"[5]。在高桥介绍下,他约在1899年去香港会见陈少白、杨衢云,加入了兴中会。旋赴东京,在上海遇到了正拟往湖南联络会党的毕永年。于是和毕永年一起往两湖,"晤

[1] 冯自由:《毕永年削发记》,《革命逸史》初集,第75页。
[2] 金冲及、胡绳武:《辛亥革命史稿》第1卷,第129—130页。
[3] 冯自由:《毕永年削发记》,《革命逸史》初集,第76页。
[4] 冯自由:《史坚如传略》,《革命逸史》第5集,第24页。
[5] 同上书,第25页。

各会党豪客并湘鄂间志士"。随后径赴东京,会见了孙中山。他"倾吐胸臆,指陈大计,纵谈经旬,日夜不厌"[1],孙中山称他为"命世之英才",让他回国筹备起义[2]。于是他告别了孙中山,"先到长江一带接洽会党,要他们来加入兴中会,成绩很好"[3]。回到广州,会见兴中会会员邓荫南,"两人主张先取广州为根据地",决定分头运动军队,并与广州的绿林豪杰区新、马王海和防营统领练达成等相与结纳[4],使在广州起义流产后被清政府破坏的广东革命力量逐渐有所恢复。

孙中山除作出上述布置外,自己在日本也为筹办起义军火而奔走。他先是与法国驻日公使朱尔斯·哈马德(Jules Harmand)接触,希望法国政府能在武器方面给予援助,或者由法国军事顾问来训练起义人员。孙中山表示:"一旦革命获得成功,他将在南部中国给予法国某些特许权。"[5]哈马德拒绝了这一请求,但表示:"倘若革命成功,那时法国将愿意与新政权建立良好关系。"会晤结束时,哈马德说他将写信给越南总督保尔·韬美(Paul Doumer),希望他能会见即将抵达西贡的孙中山[6]。请求法国给予军火援助既遭失败,孙中山只好另谋他途。他在横滨时曾结识菲律宾独立运动组织派往日本购置军火的代表彭西。彭西以孙中山与日本朝野有势力人物关系较深,就委托孙中山代购军火。孙慨然允诺、倾力相助。他通过宫崎寅藏结交了日本议员背山中六(即中村弥六)并与之谈妥由背山全权负责将他代购的军火运至菲律宾。但当枪械购置妥善时,菲律宾独立运动已经失败,这批军火就在日本搁置起来。于是,孙中山出面向彭西商借,作为兴中会发动第二次反清起义之用,准备在手续完备后,海运至起义地点。运输一事,仍交背山中六负责。所以就军火供给说,似乎也已有了眉目。

1900年春夏之交,北方的义和团运动迅速发展。是年春,山东义和团在摆脱山东巡抚袁世凯的镇压后,向直隶转移,5月,在石亭击溃前来堵截的清军杨福同部,声势大振。北京、天津地区的义和团也乘时纷起,遥相呼应。进入直隶的山东义和团沿途不断壮大,浩浩荡荡开进北京,整个中国处于激烈的动荡之中。在此形势下,孙中山认为机不可失,"乃命郑士良入惠州,招集同志,以谋发

[1] 冯自由:《史坚如传略》,《革命逸史》第 5 集,第 25 页;邓慕韩:《史坚如事略》,《建国月刊》第 2 卷第 6 期。

[2] 孙中山:《有志竟成》,《孙中山全集》第 6 卷,第 235 页。

[3] 史坚如:《致妹书》,肖平编:《辛亥革命烈士诗文选》,中华书局 1962 年版,第 3 页。

[4] 冯自由:《邓荫南事略》,《革命逸史》初集,第 43 页。

[5][6] [美]金姆·曼荷兰德:《1900 至 1908 年的法国与孙中山》,《辛亥革命史丛刊》第 4 辑。

动,而命史坚如入羊城,招集同志,以谋响应",准备采取惠州发动、广州响应,然后会师广州,攻下羊城的起义方略。正在这时,孙中山忽然接到陈少白自香港来信,告知英国驻香港总督卜力(Sir Henry Black)和何启博士有意拉拢孙中山与两广总督李鸿章合作,据两广独立,成立联合政府的消息,并征询孙中山对此事的意见。于是,在惠州起义的筹备过程中出现了一幕短暂的孙李合作谈判。

（五） 与李鸿章谋两广独立

　　孙中山和李鸿章谋据两广独立,是辛亥革命准备阶段中又一个值得注意的问题,也是两个世纪交叉点上中国政情中一个意味深长的事件。它紧接在孙康合作谈判破裂之后,时间虽不长(自1900年春夏之交发生到同年7月中旬结束),涉及的方面却很广。其中既包含了英国在义和团运动期间的对华政策,也涉及当时清王朝中一批汉族地方大员对中央政府决策的抵制意向,更反映出兴中会在复杂政治形势下的应对能力。

　　义和团运动的迅猛发展,不仅使清廷对之失去控制能力,而且直接危及了帝国主义的侵华利益。各帝国主义在华势力,从政府到商人都为之震惊和不安,作为侵华先锋的传教士,尤其惶惶不可终日。英国为了保全自己在扬子江流域的权益,自1900年春夏之交起,加紧了策动清两江总督刘坤一、湖广总督张之洞搞"东南互保"的活动,以防止义和团势力南下;并暗中支持康有为、唐才常的自立军勤王起义,冀图使之拥护刘、张以宣布东南独立,从刘、张中选择一人作为独立政府的领袖;同时,为了控制两广,不让与英、德交恶的法国染指,指使驻香港总督卜力爵士通过香港议政局议员何启和两广总督李鸿章的幕僚刘学询,策动孙中山与李鸿章合作据两广独立。因此,孙李合作完全是英国一手策划的,是英国在义和团运动期间对华政策链条中的一个环节。

　　李鸿章是不满清廷招抚义和团的几个地方汉族大员之一。他对主张"东南互保"的刘、张是积极支持的。为朝廷计,也为自身利益计,他接受了港督卜力关于两广独立的建议,因此有幕僚

李鸿章

刘学询致书孙中山,谓李鸿章"因北方拳乱,欲以粤省独立,思得足下为助,请速来粤,协同进行"[1]的秘示。

孙中山对此事有几多设想。一方面觉得这未尝不是乘机取得一块根据地以实现反清革命大业的机会;另一方面又认为李鸿章年已垂暮、缺乏干这类事的魄力和勇气。所以他既答应了陈少白代表他与李鸿章方面磋商独立的尝试,表示"此举设使有成,亦大局之福,故亦不妨一试"[2];又并不热衷此事,把主要精力仍放在筹备惠州起义上。

在这件事中,有三个关键人物:一是何启,一是刘学询,一是陈少白。有人根据M.B詹逊所著《日本人与孙逸仙》一书,认为这次合作的牵线人是刘学询。但从陈少白《兴中会革命史要》看,似乎应是何启。何启是在港督卜力授意下与陈少白接洽此事的。《兴中会革命史要》称:

> 庚子五月,北京入了联军的手,两湖总督张之洞,两江总督刘坤一,两广总督李鸿章都按兵不动,不听勤王命令。当时在香港,我们有一个老师,大律师何启,……他与此时香港卜总督甚为相得。他私下与我商量,使我们借重香港总督之力,劝李鸿章独立,他愿意代说香港总督转劝李鸿章。我想这样办法总算一个机会,就写信告知孙先生,后来也得了他的同意。当时李鸿章幕下的要人,有刘学询、曾广铨二人,都是熟的,就使人约请他们从中助力,他们甚以为然,答应相助。[3]

据此可知,牵线人是何启,而何启又是在英国授意下活动的。于是,这次合作的发动,可以下列表式表示:

断定何启是由英国驻香港总督卜力策动,是有旁证的。宫崎寅藏在《三十三年之梦》一书中说:"翌晨尚在梦中,孙先生便来将我唤醒,领至别室对我说:'现在要告诉你一个消息,并征求你的意见。'他更放低了声音说:'日前我有一个朋友××(译者注:何启)曾与香港××(译者注:当为香港太守)秘密会晤,商议了一件事。[太守]想使李鸿章据两广宣布独立(当时李为两广总督),用我来施行新政,他(香港[太守])暗中作保护人保证安全。他曾以此事劝李。李为了

---

[1][2] 冯自由:《刘学询与革命党之关系》,《革命逸史》初集,第77页。
[3] 陈少白:《兴中会革命史要》,中国近代史资料丛刊《辛亥革命》第1册,第65—66页。

晚年有所回忆缅怀，也有意独树一帜，因此表示赞成。"[1]宫崎这段记载，清楚表明英国政府正是这一事件的策划者，而何启充当了其中的牵线人；刘学询由于是李鸿章的重要幕僚，又与孙中山相识，并在1895年广州筹设农学会过程中给予孙中山赞助过，所以在劝说孙李合作过程中也发挥过作用。

孙李合作的过程约在1900年春夏之交发动。先是香港议政局议员何启在港督授意下，与正在香港创办《中国日报》的陈少白密商，"主张革命党与粤督李鸿章联合救国，由李首向北京政府宣告两广自主，而中山率党员佐之。其进行方法，则先由中国维新党人联名致书香港总督卜氏，请其劝告李鸿章以两广独立。李如同意，即由彼电邀中山回国组织新政府。"[2]陈即写信征询孙中山意见，孙得电后几经考虑，表示可以一试。"遂由陈少白召集各会员研究进行策略，随起草致港督函稿。复由何启、杨衢云、谢缵泰等译成英文。具名者为孙逸仙、杨衢云、陈少白、谢缵泰、郑士良、邓荫南、史坚如、李柏诸人。"[3]这份上港督书，首述当前形势危急，受害者不特华人，望英国有以襄助；继述清政府平日之积弊及现在之凶顽种种，表示南人求治心切，恳请港督"转商同志之国，极力赞成，除去祸根，聿昭新治"；最后开列"平治章程"六则，作为未来新政府的政治新图：一为迁都；二为都内立中央政府，各省成立自治政府；三为公权利于天下；四为增加文武官俸；五为平其政刑；六为变科举为专门之学[4]。

书函译成英文后，由何启转交并向港督"代达一切"。港督"也就修了一封信，由沙面领事转交李鸿章，委委婉婉地说明此意"[5]；并与李鸿章接洽数次，"谓粤督如能毅然向北京政府宣布自主，港督可相机协助，并联合各国领事一致赞成"[6]。当时李鸿章心有所动，但以清政府尚未陷入绝境，不敢亲自出面，存有观望之心。他的幕僚刘学询在陈少白等策动下，自告奋勇向李鸿章表示愿与孙中山联络。在李的默许下，刘致函孙中山请速来广州协商进行。孙经考虑后，觉得无论从筹备惠州起义还是不妨与李一试合作，都应该亲去香港。6月6日在与犬养毅、头山满等人辞别后，即于次日携杨衢云、郑士良离东京至横滨。11日自横滨乘船去香港。

在离开横滨前，孙中山曾对当前形势、此行任务、中菲两国反政府力量间的

[1][日]宫崎滔天：《三十三年之梦》中译本，第214页。
[2]冯自由：《中华民国开国前革命史》上编，第59—60页。
[3][4]冯自由：《孙总理庚子运动广东独立始末》，《革命逸史》第4集，第89、89—92页。
[5]陈少白：《兴中会革命史要》，《辛亥革命》第1册，第66页。
[6]冯自由：《孙总理庚子运动广东独立始末》，《革命逸史》第4集，第92页。

关系等问题，发表过一个重要谈话。他认为："目前北京风云变幻，是一个亟需注意的时机。如果说清政府最终完全丧失实力之时正是我们成事的好机会，那么，我觉得目前的状况正应特别加以注意"；"清政府在康有为公开致力于种种运动或采取恐吓政府的手段之际，对他的党派抱有严重警惕，并因而对我们党派的注意逐渐放松，这在某种程度上正是我党的幸事"[1]。很明显，孙中山准备利用清政府面对八国联军战争和国内康有为、唐才常武装勤王这种内外交困的形势，作为发动兴中会第二次反清起义的有利条件，希望革命派对此"特别加以注意"。他指出："我们的最终目的，是要与华南人民商议，分割中华帝国的一部分，新建一个共和国。为此计划要汇集众多同志，并徐待时机。"这一目的，既可作为孙李合作谋两广独立的目标，也可视为惠州起义后未来政体的选择。

关于中菲人民反政府武装力量间的关系，他强调双方应加强合作。他说："菲律宾的'乱党'对我们寄予期望，而我们也有希望日后借助他们的力量以成事的想法，故已将数百人员密运往菲律宾，给他们以各种帮助。这些潜往的人员，其中有不少曾在清政府内从事过军务。令人难过的是，前去的退职士官中已有一人为美军所俘虏。尽管如此，我仍然认定今后应给他们以更多的方便与帮助。"这是迄今我们所知道的孙中山对菲律宾民族解放运动表示支持的最早的申明。由于资料限制，现在还不清楚孙中山派往菲律宾的数百名人员的详细情况，但它说明了中菲两国人民在反帝反封建斗争中是息息相通的。孙中山作为亚洲的一位杰出政治家，他的视野的确具有世界性。

关于今后的去向，他说："我离日本后也不能确保人身安全，所以今后想在星加坡居住，或根据情势游历南洋各岛。"他并明示"此次赴星加坡途中，拟在香港停留一昼夜，因有要事须与陈面商"。毫无疑问，与陈少白面商的内容就是拟议中的孙李合作谋两广独立。由此我们也可知道，孙中山为什么不愿在香港久留。

当孙中山所乘法轮"烟狄斯"号抵达神户时，准备参加惠州起义的宫崎寅藏、清藤幸七郎和内田良平三个日本人登轮同往香港。17日，"烟狄斯"号抵港。李鸿章派"安澜"号炮艇来接孙中山、杨衢云过船开会，孙中山为安全考虑，决定派宫崎等上船与谈，"代表接洽一切"[2]，自己则与杨衢云、郑士良及香港兴中会成员在一艘舢板船上举行会议，研究惠州起义的准备工作。决定"由郑士良督

---

[1] 孙中山：《离横滨前的谈话》，《孙中山全集》第1卷，第188—189页。以下引文均出于该文，不另作注。

[2] 冯自由：《刘学询与革命党之关系》，《革命逸史》初集，第78页。

率黄福、黄耀庭、黄江喜等赴惠州,准备发动;史坚如、邓荫南赴广州,组织起事及暗杀机关,以资策应;杨衢云、陈少白、李纪堂在港接济饷械事务;日本诸同志则留港助杨、陈、李等办事"[1]。会后,孙中山按既定计划乘原船"烟狄斯"号赴越南。

在与宫崎等人分手时,孙中山对宫崎说:"我在保安条例规定期限内,不能在香港停留,因此,我先到西贡等候日南(沈案:即日本人福本诚,号日南),待他到后一同前往星加坡。"并命宫崎等人在香港办完事情后,即赴新加坡会合,"观察一般情况,然后召开会议决定以后的方针"。宫崎建议孙中山与在新加坡的康有为联合,"共同办事"。孙同意了这一意见。"大家也都主张有大同团结的必要,而同意这个建议。"[2]

宫崎等人到广州后即与刘学询会谈,"提出保障孙中山生命安全、借款六万元作为双方合作条件。刘请示李鸿章后表示同意,并先付款三万元"[3]。当夜,宫崎等离广州到香港。

孙中山于6月21日抵达西贡,拟静候广东谈判消息后再定行止。当天他致电刘学询,询问谈判情况。次日致函平山周,了解起义准备进展,指出:"今日者乃分头办事之时,想一月之后便可通盘计算,以观成就之多少,而定行事之方针矣。"[4]23日,平山周电告宫崎等谈判结果,孙中山得知刘学询借款3万元,十分高兴。25日复电平山周:"接电大喜。弟数日事完,当往星(加坡)会宫(崎寅藏)。"[5]

不料,宫崎寅藏、清藤幸七郎于7月初如约到达新加坡,拟与康有为谋求合作时,竟被康党怀疑为刺客而向当局告密,被新加坡英国当局逮捕下狱。孙中山自西贡到达新加坡后获知此事,立即组织营救。7月12日,宫崎、清藤获释,但孙中山因此被判5年内不得入境,只得偕宫崎等返回越南西贡。

这时,国内形势发生急遽变化。自6月中旬起,八国联军加紧了对北京的进攻。由英国海军中将西摩率领的2000余名联军自天津向北京进犯,在落垡、廊房一带遭到义和团的英勇抗击;北京义和团则围攻西什库教堂。一时,京畿硝烟四起,喋血纷飞。西太后于6月16日召开御前会议,商讨对策。21日,清廷发布宣战和招抚义和团上谕。接着,又任命载勋、刚毅统率北京、天津义和

---

[1] 冯自由:《中华民国开国前革命史》上编,第90—91页。
[2] [日]宫崎滔天:《三十三年之梦》,第181—182页。
[3] 《孙中山年谱》,第47页。
[4][5] 均见《孙中山全集》第1卷,第190页。

团。表面上，清廷决意依靠义和团对抗八国联军，实际上却乘机借联军之手削弱义和团的力量，因此，有 6 月 25 日在被义和团与清军围攻的东交民巷使馆区树立"钦奉懿旨，保护使馆"的木牌出现；宣战不到 3 天，西太后下诏赞扬李鸿章、刘坤一、张之洞等对外主和，对内主剿的意见为"老成谋国之道"，并赞扬刘张东南互保之做法与朝廷"意见正复相同"[1]。清政府对义和团由剿而抚的演化，是与它对帝国主义的矛盾由误解猜疑到激化成正比的；而它在宣战后开始对义和团由抚变剿的态度变化，又是与它屈服于帝国主义压力、寻求谈判的怯懦心态相同步的。清政府这种内外政策的微妙变化，对于老谋深算、富有政治手腕的李鸿章，不可避免地产生着影响，使他在与孙中山合作谋两广独立问题上，更趋观望和持重。同时，也使各帝国主义，尤其是英国，有必要修正其对华政策的某些策略内容，以适应变化了的新形势。这一切，预示了孙李合作一事必将胎死腹中的命运。

　　1900 年 7 月 8 日，清廷下诏调李鸿章为直隶总督。这个任命，明确表示了西太后将倚重李鸿章的外交资望，委任他对外求和以收拾不堪局面的意图。至此，李鸿章决定北上而将与孙中山合作一事弃置不顾。7 月 13 日，香港总督卜力企图作最后努力，他请求英国外交部，能否乘李鸿章北上经过香港时，由孙中山与李鸿章直接商谈合作事宜？次日得外交大臣索尔兹伯里的答复，说对孙中山的 5 年驱逐令仍然有效，并指示卜力不可向李鸿章再谈合作之事[2]。英国政府在行将到来的对清王朝的大勒索中已经不再需要孙李合作这枚筹码，于是，历史上就不会出现孙李对话的事实。当 7 月 16 日孙中山自西贡乘"佐渡丸"轮船抵达香港时，他被港英当局通知不准登岸；次日，李鸿章率带卫队，满面风光地到达香港，在和港督愉快交谈中，谁都不提合作一事。结果，拟议中孙李合作谋据两广独立的计划，随着 7 月 18 日李鸿章离开香港北上而烟消云散。

　　孙李合作的发生及其破灭，表明在两个世纪的交叉点上孙中山和兴中会对于复杂的形势还缺乏睿智的洞察力。首先，孙中山和他的同志们只注意到北方义和团的兴起为反清起义创造了有利条件，而未能认识这场在落后形式掩盖下的反帝爱国斗争是真正的民众奋起。他们过多地看到了它的落后一面，在兴中会上港督卜力书中，斥责义和团"妖言惑众，煽乱危邦"[3]，予以蔑视与非难。这

---

　　[1] 国家档案局明清档案馆编：《义和团档案史料》上册，中华书局 1959 年版，第 194、365 页。
　　[2]《孙中山年谱》，第 47—48 页。
　　[3] 冯自由：《孙总理庚子运动广东独立始末》，《革命逸史》第 4 集，第 90 页。以下引文均出自该篇，不另注明。

个文件,孙中山可能没有看到,但反映了革命派对下层社会的整体认识。由此出发,他们没有从战略上对当时群众反帝斗争作出反应,即使在策略上也未能采取加强与义和团的联络与沟通,从而使自己的反清起义陷于孤立的地位。

其次是对帝国主义的图谋缺乏正确的认识。所谓孙李合作谋据两广独立,完全是英国对华控制政策的产物。它既与英国企图拉拢刘坤一、张之洞支持唐才常勤王起义属于同一性质,又与英国联合其他外国侵略者镇压义和团、打击清政府出于相同目的。孙中山和他的同志们,不仅对帝国主义在对待中国不同政治力量上分别采取的策略手段缺乏综合分析能力,而且把救国的希望寄托在他们身上,在上卜力书中称:"深知贵国素敦友谊,保中为心,且商务教堂,遍于内地。故士等不嫌越分,呈请助力,以襄厥成。愿借殊勋,改造中国。"联系到八国联军血腥侵略的事实,上书所反映出的兴中会某些成员在对待外国的认识上确实存在非常糊涂的观念和不切实际的幻想。

应该指出,孙中山与兴中会骨干们并不是对列强侵略、中国面临瓜分危机没有认识和体察,这在他们的言论中,在两个兴中会章程的宣言中都有不少内容可以佐证,问题是他们在反帝和反清两者关系上认识不清。早在孙中山读大学期间,他和陆皓东对此事就曾有过辩论。陆皓东说:"吾方以外患之日亟,欲治其标,孙则主仇满之必报,思治其本,连日辩驳,宗旨遂定,此为孙君与吾倡行排满之始。盖务求惊醒黄魂,光复汉族。"[1]把反清作为救国的根本和首着,不能说没有道理;反清口号的提出,确也符合饱受清王朝统治之苦的广大人民的要求,具有动员民众和宣传民众的强大力量。但是,割裂反帝与反清的斗争,看不到近代中国的特殊国情,体察不出帝国主义在中国各种矛盾中居主导地位的事实,不能不说是历史的局限。这虽不能苛求前人,却可以由此观察前人在这两者关系上的误区所在。明乎此,我们才可理解何以广州起义筹备过程中,由何启、谢缵泰等设计的起义政权的对外政策,会表现出"明显的亲西方倾向",甚至建议按照类似协定关税的原则,把国内税收也交给外国人经办[2];也可理解兴中会上港督卜力书中所附的《平治章程》,会有"关税等类,如有增改,必先与别国妥议而行。又如铁路、矿产、船政、工商各业,均宜分沾利权"[3]的内容。这类在爱国心支配下为争取列强同情、支持反清革命的天真幻想,虽与清政府的

---

[1]《陆皓东供辞》,邹鲁:《中国国民党史稿》第3册,第659页。

[2][美]史扶邻著,丘权政等译:《孙中山与中国革命的起源》,中国社会科学出版社1981年版,第64页。

[3]冯自由:《孙总理庚子运动广东独立始末》,《革命逸史》第4集,第91页。

卖国主义有根本性质的不同,但由于在反帝与反清关系上的认识错误,模糊了对帝国主义的视线,从而有可能落入帝国主义设置的政治圈套的危险。

(六) 半途而废的惠州起义

在谋求与李鸿章合作据广东独立一事破灭后,孙中山决定加速起义的计划。7 月 16 日,当港督拒绝他上岸后,他于当夜在船上召开军事会议,建议将惠州起义的指挥权交给郑士良;福本诚在香港主持起义筹备工作;陈少白、杨衢云等负责饷械接济;毕永年再赴长江流域联络会党;孙中山自己则回日本后南下台湾,俟起义发动时设法潜入内地亲自指挥。讨论中,日人福本诚提出,不如"乘夜暗从九龙上岸,然后速入内地,一到广东省城,即采取'神风连'式、迅雷不及掩耳的行动"[1]。孙中山以其过于冒险,不同意福本诚这个主张,认为"此举何异于飞蛾投火,羊弃虎前"[2]。两种意见引起了激烈争论。后来当福本诚、宫崎寅藏等在眼见港方警卫森严、无法乘夜潜入的事实下,放弃了自己的主张,赞同孙中山部署。

惠州起义的发难地点,选定在归善县属三洲田。这里"山深林密,路径纡回。南抵新安,紧逼九龙租界;西北与东莞县接壤,北通府县二城,均可窜出东江,直达省会;东南与海丰毗连,亦系会党出没之处"[3];加之附近地区,"向来无多兵驻扎"[4],成为比较理想的集结起义武装的发难点。

惠州起义的行动计划是:由郑士良负责在三洲田发难后,率起义军向西北方向前进,会合新安、虎门一带由江公喜等率领的三千余绿林,直趋广州;由史坚如负责在广州响应,牵制省城清军使之不能出兵往援惠州。在此期间,孙中山将由台湾内渡,亲临指挥,而起义军的军火则由台湾通过海运接济。

孙中山于 7 月 20 日离港赴日,于 25 日抵达东京。8 月间,得知随李鸿章赴京的刘学询被李留在上海,负责东南各省事务,孙中山为了筹集起义经费和筹划南方革命政府,决定赴上海会晤刘学询。但当孙中山偕平山周等于下旬到达上海后,不仅自立军勤王起义已经失败,而且与刘学询的会晤也毫无结果,只得重返日本,在神户、大阪等地为起义购置军械。9 月 28 日,孙中山经神户抵达台湾基隆。

当时,日本政府认为中国北方已陷入无政府状态,清廷岌岌可危,各国都有

---

[1][2] [日]宫崎滔天:《三十三年之梦》中译本,第 211 页。
[3]《粤督德寿奏报惠州革党起事折》,陈春生:《庚子惠州起义记》,《建国月刊》第 5 卷第 3 期。
[4] 陈少白:《兴中会革命史要》,《辛亥革命》第 1 册,第 68 页。

瓜分中国的意向,为了使日本在列强角逐中获得好处,决定对南方的反政府活动采取怀柔政策、图谋控制。日本驻台总督儿玉受日本政府训令,于 29 日接待孙中山,表示对孙拟议中的起义给予"相助"。孙中山得到日本驻台总督的明确表示后,立即着手在台湾建立指挥起义的中心,一面"加聘军官",一面命郑士良按商定日期发动起义。考虑到日本的态度,决定"不直逼省城,而先占领沿海一带地点,多集党众,以候予(孙中山)来,乃进行攻取"[1]。这个决定已经有限度地改变了原定的义军前进方向。

郑士良

惠州起义的武装人员,由两部分人组成。一部分是新安一带的绿林,他们都配有枪支,成为起义的主力,由黄阁官、黄耀庭、江公喜等统率,部署在新安、虎门一带,待起义发动后由郑士良率领的义军向广州方向转移时与之会合;另一部分是嘉应州一带的三合会会众,由郑士良通过黄福招集。黄福是归善本地人,三合会中的显要人物。他原在南洋北婆罗洲谋生,被郑士良派人请来,因为三合会众只有他的命令是从,他就成了招集会众的关键人物[2]。这部分人,约 600 名左右,半数有枪械,作为发难的基本力量,都集中在三洲田待命。

数百人团聚山寨,时间稍久就有泄密的危险,而且粮食供应也是问题。郑士良在久候孙中山指示未至的情况下,采取分散居住、封锁消息的办法:命会众分居附近乡村,以 80 人留守老营;规定凡附近樵牧入山寨者均暂时拘留。不料事与愿违,一时谣传纷起。署两广总督德寿于 9 月下旬屡接警报,乃命水师提督何长清抽拨新旧靖勇及虎门防军 4 000 余人,于 10 月 3 日进驻深圳,又命陆路提督邓万林率惠州防军驻守淡水镇隆,以堵三洲田出路[3]。郑士良见时机紧迫,即电台湾孙中山请速接济饷械。孙复电称:"筹备未完,令暂解散,待时再行召集。另电东京宫崎,使将菲人存械取出,准备雇船运粤。"[4]当郑士良转来孙

[1] 孙中山:《有志竟成》,《孙中山全集》第 6 卷,第 234 页。
[2] 陈少白:《兴中会革命史要》,《辛亥革命》第 1 册,第 67—68 页;史扶邻:《孙中山与中国革命的起源》,第 199 页。
[3] 冯自由:《中华民国开国前革命史》上编,第 92 页。
[4] 冯自由:《孙总理庚子协助菲律宾独立及购械失败始末》,《革命逸史》第 4 集,第 80 页。

中山复电时,黄福等都认为清军不足虑,可以与战。郑士良于是去香港再电孙中山,称:"当率兵向沿海岸东上,仍请设法运械至平海及海陆丰一带,以便收接。"[1]值得注意的是:郑士良这个电文,已经与7月16日原定作战计划有所不同。按原计划,起义发动后应该大队西向,以便与新安、虎门一带由江公喜等统率的3 000绿林武装会合,直趋广州。这个电文却准备使大队沿海岸东向,前锋深入海陆丰一带,方向完全相反。郑士良及三洲田老营诸将的这一改道方案,目的是为了获得海上接济。因为三洲田聚集的起义队伍只有半数有枪,郑士良虽然从附近清军防营"密购枪枝若干以济急"[2],但距人手一枪还有很大差距,而且一旦发动,势必有所消耗,所以急须军火支援成了头等大事,改道是势不得不然;加之孙中山在台湾指令有"不直逼省城,而先占领沿海一带地点"之命,郑士良电文报告将向沿海岸东上,也符合等候孙中山内渡、亲自指挥的原意。

当起义武装在三洲田等候台湾方面指示之际,清军水师提督何长清已调前队200人驻新安县属之沙湾,哨骑及于黄岗,有进窥三洲田之势。为先发制人,黄福等在新指令到达前,于10月6日率敢死队80人袭击沙湾清军,揭开了惠州起义的序幕。

沙湾序战十分顺利,共击毙清军40余人,俘30余人,清军因不知义军人数多寡,惊溃而退。沙湾被义军占领的次日,郑士良从香港归来,带回孙中山要起义军向厦门前进以便接械的复电,于是全军改道东向[3]。从战略角度考察,义军改道是个重大失着。厦门距三洲田基地约有250英里,需要穿过难走的山岳地带,给行军造成了很多困难。即使进至厦门获得接济,孙中山也顺利到达军中亲临指挥,但当大队折返广东时,必将遇到清军的堵截,能否顺利地与新安、虎门一带起义主力会师就很难预料;而且兴中会在福建并无工作基础,改道厦门等于脱离相对良好的起义条件,成为无战略目标的行动;至于军械能否按期运到,孙中山能否顺利内渡,都是一个未知数。因此,改道东向,实际上隐伏着惠州起义失败的必然因素。

促使孙中山发出改道厦门命令的原因,是为了获得日本方面的援助。据与孙中山同在台湾的日本人山田良政之弟山田纯三郎的记述说:日本驻台湾总督儿玉曾劝告孙中山不要一开始就征服广东。儿玉说他本人"则是很愿意看见他们从海丰和陆丰得到军火补给的"。孙中山为此向日本方面商借一笔钱,表示

[1] 冯自由:《孙总理庚子协助菲律宾独立及购械失败始末》,《革命逸史》第4集,第80页。
[2] 陈春生:《庚子惠州起义记》,《建国月刊》第5卷第3期。
[3] 冯自由:《中华民国开国前革命史》上编,第93页;《革命逸史》第4集,第80页。

革命成功后将连本带利一起归还,但儿玉的助手、日本驻台湾民政长官后藤新平予以婉转拒绝,他建议一俟革命军在海陆丰获得军火补给,"应去夺取厦门"。在那里,台湾银行的地方分行有几百万元,"为什么不去抢这个银行,然后在革命胜利后中国只做'道义上'的偿还呢?他本人可以保证,日本对这个抢劫事件是不会过于追究的"[1]。美国历史学家史扶邻教授在研究了这个文件后认为,"更为可能的是,日本人对厦门的骚乱比对广东的骚乱更感兴趣"。指出日本人大约在1900年8、9月间已经做好了接管厦门的准备,倘若孙中山攻取厦门并擅自取用这个金库,那么日本就会处于有利地位[2]。也就是说,日本驻台湾总督儿玉通过后藤民政长官对孙中山支持的虚假承诺,利用孙中山急需军饷的迫切心情,设下了一个圈套:怂恿起义军改道厦门,抢劫台湾银行厦门分行,一旦孙中山上钩,日本将早已准备好的武力出动,借口保护为名,武力占领福建,以实现他们早就想达到的瓜分中国的计划。

孙中山急于得到军饷的心情确是很迫切的。大约在此事前后,他曾写信给在上海的刘学询,请他从速筹措一百万元的饷银,交换条件是让刘学询在起义后建立的新政府中担任皇帝或总统,名称可由刘自选;此外,新政府的外交、内政、财政三职的人选,也由刘学询决定。孙中山特在信中说明,主政者原拟推李鸿章担任,但考虑到他已奉命北上议和而不肯就,所以改请刘学询担当[3]。尽管此事最后没有成功,但反映了孙中山为筹集军饷所作的牺牲。他居然可以妥协到让充满帝王思想的刘学询来组织政府,并让盛宣怀充当内政主官,自己只担任兵政,怪不得史扶邻要用中国俗话"饥不择食"来形容他的这一策略了。

郑士良指挥的起义军,在接到改变作战方向的指令后,即取道东北,向厦门方向移动,途中扩军至数千人。10月16日,在镇隆与清军接触,取得胜利,但在同一天进攻博罗时,却未能成功,便改为攻占永湖,途中小战二三次,均获胜,参加义军的群众多至数千人。17日自永湖出发,与清军大队遭遇,清军五六千人,革命军仅有枪支千余,经过艰苦战斗,把清军打败,次日进占崩冈墟。21日抵达三多祝,"四乡同志来投者,约得二万人,暂驻白沙"[4],整编队伍,等候弹械支援。22日,大营中出现了几名日本人,其中一个名叫山田良政的,拿出了孙中山的手令:"情势突生变化,外援难期,即至厦门,亦恐徒劳。军中之事,由司令官

[1][2] 史扶邻:《孙中山与中国革命的起源》,第206、207页。
[3] 孙中山致刘学询信的全文,见冯自由《革命逸史》初集,第78—80页。
[4] 陈春生:《庚子惠州起义记》,《建国月刊》第5卷第3期。

自行决止。"[1]这个手令使郑士良等惊呆了！

　　原来，在这个紧要关头有两件事使得孙中山原定计划化为泡影，不得不发出这个令义军沮丧的紧急手令。一件是准备运给义军的军火完全是一堆不能使用的废铜烂铁。如前所述，这批军火原是菲律宾独立运动代表彭西全权委托孙中山代购运菲的武器弹药，孙中山通过宫崎的介绍求助于日本进步党首领犬养毅，由犬养力荐该党干事、众议院议员中村弥六代购代运。1900年2月，军火装上"布引丸"轮船启碇后，在浙江海面触礁沉没。孙中山与彭西闻讯后异常懊丧，中村表示如有资金可第二次购械，务求达到目的。孙中山商诸彭西，决定第二次仍请中村负责购运。中村于是重向大仓株式会社购买，准备雇船运出时，日本政府因前船（布引丸）之事，不准出口，这批军火便滞留日本。不数月，菲律宾独立运动失败，孙中山向彭西商借，作为惠州起义之用。郑士良发动起义后，孙中山在台湾致电宫崎寅藏，命他将这批军火取出，雇船海运至厦门接济义军。宫崎在东京接到孙电后，即派远藤隆夫向中村弥六交涉，及至远藤到贮存军火的大仓商店取出时，方才发觉所谓枪弹均是无法使用的废物，中村的欺诈行为完全暴露，舆论大哗。正当宫崎等向中村提出严重交涉时，第二件事接踵而来，更给孙中山以沉重打击，这就是日本内阁变动。山县有朋内阁倒台，伊藤博文组阁。伊藤内阁"对中国之外交政策与前大异，即禁止台督协助中国革命党，又禁止武器出口及不许日本武官投效革命军"[2]。这样，孙中山内渡计划及接济武器的打算全盘落空，只好派山田良政等携上述手令从香港经海丰而达起义军大营，面交郑士良了。

　　郑士良接到指令后立即召集各队首领开会讨论。不少人主张厦门如不能去，可渡海再返三洲田山寨，设法由香港购买军火，向西北复进，会同新安、虎门绿林攻打广州。在别无选择情况下，郑士良决定就地解散起义军，自率千余人分水陆两路回三洲田。惠州起义半途而废。

　　当郑士良等回抵三洲田时，此处尚未落入敌手，清军已移至横岗。义军余

---

　　[1]［日］宫崎滔天：《三十三年之梦》，第241页。山田良政（1868—1900），号子渔，日本青森县弘前市人。青森县立师范毕业后入东京水产讲习所，第一届毕业生。后在东京昆布会社工作，1890年调往上海支店。甲午战争期间任陆军翻译。戊戌政变后曾助梁启超逃亡日本。1899年首次会晤孙中山，即追随左右。1900年任南京同文书院教授兼干事。同年夏，晤孙中山于上海的朝阳馆，参与惠州起义的筹备。其后随孙赴台湾，奉命携手令于郑士良军中，即加入起义军，作战中牺牲，是为日本志士中为中国革命殉难的第一人。民国成立后，孙中山赴日亲为山田墓树碑，撰写碑志（见《三十三年之梦》，第244页）。

　　[2]冯自由：《孙总理庚子协助菲律宾独立及购械失败始末》，《革命逸史》第4集，第81页。

部原拟袭击清军,终因军中饷弹均乏而无法实现。郑士良当机立断解散余部,自己与黄福、黄耀庭诸人先后抵香港,不久避地海外[1]。

由史坚如负责的广州方面,原定 8 月 4 日先期惠州发动,以便减轻惠州起义的压力,但由于缺乏起义弹械,不得不推迟计划。及至惠州起义发动,史坚如、邓荫南等在不及响应的情况下,决定改变宗旨,谋炸署两广总督德寿,"以为德寿一死,清兵必自相惊扰,既可解惠州的危险,广州也可乘机起义"[2]。为此,他们于 10 月下旬租了一处位于督署后院的民宅,每晚在宅内开掘通向督署的地道,准备用炸药炸死德寿。26 日夜地道开成,但炸药到时却没有轰发。史坚如于次日重回租宅,发现引爆导火线的盘烟燃至半途而灭,于是他再次安装引爆盘烟后离开现场,到友人毛文明牧师家静候消息。不料当夜炸药虽然爆发,德寿却未受伤,史坚如深为疑惑。28 日晨,他不听友人劝告,不避危险,亲到现场察看究竟,不幸为叛徒认出,被捕下狱。在狱中受尽酷刑,坚贞不屈。11 月 9 日英勇就义,死时仅 22 岁。孙中山后来称他"为共和革命而殉难之第二健将"[3],表示了深切的敬意。

史坚如

史坚如是辛亥革命时期革命派中采取暗杀手段的第一人。其英勇无畏、视死如归的精神确实值得后人敬仰,但采用暗杀清政府权要的办法并不是真正的革命道路,而是资产阶级英雄史观的反映。革命派并不认识暗杀主义不足取,他们在歌颂史坚如等英勇牺牲的同时大力宣扬暗杀,这就在革命党人中助长了暗杀情绪,后来党人中出现了不少暗杀活动,与革命派中个人英雄主义的滋长是密切相连的。

随着史坚如谋炸德寿的失利,孙中山发动的第二次反清起义至此完全失败。与乙未广州起义相比,庚子惠州起义筹备得更充分,也拥有一定的群众基础。起义前,革命党人在会党中进行了不少工作,参加者目标明确,比之广州起义多为乌合之众不可同日而语;革命派在起义前已设立了基地,安营扎寨,武装力量集结了数月之久,比

---

[1] 冯自由:《中华民国开国前革命史》上编,第 95—96 页。
[2] 史坚如:《致妹书》,《辛亥革命烈士诗文选》,第 4 页。
[3] 孙中山:《有志竟成》,《孙中山全集》第 6 卷,第 235 页。

之广州起义临时凑合、届期不至,有了确实的保证;起义过程中又得到沿途群众的支持,曾扩军至二万余人,而且郑士良在进军途中还曾到处张贴过号召人民反对清朝统治的告示[1],对争取当地农民的同情支持也起了一定作用。这些都是惠州起义发动后得以取得若干胜利的重要原因。但是,这次起义的指导思想完全放在依靠日本的支持上,及至日本态度发生变化时,起义不得不半途而废。所以,惠州起义不是败在清军之手,而是败在日本政府对孙中山的出尔反尔态度上,归根到底,是败在孙中山与兴中会对帝国主义抱有不切实际的幻想上。

惠州起义虽然失败,但产生的影响是积极的。孙中山后来总结说:"经此失败而后,回顾中国之人心,已觉与前有别矣。当初次之失败也,举国舆论莫不目予辈为乱臣贼子、大逆不道,咒诅谩骂之声,不绝于耳;吾人足迹所到,凡认识者,几视为毒蛇猛兽,而莫敢与吾人交游也。惟庚子失败以后,则鲜闻一般人之恶声相加,而有识之士且多为吾人扼腕叹惜,恨其事之不成矣。前后相较,差若天渊。吾人睹此情形,中心快慰,不可言状,知国人之迷梦已有渐醒之兆。"[2]孙中山以当事人体察当时事,说得既形象又生动。他的观感说明,随着帝国主义侵略的深入与清政府的妥协卖国,国内形势开始发生了新的变化,内部矛盾的尖锐性突出起来,而资产阶级革命派的政治活动作为一种政治力量开始被人们所注意了。诚然,惠州起义本身只是局处东南海隅的一次小规模反清起义,它对全国政治形势的影响还不如唐才常自立军起义。但是,义和团运动的失败、自立军起义的流产、八国联军的侵略,这些同时发生于两个世纪之交的重大事件,从正反两方面促使了中国人民的政治觉醒。卖国的清王朝成为众矢之的,保皇派的勤王起义因其宗旨的矛盾而受到有识之士的抛弃,义和团的单纯、盲目排外救不了中国,于是民主革命也就成了时代的选择。孙中山的观察所得,正是中国国内形势发生变化的反映,民主革命的时代开始到来了。在这个新时代中,孙中山也从一个孤独的革命先行者成了继之而起的民主革命派公认的领袖。

---

[1] 参见史扶邻:《孙中山与中国革命的起源》,第212页。据史扶邻说,起义发生时,香港的《士篾西报》曾在10月10日刊登过一封发自惠州归善县一个无名氏的公开信,作者自称"中国合众政府协会"中的一员,但又把起义说成为"义兴会、天地会、三合会"所发动,表示如起义成功,将"开通中国,与世界通商",并呼吁英、美、日三国对起义保持中立或给予支持(见该书第212—213页)。
[2] 孙中山:《有志竟成》,《孙中山全集》第6卷,第235页。

四　新世纪的新力量

（一）民族工业与资产阶级

20世纪是中国民主革命的世纪。民主革命思潮从世纪之初起，逐步替代维新改良思潮而成为时代的潮流。思潮召唤革命，革命推进思潮。一个新时代终于降临神州大地。

中国民主革命时代的到来，是与民族资本主义的发生发展、中国资产阶级的形成分不开的，也与近代知识分子的形成及觉醒紧密相连。前者，是中国民主革命派成长壮大的物质基础和阶级基础；后者，则是民主革命派的基本构成，在革命思想的传播中起着先锋和桥梁作用。孙中山作为民主革命的先行者，因其代表着近代中国最先进阶级的利益而领时代的风骚，合人群之需要；作为民主革命派的旗手，因其不失时机地把注意力转向近代中国知识界的主干——留学生，而得以走出狭隘的地域和封闭性的小圈子，获得了知识界这一中国社会最具活力之群体的认同和拥护。因此，有必要对这两者先作一番鸟瞰式的论析。

近代民族工业的产生与初步发展

中国的民族资本主义，包含着近代工业资本和近代商业资本两部分。中国近代商业资本，由传统经营钱业、杂货业、米粮豆业等行帮组织演变发展而来。由于长期来对近代商业资本研究的薄弱，以致大多数的研究者只能以近代民族工业的发生发展来说明中国资本主义的发展道路。

中国民族资本主义的发生，不是经历着如同西欧资本主义由简单协作到手工工场到机器生产那样依次递进、由低至高的完整过程，而是原有的资本主义萌芽在外国资本入侵下受到摧残，渐趋萎缩；一部分地主、官僚、买办和商人又在外国入侵资本的刺激下,直接投资于近代新式工业,产生出与侵略资本既相对立、又相联系的民族资本主义。这种特殊的产生过程,使得中国资本主义的生存发展既难摆脱外来资本和本国封建势力的控制与羁绊,又不可避免地与这两者有着难以割断的联系。

外国入侵资本的压迫,有如下几种主要手段:

第一,通过银行控制中国的金融。外资银行自19世纪50年代起就在中国出现,著名的有1857年英国麦加利银行上海分行,1867年英国汇丰银行上海分行,同期的上海法国东方汇理银行,1890年上海的日本正金银行等。这些外资银行一方面在中国发行纸币,操纵中国的外汇牌价,控制中国的票号、钱庄以吸收大量游资;另一方面又向民族工业放款、投资,以实现对其控制权。这一切,对民族工业在资金方面造成了极大的困难。

第二,通过"协定关税"条款,向中国大量输入商品。1842年《南京条约》及其附约所规定的"协定关税"及主要进口货物"值百抽五"的税则,使中国丧失了关税自主权,其税率比战前粤海关实征税率降低了58%—79%[1]。1858年《天津条约》又使已经压得很低的税率进一步降低,并最终确认了值百抽五的原则,这使主要进口货税率比1843年的水准又降低了13%—65%[2]。外国商品在这种片面优惠的不平等条约下得以轻税并大量涌入中国,对民族工业的产品销售造成了很大压力。

第三,控制中国的航运、交通,以窒息民族工业的市场。最早在中国建立内河航运业务的是美国。1861年,美国在香港和上海设立旗昌轮船公司。接着,英国在1863年也在上海设立会德丰公司和上海拖驳公司,1864年在天津设立大沽拖驳公司,1865年在香港设立香港澳门轮船公司,1867年在香港、上海成立中国航业公司(即太古洋行),1875年太古洋行开始经营长江航运业务,称太古轮船公司,1877年又在香港、上海成立印度中国航业公司(即怡和公司),1880年怡和公司开始长江航运业务。1890年英商在香港创办鸿安轮船公司,主要航线是长江;同年,德商瑞记洋行代理的汉美轮船公司开业。1892年沙俄开办黑龙江贸易轮船公司。这么多的外资内河和沿海航运公司的出现,使新产生的中国民族资本内河航运企业处于严重的困境之中,中外轮船吨位总数,中国方面急遽下降:1877年,外轮吨位数占63.3%,中国占36.7%,到1892年,外轮吨位上升为77.8%,中国则下降到22.2%;外国方面则在船数和吨位上急遽上升:

---

[1][2] 均见严中平等编:《中国近代经济史统计资料选辑》,第59页列表。

1872年，外轮共 9 711 艘，吨位 6 512 463 吨，到 1892 年，激增至 20 728 艘，22 101 233吨[1]。中国民族资本航运业明显处于劣势。至于陆上交通，1894 年中国境内铁路约 364 公里，其中自主铁路仅 77 公里，占 21.1%[2]，铁路交通基本上操于外资之手。交通是一国经济的动脉，内河航运和铁路运输的这种状况，使近代民族工业的产品无法得到充分的国内市场。

第四，通过在中国直接设厂以利用廉价原料和劳动力。外资在中国取得设厂权是由 1895 年《马关条约》正式规定的，但事实上外资在华设厂早就开始了。它们主要是为商品输出服务的原料榨取性工业，同时也含有少量资本输出的性质。据有人统计，1843—1850 年间，外资在华创办的技术性工场 4 个，其中英资 3 个，美资 1 个。4 个企业中除柯拜船坞外，其余都是印刷工场，反映了这一时期外资在华企业主要从事文化侵略的状况。在 1851—1860 年，外资在华企业共 11 所，其中船舶修理企业 6 所，其余为印刷、食品等工业。这说明外资开始注意于利用中国的廉价原料进行成品生产的意向。在 1861—1870 年间，这种掠夺性企业有了明显增长。这十年中，外资在上海、广州等地设立工厂企业共 27 所，除船舶修理外，食品工业、公用事业企业（如 1864 年大英自来火厂，1866 年法商自来火行等煤气厂）、纺织工业、茶叶加工业等均已出现。在 1871—1894 年的 14 年中，外资企业共 59 所，其数量和资本额都较前有所增加，如英商怡和洋行 1882 年在上海创办的怡和丝厂，到 19 世纪末资金达到 50 万两，缫机 500 车，工人 1 100 人。这一时期的投资动向，除继续扩大原有企业外，又伸向蛋粉、制糖、火柴、造纸、肥皂、玻璃、制冰、卷烟等居民日常生活需要的工业部门，呈现出逐步以商品输出为主转向资本输出为主的趋势。总计自 1843—1894 年间，外资在华设厂先后累计共 101 所，这与中国民族资本近代工业的总数 72 所相比，显然具有更大的优势，与民族近代工业中商办企业 53 所相比，几乎超过一倍。

中国新生的民族资本主义，在帝国主义的重重压力下，处于异常软弱的地位，这就使它一开始就有着力图摆脱外国资本主义的压迫，又不得不在资金、技术、设备乃至原料上依赖外资的特点。

民族近代工业在发生阶段还受到本国封建势力的严重束缚。其中商办企业得不到如同西欧国家鼓励商人投资和保商政策的支持，处在完全无权的地

---

[1] 以上数字统计均见严中平等编:《中国近代经济史统计资料选辑》，第 221 页列表。
[2] 同上书，第 190 页。

位。它们既要摆脱上述外资的种种压迫,又要摆脱洋务派官僚的控制束缚,每前进一步都需要作出极大努力。

洋务派通过官办、官督商办和官商合办三种形式,利用政权力量,排挤和打击商办企业,使民间商人无法直接投资于洋务派所办的各类企业;即使投资建厂后,生产和流通也得不到应有的保障。从1876—1891年,中国新设的矿冶工业14家,其中煤矿工业10家中属于官办的3家,官督商办的7家,没有一家是商办企业,表明商人资本无法直接投资煤矿工业。在纺织工业部门,由李鸿章、张之洞、唐松岩、盛宣怀、朱鸿度创办的五大纱厂(即上海机器织布局、湖北织布局、华盛纺织总局、华新纺织新局、裕源纱厂),其中除朱鸿度的裕源纱厂属于商办外,其余都是官督商办或官办企业,资金合计386万余元,在全国纺织工业总数52家、资本总额815万元中,这四家占了近1/2。即使在官督商办、官商合办的企业中,商股也毫无权利可言,企业成了洋务派官僚安插私人、贪污营私的场所,亏损无度,资本无法积累,以致后来商人一闻官督,皆纷纷走避,谁也不愿投资。至于近代工业的产品流通因受清政府厘金制度的窒碍,更是不胜其苦。

综上可知,中国民族资本主义的特殊产生过程及其受到的压迫束缚,使得19世纪90年代中期以前的民族近代工业,处境艰难,软弱无力。到1894年,中国各种形式的近代工业,有材料可资统计的仅72家,加上中外合办一家,总数才73家,总资本额约二千余万元,其中纯粹商办企业53家,资本总数约470万元,很难说伴随着民族资本主义的产生而产生的资产阶级已经形成了一股独立的政治力量。

民族资本近代工业在19世纪末、20世纪初,主要由于下列原因有了初步的发展。

《马关条约》签订后,帝国主义国家加速了在华设厂输出资本的活动,从而更大程度上刺激了国人对近代工业的投资。甲午战争前,在华外资总数约2、3亿美元,战后随着欧美主要资本主义国家向帝国主义阶段过渡的完成,外国资本开始大量向中国输出。据统计,1902年在华外资总额达15亿美元,到1914年更增至22亿美元,约为甲午战争前的9倍[1];外资在华设立的工厂较前也大为增加,自1895—1911年,共102家,资本总额为9 823万余元。在外国对华投资的刺激下,民族资本向近代工业的投资速度也加快了。1895年设厂资本总额

---

[1] 吴承明:《帝国主义在旧中国的投资》,人民出版社1955年版,第35、36页。

2 421 万余元,到 1911 年猛增至 13 200 余万元,增长了 330.9%;[1]各种类型的工厂企业自 1895—1911 年共设立 491 家,比前一阶段的 73 家增长近 6.7 倍。

由于 1903 年掀起的拒俄运动,1905 年遍及全国的反美爱国运动,以及在此前后广泛开展的收回利权运动,打击了帝国主义对华商品倾销和资本输出,有力地促进了民族近代工业的发展。自 1895—1911 年间,商办企业达 416 家,比前一阶段的 53 家增加了 7.8 倍。这种状况,根本上改变了甲午战前商办企业资本总量处于劣势的地位。

在明确了甲午战后民族资本近代企业的增长趋势后,还需要进一步分析下面两个问题:

第一,投资近代企业的是哪些人? 他们的投资动向和拥有厂矿的情况怎样? 根据汪敬虞编:《中国近代工业史资料》列出民族资本近代工业初步发展时期,各种出身的投资者示例共 63 人[2]中,属于官僚士绅者 18 人,商人 8 人,买办 20 人,学徒工人出身 2 人,华侨 15 人,可知本阶段近代工业投资者中,以买办和官僚士绅两种人居多数,商人次之。这表明,本阶段中那些与帝国主义、封建势力联系较多的人,在近代工业的投资者中占有相当比重。但应该指出,上列 63 人,远非投资者的全数,而且多数人是知名企业的投资人,他们的资金也相对雄厚,大量未列名的应是那些知名度低、资金少的中小投资者。所以就这一阶段民族工业的投资者构成总体说,中小工商业者应列首位。

上述投资者的投资动向,仍然以资金少、收效快、技术水准要求不高的短线产业部门为主。在 416 家商办企业中,纺织部门占 155 家,资本额为 2 733.6 万元;其次是面粉工业,占 39 家,资本额为 703.1 万元;此外,制革、造纸、火柴等也占了一定数量;属于重工业的长线产业部门如燃料开采、冶炼、金属加工等部门共 39 家,资本额为 963.6 万元[3]。这表明,本阶段民族近代工业仍以轻工业尤其是纺织、面粉工业为主要投资方向,投向重工业的很少,这就使中国民族近代工业带来了独立性不足、依赖性很强的特点。

第二,商办企业的投资状况怎样? 整体而言,商办企业的投资额都不高,一般都在 10—30 万元之间,其中 10 万元资本额以下的企业占了商办企业总数的

---

[1] 以上数字据李新主编:《中华民国史》第一编上册,中华书局 1982 年版,第 55 页。

[2] 这 63 人中,孙家鼐,孙多森父子,严信厚、严子均父子,薛南溟、薛寿煊父子,徐润、徐叔平父子,唐茂枝、唐杰臣父子,唐廷枢、唐玉田父子及杨宗濂、杨宗瀚兄弟,张詧、张謇兄弟,荣宗敬、荣德生兄弟和渠本翘、乔雨亭均分别计算为一例。

[3] 参见李新主编:《中华民国史》第一编上册,第 61—62 页。

一半以上。尤其在缫丝、面粉、织染、卷烟、皂烛、榨油、碾米、砖瓦等部门,投资10万元以下的占了大多数。这表明,在商办工业中客观上存在着投资大小之分,10万元以下的企业无疑属于中小规模。如果把手工作坊和手工工场加进去,那么中小资本在民族资本中占的份额更大。据1912年统计,在棉织、火柴、皂烛等25个行业中,手工作坊和手工工场共有16 313家[1],其数量远远超过了使用机器生产的新式工业。所以,近代工业中虽然商办企业的数量有了很大增长,但一半以上的企业仍然具有资金少、规模小、技术水准低的特点。

上述民族近代工业在其初步发展时期的情况表明,中国民族资本主义力量仍很薄弱,发展仍不充分,它既有要求解除压迫、束缚以谋求更进一步成长的一面,也有因力量弱小、独立性不强而不得不依赖外国资本主义和本国封建势力的软弱的一面。这种特点的人格化,就构成了中国资产阶级的两面性格。

中国资产阶级的形成

近代中国资产阶级的形成,是一个复杂的问题。这里既有理论方面的问题,也有方法方面的问题,而更重要的是材料不足带来的问题。所谓理论问题,是指如何理解关于阶级的定义;所谓方法问题,是如何比较中国与西欧国家资产阶级产生的历史条件。这两者都因资料搜集不充分而产生了不同的认识与结论。

大体上说,在中国资产阶级形成问题上有两种不同意见。一种是传统的理解,认为随着中国资本主义近代企业的产生,中国资产阶级就形成了。另一种则认为中国的资产阶级是从一部分商人、地主和官僚转化而来,不可能一开始就形成为一个阶级,"它有一段逐渐脱离它的前身、达到具有独立的经济地位和政治地位的过程"[2]。持这种见解的学者们认为,中国资产阶级的一部分即官僚资产阶级是由洋务派官僚招揽大买办势力,通过倡办和把持官办、官督商办一类企业转化而来,他们仍然属于封建主义的范畴,只是渐次显露了官僚资产阶级某些属性而已。他们并非资本主义新经济关系的代表者,而是帝国主义在中国封建统治者中培养出来的俯首贴耳的走狗[3]。民族资产阶级是在19世纪末20世纪初"开始形成为一个独立的阶级",这个独立的阶级,又有着上层和中

---

[1] 彭泽益编:《中国近代手工业史资料》第2卷,三联书店1957年版,第432—433页。

[2] 参见章开沅、林增平主编:《辛亥革命史》上册,第57页注释(1);另见林增平:《中国民族资产阶级形成于何时?——中国资产阶级刍论(三)》,《湖南师院学报》1980年第2期。

[3] 均见章开沅、林增平主编:《辛亥革命史》上册,第45、57、59、66页。

下层的区别[1]。

我大体上赞成这种见解,但仍有一些问题需要讨论:第一,中国资产阶级是否可以划分为两部分,即官僚资产阶级和民族资产阶级?第二,如果可以划分为两部分,那么官僚资产阶级的早期形态是不是一个独立的阶级?第三,民族资产阶级何时形成,是不是统一的阶级?

所谓民族资本是相对于外国资本而言的。在这个意义上,凡是非外国资本都可称为中国民族资本,非外国资产阶级,都是中国资产阶级。所以从逻辑上说,官僚资产阶级和民族资产阶级都应该是中国资产阶级,但长期以来,这两种名称已经有了特定的含义,并且约定俗成地作为人们认识和区别不同的资本形态和不同的生产关系,所以随俗也并无不可。这样说并非模棱两可,因为中国资产阶级并不像西欧国家那样作为一个统一的阶级力量出现在中国的政治舞台上,也没有统一的阶级意志反映自己的利益。中国资产阶级一开始产生就是分裂的。

如前所述,中国资本主义的产生有着自己的特殊道路,投资于近代新式企业的一部分官僚、地主、买办和商人,都不是西欧国家转化为资产阶级前的市民等级;除了商人外,地主、官僚、买办在投资于新式工业后还有一个从原有的阶级属性转化为资产阶级的问题。所以,从理论上说,并不是一开始投资于新式工业就形成了一个新的阶级;而当他们向资产阶级转化时,原有的社会地位、政治立场以及与帝国主义、封建势力的关系必然仍要产生作用。特别是从传统行帮转化而来的近代商业资产阶级即所谓"绅商",更是如此。所以,中国资产阶级的不同组成部分在各自的利益、政治目标、政治立场和态度方面都有所不同。

从中国民族资本主义产生的历史看,投资于新式工业的人物,可以区分为两大类,即洋务派以及与洋务派有密切关系的官僚、买办为一大类;地主、商人以及与洋务派关系不深的一部分官僚、买办为另一大类。在这两类中,所谓官僚、买办是投资方向的两个可变因素,不应把他们看作任何一类中固定不变的投资者。这两大类由于与帝国主义、封建势力关系的程度不同,形成了不同的阶级利益。第一大类中的主干洋务派,原是在镇压太平天国和各地反清起义中起家的地方实力派,是清王朝统治集团的重要构成力量,直接受到帝国主义在政治和经济上的支持,因而他们经营和控制的近代新式企业带有浓重的封建性和买办性,形成为官僚资产阶级的早期形态;第二大类的投资者,虽也和封建势

---

[1] 均见章开沅、林增平主编:《辛亥革命史》上册,第45、57、59、66页。

力、帝国主义有这样那样的联系，但程度上要弱得多，摆脱这两者控制、束缚的意愿是主要的。因而他们逐步形成为代表民族利益的资产阶级，即通常所说的民族资产阶级。这样看来，中国资产阶级客观上存在着不统一性和可分性，其间对待阻碍中国历史发展的帝国主义和封建主义的政治态度与政治立场，成了区分他们各自阶级利益的一个重要的因素。但是无论哪一类，相对于外国资产阶级而言，都是中国资产阶级的一部分。

官僚资产阶级的早期形态，无论在经济上、政治上都还没有形成为一个独立的阶级力量，他们的基本属性还属于封建地主阶级的营垒。但因为他们经营了近代新式企业，已经和完全依靠封建地租剥削的地主阶级有所不同，带有资产阶级剥削雇佣劳动，获取剩余价值的某些属性，所以他们是处于从封建官僚、地主向官僚资产阶级的转化过程中。正因为他们的阶级属性基本上还处于封建主义的范畴，所以他们的政治立场、政治态度与封建统治阶级在整体上保持着一致性。他们经营新式企业的目的不是为着把一个半殖民地半封建的中国改造为一个资本主义的中国；他们的经营方法仍然采取封建式的管理体制并依仗官势排挤、阻挠民族资本的投入和发展；他们对待西方的价值取向是"中体西用"。但他们又是处在向官僚资产阶级转化过程中的一种政治力量，在他们身上程度不等地已经体现了不同于旧营垒的新的阶级素质，因此，在对待外资压迫中，同样反映了一种新的经济力量的要求，所以并不完全"俯首贴耳"，也不全然充当"走狗"，而是一定程度上表现出"夺洋商之利"，与外资抗争的意向。

官僚资产阶级作为一个独立的阶级形成于何时，学术界至今仍有歧见，但至少在民族资本主义初步发展时期还没有完成它的转化过程是可以肯定的。因此，辛亥革命时期的中国资产阶级，尽管实际上存在着不同利益、不同政治态度的两部分，但只有民族资产阶级才称得上是一种阶级力量。

民族资产阶级形成于何时？从实际情况看，很难说是伴随着近代民族新式工业的产生而形成了。在1872—1894年间，中国仅有各种形式的新式企业73家，其中民间资本的商办企业53家，总资本额470万元，很难说已经形成了民族资产阶级。从这一时期的年度投资看，年度投资额最高年份是1894年，共201.3万余元，设厂8家，平均每家约25.1万余元，其余各年度平均投资均在10万元上下，也难说已经产生了民族资产阶级的上层部分。

只是在民族资本近代工业初步发展的时期，民族资产阶级的上层才得以形成。据汪敬虞《中国近代工业史资料》所列"祝大椿等十三人创办或参加投资的企业资本统计"，这13个属于地主、买办、商人、官僚转化而来的近代工业投资者,从 19 世纪 70 年代起到 1913 年,共投资 109 个企业,其中 1895 年前投资的仅 4 个,1895—1900 年共 22 个,1901 年后共 83 个[1],很明显,他们中的大多数人是从 1895 年以后开始投资近代企业的,到 20 世纪初才形成为占有若干企业的较大的资本家。由此类推,民族资产阶级的上层部分,应是在 19 世纪末、20 世纪初才形成的。

民族资产阶级的中下层部分,从材料看,比上层部分的形成时间要略早些,约在 19 世纪 90 年代后期已经产生。从 1891—1900 年,中国新设厂矿的商办企业 92 家,投资总额 1 933.5 万余元,平均每家资本约 21 万元,其中 1895 年以后设立的 68 家,平均每家资本都在 25 万元左右,可以说中下层部分是已经形成了。

值得注意的是,民族资产阶级也不是一个政治上、经济上具有独立性的统一的阶级力量。

与西方资产阶级孕育、产生的过程不同,中国民族资产阶级来自于一部分投资于近代新式企业的官僚、地主、买办和商人。他们在转化为民族资本家之前,都分别受到过封建特权的庇护和外国在华资本的支持,只有少数商人和学徒、工人转化的例外。所以,绝大多数的投资者都有一定的社会地位,他们或者接受封建政府的虚衔,或者得到过洋务官僚的庇护,或者受到过外国资本的借贷,在政治上、经济上、技术上、设备上、资金上与封建政权及外国侵略势力有着这样那样的联系,既有摆脱压迫、束缚以谋求企业发展的要求,又有无可奈何地依赖帝国主义、封建势力的一面。当他们转化为资本家之后,在半殖民地半封建社会的历史条件下,仍然在相当长的历史阶段里摆脱不了与帝国主义、封建势力的联系而表现为一种独立的阶级力量,无法在全国范围内形成一股有组织的统一的政治势力。他们仍然只能以旧有的行帮形式结合成为无数个不相统一的行业团体,并且恪守"在商言商"的古训,缺乏政治参与意识和政治活动能力。

只有当近代商会出现之后,中国的资本家才有可能作为一个统一的独立的阶级力量团聚起来。但中国的近代商会出现很晚,而且一开始是在清政府倡导之下设立的。1902 年,清政府出于对外关系的需要,在上海成立了全国最早的地区性商会组织——上海商务公所,并下令全国各地仿照设立,这就在客观上给予资本家在一个非行业性的合法的经济团体中表达意志和要求的机会。

---

[1] 汪敬虞编:《中国近代工业史资料》第 2 辑下册,第 1091—1095 页。

1904 年后，各地商会陆续成立，到 1908 年，全国约有 262 个商会，拥有会员
4 568 人[1]，但仍没有一个全国性的商会组织。所以，尽管商会作为资本家阶级
的团体，自其产生之日起，在很长时间内仍然表现为各个区域性的代议机构，
没有一个统一的全国性组织来表达中国资产阶级的整体意愿。所以，中国的
资产阶级不仅在经济上，而且在政治上都是一个力量薄弱的阶级，他们缺乏
政治参与的意识和实践，从而很难以一个统一的阶级力量来表达自己的经济
利益与政治要求。这种意愿和要求，只能通过归依于自己的近代知识分子表
现出来。

（二） 近代知识分子群体

群体形成的过程

伴随着中国资本主义的发生发展和西学在中国传播的加速，近代知识分子
群体也逐步形成了。

知识分子一词，在我国是从辛亥革命以后开始流行的。它的含义，历来有
不同理解[2]。我所谓的近代知识分子，是指经由国内新式教育和国外留学培
养，或经由西方文化熏陶，与传统意义上的士大夫不相同的一部分文化人；作为
一个社会群体，是以他们依附中国资产阶级并形成一个社会阶层为指归的。

近代中国最早的一批新知识分子，是在洋务运动期间伴随着中国资本主义
发生和西学的日益传播而产生。我国台湾省的一些史学家则把鸦片战争时期
的林则徐、魏源、徐继畬等人算作最早的一批新知识分子，认为"他们的新知识
来自与外人的接触，外人在中国所办的报纸对他们也有帮助。他们崛起于鸦片
战争前后，对西方的认识集中在船坚炮利方面"[3]。这种说法，注意到了林、魏
等人在知识结构方面的某些变化，却忽视了传统旧学毕竟在他们的知识体系

---

[1] 到 1911 年，商会已增至 729 个，见《民国元年农工商统计表》，第 176—179 页。
[2] 我国古代通称知识分子为"儒"，但儒的含义在不同时期往往有不同理解。秦时，儒只是诸子中
的一部分。秦始皇焚书坑儒时，凡种树、医、卜之书不烧，则这三类有知识、有技术之人，当不列为儒生之
内。秦后，"儒"既有孔孟之徒的意义，但也有把不属于孔孟之徒的知识之士称为儒的，如明代称利玛窦为
"西儒"。近代，通常把有文化的人称为"士"，但所指往往只是受过传统教育的人。至于工商的书算技术，
优伶乐工的传习技艺，佛徒中研究佛学者，都没有列入士林。到了现代，知识分子一词的含义放宽，把具
有一定文化科学知识的脑力劳动者通称为知识分子了。
[3] 张玉法：《清季的革命团体》，第 41 页。

中仍占主导地位的事实。他们对西方的了解还睡眼方开,西学知识尚极零碎浅薄,正如王韬所说:"当默深先生时,与洋人交际未深,未能洞其肺腑。"[1]他们虽主张变革,"师夷长技",但并不是基于对资本主义制度的向往,立足点还是在封建统治者一边;从当时社会经济状况和思想界情状看,也还没有促使他们脱离旧营垒,转化为新知识分子的条件。所谓"儒者著书,惟知九州以内,至塞外诸藩,则若疑若昧,荒外诸服,则若有若无……皆徒知侈张中华,未睹寰瀛之大"[2],正是闭塞的自然经济下知识界眼界未开,迷懵混沌的写照。所以无论从他们的知识整体、政治态度,还是从社会经济、儒者状况言,要把林、魏等人算作中国最早的一批新知识分子,似乎标准过宽,为时过早。他们基本上仍是封建士大夫,属于地主阶级的一翼。

只是从 19 世纪 60、70 年代起,随着洋务派创办军用工业和民用工业的需要以及洋务教育的兴起,最早一批新知识分子才得以产生。

洋务教育是洋务运动的重要组成部分。自 60、70 年代起,洋务派开办学堂,派遣留学生、翻译西方科技书籍等活动,把传统的封建教育体制凿开了一个窟窿,给中国人从中土窥西天提供了狭小的窗口。通观洋务派所办学堂,可分为两大类:一类是学习西方语言文字的外语学校,举其要者如京师同文馆、上海广方言馆、广州同文馆、湖北自强学堂等;另一类是培养军事人才的武备学堂和为洋务工业服务的专门技术学堂,如训练陆军军官的天津武备学堂,湖北、山西武备学堂,南京陆师学堂等;训练海军人才的马尾船政学堂,江南、天津、广东水师学堂等;培养专业技术人才的江南制造局附设机械学堂,天津、上海电报学堂,天津军医学堂,湖北铁路局附设化学堂、矿学堂、工艺学堂等。此外,由容闳带领留美的 120 名幼童,由李鸿章、张之洞、沈葆桢等派出赴英、法、德等留学的军士弁目。据我极粗略的统计,自 1862—1894 年洋务派开办的各类学堂至少有 34 所,在校学生有数字可计者约 800 人;同期内派出的各种留学生约 192 人[3]。由于不少洋务学堂学生数阙如,上述统计与实际人数有不小差距,估计当在千人以上。如果把这一时期中外国在华传教士所设各种教会学校的在校学生数加上,则总数超过 3 万人[4]。由此足见洋务运动期间已经有一批人在国内外各级各类学校中接受不同于传统私塾、书院的新式教育,他们的知识结构

---

[1] 王韬:《扶桑游记》,湖南人民出版社《走向世界》丛书,第 202 页。
[2] 魏源:《圣武记》下册卷十二,中华书局 1984 年版,第 498—499 页。
[3] 据陈学恂主编:《中国近代教育大事记》统计,上海教育出版社 1981 年版。
[4] 据顾长声:《传教士与近代中国》第 225—228 页所列传教士办洋学堂及在校学生数概算。

与封建士大夫已有明显的不同。

但是，这批接受了相当新知识的洋务学生和教会学校学生，还不是严格意义上的近代知识分子。他们还没有形成一支反对封建专制制度的政治力量。

首先，他们的知识结构中除120名留美学生和数量极少的留洋军士弁目外，绝大多数人是中西兼学；西学中又主要是西方语言文字、军事技术和科技知识，西方民主主义文化和政治学说基本上没有接触。以京师同文馆为例：初设时仅外语、汉文两科，以后增设化学（1866）、算学（1868）、万国公法（1869）、天文（1877）、物理（即格物，1874）等科目，从该学堂1880年的课程表看，八年的课程设置中，第一、二年为外语的认、读、写和翻译初步；第三年为各国地理、史略和翻译选编；第四至第八年开设算学的若干分支（包括代数、平面几何、立体几何、三角、微积分）、天文、测算（包括航海测算）、格物、金石（即矿物学）、讲求机器及外语翻译。其中第七年才设有万国公法一课，与其他自然科学并列[1]。"至汉文经学，原当始终不已，故于课程表并未另列。向来初学者每日专以半日用功于汉文，其稍进者亦皆随时练习汉文。"[2]同文馆如此，仿照此例设立的其他外语学堂大率如此；军事、技术学堂之中西兼学、注重经训更毋足置论。所以洋务学生可以是专门人才，却不具有冲击封建专制制度的政治识见。至于教会学校，本来就是西方文化殖民的一部分，其办学宗旨可概括为传教和培养洋奴两项，其课程设置首重宗教课，次为中国儒学经典，再次才是自然科学的零星知识。即使是自然科学，也被纳入上帝创世说之中，科学成了宗教的附庸[3]。因此，教会学校培养的那些不同于中国旧式文人的新知识分子，除少数一部分人在尔后的社会变革中成为西方侵略者的异己分子外，大多数人并不是反侵略的政治力量。

其次，他们学成之后，多数是作为封建统治所需的人才，被录用于政府和洋务各集团而为封建统治阶级服务。如120名留美学生尚未学成即于1881年被撤回，其中除因故早已遣归及在国外病故的26名外，余下94名分三批回国。

---

[1] 吴宣易：《京师同文馆略史》，舒新城编：《中国近代教育史资料》上册，人民教育出版社1961年版，第124—125页。

[2]《同文馆题名录》，中国近代史资料丛刊《洋务运动》第2册，上海人民出版社1957年版，第86页。

[3] 在华外国传教士对此均直言不讳。如主持基督教在华各派组成的"教科书委员会"的狄考文牧师说："教科书委员会出版的相当一大部分根本不是什么学校教科书，而只不过是宗教传单"；传教士韦廉臣说："科学与上帝分离，将是中国的灾难。"参见顾长声：《传教士与近代中国》，上海人民出版社1981年版，第238—242页。

头批 21 名均送电报局学习传报;二、三批由船政局、制造局留用 23 名,其余 50 名则分拨天津水师、机器、鱼雷、电报、医馆等处当差[1]。

再次,当时社会上仍重科举而轻洋务,思想界中旧学占统治地位。中法战争前,"朝士皆耻言西学,有谈者诋为汉奸,不齿士类";中法战争后洋务虽渐为社会见重,"然大臣未解,恶者尚多"[2]。鲁迅在《呐喊》自序中说:"那时读书应试是正路,所谓学洋务,社会上便以为是一种走投无路的人,只得将灵魂卖给鬼子,要加倍的奚落而且排斥的。"梁启超回忆自己从师康有为以前的情景时说:"日治帖括,虽心不慊之,然不知天地间于帖括外更有所谓学也。"[3]知识界的自我觉醒尚未到来。

正是由于这些原因,联系到当时中国资本主义虽已产生但还很弱小的状况,使得自 60、70 年代到 90 年代中期已经出现的一批受过洋务教育、教会学堂教育和出洋留学的人,还不可能形成为一个反映资产阶级利益和要求的近代知识分子群体。他们基本上是作为依附于封建统治阶级并在地主阶级自救活动中发挥新知识作用的洋务人才而出现的。当然,个别人有所例外[4]。

需要进一步考察的是,这一时期内一些属于洋务派营垒后来又从中分化出来的那批人,如王韬、郑观应、薛福成、马建忠、郭嵩焘、宋育仁、陈虬、陈炽、汤震等。这批人既未进过洋务学堂受读,又非出洋留学的洋学生[5],他们或者通过出洋考察,或者通过接触西人、阅读西书西报而程度不等地受到西方民主主义熏陶,在民族危亡刺激下,转而批判洋务派只知船坚炮利、徒袭西方皮毛,要求外抗强敌、内革弊政,主张设立议院,提倡商战、发展民族工商业,成了通常所说的早期改良派。

这批人,从他们所受的教育说,更多的是传统的旧学;从他们的出身说,或为官僚,或为买办,只有个别人如王韬是个布衣,但他在 1860 年时也曾被上海道吴煦任命为督办诸翟乡团练的职衔,做过上海县诸翟团练局董事[6];从他们

---

[1]《直隶总督李鸿章奏折》,《洋务运动》第 2 册,第 167 页。

[2] 梁启超:《戊戌政变记》,中华书局 1950 年版单行本,第 21 页。

[3] 梁启超:《三十自述》,《饮冰室文集·类编》上,第 2 页。

[4] 如严复,他于 1877 年赴英学成海军,1879 年学成回国。留学期间,曾探究过"英国与诸欧之所以富强"的原因(严译名著丛刊:《法意》第 11 卷,第 4 页);阅读过达尔文、赫胥黎、孟德斯鸠、卢梭、斯宾塞尔等人的著作;回国后一度与人合资创办河南修武县煤矿(王栻:《严复传》,第 13 页),思想正在发生变化。作为个体,严复在 19 世纪 80 年代已经成了近代知识分子。

[5] 其中郭嵩焘在出使英法时,曾在法国考院考过文字、格致两科并获得通过,但他毕竟与出洋留学的留学生不同。

[6] 王韬:《弢园老民自传》,《弢园文录外编》卷十一,1897 年上海重排铅印本,第 326 页。

的社会联系说,与封建官府、外国商人、传教士多有密切往还;在他们的思想、言论、著述中,仍然奉"中体西用"为圭臬,还不敢公然反对封建纲常伦理,没有反叛封建制度。这些方面都反映了他们仍保存着封建士大夫的浓重气质。不过,他们向往学习西方议会民主制,主张君民共主;对洋务派学习西方采取"遗其体而求其用"进行指责,又恰恰反映了正在向民族资产阶级转化过程中一部分地主、官僚、买办、商人的利益和要求,从而具备了作为资产阶级知识分子的新素质。因此,他们是一批从封建士大夫向近代知识分子转化的过渡性人物。作为一个政治派别,早期改良派还很不成熟;作为近代知识分子,早期改良派还没有完全地把自己的立足点移向正在形成中的资产阶级而组成它的一个阶层。

由此可见,19世纪60、70年代到90年代中期,中国虽然已经产生了不同于封建旧式文人的一批新知识分子,但由于缺乏必要的社会经济、思想方面的条件,他们还未能形成为依附于资产阶级的近代知识分子群。其中大多数人还在洋务营垒中施展身手,为封建地主阶级和正在形成中的早期官僚资产阶级服务;一部分人则在逐渐脱离旧素质向着民族资产阶级的知识分子方向转化。

如果说甲午中日战争后,中国资本主义的初步发展是近代知识分子群体形成的物质基础,那么维新运动的兴起,便是封建士大夫和新知识分子加速分化、向资产阶级知识分子转变的历史契机。

维新运动的兴起,为近代知识分子群体的形成创造了必要的政治、思想条件。维新派大声疾呼民族危亡之痛,指出:"吾中国四万万人,无贵无贱,当今日在覆屋之下,漏舟之中,薪火之上,如笼中之鸟,釜底之鱼,牢中之囚,为奴隶、为牛马、为犬羊,听人驱使,听人宰割,此四千年中二十朝未有之奇变。加以圣教式微,种族沦亡,奇惨大痛,真有不能言者也。"[1]这种呼喊,加速了知识界爱国救亡意识的高涨。他们积极介绍西方政治学说和社会学说,给知识界以新的精神食粮和反封建的思想武器。其中严复的译作,激发了人们寻求救国救民真理的渴望;梁启超的论著,煽起了知识界要求变法图强的热忱;康有为的奏议,描画了君民共治体制的蓝图;谭嗣同在《仁学》中痛斥:"二千年来之政,秦政也,皆大盗也;二千年来之学,荀学也,皆乡愿也。惟大盗利用乡愿,惟乡愿工媚大盗,二者相交相资",给知识界以"冲决网罗"的勇气。这些都对知识分子从封建纲常礼教的桎梏下解放出来具有启蒙意义。维新派倾其全力呼吁变法,主张设立议院,效法日本明治维新和俄国大彼得的变政,使"天下人咸知变法,风气大

---

[1] 康有为:《三月廿七日保国会上演讲会辞》,《戊戌变法》丛刊第4册,第407页。

开"[1]，促进了知识界的政治觉醒。西学和中学，新学和旧学之争，更使不少士大夫视野开阔，思想清醒，加速了向近代知识分子的转化。可以说，由魏源、林则徐创导的向西方学习的主张，到这时才真正成为社会的共识；一批接受了洋务思想的新知识分子和一部分封建士大夫，在维新派积极宣传学习西政、变法图强的维新热流感召下，洗换脑筋、改变立场，走上了关心国家、民族的革新之路。

维新变法时期学堂、学会的创立，又为近代知识分子群的形成提供了物质与精神方面的条件。维新运动的时间虽短，维新派创设的学堂也大都随着戊戌政变而解散、变质，但由于维新学堂在办学宗旨、入学对象、课程设置、教学方法等方面不同于洋务教育，而在国人自办学校的历史上划出了一个新阶段。维新派的办学宗旨，以开民智、储人才为首义。梁启超指出："言自强于今日，以开民智为第一义。智恶乎开，开于学；学恶乎立，立于教"[2]；京师大学堂章程称："且前者(沈案：指洋务学堂)设立学堂之意，亦与今日异。当同文馆、广方言馆初时，风气尚未大开，不过为培植译人以为总署及各使馆之用，故仅教语言文学，而于各种学问，皆从简略。此次设立学堂之意，乃欲培非常之才，以备他日特达之用。"[3]很明显，维新派是把办学校作为变法图强的头等大事来抓的。他们培养学生的目的比洋务派仅为洋务，与用来跟外国侵略者沟通，要高大得多，爱国主义精神是很显然的。

在入学对象上，洋务派所办学堂主要是八旗子弟、在职军人，间或有少量的绅商子弟；维新学堂则主要招收绅商子弟，不论门第出身，甚至有志于学的绅商士人均可入学[4]。这就使正在转化为资产阶级的工商业者及其子弟都获得受读机会，为培养资产阶级知识分子创造了条件。

维新学堂的课程设置，仍以中西兼学为原则，但西学课程不仅在比重上较洋务学堂大得多，而且内容上从西技进到了西政。以京师大学堂为例，其课程分普通、专门两大类。普通必修，设有经学、理学、中外掌故学、诸子学、初级算学、初级格致学、初级政治学、初级地理学等10门；专门学为选修，每人可选1门外语及1至2门专门课。课程有英、法、俄、德、日各国语言文字，高等算学、

---

[1] 梁启超：《戊戌政变记》，第22页。

[2] 梁启超：《学校总论》，《戊戌变法》丛刊第4册，第479页。

[3] 《筹议京师大学堂章程》，同上书，第489页。

[4] 如湖北农务学堂、工艺学堂，分别规定"招集绅商士人有志讲求农学者"，"有志讲求商学者入堂学习"(《中国近代教育史资料》上册，第158页)；广州时敏学堂规定，"与斯会者，勿狃故常，勿安浅近，勿分门户，勿事声华"均可入学(《戊戌变法》丛刊第4册，第515页)。

高等格致学、高等政治学(包括法律学)、商学、兵学、农学、矿学、工程学、卫生学(包括医学)、高等地理学等 15 门[1]。这表明,维新派设计的学生知识结构,基本上已具备了西方近代社会科学与自然科学的内容,比洋务学堂的科目完整得多了。这是维新派总结了 30 多年来洋务教育的弊端而作出的改进。梁启超说:

> 今之同文馆、广方言馆、水师学堂、武备学堂、自强学堂、实学馆之类,其不能得异才何也? 言艺之事多,言政与教之事少。其所谓艺者,又不过语言文字之浅,兵学之末,不务其大,不揣其本,即尽其道,所成已无几矣。又其受病之根有三:一曰科举之制不改,就学乏才也;二曰师范学堂不立,教习非人也;三曰专门之业不分,致精无自也。[2]

目的决定手段。维新派正是以言政与言教及加强农、工、商、矿、医、兵等专门学作为培养近代知识分子的手段,以实现维新救亡目的。

在维新派主持的学校中,教学方法上继承了万木草堂时所采用的启发式传统,着眼于培养学生对国内外政治形势的观察分析能力。梁启超更在湖南时务学堂中开设时事政治课,"所言皆当时一派之民权论"[3],讲学之余,令学生学作札记,逐日批答,对学生政治识见之提高有很大促进。

上述这一切,都在不同程度上改变了学生的思想面貌,扩大并巩固了知识结构中的新学内容,激发了爱国救亡、变法图强的热忱,为造就一批具有政治识见的资产阶级知识分子起到了重要作用。辛亥革命时期的一批重要人物如黄兴、陈天华、秦力山、林锡圭、蔡锷、唐才质、田桐、马叙伦、汤槱、杜士珍、焦达峰、邓铿、曹亚伯、宋教仁等,都是在维新学堂受到思想启蒙而走上政治斗争道路的。

维新派所办学会是团聚士群的重要组织形式。梁启超说:"今欲振中国,在广人才;欲广人才,在兴学会。"[4]如果说,维新学堂的兴办为造就一批不同于封建士大夫的资产阶级化的知识分子提供了物质和思想条件,那么,学会的创办,主要是对一批企图资产阶级化的地主阶级知识分子提供了加速转化的条件。自北京强学会成立以还,各地学会纷起,参加者上自地方大吏,下至地方士绅和不少从事工商实业的人士,他们利用学会吹倡变法维新,痛陈国危民艰,"相与

[1]《筹议京师大学堂章程》,《戊戌变法》丛刊第 4 册,第 489—496 页。
[2] 梁启超:《学校总论》,同上书,第 484 页。
[3] 梁启超:《清代学术概论》,商务印书馆 1947 年版,第 140 页。
[4] 梁启超:《论学会》,《戊戌变法》丛刊第 4 册,第 375 页。

讲求实学"[1],乃至批评时政。维新救国,一时成为风气。

维新派本身是一批代表已经转化和正在转化的资产阶级利益的知识分子。他们以学堂、学会、报刊等多种教育、宣传手段,鼓吹自由、平等、民权、议院这一套从西方资产阶级学来的理论,激起了资产阶级化和企图资产阶级化的地主阶级知识分子救亡爱国之思,加速了后者向前者的转化。梁启超在评述湖南情况时曾激情满怀地说:

> 自时务学堂、南学会等既开后,湖南民智骤开,士气大昌,各县州府私立学校纷纷并起,小学尤盛。人人皆能言政治之公理,以爱国相砥砺,以救亡为己任,其英俊沉毅之才,遍地皆是。其人皆在二三十岁之间,无科第、无官阶、声名未显著者,而其数不可算计。自此以往,虽守旧者日事遏抑,然而野火烧不尽,春风吹又生。[2]

湖南如此,其他如上海、两广、福建、江浙等地虽未有湖南之盛,但总的趋势则是一致的[3]。

不过,对维新运动在促使近代知识分子群体形成问题上的作用,也要作客观的评估。维新运动从"公车上书"算起直到政变发生,前后只有 3 年,若把自立军起义算上,也仅仅 5 年,这对于形成一代新型知识分子时间似乎太短了。考虑到维新派的言论和实践关系上宣传多于改革实际,在改革中除旧不够、布新软弱的情况,很难说维新教育和思想启蒙已经使近代知识分子形成为一个资产阶级知识分子的群体,此其一;维新派虽然批判封建旧教育在禁锢思想、扼杀人才和培养统治阶级后备力量等方面的弊端,创办了一批新学堂,但当时科举未废,知识分子仍有着入仕做官的进身之阶,即使在维新学堂中,新教育也常受到旧势力的阻扰而困难重重,社会上封建伦理道德观念和传统习惯势力仍占绝对统治,在这种情况下,要使维新学堂的学生形成资产阶级世界观也有不少困

---

[1]《学会彬彬》,《知新报》第 20 册,刊《戊戌变法》丛刊第 4 册,第 381 页。

[2]梁启超:《戊戌政变记》,第 143 页。

[3]梁启超记有强学会封禁后,各地学会、学堂、报馆设立情况。兹按省分列于后:上海:大同译书局、不缠足会、农学会、《算学报》、译书公会、蒙学会、女学堂、《格致新报》、东文学社;江苏:苏学会(苏州)、测量会(南京);浙江:中西学堂;北京:通艺学堂、知耻会、八旗奉直小学堂;陕西:味经学会;广东:逊业小学堂、群学会、不缠足会、显学会、粤学会、时敏学堂、公理学会、东文学社;广西:圣学会、广仁学堂;湖南:南学会、算艺学堂、南学分会、不缠足会、地学公会、明达学堂、时务学堂、任学会、群萌学会、校经学堂、《湘学报》、公理学会、致用学堂、《湘报》;福建:不缠足会。此外尚有澳门的大同学堂、原生学舍、《知新报》;新加坡的实力学堂、《天南新报》、不缠足会;日本横滨的大同学校。(见《戊戌变法》丛刊第 4 册,第 395—396 页)梁启超这个统计是不完备的。各地主要学会的设置情况,可参见汤志钧:《戊戌变法人物传稿》下册,附录 2《乙未戊戌间全国各地主要学会负责人题名》,中华书局 1961 年版,第 335—338 页。

难,此其二;当时中国资本主义虽已开始有初步发展,但进展势头仍不快,中国资产阶级还处在形成过程中,还没有作为一个独立的阶级出现,要使一批新知识分子依附于它,无论在经济上、政治上还缺乏足够的力量,此其三。正是由于这些原因,还不可能出现一个资产阶级知识分子的群体,只能说维新运动促使了封建士大夫和新知识分子的分化,加速其中一部分人向资产阶级知识分子的转变。当然,维新派在近代知识分子产生到形成的全过程中所起的促进作用是不能低估的;维新运动作为近代知识分子群体形成过程中一个重要、必须的中间环节,其意义是不容置疑的。

近代知识分子群体的真正形成,是在维新变法失败后,留学生运动兴起和清政府实行教育改革的时候。

留学生出洋,早在 19 世纪 70 年代初即已开始,甲午战争失败后有所发展,大盛却在 20 世纪初年。据张玉法在《清季的革命团体》一书中列名统计,自 1873—1911 年,各省所派的官费留学生总数为 3 330 人,内计留美生约 345 人,留欧生约 375 人,留日生约 2 574 人,留越生约 20 人,不详者 16 人[1]。张氏承认,这个总数与实际人数尚有距离;私费留学生的数目更远过于此,两项合计约有数万人[2],其中以留日学生为最多。据张氏统计,留日学生总数约 55 505 人次,其分年统计如下表[3]:

年代	人数	年代	人数
1896	13	1905 冬	8 620
1898	68	1906 秋	15 000
1899	100	1906 冬	8 000
1900	300	1908	7 000
1902	600	1909	5 000
1903	1 300	1910	2 000
1904	3 000	1911	3 260
1905	2 400	合计	56 661

张氏的统计,若以日本学者实藤惠秀所著《中国人留学日本史》所列数字对照,则在若干年份的人数估计上多有不合,如 1899 年实藤统计为 109 人,1903 年约千人,1904 年为 1 300 余人,1906 年为 8 000 余人,但基本上没有太大差别[4]。

[1] 张玉法:《清季的革命团体》,第 52 页。
[2][3] 同上书,第 52—53 页。但按张氏分年统计人数合计应为 56 661 人。
[4] [日]实藤惠秀著,谭汝谦、林启彦译:《中国人留学日本史》,第 2 章第 4、5 节。三联书店 1983 年版,第 27—39 页。

可见留日高潮是在 20 世纪初年后出现的,尤其在 1903 年后更见增长。这种情况,与当时清王朝的学制改革有密切关系,更与中国面临日益深重的民族危机分不开。

19 世纪末年 20 世纪初年,是近代中国社会发生激烈变化的时期。一方面是由于帝国主义的侵略加深激起了中华民族的反抗,义和团反帝爱国斗争席卷北中国。这场规模巨大、来势迅猛的反帝运动虽然在中外反动派联合镇压下失败,但它激发了人民群众包括知识界在内的救亡图存意识;另一方面是清王朝的腐败和对外妥协投降激起了人民大众反封建斗争的高涨。改良派发动的自立军起义和革命派领导的惠州起义,在不同程度上催发着民主思想的兴起。一个反对帝国主义及其走狗的民主革命运动正在逐步形成,维新改良的社会思潮正在被民主革命思潮所取代。

清政府为抵制革命,实行了所谓"新政",教育制度的去弊立新是其中的重要内容。从去弊方面说,1901 年 8 月清政府下诏废八股,1905 年 9 月正式停止科举。1 300 多年来封建文人视为进身之阶的仕途就此堵死,他们不得不寻求新的安身立命之所。从立新方面言,清政府在停考八股的同时,改书院、私塾为学堂。1901 年 9 月颁发上谕称:"近日士子,或空疏无用,或浮薄不实,如欲革除此弊,自非敬教劝学,无由感发兴起。除京师已设大学堂,各府及直隶州均改设中学堂,各州县均改设小学堂,并多设蒙养学堂。"[1]自 1902 年起又颁布新学制,从体制上进一步改造旧式教育,这就是清末出现的壬寅学制和癸卯学制。

壬寅学制,1902 年由管学大臣张百熙拟定,称《钦定学堂章程》。这个学制由于各种原因未得施行,但却为下一个学制的制定提供了一个可资参酌的蓝本。1903 年,由张之洞、张百熙等重拟了新学制《奏定学堂章程》,即癸卯学制。《章程》包括小学、中学、高等学堂、大学堂(附通儒院)、各级师范学堂、各级农工商实业学堂以及译学馆、进士馆等各种章程,并对学校统系、课程设置、学堂管理、考试、奖励等方面,都作了系统规定。这个学制不仅是中国近代史上第一个比较完备的教育制度,而且也对以后的学制改革产生了重要影响。

癸卯学制的施行,推动了各地的办学活动,地方大员和当地士绅趋之若鹜。如湖南巡抚俞廉三,自 1902 年起即在省城试办新学堂,癸卯学制颁发后,更着力督促州府开办中、小、蒙学堂,以致使湖南在 1903—1904 年间形成"学堂之

---

[1]《光绪朝东华录》第 4 册,中华书局 1958 年排印本,第 4710 页。

多,学生之众,为各省冠"的局面[1]。据《东方杂志》载,1904 年长沙城内共有学堂 34 所,其中官办 15 所,民立 19 所[2],大大超过维新时期的学校数量。湖南如此,各省亦然。全国普遍出现"上有各府州县官立学校之设,下有爱国志士、热心教友蒙学、女学各种私立学校之设立"[3]。据学部三次奏报,从 1907—1909 年三年中,每年学堂和学生数的统计如下[4]:

1907 年全国各省学校数为 37 888 所,学生 1 024 988 人。

1908 年全国各省学校数为 47 995 所,学生 1 300 739 人。

1909 年全国各省学校数缺,学生 1 626 720 人。

从 1903 年全国新式学堂学生数仅数万人,到 1909 年的 160 余万人,这是一个很大的跃进。这表明,自 20 世纪初年起,至迟在 1907 年,国内受过不同于传统教育的新知识分子在数量上有了很大增长,说那时已经形成了近代知识分子群,是有数量根据的。

在这期间,清政府对出洋留学也较前重视。1901 年,清政府规定官费、自费学生"一体考验奖励,均候旨分别赏给进士、举人各项出身,以备任用而资鼓励"[5],从政策上肯定了自费留学的合法有效;1903 年,张之洞所奏拟的《奖励游学毕业生章程》,规定了授与留学生相当于科举各级功名的内容,1906 年,学部正式拟定《留学生考试奖励章程》,规定凡在东西各国正式高等以上学堂毕业,回国后必须经过政府考试,最优等的给予进士出身,优等及中等的给予举人出身。这些政策措施,在一定程度上对八股考试、科举取士绝了路而仍渴望功名的士子是一种诱惑;对怀有爱国热忱、寻求救国救民真理的先进者是一种可以利用的机会;对社会上关于新学与旧学、西学和中学价值观念的转变是一种触媒。于是,自 20 世纪初年起,中国出现了"父遣其子,兄勉其弟,航东负笈,络绎不绝"[6]的留日热,最高时达到了 16 000 人左右。

这些数以千计的留学生,在国外学习的时间一般都不长,不少自费生仅读一年速成班,所学以师范、军事、政法为最多。重要的不仅在于他们的知识结构发生了变化,而且在于他们接触到了各种各样的西方社会政治理论,并急切地

[1] 周震麟:《谭延闿统治湖南始末》,《辛亥革命回忆录》第 2 册,文史资料出版社 1981 年版,第 151 页。

[2]《东方杂志》第 1 年第 2 号。

[3]《时报》1904 年 8 月 14 日。

[4] 丁致聘:《中国近七十年来教育纪事》,国立编译馆 1935 年版,第 29、31、34 页。

[5]《光绪朝东华录》排印本第 4 册,第 4720 页。

[6]《劝同乡父老遣子弟航洋游学书》,《游学译编》第 6 期。

企图把它们应用于改造中国的实践。这样,他们的主观世界也就在学习西方的过程中得到了熏染、改造,自觉或不自觉地为中国新生的社会阶级——资产阶级的利益呐喊,成了中国资本主义的代言人。其中一大批人,为了把中国从帝国主义侵略和封建主义束缚下解放出来而倡言革命,组织团体,成为民主革命的斗士。他们作为资产阶级知识分子中杰出的一群,构成了近代知识分子群的主体。

清政府的教育改革,本意在于培养封建统治的人才,但在中国已经开始走向世界的潮流下,这些兴革存废的结果却走向了它愿望的反面。当然,如果没有义和团的反帝爱国斗争,没有改良派"勤王讨贼"的自立军起义和革命派发动的惠州起义等所造成的巨大社会压力,清政府决不会重新拣起被它自己所拔掉的变法兴学的旗帜;同样,如果没有帝国主义侵略所造成的民族灾难,没有维新派掀起的思想启蒙运动,即使是清政府在"新政"名义下提倡教育改革,仍然无法在国人的心理上、感情上、乃至政治上造成一个广泛兴学和出洋留学的热潮。

在20世纪初年形成的兴学热潮中,资产阶级革命派创办和参与教学的若干学校对知识分子迅速资产阶级化起了不可忽视的作用。这类学校注重于学生独立自主精神的培养、革命思想的灌输;学校管理上采取学生自治的民主作风,有的则直接为了培训革命武装而开设兵式操练等课程[1]。其中上海的爱国学社和爱国女校、中国公学,浙江绍兴的大通学堂,湖南长沙的明德学堂等,都在培养资产阶级化的知识分子和革命者方面作出了贡献。

由上可知,近代知识分子群体之所以在19世纪末20世纪初才得以形成,除了民族资本近代工业的初步发展和中国资产阶级渐次形成提供的物质基础、阶级基础外,还与爱国救亡运动的高涨、西方民主主义思想日益传播、清政府改变统治手法实行教育改革、革命派自办学校和维新派的思想启蒙等诸多因素有直接关系。所以,它既是阶级关系的产物,也是历史条件的产物。

群体觉醒的轨迹

知识分子群体的自我觉醒,主要是它的政治觉醒。

从历史时序看,近代知识分子的政治觉醒经历着从爱国到革命的过程。这个过程大体呈现出依次递进的两个阶段:首先是由于外敌入侵所造成的民族危

---

[1] 如大通学堂。该校开设国文、英文、日文、舆地、历史、教育、伦理、算术、理化、博物、兵式体操、器械体操、琴歌、图画等14门课程。在兵式体操中,训练严格,一如军人。参见朱赞卿:《大通师范学堂》,《辛亥革命回忆录》第4册,第144—145页。

机逐步深重,激起了知识分子爱国救亡意识的高涨,进而达到维新改良的政治觉醒;然后是由于封建清王朝对外妥协卖国、对内专制压迫,激起了民权意识的高涨,进而达到了民主共和的政治觉醒,君宪救国被革命救国思潮所取代。这两个阶段虽有时序的先后,却并非截然分开,而是相互交叉渗透,统一在爱国救亡的近代历史主题中;虽然后者取代了前者使知识界政治觉醒跃进到新的高度,但不是简单地否定,而是包含着汲取和扬弃,呈现出新陈代谢的复杂性。

最早提到中国必将出现一个政治觉醒时代的,是曾纪泽所写的《中国先睡后醒论》,但曾氏过早过高地估计了洋务运动对国人政治觉醒的作用,因而受到何启的批评责难。从19世纪60年代开始的洋务运动,直到19世纪80年代仍然在封建文人眼中被目为"以夷变夏"的异端,知识界还囿于传统的"夷夏之防"的文化心态。少数人虽已知道西方的坚船利炮可学,但整体上还没有认识"西政"而习于封建纲常;更少数人如王韬、郑观应、薛福成等虽已了解西政在于"设议院以固民心"[1],但依旧循着"中体西用"的思路着眼西方。所以19世纪80年代前虽已出现了冯桂芬的《校邠庐抗议》、郑观应的《盛世危言》等书,用以自觉觉人、警世匡时,但知识界的政治觉醒阶段仍然没有到来,以致康有为在1888年首次上书痛言"外夷交迫",陈请清廷"变成法,通下情,慎左右"[2]时,"当时举京师之人,咸以康为病狂"[3]。正像洋务派在19世纪60、70年代办洋务事业时被人"目为汉奸,不齿士类"的遭遇一样,中法战败后,人们接受了洋务派富国强兵的主张,却又把一桶粪水浇到了改良派身上。

促使国人觉醒的是甲午中日战争的失败。梁启超说:"吾国四千余年大梦之唤醒,实自甲午战败割台湾偿二百兆以后始也。"[4]甲午之后,整个知识界确是从睡梦中醒过来了。吴玉章回忆那时自己的思想变化说:

> "甲午之前,在我头脑中占主导地位的还是传统的忠孝节义的思想。……那时四川还很闭塞,新书还未流行,因此我还没有接触到什么'新学'。不过,我对当时国家危亡的大势是了解的,我正在为祖国的前途而忧心如焚。甲午战争的失败,更激发了我的救国热忱,我需要寻找一条救亡图存的道路。"[5]

---

[1]郑观应:《盛世危言》,《议院》上,夏东元编:《郑观应集》上册,上海人民出版社1982年版,第311页。
[2]康有为:《上清帝第一书》,《戊戌变法》丛刊第2册,第127页。
[3][4]梁启超:《戊戌政变记》,第1页。
[5]吴玉章(永珊):《甲午战争前后到辛亥革命前后的回忆》(一),《文汇报》1961年9月15日。

吴玉章的这些感受，正是当时知识界政治觉醒的生动写照。

救亡图存的觉醒是知识界觉醒的重要表现，也是近代中国爱国主义的本质和核心。它生成于外敌步步入侵的民族危亡之时，又因西方进化论的熏染而糅合物竞天择、适者自存的进步感，所以明显表现出时代潮流的趋势，体现着中国人民要求摆脱半殖民地半封建地位的强烈呼声。翻开甲午以后国人自办的报刊，当时人对列强瓜分的揭露、愤慨和斥责，随处可见。作者不分种族、信仰，文章不论形式、体裁，全都流露出亡国灭种的痛感，字里行间映出强烈的爱国精神。毕永年在《存华篇》中"喘泣告我黄民曰：瓜分之图，字林西报倡言无忌，法外部并行文各国，示以天与不取之意。果尔，则太平洋为血战场，支那人为几上肉，欲求眉睫安，将不可得"[1]。满族爱国者寿富所写的《与八旗诸君子陈说时局大势启》称："中国戎祸，始道光，一败于英，再败于英法，三败于法，四败于日本，失缅甸、越南、琉球、高丽属国凡四，割香港、台湾、澎湖、北徽属地凡四，无役不败，无败不失地，愿我兄弟知中国为至弱之国，兵力不足恃也。自和约以来，入口洋税，岁有增加，无穷漏卮，届六十年，赔兵费者凡四，货财之输于外者，何可胜计，愿我兄弟知中国为至贫之国，生机将日促也。同治时，德宰相毕士麦克尝建分中国之议，诸国因中国地大民众，莫敢先发。自我败于日本，此说重起，近日诸国议论，半是此事，愿我兄弟知外人日日谋我，我中国将有瓜分之机也。"[2]语语沉痛，句句皆是救亡的呼喊。梁启超大声疾呼自救而不做傀儡，麦孟华以保国家独立自主为求存之本义。凡此都是救亡的呼声、对侵略者妄图瓜分中国的抗议。

帝国主义的侵华政策每推进一步，知识界随之作出强烈反应。1900年帝国主义在打了中国一阵之后，发出了保全中国的虚伪声明。东京留学生即撰文指出"保全主义"的实质是"巧为变计，尽寄权于其政府官吏。擒之、纵之、威之、胁之，惟所欲为，可以不劳兵而有人国。"[3]1903年沙俄拒不在东三省撤兵，东京留学界即组织拒俄义勇队，"准备赴敌，然后再致电南北洋，俾使天下晓然于我学生界中无畏死者"[4]。陈天华更慷慨宣称："各国若想瓜分我国，二十岁以上的人不死尽，断不任他瓜分。万一被他瓜分了，以后的人，满了二十岁，当即起来驱逐各国。一代不能，接及十代，十代不能，接及百代，百代不能，接及千代。汉

---

[1]《湘报类纂》甲集卷上。

[2]《时务报》第40册。

[3]《二十世纪之中国》，《国民报汇编》，民族丛书甲寅年(1914)版，第32页。

[4]《学生军缘起》，《湖北学生界》第4期，刊《拒俄运动》，中国社会科学出版社1979年版，第84页。

人若不建设国家，把中国全国恢复转来，这排外的事永没有了期。"[1]凡此，都是国人在大苦大醒之下所表现的救亡图存意识。

爱国—救亡—维新，这是知识界政治觉醒的轨迹。康有为自述他上皇帝书的原委时说："窃自马江败后，法人据越南，职于此时隐忧时事，妄有条陈，发日俄之谋，指朝鲜之患，以为若不及时图治，数年之后，四邻交逼，不能立国。已而东师大辱，遂有割台赔款之事，于是外国蔑视，海内离心。职忧愤迫切，谬陈大计，及时变法，图保疆圉。"[2]说明他的上书，一在中法战败之后，一在马关订约之时，都是现实刺激下隐忧时事的结果。梁启超在《戊戌政变记》中言变法的四个阶段，更明确地将四次对外战争失败后救亡导致变法的因果关系勾勒了出来：

> 我国迫于外侮，当变法者，盖六十余年矣。然此六十余年中，可分为四界。自道光二十年割香港、通五口，魏源著《海国图志》，倡师夷长技以制夷之说；林则徐乃创译西报，实为变法之萌芽。然此后二十余年，叠经大患，国中一切守旧，实无毫厘变法之说也，是为第一界。

> 同治初年，创巨痛深。曾国藩曾借洋将，渐知西人之长，创制造局以制器译书，设方言馆，创招商局，派出洋学生。文祥亦稍知时局，用客卿美人蒲安臣为大使，遍交泰西各国，变法之事，于是荜路开山矣。当时又议选翰林部曹入同文馆学西文，而倭仁以理学重名为宰相，以死争之，败此大举；且举国守攘夷之说，郭嵩焘以通才奉使，深明时局，归而昌言，为朝士所攻，卒罢去。至于光绪甲申，又二十年，朝士皆耻言西学，有谈者诋为汉奸，不齿士类。盖西法萌芽，而俗尚深恶，是为第二界。

> 马江败后，识者渐知西法之不能尽拒，谈洋务者亦不以为深耻，然大臣未解，恶者尚多。议开铁路，犹多方摈斥；盖制造局译出之书，三十余年而销售仅一万三千本；京师书肆尚无地球图，其讲求之寡可想矣。盖渐知西学，而莫肯讲求，是为第三界。

> 然尽此六十年中，朝士即有言西法者，不过称其船坚炮利，制造精奇而已；所采用者，不过炮械军兵而已。无人知有学者，更无人知有政者。自甲午东事败后，朝野乃知旧法之不足恃，于是言变法者乃纷纷，……天下人士咸知变法，风气大开矣，是为第四界。[3]

---

[1] 陈天华：《警世钟》，《辛亥革命》丛刊第2册，第135页。
[2] 康有为：《上清帝第五书》，《戊戌变法》丛刊第2册，第188页。
[3] 梁启超：《戊戌政变记》，第21—22页。

梁氏以当时人谈变法的历史,深切而且明白。他的感受,确实说出了变法之机,发自于外来侵略之后,勾勒了中国先进者为挽救危亡、要求富国强兵的前赴后继的奋斗过程。

维新运动期间是知识界政治思想大进的时期。概而言之,主要在以下三点上较前有明显的觉醒:一是由于西方进化论的引进和传播,使知识界从循环史观的束缚下解脱出来,进化史观提供了士子们解释历史、观察社会的新方法,这就大大激发了爱国救亡之思;二是维新变法的鼓吹,打破了"天不变道亦不变"的教条,使知识界从西技的学习跃向西政,这就大大促进了爱国救亡与改革封建政体的结合,提高了关心现实政治的自觉性;三是西方资产阶级民权论的宣传,冲击了君权神授的陈腐观念,唤醒了知识界天赋人权的民权意识,从而使反对封建专制和人格觉醒勾通了起来。梁启超描述那时的情景是"旧藩顿决,泉涌涛奔";"智慧骤开,如万流滋沸,不可遏抑",语虽夸张,但决非向壁虚构。

问题是半殖民地半封建的中国,要救亡是否只要维新改良就够了? 这个问题在当时的知识界并没有解决。百日维新的夭折,自立军起义被镇压,清政府成为"洋人的朝廷",这些发生在两个世纪交叉点上的大事,是提供时人思索、判断的材料。梁启超敏感到了,他把 20 世纪称之为"过渡时代",指出:"语其大者,则人民既愤独夫民贼愚民专制之政,而未能组织新政体以代之,是政治上之过渡时代也;士子既鄙考据词章、庸恶陋劣之学,而未能开辟新学界以代之,是学问上之过渡时代也;社会既厌三纲压抑、虚文缛节之俗,而未能研究新道德以代之,是理想风俗上之过渡时代也。"[1]他看到了中国即将发生重大变化的征兆,这是他的过人之处,但他看不到驾着"扁舟"航向何处,这又是他的不足。相比之下,孙中山对时代转折的感受就深切得多。他说自己在惠州起义失败后,"回顾中国之人心,已觉与前有别矣……知国人之迷梦,已有渐醒之兆……有志之士,多起救国之思,而革命风潮,自此萌芽矣。"他确实按着了时代潮流的脉搏。不过,从维新改良到民主革命,中间还有一个过渡,这就是民权觉醒的环节。

民权的觉醒,是近代知识分子政治觉醒的另一个重要内容,也是社会思潮由改良到革命的中间环节。

"民权"一词,有人认为中国古之所无,它与"民主"一词都源自西方的"Democracy",一入中国,两者的界说大相径庭[2]。这个说法颇具见地,但若撇

---

[1]梁启超:《过渡时代论》,张枬、王忍之编:《辛亥革命前十年间时论选集》第 1 卷上册,三联书店1960 年版,第5 页。

[2]参见熊月之:《论辛亥革命准备时期的资产阶级民主思想》,《近代史研究》1982 年第 1 期。

开语义学,那么,古代民贵君轻学说或许就是近代知识分子民权说的国粹蓝本;而西方的天赋人权论,则是中国知识分子萌发民权论说的直接源头。只是中国文人好古思想颇重,外来的新学说都往往要从古文化中寻其端绪,而且必要糅合调和,所以近代中国的民权论已与西哲的天赋人权说有所不同,就像进化论一入中国即被取舍,所取者又加进了中国化内容一样。

民权的倡言,早在维新变法时即已开始并发生作用。其激烈者如严复、谭嗣同等,皆斥责秦以来之君为大盗窃国;一般维新人士则申人权天赋说,从养成独立人格的国民立论进而说出与国家兴亡的关系;梁启超则主张以民权限止君权。但在戊戌前,改良派作为当时知识界最先进的一群,所倡民权之说,也仅仅"征引其绪,未敢倡言"。政变后,则公然揭出民权救国论,痛斥封建专制的罪孽。梁启超作为民权论的健将,其新学巨子的地位恰恰是在政变之后、特别是在20世纪初年奠定的。他所写的《新民说》,代表了当时改良派关于民权论的最高水平。在这篇十余万字的长文中,进一步发挥了民为邦本的思想,认为:"国也者,积民而成。国之有民,犹身之有四肢、五脏、筋脉、血轮也……欲其国之安富尊荣,则新民之道不可不讲。"他指出:只有在民德、民智、民力诸方面造就一代合格的国民,才能真正拯救祖国,谋求富强,"苟有新民,何患无新制度,无新政府,无新国家!"[1]他那笔端常带感情的文字,伴随着大声疾呼的民权论,在知识界掀起了阵阵狂飙。可以说,清末民权运动的高涨,梁氏的鼓吹起了极为重要的作用。

但是,不论是梁启超还是严复,他们可以斥君主为民贼、为大盗,倡民权为治国之大经,可是当他们一旦涉及要不要推翻清王朝、改变封建君主专制政体时,却没有能从民权的鼓吹发展到民主共和,没能从解民倒悬的角度上努力,而是把民权与君权放在同等位置上,鼓吹"君权与民权合"的君宪救国论。这就是改良派民权论的两大特点。尤其是梁启超,他讴歌民权,提倡新民道路,甚至一度有从改良向革命转变的迹象,昌言破坏主义,自称"名为保皇,实则革命",但当进步临到他头上时,他退却了。从1903年起,他从鼓吹民权退到了鼓吹开明专制;从鼓吹西方民主主义国家学说退到了歌颂强权政治;把批判封建专制制度的锋芒转向批判资产阶级三权分立、国民公意;从一度有意脱离康有为羁绊、与革命派联合,重新回到康有为那里,屈从于师道尊严的压力,抢夺革命派在檀香山的地盘。直到1907年左右,他才返回立宪派立场,抛弃开明专制论。改良

---

[1] 梁启超:《新民说》,《饮冰室合集·专集之四》。

派民权论的上述两个特点,梁启超作为清末民权论健将所表现出的倒退,既曲折地反映了社会思潮转换过程中改良和革命的消长,也说明了维新改良派在20世纪初年以后正在逐步退色。这个历史现象对知识界的影响是不可忽视的。其中一部分人在维新派尤其在梁启超宣传的影响下,他们的政治觉悟因此停留在民权思想的阶段而没能随时而进;他们的政治立场因此停留在君民共治的立场成为反对民主共和的力量。

只有革命派才真正吹倡君主是人民的公仆,民主是世界之公理,把民权的鼓吹引向民主共和的新高度。这样,爱国—救亡—维新—民权—民主共和,就成了近代知识分子政治觉醒的比较完整的过程。虽然并不是所有人都经历了这个全过程,但却是知识界政治觉醒趋势的主流。

从民权论出发提出"创建民国"的革命宗旨,是孙中山的功劳。它的意义在于使知识界认清了民权运动的最终归宿,对知识界政治觉悟的进一步提高起了导向性作用。而知识界从改良跃进到革命的过程,也是他们逐步认识孙中山并把他视作革命旗手的过程。其中留日学生作为领革命风气之先的部分,起了先锋和桥梁作用,而日本,也就成了中国民主革命的海外中心。

五　东京掀起革命潮

（一）　留学方向东移

　　留学生是鸦片战争后中国学习西方的产物。1872 年,清政府向美国派遣第一批留学幼童,揭开了官派留学生的序幕。当时,正是洋务派掀起学习西技以图自强的洋务热时代。但那时的视线所及,仅止于欧美而尚不及于日本。

　　日本自 1866 年明治维新之后,迅速走上了资本主义道路。它在短时期内的崛起,引起了中国朝野人士的注意。甲午战争,日胜清败,国人在感情上对日本虽有所憎恶,但它因师法西方而骤致富强的事实,又令识者钦羡不已。所以中国对外派遣留学生,从对象国选择言,是始于美而归于日;从时序及人数涨落言,是始于 70 年代而盛于 20 世纪初年。

　　留学方向的东移,有内外两种因素的作用:一是出于国内有识之士的倡导;二是因为日本政府的劝说。国内在西学东渐、价值观念渐次变异的潜移默化下,学习西方逐步成了人们的共识,封疆大吏如张之洞,部院大臣如张百熙,知识界如康有为、梁启超、张謇等,虽在如何学习西方上有政见的不同,但都毫无二致地主张留学以日本最相宜。张之洞著《劝学篇》,力主"游学之国,西洋不如东洋";"译西书不如译东书"[1]。梁启超创大同译书局,确定"以东文为主,而辅以西文,以政学为先,而次以艺学"[2]的译书宗旨。朝野舆论,莫不以日本为师法对象,这对政府的留学政策起着导引作用。

　　日本方面,也积极派人来华游说。"参谋总部的福岛安正和宇都宫太郎,历访张之洞、刘坤一、岑春煊及袁世凯,力陈派遣留学生学习陆军的重要。又,贵

---

[1] 张之洞:《劝学篇》,《外篇》,第 6、15 页。
[2] 梁启超:《大同译书局叙例》,《饮冰室文集类编》上,第 741 页。

族院议长近卫笃麿及前司法大臣清浦奎吾等人,趁旅游中国之际,对有力人士娄述新教育的必要。"[1] 1898 年日本驻华公使矢野文雄向清政府提出愿提供 200 名留学生经费的建议[2]。凡此都是日方的主动表示。

清政府时当光绪亲政、积极推行变法,对日本建议,颇为心动。山东道监察御史杨深秀主张利用日本政府提供经费的机会,选派贡生、监生年未满 30、已通中学者出洋[3]。总理衙门奉命议定章程。1898 年 8 月 2 日,清廷颁发上谕,确定了留学以日本相宜的方针,并命军机处著总理衙门速定章程,咨催各省选派学生赴日。上谕全文如下:

> 谕军机大臣等:现在讲求新学,风气大开,惟百闻不如一见,自以派人出洋游学为要。至游学之国,西洋不如东洋,诚以路近费省,文字相近,易于通晓,且一切西书,均经日本择要翻译,刊有定本,何患不事半功倍?或由日本再赴西洋游学,以期考证精确,益臻美备。前经总理衙门奏称,拟妥定章程,将同文馆东文学生酌派数人,并咨南北洋、两广、两湖、闽浙各督抚,就现设学堂,遴选学生,咨报总理衙门陆续派往。著即拟定章程,妥速具奏;一面咨催各该省迅即选定学生,开具衔名,陆续咨送;并咨询各部院,如有讲求时务愿往游学人员,出具切实考语,一并咨送,均毋延缓。[4]

这道上谕,所列留学西洋不如东洋的理由,完全是《劝学篇》"游学"、"广译"两篇内容的复述。张之洞的意见被皇帝采纳而作为国策确定了下来[5]。

嗣后,政变发生,新政措施大多废除,惟京师大学堂及游学日本保存下来,足见慈禧一班人也知道作育人才、学习西方的必要。1899 年总理衙门拟定《遴选生徒游学日本事宜片》,其遴选办法,一如变法时期该衙门所定内容:即将总署同文馆之东文学生酌派数人,并咨行南北洋大臣、两广、湖广、闽浙各省督抚,就现设学堂中遴选年幼颖悟、粗通东文诸生,开具衔名,咨报总署,知照日本使臣,陆续派往;关于经费,因日使矢野上年答应由日本政府负担,故此次拟

---

[1] [日]实藤惠秀:《中国人留学日本史》,第 23 页。宇都宫太郎于 1897 年在湖北晤张之洞(见《张文襄公全集》卷七十九,第 19 页);福岛安正于 1899 年 5 月在南京访刘坤一(见《对支回顾录》下卷,东京 1936 年版,第 271 页)。

[2] 舒新城编:《中国近代教育史资料》上册,人民教育出版社 1962 年版,第 173 页。

[3] 杨深秀:《奏议游学章程片》,《光绪朝中日交涉史料》卷五十一,第 33 页。

[4] 《戊戌变法》丛刊第 2 册,第 49 页。

[5] 光绪皇帝在 1898 年 7 月间已看到张之洞所著《劝学篇》。25 日颁上谕称其"持论平正通达,于学术人心,大有裨益,著将所备副本四十部,由军机处颁发各省督抚学政各一部,俾得广为刊布,实力劝导,以重名教而杜卮言。"(《戊戌变法》丛刊,第 2 册,第 43 页)所以,8 月 2 日留学日本上谕的内容,才会以《劝学篇》所言理由为根据。

定章程规定各学应支薪水用项,由总署核定数目,提拨专款,汇交出使日本大臣随时支发;关于对留日学生的管理,拟定由出使大臣就近管理照料,无庸另派监督[1]。但到是年6月,驻日公使李盛铎鉴于官费生已有60余名,照料不便,奏请另派专员,充任监督。政府遂于同年7月派夏偕复为留日学生监督。但监督一差只是虚名,并非独立机构的主官。1902年,因留日学生日益增加,且发生留学生哄闹使馆等事,清政府决定设立专管机关,以汪大燮为留日学生总监督,监督处遂告成立[2]。

在中日两国政府促成下,自甲午战争后开始的留日学生逐年增多,日本成了接纳中国官费生的主要国家。

自费留学生的出现和迅猛增长,标志着甲午战争后中国人政治觉醒的到来。在民族危亡和维新变法的刺激下,一批先进青年纷纷去日本这个学习西方卓有成效的国家留学,以寻求救国救民的真理。如果说,1896年中国向日本派出13名官费生从而拉开了留学日本热的序幕,那么,大量自费生东渡,是使留日成为热潮的最主要表现。从时序上看,自费生留日稍晚,但在19世纪末已见端绪。1899年在日本的中国留学生不过百余人,据秦力山的记载,这些人可分为几种类型:一是南洋官费生,约30人左右,攻读的学校不一,各习专门,共赁一屋居住;一为两湖陆军学生,共30余人,在陆军预科性质的成城学校就读居住;一为湘、粤自费生,约10余人,居大同高等学校;一为公使馆官费生,居同文书院[3]。进入20世纪后,自费留学人数逐年增长,在1902年时就已达到留日学生总数的一半,以后几年,据一般估计仍大约保持在这个数量上。

留学日本的热潮在1905—1906年间达到了顶峰。一方面是由于日俄战争日胜俄败的刺激,中国知识界对此普遍认为是立宪战胜了专制,从而激起了学习日本的强烈愿望;另一方面是由于科举制度的废除和政府倡导学习西学的驱动,使没有出路的士子不得不另谋入仕的途径。这样,留日的人数迅速增加,从1905年年初的2 400余人,增至年底的8 620人,至1906年秋达到15 000余人,全国除甘肃省外,都有官费或自费生在日本学习。他们大多集中在东京的各类

---

[1] 舒新城:《中国近代教育史资料》上册,第173页。

[2] 参见黄福庆:《清末的留日政策》,台北《"中央研究院"近代史研究所集刊》,第2期。

[3] 巩黄:《说革命》,己酉六月二十一日《中兴报》,转引自张玉法:《清季的革命团体》,第251—252页。张氏此处所列留学生人数,与实藤惠秀《中国人留学日本史》一书勘合,后者统计为109人(第29页),但该书附表中的表一《留日学生数》统计1899年人数为207人(第451页),前后亦有矛盾,故仍取张氏百余人之说。又,大同高等学校为梁启超与横滨华侨议设,称东京大同学校(以区别于横滨的大同学校),亦称大同高等学校。据实藤惠秀在其上举著作中称,入学人数为18人(见该书第28页)。

学校中,其中自费生以学习师范速成科为主,也有一部分人学习军事专业,学习期限以一年为多数。

这些留日的官费、自费生虽流品不齐、目的各异,所学知识深浅不一,但他们接受的毕竟与传统旧学不同,又处在异国资本主义的都城,耳闻目睹,触发了他们对祖国落后的痛感和对列强妄图瓜分中国的危亡意识。于是,从 20 世纪初年起,不少激进的爱国青年,以"天下兴亡,匹夫有责"的历史使命自任,纷纷组织团体、出版刊物、举行集会、发表演说,倡言革命排满,反对列强侵略,终于使民主革命思潮在异邦的京城汇成了一股巨大力量。

(二) 留日学生的团体结合

留日学生最早建立的团体,是 1900 年成立的励志会。其宗旨,据《革命逸史》称:在"联络感情,策励志节,对于国家别无政见"[1];但据 1903 年 3 月 13 日出版的《译书汇编》第 2 年第 12 期刊登的《励志会章程》,其纲领为:"研究实学,以为立宪之预备;养成公德,以为国民之表率;重视责任,以为辨办之基础",则除了砥砺节操、互勉道德外,仍有着立宪政治的要求,是一个含有政治性的学术与修身团体。励志会的成员多数为官费生,以帝国大学、早稻田大学两校留学生为主,旁及成城学校、高等商业学校、东京法学院等;梁启超及旅日华侨创办的东京高等大同学校亦有部分学生加入。成员有姓名可稽者约 44 人,其简况见下页列表。

励志会成员由于留日目的不同、官费来源不同、学校不同,思想认识水平参差不一,有激进者如金邦平、戢元丞、董鸿祎、秦毓鎏等,有主张维新改良者如傅慈祥、唐才质、黎科、蔡丞煜、郑葆晟等,也有先主改良后主革命者如秦力山、吴禄贞、沈翔云等,更有接近官场者如章宗祥、曹汝霖、吴振麟、王璟芳等,这就势不可免地预伏着日后的分化。励志会虽不是个革命团体,但却是留日学生结合团体的先声。

1901 年,留日学界中的广东籍学生冯斯栾、郑贯一、李自重、王宠惠、冯自由、梁仲猷诸人,因风闻清政府有将广东割让于法国之议,为免于家乡沦入敌手,发起组织"广东独立协会",主张广东脱离清廷,宣告独立。"留日华侨入会者大不乏人。"[2]这个组织虽然不是纯粹的留学生团体,但却是留学生发起、以

---

[1] 冯自由:《励志会与译书汇编》,《革命逸史》初集,第 99 页。
[2] 冯自由:《广东独立协会》,同上书,第 98 页。

励志会成员情况简表

姓名	字号	年龄（岁）	籍贯	留日年月	费别	学校及科目	备注
沈琨	郎斋	24	直隶静海	光绪二十五年（1899）二月	北洋官费	帝国大学工科	
高叔琦	毅甫	22	浙江钱塘	二十五年（1899）二月	北洋官费	帝国大学工科	
张英绪	执中	24	直隶天津	二十五年（1899）二月	北洋官费	帝国大学工科	
张奎	星五	20	江苏上海	二十五年（1899）二月	北洋官费	帝国大学工科	后参加青年会
金邦平	伯平	21	安徽黟县	二十五年（1899）二月	北洋官费	早稻田大学	
傅慈祥	良弼	—	湖北	二十五年（1899）	北洋官费	成城学校	
黎科	泽舒	—	广东香山	二十五年（1899）	北洋官费	帝国大学	
蔡丞煜	蔚文	—	直隶天津	二十五年（1899）	北洋官费	东京日华学堂	
郑葆晟	幼同	—	福建	—	北洋官费	东京日华学堂	
吴振麟	止欧	22	浙江嘉兴	二十四年（1898）十月	浙江官费	帝国大学法科	
陈槐	乐书	27	浙江义乌	二十四年（1898）四月	浙江官费	帝国大学工科	
叶基贞	希贤	19	江苏吴县	二十四年（1898）四月	浙江官费	帝国大学工科	
钱承志	念慈	25	浙江仁和	二十四年（1898）四月	浙江官费	帝国大学法科	
陆世芬	仲芳	26	浙江仁和	二十四年（1898）四月	浙江官费	高等商业学校	
程家柽	韵荪	27	安徽休宁	二十五年（1899）九月	湖北官费	帝国大学农科	
王璟芳	小荪	22	湖北恩施	二十五年（1899）九月	湖北官费	高等商业学校	
沈翔云	虬斋	—	浙江乌程	二十五年（1899）	湖北官费	成城学校	后参加青年会
良弼	赉臣	27	宗室	二十五年（1899）九月	南洋官费	成城学校见习士官	
章宗祥	仲和	20	浙江乌程	二十四年（1898）四月	使馆官费	帝国大学法科	后参加青年会
汪荣宝	衮父	23	江苏元和	二十七年（1901）十一月	使馆官费	早稻田大学	后参加青年会
张继	溥泉	—	直隶顺天	二十七年（1901）	使馆官费	早稻田大学	1899年毕业后入东京专门学校，后参加青年会
聂翼翚	元丞	—	湖北房县	二十二年（1896）三月	使馆官费	高等师范学校	
董鸿祎	枸士	21	浙江仁和	二十七年（1901）四月	自费	早稻田大学	后参加青年会
廖世纶	绥青	26	江苏嘉定	二十六年（1900）八月	自费	高等工业学校	后参加青年会
王辛善	坚士	22	江苏上海	二十六年（1900）八月	自费	高等商业学校	后参加青年会

姓名	字号	年龄(岁)	籍贯	留日年月	费别	学校及科目	备注
夏循垍	爽夫	22	浙江仁和	二十五年(1899)五月	自费	高等商业学校	《中国人留学日本史》第168页
曹汝霖	润田	25	江苏上海	二十六年(1900)八月	自费	东京法学院	
范源廉	静生	22	湖南湘阴	二十四年(1898)十月	自费	高等师范学校	《中国人留学日本史》第168页
蔡锷	松坡	19	湖南邵阳	二十五年(1899)	自费	成城学校陆军	
冯阅模	历甫	20	江苏崇明	二十五年(1899)六月	自费	帝国大学法科	
秦鼎彝	力山	—	湖南长沙	—	自费	东京高等大同学校	后参加青年会
唐才质	法尘	—	湖南浏阳	—	自费	东京高等大同学校	1899年毕业后入亦乐书院
吕烈煌	效鲁	—	江苏无锡	二十七年(1901)	自费	早稻田大学政治科	
关树荣	—	—	—	二十四年(1896)三月	使馆官费	东京高等师范学校	
薛锦标	—	—	—	—	—	—	
稽镜陶	—	—	—	—	—	—	
富士英	意诚	27	浙江海盐	—	—	—	
叶澜	清漪	—	浙江仁和	—	—	—	
吴禄贞	绶卿	19	湖北云梦	二十四年(1898)十一月	湖北官费	成城学校见习士官	
雷奋	继兴	24	江苏华亭	二十四年(1898)三月	南洋官费	东京专门学校毕业	后参加青年会
杨廷栋	翼之	21	江苏吴县	二十四年(1898)三月	南洋官费	东京专门学校毕业	后参加青年会
杨荫杭	朴塘	23	江苏无锡	二十四年(1898)三月	南洋官费	东京专门学校毕业	后参加青年会
王宠惠	亮畴	—	广东东莞	二十六年(1900)冬抵日	—	—	应秦力山之召来日筹办国民报

资料来源：①《日本留学中国学生题名录》，房兆楹辑：《清末民初洋学生题名录初辑》，台北"中央研究院"近代史研究所史料丛刊，1962年初版。；《沈云翔事略》、《秦输遗事略》；第3集《兴中会时期之同志》。

②冯自由：《革命逸史》初集、《东京高等大同学校》。

③张玉法：《清季的革命团体》，该书统计42人，遗漏蔡锷、范源廉2人。

④[日]实藤惠秀、谭汝谦、林启彦译：《中国人留学日本史》，香港中文大学出版社1982年版。

说明：①年龄一栏根据《日本留学中国学生题名录》1903年所录年龄扣去三岁得出。

②表内"—"符号，表示资料缺乏，无法说明。

留学生为基干并寓有政治意义的爱国团体,只是在它组成后因广东并未割给外国,所以没有展开什么活动。惟一可资记载的是它的发起人中冯自由、郑贯一、李自重、王宠惠等常与居住在横滨的孙中山接触,所以冯自由称它是"粤籍留日学生与兴中会合作自此始"[1]。

自1901—1902年间,各省来日留学的人数不断增加,为了便于集会议事,于是有东京中国留学生会馆之设。会馆建成于1902年[2],馆址在神田区骏河台铃木町18番地(现骏河台2丁目3番地)。整个建筑为两层高,正面至少有五间宽,纵深约在8至10间之间,正中有走廊通过。楼下设接待室、会议室、事务室等多种房间,二楼则是教室[3]。成立大会上,吴禄贞在开幕词中把留学生会馆比之为美国费城的独立厅,隐然有反清的寓意。会馆设立后,有关留学生的公共事务及照顾新来留学生的工作都由公举产生的干事负责。经费按会章规定每一留学生月交三角,不足部分向驻日公使馆申请补助。公使蔡钧表示必须将会馆名称改为"清国留学生会馆",才可拨款,干事会不得已而同意,却遭到不少留学生拒交月费的抵制。1902年冬,广东籍学生集议月费问题,有人公开申言:"吾人是中国人,而非清国人,故只可缴付中国会馆之月费,而不可缴付清国会馆之月费"[4],反清之情,溢于言表。会议决定"缴纳月费与否任人自由"[5],消息传出,各省留学生纷起仿效,排满意识,渐次弥漫。

1902年由章炳麟、秦力山、马君武等人发起的"支那亡国二百四十二年纪念会",是留日学界思想转变过程中影响最巨的事件之一。

自立军起义失败后,一批自立军将领如秦力山、朱菱溪、陈犹龙等先后亡命日本;章炳麟因列名上海张园国会而遭通缉,先隐于苏州东吴大学,后于1902年避难日本。在日本,章与孙中山再次相见,双方订交,并经常讨论中国土地制度改革等重要问题。章在横滨与孙接触之余,常去东京,与留日学生多所往还。时湖南籍留学生周宏业、王思诚,浙江籍学生王家驹,广东籍学生冯自由等,常在周宏业寓所聚会,"每日恒在此讨论革命排满之宣传方法"[6],成为一个小小的沙龙,章炳麟也常与他们聚议民族问题。1902年4月,章提出以纪念南明覆

[1] 冯自由:《广东独立协会》,《革命逸史》初集,第98页。
[2] [日]实藤惠秀:《中国人留学日本史》,第168页。冯自由称中国留学生会馆在1901年秋冬间组织(《革命逸史》第4集,第99页),两说时间不合。因实藤惠秀对此有详细考证,故取实藤之说。
[3] 关于中国留学生会馆的建筑,系据时任日语教师的松本龟次郎所描述,见[日]实藤惠秀:《中国人留学日本史》,第168页。
[4][5] 冯自由:《记东京中国留学生会馆》,《革命逸史》第4集,第100页。
[6] 冯自由:《章太炎与支那亡国纪念会》,《革命逸史》初集,第57页。

亡为号召,举行公开集会,鼓动留日学界的民族主义情绪。他认为:"欲鼓吹种族革命,非先振起世人之历史观念不可。"[1]章氏此说,得到周宏业等人赞同,决定发起召开纪念明朝灭亡二百四十二周年纪念会。章太炎被推为纪念会宣言书的起草人,他以精熟的历史知识和饱满的政治感情,撰成了两千余言的宣言书,内有"愿吾滇人无忘李定国,愿吾闽人无忘郑成功,愿吾越人无忘张煌言,愿吾桂人无忘瞿式耜,愿吾楚人无忘何腾蛟,愿吾辽人无忘李成梁"[2]等句,以各地抗清名将为号召,激励留日学界的排满革命情绪。会议定名为"支那亡国二百四十二年纪念会",列名发起人有章太炎、秦力山、冯自由、朱菱溪、马君武、王家驹、陈犹龙、周宏业、李群、王思诚共 10 人,孙中山、梁启超为赞助人。会议定于 1902 年 4 月 26 日(三月十九日)崇祯帝吊死煤山的忌日,在东京上野精养轩举行;为扩大影响,将宣言书邮寄横滨《清议报》,委托该报代送当地华侨。消息传出,留日学界极为振奋,报名参加集会的达数百人,但梁启超却由赞助人立场后退,表示"此事只可心照,不必具名,自请取消赞助名义。"[3]

纪念会因清廷勾结日本政府届时未能召开,但在留学生中产生了巨大影响。自 1896 年中国首批留学生到达日本后,虽然不少激进者在国难当头的危亡意识下有反清情绪的流露,但始终未能举行过公开的大型的政治性集会;中国留学生会馆虽已成立,但当时仅作为处理留学生日常事务和照料新来学生的事务性机构,尚未承担起组织发动的责任。纪念会第一次以反清宗旨相号召,以公开集会相聚合,对留日学界引起的震动和政治意识的促进是无可估量的。尤其当会议被禁止时,更在学生中产生了爆炸性的反响,当场有程家柽、汪荣宝等数百人自动在上野精养轩门口聚集,无形中成了不是集会的集会。后来,孙中山在横滨永乐楼开会,补行纪念仪式,香港《中国日报》又将宣言书刊发,并在港举行纪念式,"香港、澳门、广州各地人士闻之,颇为感奋"[4],影响很大。

正是在留日学界由爱国进向反清革命的转化过程中,1900 年成立的"励志会"发生了分化。如前所述,励志会虽在"联络感情,策励志节"的宗旨下聚合成员,但其内部的认识水平参差不一。当章太炎等发起召开支那亡国纪念会时,激烈派群起和之,而章宗祥、曹汝霖、王璟芳等接近清政府的一批稳健派则不以为然,两派分歧日见明显。1902 年冬,会员叶澜(清漪)、董鸿祎(恂士)、汪荣宝

---

[1] 冯自由:《章太炎与支那亡国纪念会》,《革命逸史》初集,第 57 页。
[2] 同上书,第 58 页。
[3] 同上书,第 59 页。
[4] 同上书,第 60 页。

（衮父）、秦毓鎏（效鲁）、张继诸人，发起成立新团体，定名"青年会"，励志会由此解体。

青年会以"民族主义为宗旨，破坏主义为目的"[1]，明确揭示了激进的目的和手段。联系到当时的"民族主义"一词本意在于反清，因此，"破坏主义"也可理解为暴力反清，所以青年会是个具有反清革命性质的政治团体。它的成立是留日学界分化的标志，也是革命风潮起始的反映，冯自由称其为"日本留学界中革命团体之最早者"[2]，似属可信。

青年会成员的确切人数至今不见记载，一般都认为共20余人，现将各种资料所记列表如158页。

此表所列共28人，年龄最大者30岁，最小者18岁，一般都在二十四五岁上下，称之为"青年会"，"寓少年中国之意"，确实反映了这批留日青年学生共有的朝气和以天下为己任的志向。从此表中可见，青年会成员在籍贯上不分省区，但以江浙两省占多数；在入学的学校上以早稻田大学（前身是东京专门学校）为最多，成城学校次之；在费别上不论公费、自费均可加入，所以，青年会是一个不分地域、不论费别、不计学业的具有广泛代表性的政治团体。

青年会成立后，曾编有《法兰西革命史》、《中华民族志》等新学书籍多种；不少成员在发动和参加留日学界各项爱国活动中起了重要作用。其中部分成员的思想尤为激烈，后来成了反清革命的积极参与者，但也有一些人回国后热衷于君主立宪活动。个别人则太注重一己的看法，如金邦平在该会成立后不久，"以不禁章宗祥等明哲保身之劝告，竟正式宣告脱会"[3]，足见青年会作为一个激进青年的组织，内部成员的思想认识水平仍然是有所差别的。

1903年是留日学生政治觉醒的重要年份。

这年，由于留日学生不断增加，为了笃厚乡谊、相互帮助，各省来日留学生纷纷成立同乡会组织。同乡会的应时而起，不仅将同省的留学生以乡土情谊为纽带团聚在一起，有利于交流思想和克服先前分散的缺点，而且有利于留学生从爱国到革命的思想转变。当时，各省来日学生仰慕西方民主政治，如饥似渴地阅读新学书报，不满清政府的腐败统治，同乡会便以创办杂志的形式进行鼓吹。一省籍出刊书报，他省纷纷仿而效之，对留日学界民主思潮的高涨起了积极的推动作用。当然，以同乡会形式相聚结，也不可避免地加强了人们的地域观念，助长了山头主义思想。

---

[1][2][3]冯自由：《壬寅东京青年会》，《革命逸史》初集，第102页。

青年会成员情况简表

姓名	字号或别名	年龄(岁)	籍贯	留日年月	费别	学校及科目
秦毓鎏	效鲁	一	江苏无锡	光绪二十七年(1901年)一月	自费	早稻田大学
王嘉榘	别名家驹,字伟人	24	浙江秀水	光绪二十七年(1901年)四月	自费	早稻田大学
周崇业	别名宏业,字伯勋	22	湖南湘乡	二十五年(1899年)九月	自费	早稻田大学
冯懋龙	自由	21	广东南海	二十四年(1898年)九月	一	早稻田大学
叶澜	清漪	30	浙江仁和		自费	早稻田大学
董鸿祎	恂士	24	浙江仁和	二十七年(1901年)四月	使馆官费	早稻田大学
张继	溥泉	一	直隶顺天	二十七年(1901年)	使馆官费	早稻田大学
汪荣宝	衮父	26	江苏元和	二十七年(1901年)十一月	自费	成城学校陆军
蒋方震	百里	22	浙江海宁	二十七年(1901年)三月	自费	成城学校陆军
苏子谷	禄田,后改名曼殊	18	广东香山	二十八年(1902年)八月	自费	早稻田大学
稽镜	潄生	26	江苏无锡	二十七年(1901年)七月	北洋官费	手工学校
钮暖	翔青	20	浙江归安	二十八年(1902年)四月	自费	早稻田大学
萨端	韵青	26	福建侯官	二十七年(1901年)七月	自费	东京法学院
熊垓	畅九	21	江西高安	二十五年(1899年)四月	使馆官费	清华学校
华鸿	裳言	19	江苏金匮	二十八年(1902年)二月	自费	清华学校
胡景伊	文澜	25	四川巴县	二十七年(1901年)九月	四川官费	成城学校陆军

續表

姓　名	字号或别名	年龄(岁)	籍贯	留日年月	费别	学校及科目
金邦平	伯平	24	安徽黟县	二十五年(1899年)二月	北洋官费	早稻田大学
谢晓石	—	—	江西南康	二十八年(1902年)四月	自费	手工学校
洋世壁	赟华	18	安徽桐城	二十八年(1902年)八月	自费	成城学校陆军
吴传绂	绮章	22	江苏宝山	二十八年(1902年)十二月	自费	预备学校
熊慕莲	—	—	江苏	—	—	—
童瑞熙	辑堂	20	江苏吴县	—	自费	清华学校
张肇桐	叶侯	23	江苏金匮	二十七年(1901)四月	自费	早稻田大学
沈翔云	虬斋	—	浙江乌程	二十五年(1899)	湖北官费	成城学校
程家柽	韵荪	30	安徽休宁	二十五年(1899)九月	湖北官费	帝国大学农科
聂翼翚	无丞	—	湖北房县	二十二年(1896)三月	使馆官费	东京专门学校
雷奋	继兴	27	江苏华亭	二十四年(1898)二月	南洋官费	东京专门学校
杨廷栋	翼之	24	江苏吴县	二十四年(1898)二月	南洋官费	东京专门学校

资料来源:① 冯自由:《兴中会时期之革命同志》、《革命逸史》第3集;《壬寅东京青年会》,《革命逸史》初集。
② 《日本留学中国学生题名录》;房兆楹辑:《清末民初洋学生题名录初辑》。
③ 张玉法:《清季的革命团体》。

说明:本表年龄一项,以1903年为计算年份。

（三） 拒俄运动

留日学界由爱国进向革命的契机,是 1903 年掀起的拒俄运动。他们以满腔爱国的血诚,换来的却是清政府的忌疑和诬陷。现实教育了广大留学生,在报国无门的痛苦中,喊出了"革命其可免乎"的呼声!

早在拒俄事件发生前,留日学界的爱国意识就已空前高涨。那时,爱国与争国权、张民意紧密相连,留日学界弥漫着一股民族自尊、自爱、自立的情绪,任何有损国格和民族尊严的事件,都会遭到抵制和抗争。1903 年 2 月,日本大阪博览会侮辱中国人事件;3 月博览会福建省展品陈列事件,同月,弘文学院变相强索中国学生费用事件,4 月成城学校运动会上不挂中国国旗事件,都遭到了留日学生强烈抗议和集体抵制。4 月下旬报载广西巡抚王之春私自以广西矿山铁路相让为条件、借法国兵镇压该省天地会起义消息,留日学界愤而集会,声讨王之春卖国行径,并致电清政府,坚决要求将王撤职查办。这一件件爱国斗争,极大地激发了留学生争作国民的责任感,为拒俄运动的掀起作了必要的思想准备。

拒俄运动发端于上海。1903 年 4 月,沙俄到期拒不从中国撤兵,反向清政府提出旨在独占中国东北的 7 项无理要求。消息传出,群情激愤。4 月 27 日,寓沪各省爱国绅商、仁人志士千余人在上海味莼园安垲第集会抗议,揭开了全国人民拒俄斗争的序幕。

留日学界随之响应。在青年会干事秦毓鎏、叶澜、王嘉榘、程家柽、蒯寿枢等人策动下,联络钮永建、林獬、张肇桐、李书城等,号召全体留学生开大会商讨应对方法,各省同乡会纷纷赞成。4 月 29 日上午,留学生会馆干事及评议员 40 余人集会讨论进行方法。浙江籍学生汤槱(尔和)主张致电南北洋大臣,敦请政府主战。江苏籍学生钮永建(惕生)建议留学生自组义勇队准备赴敌,然后再致电南北洋,使天下人"晓然于我学生界中无畏死者,亦全国哮阚之先声也[1]"。会议同意了钮永建的意见。当天下午,在东京锦辉馆召开留学生大会,到会者500 余人,公推汤槱任临时议长。汤槱在演说中指出沙俄在东北的举动是中国的"奇垢极耻",东北一失,中国必为列强瓜分,我国民如不乘时奋起,与敌决一死战,国家将无法生存。他主张自愿报名组织队伍,开赴前线,以死求

---

[1]《学生军缘起》,《湖北学生界》第 4 期。

生。接着,钮永建、王璟芳、叶澜、蒯寿枢、周宏业、张肇桐、汪荣宝、程家柽、李书城、翁浩、张允斌等相继演说,"众皆感泣"。当场决定了组织义勇队,"签名者纷纷不绝"[1]。

会议决定了派员赴天津求见北洋大臣请战,派人到国内各地及南洋、欧美等埠发动等8条。在致北洋大臣袁世凯的电文中称:"俄祸日迫,分割在即,请速严拒。留学生已编义勇队,准备赴敌。"[2]在致袁世凯的信函中,表示留学生"生为无国之民,不如死为疆场之鬼"的决心,报告了将派学生二人"即日诣辕,敬陈一切"的消息[3]。

会后,不少男女留学生报名从军,出现了许多感人事例。到4月30日,签名从军者达130余人,参加本部办事者50余人。

5月2日,留学生再开大会于锦辉馆,凡签名者都到会,共同讨论进行办法。会议决定改义勇队为学生军,并议定《学生军规则》共12条。

5月3日,学生军成员进行编队。全军编成甲乙丙3个区队,每一区队辖4个分队,每个分队共10人;公推蓝天蔚为学生军队长。

据上海出版的《苏报》1903年5月18日所载,学生军的全部成员共121名,其名单已为冯自由全文录入《癸卯留日学生军姓名补述》一文,收入他所著的《革命逸史》第5集中;另外,杨天石、王学庄编《拒俄运动,1901—1905》一书,也据《苏报》所载全文辑录。除121名外,另有12名充当看护员的女留日学生,总计男女人员共133名。现以学生军编制名单为序,将各人情况制表如下页。

从表中可见,学生军成员以自费生占绝大多数,其中大部分人是在1902年东渡的,虽然在日时间不长,但却成了政治活动的中坚力量。就参加者的年龄、籍贯说,最小者13岁,最大者31岁,一般都在20岁上下,正是最多理想、最富朝气、最易激动的黄金时代;其中来自长江以南各省的青年占80%以上,尤以江浙两省为最多,闽广次之,两湖又次之,北方仅限于直隶天津地区,云贵、广西等边陲省份尚未有人参加,反映出20世纪初年中国社会留日风气之所趋。再从参加者就读的学校科目分析,则学生军不仅按照军队的编制组建,而且也考虑了全队的军事技能与军事素养的水准;它的主要领导干部即统率全队的队长及3个区队的区队长,全是陆军士官学校的见习士官生,具有一定的指挥作战能力;队员中约有1/5左右是就读于军事学校的学生,其中绝大多数出身于成城

---

[1][2]《军国民教育会之成立》,《江苏》第2期。
[3]《致北洋大臣袁缄》,《浙江潮》第4期。

学生军编制、成员情况简表

任职	姓名	字号	年龄（岁）	籍贯	留日年月	费别	就读学校及科目
学生军队长	蓝天蔚	秀豪	24	湖北黄陂	光绪二十五年（1899）九月	湖北官费	陆军士官学校见习士官
甲区队长	龚光明	云青	23	湖北江夏	二十五年（1899）九月	湖北官费	陆军士官学校见习士官
甲一分队长	汤橓	尔和	22	浙江钱塘	二十八年（1902）十一月	自费	成城学校陆军
队员	夏清馥	颖荃	22	江苏嘉定	二十八年（1902）十一月	自费	同文书院
	陈茹昌	—	19	广东新会	二十八年（1902）四月	湖南官费	弘文学院陆军
	韩永康	强士	19	浙江仁和	二十八年（1902）八月	浙江官费	弘文学院普通科
	韦仲良	—	—	—	—	—	预备入校
	袁华植	立亥	17	湖南新化	二十八年（1902）十一月	湖南官费	成城学校陆军
	石铎	宗素	24	浙江乐清	二十八年（1902）八月	浙江官费	成城学校陆军
	沈纲（刚）	纪鸿	15	福建侯官	二十八年（1902）四月	自费	成城学校陆军
	翁浩	—	27	福建侯官	二十九年（1903）二月	自费	预备入校
	何世准	—	—	—	—	—	—
甲二分队长	郑宪成	曰功	20	福建闽县	二十九年（1903）正月	浙江官费	预备入校
队员	胡镇超	晴崖	19	广东顺德	二十八年（1902）八月	南洋官费	成城学校陆军
	吴钦廉	一清	23	江西金山	二十九年（1903）二月	自费	清华学校
	刘景烈	效舆	23	江西赣州	二十八年（1902）正月	自费	成城学校陆军
	黄润贵	复培	19	广东鹤山	二十八年（1902）正月	自费	成城学校陆军
	刘钟和	李平	24	江苏上海	二十八年（1902）—	自费	成城学校陆军
	李天锡	—	19	广东广州	二十六年（1900）—	自费	高等师范附中
	方声涛	韵松	19	福建侯官	二十八年（1902）—	自费	成城学校陆军
	唐寿祺	墅云	20	广东香山	二十七年（1901）五月	自费	成城学校陆军
	卢精刚	—	19	广东南海	二十六年（1900）六月	自费	早稻田大学
甲三分队长	杨明翼	子卿	21	湖南邵阳	二十八年（1902）四月	湖南官费	成城学校陆军

任职	姓名	字号	年龄(岁)	籍贯	留日年月	费别	就读学校及科目
队员	林肇民（一字伟人）	璞初	20	福建闽县	二十八年(1902)—	自费	成城学校陆军
	刘志芳	—	—	—	二十八年(1902)四月	湖南官费	成城学校陆军
	冯启庄	莅庶	19	广东番禺	二十八年(1902)四月	自费	成城学校陆军
	许嘉树	湛之	18	江苏金匮	二十八年(1902)十一月	自费	成城学校陆军
	王孝缜	勇公	20	福建闽县	二十八年(1902)	自费	清华学校
	冯廷美	某乡	—	直隶滦州	—		预备入校
	欧阳干	—	—	—	—		
	张允斌	怀斌	25	山东东阿	二十八年(1902)正月	北洋官费	成城学校陆军
	高兆奎	聚五	21	湖南新化	二十八年(1902)十一月	湖南官费	成城学校陆军
	陈秉忠	纯方	19	江西弋浙	—	自费	成城学校陆军
	罗元熙	汉蕃	17	湖南新化	二十八年(1902)十一月	自费	成城学校陆军
	苏子谷	禄田	18	广东香山	二十八年(1902)八月	自费	成城学校陆军
甲四分队长	吴寿康	—	—	—	—		
队员	何厚闿	亚农	21	山西灵石	二十八年(1902)五月	自费	清华学校
	李书城	筱垣	21	湖北潜江	二十八年(1902)五月	湖北官费	弘文学院师范科
	伍嘉杰	筱魏	22	广东南海	二十八年(1902)八月	自费	成城学校陆军
	周维桢	干臣	24	湖北保康	二十八年(1902)五月	湖北官费	弘文学院师范科
	杨言邦	—	—	—	—		
乙区队长	敖正邦	子瞻	24	湖北恩施	二十五年(1899)九月	湖北官费	陆军士官学校见习习士官
乙一分队长	王嘉榘*	渭枕	24	浙江秀水	二十七年(1901)四月	自费	早稻田大学

* 王渭枕即王嘉榘（一字伟人），见《浙江潮》第4期《留学界记事》一文中所述5月7日，神田警察署与留学生代表谈话录。冯自由《革命逸史》第5集《癸卯留日学生军姓名补述》、张玉法《清季的革命团体》录军国民教育会成员名单，均误将王嘉榘（家驹）和王渭枕列为二人。

续表

任职	姓名	字号	年龄(岁)	籍贯	留日年月	费别	就读学校及科目
队员	叶澜	清漪	30	浙江仁和	—	自费	早稻田大学
	董鸿祎	恂士	24	浙江仁和	二十七年(1901)四月	自费	清华学校
	甘启元	璧笙	30	广东香山	—	自费	—
	方舜阶	—	—	—	—	—	同文书院
	张泽	兴之	20	直隶沧州	二十八年(1902)十一月	自费	同文书院
	徐家瑞	季清	20	江苏嘉定	二十八年(1902)七月	自费	清华学校
	陆规亮	以行	30	江苏松江	二十八年(1902)五月	自费	清华学校
	张殿荃	璧堂	26	直隶衡水	二十八年(1902)十二月	自费	清华学校
	张景光	温卿	19	江苏海州	二十八年(1902)十二月	自费	同文书院
乙二分队长	尹援一	肖波	20	湖北恩施	二十七年(1901)八月	北京官费	弘文学院警务科
队员	刘景圻	灌东	30	直隶丰润	二十七年(1901)十月	自费	同文书院
	尚毅	子远	18	直隶行唐	二十八年(1902)十一月	自费	成城学校陆军
	刘成禹	禹生	—	湖北	二十七年(1901)十二月	自费	同文书院
	李宣威	律阁	22	福建闽县	二十八年(1902)八月	自费	同文书院
	邓官森	—	—	—	—	—	—
	张魁光	涧香	23	湖北威县	二十八年(1902)二月	自费	清华学院普通科
	陈之骥	姊良	19	直隶丰润	二十八年(1902)八月	自费	弘文学院师范附中
	许寿棠	季黻	21	浙江山阴	二十八年(1902)八月	浙江官费	高等师范士官学校
	严智崇	约中	25	直隶天津	二十五年(1899)十一月	自费	陆军士官学校
	钮永建	惕生	33	江苏上海	—	自费	成城学校陆军
乙三分队长	徐秀钧	子然	—	江西九江	—	自费	—
队员	刘景熊	小珊	19	江西赣州	二十八年(1902)九月	自费	弘文学院师范学校
	黄园	杞园	29	湖南善化	二十八年(1902)五月	湖北官费	—
	方声洞	子明	18	福建侯官	二十八年(1902)九月	自费	东京物理学校

任职	姓名	字号	年龄(岁)	籍贯	留日年月	费别	就读学校及科目
	王季绪	绀庐	22	江苏吴县	二十九年(1903)正月	自费	预备入校
	黄立猷	毅侯	22	湖北沔阳	二十八年(1902)冬月	自费	同文书院
	秦文烨	裳吉	19	江苏金匮	二十八年(1902)二月	自费	清华学校
	华鸿	白民	—	江苏上海	二十八年(1902)—	自费	早稻田大学
	杨士照	若木	—	安徽合肥	二十九年(1903)正月	自费	预备入校
乙四分队长	蒯寿枢	—	—	—	—	—	—
队员	胡克猷	—	—	—	—	—	—
	周宏业	伯勋	22	湖南湘乡	二十五年(1899)九月	自费	早稻田大学
	王兆桐	朴峰	23	福建侯官	二十八年(1902)八月	自费	东京物理学校
	顾树屏	—	—	—	—	—	—
	林先民	醒楼	22	福建闽县	二十八年(1902)三月	自费	东京物理学校政治科
	秦毓鎏	效鲁	—	江苏无锡	—	—	早稻田大学政治科
	董猛	—	—	—	—	—	—
丙区队长	王隽基	树声	—	浙江海宁	二十九年(1903)二月	自费	同文书院
丙一分队长	吴雄	壮飞	16	江苏阳湖	二十八年(1902)五月	自费	预备入校
队员	吴祐贞	锡卿	20	湖北云梦	二十五年(1899)九月	湖北官费	陆军士官学校见习士官
	刘蕃	—	—	四川安陆	—	—	法政速成科
	江尔劈	子立	20	福建长汀	二十八年(1902)八月	自费	同文书院
	陆龙翔	—	—	—	—	—	—
	刘希明	—	—	—	—	—	—
	陈芙昌	匡一	19	广东新会	二十八年(1902)二月	自费	预备入校
	卢启泰	洪初	17	湖北沔阳	二十八年(1902)冬月	自费	同文书院
	谢晓石	—	—	江西南康	二十八年(1902)四月	自费	手工学校
	王明芳	子德	19	湖北恩施	二十八年(1902)七月	自费	同文书院

任职	姓名	字号	年龄(岁)	籍贯	留日年月	费别	就读学校及科目
丙二分队长	黎勇锡	孝渊	17	广东高要	二十八年(1902)三月	自费	正则预备学校
队员	黄恽	子振	21	江西清江	二十八年(1902)十一月	自费	预备入校
	林瓓	宦楼	31	福建侯官	二十九年(1903)正月	自费	预备入校
	高种	子莱	22	福建侯官	二十八年(1902)三月	自费	正则英语学校
	施尔常	—	—	—	—	—	—
	李炳章	—	—	江苏上海	—	—	高等工业学校预科
	诸翔	简堂	19	福建闽县	二十八年(1902)三月	自费	早稻田大学
	王学文	声远	19	广东香山	二十九年(1903)正月	自费	清华学校
	鲍应禄	—	—	—	—	—	—
	任贵	—	—	—	—	—	—
	黄实存	—	—	—	—	—	—
	吴治恭	—	—	—	—	—	—
丙三分队长	贝均	—	—	广东南海	—	—	—
队员	朱少穆	—	—	—	—	—	—
	施传盛	—	—	—	—	—	法律学校
	王承圻	晴波	—	福建侯官	—	—	—
	陈去病	巢南	30	江苏吴江	二十九年(1903)正月	自费	预备入校
	蔡世陵	君卫	16	福建侯官	二十八年(1902)八月	自费	同文书院
	张毓灵	攀乡	19	奉天大凌(?)	二十八年(1902)二月	自费	清华学校
	张肇熊	谓生	19	江苏金匮	二十八年(1902)九月	自费	弘文学院师范科
	倪寿龄	兴三	—	江苏吴江	—	—	—
	沈成钧	—	—	—	—	—	—
丙四分队长	王爕芳	小茉	25	湖北恩施	二十五年(1899)九月	湖北官费	高等商业学校
队员	胡凌济	沆东	18	浙江慈溪	二十九年(1903)二月	自费	清华学校
	张肇桐	叶侯	23	江苏金匮	二十七年(1901)四月	自费	早稻田大学

任职	姓名	字号	年龄(岁)	籍贯	留日年月	费别	就读学校及科目
看护员	宜桂	一山	24	正黄汉军	二十七年(1901)十月	北京官费	弘文学院警务科
	龚国元	君颐	17	浙江乌程	二十九年(1903)正月	自费	清华学校
	潘国寿	—	—	—	—	—	—
	廖世勤	—	—	—	—	—	—
	戴赞	襄甫	16	安徽天长	二十七年(1901)八月	自费	同文书院
	林宗素	—	24	福建侯官	约二十九年(1903)正月	自费	帝国妇人协会
	王莲	—	25	湖北施南	二十八年(1902)八月	自费	帝国妇人协会
	曹汝锦	理蕴	23	江苏上海	二十八年(1902)五月	自费	帝国妇人协会
	陈撷翀	彦安	17	江苏无锡	二十八年(1902)五月	自费	帝国妇人协会
	华桂	—	15	江苏无锡	二十八年(1902)五月	自费	帝国妇人协会
	胡彬	彬夏	—	安徽合肥	二十八年(1902)五月	自费	帝国妇人协会
	龚圆常	—	13	福建侯官	二十九年(1903)正月	自费	帝国妇人协会
	方君笄	—	—	—	二十八年(1902)八月	—	预备入校
	钮韵华	—	14	江苏阳湖	二十八年(1902)五月	自费	帝国妇人协会
	吴英	—	13	江苏无锡	二十八年(1902)五月	自费	帝国妇人协会
	周佩珍	—	19	浙江归安	二十六年(1900)—	自费	帝国妇人协会
	钱丰保	—	—	—	—	自费	帝国妇人协会

资料来源：①《日本留学中国学生题名录》，房兆楹辑：《清末洋学生题名录初辑》。

②冯自由：《兴中会时期之革命同志》，《革命逸史》第3集。

③张玉法：《清季的革命团体》。

④《中国同盟会成立初期(乙巳丙午两年)之会员名册》，罗家伦主编：《革命文献》第2辑，台北1978年影印本。

说明：①本表名单及编制次序，均按《苏报》1903年5月18日刊出之《学生年名单》编次。

②本表年龄一栏均以1903年为计算年份。

③表中"—"符号表示资料缺乏，无法说明。

④看护员林宗素，系林獬之妹，其留日时间缺乏资料记载，现根据其兄林獬留日时间暂定，故称"约二十九年(1903)正月"。

学校陆军科,这就为全队进行军事训练提供了知识与技能上的保证;其他队员虽不少来自非军事学校,但相对集中,以同文书院、弘文书院、清华学校为多数,这对课余训练的及时进行也是有利的。

5月4日,学生军本部各科人员开始分科任事。参加本部工作的主要成员有程家柽、费善机、丁嘉墀、张崧云、俞大纯、陈天华、杨毓麟、余德元、朱祖愉、林长民、蔡文森、陈福颐、蹇念益、周庆晃、张修爵、濮祁、李盛衔、周兆熊、陈云五、李隽、平士衡、朱孔文、彭树滋、夏斌、杨汝梅、杨廷垣、王镇南、欧阳启勋等数十人[1]。

自5月6日起,学生军按照课程表的规定,开始在留学生会馆集合操练。

留日学生的爱国之举,遭到了清政府的压制和日本政府的反对。5月6日,当学生军开始操练之时,清留日学生监督汪大燮即责令其停止一切活动。7日,日本神田警察署又找学生代表谈话,以学生军与军队无异及与日本外交有碍为由,迫令解散,学生代表王嘉榘、林长民据理力争仍未能说服对方,不得已而返回会馆与众商量对策。7日当夜王、林、钮、蓝、蒯(寿枢)、叶(澜)、谢(晓石)等主要成员经过讨论,初步决定"解散形式,不解散精神",拟改名为"军事讲习会",提交大会公决[2],并讨论了覆神田警察署的信稿[3]。8日再作讨论,由于学生军成员对前途意见纷呈,最后由钮永建作了总结性发言,他认为日本干涉,关系国际,军队之名应改;拒俄之策,求与一战,训练不先,何以致果? 应在日本加紧讲习军事;内地谣传,谓我乱民,应派人向政府陈说真相。现在各人意见都不足为据,建议明日开大会公决。

临时大会于5月10日在留学生会馆举行,凡签名者都参加会议。汤槱作开会词后,由上海来东京的中国教育会会员汪德渊报告上海拒俄情况,他说:"现在教育会亦编有义勇队,爱国学社学生百余人皆入军队,志在主战。故今日无论俄事如何,军队暂不可解散,务望同志竭力维持。"[4]会议同意了叶澜的建议,更改学生军名称及组织军事讲习会;同意了谢晓石提出的派遣特派员回国向政府探询意图的建议并公推钮永建、汤槱二人为特派员;决定凡学生军共事诸人皆入体育会。会议通过了由叶澜、秦毓鎏、王璟芳、林长民等8人当场草拟

---

[1] 冯自由:《癸卯留日学生军姓名补述》,《革命逸史》第5集,第35页。其中有王嘉榘之名,案王嘉榘即王渭枕(一字伟人),已编入学生军乙区队,任乙一分队长,似不能再作为本部办事员。冯自由因不知王嘉榘一人二名,故有此误,兹删之。
[2][3]《留学界记事》,《浙江潮》第4期。其覆神田警察署信稿,全文如下:"义勇队已照队中规则解散,惟教育的体操此后仍时时讲习,不同军队形式。特此奉告。"
[4]《军国民教育会之成立》,《江苏》第2期。

的特派员权限公约，并议决由蓝天蔚、秦毓鎏、谢晓石、张肇桐起草新的组织章程。会议决定于明天召开大会，以通过章程和公约[1]。

5月11日，大会如期在锦辉馆举行。会上一致通过了改学生军为军国民教育会的决定；议定了军国民教育会公约；投票公举了事务员及执法员。散会时，与会者高呼："军国民教育会万岁！"当晚，职员集议于留学生会馆，公举叶澜为职员长，各职员即日起分任事务[2]。

根据大会通过的《军国民教育会公约》，这个由学生军改名的组织，已经削弱了原先作为军事组织、旨在对俄一战的意义，加强了讲习军事、关心国是、互助互励、为国请命的爱国色彩。它的宗旨是"养成尚武精神，实行爱国主义"，与《学生军规则》所定"目的"在"拒俄"相比较，其内涵显然宽泛多了，但仍隐含着原有"代表国民公愤，担荷主战责任"的性质，所以《公约》第五章《会员之责任》第一款规定会员有"负责保全国土、扶植民力之责"；第二款规定"会员遇国事危急之时，有遵依宗旨担任军务之责"。可见，军国民教育会确实只是解散了军队的形式，没有解散牺牲一身、为国请命的精神。

从《公约》的全部十一章内容看，军国民教育会在削弱原先作为军事组织的同时，大大加强了它作为一个爱国政治团体的成分。首先，它的成员已不再局限于报名参军的小部分留学生，而是扩大为"会员以留学生中同志者组织之"，并推及凡为本会尽力、或资助本会经费的"官绅士商"，均可以"名誉赞成员"身份作为会员；其次，它的组织结构已不再只有军队与本部两个部分，而是规定了由一系列职员所组成的各种职能机构，包括为讲习军事需要而设立的"教员"，为办事需要而设立的经理员、书记员、会计员等"事务员"，为纪律纠察需要设立的"执法员"，为联络需要设立的"运动员"和"特派员"；再次，它规定了"职员及选举法"、"会员之责任""会员之权利"、"入会、请假、除名"、"经费"、"会议"等具有可操作性的内容，以确保全体成员在共同宗旨下的行动统一与协调。可以说，军国民教育会是留日学生由爱国进向革命过程中建立起来的一个具有广泛群众性的爱国团体。它已经超越了青年会以激进分子相团聚的狭小范围，打破了同乡会以乡土情谊为纽带的地域观念，解散了学生军以单纯对俄作战为目的

[1][2]《军国民教育会纪事》，军国民教育会1903年自印本。5月11日大会公举之军国民教育会事务员、执法员名单如下：叶澜、林长民、蔡文森（书记）；陈福颐、张肇桐、蹇念益（会计）；王璟芳、周宏业、王嘉榘、谢晓石（经理）；秦毓鎏、蒯寿枢、董鸿祎（执法）。会议确定了"运动员"，其姓名如下：程家柽（运动南洋各岛）、张嵩云（横滨、神户、大阪、长崎）、费善机（西浙一带）、丁嘉墀（浙江）、俞大纯（南京一带）、黄轸（湖南及湖北、南京）、杨毓麟（江南）、陈天华（湖南），以上自认，自费。黄铎（长江一带）、余德元（湖北）、朱祖愉（美洲），以上推举，自费。黄润贵（横滨、神户、大阪、长崎），以上推举，公费。

结集,把不同思想水平、不同省区的留日学生在爱国主义旗帜下组织起来,养成国民意识、争担国民责任。

由于军国民教育会仍保留了从义勇队到学生军一脉相承的牺牲一身、外抗侵略的精神,所以,《公约》第八章《课程》仍规定了"养成尚武精神"的内容:"计分三部:甲、射击部(打靶、击剑);乙、体操部(普通体操、兵式体操);丙、讲习部(战术、军制、地形、筑城、兵器)",按时间表分别进行。

军国民教育会成员有姓名可稽者共208人[1],其中女生12人,全部是报名参加学生军担任看护员的原班人马;男生196人中,原学生军队员除7人(队长蓝天蔚、甲区队长龚光明、乙区队长敖正邦、丙区队长吴祐贞、队员杨士照、吴寿康、施尔常)没有加入外,其余114人均加入了军国民教育会;学生军本部人员凡冯自由在《癸卯留日学生军姓名补述》一文中列举的程家柽、费善机、丁嘉墀等28人也全部参加了军国民教育会,由此可以推知原报名参加学生军本部办事者50余人当亦全部或绝大部分加入了军国民教育会,所以军国民教育会应是以原学生军(军队与本部)人员为基本会员的团体。根据现存的会员名单,新加入者共54人,他们是:

胡铮	杨毓苹	黄瑞兰	陈荣镜	钟音	陈介
张书诏	诸翔	陈与年	李寿康	萨瑞	赵世瑄
黄以仁	涂永	乔世臣	王章祐	张小冲	顾次英
屈德泽	林楷青	戴麒	邢之襄	陈定保	李士熙
叶基桢	王学来	卢启泰	濮元龙	王鸣皋	叶基勤
经家龄	曾天宇	钟杰	贝镛礼	林蔚章	萨君陆
辛汉	长福	额勒精阿	梁孟刚	胡景伊	周道刚
朱廷禄	王孝缜	廖藩	吴传绂	徐孝刚	方声煊
洪范	张懋德	李锡青	区金钧	桂少伟	卢牟泰

5月13日,军国民教育会全体成员在留学生会馆集会,欢送特派员钮永建、汤槱二人回国。从5月21日起,由会员公推和个人自认的特派员费善机、朱祖愉、丁嘉墀、杨毓麟、黄铎、张松公、黄润贵、黄轸、余德元、廖世勤等人,先后离日返国运动。而留在日本的会员则早在5月18日就已开始了分班训练射击;女会员也于5月29日起参加赤十字会举办的救护练习。

---

[1] 军国民教育会成员名单,参见《军国民教育会纪事》,军国民教育会1903年自印本;杨天石、王学庄编:《拒俄运动(1901—1905)》,第127—128页。张玉法《清季的革命团体》一书只记录190人。

从拒俄运动的兴起到拒俄义勇队的成立并定名为学生军,从学生军改名为军国民教育会,这是留日学生爱国热情空前高涨的过程。虽然军国民教育会并不是一个反清革命的组织,从成立义勇队伊始,参加者都表示要在政府领导之下外抗强敌;当受到政府抵制时,学生们也满以为只要通过改变名称,修订宗旨,采取请愿、游说的和平方法,表明自己的爱国诚意,就可消除政府的误解、获得同情和支持,上下一心地抵抗沙俄的侵略。但是,他们万万没有料到这个已经成了洋人朝廷的政府,对于任何反帝爱国斗争都视之为洪水猛兽,对于民众的任何自发集会都视之为反政府的革命,必欲去之而后快。6月5日,上海《苏报》揭露了驻日公使蔡钧致两江总督端方的密电,内称:"东京留学生结义勇队,计有二百余人,名为拒俄,实则革命。现已奔赴内地,务饬各州县严密查拿。"[1]同时又刊载了朝廷颁发的严拿留学生的"密谕",声称:"东京留学生已尽化为革命党,……朕以为该学生等既反叛朝廷,朝廷亦不得妄为姑息。蔡钧、汪大燮于在日本东京留学各生,即可时侦动静;地方督抚于各学生回国者,遇有行踪诡秘,访问有革命本心者,即可随时拿到,就地正法。然亦须分别首从,不得尽人诬陷善良也。此为朕万不得已而保全国本以固邦交至意。"[2]爱国居然有罪,拒俄等于革命,侦察盯梢,随时逮捕,乃至就地正法,无所不用其极,这就是政府不为"姑息","保全国本以固邦交"的逻辑和手段。江苏巡抚恩寿,在接到江督密拿留学生的电文后,竟然"拍案大叫:'此等举动,明明又是一班富有会匪。拿获后,务必正法,决不宽贷!'"[3]把拒俄反侵略比之为旨在维新改革的自立军勤王起义,足见朝廷内外容不得一切爱国、进步活动。其惧怕民意、指鹿为马到了何等虚弱、何等荒谬的程度。

清政府的倒行逆施,从反面教育了青年学生。原来只有一腔爱国热血、并无革命念头的留日学生,认清了政府极端腐败又极其凶残的狰狞面目,发出了"革命其可免乎"的愤怒吼声,一部分思想激进的原青年会成员,在报国无门,人心皆愤的绝望中,"乃分向各省同乡会大倡革命排满之说"[4];而另一些与政府时有接触或幻想学成归国后跻入官场的留学生,则由此不敢与闻政治运动,军国民教育会内部开始发生激烈分化。7月4日,秦毓鎏、周宏业、叶澜、程家柽等15人,草拟了一份批评军国民教育会宗旨模糊,主张公开鼓吹反清革命的意见

[1]《蔡钧致端方电》,《苏报》1903年6月5日,转引自《拒俄运动(1901—1905)》,第276页。
[2]《密谕严拿留学生》,《苏报》1903年6月5日,转引自《拒俄运动(1901—1905)》,第266页。
[3]《蔡钧致端方电》,同上书,第276页。
[4] 冯自由:《青年会与拒俄义勇队》,《革命逸史》初集,第107页。

书。次日,军国民教育会召开会议,欢迎月初自北洋归来的特派员钮永建。叶澜等出示了意见书,当时在场的湖北官费生王璟芳表示反对,申言:"大清不可背负,政府不应乱诋。"[1]在他影响下,当场退会者百余人,军国民教育会无形解体[2]。但是,一部分激进的留学生却从此走上了反清革命的道路,成了孙中山民主革命大业的重要助手。

(四) 也逐欧风唱共和

留日学生由爱国进向革命,不仅表现为组织结合的因时而进上,而且体现在出版刊物、由介绍西方民主主义学说发展到倡言反清革命的变化上。

以文抒情、有感而发,本是中国知识阶层表达自己参与意识的传统方式。那些身处异域、对中外政情与社会生活差异深有感触的留学青年,更是如此。他们把介绍西方新知视为唤醒国人的应尽责任,表现了关心国运民生的一腔热忱。于是,作为抒情寄志的刊物,便应时而生。

留日学生创办刊物,始于 1900 年,大盛于 1903 年之后。这既与留日热潮的渐次高涨相一致,又与留学生由爱国到革命的思想变化相契合。1900 年下半年,留学界出现了对青年思想进步至有关系的两种刊物,一是专门译介西方政法名著的《译书汇编》,一是专发挥自由平等学说的《开智录》。从出刊的时序上

---

[1]《端方致政府电文》,《中外日报》1903 年 10 月 15 日,转引自《拒俄运动(1901—1905)》,第 315 页。王璟芳原为两湖文高等学堂学生,1899 年(光绪二十五年)以湖北官费生身份留日。他于是日会议后,将秦毓鎏等人起草的意见书送交留日学生监督汪大燮。这种叛卖行为,博得了清政府的赏识。端方在致政府的电文中称:"王璟芳孤身异域,心恋宗邦,干犯众怒,不避危险,遂能以一人之力,回千百人忠义之心,实为各省留学生所仅见。"为此,端方将王璟芳召回,"面询情形属实"后,特向政府要求"破格奖励",赏给举人。

[2]关于军国民教育会的存在时间,一般著作都认为它存在到同盟会成立。这一说法,很可疑问。材料表明,1903 年 7 月 5 日会议之后,它已经无形解体。其一是上举《端方致政府电文》,内称王璟芳将意见书送交汪大燮后,"因是相率出会者二百余人。后出会愈多,仅剩数十人,党羽星散,遂不能成军"。案,前引军国民教育会名单,其全部成员仅 208 人,端方电文称"出会者二百余人,后出会愈多"云云,似嫌夸大。因王璟芳而相率出会人数,当以《端方致张之洞电》为准确,该电称:"是日有劣生十余人出《意见书》,专主排满。鄂生王璟芳厉声骂之,相率出会者百余人。"(见《拒俄运动(1901—1905)》,第 314 页)其二是《岭东日报》癸亥六月二十九日(1903 年 8 月 21 日):"当堂请除名者七十余人,及散会后递言除名者又数十人,现在所余者仅三十余人,而其代表人亦竭力主张解散。"其三是陈天华:《狮子吼》,内称:"当时留学生的程度十分参差,经满洲政府几番严重拿办以后,和平的怕祸要退出会去,激烈的索性把'拒俄'二字,改称'革命',两相冲突,那会便解散了。"(《陈天华集》,第 172 页)以上三种材料,都以 7 月 5 日会议为关键。事实上,7 月 5 日会议后,剩下的少数人确已很难按照原定《公约》开展活动,不少骨干约在 1903 年下半年起纷纷回国从事革命,而且,会后有关军国民教育会的活动再也不见记载。据此,我认为它在 7 月 5 日以后实际上已处于无形解体的状态中。

说,后者较前者略早,可说是留日学界创办刊物的滥觞。

《开智录》出版于 1900 年 11 月 1 日[1],出版地点在横滨。它由担任《清议报》助理编辑的郑贯一和冯懋龙、冯斯栾所创办。这 3 人原是东京大同高等学校的学生,且都受读于梁启超,属于梁门弟子,但与乃师主张保皇不同,倾向反清的民族主义,思想激进。郑贯一于大同高等学校改组后虽担任梁启超主持的横滨《清议报》助理编辑,但有感于《清议报》言论受康有为干涉控制,"稍涉急激之文字均不许登载",乃约二冯另设刊物,以开通民智为己任,取名《开智录》,利用《清议报》为印刷发行机关,随报附送,"以是凡有《清议报》销流之地,即莫不有《开智录》。各地华侨以其文字浅显,立论新奇,多欢迎之,尤以南洋群岛为最"[2]。

《开智录》"原于己亥年冬用油印出版,规模颇狭,庚子夏秋间得孙总理助印刷费二百元,乃改用铅字排印"[3]。油印时为旬刊,排印后改为半月刊[4],"专发挥自由平等天赋人权之真理"[5]。它的主持人为了表示对西说的仰慕和希望国家独立自强,郑贯一署名"自立",冯懋龙改名"自由",冯斯栾则署名"自强",从一个侧面反映了这份刊物的倾向和当时一班留学青年的心态。

《开智录》流传下来很少,难以考察它所宣传的内容究竟侧重于哪些方面。但就目前仅存的两篇文章看,它对 1900 年间发生的八国联军侵华战争和义和团反帝爱国运动这两件大事,都曾发表专文评论。它对八国联军的侵略战争表示极为愤慨,斥责帝国主义"实狄塔偏 Dick Turpin 主义,即强盗主义也";揭露当今世界上的文明国家是"可惊、可惑、可憎、可恶者";号召中国奋起,"高摇自由自主之大旗,大鼓国民不羁之气",以破灭帝国主义瓜分侵略中国的梦想[6]。对于义和团运动,《开智录》发表了热情洋溢的歌颂文章,分析了运动兴起的原因,肯定了义和团反帝斗争的业绩,驳斥了对义和团的污蔑,喊出了"义和团有功于中国"的呼声[7]。这是留学界对义和团赞扬、肯定的第一篇文章。

---

[1] 出版日期,据金冲及《开智录》,见丁守和主编:《辛亥革命时期期刊介绍》第 1 集,人民出版社 1982 年版,第 86 页。

[2] 冯自由:《横滨开智录》,《革命逸史》初集,第 95 页。

[3] 冯自由:《中国革命运动二十六年组织史》,第 52 页。

[4] 关于《开智录》的出版周期,当事人冯自由或称为"小型月刊"(《华侨革命开国史》),或称为"半月刊"(《横滨开智录》),或称为"旬刊"(《中华民国开国前革命史》),说法不一。今据金冲及《开智录》一文所说:"每月两册",定为半月刊。但它在油印时代,应如冯自由所说系"旬刊"。

[5] 冯自由:《华侨革命开国史》,第 45 页。

[6]《论帝国主义之发达及二十世纪世界之前途》,转引自《清议报全编》第 25 卷,"群报撷华","通论",第 184 页。

[7]《义和团有功于中国说》,转引自同上书,第 26 卷,"群报撷华","专论",第 185 页。

由于《开智录》宣传的宗旨与《清议报》不同,"美洲保皇会因党务颇受此报影响,特致书横滨保皇会,质问宗旨不同之故。《清议报》经理冯紫珊遂不许《开智录》在该报印刷,并解除郑编辑之职。《开智录》出世仅半载,以无所凭借,由是告终"[1]。1901年春被迫停刊。

《译书汇编》月刊,1900年12月6日出版于日本东京,主持人为励志会成员江苏籍留学生杨廷栋、杨荫杭、雷奋。他们都是1898年以南洋官费生的身份进东京专门学校(早稻田大学前身)攻读法政科的老资格留学生。该刊"专以编译欧、美政法名著为宗旨,如卢骚之《民约论》、孟德斯鸠之《万法精理》、约翰·穆勒之《自由原论》、斯宾塞之《代议政体》,皆逐期登载"[2]。此外,还有美国伯盖司的《政治学》、德国伯伦知理的《国法泛论》、伊耶陵的《权利竞争论》、日本有贺长雄的《近世政治史》和《近世外交史》等,是留学界也是我国知识界较早介绍西方资产阶级政治学说的刊物,由于它的主持人、干事和发行人大多是留日法政专业的学生,所以选文得当,译笔流畅典雅,在留学界和国内知识界中风行一时,影响很大。它在上海设有总发行所,在北京、天津、河北、安徽、江西、广东、广西、湖北、四川、河南、山西、浙江、江苏、台湾、香港,及新加坡等地都有代售点,尤以江浙一带销量为最多。除编译外,该刊同仁还以单行本形式作为增刊,两年来成书数十种,包括《波兰衰亡战史》、《美国独立史》、《菲律宾志士独立传》、《爱国独立谭》等,对国人了解世界大势,探求西方诸国的兴衰原因,认清帝国主义弱肉强食的本性,都有积极意义[3],所以,冯自由在《革命逸史》中称:"吾国青年思想之进步,收效至巨,不得不谓《译书汇编》实为之倡也。"[4]他以当时人作这种评价,应该说是可信的。

自1902年12月起,为了适应留学界日益高涨的爱国思想,《译书汇编》决定改变单纯译介西方政法历史名著的体例,增加对西方民主思想研究心得的著述,使原先"取法日本欧美之制度"以为我国政体改革借鉴的政治色彩愈形浓郁,爱国感情与寻求救国救民之路结合得更为紧密。到1903年4月该刊改名《政法学报》为止的短短几个月中,连续发表了揭露帝国主义侵略手段变化的《支那问题!!! 吾支那国民之觉悟!!!》,揭露清政府媚外政策及其恶劣后果的《对外观念之适当程度论》,研究日本学习西方后崛起当世之根本原因在于实行民权的《日本宪法与国会之原动力在于日本国民》,探究我国改变积弱、提高国

---

[1]冯自由:《横滨开智录》,《革命逸史》初集,第95—96页。
[2][4]冯自由:《励志会与译书汇编》,同上书,第99页。
[3]参见丁守和、符致兴:《译书汇编》,《辛亥革命时期期刊介绍》第1集,第58页。

民政治能力的《创造文明之国民论》，考察欧洲社会主义学说史、介绍马克思、恩格斯著作的《社会主义与进化论比较——附社会党巨子所著书记》等十余篇文章，对当时知识界的民权觉醒起了积极促进的作用。

从1901年起，留日学界的分化渐趋明朗。在帝国主义侵略深化和清政府卖国政策刺激下，一部分留学生基于民族危亡之忧，思想渐趋激烈，救亡意识日见高涨；而温和派中若干人物则在名利驱策下，不断与政府中人接触交往，双方无形中势同水火；大多数人抱着学成归国、报效朝廷的态度，与世无涉，不愿介入政见纷争。在这种情势下，留日学生中出现了一份倾向激烈的期刊《国民报》。

《国民报》创刊于1901年5月10日，月出一期，由先主改良后主反清革命的秦山力、沈翔云、戢元丞联络留学生中思想新进者杨廷栋、杨荫杭、雷奋、王宠惠、张继诸人发起创办，设编辑部于东京麴町区饭田町六丁目二十四番地。常任编辑有秦力山、王宠惠、卫律煌、唐才质4人。刊物文字由秦力山、杨廷栋、杨荫杭、雷奋等执笔，篇末附以英文论说，由王宠惠担任。

关于《国民报》的性质，史学界普遍认为它是留日学生创办的第一份革命刊物，表现了民主革命派的特色。有的论者因其由秦力山发起并参与编撰，论定它是革命派主办的刊物。其实，从整体上看，《国民报》是以开通民智、振奋民气、培植国民意识为己任的刊物。

《国民报》的宗旨，在第一期刊登的《叙例》中说得很明白。《叙例》说："名曰国民报，冀明我国民当任之责，振我同胞爱国之心。伊尹曰：使先知觉后知；拿破仑曰：报章者，国民之教师。先觉、教师则我岂敢，若以唤起国民之精神，讲求国民之义务，自附于种种培根之末，或亦自尽国民之责欤！"[1]这一宗旨，始终贯串于该刊最重要的栏目——"社说"的各篇文字中。

《国民报》自1901年5月10日创刊，到同年8月5日停刊，前后仅出4期。"社说"每期一篇，类似现代报刊的社论，最能代表刊物的政治主张和编者的思想认识水平，可以说是每期立论的总纲。第1期"社说"题为《原国》，旨在阐发国家的本义。文章根据西方资产阶级国家学说中关于主权、人民、土地三要素理论，逐点检核了当时中国的状况，指出所谓国家，自外部视之，有主权才能有国家，失主权就无国家，就是亡国，中国的主权早已尽入作为外国侵略者的"白人"之手，中国已经亡了，哪有什么国家可言？自内部视之，国家非一人所有而

---

[1]《国民报汇编》，1904年民族书社发行，第2页。以下所引，均据此书，只注篇名、页码，其他从略。

为人民所共有，因此人人对国家有应尽的义务和应得的权利，忘记义务就是"忘国"，抑人民权利而一人专制就是"贼国"，两者殊途同归、罪责均等，都是"国蠹"。文章进一步问道：中国之亡，果谁致之？答曰"外人不能亡吾国而国人亡之，君相不能亡吾国而匹夫亡之。君相擅剥我土地以衅外国，是盗卖我田产以自利也；君相擅吸我脂膏以偿兵费，是劫掠我财物以媚人也；君相擅与他人立约曰某省不让某人，某岛不让某人，是家仆与外贼通，以破主人之家室也。然吾民若罔闻知，不敢与之争，若曰吾侪小人，焉知大计。是虽烹我剥我而我亦不敢动，所谓放弃其责任者也，于外人乎何尤？于君相乎何尤？"[1]这一段回答，看似荒谬，实则句句沉痛，表现了作者对国民性的深切反省，流露了亡国之痛和爱国之情。但救亡的道路何在？中国的前途又在哪里？文章没有说明，只要求国人自己考虑"将何以处之？"所以《原国》篇着重阐明了国家与主权、与人民的关系，以此唤醒国人的主权意识与国民意识。

第 2 期"社说"题为《说国民》，全文从"国者，民之国"的立论出发，就国民的权利与责任、自由与平等诸方面论析了国民与奴隶的区别，进而解答了《原国》篇提出的问题，即应该效法法国大革命前法国思想家努力播种国民之种子，唤醒国人的民权意识，使人人争当国民不作奴隶，才能在物竞天择、优胜劣败的激烈竞争中摆脱亡国、奴隶的地位。很明显，作为前者的续篇，《说国民》的主旨仍在开通民智、增进国民意识的宗旨下做文章。

"社说"的第 3 期题为《说汉种》，这是一篇从民族观念出发唤醒国民意识中的民族感情的文章。必须指出，当时的激进知识分子，在大倡民权、宣传争作国民的同时，往往把汉族的民族觉醒与国民意识觉醒混杂在一起，这虽属理论误区中的一例失误，但本意却在宣扬救亡大业中汉人应该率先觉悟和奋起，承担作为国民先锋的责任。所以文中有抨击清政府民族统治的激烈语言，却仍以"同舟之客，共网之鱼"比拟满汉皆受制于外人统治的境遇；有鞭笞外国侵略者奴役亡国之民的惨酷，但落脚点仍在阐明西人优胜、东人劣败"乃国与无国者争，国民与亡国之民争"；有历数汉族光荣历史和顽强生命力，而其命意则在于激发汉人在生存竞争中昂首奋起之精神；有以满族为异族、痛斥甘心作清王朝顺民的民族情绪和激烈言词，却没有公然号召反清革命的宣言。所以把这篇社说，论定为揭露和批判清政府的民族统治，含有反清的意义是可以成立的，但若由此引申出它宣传了革命思想则恐与文意不尽相符。

---

[1]《原国》，《国民报》第 1 期"社说"，1901 年 5 月 10 日，《国民报汇编》，第 6—7 页。

第4期"社说"题为《亡国》篇,从统绪性言,这一篇与前三篇宗旨一贯,着眼点仍在唤醒国人的主权意识和国民意识,但侧重则有不同。它在再次强调中国无国家、无政府、中国早亡于异族、汉种早已衰亡的同时,把矛头指向了保皇派,批判保皇派的所谓"保国"主张,强调清政府统治下的中国只能从死中求生,"夫所谓变者,岂仅如彼之所谓学校报章而已哉,岂仅如彼之所谓宪法政体而已哉?鞑靼不死尽,无所往而非奴隶也"[1]!公开表明"吾不欲保之,惟欲亡之,其亡也勃焉,其兴也勃焉"[2]。很明显,在作者看来,汉族的民族意识没有恢复,国人的奴隶地位和国民性没有改变与张扬,单纯依靠清王朝维新变法的主张是无法改变亡国事实的,只有"荡涤其邪秽,斩绝其根性,斩之以刃,荡之以血,夫而后可兴言治也"[3]。

　　那么是否应立即奋起推翻清王朝,效法拿破仑、华盛顿之所为呢?作者对之持否定态度,认为法国革命和美国独立之所以成功,不仅仅是拿破仑、华盛顿一人之功,而是"彼国民自为其身家。其始也,不知几千百华盛顿、拿破仑,忘生死、掷头胪,以争一日之命,而彼二人者乃坐享其名"[4]。作者指出:"今试无慓悍无前之法民,则拿破仑何如矣?无十三州之自治,则华盛顿又何如矣!"[5]显然,文章的落脚点仍在提高国人的国民意识上。由此,文章宣称:"今不欲预造无量数之无名华盛顿、拿破仑而乃汲汲自任,为有名之华盛顿、拿破仑,吾甚不愿支那之有此人也。"[6]

　　综上4期"社说",虽然侧重点各有不同,措辞的激烈也逐篇高昂,但基本点不在号召革命而在批判清王朝的专制腐败,不在提倡付之行动而在反复申说提高国人的国民意识、去除奴性的必要。国民问题的提出,反映了在两个世纪的交替中,先进的中国人开始意识到西方的先进,不仅仅是一个制度问题,更重要的是必须以西方的人格精神为国人的楷模,才有可能承担作为新国家、新制度下新国民的责任。因此培育国民意识、增强国民责任感、去除奴隶性,既是当时民权觉醒的表现,也是爱国主义在新时期中的一个重要内涵。《国民报》创刊正是反映了留日学界中一部分思想激进的爱国青年在维新变法失败后对中国前途命运的深层思考,表明他们在爱国主义的起点上开始经由民权的觉醒而进向民主革命的轨迹。

　　张扬民权,是《国民报》开通民智、振奋民气、培植国民意识的重要主题。要

---

[1][3]《亡国》,《国民报》第4期"社说"1901年8月5日,《国民报汇编》,第27页。
[2]同上书,第24页。
[4][5][6]同上书,第28页。

唤醒国人的国民意识、使人人认清自己在国家事务中应负的责任和应有的地位，就势必要从理论上认定这种参与权利是生而有之的天赋；从历史与现实中辨析爱国与忠君、民权与国运的关系，把民权问题置于国家兴亡的尖锐冲突中借以觉人警世，以达到奋起救亡、尽其天职的目的。诚然，就理论方面阐发天赋人权的西哲之说，《国民报》或许没有《清议报》和稍后的《新民丛报》来得系统、完整，但它把民权与忧患意识相结合，通过历史与现实的比照分析，使民权的张扬与反对外国侵略争取国家独立、抨击清专制统治争取国民的平等自由权利，则远较改良派的君民共主论深刻和激烈。它指出了列强在 20 世纪的侵华方式"已巧为变计，尽寄权于其政府官吏，擒之纵之威之胁之，惟所欲为，可以不劳兵而有人国"[1]，清政府已经成了列强的工具，这样的政府，"必不足恃以图存"[2]；它分析比较了中外历史，认为中国欲效法欧美日本独立自强，只有大兴民权才能"种吾民革命之种子，养吾民独立之精神"[3]；它根据"世界万国以有民权而兴，无民权而亡"的事实，宣告"民权之运，已渡太平洋而东"，"二十世纪之中国，为民权之枢纽"[4]。这些分析、论断和预测，不仅表明了《国民报》编者自身的民权觉醒程度，而且也流露了他们希望大多数国民从亡国灭种危险中惊醒奋起的焦灼不安心理。他们已经从历史与现实的比照中隐约看到了西方国家以暴力革命争取独立、民主、自由的可贵和可取，反映出革命和改良的政治分野在激进的留日学生中已露端倪的事实。

《国民报》所倡的民权，既然不是和维新变法的目的联在一起，那么它的理论张力势必突破尊清保皇的思想藩篱。当它在"社说"、"时论"栏中大事宣传黄汉历史的光彩、鞭笞满族贵族集团统治之惨酷时，事实上已把自己放在了清王朝的对立面。同时，也招来了"反满"论者的注目与同情。章太炎把他所写的《正仇满论》揭载于《国民报》，更增强了这份激进刊物的激烈色彩。《正仇满论》是当时中国知识界第一篇公开系统批判梁启超保皇主张的文章。它肯定了百日新政之举"足以书于盘盂、勒于钟鼎"的历史地位，同时又指出了只要清统治者不放弃腐败的成法以愚弄锢塞四万万汉人的心态，那么所谓"圣明之主"的光绪帝即使没有西太后、荣禄之流的阻挠，也必定不能实行真正的新政；它针对梁启超宣扬所谓"真有爱国心而具独识者未有仇视满人者也"的论调，指出"今之

---

[1]《二十世纪之中国》，《国民报汇编》，第 32 页。
[2] 同上书，第 33 页。
[3] 同上书，第 36 页。
[4] 同上书，第 39 页。

人人切齿于满洲而思顺天以革命者,非仇满之谓也",实在是因为清统治者"无一事不足以丧吾大陆"[1];革命不是仇满,更不是"涸渹清浊而一概诛夷之也",只是把满族人逐回原先的居住地东三省,"以收复吾所故有而已",所以是"逐满"而不是"歼杀满人"[2];它认为立宪不是不可,但只有经过革命"而后可以就事",因为只有国会和议院才能限止君权,而此"二者皆起于民权,非一人之所能立",目前中国无民权可言,则又何以能靠一人而立宪[3]?

《正仇满论》虽然对革命的理解还处在"光复故物"、"顺天应人"的传统意义上,但它辨正了反清革命不是仇杀满人,这就揭穿了保皇论者对革命的诋毁,同时也对反清"复汉"的宣传赋予了新的内容,使当时弥漫于激进留日学生中的大汉族主义偏激情绪得到了第一次正确的导引。

综上可知,1901 年出刊的《国民报》,其基本主旨在于开通民智、宣扬民权。它在把西方近代国家观念、国民学说介绍给读者的同时,努力使这些社会政治理论与救亡实践紧密联系在一起,用以反对君主专制、保皇维新,这就不可避免地使它逸出原定的宗旨而向反清革命的方向倾斜,并从欧美资产阶级革命的历史中寻求借鉴,把民权的张扬作为民主革命的一个必不可少的中间环节,成了中国社会思潮行将变化的先兆。

随着留日学生的逐年增加和留学生中地域政治意识的增长,从 1902 年起,留日学生纷纷以各省同乡会为主体创办刊物,一时报刊宣传大有起色。

先是改良派健将梁启超因《清议报》在 1901 年毁于火灾,于 1902 年 2 月 8 日在横滨创办《新民丛报》,大力宣传"新民"道路,以国家主义为理论武器鼓吹渐进式的政治改良主义,在思想界产生了深远影响。

接着,留日学生为了多渠道地了解西方人文历史、民生政情,获取借鉴、寻求真理,便自办刊物介绍西哲的民主主义思想主张,抒发自己的爱国救亡之思。1902 年 12 月,湖南留日同乡会创办了《游学译编》月刊,"专以输入文明、增益民智为本",以译述为主,介绍西方的政治、教育、军事、经济、内政、外交、历史、地理等思想和知识,开了以同乡会主办刊物的先河。湖北同乡会紧随其后,于1903 年 1 月创办了《湖北学生界》月刊,以"输入东西之学说,唤起国民之精神"为宗旨,成为留日学生中第一份以省名命名的刊物。同年 7 月出至第 6 期起改名《汉声》。1903 年 2 月,浙江同乡会创办《浙江潮》月刊;同月,河北留日学生创

[1] 章炳麟:《正仇满论》,《国民报》第 4 期,《国民报汇编》,第 200 页。
[2] 同上书,第 204—206 页。
[3] 同上书,第 206 页。

办《直说》，前者以"眷念故国"、"着眼国民全体之利益"为宗旨，后者则以"输东西文明、开内地风气"为己任。同年4月，江苏同乡会创办《江苏》月刊，宣称以"厚笃乡谊、培进人格，开发本省之文明事业，以共谋本省之乐利"为宗旨。思乡乐土本是中国人的传统思想，留日学生身处异地，眷恋故土尤为强烈。当他们目历身受西方资本主义物质文明和精神文明之后，希望家乡繁荣振兴，本身就是爱国主义的一个重要内容。20世纪初民主主义思潮的传播正是在留学生这种地缘认同的背景下，通过同乡会组织创办刊物的方式展开的。这个势头直到资产阶级革命派的统一组织中国同盟会成立之后仍历久不衰，这表明，在中国社会近代化的过程中，即使是古老的原始的组织形式，也会在一定的历史条件下产生积极的作用。

不过，当这些同乡会刊物创办之初，它们的基本倾向还只是爱国爱家乡而没有明显的革命色彩，刊物的主要内容还只是客观的介绍西方民主主义思想和抒发忧国丧时的感情。只有当拒俄运动发生、清政府不准留学生组织义勇队共赴国难、爱国有罪的情况下，刊物的革命倾向才日趋明显：

一个显著的变化是反清的宣传充斥了各个刊物。他们斥责"满洲者，大盗也，盗之魁也；军机者，盗之军师也；督抚者，盗之分头目；州县其小盗也；胥吏差役，盗之喽啰也"[1]。许多刊物载文揭露了清统治者在军事征服过程中对汉族人民的残酷虐杀，历数清政府的腐败专制和百姓的痛苦生活，以激发人们对清朝统治的痛恨。同时，又大力宣传汉族的光荣历史，将明末抗清将领的事迹加以渲染张扬，提倡反清"复汉"，申说"中国者汉人之中国也"。这些宣传，对国人民族感情的触动起了重要作用。可以说，在晚清历史上，没有任何一个时期的民族矛盾在深度和广度上能与20世纪初年相比拟。民族主义成了民主主义不胫而走的翅膀。

另一个显著的变化是对革命和改良的态度已经摆脱了以往摇摆不定的状态而倾心革命主张。《浙江潮》第8、9两期连载的《近时两大学说的评论》一文，将改良派的"新民说"和"立宪论"作了深入比较，认为"新民说不免有倒果为因之弊，而立宪说则直是所谓隔靴搔痒者也"；指出中国"其民既争权尤须争命，予其权而不救其命，此大革命之所由来也"。有的刊物公然揭出"不挟猛烈之势，行破坏之手段，以演出一段掀天撼地之活剧，则国民难得而苏。此变革腐败之政体，唤醒国民之民气，所以重破坏主义也。破坏专制政体，建设共和政体，惟除暴，斯为大仁"[2]。

---

[1]《镇江制造奴隶学校之现象》，《江苏》第5期。
[2]《民族主义论》，《浙江潮》第1—2期。

在反清、革命的两大主题下，他们讨论了"民族主义"的定义。从开始认为"合同种，异异种，以建立一民族的国家，是曰民族主义"[1]，发展到"中国者，中国人之中国也，孰为中国人，汉人种是也"，申称这是"发生于生人固有之自卫心、复仇心、而又荡之以近世纪蓬勃畅达之民族主义。其对将来之欧美人而言，自立主义是也；对现在之满洲人而言，逐满主义是也"[2]。把反清与国家独立结合了起来。

他们讨论了"民族主义教育"。从以前鼓吹的国民教育乃至军国民教育，发展到要以革命来进行教育："是故喋吟言之曰国民教育，不如直揭民族主义以为教育之旗帜；喋吟之而言军国民教育，不如直揭支那民族主义以为从事教育者之事业。凡论政治者必以最大多数之最大幸福为目的，则论教育者亦必以构造最大多数之最大幸福为目的。权衡今日支那民族时势之轻重、事业之缓急，莫如革命。革命者，今日支那民族最大之幸福也，民族主义则求此最大幸福之线引也。"[3]

他们讨论了建设新政府的问题。从以前徘徊于立宪改良，发展到要用共和政体来替代专制政体，"组织民族的国家以保存汉种之本根"。认为："专制政体如何而可破？旧政府如何而可倒？非我先有共和政体之精神，何能破坏专制政体，非我先有新政府之模范，何能倒旧政府？故吾扬共和政体之精神，即为破坏专制政体之先声；我树新政府之模范，即为倾倒旧政府之根基，固何必待专制政体破坏而始言共和政体，旧政府倒而后言新政府耶？"[4]

他们甚至还讨论了家庭革命问题。申称"革命、革命，中国今日不可以不革命，中国今日家庭不可以不革命！"他们从"家为国基"出发，认为家庭革命是国家强大的基础，要实行家庭革命，必须破除父母兄弟妻儿的宗法伦理和爱情的羁绊，宣称："欲革政治之命者，必先革家族之命，以其家族之有专制也；而革家族之命者，尤必先革一身之命，以其一身之无自治也。"

饶有兴味的是，凡可以用来进行反清的题材，都被加以渲染、议论。他们从"满汉"矛盾的民族感情出发，对发辫和旗装进行了尖锐的抨击，大张其词地申说发辫是清统治者奴役汉人的标记，把清军入关时留发不留头、留头不留发的历史老账翻出来重加宣传，号召剪去发辫以示不忘种姓；指责清统治者强迫汉

---

[1]《民族主义论》，《浙江潮》第1—2期。
[2] 观云：《四客政论》，《浙江潮》第7期。
[3]《民族主义之教育》，《游学译编》第10期。
[4] 汉驹：《新政府之建设》，《江苏》第5—6期。

人易服改穿旗袍马褂是扼杀汉人的民族意识,只有废除胡服重着汉装才能从潜意识中去除奴性。穿什么样的汉装才能振奋民志?有的主张穿西服以示文明进步,有的主张改穿武侠装以示尚武精神。他们从汉族正统观念出发,反对用清朝年号纪年,主张改用黄帝纪年,以示不忘黄种祖先之德。他们甚至连姓名也利用来作为对清统治者口诛笔伐的材料,当时留学生刊物上出现了为数众多寓有反清意义的笔名,如"辕孙"、"汉驹"、"黄中黄"、"巩黄"、"思黄"、"汉种中之一汉种"等,一时蔚为风气。

但是,在留日学生的民主革命思想宣传中,也明显地存在着不足和缺陷。一个明显的不足是他们没能系统地把西方民主主义学说介绍到中国来。虽然各种刊物上都设有介绍西方资产阶级政治、军事、经济、哲学、教育、法律等栏目,但刊出的文章大多是一鳞半爪的略述,既不完整,也不系统,不少文章只是知识性的介绍,或者作为抒发作者自己感想的由头。更不说有些文章对西说的误释和曲解了。当时最为留学生注目的,主要是西方资产阶级的国家学说和英美资产阶级革命史及印度、波兰等国遭受列强侵略的痛史,即使这些内容,也没有出现过系统介绍的专著。这表明,作为当时最具西学知识的中国留学生,他们的知识结构是有缺陷的,对西方民主主义学说的完整系统理解是不够的。因此,就留日学生群体说,民主主义思想较之 1903 年以前无疑有了长足的进步,但作为个体说,几乎没有一个思想激进的留学生,在 20 世纪初年已经充分具备了西学中任何一个门类的系统知识。这固然与他们在迫切的救亡意识支配下饥不择食的文化心态有密切关系,也与他们大多数人留学时间短暂、学校课程设置不善不全有很大关系。

其次,他们中的不少人虽然越过了维新改良的门槛而倾心民主革命,但在对革命的理解上往往过分地强调"满汉"矛盾,宣传的内容中还时时流露出浓重的民族主义色彩。这表明,他们的民族主义思想也还有待于进一步提高和发展,他们的民主共和观念的内涵也需要作出理性的调整,以便于迎接新时代中即将到来的各种思潮的挑战。

再次,他们在观察问题时往往容易陷于极端。例如在利用西方国家学说分析中国国情时认为中国只有灭亡了才有救;在使用进化论观察社会变化时说中国的衰弱落后根本原因不在列强侵略,而在国人自己甘作奴隶、不愿振作;在介绍西方政治制度、社会设施时不加分析地认为只要照抄照搬就能使中国臻于富强之列;在批判清王朝的腐败落后时不加批判地认为汉族的文物制度都优于满族等。这种好就一切都好、坏就一切皆坏的过于简单化的分析方法,尽管基于强烈的救亡图存的爱国心,但毕竟缺乏科学态度,从而妨碍了他们的正确观察。

由此可见,20世纪初年中国社会思潮的转换过程中,起着先锋和桥梁作用的留日学生,他们的民主革命理论准备并不充分,民主革命思潮本身也是很不成熟的。尽管如此,当它从涓涓细流汇合成汹涌波涛时,仍然显示了强大的精神力量,从东京留学生社区以不可阻挡之势涌向神州大地,推动了国内社会思潮由改良向革命的转移。而留学生本身也在思潮转移的过程中,逐步向民主革命的先行者孙中山靠拢。

六　国内民主思潮勃兴

（一）上海：思潮传播中心

日本留学生的革命化,是民主革命思潮在国内传播的源头,而国内传播的中心则在上海。孙中山的思想主张和革命事业,正是通过上海的传播深入内地,引发了20世纪初年国内民主思潮的勃兴,为辛亥革命的胜利奠定了必要的思想基础。

促成上海成为新思潮传播中心的历史地位,原因众多,但以下几点,至为突出:

首先,上海在20世纪初,已经成为中国近代化先行的首位型城市。上海具有发达的工商业。它的钱庄业、航运业、机器制造业、纺织业和其他轻工业,都占全国领先地位。由此,上海民族资本力量雄厚,要求和洋商争利,发展本国经济的呼声最高也最为积极。内地投资者无不把上海视为最佳投资场所,纷纷来上海经营;各式各样人等涌入上海,寻找机会,使上海成为全国最大的移民城市。可以说,上海成了沟通全国各地的"心脏"。而生活在上海的人群,在近代化经济大潮的熏染下,心智开张,求新开拓的意识也较之内地更为强烈,他们容易接受新思想,敢为天下先,逐步形成了上海近代的城市精神和市民的世界性意识。

其次,上海又是列强在华势力的大本营,中西文化交会的重要窗口。经济上,当时中国绝大部分的进出口商品和原料都在上海集散。8个国家的10家银行,控制着当时中国的金融命脉。列强在华设立的工厂企业,大多以上海为基地,利用中国的廉价劳动力和原料,进行成品和半成品生产,与华商争利。所以上海是民族资本与侵华资本斗争最激烈、最敏感之区。政治上,帝国主义在华势力盘根错节。各国驻沪领事往往可以影响各自国家对华的决策,也经常影响上海地方当局的政治实施。租界作为"国中之国"，不仅剥夺了清政府行政、司法、监察等各方面的权力，而且在很大程度上操纵着上海乃至东南各省的政局和政情。租界的特殊格局，客观上又为革命派的反清活动，提供了清政府力所不逮的有利空间。文化上，列强的宗教势力无孔不入，传教士遍于城乡。教会学校普遍设立，以殖民精神奴役青少年。但同时，各种西学书报和新学学说，也随之登陆上海，并通过上海流入内地。于是上海成了中西文化首要的交会之区，得风气之先的城市，为优先汲取西方新思想提供了先机。

再次，上海具有优越的地理位势。上海扼长江出海口，与内地有发达的水陆交通。上海又是全国海岸线的中心，与日本有航线可通，是留学生出国的必经之地，也是他们回国的第一站。这使上海具备了传播学上一个重要的条件，即区位优势。

必须指出，在上海作为国内新思潮传播中心的历史地位中，维新派作出了重要贡献。

早在维新运动的初期，维新派就以上海作为重要的宣传阵地予以经营。1895 年 11 月，维新派在上海成立强学会，与北京强学会遥相呼应，成为中外瞩目的两大团体，鼓吹变法图强的政治主张，吸引了不少开明士绅和新式知识分子。1896 年 1 月，北京、上海两地强学会被封后，同年 8 月，维新派又在上海创办了《时务报》，由汪康年任总理，梁启超任总撰述，麦孟华、徐勤、欧榘甲、章炳麟等都是主要撰稿人。该报为旬刊，每期 20 余张，石印。以启民智、开风气、助变法为宗旨，成为维新派最重要的宣传阵地。梁启超以犀利而常带感情之笔，接连发表文章，深受上海乃至全国读者的欢迎，几个月内，《时务报》销至万余份，对开通民智，传播新学，变法维新起了重要作用。1897 年 10 月，梁启超离沪去长沙担任时务学堂总教习后，由汪康年主持报务。次年 8 月，汪康年为避免《时务报》被清政府改为官报，遂将《时务报》变名为《昌言报》，聘梁鼎芬为主笔，社址也由上海四马路(今福州路)迁至大马路(今南京东路)泥城桥边。宗旨不变。所以其出版的第 1 册，即接续《时务报》的第 69 册，前后赓续，连为一气，同年 11 月 19 日，因戊戌政变发生后，清政府下禁报令，《昌言报》出至 10 期后停刊[1]。

《时务报》尽管深受读者欢迎，发行量也大，但因为是旬刊，月出 3 期不能满足读者需求，经理汪康年于 1898 年 5 月，又创办了《时务日报》，每日出版两大张(4 开 8 版)，馆址设在上海英租界大马路集贤里。出版不及 3 月，恰逢清政府

---

[1] 参见史和、姚福中、叶翠娣编：《中国近代报刊名录》，福建人民出版社 1991 年版，第 188—189 页。

企图改《时务报》为官办风波，汪康年以私人股董为由，拒不交出，在将《时务报》易名《昌言报》同时，将《时务日报》改为《中外日报》出版。馆址不变，版面也照旧为4开8版，与《时务日报》相仿。《中外日报》因其坚持原有宗旨，且以报导中外新闻、评议时政得失为主，很受市民欢迎。直到1908年因经费困难，《中外日报》不得不接受上海道台蔡乃煌的津贴与监督，致使其信誉扫地。1911年辛亥革命前夕，销路大减，无法维持而自动停刊，前后长达13年之久[1]。

梁启超在主笔《时务报》期间，编纂了《西政丛书》，于1897年6月在上海出版，是当时介绍西方政治、经济、社会、文化的重要著作，对新式知识分子开眼看世界、增进世界意识和了解西方，起过积极作用。同年9—10月间，又与康广仁等集资创办大同译书局，出版了康有为的《孔子改制考》和《俄罗斯大彼得政变记》等书，使上海知识界深受影响。

戊戌政变后，维新派在上海的宣传活动仍在继续。政治上，由康、梁策动、获得孙中山革命派同情和支持的唐才常自立军在上海设立办事处，并在张园召开中国国会。当时国内一批著名知识分子，皆列名其内。其中有名可考者如：江苏籍之马相伯、丘震、狄平；浙江籍之叶瀚、汪康年、汪有龄、汪立元、孙宝瑄、胡惟志、宋恕、张元济；广东籍之容闳、郑观应、丁惠康、温宗尧、陈锦涛；湖南籍之唐才常、沈荩、张通典、陶森甲、唐才质、林圭；安徽籍之吴保初、孙多森、孙多鑫；江西籍之赵从藩、文廷式、陈三立、沈士孙；福建籍之严复；广西籍之龙泽厚；湖北籍之戢元丞；陕西宋伯鲁；直隶王照等，前后不下百余人[2]。国会推容闳为会长，严复为副会长，以叶瀚（浩吾）、丘震（公恪）、汪有龄（子建）为书记，郑观应（陶斋）、唐才常（佛尘）、汪康年（穰卿）、孙宝瑄（仲愚）等10人为干事，由孙多森（荫亭）及唐才常为会计，组成了领导班子。庚子中国国会（亦称中国议会）既因自立军勤王而兴，亦因自立军起义失败而散，前后不过月余。但它不仅是轰动一时、影响至巨的重大政治活动，而且表现为争民权、兴民政的宣传和动员，对新式知识分子和新学士绅的国民意识增长，起着催化作用。正像有学者言："国会存在的时间虽短，但反映出新学士绅对欧美近代民主宪政的接纳，显示出由他们代表的民权力量的增长。"[3]

---

　　[1] 参见史和、姚福中、叶翠娣编：《中国近代报刊名录》，福建人民出版社1991年版，第188页。

　　[2] 名单引自桑兵：《庚子勤王与晚清政局》，北京大学出版社2004年版，第107页。有关参加国会的开会时间、地点、开会次数等问题，汤志钧先生有详细考证，此处不赘。参见氏著《乘浮新获》，江苏古籍出版社1990年版，第343—345页。

　　[3] 桑兵：《庚子勤王与晚清政局》，第137页。

文化上，维新派在戊戌政变后，仍在学术文化领域内介绍西洋民主主义学说。当时上海最大的出版机构之一的商务印书馆，在著名戊戌党人张元济（菊生）主持下，于1902年1月出版了《外交报》（旬刊）。这是一份在国内影响很大的刊物，也是我国最早研究国际问题的刊物。由张元济亲任主编，蔡元培等任撰述。总发行所设在英租界棋盘街原杜亚泉所办亚泉书馆改组的普通学书室内。主要栏目有论说、谕旨、文牍、外交大事记、外交纪闻、外交史、世界大事记、译报、要电、国际法等。前后共出300期，直到1911年1月停刊。[1]这个刊物提倡"文明排外"，主张改良立宪。虽然政治倾向温和，但介绍域外知识、西方文化则不遗余力。同时，《外交报》也编发一些批评清政府外交无知的文章，提倡"以国民为本体的外交，以取代朝廷、官吏为本体的传统外交"[2]。

　　1902年出版的《新世界学报》，是一份值得作为个案进行专门论析的刊物。这是一份在上海出版发行的半月刊。创刊于1902年9月2日，至1903年4月27日停刊。月出2期，逢初一、十五出刊。因腊尾、岁首各减出一期，所以1902年出了9期，1903年出了6期，前后共出15期。各期按出刊先后统一编号，前后共计15号。馆址设在上海四马路惠福里上海编译局内。

　　《新世界学报》是"以通古今中外学术为目的"，"取学界中言之新者为主义"[3]的学术性刊物。它所涉及的学科门类极为广泛，有史学、政治学、宗教学、心理学、教育学、经学、法律学、理财学、伦理学、地理学、商学、农学、工学、兵学、物理学、算学、辞学和医学，共计18门，相应设立18个栏目。各期栏目不固定，其中史学、政治学、心理学、教育学、法律学为经常性栏目。在当时的新学书报中，栏目之多，学科之广，《新世界学报》可称第一。值得注意的是，上述18个栏目的名称中，有不少是该刊首创，至今还被沿用，说明该刊的编者是费过一番斟酌的。因而大多数栏目的名称，在措字命辞上都比较恰切，显示了20世纪初年的中国知识分子对西学的了解程度，已经较前有了一个长足的进步。

　　《新世界学报》虽是学术性刊物，但它并非为学术而学术。它在对西方近代自然科学基础知识和民主主义文化的介绍中，表明了崇尚新学、厌恶旧学的观点，在爱憎的感情中寄寓着学术救国的宗旨。这在第一期相当于发刊词的《序例》中，可以明显地体察出来：

　　　　世界之立，文化之成，榷而论之，大要有二：曰政曰学。学者，所以学政

---

　　[1] 史和等编：《中国近代报刊名录》，第124页。
　　[2] 张荣华：《张元济评传》，"国学大师丛书"之一，百花洲文艺出版社1997年版，第46页。
　　[3]《序例》，《新世界学报》壬寅1902年第1期，总第1号。

也,虽然吾不敢言政。顾亭林曰:天下兴亡,匹夫有责。学,其尽匹夫之责欤。中国言学尚已,然如今日者,乃吾学界中四千年未有之一大开辟也。绝亚洲大陆,横度(渡)太平洋,涉美欧非澳诸区域,国殊教,人异俗。先二十周世纪,挟聪明智识之长,肆力于所见所闻,抽理于赜,断事必纲,网罗故实,摘英撷采,用学术为当时倡。通内外之邮,汇古今之全,风驰电激,薄影而飞;鼓自然之动力,借以操纵世宙,俾并出于一途。苟不可得,亦将舍我所短,效人所强,与列强诸巨子相驰骋上下于竞争场中,门键而径辟之。为文明国作者言,以传诸人,以垂诸后,中国之兴,其必自此始矣。[1]

用学术作为"中国之兴"的手段,以介绍西学尽其"匹夫"之责任;向西方学习是为了与列强"竞争",达并驾齐驱的目的。凡此种种,都说明编者具有忧国忧民的胸怀。

但是,《新世界学报》避而不谈当时的现实政治,更没有涉及以暴力推翻清王朝的革命内容,甚至连敏感的"满汉"矛盾的鼓吹都没有出现。它只是一般地批判封建专制制度,哀叹中国的落后和民生艰难;它宣传了西方资产阶级民主主义的科学文化,甚至还介绍了近代西方社会主义学说的不同流派,从欧文、傅立叶的学说到马克思的理论,无不罗列;但它又主张尊崇孔孟之学,称颂孔子是地球上"至光明、至中正、至高尚、至完美"的人物,以他的学说使众生进之太平,世界臻于大同,孔子的理论照耀人间,"万丈光芒,不可磨灭"[2];宣称"中人勿吐弃西人为谬论,勿推尊西人为帝天。孟学俱在,盍使我二万万男女俱尊孔而熟读之,欧美哉,欧美哉! 白固独强,黄亦非弱"[3];它反复宣传"物竞天择"的进化论,以此激励国人弃旧图新,积极上进,却又认为"人生世界决不能不经过专制时代,而破专制者,不在破其政体,而在先立多数之专制,以相抵相抗"[4],可见,它宣传的内容虽广,但并未跳出维新派的藩篱。显然,《新世界学报》并不是一份鼓吹暴力革命的刊物,就它的政治倾向来看,更多的是主张变法维新。

《新世界学报》的这种宗旨和倾向,与主持人陈黻宸有密切关系。

陈黻宸字介石,浙江瑞安人。长于经今文学,尤精于治史。他治学不拘旧说,"能在古书里发出新义"[5],时人称他与陈虹(蛰庐)、宋恕(平子)为"温州三

---

[1]《序例》,《新世界学报》壬寅 1902 年第 1 期,总第 1 号。
[2]《尊孔》,《新世界学报》癸卯 1903 年第 4 期,总第 13 号。
[3]《论秦后政治学派》,《新世界学报》壬寅 1902 年第 1 期,总第 1 号。
[4]《历代政治比较学》,《新世界学报》壬寅 1902 年第 3 期,总第 3 号。
[5] 马叙伦:《我在辛亥这一年》,《辛亥革命回忆录》第 1 集,第 176 页。

杰"[1]。甲午中日战争前,他长期任乐清梅溪书院山长,追慕时尚,具有维新思想。战后,他与人合办东瓯利济学堂,倡导新学。1897 年创办浙江第一份学报——《利济学堂报》,分设于维新派在杭州的重要宣传阵地经世报馆中。他与浙江维新人士汤寿潜及《经世报》主笔之一的章太炎过从甚密。戊戌政变起,章太炎遭到清政府通缉,陈黻宸得知凶讯,即暗中通报章太炎,使章得以避往台湾,免陷图圄。1900 年陈黻宸受聘为上海时务学堂总教习,翌年转任杭州养正书院(浙江大学堂前身)史学教习,讲学中常"托古人以自见",陈说"夷夏文野之义,于五胡金元之迹,反复而不厌"[2]。微文讽叹,得之言外。他"于新法之革,又不肯诡随流俗,曰昔旧之弊者,吾推而覆之;今弊在新,吾又将翼之匡之,必衡国清,必准故习。毋暴、毋躐等,而要以救民为宗"[3]。在他的周围,团聚了一批爱国上进的有为青年,俨然成为浙东一代宗师,深得学生欢迎,也因之招惹一派旧学家的疑忌和怨谤。攻讯之下,陈黻宸愤而辞职,转赴上海;学生随之而去者数十人。恰好当时浙人赵某拟在沪创办《新世界学报》,陈至上海,被延请为主持人;随其而来的几个得意门生弟子如仁和马叙伦(夷初)、钱塘汤调鼎(尔和)、上虞杜士珍(杰峰)等,也都成了这一刊物的主要撰稿人。他们守住宗旨,凡"宗旨不同,则敬谢不敏"[4],因此,《新世界学报》很少刊登圈外人的来稿。偶尔有之,也多是陈的门生弟子或浙东士人,旨趣相类,论调合拍。可以认为,这个刊物实际上是以陈黻宸为首的一批浙东知识分子的同人刊物,作者的面很窄。正因为主持者长年与维新派交游,心犀相通,所以这一刊物的宗旨、倾向,自然不免与他们互为同调了。刊物出版后,君宪派大为赞叹。《新民丛报》社员来书赞誉它是"上海第一流报",说"文章之锐达,理想之烂斑,实本社记者所深佩"[5];刊物的境外经售处,也多附设于康、梁一派的言论机关,如横滨新民丛报社,新加坡天南星报馆,檀香山新中国报馆等处[6],可见它与维新派的关系自有渊源所在。

综观《新世界学报》十五号百余篇文章,这个刊物在宣传介绍西方民主主义科学文化上是不遗余力的。它介绍了西方近代物理学的基本知识,如水的压

---

[1] 陈谧:《陈介石先生年谱》,《瓯风杂志》第 12 期,第 25 页。
[2] 汤尔和:《瑞安陈太公寿序》。
[3]《陈介石先生年谱》,《瓯风杂志》第 11 期,第 24 页。
[4]《序例》,《新世界学报》壬寅 1902 年第 1 期,总第 1 号。
[5]《新民丛报》社员来书,《新世界学报》壬寅 1902 年第 8 期,总第 8 号。
[6]《新世界学报》境外经售处,除上述三处外,尚有香港中国报局。自第 5 期(1902 年 11 月 14 日出版)起,停止在境外销售,原因不明。

力、物体的三态、声波和震荡的关系、虎克定理等。这些连载的《新物理学》(马叙伦编),后来成了中小学教科书的部分内容;它的"教育学"栏,刊载了根据西方普及教育理论写成的《公教育说》(汤调鼎撰)一文,主张实行义务教育;《儿童教育平议》(马叙伦撰)则大力提倡关怀儿童健康成长,从小养成勤劳习惯,强调进行爱国思想的教育。第12号上刊登的《学生潮》一文,更明确主张应重视青年在一国中的地位。文章说:"今日者,实青年竞争之世界也。一国之中,文明之青年占多数,则其国即雄,大而无敌;一国之中,顽鄙之青年占多数,则其国未有不颠蹶于朝夕之间。"指出"泰西各国,自革政以来,百计经营,不惜竭全力以从事教育,凡国中人民至七岁未入学校者,罪其父母;其学生之修学深而造诣宏者,国家尤百端以尊荣之、鼓舞之",从而批判了当时中国的教育落后腐败之情状[1]。主持这一栏的主要撰稿人马叙伦,后来成了中国著名的教育家之一。

《新世界学报》虽然不涉及现实政治,但是却辟有"政治学"一栏,指出"其学则尽人可知也"。把现实政治和政治学分开,宣传介绍的却是与现实政治有密切关系的内容。其中杜士珍所撰长篇连载的《近世社会主义评论》一文,介绍了傅立叶、欧文、蒲鲁东和马克思的不同学说,虽然文章简约而且有不少误解之处,但这样广泛而系统地把近代西方社会主义理论介绍到中国来,却还是第一次。文章认为社会主义发动的原因,"即社会之不平等而贫富之悬隔、贵贱之区别有以致之也。……下等人民之对富豪,上下之别,迥如天壤,苦心之士,乃为之发世界大不平之理,衷诉困苦"[2]。这一分析,应该说是切要之谈。

《新世界学报》的"心理学"栏,实际上多为哲学内容,因为该刊认为"日人译为哲学,中人宜译为理学";"中国古文,皆以心范围一切,鄙报宗旨,不欲人尽废古书,故不敢遽从东洋而暂定以此名"[3],所以栏名与现代意义上的心理学名实不符。但这一栏在整个刊物中是介绍西方民主主义文化的主要栏目,很值得人们重视。其中《欧洲大哲学家卢氏、斯宾氏之界说》(壬寅第1期),介绍了法国卢骚(卢梭)和荷兰的资产阶级哲学家斯宾诺莎的理论;《法国哲学思想之变迁》和《德国哲学思想之变迁》(壬寅第3期),分别介绍了法国的笛卡儿、斯辟乃塞(斯宾诺莎)、卢梭、苦寒(库辛 Victor Cousin)、雷阜生[4]、懒努舞欧笃(疑即拉美

---

[1]《学生潮》,《新世界学报》癸卯1903年第3期,总第12号。

[2]《近世社会主义评论》,《新世界学报》癸卯1903年第3期,总第12号。此文连载于总第11、12、13、14、15各号。

[3]《答〈新民丛报〉社员书》,《新世界学报》壬寅1902年第8期,总第8号。

[4] 雷阜生,因译音不确,不知指谁。

特利)、吴怀吾[1]等人的学说,以及德国的赖碧氏(莱布尼兹)、华尔富(克里斯提安·沃尔弗)、堪笃(康德)、敷海忒(费希特)、塞鲁黎翁(谢林)、欧改鲁(黑格尔)、海鲁玛鲁笃[2]、沙品好欧露(叔本华)、倍乃盖[3]等人的学说。这两篇文章,可以说是法、德两国的近代哲学史概论。文中对各家学说的简介,基本上是正确的,如关于笛卡儿,说:"法国哲学,以笛卡儿为之魁。笛卡儿深慨中世哲学之弊,依赖教权,于事物之原理,懵然未有所见,乃尽弃其旧学之思想,而于学界中独辟新知识之基,亦欧洲大陆一改革家也"[4],寥寥数语,概括地说明了笛卡儿在法国哲学史上的地位和其学说产生的背景。这与目前介绍西方哲学史著作中,称笛卡儿是法国近代资产阶级哲学的创始人的评价是一致的。文章指出笛卡儿"唱为二元论之说",也与现代的分析一致。其论黑格尔,说:"自堪笃(康德)死后,德国哲学之思想,分为二派,厘然可考矣。然其最著名而为古今屈指者,莫如欧改鲁(黑格尔)氏。自欧氏死后,而其学派遂分为左右中三派,互相争辩……"[5],基本上符合黑格尔在德国哲学史上的地位以及黑格尔哲学学派的分化与斗争的情况。文章对德国哲学派别的分野和演化的评述,认为堪笃(康德)之后,德国哲学分为"实在论派",以海露玛鲁笃为"多元论",其后演变为沙品好欧露(叔本华)的"意志论";另一派为"唯心论派",以敷海忒(费希特)为"主观唯心论",塞鲁黎翁(谢林)为"客观唯心论",欧改鲁(黑格尔)为"绝对唯心论",都与目前人们对德国哲学的理解相同;某些哲学概念,如"实在论"、"唯心论"、"主观唯心论"、"客观唯心论"等,几乎与现代哲学术语完全吻合。凡此都说明这一刊物的撰稿人已经具备了较多的西方哲学史知识。这在20世纪最初的年代是难能可贵的。像这样系统地介绍西方哲学流派的文章,也是当时别的刊物所少见的。可以说,在宣传和介绍西方民主主义文化上,尽管这家刊物存在的时间很短,但与同时期的其他刊物相比较,仍然是值得人们注意的一家。

19世纪90年代后,中国面临的瓜分危机日益严重,救亡成了时代的主题。生当其时的《新世界学报》按住了时代的脉搏,喊出了时代的声音。像当时其他刊物一样,它刊登了落后民族和弱小国家遭受侵略的痛史和奋起抗争的史事,以此唤起国人的民族觉醒。发表在第12号上的《读埃及近世史跋尾》一文,痛陈了埃及亡国的悲惨,揭露了西方资本主义侵略者的凶残。文章在分析埃及亡

---

[1] 吴怀吾,因译音不确,不知指谁。
[2] 海鲁玛鲁笃,因译音不确,不知指谁。
[3] 倍乃盖,即培根。
[4][5] 《德国哲学思想之变迁》,《新世界学报》壬寅1902年第3期,总第3号。

国的原因时指出:"十九世纪之世界,经济最发达之世界也,欧洲诸国经济学之进步,已臻烧点。人人争擅垄断之利益,得一膏腴之地,如饿虎之获肥羊,跳掷咆哮,攫搏不遑;群狼复注目于其旁,欲夺而食之。埃及握亚欧之管钥,物产之饶裕,欧洲诸国,莫不垂涎"[1],把当时西方对埃及入侵的原因和凶暴行径,正确而淋漓地揭露了出来。文章说的是埃及,着眼点则在中国:"埃及如是,世界上非埃及而类于埃及者,其当猛醒然,皇然惧也。"另一篇《杜国大统领古鲁家列传》,则详细地介绍了19世纪70、80年代南非布尔共和国总统克鲁格,领导布尔族人民抗击英国侵略者的斗争史实。这篇连载三期的长篇文章,归宿点也在中国的危亡上。文章分析了以英国为代表的西方帝国主义把矛头指向落后国家如土耳其、波兰、菲律宾和南亚各国后说:"以中国之地大物博,物产之富,久为列邦所觊觎,而立于外争世界之中,无自立之精神足以自恃。数十年来,列雄之心、之目,万途奔竞于我,亚东之一部亦岌岌乎甚危哉。"[2]他山之石,可以攻玉。作者写的是古鲁家(克鲁格)的传记,用意则在于提醒人们警惕祖国沦为土耳其、波兰第二,唤起中国人民自强自立的进取精神,所寄托的却是忧国的深心。

《新世界学报》不论在介绍西方民主主义科学文化上,还是在揭露西方帝国主义侵略上,都牢牢地把握住唤起中国人民的自信心这个基本点。他们以"物竞天择"、"弱肉强食"的生物进化论来解释历史,总结经验,引为借鉴,大声疾呼,希望中国人不要自甘落后,而要奋起直追,与西方进行竞争。"智存愚灭,天择其群。眷念黄人,不觉泪下"[3],爱国的感情洋溢于字里行间。他们在介绍西方哲学的流派后,感叹地说:"泰西数百年来哲学大兴,派别纷繁,更非中国之比,……对镜相窥,能无愧恨?"[4]他们称颂华盛顿是"民政初发达时代之最要素之人物";美国式的民主共和政体"使欧西诸国闻风震动,争起而蹑其后"[5],但同时又认为中国有尧舜及其开创的禅让体制,两者各有其历史地位。若"必祖尧舜而黜华盛顿者,是谓旧学之奴隶;必翘华盛顿而抑尧舜者,是谓新学之奴隶;必附会尧舜与华盛顿者,是谓奴隶之奴隶"[6]。甚至宣称:"吾宁为我黄族古人之奴隶,读其书、宗其说,而不为白族今人之奴隶,依其宇下,逐其车尘,瞠然

---

[1]《读埃及近世史跋尾》,《新世界学报》癸卯1903年第3期,总第12号。
[2]《杜国大统领古鲁家列传》,《新世界学报》壬寅1902年第6期,总第6号。此文连载于第6、7、8号上。
[3]《序例》,《新世界学报》壬寅1902年第1期,总第1号。
[4]《英法德哲学大家思想之变迁》,《新世界学报》壬寅1902年第2期,总第2号。
[5][6]《中西人物比较·尧舜华盛顿》,《新世界学报》壬寅1902年第6期,总第6号。

以随彼红人、黑人、棕人之后。"[5]朴素的感情代替不了理智的分析,从良好的愿望出发,把问题说过了头,就不能不陷于片面的、有时甚至是谬误的泥潭。

对中国的旧文化力图创新,这是《新世界学报》另一个重要特点。《序例》宣告:"本报名《新世界学报》,犹言'新学报',取学界中言之新者为主义。'世界学'连读,'新'字断,与'世界'不连读",强调一个"新"字。《新世界学报》的文章,在谈论中国固有文化时,都寓政治于学术,围绕一个中心,阐幽发微,引申新义,汪洋恣肆,别具精神。陈黻宸的《独史》、《经术大同说》,马叙伦的《史学总论》、《中国无史辨》,杜士珍的《政治思想篇》、《历代政治家比较学》,汤尔和的《宗教旧说》等,都是这方面的代表。

《独史》一文,刊于壬寅(1902)第 2 期。作者就旧史学体例的演变,论述了"独例"、"独识"、"独权"的内容,提出了历史编纂学新体例的创造性见解。在当时的文坛,这篇文章是有一定的影响的,后来陈黻宸被聘为京师大学堂的史学教授,就与这篇文章的影响有关。

陈黻宸认为旧史中的"本纪"、"列传"两体,并无差别,"纪亦传体",并进而指出"传固非卑,纪亦非尊",主张废弃本纪,只需表、传。这一见解,表面看似乎仅仅阐明治史的一家之言,实质上,它与当时现实斗争中反对封建专制清王朝统治的政治主张正好合拍,具有一定的反对封建专制的意义。因为自班固以来,本纪这一体裁,成了君王专享的体例,所以废弃本纪,一律写传,实际上就是对维护君臣尊卑森严等级的否定。

作者认为,写中国史时,要注意外国史,主张把外国资产阶级君主、总统的传记列入中国史内。说:"若夫华盛顿、林肯、威廉、维多利亚诸君,功施当时,泽流后裔,其德可称,其名可贵,亦附之列传之中,与我国帝王同垂,此又邦交之厚义,而史界中之一大剧观也。"虽然,把外国帝王列入中国史,在事实上并不恰当,但是它反映了作者破除华狄之防,尊重外国民主主义者的思想,与这份刊物中其他一些文章推崇西学、赞誉华盛顿等西方资产阶级政治家,都出于同一宗旨。

作者慨叹于西方史学"于民事独详","民与君近,呼吸相闻"。反观中国,自秦以后,"民义衰矣"。他指出"民者,史界中之一分子也",主张仿泰西统计比较史例而作"平民表",反映了他的民本思想。"民为贵,社稷次之,君为轻",古来就为知识分子所乐于称道。维新派的宣传中,从来没有放弃过这个主题。陈黻

---

[5]《论秦后政治家学派》,《新世界学报》壬寅 1902 年第 2 期,总第 2 号。

宸要求把平民生活的真实情况写进历史,列为体例,希图在史学领域里为平民争一席地位,同这家刊物在政治学领域里鼓吹西方资产阶级的平等学说,互相阐发,相得益彰。

《独史》一文中最主要的内容,是作者通过史家"独权"的议论,反映了他争民权、促立宪、改革政治的抱负。他认为古代史权特重,太史公应伸"天下之公言",因而他主张赋史家以"独权"。其设想是:

> 今拟位太史公于诸王公上,于京师辟一太史馆,以太史公主之。太史公有参政之责,议政之任,如东西邻之司法大臣然。国有大事,则议而决之,且书而垂之。忤上意者勿得罪……各直省府州厅县遍设分史馆,以卿大夫主之。弗孚民望者黜不庸。重其责,多其员,以察民之好恶性情与风俗事业之不同,如欧美各强国之调查然。上其事于太史公,太史公不积职,分以各史馆,卿大夫议之。太史公之去就,视乎各史馆之卿大夫;各史馆卿大夫之进退,视乎民。如是,斯可以言史之独权也。

显然,这一设计,已经不仅仅是史官的权限问题,而是涉及政体的改革了。按照这一办法,政府设立的史官具有议员的某些职能。中央太史公类似国会议员,地方分史馆类似地方议会,议员由民意决定。陈黻宸这一史官参政的设想,在当时掀起的争民权的思潮中,确实不失为一种"独识"和独思!

强调历史是人民的历史,不是帝王的历史,这在《新世界学报》的文章中,是一个反复宣传的主题。《方志》一文,公开揭橥"史者,民之史也"[1]的旗帜,猛烈抨击了旧史学将一国之盛衰继绝归结于君臣的贤良或昏庸,"遂以天下万世之公言所借以维按国家之气运于万一者,举而私之于一人,私之于一姓,私之于一国;而我民习俗之纯驳,生齿之登耗,性质之强弱,智识之进退,皆若无与于史之数者"。从而宣布"修史必自方志始,方志者,纯乎其为民史者也"。作者认为"史一死物耳,而史之系于其民者,则虽历数百年、数千年、数万年而赫然不可磨灭矣",人民的历史将永垂于世。这是很宝贵的观点。马叙伦的《史学总论》一文认为班范而下,史非全体,"实一家一氏之谱牒也"[2];反观西方,"莫不以保国伸民为宗旨,简册所垂,动关全族,故其史为全国之史,非一姓一家所得据为私有,此文化之所以日进也"。这些文章,使中国古老的史学传统受到了冲击,新史学的民主精神开始萌发。如果说中国史学革命的基本精神是努力探求人民

---

[1]《方志》,《新世界学报》壬寅 1902 年第 7 期,总第 7 号。
[2]《史学总论》,《新世界学报》壬寅 1902 年第 1 期,总第 1 号。

在历史上的地位和作用,那么,20 世纪初年的先进知识分子,已经隐约地感受到了这一变革的趋势并且已经身体力行地作出尝试性行动了。在这一点上,《新世界学报》的"史学"栏文章,可称是一支突破性的力量。

从学理上强调人民在国家中的地位,"使人人心中知有国,必先使人人心中知有民"[1];强调兵与民合,国家才能自强,认为"民之轻重,半视兵民分合为转移",宣称"今欲立国大界中,以图自立之精神乎,其必自兵民合一始"[2]。这些,都是《新世界学报》对人民本位的探索,是它宣扬民权思想的表现。但当他们的视线从学术转向现实生活时,他们对人民的力量便不那么看重,甚至表现出卑视,发出了咒骂。他们对义和团在历史上的作用视而不见,反而责骂义和团"祸中国也深矣","祸天下也大矣"[3];他们对遭受清政府残酷剥削压迫下的人民痛苦生活的同情,也只限于寄希望于朝廷伸张正义[4]。这又反映了当时知识分子普遍存在着"叶公好龙"的弱点。他们不可能超越自己的阶级局限而完全真正和人民同命运。

对封建专制制度,《新世界学报》是有所揭露和批判的。他们揭露了自秦汉以来统治者"舍征敛榷税外,无所谓财政,而举我民全体生殖之用,一扫而空"[5]的残暴剥削;抨击了封建王朝的愚民政策,指出"专制者以愚人为第一义",因为人的理想、精神无不自学术中来,所以"学术之专制尤可畏"[6]。对比了欧美日本的法律与中国法律的优劣精粗后,指责中国行商鞅、李斯之法是"任刑以行法",是"野蛮之法律"[7];揭露了中国教育界"自庚子政变以来……腐败之情状至今已不可胜言"[8]。总之,对封建专制制度的黑暗和落后的揭露,尽管没有达到尖锐激烈的程度,但笔下所流露的依然是痛恶的情绪。与此同时,他们讴歌民主政治,主张政治"必须公其权利"[9];向往自由竞争,认为"一国之中,人人竞利,则其国必治"[10]。

但是当《新世界学报》的作者们一涉及现实政治时,却又表露了一种胆怯、惶惑的精神状态。他们宣称政治不进步与专制制度无关,甚至说人生世界必须经过专制时代[11];认为国弱民穷"非帝之罪也",而是臣工罗网、商贾无行,儒者

[1][9]《政治思想篇》,《新世界学报》壬寅 1902 年第 1 期,总第 1 号。
[2]《论兵民分合之关系》,《新世界学报》壬寅 1902 年第 2 期,总第 2 号。
[3][4]《川中两愚童传》,《新世界学报》壬寅 1902 年第 4 期,总第 4 号。
[5][10]《公利》,《新世界学报》壬寅 1902 年第 2 期,总第 2 号。
[6]《经术大同说》,《新世界学报》壬寅 1902 年第 1 期,总第 1 号。
[7]《辨法》,《新世界学报》壬寅 1902 年第 3 期,总第 3 号。
[8]《学生潮》,《新世界学报》癸卯 1903 年第 3 期,总第 12 号。
[11]《历代政治比较学》,《新世界学报》壬寅 1902 年第 3 期,总第 3 号。

之流"以求富为大戒"[1]。他们反对封建统治而不敢断然否定皇帝;揭露封建制度的腐败而不敢明白反对现实的专制政治;痛感亡国之祸而不敢归咎清王朝的投降卖国;向往西方资产阶级民主政治而不敢公开号召人们为之奋起斗争。这种怨而不怒,避开现实,纵谈中外古今的文化,不仅仅是一两位撰稿人的思想流露,而是《新世界学报》全部文章的共同特点。这样,在学术上,这家刊物尽管可以创新,提出了一些不落俗套的见解,但在现实问题上却小心翼翼,"不敢言政"。在20世纪初年革命与改良逐渐分化,民主革命潮流开始深入人心之际,它的学术创新却被其温和、渐进的政治态度所淹没,未曾在人们的思想深处掀起更大的波澜。这个刊物终于默默无闻,每况愈下。

1903年,《新世界学报》的主持人陈黻宸考中了进士,被清政府授予户部主事。于是《新世界学报》群龙无首,不得不关门停刊。从创刊到闭歇,历时8个月的《新世界学报》,所留下的15期刊物,记录了一群维新派人士渴望祖国富强自立的热忱,留下了他们向西方学习途中的一簇簇脚印,从而也使刊物本身在当年中国的新学与旧学的争斗中获得了一席位置。在现实政治斗争上,这家刊物无所建树;但在中国文化史上,当人们需要考察20世纪初年的中国知识分子在了解西方、介绍西方的过程中究竟达到什么水平时,《新世界学报》却不失为一份有价值的参考资料。

综上可知,维新派政治改良失败并沦为保皇党后,并不意味着结束了自己影响国民、吹倡民权的进步行程,在上海的新学思想传播中,仍然起着不可忽视的作用。新学与旧学、中学与西学之争,掀动了近代第一次思想解放的波澜。梁启超在《清议报》、《新民丛报》、《时务报》上积极鼓吹民权思想,"誓起民权移旧俗,更研哲理牖新知"[2],流风所及,披靡全国。而以孙中山为首的民主革命派,大力宣传西方资产阶级革命家的反封建斗争伟绩,吹倡反清的民族大义,使"有志之士多起救国之思而革命风潮自此萌芽矣"[3]。可以说,世纪之交的上海,以其海纳百川的城市精神,接纳着尚未褪色的维新思想和萌芽状态的民主革命思潮。各种主义和宗旨,并行不悖,新学书报竞相出现。正如时人所说:"辛丑、壬寅(1901、1902)两年为上海新学书报最风行时代,盖其时,留东学界翻译之风大盛,上海作新社、广智书局、商务印书馆、新民丛报支店、镜今书局、国学社、东大陆图书局等各竞出新籍,如雨后之春

---

[1]《财通》,《新世界学报》壬寅1902年第8期,总第8号。
[2] 梁启超:《自励二首》,《饮冰室合集》"文集"之四十五下,第16页。
[3] 孙中山:《有志竟成》,《孙中山全集》第6卷,第235页。

笋。"[1]这些新书籍和新报刊,通过上海与内地相通的水陆交通网络,传播到全国城乡,促成了民主思潮的高涨。上海作为新学书报林立之区和新思潮的传播中心,理所当然地成了国内民主革命思潮勃兴的推进地和首倡者。其中,1902年成立的中国教育会和稍后的爱国学社,则起着推动民主革命成为时代主要潮流的重要作用。

(二) 中国教育会与爱国学社

中国教育会是上海一批著名文化、教育界人士联合发起成立的一个教育性机构,成立于 1902 年 4 月。会所设于上海泥城桥福源里。蔡元培任会长。

蔡元培

蔡元培,字民友,号鹤卿(雀庼),又号子民,1868 年 1 月 11 日生于浙江山阴(今绍兴)一户典当经理之家。先世业商。祖父廷桢,为当铺经理,行事以公正著称。父宝煜,继任父业,为人宽厚,母周氏,贤而能。元培 11 岁时,父亲病故,家道中衰。母亲周氏谢绝亲友募款捐赠,自行典衣质物、缩食俭用,抚育子女。常以"自立"、"不倚赖"勖勉之。据元培自述,其性格之宽厚得自父亲;不苟取,不妄言,得自母教[2]。

元培 6 岁入塾读书,开始接受传统文化的教育训练。1883 年 17 岁中秀才。研习经学之外,有关考据、词章之书,均随意检读。涉猎既广,通识自成,打下了专与博的良好基础。此后两年,在家设塾课徒,自任塾师,开始从事教育工作。1885 年受聘为同乡徐树兰家校书。徐曾任兵部郎中、知府,"藏书甚富,又喜校书印书,喜以文会友"[3],家中建有古越藏书楼[4],知元培好书富学,故延聘校书。在徐家,校书历四年之久,学业得以大进[5]。1889 年 23 岁中举。1892 年

[1] 冯自由:《中国教育会与爱国学社》,《革命逸史》初集,第 115 页。

[2] 黄世晖:《蔡孑民口述传略》,新潮社编辑:《蔡孑民先生言行录》,第 1—2 页。

[3] 萧瑜:《蔡孑民先生自传一章》,台湾商务印书馆版《蔡元培先生全集》(以下称《蔡全集》),第 1361 页。

[4] 陶英惠:《蔡元培年谱》上册,第 40 页;高平叔编著:《蔡元培年谱》,中华书局 1980 年版,第 3—4 页。

[5] 唐振常著:《蔡元培传》,上海人民出版社 1999 年版,第 8 页。

26岁中二甲第34名进士,同科有张元济、唐文治、叶德辉、汤寿潜等,后来都成为近代著名的教育家和学者。会试正考官为户部尚书翁同龢。元培中式后,授翰林院庶吉士。同年五月,谒见翁同龢。同龢在其《日记》中写道:"新庶常来见者十余人,内蔡元培乃庚寅贡士,年少通经,文极古藻,俊才也。绍兴人,号鹤青,向在绍兴徐氏校刊各种书。"[1]老夫子对元培颇为关注,评价甚高。1894年散馆,授翰林院编修,自此在京供职。4年中,元培开始涉猎西学,留意世界事务,闭门读书。据记载,他读过的有关西学的书籍有:顾厚琨的《日本新政考》(内分洋务、财用、陆军、海军四部);李圭(小池)作序的《环游地球新录》8卷,内含《美会纪略》、《游览随笔》、《东行日记》3种;日本阿波冈本监甫著的《日本史略》;沈敦和(仲礼)著的《日本师船考》;郑观应(陶斋)著的《盛世危言》;梁启超(卓如)著的《西学书目表》;马建忠(眉叔)著的《适可斋记言》4卷;宋育仁(芸子)著的《采风集》5卷,以及自然科学方面的《电学源流》、《电学纲目》、《电学入门》、《电学问答》等书。每读完一种,都记有简要的内容提要或评语[2]。由此,识见日高,成为中西学问兼备,具有世界意识的通才,翰林中的翘楚。期间,于1894年受聘为在京著名文人、学者李慈铭家的塾师,课李的儿子就读。冬,李慈铭卒,又受托校刊其遗著《越缦堂日记》。

1895年,甲午战争清军败北,被迫订《中日马关条约》,元培闻讯,深为悲愤。在自撰《杂记》手稿中写道:"上决与倭议和。和约十事,其大者,割台湾,割奉天辽阳以东,遵海而南至旅,给兵费二万万,定七年毕给,乃退兵,皆允之矣。日蹙百里,且伏祸机……圣上谦抑,博访廷议,而疆臣跋扈,政府阘茸,外内狼狈,虚疑恫愒,以成炀灶之计,聚铁铸错,一至于此,可为痛哭流涕长太息者也。"[3]爱国之情,跃然纸上。

甲午战后,新学、旧学,中学、西学之争烽起。元培其时虽已通中西之学,思想为之一变,但他仍认为欲通西学,应懂日文。早在1897年冬就已与人商议,拟辟设东文书馆。他在自撰《杂记》手稿中,对此有过解释,称"盖以西文书价昂贵,其要者日本皆有译本,通日文即可博览西文书籍。且西文(英、法、德等文)非三五年不能通,日文则可以半年为期,较简易也。"[4]在这样的思想下,他于1898年以32岁的年纪,毅然聘请陶大钧(杏南)教读日文。学习一月有余,陶因事

---

[1]陈义杰整理:《翁同龢日记》第5册,"光绪十八年五月十七日",中华书局1997年版,第2625页。
[2]高平叔:《蔡元培年谱》,第6—9页。
[3]同上书,第7页。
[4]同上书,第10页。

离京赴津,元培即改聘日本人野口茂温授读,边学边译,先后试译《万国地志》序及《日人败明师于平壤》等文,并译《俄土战史》数页,竟"有文从字顺之乐"[1]。

维新思潮大兴时,元培思想虽日趋变法,但对康有为等党人操切孟浪做法并不服膺,认为党人浮躁,"不足以当大事"。在康、梁深受光绪帝器重,炙手可热时,元培虽与启超己丑科同年,然"耻相依附,不往纳交"。政变发生后,他曾有言:"康党所以失败,由于不先培养革新之人才,而欲以少数人弋取政权,排斥顽旧,不能不情见势绌。"[2]他的观察,表明培养新人至关重要。这与当时正在兴起的新学思潮中有关国民教育的观念是不谋而合的。可以说,要革新弊政,必先要重视国民教育,是蔡元培一以贯之的思想。戊戌变法的失败,为他提供了一个负面的例证。1898年秋,元培从政变中体察到清廷的改革"无可希望",断然携眷出都,返抵家乡绍兴,开始从事教育事业。冬,担任绍兴中学堂监督(校长)。因校董对新派教员杜亚泉、胡道南、马用锡、寿孝天等妄加干涉,元培激于义愤,于次年毅然辞去监督之职,由此可见他的人格。辞职后,曾一度任浙江嵊县剡山书院院长,在职一年,因经费困难,即行辞职。

1901年,经友人介绍,去上海南洋公学任教。8月,任该校特班总教习,时年35岁。

南洋公学(今上海交通大学前身)创办于1897年4月,由著名洋务活动家、大理寺正卿盛宣怀充督办,何嗣焜为总办,张焕纶任总教习。初设师范院,学生40人[3]。同年秋,设外院,学生120名,聘美国人福开森为监院。1900年添建上院(即专门学堂),形成了师范院、上院、中院、外院四部。外院即小学,三年毕业后升中院,中院即中学,中院毕业升上院,体制趋于完备。此外,又设译书院于上海虹口,聘张元济为主任。1901年春,总办何嗣焜病故,改由张元济继承。同年秋,为保送经济特科之选,增设一特班,招生42人[4]。当时,由上海澄衷学堂监督刘葆良介绍蔡元培为特班总教习。特班学生大多中过秀才、举人,其中有黄炎培、邵力子以及后来做过北大代理校长的胡仁源等人。元培既与时任南洋公学总教习的张元济同为壬辰年进士,又与其倡导国民教育主张相类,遂于1902年1月初,与元济合资创办《外交报》,分任撰述,经常为该报写稿。其分认

---

[1] 高平叔:《蔡元培年谱》,第10页。

[2] 黄世晖:《蔡孑民口述传略》,转引自高平叔:《蔡元培年谱》,第10—11页。

[3]《南洋大学略史》,见《南洋大学概况》(1926年1月刊出),另见《交通大学四十周年纪念特刊》(1936年4月出版)。

[4] 蔡元培:《记三十六年以前之南洋公学特班》,刊于《交通大学四十周年纪念特刊》。

股银三百元,至次年4月间付清[1]。期间,又应张元济之邀,出任商务印书馆编译所所长,并师从马良(相伯)学习拉丁文[2]。在南洋公学任教和参与报刊出版、编译教科书等活动中,元培以其名翰林的身份和倡导教育的主张,吸引了当时上海的一批著名文化、教育界人士,成为具有革新思想者的海内人望。相与结纳者,有旅沪志士余杭章炳麟、常熟黄中央(释名宗仰,别号乌目山僧)、阳湖吴敬恒等。

1902年4月,蔡元培"以译本教科书多不适用,非从新编订完善,不足以改良教育"[3],乃与友人蒋智由(观云)、林獬(少泉)、黄中央(宗仰)、叶瀚(浩吾)、王小徐(纪同)、汪道渊(允宗)等结议,发起"中国教育会"于上海。至是年秋冬间始告成立。元培被举为会长[4],王幕卿、蒋智由、戚元丞、蒯光典(若木)等被举为干事,陈仲謇被举为会计[5]。中国教育会没有教育、出版、实业三部。教育部拟在中国各要地设立学堂;出版部拟以上海为基地编印教科书、教育报及一切有关学术著作,逐步推及各地;实业部拟在中国各要地开办工厂、公司之类,以开财源[6]。

中国教育会发起人之一黄中央,江苏常熟人。1865年生。"自幼博览群书,尤工诗古文辞,旁及释家内典。"年二十,出家于清凉寺,锡名宗仰。自署乌目山僧,精研佛理,兼工绘事,为世人所重。与犹太富商哈同的夫人罗迦陵交善,受聘于其所设上海爱俪园经堂,主持讲授梵典。中国教育会发起时,"以绌于经费,赖山僧向罗迦陵求助,始于是年秋冬间宣告成立"[7]。

关于中国教育会的性质,不少辛亥革命史料都认为它是一个革命团体。如冯自由在《中国教育会与爱国学社》一文中说:"倡议诸子均属热心民族主义之名宿,故此会不啻隐然为东南各省革命之集团。"[8]蒋维乔《中国教育会之回忆》说它"表面办理教育,暗中鼓吹革命"[9]。这一指称,很值得怀疑。且不说1902年时,会长蔡元培、发起人之一的黄中央、蒋智由等的思想是否已经趋向革命,即使参与发起的章炳麟,虽有强烈的反清思想,但他能否以其政治主张左右中

[1] 蔡元培:《杂记》手稿,转引自高平叔:《蔡元培年谱》,第13页。
[2] 唐振常:《蔡元培传》,第26—27页。
[3][8] 冯自由:《中国教育会与爱国学社》,《革命逸史》初集,第115—116页。
[4][5] 蔡元培:《杂记》手稿;蒋维乔:《中国教育会之回忆》,《东方杂志》第33卷第1号,转引自高平叔:《蔡元培年谱》,第14页。
[6]《中国教育会章程》,《选报》第21期"文学小史"第25页,转引自金冲及:《选报》,丁守和主编:《辛亥革命时期期刊介绍》第2集,人民出版社1982年版,第98页。
[7] 冯自由:《乌目山僧黄宗仰》,《革命逸史》第3集,第166—167页。
[9] 蒋维乔:《中国教育会之回忆》,中国近代史资料丛刊《辛亥革命》第1册,第485页。

国教育会,目前也无史料佐证。从《中国教育会章程》看,它宣称"本会以教育中国男女青年开发其智识,而增进其国家观念,以为他日恢复其国权之基础为目的"[1]。所以金冲及先生认为它"最初之宗旨还没有越出'教育救国'、'实业救国'的范围"[2]。我同意他的看法。

其实,中国教育会的性质,要到爱国学社成立后学生革命化的激情冲击下,才逐步由教育救国演变为革命救国。时间约在1903年春季以后。

爱国学社的成立,缘起于东京留日学生抗议驻日公使蔡钧而被强押归国之举。1902年6月,清驻日公使蔡钧以"防范革命排满"为名,禁止各省私费生在日学习陆军。恰有顾乃珍等9人要进成城学校,蔡钧不允咨送。留日学生遂入驻日使馆与蔡钧争辩。蔡钧唆使日本政府将为首的吴敬恒(稚晖)、孙道毅二人以"扰乱治安罪名"驱逐回国。吴敬恒愤而投水自杀,被救起,送至神户,押上法国邮船,留日界恐再出意外,时蔡元培恰在日本游学,慨然承担护送之责。8月回国,中国教育会开会欢迎。又在张园安恺第集会,会上叶瀚提议中国教育会应自设学堂,自教子弟,不必赴日本留学,得众人同意。于是中国教育会开始积极筹备自设学堂[3]。同年11月,南洋公学的退学风潮,直接促成了爱国学社的成立。

1902年11月14日,南洋公学五班学生伍特公等3人,因"墨水瓶事件"[4]被校方无理开除,引起众怒,要求收回成命。校方以"五班学生聚众开会,倡行革命,着全体一律开除"[5]。第二天,全校各班学生200余人向总办汪凤藻说理无效,于是相约全体退学。蔡元培出于义愤,不仅支持学生的正义行动,而且带领特班学生邵力子、黄炎培等,与其他学生一起离校,造成了震惊全国的退学风潮。

当时,蔡元培对离校的学生说:"不要散,我们组织一个学校。"[6]21日,中国教育会开会讨论,决定接纳退学生、自设学校,由退学生募集4/10的经费,教育会筹集6/10,议定由蔡元培任学校总理,吴稚晖为学监。教育会承担的经费,由黄宗仰向罗迦陵募集,"承慨助巨款,学校始得成立"[7]。校址设于泥城桥福

[1][2]《辛亥革命时期期刊介绍》第2集,第98页。
[3] 参见半粟:《中山出世后中国六十年大事记》,第75页;唐振常:《蔡元培传》,第30页。
[4] 所谓"墨水瓶事件",是指南洋公学五班有学生将用作洗毛笔的墨水瓶,置于教员郭镇瀛坐椅,郭强指系伍特公等故意为之,遂报请总办,下令以不敬师长开除。见《南洋公学的1902年罢课风潮和爱国学社》(座谈纪要),《辛亥革命回忆录》第4集,中华书局1962年版,第69—70页。
[5][6] 同上书,第70,71页。
[7] 蔡建国:《蔡元培与近代中国》,上海社会科学院出版社1998年版,第58页。

源里中国教育会二楼,定名为爱国学社。

爱国学社教员有章太炎、黄炎培、蒋智由、蒋维乔等,一律属义务性质,不支薪水。学社参照日本的办学方针,重视学生的精神教育,学制分寻常、高等两级,各以两年为限,寻常级科目有修身、算学、国文、地理、历史、英文、体操、理科。高等级有伦理、算学、物理、化学、国文、心理、社会、国家、政治、经济、法理、日文、英文、体操[1]。学社成立后并未开课,直到次年春季一切就绪后才正式上课。1903年5月,在南京的江南陆师学堂也发生退学风潮,以章士钊为首的40余名退学生参加爱国学社就读。学社成了国内最著名、最激进的学生运动策源地。

1902年冬,中国教育会又发起成立了爱国女校。虽然女学生仅10人,且多为发起人的妻女,但它对国内女界有开风气的作用。

作为国内学生运动的中心,爱国学社内部民主、自由空气极为浓厚。学生分为4个班级。全部学生组成若干联,每联约二三十人,由学生自由加入。每联公举联长1人,凡有兴革,多由学联开会议决,交主持人执行,校方全不干预。当时,各省官文学校受南洋公学退学风潮影响,多以退学抗议为美举。学社每遇此事,必发电祝贺,学界风气由此一变[2]。爱国学社创办了《童子世界》作为机关刊物。《童子世界》是近代第一份以青少年为对象的刊物,1903年4月6日创刊。最初为石印、日刊,从第31期起改为铅印、旬刊。主要撰稿人有吴忆琴、钱瑞香、陈君衍、翁筱印、薛锦江等。由何梅士等主编。铅印后的《童子世界》,封面左上角绘一钟,右下角画一圈人各执乐器而歌,中书"铸自由钟"四字,形象地宣传了刊物的宗旨[3]。刊物登载的文章,一般都不长,短小精悍为主,有的用通俗白话文写成,流畅可读。刊物设论说、时局、历史、地理、小说、笑话、谈丛等栏目,以论说为最重要。这个刊物,历史地记录了热血青年由爱国走向革命的进程,反映了爱国学社追求民主、自由到反对清政府的革命轨迹。

爱国学社成立后,社员都加入中国教育会为会员,教育会进入全盛时期。学社春秋开学,各地闻风加入者不少。中国教育会更派遣会员分赴江、浙两省组织支部,兴办教育。已成立者有江苏常熟及吴江之同里等处,常熟支部为殷次伊、丁初我、徐觉我等发起,附设塔后小学。同里支部为金天翮(松岑)发起,延柳弃疾(亚子)、林砺、陶赓熊相助。由林砺教授兵操,成绩斐然。附设有明华

---

[1] 蔡建国:《蔡元培与近代中国》,上海社会科学院出版社1998年版,第58页。
[2] 蒋维乔:《中国教育会之回忆》,中国近代史资料丛刊《辛亥革命》第1册,第488页。
[3] 参见史和等编著:《中国近代报刊名录》,第322页。

女校,章程略仿爱国女校。此外,刘季平(又称刘三)、刘东海(季平从兄)、秦毓鎏等,亦在上海华泾乡创设丽泽小学,校址即刘季平住宅。又苏州有吴中公学社、浙江杭州有两浙公学社,规模悉仿爱国学社。"是时东南学子,咸知振兴学务为救国保种之惟一途径,此倡彼和,盛极一时,学生之趋向激烈论者,所在多有。"[1]中国教育会既与爱国学社合二而一,每周必率领学社社员到张园安恺第开会演说,"昌言革命,震动全国,而顽固之辈,皆极端反对。"[2]青年学生的革命热情,促使中国教育会教国救国的思想逐步异化,于是它的性质,也就由"改良教育"一变而成"东南各省革命之集团"[3]了。这个过程中,教育会自身也在逐步分化。据当时人称:"昔者,中国教育会会员本有激烈温和两派,激烈派主张以学校为革命秘密机关,蔡子民等主之;温和派则以名实应求相副,不如纯粹办教育,培养国民,叶浩吾等主之。"[4]蔡元培由此从教育救国论蜕变成为民主革命论者,后来更成为服膺孙中山民主共和理论的追随者和一代著名的教育家。

1903 年 4 月,中国教育会对广西巡抚王之春出卖广西权益于法国,极为愤怒,发电斥责,推动了上海的抗法斗争。不久,拒俄运动兴起,留日学界组织拒俄义勇队。上海则成立军国民教育会,蔡元培、黄宗仰、吴稚晖等都参加为会员。爱国学社社员成为军国民教育会的主力。志愿入会者近百人,分为 8 个小队,由秦力山、章行严(士钊)等江南陆师学堂退学生和爱国学社中原有的体操教员担任教练,早、晚进行操练。同时,学社社员每周在张园演说,鼓吹革命,以及作为教育会机关报的《苏报》,"刊登之言论,愈益激烈"[5]。上海成了抗法拒俄运动的国内中心,革命思潮由此波及各地。

正当中国教育会处于全盛时,它与爱国学社的关系却紧张起来。如前所述,爱国学社社员全体加入教育会为会员,会与社二而一,一而二,原无畛域之分。但自 1903 年 5 月以后,中国教育会经费日绌,除义务教学外,未有大宗款项资助学社。社员中有人反认为教育会藉学社收入之学费以生存。社员之偏激者,即对教育会有微言。教育会内部对此分为两派意见,一派以吴稚晖为首,阴祖社员;一派以章太炎为首,坚决主张不与学社合作。蔡元培虽不以社员为然,但态度温和,不露圭角。吴、章为此反目,太炎拍桌大骂:"稚晖,你要阴谋篡夺,效宋江之所为,有吾在此,汝做不到!"[6]稚晖从此每遇开会若太炎在,必避

[1][3]冯自由:《中国教育会与爱国学社》,《革命逸史》初集,第 116、118—119 页。
[2][4]蒋维乔:《中国教育会之回忆》,中国近代史资料丛刊《辛亥革命》第 1 册,第 489、496 页。
[5][6]同上书,第 490、491 页。

席。加以账目不清，致使学社益为不满。6月，学社决定与教育会分离，发表《敬谢教育会书》，揭之报端。新任教育会会长黄宗仰调解无效，当即发表《贺爱国学社之独立》一文于《苏报》以答之。由是教育会会员之任教职者，遂多谢去[1]。爱国学社独立未及两周，因"苏报案"发生，学社受到波及而解散。命笔至此，不胜感慨！这或者就是进步付出的代价吧。

（三） 章太炎、邹容的著作

1903年是一个值得注意的年代。这是辛亥革命史上革命与改良划清界限，民主革命思潮勃兴的关节点。

在这以前，梁启超吹倡民权，"虽然不敢说排满，但法国、英国、意国革命的事情，他也时时提倡"[2]，曾经博得了不少知识分子的仰慕，包括一些革命党人和海外的兴中会会员、爱国华侨，对他"鼓吹破坏主义"而遭受师友督责表示同情。但自1903年起，梁启超走向了自己的反面。他"见留学生及内地学校……频闹风潮，……雅不欲破坏之学说深入青年脑中"，所以他自己说"自癸卯(1903)甲辰(1904)以后之《新民丛报》，言政治革命，不复言种族革命"，放弃了"破坏主义"而倡言立宪保皇，从自己设计的鼓吹民权的"新民"道路上退回到逐步鼓吹开明专制的歪路上去。梁启超的倒退，重要原因之一是知识界革命化的高涨。在改良和革命斗争的消长中，革命派认识了保皇的面貌，纷纷撰文加以批判。革命思潮迅速高涨，使改良派营垒发生分化，"出保皇党以入革命党者，不可以千数计"。孙中山在1903年12月致友人书中痛斥保皇党"不言保皇，乃言欲革命，名实乘舛，可为傻笑"，指出："康尚有坦白处，梁甚狡，彼见风渐已动，亦满口革命，故金山之保皇党俨然革命党，且以此竟称于人前者，真奇幻而莫测其端倪矣"，并介绍他在檀香山与保皇党的斗争战绩"四岛已肃清二岛，其余二岛不日亦当收复"。（沈按：孙中山所致之友人，似为黄宗仰，时在日本，翌年返沪）同月，孙撰《敬告同乡书》，发表于《檀山新报》上，痛斥保皇党"名为保皇，实则革命"的欺骗性和虚伪性："康梁同一鼻孔出气"，《新民丛报》忽言"革命"、"破坏"、"爱同种"、"爱真理"等，"是犹乎病人之偶发呓语耳"。明确指出"革命与保皇，理不相容，势不两立"，"决分两途，如黑白之不能混淆，如东西之不能易位"，

---

[1] 冯自由：《中国教育会与爱国学社》，《革命逸史》初集，第119页。
[2] 楚元王：《谕立宪党》，《民报》临时增刊《天讨》，第117页。

号召侨胞"大倡革命毋惑保皇"。

这一年,留日学界的革命思想大发展,革命刊物《湖北学生界》、《浙江潮》、《直说》、《江苏》等相继出版,倡言排满,批判保皇,蔚为成风;新年团拜的演说排满,抗法拒俄运动的展开,军国民教育会的成立,把留学界的革命空气搞得十分浓厚。

这一年,原兴中会成员谢缵泰、李纪堂,联络原太平天国将领洪全福,共谋广州起义,建立"大明顺天国",预定容闳为临时政府总统,采取共和政体。虽然起义是孤立于整个形势的突发事件,但却宣告了华南地区不因惠州起义失败而归于沉寂,革命势力仍在潜在发展。

这一年,国内新思潮中心的上海,也开始了革命宣传的高潮。爱国学社发行《童子世界》吹倡革命,它与教育会在张园举行的演说会上,鼓吹反清、积极支持各地学潮,组织军国民教育会,每日进行操练;发行革命书刊,特别是章太炎和邹容的著作,把革命化推向了一个新高度。

章太炎名炳麟,字枚叔,因敬慕顾炎武,更名绛,号太炎。浙江余杭人。1869年生于一户封建文人家庭。从小受传统旧学熏陶。十一二岁时由外祖父,著名经学家朱左卿(名有虔)授以读经。十六七岁时立志治经术,稍长(1890年,21岁)从俞樾学习经学。

章太炎

俞樾字荫甫,号曲园,浙江德清人。早年任翰林院编修,为清末著名经学大师,著作等身。他治学严谨,长于古文字、音韵训诂之学,"为人岂弟、不好声色",平易待人,谨慎小心。章太炎从俞樾那里求得了深厚的学问,"一意读经,文必法古",却没有向俞樾请教文辞诗赋,也不像老师那样,而喜爱与具有独立不羁,富于冒险的人交游。师生二人"出入八年"甚为"相得"[1]。他的青少年时代是在宁静的书斋中与经学作伴度过的。

1894年中日甲午战争的炮声,把他从宁静的诂经精舍召唤了出来。他怀着强烈的爱国心,走向了现实的政治斗争。从这时候起,到1900年的六年中,

---

[1] 章太炎:《谢本师》,《民报》第9号。

在学术上、思想上都是一个大变化的时期。

学术上，他开始注意学习西方资产阶级的政治学说与自然科学，把它与传统的旧学糅合起来。用他自己的话说，"自从甲午以后，略看东西各国的书籍，才有学理收拾进来"[1]。在这个阶段中，他写下了提倡科学、反对迷信的《视天论》(1899)和《菌说》(1899)，宣传唯物反映论的《公言》使他的学术思想中增加了近代进化论和无神论等科学的知识。

在政治上，他主张改良，宣传维新，"与尊清者游"，反对革命。认为"变郊号，柴社稷，谓之革命；礼秀民，聚俊才，谓之革政。今之亟务，曰：以革政挽革命"[2]。

他参加了强学会和《时务报》、《经世报》、《实学报》等的编辑活动，写了一系列政治性论文，如：《变法箴言》、《论学会大有益于黄人亟宜保护》、《商鞅》等，积极为维新变法鼓吹。但那时，章太炎还没有出名，在改良派的队伍里，还是一个二流角色。

1898年戊戌政变后，章太炎避居台湾，旋回归，仍"与尊清者游"。1899年，他写下了一生悔恨不尽的《客帝篇》。在这篇文章里，他从爱国立场出发，认为瓜分日亟，不应"莽牛之斗"，如果汉人反清，必将使白人乘虚而入，"逐加于满人，而割地于白人，以是为神州大诟"，满汉两败俱伤。固之，他设计了一个满汉共存的政治方案，认为中国古代既有客卿，今天不妨有一个客帝。把清王朝作为客帝供奉，以期共同御侮。

章太炎自少年时代起，就受到顾炎武、王夫之反清复明思想的影响，具有汉族的民族思想。但在他走向政治生活道路后，却以爱国为归，不以种族为重，反映了那一时期民族矛盾激化的情况下，一个具有改良思想的知识分子，在革命和改良的斗争中所处的彷徨困境。

1900年，对于章太炎来说是一个重要的转折。他在上海参加了唐才常召开的张园中国国会，对唐才常自立军勤王"名义不正，"极为愤慨，当场割发辫，表示与改良派脱离关系。他写了《解辫发》一文，说明自己排满的心志。自此，他走上了反清革命的道路。

同年他写下了批判自己的《客帝匡谬》，指出"满洲弗逐，欲士之爱国，民之敌忾，不可得也。浸微浸削，亦终为欧美之陪隶已矣"。承认"余自戊、己违难，与尊清者游，而作《客帝》。饰苟且之心，弃本崇教，其违于形势远矣！"作了自我

---

[1] 章太炎：《谢本师》，《民报》第9号。
[2] 章太炎：《论学会有大益于黄人亟宜保护》，《时务报》第19册。

批判。他在《訄书》初刻本《客帝篇》上写的批语中有"当弃市"的话，表示了对以往的错误毫不留情的态度。

1901年他从台湾逃亡日本，写下了《正仇满论》一文，刊登在《国民报》第4期上，成为该报所有文章中最激烈的一篇反清文字。同年，他从日本回国，受业师俞樾斥责。他以我爱我师，我尤爱真理的态度，与业师俞樾断绝关系，写下了《谢本师》一文。俞樾对他流亡台湾、日本，脱离张园国会，倡言反清，大为不满。说"闻而游台湾。尔好隐，不事科举，好隐，则为梁鸿，韩唐可也。今入异域，背父母陵墓，不孝；讼言索虏之祸毒敷诸夏，与人书指斥乘舆（沈案：指章太炎在东吴大学任教时致书孙宝瑄，指名批判光绪事），不忠。不孝不忠，非人类也。小子鸣鼓而攻之可也"。章太炎在文章中说："先生既治经，又素博览，戎狄豺狼之说，岂其未喻，而以唇舌卫捍之？将以尝仕索虏，食其廪禄耶？"旗帜鲜明地予以反驳。

他在苏州讲学期间，出《李自成、胡林翼论》为学生作文命题，闻者惊骇，官府察觉，再次下令缉拿。1902年春，他再次亡命日本，寄寓东京留学生宿舍，依靠删润译稿度日。在此期间，去横滨会晤孙中山。孙在横滨中和堂设宴奏乐，欢迎章的到来，并与之正式订交。从此，章常往来横滨东京之间，与孙中山讨论革命问题，其中包括讨论中国土地问题。章在1904年写成的《定版籍》一文，就是两人在1902年在横滨讨论中国改革土地制度、赋税制度的记录。

1902年归国，避居家乡。1903年3月，应蔡元培之约任爱国学社三四年级国文教员，这一年，他写下了脍炙人口的《驳康有为论革命书》和《序〈革命军〉》两篇文字，在风雷激荡的1903年，这两篇文章，尤其是前一篇，在思想界产生了极大影响，对推动知识分子革命化和民主革命思潮的发展起过重要作用。

《驳康有为论革命书》是针对康有为在1902年接连发表《与同学诸子梁启超等论印度亡国由于各省自立书》、《答南北美洲论中国只可以行立宪不可行革命书》等文章而写的，这一犀利的战斗檄文，采取公开信的形式，对康有为答南北美洲华侨的信，逐条加以驳斥。文章广泛征引中外历史，特别是清王朝残暴剥削压迫汉人的历史，以证明革命是天演之公理。他指出："公理之未明，即以革命明之，旧俗之俱在，即以革命去之。革命非天雄大黄之猛剂，实补泻兼备之良药矣！"在1903年以前的一切反清、革命宣传品中，对于中国必须革命，革命的正义性、必要性和有效性，没有一篇文章可以超过章太炎这篇《驳康书》的。

文章着重对光绪帝的政治态度进行了分析。康有为一贯把光绪帝描写为"圣君"，认为只有让光绪帝君临天下，搞君主立宪，中国才有希望。章太炎则对光绪帝采取分析态度,指出,光绪帝支持变法,所考虑的只是借此"挟持重势而排沮太后之权力","故戊戌百日之政,足以书于盘盂,勒于钟鼎,其迹则公,而其心则只以保吾权位也"。在这里,章太炎肯定了变法的正义性进步性,有限度地肯定了光绪帝支持变法,但又认为光绪帝是出于保权位的私心。

在变法过程中,光绪帝的私心处处有所表现,他对王公大臣的掣肘,显得十分懦怯,足证"彼其为私,则不欲变法矣;彼其为公,则亦不能变法矣";况且他明知慈禧有发动政变的迹象,无计可施,政变发生又甘受幽废;"幽变之时,犹曰爪牙不具,乃至庚子西幸,日在道涂,已脱出幽居之轭,尚不能转移俄顷,以一身逃窜于南方,与太后分地而处。其孱弱少用如此,是则仁柔寡断之主,汉献,唐昭之俦耳。"他认为一切事实证明载湉是"满洲末造之亡君也",是扶不起的君主,康有为为他粉饰,分明是"诳耀天下",混淆视听。

文章斥责"载湉小丑,未辨菽麦",指出康有为之所以吹倡保皇,抵制革命,是出于"终日屈心忍志,以处奴隶之地","热中于复辟以后之赐环",对康有为的保皇面目作了尽情的揭露。

当然,这篇文章过分强调了"满汉"矛盾,流露出狭隘的民族主义色彩,若干论点也违背历史事实。这种情况,证明了章太炎思想中,反清革命的思想很浓重,在当时知识界政治觉醒过程中,有反清情绪,不独章太炎一人,也并非人们凭空煽起,而是清王朝实行民族压迫政策的反映,章太炎不过是其中主要的代表人物而已。

《序〈革命军〉》是章太炎为年青的革命家邹容所著《革命军》一书作的序。

邹容

邹容,原名绍陶,字威丹,四川巴县人。1885年出生于富商之家。12岁参加县里的童生考试,因考官出偏题愤而离场。1898年在重庆学习英语、日语,有机会阅读西方的书报,开阔了视野,思想上产生了改革弊政的要求。邹鲁《中国国民党史稿》列传《邹容略传》称:"容又往肄和文,时年十四也。时同肄和文者,多重庆知名士,容因此得识诸学门径,习闻欧理绪余。乃浏览种种新籍时报,每有所刺激,好发奇辟可骇之论;又纵谈时事,人因是以谣言局副办呼之。无少长贵贱,如其人腐败,或议有不合,容必面斥之;至对笃行博雅之士,又致敬尽礼。"他仰慕湘人谭嗣同。戊戌政变后,谭被杀害,常悬其遗像于座侧,自为诗赞之:"赫赫谭君故,湖湘士气衰,惟冀后来者,继起志勿灰。"他把自己视作挽救国家危亡的维新志士的后继者。

1901年,四川总督奎俊派留日官费学生20余人赴日。邹容得到消息,"不请于父,携千余钱,一人徒步趋成都,得备选",但为乡里唆于当道而罢。1902年"禀于父,请以自费往。再三渎,父勉许之"。他独自一人来到东京,入同文书院,积极参加学生活动,思想日进激烈。

1903年3月,他愤留日学生监督姚文甫排斥留学生学习军事,又闻姚欲纳某省留学生监督钱某之妾,"容即偕二人往姚寓",剪其辫发。姚诉于公使蔡钧,照会日本外务部捕邹容,邹不得不走避,自大阪归国至上海,居爱国学社,和章太炎同宿一屋,并与社员章士钊、张继相识,二章、邹、张结为兄弟。四月,他参加爱国学社在张园召开的拒俄大会。会后,冯镜如等发起组织中国四民总会,旋改为国民总会,"以保全国国土国权为目的",邹容报名参加。但国民总会因保皇分子作梗,发生分化,龙积之、冯镜如等改为国民议政会,计划向西太后陈请归政光绪,邹容愤而脱会,爱国学社社员也纷纷退会,使国民议政会无形解散。

邹容在日本留学时,已写成《革命军》一书。1903年5月,由上海大同书局印行。这是辛亥革命准备阶段中,宣传革命、阐发资产阶级共和国方案的一本最有号召力、影响极大的书籍。就其对民主共和国方案设计的完善和系统性来说,在此以前,没有任何一个人,包括孙中山在内,能达到这样的高度,可以说,《革命军》的出版标志着知识分子革命觉醒的高峰,邹容是民主共和国方案设计的第一人。

《革命军》全文约二万字,分七章。第一章"绪论"是书中最充满激情的所在。文章一开始,作者就以极大的热情歌颂革命:"有起死回生,还魂还魄,出十八层地狱,升三十三天堂,郁郁勃勃,莽莽苍苍,至高极尊,独一无二,伟大绝伦之一目的,曰革命。巍巍哉,革命也,皇皇哉,革命也。"

文章公开声称:其目的是为了宣布革命

邹容所著《革命军》

宗旨于天下。对于法国资产阶级革命,卢梭《民约论》、孟德斯鸠《万法精理》,弥勒约翰自由之理,美国独立宣言,都尽情讴歌。认为法国、英国、美国的革命史是"应乎天而顺乎人","去腐败而存良善","由野蛮而进文明","除奴隶而为主人";歌颂"卢梭诸大哲之微言大义,为起死回生之灵药,返魂还魄之宝方"。表示要"执卢梭诸大哲之宝幡招展于我神州土,不宁唯是,而况又有大儿华盛顿于前,小儿拿破仑于后,为吾同胞革命独立之表本"。这说明邹容写这部著作的指导思想,就是以效法欧美资产阶级革命、介绍西方民主主义为己任的。

第二章"革命之原因"着重分析了中国在清政府统治下的落后腐败,认为中国在其统治之下早已亡国三百年了。在这一章中,邹容着重强调了"满汉"矛盾,揭露了清统治者的民族歧视政策及其对汉族人民的各种残酷手段,揭露了满族贵族的昏庸腐败,这对于动员人们反清革命是有一定号召力的,但太强调了民族矛盾,甚至使用了明末反清人士"忍令上国衣冠,沦于夷狄,相率中原豪杰,还我河山"来作为对人民的动员口号,这表明在20世纪初年知识分子革命化趋向中,"反满"始终是一个具有号召力的课题。

第三章"革命之教育"着重分析了革命教育的几项大宗旨。本章一开始,作者写道:"有野蛮之革命,有文明之革命。""野蛮之革命有破坏无建设,横暴恣狙,适足以造成恐怖之时代";"文明之革命有破坏有建设,为建设而破坏,为国民购自由、平等、独立、自主之一切权利,为国民增幸福"。作者宣称以文明革命为手段,达到自由、平等、独立自主的目的。值得注意的是作者以破坏和建设的关系来区分野蛮革命与文明革命,这种区分法是不合理的,但他着眼于革命为了建设一个新的中国,这就比陈天华高明。所谓"革命之教育",作者把它归结为两句话:"革命之前须有教育,革命之后,须有教育",他开列了几件大事,作为革命前之教育:一是"当知中国者,中国人之中国也",不用说,内容是反清;二是"人人当知自由平等之大义"。作者以天赋人权论为武器,提出"故我同胞今日之革命,当共逐君临我之异种,杀尽专制我之君主,以复我天赋之人权"。用天赋人权反对封建专制,作为革命教育的内容,其他刊物有所触及,但明确地提出来,邹容是第一人。三是"当有政治法律之观念",这一条,作者实际上没有说清楚所以然,只是概说了人人应享有平等权利,人人须遵守法律。这实际上是国民的权利与义务问题。

第四章"革命必剖清人种",这是作者从人种学角度进一步说明汉族的优秀。这一章与第二章《革命之原因》一样都是着眼于当时的"满汉"矛盾。不同的是第二章着重于分析满族的无能与满族的残暴统治;本章则着重分析汉族在人种上的优越,说明"非我族类,其心必异"。

第五章"革命必先去奴隶之根性",着重阐发中国人不应做奴隶而应争做国民。国民与奴隶是 20 世纪初年革命宣传中创造的一个相对待的名词。一般把缺乏责任心、独立心、乐于屈服专制统治的称为奴隶,相反,则称为国民。当时有不少知识分子有一种激烈的情绪,认为中国人有奴隶的根性,自乐为奴隶,因此,他们以揭露奴隶的特性与表现来唤起国人,催发革命精神。末了,有一首《奴才好》对奴隶性作了很形象的揭露。

第六章"革命独立之大义",这一章是作者向往民主共和国的最主要所在。如果说"绪论"一章强调的是革命的重要,是天演之公理,那么这一章便是革命的目的。在这一章中,民主共和国的方案是通过所谓"革命独立之大义"(实质为革命独立宣言)的形式提出来的。其方案可整理如下:

革命成功后的国家"定名为中华共和国",颁布宪法。其宪法"悉照美国宪法,参照中国性质立定";"区分省份",各省自治,"自治法律悉照美国自治法律"。

中华共和国"建立中央政府,于各省中投票公举一总议员,由各省总议员中投票公举一人为大总统,又举一人为副总统,各州县府又举议员若干"。

"全国男女皆为国民","男女一律平等,生命自由及一切利益之事皆属天赋权利","有人身、言论、思想、出版等自由,不得侵犯"。"有军国民(服兵役)之义务,纳税义务。"

"政府有干犯人民权利之事,人民即可革命推翻,更立新政府。"很明显,在这个方案中,未来的资产阶级国家,采取美国式的三权分立制和各省自治原则,实行代议制,国民有一切应有的权利,特别有用革命推翻现政府的权利;国民应尽服兵役及纳税义务。这一方案,虽然还不完备,如关于生产资料所有制性质、内阁制结构等都没有涉及,但在当时,却是第一个最完整、鲜明地提出资产阶级共和国的方案。这一历史功绩是光辉的。

第七章"结论",是作者进一步号召人民起来革命的宣言书。与第一章"绪论"前后呼应。

综上所述,《革命军》一书中虽流露了狭隘的民族主义,以"反满"为革命的起因,但它的基本主旨是在宣传共和国方案,从这个意义上说,邹容的"反满"是为资产阶级民主革命服务的。

邹容进入爱国学社后,与章太炎同居一室,两人关系亲密,兄弟相称。邹容将《革命军》给章太炎看了之后,章赞不绝口,为之作了序,这就是《序〈革命军〉》

一文的由来。

这篇序文,由三部分内容构成。第一部分着重说明清初以后,反清复明的宗旨暗然无闻,虽有洪秀全领导的太平天国起义,但一则为曾、左、胡、李之辈扼杀,二则,也在于徒托空言。章太炎痛斥了被当世奉为楷模的曾、左、李实为"柔煦小人"、"无足论者";罗(泽南)、彭(玉麟)、邵(懿辰)、刘(锦棠)诸人名为有道之士,实为"张其角牙以覆宗国","以身家殉满洲"。表现出章氏对这批人言行不一的深切痛恨;第二部分说明《革命军》的意义在于以雷霆之声,警醒大众,为"义师之先声"。章氏认为当前一般人安于习尚,虽有少数人提倡逐满,但人数既少,文墨议论也往往流于温和,自己也不免如此,必须要有雷霆之声,才能起警醒作用。而邹容的《革命军》,"一片叫咷恣言,发其惭恚",是"义师之先声",可以使"民无异志","材才知返";又因其通易易懂,更能对下层群众(屠沽负贩之徒)"恢发智识",产生深远影响。第三部分是对《革命军》书名的解释。章氏认为"同族相代,谓之革命,异族攘窃,谓之灭亡;改制同族,谓之革命;驱除异族,谓之光复",中国既亡于满洲"所当谋者,光复也,非革命云尔"。对《革命军》书名微有异议,但章氏又说,邹容之所以署此名称,"谅其所规划,不仅驱除异族而已,虽政教、学术、礼俗、材性犹有当革者焉。故大言之曰革命也"。

章炳麟从他的理解出发,序文中宣传的是民族思想。但他对《革命军》一书作用的预言是正确的,后来,《革命军》确实在辛亥革命准备阶段起了巨大的思想动员作用,在晚清革命宣传品中,《革命军》影响之大,是其他书所不及的。

章氏在序文中提出了"革命"和"光复"的两个不同概念,这两个概念的影响深远,几乎成了当时最普遍的政治名词,所以武昌起义后,各省独立,也就纷纷称作"光复"了。

(四) "苏报案"

如果说,留日学生革命思潮高涨的促发剂是1903年4月的拒俄运动,那么,把国内民主革命思想推向高潮的,是1903年7月发生的"苏报案"。这两件事先后迭起,沤浪相逐,使1903年成了中国进入20世纪之后具有重要意义的年代。

《苏报》原是一营业性小报,创刊于1896年,为胡璋所办,邹弢主笔。胡璋之妻是日本人,名叫生驹悦,由她出面向日本驻沪总领事馆注册。后来,日本浪人组织黑龙会的势力曾一度渗入。所以,章行严(士钊)有"夫苏报者,原属日本黑龙会人之侵略工具"之说[1]，其实，黑龙会并未控制该报。《苏报》由于不善经营，于1898年为原江西铅山知县、落职赋闲在上海的陈范（字梦坡）购得，继续出版。从此，《苏报》与日本人的关系割断。

陈范为维新派人士陈鼎之弟，受维新变法的思想影响。购得《苏报》后，他并不放弃政治主张，仍积极宣传改良。1902年爱国学社成立后，由于经费不足，"因与苏报约，每日由学社教员七人轮流担任撰著论说一篇，而苏报馆则月赠爱国学社百金，于是互受其利，而苏报遂为爱国学社师生发表言论之园地"[2]。由于当时退学风潮大盛，《苏报》增辟《学界风潮》一栏，"藉资号召，声价大起"。旋南京陆师学堂退学生章行严（士钊）等加入爱国学社，章被聘为《苏报》主笔。自此《苏报》革命倾向日趋激烈。兹将《苏报》刊登的文章逐日录出，并附被清政府指控的主要内容如下，以见当时《苏报》革命宣传的大概：

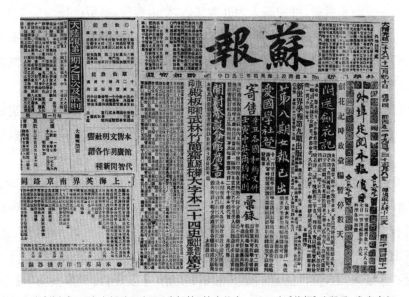

上海《苏报》以"先声播欧亚东西"为标榜，鼓吹革命。1903年《苏报》改版后，发表章炳麟、邹容等写的文章，又发表读者意见

1903年5月27日（五月初一）《论中国当道者皆革命党》（章士钊）

6月1日（五月初六）：《康有为》，其中有"革命宣告殆已为全国所公认，如铁案之不可移"。

6月3日（五月初八）《客民篇》，"客民者，即客帝逼挤而出者也。此客帝盘

[1] 章行严：《苏报案始末记叙》，中国近代史资料丛刊《辛亥革命》第1册，第388页。
[2] 张篁溪：《苏报案实录》，同上书，第368页。

踞之久也,悉取其主人而奴之,奴之眼光殆无往非其主人。故二百五十年亦无以为容而必欲屏之也"。

6月9日(五月十四)《读〈革命军〉》"今日世袭君主者满人,占贵族之特权者满人,驻防各省以压制奴隶者满人。夫革命之事亦岂为外乎? 去世袭君主,排贵族特权,获一切压制之策者乎?"

同日《介绍革命军》,"其宗旨专在驱除满族,光复中国,笔极犀利,文极沉痛。稍有种族思想者读之,当无不拔剑起舞,发冲竖。若能以此书普及四万万人,中国当兴也勃焉"。

6月10日(五月十五)《读严拿留学生密谕有愤》,有"贼满人"、"汝辫发左衽之丑类"、"杀满杀满之声已腾众口"。

6月18日(五月二十三)《贺满洲人》,"今者睡虎已醒,群盲豁然,吾汉族之曙光,已一发而不可遏,抑视满人为九世深仇,切齿裂眥,磨厉已须"。

6月29日(闰五月初五)《康有为与觉罗君之关系》(即章太炎《驳康有为论革命书》一文摘要)"载湉小丑,未辨菽麦"、"载湉者,固长素之私友,而汉族之公仇也。况满洲全部蠢如鹿豕者,而可以不革命者?"[1]

可以看到《苏报》自6月初起,革命宣传日盛一日,从一般性"反满",进而刊登直斥载湉小丑的文章。这在学潮中,对知识界的思想是一个巨大推进,当时人称它为"善造风潮之报"。

《苏报》的反清革命宣传引起了清政府的恐慌与仇恨,他们与上海租界工部局勾结,于6月29日派巡捕去苏报馆捕人。先后捕去章太炎、陈仲彝(陈范之子)、程吉甫、钱允生等人,蔡元培逃亡青岛。7月1日邹容去租界巡捕房自首。7月7日《苏报》和爱国学社被正式查封,这就是轰动全国的"苏报案"。

在"苏报案"中,值得注意的是吴敬恒(稚晖)与福开森。"苏报案"发生前,清政府命候补道俞明震到上海,协助上海道袁树勋会同办理。俞明震之侄俞大纯在日本留学时结识吴敬恒。俞到沪后,即"密约敬恒往见明震,明震以拿办六人即行正法之公文示之,且曰:'此等举动,直是笑话',并留吴敬恒吃面,恐其怀疑,即举箸先食。食毕,谓吴宜速去。吴乃即日离沪"[2]。这一举动,在俞明震言,至少是暗示镇压,并事先通知,使吴免陷囹圄;在吴敬恒言,这是一次得知清政府将有镇压行动的机会,如果吴能将此消息密告《苏报》及爱国学社,可能会

[1] 以上均见张篁溪:《苏报案实录》,中国近代史资料丛刊《辛亥革命》第1册,第374—375页。
[2] 张篁溪:《苏报案实录》,同上书,第373、377页。

出现另一种事态。但吴不告而先走，形迹可疑。以致章太炎疑其告密，在"所撰邹容墓碑文中有涉及敬恒当时诣俞明震处告密事"。[1]（沈案：现在刊行的《太炎文录》中有《赠大将军邹君墓表》，《辛亥革命》丛刊第1册采入，表文中已无吴敬恒赴俞明震处告密一节，疑已删，非最初之表文）

吴为自我解辩，曾于1943年撰《上海苏报案纪事》一文，但解释离奇，反令人生出更多疑问。章对吴有告密之说，据称是得之张鲁望。其文曰："至最后足下献策事，张鲁望言之，鲁望语不知得自传闻，抑亲闻诸余明震者。但仆参以足下之屈膝请安与闻慰丹语而面色青黄，及允中所谓明震自悔者，有以知鲁望之言实也。"[2]

张鲁望，目前还不能考定是谁，是怎样身份。从现有资料看，也不能断定是吴敬恒告密。章太炎的怀疑事出有因，查无实据。不过吴敬恒在此案中不告而走，确实很不光彩。

福开森当时是南洋公学监督，在案发前，清政府与工部局沟通的重要牵线人。当时因苏报馆在租界内，根据《南京条约》附约《虎门条约》规定，凡清政府要进租界拘人，必须得到租界当局同意，因之，清政府通过福开森接洽，美国领事才签发传票。案发后，他积极将案情进展向两江总督端方密报，一面阳为接受清政府委托与租界当局会商引渡，一方面则阴为拖延，不使这一帝国主义特权破坏。可以说，福开森是"苏报案"中的一个幕后策划者角色。

7月15日，租界会审公廨开庭审讯。清政府作为起诉一方，章、邹作为被告，在帝国主义设立的法庭里进行诉讼。这件事，充分暴露了清政府的奴才性质，激起了人民对清王朝的更大义愤。在舆论压力下，租界不敢答应清政府"引渡"要求，案情的审讯也一拖再拖，直到1904年5月21日才由上海知县会同会审公廨判决章炳麟监禁三年，邹容两年。自上年到案之日起算，期满逐出租界。后来，邹容于1905年4月3日病死狱中，年仅20岁；章在狱中曾绝食7天以示抗议，并与西牢狱卒的凌辱虐待作过斗争。1906年6月29日刑满出狱，同日晚上，为同盟会特派代表迎往东京。

"苏报案"是中外反革命勾结共同镇压中国人民革命事业的暴行，它的性质不同于清代的传统"文字狱"。第一，文字狱的性质是清政府实行民族压迫政策，对反清言论进行的镇压；而《苏报》不仅是因宣传了反清，更重要的是宣传了民主革命。它早已超越了一般的民族矛盾意义而表示了时代精神；第二，文字狱

[1] 张篁溪：《苏报案实录》，中国近代史资料丛刊《辛亥革命》第1册，第373、377页。
[2] 章炳麟：《与吴稚晖谈苏报案书》，同上书，第398页。

是由清政府一手造成;"苏报案"则由中外反动派共同策划。前者是封建专制制度下的产物,后者则具有明显的半殖民地半封建性。第三,文字狱往往是反清复明的背景和思想指导下的产物;"苏报案"则是在瓜分危机日亟,拒俄运动蓬勃发展的影响下,知识界民主革命思潮勃兴的结果,两者具有不同的时代精神。

"苏报案"的发生,并没有达到反革命方面企图压制民主革命言论、消弭革命的目的。相反,这一案件反而刺激了更加高涨的革命言论,使民主革命思潮推向了新的高度。

首先是《苏报》被封后,上海地区的革命报刊出版更多了。以下是上海自1903年"苏报案"后出版的主要报刊:

报刊名称(附地点)	创刊人	创刊日期	停刊日期	停刊原因
1.《国民日日报》(上海)	张继、章行严、何靡施、卢和生、陈去病	1903年8月7日	数月即停	内讧
2.《中国白话报》(上海)	林獬(白水)、林宗素	1903年12月	1904年10月	—
3.《俄事警闻》(上海)	蔡元悟、林獬、刘光权	1903年12月	—	改名
4.《警钟日报》(上海)	蔡元悟、林獬、刘光权	1904年3月	1905年3月	封
5.《觉民》月刊(上海松江)	高天梅	1903年12月	—	—
6.《女子世界》月刊(上海)	丁初我	1904年1月	1906年初	经费
7.《二十世纪大舞台》月刊	陈去病(佩忍)	1904年10月	1905年初	封

(据《中国革命运动二十六年组织史》;《辛亥革命前十年间时论选集》第1卷下册"书刊介绍"编制)

此外,1903年上海镜今书局出版了《苏报案纪事》(一名《癸卯大狱记》),将"苏报案"有关文章加以汇编,并有简要评述。1904年10月,东大陆图书译印局在《国民日日报》停刊后,出版了《国民日日报汇编》一书。值得注意的是,1904年上海出版了《黄帝魂》和同年由作新社出版的《国民报汇编》。

《黄帝魂》一书,是将当时报刊上发表的革命论著加以选录编成。编者署名为"黄帝子孙之一个人"。据章行严称,编者真名为湖南人黄藻。此书共收录时论45篇[1]。其中,原《国民报》的《亡国篇》、《中国灭亡论》、《正仇满论》;《开智

---

[1] 据《辛亥革命前十年间时论选集》第1卷下册称:《黄帝魂》出版于1903年,收入论文29篇,再版时1911年增至44篇。此说可作为研究《黄帝魂》版本的参考。我所见的一种版本,与此说不同。书为大32开白报纸印刷,页码共310页。书前有黄中黄序及《黄帝魂例言》,书末版权页署"黄帝纪元四千六百十四年十一月一日印刷,同年十二月六日出版";"撰述者:黄帝子孙之多数人";"编辑者:黄帝子孙之一个人";"发行者:黄帝子孙之为发行者";印刷者:"黄帝子孙之为印刷者"。共收入文章45篇。章士钊作《疏〈黄帝魂〉》所据之本亦称45篇。

录》的《义和团有功于中国说》;《苏报》的《驳〈革命驳议〉》;《国民日日报》的《黄帝纪年论》、《王船山史说申义》,都收入本书。书前有"黄帝子孙之嫡派黄中黄"作的序言,指出本书题名《黄帝魂》,是为了共诵汉族祖先黄帝的功德,以抒黄帝子孙所遭受的痛苦。编者例言中,更有"以黄帝魂名篇,亦日本人所谓大和魂之义也"的自陈,则此书用意,专在谈驱除鞑虏的反清革命。但实际上也收进了《孙逸仙与白浪滔天之革命谈》采自黄中黄编译《孙逸仙》及邹容《革命军》第二、四两章。

《国民报汇编》是 1904 年作新社出版的汇编本,按叙例、社说、时论、外论、译编、丛谈、来稿、杂录各栏,将《国民报》所出四期的文字全数编入。这两部书在当时广泛流传,影响很大。

其次是《革命军》一书,因"苏报案"发生而得到大量刊布,产生了深远影响。《革命军》写成后,邹容对于它的流传问题,颇为忧虑。他曾对刚加入爱国学社的章士钊说:"此秘密小册子也,力终捍格难达,革命非公开昌言不为功,将何处得有形势已成之言论机关,供吾徒恣意挥发为哉?"的确,一本秘密小册子要发挥它的宣传功能,不大量流传是不行的。章士钊在主编《苏报》后,也仅是介绍了《革命军》的主要内容。《革命军》真正大量流传是在"苏报案"之后。章太炎所作邹容墓表中称:"君既卒,所著革命军因大行,凡摹印二十有余版,远道不能致者,或以白金十两购之,置笼中,杂衣履餐饼以入,清邮关不能禁,卒赖其言为光复道原。"[1]

冯自由称:"自蔚丹入狱后,所著革命军风行海内外,销售逾百十万册,占清季革命群书销场第一位。各地书肆以避关邮检查故,多易名贩运,或称革命先锋,或称图存篇,或称救世真言,或与章太炎驳康有为政见书并列,而简称曰章邹合刻。此书文辞不如章太炎之驳康书,论理不如秦力山之革命箴言,徒以通俗浅显,适合当时社会需要,几于人手一编,卒赖其言为驱胡建国之本,功不在孙、黄、章诸公下也。"[2]

最后,由于"苏报案"而催发的革命思潮高涨,使广大爱国知识分子纷纷向革命转化,从而促使了国内革命派队伍的迅速发展。作为资产阶级一翼的民主革命派,既然已经具有了一定的阶级基础和物质基础,同时又在自我觉醒过程中具备了民主革命的思想基础,那么,结集力量、组织团体也就成了合乎逻辑的趋势。如果说 1903 年是知识分子革命觉醒过程中的重要一年,那么这一年的民主革命思潮的高涨,迎来了下一年即 1904 年组织上的发展。

---

[1] 章炳麟:《赠大将军邹君墓表》,中国近代史资料丛刊《辛亥革命》第 1 册,第 366 页。
[2] 冯自由:《〈革命军〉作者邹容》,《革命逸史》第 2 集,第 49 页。

七　"联络学界，开导华侨"

（一）把视线转向留学生

　　孙中山在世纪之交体察到了时代变化的征兆，但他对行将变化的时代却一时难以有所作为。

　　由于清政府的通缉，也由于港英当局对他的禁令没有解除，使他在惠州起义失败后既无法进入内地，亦难以利用香港作为谋划革命的本营，只好返回日本，等待时机。1900年11月，孙中山回到横滨，住在前田桥121番馆，从此，他长期没有与国内革命运动接触，只好在海外活动，重新过着流亡政治家的尴尬生活。

　　当他重返横滨之初，身边唯有尢列和郑士良二人。尢列自1898年参与横滨"中和堂"联络华侨工界的活动后，一直侨居于此，在孙中山抵达横滨后就与之同寓一处，朝夕相见。郑士良自解散义军余部后，经香港回到横滨，追随孙中山左右。兴中会其他骨干，陈少白仍在香港主持《中国日报》，杨衢云则不顾清吏缉捕迫害的危险，自愿留住香港，以教书度日。1901年1月10日，他被清政府刺客陈林刺伤，次日死于医院。孙中山闻讯，悲痛异常。1月26日在横滨召集同志，特为杨衢云举行追悼会，并募得恤金二千余元转交杨的妻儿，表达他对亡友的哀悼和对革命同志遗孤的关怀。杨衢云之死，使孙中山丧失了一个政治上的挚友，使兴中会失去了一位优秀的组织家和领导人。同年8月，奉命去香港有所活动的郑士良，在参加一次友人宴会后突然暴死于回寓途中，一说中风，一说系清政府派人在食物中下毒所致。一年中连失两位革命党的老前卫，严重削弱了兴中会的力量。这时的孙中山，同志凋零，组织涣散，举目四顾，前途茫然。严酷的现实与已经体察到的有利形势之间，产生了如此巨大的矛盾，这就势必要调整计划，重新部署。大约在1900年底1901年初，孙中山和尢列讨论过今后的进止,当时"议定革命进行二种计划,一联络学界,一开导华侨"[1]。这个新策略的确立,对孙中山跳出兴中会狭小圈子,从更宽广的背景思考中国革命和调整组织力量是有积极意义的。

关于"联络学界",两人讨论的侧重点是联络留学生,特别是联络留日学生。如前所述,自中日甲午战争后,留学方向东移,日本成了留学生最多、最集中的国家。把留日学生纳入民主革命大潮,无论在思想上或组织建设上都有重要意义。事实上,孙中山从一开始进行反清革命起,就注意与国内知识界的联络及沟通。兴中会成立之初,就在《章程》中申明:"用特集会以兴中,协贤豪而共济。"[2]《香港兴中会章程》更明确宣告:"故特联络四方贤才志士,切实讲求当今富国强兵之学,化民成俗之经,力为推广,晓谕愚蒙。"[3]行动上,孙中山不仅与维新派人士如康、梁等人交往接触,而且还和广州、澳门的一批文化人交往,如广州东西药局医师尹文楷、司理庞文卿、广州双门底圣教书院司理左斗山、驻圣教书院内礼拜堂牧师王质甫、归善教员魏友琴以及清水师军官程奎光、程壁光兄弟等[4]。但总的说,1900 年底到 1901 年初,孙中山与国内知识界的接触面不广、数量不多。因之,才会有"联络学界"的进行计划,把留学生特别是留日学生作为重点对象,予以经营。

从历史时序看,孙中山开始和留日学生接触是在 1899 年。当时正是孙中山与梁启超谋求兴中会与维新派合作之际,两人过往甚密,梁也一度有倾向革命的表示,两派关系尚称融洽。那时为数不多的留日学生中,一些有志改革、关心政治的青年也很乐意与他们交往。冯自由描述说:"时孙总理、陈少白、梁启超先后亡命日本,彼此往还,相与研究革命方略,至为透辟。沈云翔偕同学戢翼翚(元丞)、吴禄贞(绶卿)访之,一见如故,对总理尤倾倒备至。己亥庚子间,各省留东学生渐增至百数十人,湘之秦力山、林述唐、李炳寰、蔡松坡、田邦璇、蔡钟浩、鄂之刘百刚、吴念慈、傅慈祥,粤之黎科,闽之郑葆丞,燕之蔡丞煜,皖之程家柽诸人,均属有志之士。云翔一一引见总理,共商天下事,总理深得其助。"[5]可见孙中山与留日学生的最初接触并非主动,而是在浙江籍湖北官费生沈云翔的居间介绍之下进行的;这些最早与孙中山交往的留学生多数

---

[1] 冯自由:《九列事略补述一》,《革命逸史》初集,第 31 页。
[2] 孙中山:《檀香山兴中会章程》,《孙中山全集》第 1 卷,第 19 页。
[3] 孙中山:《香港兴中会章程》,同上书,第 22 页。
[4] 均见冯自由:《兴中会初期孙总理之友好及同志》,《革命逸史》第 3 集,第 1—23 页所载名单。
[5] 冯自由:《沈云翔事略》,《革命逸史》初集,第 81 页。按沈云翔,一作沈翔云。

是倾向维新改革的有志之士，他们中的沈云翔、秦力山、戢翼翚、傅慈祥、蔡丞煜、郑葆丞、林述唐、李炳寰、黎科、田邦璇等都在后来参与了唐才常的自立军勤王起义。所以他们与孙的接触与其说是对孙的反清革命"倾倒备至"，不如说因勤王起义在暴力问题上有共同语言。所以孙中山出席了欢送他们回国举义的宴会，在会上发表了热情洋溢的演说，并介绍汉口兴中会会员容星桥协助举事。

比较而言，1900年孙中山支持郑贯一创办《开智录》尚可说是他主动与留学青年接触的开始。《开智录》原是1899年冬用油印出版的旬刊，"规模颇狭"。1900年夏秋间，孙中山为支持其出版，曾捐助印刷费200元，"乃改用铅字排印"[1]，从而扩大了影响。不过这件事发生在孙中山与九列讨论新策略之前，不足以说明孙中山已把视线转向了留学生。

孙中山真正把接触留日学生作为革命新策是从1901年开始的。最早的一批人是1901年成立的"广东独立协会"成员，其中有姓名可稽的，如冯懋龙（即冯自由）、冯斯栾、郑贯一、李自重、王宠惠、梁仲猷等。虽然，他们主动与孙中山联系很可能出于同乡感情的地域观念，但双方交流的内容却是"主张广东向满清政府宣告独立之议"，纯属政治性领域。孙中山对之赞助颇力，"冯、郑、李、王等因是常至横滨前田桥孙宅筹商进行方法"，孙与兴中会会员也殷勤招待[2]。后来，这些人多数成了服膺反清革命论的思想激进分子。此后至1902年12月中旬，孙中山与东京留学生保持着断断续续的联系，有过直接与间接的交往。如1901年对《国民报》创办以经费上的支持；1902年4月署名赞助章太炎、秦力山等发起的"支那亡国二百四十二年纪念会"，并率横滨华侨数十人去东京赴会；同年鉴于兴中会及九列组织的中和堂都是下层群众，"中国士大夫尚无组织"，便与留学生刘成禺、程家柽、冯自由等开会于东京竹枝园饭店，决定"分途游说各省学生"[3]；当《湖北学生界》创刊前，该刊的发起人刘成禺、程家柽、李书城、时功玖等都曾与孙中山叙谈过。该刊出版后，对各省籍留学生纷起创办以省区命名的刊物起了推动作用。据刘成禺称，他和马君武在1903年2月东京留学生春节团拜会上发表反清演说，也是孙中山直接给予的指示，等等。

兴中会成员与留学生也有所接触。如1901年"励志会"开新年庆祝会，九

[1] 冯自由：《中国革命运动二十六年组织史》，第52页。
[2] 冯自由：《广东独立协会》，《革命逸史》初集，第98页。
[3] 刘成禺：《先总理旧德录》，《国史馆馆刊》创刊号，第55页。

列、翟美徒等前往参加座谈；尤列主持横滨中和堂时，常请留学生演讲，因而常有留学生足迹[1]；兴中会机关报《中国日报》还聘请冯自由为驻东京通讯员，以及时反映留学生情况。

在1902年前，孙中山和他的同志们虽已开始注意于留日学生的活动，但总的说，接触的机会不多，政治上的双向交流也少。这固然与他居住在横滨，不是处在留学生最集中的东京有关，更与留学生思想还停留在爱国阶段、没有普遍发展到反清革命的迫切要求有关。孙中山只能与极少数思想激进的青年接触，向他们宣传民主革命思想，而在留学生群体中的影响还不大。不过也应看到，与孙中山有交往的激进青年，是留东学界中极为活跃的分子；由孙中山支持的团体和资助经费的刊物，是当时最激进的宣传阵地，这两方面都曾在留学生的思想进步过程中起过积极的作用。

孙中山于1902年11月中旬离开日本到越南河内，为联络法国支持中国革命而奔走，直到1903年7月返回横滨。这段时间，正是东京留学生分化激烈、革命化趋向呈现的关键时刻，孙中山失去了这个指导留学生的大好机会。但留日学生的分化趋向，在当时情况下只能向孙中山所主张的反清革命方向皈依。这种未曾始料的状况产生，原因在于保皇的改良派已经在留东学生中缺乏号召力；留学界自身又产生不出公认的领袖；清政府站到了留学生的对立面。爱国必须反清，爱国必须革命成了留学生中激进者的共识。

先看改良派的影响。改良派自戊戌变法失败后，主要成员先后亡命日本。1899年康有为赴加拿大创立保皇会，意在争取华侨支持；梁启超与康有为略有不同，政变后思想上一度依违于革命破坏与保皇立宪之间，把更多的精力放在争取学界方面。1898年12月23日，梁启超在横滨创办《清议报》旬刊，接连发表有关政变实情的文章，如《论戊戌八月之变乃废立而非训政》、《政变原因答客难》等，向海外读者宣传清朝内部的帝后党之争及中国非改革不足以救危局，赢得了不少人对光绪帝和维新派的同情，加深了人们对西太后为首的顽固守旧派的憎恶。1899年，《清议报》的宣传方向发生一次较为明显的变动，即从争取一般华侨的同情支持转向对留学生的争取，它以介绍西方民主主义学说为主要内容，阐述中国民族危机的严重和兴民权、破传统、批专制的必要性、迫切性，在留学界产生了很大反响。其中关于"国民"概念的提出，把国民与奴隶、与顺民作理性上的比较分析等，使西方资产阶级的"国家"学说和民权思想深入人心，以

---

[1] 冯自由：《中和堂小史》，《革命逸史》第3集，第130页。

致留东学界人人争说国民,事事联系民权,梁启超的影响日渐增长,超过了其师康有为而成了留日学生的思想领袖。1902 年《新民丛报》的创办,更使梁的威望趋于顶峰。同年 2 月起连载于《新民丛报》的《新民说》,尤其风靡思想界。黄遵宪在这年 5 月致书梁启超说:"《清议报》胜《时务报》远矣,今之《新民丛报》又胜《清议报》百倍矣。惊心动魄,一字千金,人人笔下所无,却为人人意中所有,虽铁石人亦应感动,从古至今文字之力之大,无过于此者矣。"[1]对梁启超的文字宣传表示了由衷的钦佩。李书城回忆当时留学界的情况说:"那时梁启超在日本横滨创办《新民丛报》,主张君主立宪,留学生中附和者不少,弘文学院学生亦多对梁启超表示崇敬。"[2]清政府也把康梁作为"今日新党之代名词",驻日公使蔡钧说:"各省聪俊子弟,来兹肄业,熟闻梁之邪说,沾染日邦恶习,遂入歧途,竟有留连忘返之势。"[3]梁启超对西方资产阶级社会政治学说和文化学术思想的介绍,顺应了渴望寻求新知的知识界需要,获得了具有热切进取心的留学生的思想共鸣。

但是,梁启超很快从顶峰上跌下来。首先是革命派对他"名为保皇、实质革命"的揭露,使他在华侨中的影响削弱;与此同时,唐才常自立军军费问题上的侵吞之嫌,更使康梁在华侨中的政治威信一落千丈。其次,改良派阵营本身在世纪之交也发生了分化。一批思想激进的青年,在现实政治的刺激下,由原先服膺君主立宪论转向反清革命论。除秦力山公开支持孙中山的革命主张、加入了兴中会外,原属梁启超的门生如冯自由、冯斯栾、郑贯一、苏曼殊、李自重、马君武等倾向反清革命;原主张维新改良的陈犹龙、朱菱溪、周宏业、李群等人也转而鼓吹反清。他们在政治态度上的转向,对留学生摆脱君宪论的影响起了促进作用,削弱了维新派的力量。再次,梁启超自己的政治立场倒退,更直接导致了他在留学界中的威信贬值。大约从 1903 年上半年起,面对留学界的激烈分化和革命倾向日见增长,梁启超开始从以往鼓吹的"破坏主义"立场倒退。这年 2 月发表的《敬告我国民》,就是梁倒退的信号。这篇文章从中国民智未开说到国民缺乏救国能力的准备,进而批评"忧国者"动辄指斥政府压制而不自忖有否组织国家之能力,声称:"故我国民勿徒怨政府、詈政府而已,今之政府,实皆公等所自造。"[4]又

---

[1] 黄遵宪:《致饮冰主人书》,转引自丁文江、赵丰田编:《梁启超年谱长编》,上海人民出版社 1982 年版,第 274 页。

[2] 李书城:《辛亥前后黄克强先生的革命活动》,《辛亥革命回忆录》第 1 册,第 180 页。

[3]《蔡钧致外务部书》,《新民丛报》第 5 号,第 86 页。

[4] 梁启超:《敬告我国民》(1903 年 2 月 11 日),《饮冰室合集·文集》第 5 册,第 14 卷。

说中国人还不具备破坏主义的能力,"今日之中国,其能为无主义之破坏者,所至皆是矣,其能为有主义之破坏者,吾未见其人也"[1]。认为无主义的破坏只能使国家大乱,列强有机可乘,"以前途之患言之",破坏不能救国。表面看,梁启超只反对无主义的破坏,而不是反对"破坏主义",但他认为至今仍未见"有主义之破坏",因而从根本上取消了"破坏主义"在目前之可行。到同年10月发表的《新民说》第18节《论私德》篇时,梁启超明确地反对"一切破坏"论,认为:"一切破坏之言,流弊千百而收效卒不得一也。"[2]梁启超这种闪烁其词的言论,隐藏着不可告人的心态。他后来在1912年的一篇演说词中,说起过当时自己后退的原因:

> 其后见留学界及内地学校因革命思想传播之故,频闹风潮,窃计学生求学,将以为国家建设之用,雅不欲破坏之学说深入青年之脑中。又见于无限制之自由平等说,流弊无穷,惴惴然惧。又默察人民程度,增进非易,恐秩序一破之后,青黄不接,暴民踵兴,虽提倡革命诸贤,亦苦于收拾。加以比年国家财政、国民生计,艰窘皆达极点,恐事机一发,为人劫持,或至亡国。……自此种思想往来于脑中,于是极端之破坏,不敢主张矣。[3]

显然,当时的倒退,实质上是为了抵制革命、保护清王朝。梁启超既然从"破坏主义"立场倒退,那么他就守不住已经十分脆弱、屡经革命派批判的君民共主论的政治防线。因为不破坏君主专制政体,不反对腐败落后的清政府,又何来所谓"民权革命"? 清政府不给国人以任何权利,即使"斥后保皇"也万难实现君主立宪。梁启超走进了理论误区而不能自拔,悖论也就随之而生。果然,从1903年下半年起,他从"新民道路"退到了"开明专制",一泻千里,连君民共治也不敢讲了。这样,他头上的"学生导师"的光环便黯然失色,他在留学生中的政治威信也就大大下降了。

再说留学生状况。自从1901年起,留日学界在对待清王朝问题上的态度日趋分化,温和与激烈两派逐渐形同水火。当时思想激烈的青年会组织中,最为活跃的成员如秦毓鎏、王嘉榘、周宏业、冯自由、叶澜、张继、金邦平、谢晓石、沈翔云、程家柽、戢翼翚等人,虽有一腔爱国热情,但都没有完成由爱国到革命的转变历程,谁都不足以成为群体领袖。所以,拒俄运动兴起,以钮永建、汤

---

[1] 梁启超:《敬告我国民》(1903年2月11日),《饮冰室合集·文集》第5册,第14卷。
[2] 《新民说》,《饮冰室合集·专集》第3册,第4卷。
[3] 梁启超:《初归国演说辞》,《饮冰室合集·文集》之二十九。

橹为一时人望,以蓝天蔚等陆军士官生为队长、区队长。义勇队虽设有本部,但本部却没有首领;形式上轰轰烈烈,实际上缺乏坚实的领导核心和切实可行的计划;思想上虽痛恨清政府的卖国,也认识了清王朝已经成了列强纵之擒之威之胁之的工具,行动上仍然寄希望于政府抗俄。所以有致电袁世凯甘为前驱,派员赴北洋陈情交涉,宗旨明确规定在"政府统率之下"等举措。一旦清政府压制、内部王璟芳等反水,军国民教育会即不知所从,陷于瘫痪,留学生运动处于群龙无首困境。虽然,起而代之的有各省留学生同乡会,但是同乡会因其地域观念浓重、各自为政而无法统一;留学生会馆号称管理全体学生,然而它仅是一个事务性机构,不具有统率号召的作用。这一切,都使得已经喊出了"革命其可免乎"呼声的留日学界,无法在革命思想指导下形成革命组织。从 1903 年下半年起,整个留学生运动实际上处于涣散的人自为战、省自为战的状态中。这表明,在面临着大好的"造英雄"的时势中,留学界出不了众望所归的"英雄"人物。于是,作为中国民主革命先行者的孙中山,也就成了要革命的留学生唯一能够选择的革命英雄。孙中山与留学生的关系,由此发生了明显的变化。

1900 年前,只有少数留学生与孙中山接触,大多数人对他并不了解。正如最早与孙中山交往的秦力山所说:"四年前(沈案:1900 年),吾人意中之孙文,不过广州湾之一海贼也。"[1]孙中山在留日学生中的形象可想而知。吴敬恒说在 1902 年钮永建约自己往访孙中山时表示不愿与孙相见,"就因为他不是科第中人,不是经生文人,并且疑心他不识字"[2]。章太炎也说:"留学诸公,在孙中山那边往来,可称志同道合的,不过一二个人,其余偶然来往的,总觉得中山奇怪,要来看看古董,并没有热心救汉的心思。"[3]

拒俄运动后情况完全不同。孙中山自 7 月中旬回到横滨后,留日学生来访者络绎不绝,"一时京滨道上往还频繁,总理所居,座客常不空也"[4]。各省留学生先后访问的有程家柽、刘成禺、叶澜、董鸿祎、翁浩、郑宪成、杨度、时功玖、李书城、程明超、吴柄枞、马君武、杨守仁、姚芳荣、李自重、胡毅生、桂少伟、伍

---

[1]《孙逸仙·秦序》,《辛亥革命》资料丛刊第 1 册,第 9 页。秦力山是与孙中山最早接触的留学生。据章太炎称:"时香山孙公方客横滨,中外多识其名者,而游学生疑孙公骁桀难近,不与通。力山独先往谒之。"(《秦力山传》,《章太炎全集》第 5 册,第 185 页)
[2]吴敬恒(稚晖):《我亦一讲中山先生》,王云五等:《我怎样认识国父孙先生》,台北《传记文学》丛刊之三,第88页。
[3]汤志钧编:《章太炎政论选集》上册,第 269—270 页。
[4]冯自由:《癸卯孙总理在日本状况》,《革命逸史》初集,第 133 页。

嘉杰、黎勇锡、区金钧、卢牟泰、郭健霄、刘维焘、饶景华、李锡青、卢少歧、朱少穆、廖仲恺、何香凝、陈撷芬、张崧云等数十人。何香凝回忆她初见孙中山时说:"1903年春天的一个晚上,我和仲恺到神田神保町的中国留学生会馆参加留学生的聚会,在会场上初次看见了知名的革命家——孙中山先生,真是喜出望外。但是,当时留日学生的思想十分分歧,参加那次会议的有革命青年,有保皇党,也有清政府的暗探和忠实走狗,鱼龙混杂,什么人都有。"[1]何香凝的回忆,在时间上可能有误,因为1903年春孙中山正在越南,但她所说的内容,却大体反映了这位知名革命家已经成了留学生注目对象的事实。在这种情况下,出于了解孙中山的需要,海内外相继出现了一些宣传和介绍孙中山的书籍。如1903年黄中黄根据宫崎寅藏所著《三十三年之梦》一书中有关孙中山的内容,编译出版了《孙逸仙》单行本。编译者在介绍了孙中山经历和革命主张后写道:"是故二十世纪新中国之人物,吾其悬孙以为之招,诚以其倡革命于举世不言之中,争此不绝如发之真气,深足为我国民之先导。"[2]把孙中山作为革命的先行人物。此书一出,即风行天下,人人争看,成了鼓吹革命的有力著述[3]。同年,上海国学社出版了《三十三年之梦》的中文全译本,译者金一,即金松岑(天翮),就是留日学生出身,上海中国教育会会员。此外,《江苏》、《浙江潮》、《大陆》、《警钟日报》等也先后发表了介绍孙中山的文章和有关他的报导。

孙中山在和留学生接触中,除了向他们分析形势、讲述革命道理外,还希望他们"物色东京同学之有志者,参加结社,以待时机"[4]。当时私费留学生中有志于学习军事的青年,由于清政府禁止进入日本军事学校学习而颇感失望,希望孙中山能给予帮助。孙一向重视武装斗争,对留学生的请求决定给予支持,于是有东京青山革命军事学校的设立。该校聘日本军事家日野熊藏为校长,以退役军官小室健次郎上尉为教官,传授军火制造及作战方法。学制8个月,学科有普通兵事学及制造盒子炮、木炮与各种火药等,尤注重布尔散兵战术及以寡敌众的夜袭法。为防止清政府侦知,学校一切工作均处于秘密状态。

入校的学生有李自重、黎勇锡、胡毅生、桂廷蓥、区金钧、卢少歧、刘维焘、雍

---

[1] 何香凝:《我的回忆》,《辛亥革命回忆录》第1册,第13页。
[2] 黄中黄:《孙逸仙》,《辛亥革命》资料丛刊第1册,第100页。
[3] 参见章士钊:《疏〈黄帝魂〉》,《辛亥革命回忆录》第1册,第243页。
[4] 胡毅生:《同盟会成立前二、三事之回忆》,《开国文献》第1编第10册,第1页。

浩、郑宪成、饶景华、卢牟泰、伍嘉杰、郭健霄、李锡青等 14 人。其中除雍浩、郑宪成系福建人外,其余都是广东籍。学生入校,都要向孙中山宣读誓词:"驱除鞑虏,恢复中华,创立民国,平均地权。"这十六字誓词后来成了同盟会的十六字纲领。学校开课一个月后,孙中山离日赴檀香山,校务由冯自由管理。不久,校内各树派别,意见分歧,四个月后不得不宣布解散,前后不及半年。孙中山在美国"得冯自由详报该校解散始末,为之慨叹不止"[1]。

综上可见,孙中山自 1901—1903 年间已经开始注意和留日学界的接触,把视线移向留学生;而留学生也在由爱国进向革命的过程中,开始向孙中山靠拢。其中一批思想激进的活跃人物更把孙中山看作革命的前驱,对他表示了敬佩和理解。但是,整体上说,这种思想感情上的双向交流,还只处在彼此加强了解和同情的初始阶段,没有进入到水乳交融、志同道合、相互结合、统而共之的阶段。所以,就孙中山而言,他可以对留学生阐述自己的理想、抱负,宣传革命主张,甚至支持他们学习军事的要求,但却从未在留学生中发展兴中会成员,只是希望他们自行结成团体;就留学生方面言,他们虽向革命皈依,却还没有达到行动上进行革命实践的阶段;他们虽对孙中山有所改观,承认他作为革命先行者的地位,却没有把他看作自己的领袖。他们中的大多数激进分子对孙中山的看法,还只是"英雄惜英雄"。这种属于小资产阶级知识分子特有的个人英雄主义情绪,正是妨碍他们进一步组织起来的思想障碍之一。以致直到 1905 年孙中山在东京留学生欢迎会上发表讲演时,还有人说:"孙君英雄,吾独非英雄乎?"[2]加之,由于远离祖国,思乡情绪的弥漫,各省留学生尚未摆脱乡土观念的影响,所以地域性的同乡会组织成了他们感情上相互维系的迫切需要,太看重本省利益阻碍了他们超越地域的政治聚合。凡此,都说明当时的留日学界,尽管思想上已经开始倾向革命,但组织上和行动上的革命化还未到来。

当然,孙中山没有吸收留学生加入兴中会,除了留学生本身的原因外,还与当时兴中会的不景气状况有关。再进一步说,与他当时对兴中会组织的发展方向着重放在华侨方面有关。所以,他在和九列讨论惠州起义失败后的进止时,会把"联络学界"和"开导华侨"两者并列。综辛亥革命整个历史时期,甚至综孙中山一生的革命经历,他始终不能忘情于广大的海外华侨,这正是这位伟大革命家的思想感情和行为方式上的与众不同之处。

---

[1] 冯自由:《中华民国开国前革命史》上编,第 147 页。
[2] 过庭:《纪东京留学生欢迎孙君逸仙事》,《民报》第 1 册,第 76 页。

（二） 兴中会与海外华侨

惠州起义失败后的一个相当长时间内，困扰孙中山的是如何整顿他亲手创建的兴中会组织。而要整顿兴中会，就势必要在华侨中加强革命思想的宣传。

自从1893年孙中山在广州倡设兴中会以来，兴中会一直是他发动反清起义的组织中心，华侨作为各地兴中会组织的基本成员，为革命作出了重要贡献。但兴中会在发展过程中暴露了不少缺陷，华侨也在革命与保皇势力的斗争中表现出彷徨与困惑。一部兴中会组织史，既反映出革命派在组织建设方面的认识水平，也显示出华侨的政治觉醒程度。

千百万海外华侨，都是中华民族的子孙。他们中的大多数是在国内封建统治阶级残酷剥削压迫下，为了求生，被迫漂洋过海的。有的是被外国侵略者勾结本国恶势力拐骗和绑架到国外充当契约劳工，也有的是为了逃避国内的政治迫害而不得不逃亡海外。原因种种，但都是无可奈何地抛妻别子、流落异国他乡的。他们主要分布在南洋一带，即印尼、泰国、马来亚、越南、缅甸、菲律宾等国。欧洲、非洲的数量很少，但美洲和大洋洲却很多。据统计，在1907年时，华侨总人数约六七百万人。他们漂泊重洋到了海外，曾对居住国的开发和经济建设作出过重要贡献。但不少居住国政府和殖民统治当局出于政治和其他需要，对华侨进行了肆无忌惮的迫害，各地排华乃至屠华事件时有发生。清政府对华侨不但不予保护，而且歧视、指责，把他们视为"自弃王化"的莠民。鸦片战争后，中国一步步沦为半殖民地，华侨在海外更受轻侮。因此，广大华侨痛恨帝国主义对中国的侵略，迫切希望国家强盛起来，有一个良好政府保护他们应有权利和人身安全。正是这种强烈的爱国感情和救国愿望，推动了他们中的一批先进分子积极支持和参加孙中山领导的反清斗争。

爱国华侨对孙中山革命事业的支持除了参加兴中会组织外，突出表现在以下两个方面：

一是为革命捐款助饷，甚至毁家纾难，表现了极大的爱国热忱。据现有材料统计，从1894—1900年间，华侨捐助革命经费共3.2万美元又500港元[1]。总额虽不很大，但捐款者大多是工农劳动阶层和中小商人，积赀不多，这3万余

---

[1] 参见郭景荣：《爱国华侨在经济上对辛亥革命的支持和贡献》，中山大学学报丛刊《辛亥革命论文集》，第245页。

美元,包含了他们辛勤劳动所得的血汗钱。有的甚至倾家相助,如檀香山华侨邓松盛,为支持孙中山发动第一次反清起义,便尽卖其商店农场,表示"一去不复返之决心"[1]。所以,他们对中国革命的资助,体现了海外赤子的一腔热忱。在革命初起、经费艰难的情况下,对孙中山的革命事业无异是"雪中送炭",其意义是无可限量的。当然,这一阶段中华侨捐款总数不大,还包含着康梁保皇会对华侨蛊惑的客观因素在内。由于保皇会的欺骗,1900年唐才常自立军勤王时,康有为在南洋、美洲华侨中募得百万元以上的巨款,其中富商邱菽园一人就捐了20万元,檀香山华侨也捐款"逾华银十万元",致使革命派同年发动的惠州起义,未得檀香山华侨的资助。

二是积极参加革命斗争。从爱国思乡发展到投身革命行列,这是华侨政治觉醒的轨迹。虽然,1900年前后广大华侨的革命觉醒整体上还未到来,但其中的一些先进者就已开始投身反清起义队伍。1895年广州起义时,华侨参加起义的有邓松盛、宋居仁、侯艾泉、夏百子等,其中不少是工人;1900年惠州起义时,邓荫南、宋居仁、卢文泉等华侨也参加了起义军[2]。

除上述两个主要方面外,爱国华侨在革命思潮影响下,集资办报、宣传革

---

[1] 冯自由:《华侨革命开国史》,第27页。邓松盛,又名邓荫南,字有相,因在兄弟中排行第三,又称邓三,党人则尊称其邓三伯。广东开平人,1846年生。自幼随父至檀香山。成年后继承父业经商兼营农场,逐渐致富。幼习枪法,善射击,又能自制炸弹。曾加入三合会,有反清"复汉"思想。1894年檀香山兴中会成立时,率先加入。为支持广州起义,变卖家产,得资数万元,悉充革命经费。参加广州起义密谋,为骨干之一。广州起义流产后匿居澳门。1898年曾拟参与广西游勇李立亭举兵反清,未果,折返香港。同年,约宫崎寅藏、苏焯南、黄大汉等在广州设立机关,谋卷土重起,又以时机未遂,未能发动。1900年与陈少白等筹设《中国日报》于香港。同年与史坚如等为响应惠州起义而谋广州发难,担任运动省城清军及附近绿林,在沙面一画舫中,日夜筹划。史坚如谋炸德寿被捕后,邓隐匿香港。1902年,又与李纪堂、洪全福等密谋广州起事,因事机不密,未果,走避香港英界青山,借名种植,待时而动。武昌起义后曾率黄大汉、江恭喜等攻占新安。民国成立后一度担任东莞、开平二县知县。后因陈炯明叛变,退居澳门。1923年病卒。事见《革命逸史》初集及黄大汉《兴中会各同志革命工作史略》。

[2] 宋居仁,1854年生于广东花县。早年在广州油栏门礼贤会入基督教。1881年赴檀香山,在当地开设仁记西餐店。1885年孙中山第二次抵檀时与宋居仁相识,互引为良友,志同道合。1894年加入檀香山兴中会。参加广州起义,担任在城内接收军火之责。起义流产后与同志陈南流亡越南。1897年约同邓荫南等谋广州起事,并协助史坚如谋炸粤督德寿。事败后从事传教活动。1901年为基督教巴陵会派往广西博罗县苏村、叶村传道,结识洪全福,密谋反清起义。1903年洪全福起义失败,他潜往香港青山埔革命同志李纪堂处,以畜牧业为掩护,暗中结集同志,在深圳、朗口、东莞、塘勒等处暗布机关,而以元朗为大本营。1911年武昌起义爆发,命子宋少遂率敢死队攻占东莞。后被广东军政府委为民军营长。民军解散后仍回元朗,重操农业。二次革命及第二次护法之役,均积极支持,有所表现。1937年4月病卒。事见台北出版之《革命人物志》第3集。夏百子,广东新会人,生卒年不详。少时往檀香山谋生,后经营商业。尚武侠,好打不平。1894年参加檀香山兴中会,为广州起义而变卖家产,充起义费用。之后,兴中会及同盟会发动的反清起义均积极参加。民国成立后,任临时大总统孙中山的卫队长。孙中山辞职后,他返回广东,仍热心革命事业。事见邹鲁:《中国国民党史稿》。

命,也是一个必须强调的贡献。这一点,在兴中会时代虽然因华侨整体上的政治觉醒尚未到来而并不普遍,但南洋地区的华侨因地缘关系可得风气之先,所以仍有突出的表现,其代表人物就是新加坡华侨陈楚楠。

陈楚楠是个极有活动能力的人。冯自由称他为"南洋革命党第一人",孙中山对他也极为器重。他原名连才,别号思明州之少年。祖籍福建厦门,世居新加坡,开设合春号以经营木材及罐果业。他对政治的兴趣得之于新学书报的熏染,起初倾向于维新改良,与当地华侨富商南洋保皇会分会长邱菽园时相往返。1900年唐才常自立军起事失败,自立军将领秦力山、沈翔云、陈犹龙、朱菱溪诸人避难新加坡,揭露康有为侵吞华侨捐款,申言要找康算账。邱菽园因捐巨款支持康党,至此始知保皇党骗款卖友内幕,遂与康梁断交。陈楚楠因此明白革命、保皇之异旨,逐渐萌生革命思想,常作文投稿于新加坡《天南新报》及香港《中国日报》,"抨击政府,略抒其愤懑而已"。

1901年秋,兴中会会员尤列至新加坡,陈偕当地新长美布店店主张永福、合春号店伙林义顺(张之外甥)往见结交。时,楚楠等开设"小桃源俱乐部",尤列为常客,从此开始与兴中会发生关系。1903年上海"苏报案"起,章、邹被捕入狱。陈即以小桃源俱乐部名义致电上海英国领事馆,要求援引保护国事犯条例,切勿将章、邹引渡给清政府。其后,出资翻印《革命军》5 000册,改名《图存篇》,散布于南洋英、荷所属各埠华侨,并设法输入闽南、粤东。

1903年秋,陈楚楠鉴于南洋尚未有宣传反清、倡言革命的报刊,便与张永福谋合资办报。1904年春,出版了《图南日报》,陈自任总经理,以曾任《中国日报》记者的陈诗仲为主编,尤列为名誉编辑。创刊号有尤列所作的发刊词,署名"吴兴季子"。发刊之初,该报仅日印千份,且纯属赠阅性质;定阅者只三十余份,足见当地革命风气未开。半年后销数增至二千余份,终于撑起了南洋革命宣传的半壁江山。1905年,《图南日报》就华侨冯夏威自杀于上海美国领事馆前以抗议美国虐待华工一事,发起追悼会,新加坡各界华侨莅会数千人,对推动反美爱国斗争颇有影响。

1905年7月初,孙中山自欧返日途中经新加坡时,尤列将陈楚楠、张永福向孙引见,并在晚晴园小叙,自此,陈楚楠与孙中山订交。孙离新加坡后曾致函陈楚楠,告知自己到日本确定方针后再来南洋,"以招集同志,合成大团,以图早日发动",并请陈"日前所言林氏之亲戚"(即当地名医林文庆博士的岳丈福建闽清县人黄乃裳。此公亦有反清革命思想,为潮梅之有心国事者所敬重)将地址姓名详告,"以得有便或请他来会,或派人往见他,以联合闽广,而共大事"[1]。足见孙中山对陈楚楠一见如故,印象极好。

《图南日报》终因营业不佳、资金短缺而不得不在 1905 年夏秋间停刊,但其办报宣传的宗旨不稍或减。是年冬,陈楚楠再次集资在新加坡创办《南洋总汇报》,仍由他和张永福主持,革命宣传得以不辍。由于合股人陈云秋等思想保守,对《图南日报》倡言革命、言论激烈时加反对,竟于次年春提出拆股,以抽签方式决定报纸归属。结果为陈云秋占得,楚楠、永福只得如议退出,《图南日报》落入陈云秋之手。不久,陈云秋约保皇派朱子佩等加入,该报由此一变而成为保皇派的言论机关。

1905 年 10 月孙中山为赴越南集资起义经费,临行前曾作书函告陈楚楠关于同盟会成立消息及即将创办《民报》一事,约请楚楠为《民报》在星洲发行的"总理",并请代为物色认购债券的当地富商;来信希望他和新加坡同志"常与通消息,以联两地之谊"[2],足见对他的器重和信赖。次年 2 月,孙中山途经新加坡,与陈楚楠等筹划组织同盟会分会,不久,在晚晴园成立分会,以陈楚楠、张永福为正副会长。同年 9 月,陈、张再次集资发行《中兴日报》,与《总汇报》展开论战,销路大增。新加坡成了革命派在南洋活动的中心。1908 年后陈楚楠因营业亏折,几致破产,《中兴日报》也因此于 1909 年冬停刊。

孙中山在组织兴中会及发动反清起义过程中,从人力、物力、财力等方面,源源不断地得到了广大华侨的支持,可以说,没有华侨就没有兴中会,没有孙中山的革命事业。

但是,惠州起义失败后,兴中会已经处于十分不景气的状态中:檀香山兴中会为保皇派所左右,香港兴中会人员星散、会务停顿,唯有《中国日报》一块宣传阵地支撑,横滨兴中会名存实亡,南非兴中会寂然无闻,台湾兴中会无所表现[3]。兴中会为什么会出现这种状况? 我以为有主客两方面的原因。

从客观方面看,造成兴中会发展不快、组织涣散的原因,一是华侨的革命风气未开,二是保皇会的影响。这两点交合在一起,互为因果,使得兴中会一时难以得到长足发展,即使建立组织后,华侨对"名为保皇,实则革命"的说法,也一时真伪莫辨,多受其欺骗。1900 年前后,各地兴中会组织倒向保皇会或被分化

---

[1] 孙中山:《致陈楚楠函》1905 年 7 月 7 日,《孙中山全集》第 1 卷,第 275 页。

[2] 同上书,第 286—287 页。

[3] 台湾兴中会,成立于 1897 年,由陈少白发起。先是杨鹤龄族弟、兴中会会员杨心如,在 1895 年广州起义失败后赴台湾谋生,1897 年陈少白应一日本友人之邀赴台湾,见到了杨心如,由杨介绍,结识了当地容祺年、吴文秀、赵满潮数人,成立台湾兴中会。因会员仅五六人,未设会所,而以杨心如居宅充之。陈少白离台后,会员无所表现。

瓦解者不在少数,连檀香山兴中会也被拉了过去,孙中山的哥哥孙眉也一度上当受骗,单纯的爱国感情不能保证兴中会成为坚强的革命组织。华侨需要革命思想的开导。

从主观方面看,孙中山对组织建设的认识还缺乏足够重视。他从1894年组织檀香山兴中会起,主要精力放在发动武装反清起义上,而把兴中会作为筹集起义经费的机构,没有认识到通过发展组织集结革命力量、训练革命人才、扩大群众基础、提高会员思想的重要性和必要性。事实上,任何一个想要成为有影响、有战斗力的革命组织,如果不加强自身的建设,要顺利地反对强大敌人、战而胜之,是不可能的。兴中会从最初起虽有"驱除鞑虏、恢复中国、创立合众政府"的誓词作为共同宗旨,但实际认识水平充其量只是反清"复汉"思想;不少华侨出于一腔爱国热忱而入会,连反清思想还很薄弱,更毋论革命理想和共和目标的追求了;兴中会虽订有会章,但各地组织在职务分工、组织活动等实际操作方面大多有章不依,根本没有建设成一个分工明确、结构严整的革命组织,有的连会所都没有设立,更毋论定期活动、宣传和组织群众了。所以,兴中会组织涣散、战斗力薄弱的状况,可以说自创设之日起就已存在。追本溯源,与孙中山、杨衢云等领袖对组织建设与武装起义的关系,还处在孤立而非有机联系的认识水平上有直接关系。

兴中会这种组织涣散、会员思想混乱的状况,与20世纪初年急遽变化着的新形势不相适应,也和孙中山准备东山再起发动武装起义的计划距离甚远。这就使得孙中山必须花大力气进行整顿。所以,尽管从20世纪初年起,孙中山已经看到了留学生群体的崛起,注意到留学生思想向民主革命方向发展的趋势,并开始与其中的激进者进行接触,但他心之所系仍在广大华侨。1902年后,他的大部分时间不是滞留日本,而是往返于南洋和欧美各地,进行组织发动与革命宣传。

1902年12月中旬,孙中山应法国印度支那总督保尔·韬美(Paul Daumer)的邀请,自横滨经香港赴越南河内参观工业博览会,以便乘机请求法国政府支持中国革命,同时也可考察当地华侨的状况。

早在惠州起义筹备时,孙中山就已与法国政界人物有所接触。那时他曾向法国驻日公使请求给予军火和军事顾问人员的援助,虽然遭到拒绝,却因此得与法国驻印度支那总督韬美保持着联系。韬美是一个对中国西南地区有着野心的外交家。"他极力主张修一条由越南通往中国云南的铁路,以越南的东京为商业跳板,借以沟通中国的南方市场"[1],但他的设想与当时法国政府着眼于

---

[1] [美]金姆·曼荷兰德:《1900至1908年的法国与孙中山》,《辛亥革命史丛刊》第4辑。

保护其在印度支那和中国南部的既得利益、力求稳健的亚洲政策有所矛盾,法国外交部长泰奥非勒·戴卡赛(Theophile Delcasse)及法国的殖民地部都不赞成给孙中山予支持。"殖民地部指示韬美:赞助孙中山将是有害的。"[1]所以当孙中山在1900年6月下旬抵达西贡时,韬美借故去了河内,只指派一名助手作为代表和孙中山晤谈。韬美从会晤记录中对孙中山的思想和计划认为没有什么特别之处,但还是不顾外交部的警告与孙中山保持联系,于是就有孙中山应邀赴越南参观河内博览会之行。

韬美之坚持与孙中山保持联系,并不是为了支持中国革命,而是为了利用孙中山的反政府起义,以实现他乘机"提出军事干涉并占领云南,作为以云南铁路工程为开端的经济渗透的补充"这一蓄谋已久的侵略计划[2]。孙中山虽然不了解韬美的真实意图,但从他以往表示革命成功后可以给法国一些特殊利益的承诺来看,他在寻求外援时奉行的是一条牺牲若干局部利益、以换取革命胜利这个根本利益的策略。这种策略思想,在1895年的广州密谋时就已经表现出来,并在以后的对外联系中时时有所流露。孙中山是一个真诚的爱国主义者,但他在艰难困苦的环境中为了实现救国救民的大业而争取外援时,确实有点饥不择食的心态。戴卡赛不同意韬美军事干涉的主张,并非对中国友好。正如美国学者金姆·曼荷兰德所指出:当时法国政府在亚洲面临着不少棘手的问题:一是它害怕它的主要对手英国,还有日本,在中国南方的影响会居支配地位从而威胁它在印度支那的既得利益,二是它担忧清王朝要么被列强所瓜分,要么被义和团所推翻,这两者都对法国在华利益不利。因此,维持现状的稳健政策是法国的根本利益所在[3]。胳膊扭不过大腿。韬美和戴卡赛在对华政策上的激烈争辩,注定了作为冒险象征的韬美被拉下印度支那总督宝座的命运。所以当他发出邀请孙中山参观河内博览会的请柬之后,他本人在孙中山到达河内之前就被解职回国。代替他的是忠实执行巴黎外交部和殖民地部训令的保尔·博(Paul Beau)。孙中山不知韬美业已解职回国,所以接到邀请后仍兴致勃勃地赶赴河内。

在总督府,孙中山受到了新总督私人秘书的接待。他向这位秘书阐述了自己的政治目标和近期的打算:他说他的当前目标是利用河内作为向中国南方输入武器的渠道,希望能得到法国政府在武器和志愿人员方面的援助;他的最终目标是推翻清王朝,至少首先在长江以南建立一个联邦政府;他表示未来的新

---

[1][2][3]〔美〕金姆·曼荷兰德:《1900至1908年的法国与孙中山》,《辛亥革命史丛刊》第4辑。

政府将对法国作出更大的让步，以寻求法国的援助[1]。由于新任总督忠实奉行法国政府保持现状的对华政策，这次会见，孙中山没有得到任何支持，连口头承诺也没有。当然，"这并不意味着法国政府对孙中山的活动不感兴趣。戴卡赛指示法国驻亚洲各国的外交代表继续搜集和报告有关孙中山活动的情况"[2]，所以孙中山与法国官方和私人接触并未因此中断，而河内也曾一度成为孙中山策划起义的基地。

孙中山谋求法国援助中国革命的计划虽然落空，但组织华侨的心志并未稍懈。当时，他正在酝酿利用越南作为发动中国华南边陲革命的计划，组织当地华侨便成为题中之义。为此，他约陈少白来河内商量兴中会的进行方法，后来得到当地华侨、隆生洋服店店主黄隆生的相助，成立了河内兴中会。会员有杨寿、彭罗锌、曾克齐、甄璧、甄吉廷、张奂池等人，因人数不多，未设会所，每次开会均以隆生公司为场所[3]。这是孙中山自惠州起义失败后，第一次在海外华侨中发展兴中会组织。

在越南，孙中山逗留了半年之久，其间曾于1903年春末赴暹罗（今泰国），在华侨中宣传革命，不久即回。这半年多在河内、西贡等地的活动，至今未见任何记载，估计与孙中山行事秘密有关。试看陈少白应孙中山之召到河内时，以日本人的姓名、服饰为掩护，即可概见[4]。从孙中山初到河内下榻于法人开办的三等旅馆，并且不愿公开暴露身份的情况看，他在越南的活动，除当地兴中会少数成员外，其他人很少知情。秘而不彰，使后人难以了解这一时期孙中山的活动，这是十分遗憾的。因为，后来在同盟会时代发动的三次反清起义（即钦廉防城、镇南关、河口）都以河内为秘密指挥中心和后勤机关，而由河内兴中会改组而成的同盟会越南分会在这三次反清起义中都作出了重要贡献。追本溯源，这与孙中山在越南华侨中的最初工作是分不开的。

1903年7月中旬，孙中山离开越南，回到日本横滨。本来，孙中山准备在日本稍息之后，即赴檀香山。此事在他致宫崎寅藏的信中说得十分明白："弟游南洋各地，尚无甚大作，故欲往布畦以省亲旧，顺道经过日本也。……欲拟于本月

---

[1][2][美]金姆·曼荷兰德：《1900至1908年的法国与孙中山》，《辛亥革命丛刊》第4辑。

[3]参见冯自由：《兴中会组织史》，《革命逸史》第4集，第17—18页。关于河内兴中会的成立时间，冯自由记为壬寅年"秋冬间"；张玉法《清季的革命团体》一书记为1902年（见第173页）；《孙中山年谱》则列在1902年12月13日条下。从孙中山到河内、会见印度支那总督私人秘书哈德安，招陈少白来河内等一系列活动来看，我以为河内兴中会成立的时间很可能在1903年春初，而不在1902年12月。

[4]参见陈少白：《兴中会革命史别录》，《辛亥革命》资料丛刊第1册，第82页。

八日发横滨向布畦,若不及,则后一渡必行矣。"[1]但是,他在横滨却不断有留学生来访,并且应留学生之请,于 8 月间创办了东京青山革命军事学校,直到学校初具规模后,才将校务委托冯自由暂代,自己则于 9 月 26 日,"始发程来布畦岛"[2],开始了他的檀香山和美洲大陆之行。

孙中山于 10 月 5 日到达檀香山的四个大岛之一的布畦岛(通译百衣,Paie Island)[3]。自 1896 年离檀以来,相距八载,故土重游,所见所闻,大出意外。檀香山各埠兴中会会员在梁启超"名为保皇,实则革命"的蛊惑下,思想上已完全模糊了革命与保皇的区别,奉行君主立宪主义;行动上拥护保皇党,并以保皇党为革命党;组织上兴中会已沦为保皇党的附庸,"会员投身保皇会籍者颇不乏人,正埠及小埠均设保皇会所,而兴中会之名则久已不复挂人齿颊矣"[4]。种种景象,使孙中山顿生"党员寥落,面目全非,诚不禁今昔之感"[5]。檀香山是孙中山第二故乡,"亲朋故旧,为数极众";也是孙中山组织华侨、建立海外兴中会的作始之地,具有革命发祥的象征意义。八年之内,被保皇派破坏得如此严重,不能不使他深长思之。他在同年 12 月致乌目山僧黄宗仰的信中,对此作过自我反省,说:"弟等同志向来专心致志于兴师一事,未暇谋及海外之运动,遂使保皇纵横如此,亦咎有不能辞也。"[6]表明他已从现实教训中清醒,开始意识到巩固海外组织的重要性并把革命宣传、组织建设和"兴师一事",放在相辅相成的位置上统一考虑。

12 月 13 日,孙中山应兴中会骨干李昌、何宽的邀请,在檀山正埠荷梯厘街戏院和利利霞街戏院举行的两个欢迎会上,分别发表演说,开始了反击保皇论调、宣传革命主张、教育华侨的斗争。他在这两场演说中,就发扬民族主义精神;清政府断难实行君主立宪;革命为反对专制、免遭列强瓜分的唯一途径;革命胜利后如何建立民主共和国等问题,作了阐述。孙中山庄严宣告:"我们一定要在非满族的中国人中间发扬民族主义精神;这是我毕生的职责。这种精神一经唤起,中华民族必将使其四亿人民的力量奋起并永远推翻清王朝。"针对保皇派认为

---

[1] 孙中山:《致宫崎寅藏函》(1903 年 8 月 1 日),《孙中山全集》第 1 卷,第 218 页。

[2][3] 孙中山:《致平山周函》(1903 年 11 月 6 日),同上书,第 224 页。函中称:"到此以来,已足一个月矣",则孙中山抵布畦岛日期应是 10 月 5 日。檀香山正埠西文早报 1903 年 10 月 17 日刊发消息称:"著名中国革命家孙逸仙博士由横滨乘西伯里亚船于 5 号到埠,在本埠秘密或公开活动,华侨深信革命真理,多趋向之。"(《兴中会史料》,台北《革命文献》第 3 辑,第 10 页,总第 282 页)足可证明孙中山抵檀日期应是 10 月 5 日。

[4] 冯自由:《华侨革命开国史》,第 33 页。

[5] 冯自由:《兴中会组织史》,《革命逸史》第 4 册,第 19 页。

[6] 孙中山:《复黄宗仰函》(1903 年 12 月),《孙中山全集》第 1 卷,第 230 页。

民智未开、中国只能立宪不能革命的论调,孙中山历数了清王朝实行的种种专制愚民政策,指出:"观于昏昧之清朝,断难行其君主立宪政体,故非实行革命、建立共和国家不可也";"有人说我们需要君主立宪政体,这是不可能的。没有理由说我们不能建立共和制度"。孙中山还就革命成功之后的政体问题作了说明,他说,"中国各大行省有如美利坚合众国诸州,我们所需要的是一位治理众人之事的总统",因此,"革命成功之日,效法美国选举总统,废除专制,实行共和"[1]。

孙中山的演说,在华侨中引起了热烈反响,保皇党则加紧了攻击。该党在檀山正埠的机关报《新中国报》,在梁启超的授意下,由副主笔陈仪侃充当打手,始则在报上诽谤孙中山,甚至不顾法律,诋毁孙中山的名誉;继则演说保皇宗旨,痛骂汉人没有资格享受民权,以此阻挠孙中山的革命宣传活动,抵消其在华侨中的影响。孙中山对于保皇派报纸的煽惑,决定针锋相对,加强革命舆论宣传以反击保皇毒焰。当时,华侨程蔚南在檀山正埠经营一份"毫无宗旨之旧式报纸"《檀山新报》,孙中山准备以此为基础加以改组。程蔚南原与孙中山有戚谊,又是当地兴中会的最初成员之一,磋商之下,自无异议。于是,孙中山一面致书横滨冯自由,命代聘香港《中国日报》前记者陈诗仲来檀主持笔政[2],一面亲自撰文在《檀山新报》上发表,与保皇派的《新中国报》展开笔战。

针对华侨深受保皇派"名为保皇,实则革命"的欺骗,孙中山首先写了《敬告同乡书》在《檀山新报》上发表。文章指出,康梁以布衣获清帝载湉的特达知遇,百日维新,名震天下;政变之后,流亡海外。其之所以组织保皇会,完全是为了"报知己也",如果真如大家所说,他们只是借保皇之名以行革命之实,"则康梁者尚得齿于人类乎?直禽兽不若也。故保皇无毫厘之假借,可无疑义矣"。他请大家读一下康有为所著的《最近政见书》,在这封书里,康有为"劝南北美洲华商不可行革命,不可谈革命,不可思革命,只可死心踏地以图保皇立宪,而延长满洲人之国命,续长我汉人之身契"。保皇心迹说得如此明白,大家还要说"革命、保皇二事,名异而实同,谓保皇者不过藉名以行革命",这不是"诬妄康梁一至于是耶?"

文章接着揭露了梁启超"借名保皇而行革命"的欺骗性。孙中山指出,梁在人心所向、思潮急激的形势下,"忽言革命,忽言破坏,忽言爱同种之过于恩人光绪,忽言爱真理之过于其师康有为者,是犹乎病人之偶发呓语耳,非真有反清归汉、去暗投明之实心也"。他说,"康梁同一鼻孔出气者也",康既表白自己保皇

---

[1] 以上均见孙中山在两个戏院的演说,《孙中山全集》第1卷,第226—227页。

[2] 冯自由:《华侨革命开国史》,第33页;《革命逸史》第4集,第20页。陈诗仲因为美国驻香港领事阻挠,未能来檀主持《檀山新报》笔政。事见冯自由:《中华民国开国前革命史》上编,第148页。

之非伪,而梁又未与康决绝分离,以此例彼,则梁"所言革命焉得有真乎"? 革命与保皇理不相容,势不两立,今梁以一人而持二说,那末"其所言革命属真,则保皇之说必伪;而其所言保皇属真,则革命之说亦伪矣"。

对于《新中国报》副主笔陈仪侃的言行,孙中山指出,他完全是以康有为之旨意为转移。"康趋亦趋,康步亦步",他对自己的人身攻击,对汉族的咒骂,足见其"所言保皇为真保皇,所言革命为假革命"。

孙中山在文章中明确指出:"革命、保皇二事决分两途,如黑白之不能混淆,如东西之不能易位。"他希望华侨在保皇与革命之间,根据国家与民族利益作出取舍,号召爱国华侨"大倡革命,毋惑保皇"[1]。

孙中山的演说和《敬告同乡书》的发表,使不少华侨认清了康梁保皇面目,"前之误投保皇会者,至是纷纷登报脱党"[2]。孙中山乃在檀山正埠温逸街三楼招人入会,创立"中华革命军"[3]。入会者都要举行宣誓,誓词采用东京青山革命军事学校使用的 16 字,全文如下:

> 联盟革命人○○○,当天发誓,同心协力,驱除鞑虏,恢复中华,创立民
> 国,平均地权。失信矢忠,如有异心,任众处罚。[4]

行誓的仪式,也与原先兴中会不同,废除手按《圣经》,改为"发誓者举右手,向天当众宣读誓词;施誓之人,面发誓者立,亦举右手为仪"[5]。孙中山在致友人书中,对改称"革命军"的原因有过说明。他说:"弟今在檀香山,已将向时'党'字改为'军'字,今后同志当自称为军,所以记□□之功也。今岁来檀时携有一书,此书感动皆捷,其功效真不可胜量。近者求索纷纷,而行箧已罄。欢迎如此,旅檀之人心可知。即昔日无国家种界观念者,亦因之而激动历史上民族之感慨矣。"[6]这段话说明了三个问题:其一,将革命党改称革命军以强化革命意识,动因于纪念"苏报案"入狱的《革命军》作者邹容;其二,孙中山在 1903 年 9 月离日赴檀时已携有此书,其来源很可能与该年夏天因"苏报案"走避日本的中国教育会会长、乌目山僧黄宗仰相赠有关[7];其三,孙中山在檀岛排击保皇党时,曾向

---

[1] 以上均见孙中山:《敬告同乡书》,《孙中山全集》第 1 卷,第 230—233 页。

[2] 冯自由:《兴中会组织史》,《革命逸史》第 4 集,第 20 页。

[3] 《兴中会史料》,台北《革命文献》第 3 辑,第 11 页,总第 283 页。

[4] 孙中山:《复某友人书》(1903 年 12 月 17 日),《孙中山全集》第 1 卷,第 228 页。誓词 16 字中,"驱除鞑虏"为"驱除达虏","创立民国"为"创立国民"。此处引用时已按通常所用誓词文字改回。

[5] 孙中山:《复某友人书》(1903 年 12 月 17 日),《孙中山全集》第 1 卷,第 228 页。

[6] 孙中山:《复某友人函》(1903 年 12 月),同上书,第 228—229 页。

[7] 黄宗仰在日本横滨时与孙中山相识并结交。当时,他可能携来于 1903 年 5 月出版的《革命军》。

华侨宣传过《革命军》的内容,对当地华侨爱国革命思想的增进,起过重要作用。联系到孙中山在演说中表示革命成功后将效法美国、选举总统的言论,可知《革命军》对孙中山进一步确定未来政体结构的模式,也有一定影响。这表明国内民主革命思潮与海外革命运动是息息相关的。孙中山虽身在国外,但心连祖国,时刻关心着海内外的革命事业。他在致黄宗仰的信中说:"务望在沪同志,亦遥作声援。如有新书新报,务要设法多寄往美洲及檀香山分售,使人人知所适从,并当竭力大击保皇毒焰于各地也。"[1]

孙中山在檀香山以革命思想反击保皇谬论取得了显著效果。到 12 月底,在檀山正埠和希炉两地已基本肃清保皇流毒,两地各有数十人加入了改组后的兴中会。为团结华侨,孙中山约在 1903 年年底或 1904 年年初加入了檀香山洪门致公堂,被封为"洪棍"之职。

革命影响在檀香山华侨中日见深入,保皇会心犹不甘。《新中国报》副主笔陈仪侃于 12 月 29 日在该报发表《敬告保皇会同志书》进行反扑,与孙中山争夺华侨。为此,孙中山于 1904 年 1 月在《檀山新报》上发表了《驳保皇报书》[2],针锋相对,逐条批驳。从双方论战的内容看,主要围绕以下四个问题:

第一,什么是真爱国?保皇会深知对于孤处海外的广大华侨来说,"爱国"两字最能触动赤子之心,陈仪侃在其文章中开口便是爱国。孙中山问:"其所爱之国为大清国乎,抑中华国乎?"若爱中华国,则不应以保皇为爱国政策,因为爱残害国人的卖国清王朝,"非爱国也,实害国也"。孙中山在这里提出了近代爱国主义的新内涵:爱中华国。这一概念突破了古代忠君爱国的传统内涵,使爱国主义增加了时代内容。"爱中华国"是孙中山与资产阶级民主革命派爱国主义的共同思想基础,也是他们与保皇的改良派在爱国问题上的根本分歧。辨明这个问题,对于广大华侨区分什么是真爱国,从而把自己的感情寄托在正确的基础上是有重要意义的。

第二,革命会不会招致中国被列强瓜分?保皇会认为"中国之瓜分在于旦夕,外人窥伺,乘间即发",革命必将引起列强瓜分之祸。孙中山指出,导致列强瓜分的原因,一是"政府无振作",二是"人民不奋发"。清政府对外卖国,已成为外国的"鹰犬","欲免瓜分,非先倒满洲政府,别无挽救之法也";中国人民只要"人心日醒,发奋为雄,大举革命,一起而倒此残腐将死之清政府,则列国方欲敬

---

[1]《孙中山全集》第 1 卷,第 230 页。

[2] 同上书,第 233—238 页。以下所引,均据此书,不另作注。

我之不暇,尚何有窥伺瓜分之事哉?"很明显,孙中山是以革命才能避免瓜分来回答保皇派的责难。这一回答虽然过于简单化,但却体现了孙中山为首的革命派寄希望于人民、以民族独立逞雄于世的信心和气概。

第三,如何看待中国的国民性?保皇派认为"中国人无自由民权的性质","中国人富于服从权势之性质,而非富于服从法律之性质"。孙中山从中国传统的乡族自治来证明中国人历来就有自由民权的禀赋,虽然其文明程度不如西方,但经过革命就会提高到"文明之自由"的地步。显然,孙中山以西方进化论和天赋人权学说为指导,论证自由民权人皆有之,不独西人为然,而革命正是提高国民性和文明的途径。这个问题后来在两派的大论战中演变为如何对待民智未开的争论。

第四,中国当务之急是什么?保皇派认为:"立宪者,过渡之时代也;共和者,最后之结果也。"中国目前只能行立宪,将来才能行共和。孙中山指出,这是二次破坏论。"夫破坏者,非得已之事也,一次已嫌其多矣,又何必故意行二次?"他以中国发展交通为例,证明按保皇派的这种秩序论,应该采用英美数十年前的旧交通工具而不是采用最新式的火车来作为中国发展交通的进程,这岂非可笑?"世上有如此之理乎?人间有如是之愚乎?"既然立宪、共和都要破坏专制,既然有力量去破坏专制,"何不一棹而登彼岸,为一劳永逸之计也"。在这个问题上,孙中山承认改良派也是要共和的,但又指出了他们在方法论上的错误根源于一己的私利:他们虽知道共和是救中国的良剂,但因为不是倡于康有为,最终结果也不是成于保皇党,所以不让别人获得成功,必须阻止,这就是"重私心而忘公义"。

以上四个问题,既是华侨思想模糊所在,又是两派宗旨、方法、道路根本区别的主要分歧点。所以,孙中山与陈仪侃的论战,实际上无异于日后两派大争论的前哨战,双方的争论内容和基本论点都已经摆了出来,只是未能深入阐发而已。

在檀香山除了与保皇会斗争外,孙中山还以"中华革命军"的名义发行了一元和十元两种"军需债券",规定"本军成功之日",一元即还"本息十元"[1]。该项债券的发行量和认购数如何,因乏材料,无法统计。但仅此也可看到孙中山在革命生涯中,曾得到华侨无数次的经济支援,发行军需债券是他募集革命经费的重要来源。

---

[1] 参见《孙中山全集》第1卷,第238页。

1904 年 3 月底，孙中山在檀完成了兴中会整顿任务、肃清保皇思想在华侨中的影响后，于 3 月 31 日离开檀香山作美洲大陆之行。由于当时美国政府正在加紧排华，为了易于入境，他设法领取了一份证明自己出生于檀香山奥阿胡岛一个名叫位问奴（Wai-manu）地方的身份证，以便作为美国公民来避免各种施加于外籍移民的麻烦。但是当他 4 月初抵达美国旧金山时，仍然受到了当地保皇势力与清朝驻旧金山领事的指控，被当地移民局拘留于码头木屋多天。后来得到当地《中西日报》社长、耶稣教徒伍盘照及致公堂干事黄三德、唐琼昌的帮助，才得释放。

孙中山曾于 1896 年首次到旧金山宣传革命，因当时华侨风气未开，成绩极不理想。当地致公堂以孙中山非洪门成员，"竟视同陌路，无助之者"[1]。这次旧地重游时，孙中山作为檀山致公堂"洪棍"，受到了旧金山致公堂的全力相助，这使他不仅在生活起居方面而且在革命宣传方面，都得了很多方便。他从移民局获释后，"即下榻于致公堂会所"[2]；在日后的旅美活动中，又得该堂大佬黄三德相伴。这些都使他对华侨社会中洪门组织的作用和潜力有了更进一步的认识，所以他自己不仅与之往还，而且建议远在日本的革命同志与此地致公堂通消息，相互照应，以利于招集同志，"增多热力"[3]。

在旧金山，孙中山对华侨积极进行革命宣传，多次发表演说。由于北美是保皇会的发祥地，康有为早在 1899 年就在加拿大组建保皇会并把势力伸进美国，旧金山作为美国西海岸最大的华人聚居区，保皇势力影响很大。因此，孙中山工作得十分艰苦。他在致黄宗仰的信上说："弟近在苦战之中，以图扫灭在美国之保党"[4]，正是反映了那时斗争的艰辛。他鉴于革命宣传缺乏必要的舆论阵地，而当地致公堂的机关报《大同日报》又为康徒欧榘甲所把持[5]，欧对孙的革命宣传多方阻挠、肆意攻击，"谓洪门人士不应为革命党所愚弄"[6]，企图间离孙中山与致公堂的关系。孙中山决定把保皇派的这一宣传阵地夺回来。他劝说

---

[1] 冯自由：《华侨革命开国史》，第 55 页。
[2] 冯自由：《兴中会组织史》，《革命逸史》第 4 集，第 21 页。
[3] 孙中山：《复黄宗仰函》（1904 年 6 月 10 日），《孙中山全集》第 1 卷，第 241 页。
[4] 同上书，第 240 页。
[5] 旧金山《大同日报》为美洲致公总堂的机关报，创办于 1901 年，创办人为康徒欧榘甲。欧字云樵，广东归善人。在孙康合作谈判中，倾向梁启超改变策略与孙中山合作的主张。后被乃师康有为调至美洲，主持保皇会所办的《文兴日报》。由于欧榘甲曾加入过洪门三合会，所以与美洲致公堂往还甚密。他乘机游说唐琼昌创办报纸，作为致公堂的机关报。于是在 1901 年正式创刊《大同日报》，欧榘甲任总主笔，唐琼昌任经理兼译员。
[6] 冯自由：《华侨革命开国史》，第 63 页。

黄三德及任该报经理兼译员的致公堂书记唐琼昌改组《大同日报》。黄、唐起初希望欧榘甲与孙中山合作，但"欧坚不从，遂下逐客令，摈之于门外"，由孙中山暂代笔政[1]。孙中山函托冯自由在留日学生中物色主笔，冯先荐马君武，马以事辞，乃改聘刘成禺。刘于 1904 年春夏间抵旧金山接任《大同日报》笔政。从此，革命派以此为宣传机关，"革命横议，鼓荡全美，华侨受其感化者日众"[2]。

为了使华侨从保皇思想的桎梏中解脱出来，孙中山在旧金山逗留期间，还托《中西日报》社代印邹容《革命军》1.1 万册，"分赠全美侨众，以广宣传"[3]。这是《革命军》在海外的第一次大量印刷。

孙中山的美洲大陆之行，主要目的有两个，第一是宣传革命，开导华侨，发展组织；第二是募款筹饷，以为革命经费。当他在华侨中进行了若干讲演、宣传革命之后，便想把发展组织、筹募经费两事推上日程。但是，当地华侨十之八九都参加了洪门，成为致公堂的成员，而作为美洲致公堂总部的所在地，旧金山致公堂在华侨中又有着巨大的势力和影响。要使洪门成员由"反清复明"的宗旨转变为民主革命，这是一项艰苦复杂的工作；要在洪门中发展兴中会组织，更缺乏必要的思想基础。而且孙中山也不敢贸然从事，一旦与致公堂闹翻，后果便不堪设想。面对着洪门这股强大的势力，孙中山不得不转而从另外途径入手。当时，他正"寄食于《中西日报》"，与该报社长、耶稣会教徒伍盘照及教友伍于衍、司徒南达、邝华泰、邓干隆、雷涛学等甚为相得，考虑到教友较一般侨胞更富新思想，便假当地长老会设在士作顿街的会所，"开兴中会救国筹饷大会"。会议推加州大学教授邝华泰博士为主席，孙中山在会上发表革命演说后，便即席提议在座教友购买革命军需债券。债券面值 10 元，规定俟革命成功后还本息100 元；凡购买债券者，即为兴中会当然会员，成功后可享受国家各项优待。各教友表示，助款则可，入会则不必。孙中山不得不改变主张，宣布此会志在筹饷，入会与否，一律自愿。结果，筹得美金 4 000 余元，而"正式宣誓入会者只有邝华泰等数人……是为兴中会最后一次之开会，以会员寥寥，无从发展"[4]。

<hr/>

[1] 冯自由：《华侨革命开国史》，第 63 页。

[2] 冯自由：《中华民国开国前革命史》上编，第 149 页。

[3] 冯自由：《兴中会组织史》，《革命逸史》第 4 集，第 21 页。

[4] 不少研究孙中山和辛亥革命史的著作，都根据冯自由：《中国革命运动二十六年组织史》把旧金山兴中会说成为成立于 1896 年。其实，冯自由在《革命逸史》第 4 集《兴中会组织史·旧金山兴中会》、《华侨革命开国史》等书中，都明确记载该会成立于 1904 年，故此处从 1904 年之说。至于该会成立的具体日期，因资料付阙，难以论定，但从孙中山在旧金山的行踪看，他于 1903 年 4 月 6 日抵达旧金山，同年 5月 24 日从旧金山出发作洪门总注册之行，可以推断此会应在 4 月中旬至 5 月中旬间成立。

大约在组织兴中会的同时,孙中山向旧金山致公堂大佬黄三德等建议举行全美洪门会员总注册。关于此事,冯自由在《中华民国开国前革命史》中有过说明:"盖美洲华侨属致公堂党籍者占十之九,除旧金山总堂外,各埠设立分堂者,尚有百数十处。惟各分堂对于总堂,向少联络,团体日涣,威信渐失,加以洪门重要职员多染康梁余毒,浑忘却反清复明之本来面目,中山有鉴于此,以为固结团体,非重新举行登记不可,乃提倡洪门总注册之议。"[1]根据这一说法,孙中山此议旨在使各地洪门联络一体、加强团结、肃清保皇流毒、扩大革命影响。可以说,这是他在美洲会党势力十分强大的特定条件下,开导华侨的特殊方法。为此目的,他在征得了致公堂首领的同意之后,手订了致公堂的新章程。这个章程的最引人注目之处在于根本上修改了会党共有的"反清复明"宗旨,而把孙中山提出的"驱除鞑虏,恢复中华,创立民国,平均地权"的16字纲领作为美洲致公堂的新宗旨[2],这是辛亥革命时期流传下来的国内外会党组织唯一接受革命派16字纲领作为宗旨的一个文献,在革命派与会党关系史上具有重要意义。此外,它的第一部分类似序言的内容中,不仅批判了清王朝的腐败误国,而且指名批判了"所谓倡维新、谈立宪之汉奸"欺骗世人,阻挠洪门联合的种种丑行,表示欲"联合大群,团集大力,以先清内奸而后除异种"为任务[3]。这篇序言性质的文字,基本上体现了孙中山宣传联合、批判保皇的革命思想。

为了进行总注册,孙中山陪同黄三德于5月24日离开旧金山周游美国各地。此行历时半年,虽略有收获,但因"保皇会所遍布各地,洪门人士入其圈套者,实居多数",报名注册者终归寥寥。

游美期间,孙中山为了争取美国人民同情和支持中国革命,在1904年8月底用英文写成了《中国问题的真解决——向美国人民的呼吁》一文,由美国友人麦克威廉斯(C. E. McWilliams)出资,于同年9、10月间在纽约出版了单行本。该书封面上有孙中山亲题的"革命潮"三个中文字[4]。

这篇文章最显著的特点是从世界资本主义列强在远东角逐的政治战略格

---

[1] 冯自由:《中华民国开国前革命史》上编,第149页。

[2][3] 孙中山:《致公堂重订新章要义》,《孙中山全集》第1卷,第261、262页。

[4] 孙中山在致麦克威廉斯的信中谈到了他题字的用意。他说:"您希望在单行本的封面上能写几个中国字,这是非常好的意见。但是把'致公堂'三字写在封面上,我不敢说有些同志不会反对。而且'致公堂'三字只在此处通行,它不能代表一般的革命团体。我以为用'革命军'这一名词更为适合,所以我就写了'革命潮'三个中国字,用作封面的题字。此三字在中国已公认为今日代表革命运动的意义。"(《孙中山全集》第1卷,第257—258页。)这封信表明,尽管孙中山已使致公堂接受了"驱除鞑虏,恢复中华,创建民国,平均地权"的16字纲领作为宗旨,并在它的重订章程中公开批判了保皇谬论,但孙中山并没有把它视为革命团体,也没有把致公堂成员看作"革命军"。

局出发,指出了作为远东问题焦点的中国,只有推翻腐败专制的清王朝,建立民主共和的国家,才能从根本上确保世界政治的均衡,消除列强在远东冲突与战争的根源,确保普遍的和平。他认为,目前列强对华实行的两种相互对立的政策,即瓜分中国、开拓殖民地和保护中国的完整与独立,都是错误的。前者,"潜伏着危险和灾难",就像俄国妄图独占中国东北而招致日本的反对,引发了日俄战争;后者,"只要现政府存在,他们的目标便不可能实现"。因为清王朝已经彻底腐朽,就像一座即将倒塌的房屋,谁也挽救不了它被革命颠覆的命运。

孙中山指出,自义和团战争以来,许多人为清政府偶而发布的改革诏旨所迷惑,便相信那个政府已经开始看到时代的征兆,其本身已开始改革以使国家进步。他们不知道,那些诏旨只不过是专门用以缓和民众骚动情绪的具文而已。他强调绝对不能依靠满族人将国家加以改革,若实行改革,"那他们就会被中国人民所吞没,就会丧失他们现在所享受的各种特权"。孙中山列举了清王朝种种腐败专制政策和中国人遭受的种种残暴虐待之后,指出中国人民正渴望着革命能把他们从悲惨的生活中解救出来。他告诉美国人民:"中国现今正处在一次伟大的民族运动的前夕,只要星星之火就能在政治上造成燎原之势。"中国人有能力在推翻清朝君主专制政体后,建立民主共和政体。孙中山庄严地宣布:"一旦我们革新中国的伟大目标得以完成,不但在我们的美丽的国家将会出现新纪元的曙光,整个人类也将得以共享更为光明的前景。普遍和平必将随中国的新生接踵而至,一个从来也梦想不到的宏伟场所,将要向文明世界的社会经济活动而敞开。"

为了消除外国人对中国的误解和恐惧,孙中山在文章中通过历史事实说明中国人本性上是一个勤劳和平守法的民族。"中国的闭关自守政策,乃是满洲人自私自利的结果,并不能代表大多数中国人民的意志。"至于害怕中国一旦觉醒、走向世界,"就会是对全世界的一个威胁"这种论调实质上就是"黄祸"论。孙中山指出,无论从道德方面、政治方面看,"黄祸"论都是站不住脚的。从中国人的本性上说,中国一旦独立自主,"他们即会证明是世界上最爱好和平的民族";从经济观点来看,"中国的觉醒以及开明的政府之建立,不但对中国人,而且对全世界都有好处"。全国即可开放对外贸易、修建铁路、开发资源,人民因其日渐富裕而对外国货物的需求即可增多,国际商务即可成百倍增长,能说这是灾祸吗?"我们可以确有把握地说:黄祸毕竟还可以变成黄福。"

最后,孙中山呼吁美国人民在道义上和物质上对中国革命予以同情和支援。他诚恳地说:"因为你们是西方文明在日本的开拓者,因为你们是基督教的民族,因为我们要仿照你们的政府而缔造我们的新政府,尤其因为你们是自由与民主的战士。我们希望能在你们中间找到许多的辣斐德。"[1]

通观全文,人们可以强烈地感受到孙中山炽烈的爱国感情和睿智的观察力。作为一个革命家,他那坚信中国革命必将成功和对清王朝新政欺骗性的揭露,令人钦佩;作为一个政治家,他对帝国主义时代政治斗争的状况和趋势的分析,切中要害;作为一个先进的中国人,他没有盲目排外的自大感,主张中国在对外开放中充分发挥自己的潜能,为世界尽一个大国应尽的责任。可以说,这篇文章充分显示了孙中山的世界意识和时代意识。至于他把清王朝的存在作为帝国主义之间矛盾和冲突的根源,这与他对帝国主义抱有不切实际的幻想有关。这种认识,不独孙中山一人所有,也是当时中国民主革命派的共识,反映了20世纪初年先进的中国人对帝国主义本性还处于感性阶段的历史局限,是不能苛求于前人的。

由于洪门致公堂的总注册没有取得预期的效果[2],孙中山在纽约逗留了三四个月,直到12月中旬才离美赴英,开始作第二次欧洲之游。

(三) 兴中会根植何土?

孙中山于1904年底离美赴欧,标志着他以兴中会名义发展组织的历史由此结束。这样,我们就可以对其人数、成员组成及其阶级基础,作一个简要的讨论和总结。

兴中会成员的总数,至今没有精确的统计。一般都依据冯自由《革命逸史》第4集《兴中会会员人名事迹考》一文所称286人作为会员数。其实,这个数字并不确切。首先,它只从1894年檀香山兴中会成立统计到1904年旧金山兴中会止,把1905年旅欧留学生革命团体的成员排除在外。其理由是这个革命团体没有用兴中会的名称,在中国同盟会成立后统称同盟分会,"故不能以兴中会名之"[3]。但冯自由同时又将不用兴中会名称的青山军事学校成员列入会员名单,是为自违其例。其次,冯自由自己也承认这个统计只是有名籍可稽者,"其无名籍可稽者,想亦不在少数",本身就不完整。根据冯自由估计,自1894——

---

[1] 以上引文,均据《孙中山全集》第1卷,第248—255页。
[2] 孙中山与黄三德等致公堂总部原先估计全美会员约七八万人,若注册有效,可得美金20万元以上。事见《华侨革命开国史》,第56页。
[3] 冯自由:《革命逸史》第4集,第63、64页。

1904 年,兴中会会员总数不满 500 人[1],则他列名统计的 286 人,仍然只是个约数。

张玉法《清季的革命团体》一书,"将兴中会会员和兴中会时代追随孙中山从事革命活动的志士(不包括外国人)"[2]作了列名统计,共得 325 人[3]。这个统计同样排除了旅欧留学生革命团体,并包含了追随孙中山的部分志士在内,同样不确切,是个约数,但它补充了冯氏名单中遗漏的部分,又列出了名单中各人的资料根据,相比之下,比较翔实丰满,基本上可以反映出兴中会及其追随者的大致面貌。

根据张氏统计,这 325 人中,籍贯的状况是:广东籍 278 人,占总数 325 人中的 85.6%;福建籍 4 人,占 1.4%;湖南籍 3 人,占 1.1%;湖北籍 2 人,占 0.7%;浙江籍 1 人,占 0.4%;四川籍 1 人,占 0.4%;旗籍 2 人,占 0.7%;不详籍贯者 34 人,占 9.7%[4]。由此可知兴中会成员及其追随者的籍贯以广东占了绝大多数,次为福建,但两者人数极为悬殊,有人因此认为兴中会只吸收广东人入会或认为它反映的是广东人的利益,是广东人的组织。这种说法似较极端,兴中会固然以广东籍成员为多,但也吸收非广东籍者参加,甚至还吸收旗人加入。值得注意的是 325 人中没有可以确定是北方各省籍的人,这大概与孙中山主要在长江以南特别是华南地区发展力量、进行活动有关。所以,说兴中会是个具有明显地域性的小团体可,说它是广东人的组织,则不可。

再从 325 人的出身情况看,商人 114 人,占总数的 35.1%;知识分子 66 人,占 20%;工人 51 人,占 15.7%;会党 44 人,占 13.6%;农牧家 14 人,占 4.4%;军警及退职军人 7 人,占 2.2%;不详出身 29 人,占 9%[5]。可见兴中会成员及其追随者中,商人最多,工人次之,两者合计占了 50.8%。引人注目的是知识分子占了 20%,据张氏说明,知识分子一项包括"医生、教员、通事、记者、绅士、教士、学生、工程师、公务员、行号职员等,范围较广"[6]。

明白了上述基本状况后,就要进一步问:兴中会的根子扎在何方? 换言之,兴中会的阶级基础究竟是什么?

在这个问题上,学术界是有分歧的。一种意见认为兴中会代表了华侨资产阶级的利益,它的阶级基础是华侨资产阶级及其知识分子。直到 1900 年惠州

---

[1] 冯自由:《革命逸史》第 4 集,第 63、64 页。

[2][3] 见张玉法:《清季的革命团体》,第 181、198 页。

[4] 同上书,第 199 页。

[5][6] 同上书,第 199、200 页。

起义以前,兴中会在国内还没有阶级基础。第二种意见认为兴中会的阶级基础主要在国内。1900年前,资产阶级革命派不论在思想理论的构作方面,还是革命活动的开展方面,不论在主观愿望上还是在客观进程上,都是主要依据国内的阶级基础和社会基础。具体地说,是国内民族资产阶级中下层;而华侨资产阶级中下层是国内民族资产阶级中下层的天然盟友,是革命派的又一重要阶级基础。第三种意见认为兴中会是资产阶级、小资产阶级及其知识分子为主体。

这三种意见中的第一种,观点鲜明,认为兴中会的阶级基础在国外,是华侨资产阶级;第二种稍稍折中,把兴中会的阶级基础说成有两部分,主要部分是国内民族资产阶级中下层,另一部分是国外华侨资产阶级中下层,认为后者是前者的天然盟友;第三种是含糊的,它既没有说明是国内还是国外,也没有说明它的阶级属性,只说了成员构成的主体,即用成员结构替代阶级分析。

为了说明问题,得首先看一看兴中会成员的入会年代和人数。我仍借用张氏的统计:

入会年代(年)	人数(人)	百分比(%)
1894	125	38.4
1895	69	21.3
1897—1899	17	5.2
1900	69	21.3
1901—1904	39	12.0
不详	6	1.8

资料来源:张玉法:《清季的革命团体》,第199页。

据上表可知,兴中会成员入会年代最高峰是1894—1895年两年,合计接受了194人,占325人总数的59.7%。其次为1900年69人,占21.3%。入会最低潮为1897—1899年,只吸收17人。1900年后稍有回升。出现这种波浪式状况,完全合乎兴中会实际革命进程。1894年、1895年、1900年这三个年份,正是兴中会发动广州起义和惠州起义之时,造成了接纳会员的高潮,两次起义失败后,革命派处境艰难,入会和追随者人数大大下降了。

张氏统计的325人,据他自称华侨在230人以上,即占了总数的70%以上[1]。也有人估计兴中会成员中华侨占了78%[2]。从前面关于兴中会成员及

---

[1] 张玉法:《清季的革命团体》,第202页,第205页注11。
[2] 吴玉章:《辛亥革命》,第9页。

追随者的出身状况分析，得知其中商人、知识分子、工人三者合计 231 人，占 71.1％，结合兴中会入会年代统计，可以得出如下结论：兴中会成员以商人、知识分子、工人三者为大多数，他们大都是在 1894—1895 年、1900 年两次反清起义的筹备过程中入会的。

明确了这一点，就可以对兴中会的阶级基础作分析了。我认为，兴中会是一个华侨资产阶级及其知识分子为主体，包括工人在内的革命组织，它的阶级基础在国外，而不是在国内。它的根子扎在海外华侨的土壤中。

兴中会的阶级基础不是国内民族资产阶级，而是海外华侨资产阶级，这不但从兴中会成员的出身分析中可以看出，而且也为兴中会活动历史所证明。从兴中会成员的出身看，根据张氏 325 人列表分析，可以确定属于国内民族资产阶级中下层出身的会员，人数很少。现表解如下。

姓　名	籍　贯	出　身	入会地点	入会年代(年)	备　注
左斗山	广东番禺	书　商	广州	1895	
余育之	广东新宁	商　人	香港	1895	
周昭岳	广东南海	商　人	香港	1895	
容星桥	广东香山	商　人	广州	1895	
黄詠商	广东香山	商　人	香港	1895	
杨鹤龄	广东香山	商　人	香港	1895	
杨衢云	福建海澄	洋行副经理	香港	1895	
谢缵泰	广东开平	商　人	香港	1895	
杨心如	广东香山	商　人	广州	1895	
吴文秀	福建厦门	商　人	台湾	1897	
容祺年	广东香山	商　人	台湾	1897	
赵满潮	广　东	商　人	台湾	1897	
李　柏	广东新会	富　商	香港	1900	
李寿卿	广东鹤山	商　人	广州	1900	
宋少东	旗　籍	商　人	广州	1900	
梁慕光	广东博罗	商　人	香港	1900	
刘锦州	广　东	商　人	广州	1900	
尤　列	广东顺德	舆图局员	香港	1895	
尹文楷	广东南海	医　生	广州	1895	
王质甫	广东花县	传教士	广州	1895	
朱　淇	广东南海	教　员	广州	1895	
何汝明	广东香山	教　员	广州	1895	
何　启	广　东	学　者	香港	1895	
宋嘉树	广东文昌	基督教牧师	上海	1895	

姓 名	籍 贯	出 身	入会地点	入会年代(年)	备 注
陈少白	广东新会	学 生	香港	1895	
陆皓东	广东香山	电报生	香港	1895	
徐善亭	广东香山	牙医生	广州	1895	
区凤墀	广东南海	传教士	香港	1895	
郑士良	广东归善	学 生	香港	1895	博济医校肄业、会党成员
刘学询	广东南海	进 士	广州	1895	
魏友琴	广东归善	教 员	广州	—	参与广州之役
庞文卿	—	医 士	广州	1895	
史坚如	广东番禺	格致书院学生	香港	1899	
毛文明	广东连县	传教士	广州	1900	
史古愚	广东番禺	教 员	香港	1900	史坚如之兄
史憬然	广东番禺	医学生	香港	1900	史坚如之妹
江维善	广东新安	北洋书院学生	香港	1900	
李植生	广东博罗	教 士	广州	1900	化学师、会党
胡心澄	广东番禺	传教士	广东	1900	
胡心泉	广东番禺	传教士	广东	1900	
张硕臣	四川—	格致书院学生	广州	1900	助史坚如炸德寿
黄守南	广东—	耶教徒	广州	1900	
黎俊民	广东东莞	格致书院学生	广州	1900	助史坚如炸德寿
苏复生	广东	耶教徒	广州	1900	圣教书院司事
苏焯南	广东番禺	耶教徒	广州	1900	商人
沈翔云	浙江乌程	留日学生	—	—	
刘成禺	湖北武昌	留日学生	香港	—	
戢元丞	湖北房县	留日学生	—	—	
郑贯一	广东香山	高等大同学校学生	日本	1901	《清议报》编辑
伍嘉杰	广东南海	留日学生	日本	1903	青山军事学校成员
李自重	广东新宁	留日学生	日本	1903	青山军事学校成员
李锡青	广东梅县	留日学生	日本	1903	青山军事学校成员
胡毅生	广东番禺	留日学生	日本	1903	青山军事学校成员
桂廷鎏	广东南海	举人,留日	日本	1903	青山军事学校成员
翁诰	福建福州	留日学生	日本	1903	青山军事学校成员
郭健霄	广东潮阳	留日学生	日本	1903	青山军事学校成员
区金钧	广东南海	留日学生	日本	1903	青山军事学校成员
郑宪成	福建福州	留日学生	日本	1903	青山军事学校成员
黎勇锡	广东高要	留日学生	日本	1903	青山军事学校成员
刘维涛	广东兴宁	留日学生	日本	1903	青山军事学校成员
卢少歧	广东东莞	留日学生	日本	1903	青山军事学校成员
卢牟泰	广东高要	留日学生	日本	1903	青山军事学校成员
饶景华	广东兴宁	留日学生	日本	1903	青山军事学校成员

一共只有 17 人,占 325 人总数的 5.2%。说兴中会阶级基础是国内民族资产阶级中下层,从兴中会成员的出身情况看是没有说服力的。

从兴中会的活动史看,孙中山和杨衢云的主要活动地区是中国广州、香港、日本以及其他海外地区。广州是作为第一次发难地点而加以经营的;香港是为了筹备发难而居留的;日本是孙中山等人的避难所。就广州而言,1895 年广州起义流产后,孙中山等受到通缉,在广州的革命机关摧残殆尽,革命势力一蹶不振,直到 1900 年史坚如谋广州响应时才稍见恢复。这个时期内,孙中山被目为乱臣贼子,根本不可能在广州立足,而史坚如所联络的也主要是会党人物,很少得到具有资产阶级倾向的阶层支持。就香港而言,港英当局在广州起义失败后,颁布 5 年内不准孙、杨登岸的禁令,孙只得避往日本,杨则流亡南非,香港的基础也极薄弱。必须指出,兴中会从一开始就形成了以领袖为中心的组织特点,孙、杨无法在广州、香港立足,这两地的革命活动就难以开展,革命力量难以汇集。所以 325 人中,在广州入会的只有 76 人(包括惠州),其中大部分是会党成员和其他自由职业者;在香港入会的只有 26 人,大多数人也不是资产阶级中下层。

在兴中会及其追随者中,占总数 35.1% 的 114 名商人,真正称得上富商的,仅有李柏(纪堂)、曾长福(望雄)等极少数人,一般都是小商,即使像孙眉这样的农牧家,也并非巨富,所以绝大多数应是华侨资产阶级的中下层人物。兴中会正是以这批中小资产阶级作为自己的土壤,从中取得生长发育的必要物质基础。

占 20% 的 66 位知识分子,据张氏统计范围即包括医生、教员、通事、记者、绅士、教士、学生、工程师、公务员、行号职员在内,确知属于国内及留日学生而非华侨知识分子者共 46 名,其情况如上页。

上述 46 人中,除去留学生 18 人,则真正属于国内新知识分子仅 28 人,这中间包括了传教士 10 人,足见兴中会在国内知识分子中吸收会员的成绩是很差劲的。对于海外华侨知识分子的争取,也进展不大,10 年中总共只发展了 20 人,但其中多数人是具有较高社会地位的报纸编辑、公务人员,有的是工程师和大学教授,他们在当地华侨社会中都有相当的活动能量,成了华侨资产阶级利益和要求的代言人[1]。

兴中会中还有占 15.7% 的 51 名工人,这是一个不小的数字,其中属于国内

---

[1] 据《清季的革命团体》第 181—198 页列表。

的仅有梁荣、程怀、宋玉臣、秦尧、黄福、温玉山、黎德等7人,前2人在1895年入会,后5人在1900年入会[1]。其余44名都是海外华侨。他们虽然作为资产阶级民主革命的追随者,但不少人在反清斗争中表现了很好的革命勇气。

由此可见,兴中会的阶级基础主要由两部分人构成:第一部分也是主要部分是华侨资产阶级中下层及其知识分子;第二部分是以工人为主体的下层劳动群众。兴中会根植于海外华侨中。这样说,不等于孙中山为首的早期革命派只代表华侨资产阶级的利益。"驱除鞑虏,恢复中国,创建合众政府"的宗旨及后来形成的"驱除鞑虏,恢复中华,建立民国,平均地权"16字纲领,其本质和核心就是推翻腐败落后的清王朝,变封建专制为民主共和制度,建设一个独立富强的民主共和国。它反映了历史前进的方向和符合社会发展的需要,不仅代表了海外广大华侨的根本利益,同时也代表了国内正在形成的新兴资产阶级的根本利益。

[1] 据《清季的革命团体》第181—198页列表。

八　聚集志士，合成大团

（一）留欧学生加盟

由于资料匮乏，现在还无法说明孙中山作第二次欧洲之行的直接原因，但若从他抵欧后的活动反推，很可能与留欧学生的邀请有关。孙中山与留欧学生的接触，则极可能与刘成禺居中联络有关。

如前节所述，孙中山为了把旧金山致公堂的机关报《大同日报》从保皇派手中夺回，曾托在日本熟悉留学界的冯自由代聘主笔，冯最终聘定刘成禺担任。当时，刘以1903年春节团拜演说反清获咎，被取消学籍、逐出东京，后由汪大燮资助赴美。刘既有美国之行，便欣然接受聘任，经由上海乘船离国。在上海候轮时，刘成禺结识了湖北官费留欧学生朱和中、贺子才、魏宸组、胡秉柯等人。当朱、贺等得知刘放洋目的之后，坚请刘向孙代达敬意，并请随时将孙的行止通知他们。据刘成禺回忆："鄂学生在英法德比者，与予通信，询及先生（沈案：指孙中山）行动，以贺子才、魏宸组、史青、朱和中、周泽春等最出力。有冯承钧者，撰黄笔小报寄美，先生见之曰：'此皆好同志也。今吾有创同盟会之意，在美华侨，皆粤籍劳工，与中原士大夫毫不生关系。吾其有欧洲之行，见各省豪俊乎？惜此行路费不足，容徐图之。'予乃电欧洲鄂学生，告先生有愿渡欧洲意。鄂学生集资六万佛郎汇美，促先生行，先生始建同盟会于欧洲。"[1]据此回忆，似乎孙中山游欧原因已经十分清楚：先是游欧留学生之请，继而孙亦有游欧打算而乏川资，最后则由留欧学生帮助解决路费。其实，刘成禺回忆漏洞颇多。首先，孙中山于1904年12月中旬离美后，先到英国伦敦，居住在英国友人摩根家里，而不是直接去欧洲大陆；其次，孙中山并非因旅欧留学生汇款至美国而得欧洲成

---

[1] 刘成禺：《先总理旧德录》，《国史馆馆刊》第1期。

行,而是先去英国之后才得汇款,且款项决无6万法郎之巨,仅得贺子才汇至伦敦3 000法郎,朱和中电汇1 200马克[1]。所以,刘成禺的回忆,只能说他起了孙中山与留欧学生间的联络作用,仍不能说明孙之赴伦敦的直接原因。

孙中山约在1904年12月下旬到达伦敦,在友人摩根(R. J. Mulkern)家过了圣诞节。平时,他仍赴大英博物院阅读各种书籍,没有什么革命活动,只是偶有探访友朋的小聚。其中值得注意的是与吴敬恒、严复两人的见面。

吴敬恒自"苏报案"后流居英国。1905年1月20日,孙中山曾到吴在伦敦的寓所访问他。此事,吴曾有文回忆:"一天,有个人敲我的寓门,就是孙逸仙。他问了留学生,才知道我的寓址的。我才初见十年中意想的孙汶或孙文。他的温和端正,我是不吃惊的了。我早由我的朋友钮惕生,在三年前告诉我。"[2]作为曾经怀疑过孙中山不识字、是一个江洋大盗式的人物的吴敬恒,一改当年对孙不屑一顾的傲态,而认为孙是个"温和端正"的革命者,从一个侧面反映了孙中山在思想激进的留学生心目中,已经占有了重要地位。

严复是孙中山熟知的思想家,1905年他为开平矿务局事到英交涉。孙中山得到消息后,即去严复寓所访问。这两个政见不同、思想主张各异而同在知识界中有重要影响的人物,晤谈中各抒自己对救国匡时的见解。严仍一本原先维新改良的主张,"以为中国民品之劣、民智之卑,即有改革,害之除于甲者,将见于乙;泯于丙者,将发之于丁。为今之计,惟急从教育上着手,庶几可逐渐更新"。孙中山则认为:"俟河之清,人寿几何? 君为思想家,鄙人乃执行家。"[3]坚持以革命开民智的看法。

大约在孙中山抵达伦敦后不久,刘成禺即将孙中山的行踪分别函告在德国柏林的朱和中及在比利时布鲁塞尔的贺子才,透露了孙中山经济上拮据的窘境。原来,孙中山在旧金山向邝华泰等教友募集款项时,仅得美金4 000余元,后来偕黄三德游历美国南方七州时,"即恃此款为旅途之需"[4],及至由纽约赴伦敦、在英逗留,已几近用尽。此事谅必孙中山曾函告过在旧金山主持《大同日报》笔政的刘成禺,所以刘在致朱、贺信中会有"囊空如洗,将有绝粮之虞",希望留欧同学"竭力接济"等语[5]。但当贺子才电邀孙中山赴欧洲大陆时,孙却没有

[1]见朱和中遗稿:《欧洲同盟会记实》,《辛亥革命回忆录》第6册,第5页。
[2]吴敬恒:《我亦一讲中山先生》,王云五等著:《我怎样认识国父孙先生》,台北《传记文学》丛刊之三,第88页。
[3]王蘧常:《严几道年谱》,上海商务印书馆民国二十五年(1936)版,第74—75页。
[4]冯自由:《兴中会组织史》,《革命逸史》第4集,第22页。
[5]朱和中遗稿:《欧洲同盟会记实》,《辛亥革命回忆录》第6册,第5页。

及时函复,直到 1905 年春,始作书表示"正欲赴比一游,惟缺少川资"[1]。不久,孙中山接到朱、贺分别汇来款项后,便由伦敦动身,乘船去比利时会晤留比学生。时间现已难于确定,估计在是年的春末夏初[2]。

孙中山船抵比利时北海港俄斯敦,留欧学生代表朱和中、贺子才、李蕃昌 3 人已在港迎候,4 人分乘马车 2 辆入旅店小憩,然后乘车进入布鲁塞尔,留比学生 20 余人及四川留比学生代表孔庆叡均到车站迎接,下榻于鄂籍学生胡秉柯寓所。

为什么欧洲留学生对孙中山表示如此热情?原因在于这批留欧的鄂籍学生,其中的骨干在国内时已经表现出革命倾向,并且对孙中山心仪已久。据朱和中自述,自庚子至癸卯(1900—1903)年,武汉三镇的学生运动已由言论进入实际行动。加以邹容《革命军》、章太炎《驳康书》及《苏报》等革命宣传,武汉三镇学界反响强烈,其中尤以武备、自强、农务三学堂及两湖、经心、江汉三书院学生为甚。朱和中常与吴炳宗、张荣楣、胡秉柯、李书城、陈开淦、孔庚、贺子才、吴森、时功璧、时功玖兄弟等聚于武昌花园山天主堂附近的李步青寓所,或水陆街 13 号吴禄贞寓,决定从运动军、学两界入手。办法是一面以宣传革命的《猛回头》、《黄帝魂》、《孔孟心肝》等书介绍给学界,"开通士子之知识";一面派最优秀的同志投入军队当兵,"渐次灌输兵士对清室之恶感情绪"。当时,吴禄贞正受湖广总督张之洞信任。他于 1901 年在东京加入兴中会,同年冬从日本陆军士官学校毕业回国,曾因参加自立军活动而受张之洞疑忌,后,张见吴确是人才而予以重用,先后担任学务处会办、营务处帮办、将弁学堂护军总教习和武普通学堂会办等要职,成为张之洞手下炙手可热的军界要人。朱和中等利用这一有利条件,在护军恺字营中输送了革命青年"不下三四十人"[3]。

1903 年,全国革命思潮大盛,湖北当局为防止学界革命,决定实施釜底抽薪之计,"乃多派留学生出洋,激烈者派往西洋,纯谨者则派往日本"。并且半夜下公文限清晨谒见总督端方,午后 4 时上船,令留洋者猝不及防。朱和中被派赴德国,贺子才、魏宸组、胡秉柯等派往比利时。朱于清晨谒见端方后,乘机回花园山与同志会晤。各人均不同意朱和中离鄂,朱则认为:"事已至此,岂

---

[1] 冯自由:《中华民国开国前革命史》上编,第 187 页。

[2] 孙中山抵比利时时间,朱和中上引文似作 1904 年冬,史青《留比学生参加同盟会的经过》称 1905 年春,《孙中山年谱》亦作 1905 年春,吴相湘《孙逸仙先生传》作 1905 年初夏。我认为,1904 年冬之说似不可能,但朱和中回忆当时孙穿着皮领袖大衣,按比利时地近北欧,春末仍较寒冷,故定为春末夏初。

[3] 朱和中遗稿:《欧洲同盟会记实》,《辛亥革命回忆录》第 6 册,第 3、4—5 页。另见史青:《留比学生参加同盟会的经过》,同上书,第 21—22 页。

得由己？然我辈至今群龙无首，如此伟大之种族革命，岂等夷辈所能领导？今派我往西洋，正可以乘机觅孙逸仙，是于此间同人之前途大有神益。"诸同人莫不赞成[1]，于是鄂籍出洋学生于1903年冬经上海治装待发。

从朱和中自述中可知，这批留欧的湖北籍学生较之留日学生相对成熟，出洋之前已在暗中进行革命活动，出洋目的之一是为了乘机与孙中山联系，所以当他们在上海结识刘成禺之后，千方百计要求与孙中山相见，不惜资助川资，并对孙中山到来表示如此热情了。

孙中山到达布鲁塞尔之后，当即与留欧学生讨论革命进行办法。从现有材料看，双方曾就依靠什么力量问题有过激烈辩论。朱和中等留学生根据自己在国内活动的体会，主张以"更换新军脑筋、开通士子知识"，即运动军、学两界为手段；孙中山则认为"秀才不能造反，军队不能革命"，应借会党力量为可靠。对此，朱和中等有不同看法，他以唐才常自立军勤王失败为例证明不应依靠会党，并指出："会党在长江，自新军成立以后，无有势力。"孙中山则表示自己正在改良会党章程，可以消除会党的弊病。朱和中认为："会党志在抢掠，若果成功，反为所制。"双方各执己见，辩论达三日三夜之久。最后达成谅解，"定为双方并进"[2]。

孙中山何以接受对方提出联络学界的主张？据朱和中说："最后，予乃正言曰：'革命党者最高之理论，会党无知识分子，岂能作为骨干？先生历次革命所以不成功者，正以知识分子未赞成耳。'总理乃列述史坚如、陆皓东诸人之学问以证之。予曰：'人数甚少，无济于事，必大多数知识分子均能赞成吾辈，则事半功倍矣。'总理深以为然。至第三日，总理似有所决定，为言：今后将发展革命势力于留学界，留学生之献身革命者，分途作领导人。"[3]可见，孙中山是经过思考之后，确定军、学界及会党"双方并进"的。

这场辩论，争论的双方各有其自身从事革命运动的经验，各自的主张也都各有侧重的观察为依据。朱和中等鄂籍学生较多地注意于会党的破坏性而倾向于发动军学两界；孙中山则较多地注意于会党中蕴藏的反清力量，而对学界的空言及其狂热性有所看法。就事论事，对任何一方的意见和主张都不能厚非；综观全局，则双方各有长短，必须互为补充。所以辩论结果定于双方并进，

---

[1] 朱和中遗稿：《欧洲同盟会记实》，《辛亥革命回忆录》第6册，第3、4—5页。另见史青：《留比学生参加同盟会的经过》，同上书册，第21—22页。

[2] 朱和中遗稿：《欧洲同盟会记实》，《辛亥革命回忆录》第6册，第5—6页。

[3] 同上书，第6页。

确实是正确方法。以往不少研究者据此认为孙中山在此以前不重视发动学生和军队,经此辩论才开始注意知识分子。这一结论,并不符合事实。因为从1895年拟议中的广州起义以还,孙中山和兴中会骨干早已在运动清军,而新型的知识分子群体直到20世纪初年才表现为一种政治力量,孙中山本身也已开始对留学生有所接触。作为反清起义的应急力量,会党确实不应忽视,一概排斥,似非确当。但孙中山以往很少在留学生中发展组织,经此辩论,使他注意到对方意见的合理之处,决定以留学生充作革命骨干,领导会党。这就是后来革命派主张"以中等社会"领导"下等社会"的滥觞。对此,孙中山曾有过说明:"会党之宗旨本在反清复明,近日宗旨已晦,予等当然为之阐明,使复原状,且为改良其条教,俾尔辈学生亦得参加。……但我同志必须能指挥下等社会有组织之团体,而后于事有济。不然此等团体固在,我辈一动,而彼等出而阻碍,甚妨我辈之进行也。"[1]所以,这场辩论,其重要意义在于使双方对革命策略及依靠力量有了较为客观、全面的估计,尤其对孙中山跳出狭小的地域圈、扩大视野,确立以发展留学生为骨干领导会党的方针,具有起始意义。

经过辩论、统一认识后,接着由孙中山提议组织团体。起初,不少人对需要填写盟书、举行宣誓有不同意见,经过解释很快取得共识。参加者逐个对作为监誓人的孙中山宣读誓词,誓词仍沿用青山军事学校确定下来的"驱除鞑虏,恢复中华,创立民国,平均地权"16字纲领。先后宣誓加入组织的有朱和中、胡秉柯、贺子才、史青、魏宸组、陈宽沆、王治辉、刘荫莆、李蕃昌、李崇武、程培鑫、李鱼门、李标、杨荫渠、刘庠云、喻毓西、黄大伟、姚业经、孔庆叡等30余人。

由于当时革命团体处于秘密活动状态,各成员间为保持联络,必须以暗号相通,才能确定对方身份。所以孙中山在宣誓完毕后,向各人授以联系暗号:

问:君从何来? 答:从南方来。

问:向何处去? 答:向北方去。

问:贵友为谁? 答:陆皓东、史坚如二人。[2]

至此,留欧学生的第一个革命组织在比利时宣告成立,这也是孙中山以留学生为对象建立的第一个组织。这个组织,当时没有定名,表明孙中山已经不再用兴中会命名,但一时尚未有确当名称。兴中会作为一个具有明显地域性的小团体,已经很难适应日益高涨的革命形势,这一点,孙中山自从与留日学界接

---

[1] 朱和中:《辛亥光复成于武汉之原因及欧洲发起同盟会之经过》(续),《建国月刊》第2卷第5期。
[2] 冯自由:《中华民国开国前革命史》上编,第188页。

触后已有所体会。所以从 1903 年起,他修改了兴中会原先的誓词,并把它作为组织东京留学生参加青山军事学校的入校誓言;1904 年又在檀香山组织中华革命军,把向来称为革命党改称革命军,以扩大和强化革命者的范围与革命意识;这一次又不以兴中会命名新成立的团体,这一系列的情况反映了孙中山正在酝酿扩大革命组织的计划,只是在那时尚未最后成熟而已。当然,不能因为它没有定名而把它排除在兴中会的统系之外,但它确实又有着超越兴中会、成立大团体的作始意义。

据史青回忆,当时留学生中也有少数人因反对"平均地权"这一条纲领,或因反对书写誓词而未入会的。为了团结这些人,另组织了一个名叫"公民党"的团体,作为留比学生革命组织的外围组织,标举的纲领只有四句话的前三句,略去了"平均地权"一条,以容纳这类人[1]。

孙中山在布鲁塞尔逗留期间,曾于 5 月中旬访问设在该市的国际社会党执行局(第二国际常设执行机构),"请求接纳他的党为成员"[2]。他向该局书记胡斯曼阐述了自己提出的"驱除鞑虏,恢复中华,创立民国,平均地权"的纲领,特别对平均地权和节制资本的思想作了说明。他说:"几年内我们将实现我们梦寐以求的理想,因为届时我们所有的行为都是社会主义的了。[3]"孙中山的请求没有获得结果,但此事表明孙中山作为一个伟大的民主主义者,对社会主义充满了真诚的同情和支持,并且主观上认为自己的党和自己的思想主张属于国际社会主义运动的一部分[4]。

约在 5 月下旬之初,孙中山自比利时返回伦敦。临行前,他嘱留欧学生努力学习,成为他日有用的建设人才,表示奔走革命则将先用留日学生。孙中山离比后,留欧学生组织了驻欧洲的执行小组,由胡秉柯、史青、潘宗瑞、贺子才、魏宸组、程光鑫、陈宽沆、朱和中、孔庆叡 9 人组成,负责执行会务。由于留比学生大半是原武昌花园山秘密聚会的同志,思想基础较好,所以会务进展较快,据说几乎全体学生有十分之九加盟。

朱和中作为执行小组成员,回到德国柏林后,鉴于留德学生满族人居多,所以采取了严守秘密、缓进稳健的工作方针,但不久仍为同学宾步程、刘家伥获知,向朱表示也要请孙中山到柏林来组织团体,孙的路费可以筹措。于是朱和

---

[1] 史青:《留比学生参加同盟会的经过》,《辛亥革命回忆录》第 6 册,第 22 页。

[2][3]《近代史资料》1979 年第 3 期;《孙中山全集》第 1 卷,第 272—273 页。

[4] 孙中山直到 1919 年还曾致函比利时社会主义国际主席。此函系孙用英文书写,现存台湾,见吴相湘:《孙逸仙先生传》上册,第 422 页。

中、宾步程等分途接洽,筹足路费,汇至伦敦孙中山处,孙因此有德国之行。5 月下旬,孙中山抵达柏林,住罗兰多尔福街 39 号朱和中寓所,商定每晚与留德学生在寓所聚会讨论。讨论中有人对平均地权和孙中山的五权宪法主张表示不同意见,但多数人则赞同孙的思想。孙中山在柏林共逗留 12 天,最后吸收了宾步程、刘家佺、王发科、王相楚、陈匡时等 20 余人成立了革命组织,以安斯巴哈街 10 号宾步程寓所为柏林革命团体的公共通讯处。

6 月初,孙中山自柏林到达法国巴黎。巴黎留学生听说布鲁塞尔和柏林有成立组织之举,为之兴奋。胡秉柯随即也到了巴黎,旬日之间有唐豸、汤芗铭、向国华等 10 余人加盟,组成了留法学生的革命团体,通讯处设在唐豸的寓所内。

上述留欧学生的 3 个革命组织,在整个辛亥革命时期实际上没有发挥多大作用,其中除比利时因参加者多半在国内已经有革命活动经验,思想基础较好,组织领导比较健全外,柏林和巴黎两个组织显然成立匆匆,成员良莠不齐,以致发生柏林组织的王发科、王相楚约同巴黎组织的汤芗铭、向国华去孙中山在巴黎的寓所偷窃盟书,向清政府驻巴黎公使告密一事。此事虽经驻法公使孙宝琦大事化了而未发生险情,但从此留欧组织的会务大受影响,人心渐趋涣散,连基础较好的布鲁塞尔学生组织也因此停止了发展。尽管如此,孙中山却对这三个团体的成立视为同盟会的起点。他在《建国方略》第八章《有志竟成》中说:"乙巳春间,予重至欧洲,则其地之留学生已多数赞成革命。盖彼辈皆新从内地或日本来欧,近一二年已深受革命思潮之陶冶,已渐由言论而达至实行矣。予于是乃揭橥吾生平所怀抱之三民主义、五权宪法以号召之,而组织革命团体焉。于是开第一会于比京,加盟者三十余人;开第二会于柏林,加盟者二十余人;开第三会于巴黎,加盟者亦十余人。开第四会于东京,加盟者数百人……此为革命同盟会成立之始。"[1]众所周知,1905 年在日本成立的中国同盟会,并不包含上述三个留欧团体在内,它们只是像其他海外兴中会组织一样,在东京同盟会总部成立后,改称为某一区域的同盟会而已。孙中山之所以把它们与同盟会成立联在一起,就是因为他从这时起正在考虑建立大团体的问题,开始有了较为明晰的思路,这可以从他致陈楚楠的信中得到证明。他于 6 月 11 日从法国马赛港乘"东京"号离法返日,途经新加坡时与侨商陈楚楠相识。7 月 7 日在西贡致陈楚楠一函,内称:

---

[1]《孙中山全集》第 6 卷,第 237 页。

> 星洲一会,欣慰平生,惜为时匆匆,不能畅叙一切为憾。弟今不停西贡,直往日本,先查探东方机局,以定方针。方针一定,再来南地以招集同志,合成大团,以图早日发动。今日时机已熟,若再不发,恐时不我待,则千古一时之会恐不再来也。[1]

信中所谓"以定方针"云云,联系他抵日后联络各省在日志士成立同盟会、确定反清起义方针的事实来看,则明显地包含着"合成大团"以发动起义的意义。要合成大团,就必须跳出兴中会狭小的圈子,把各地各类反清志士组织在一个统一的团体里,形成一股强大的革命力量。留欧三团体以留学生为对象,正是这一思想的体现。它们的成立,构成了孙中山合成大团的思想由萌芽到成熟的中间环节。它把孙中山在此以前扩大兴中会誓词、组织中华革命军和改变致公堂宗旨等一系列行动及在此以后游说各省在日志士进行联合的努力,联成了一个完整的思想发展过程,昭示了孙中山组织中国同盟会的心志。

(二) 革命小团体纷起

从 1903 年到 1905 年,短短两年内,日本和国内的革命形势发生了巨大变化。

在日本,留日学生的数量有了很大增长,据统计,1903 年留日学生共 1 300 人,1904 年达到 3 000 人,1905 年春夏间除去毕业回国者,也有 2 400 人之多,全国除甘肃一省外,各省都有俊秀之士在日本学习;更为重要的是,留日学界自 1903 年起,随着革命意识的高涨,已经逐步悟出囿于同乡的地域观念不利于各省革命志士的联合,正在掀起一股"非省界"的思想潜流,要求统一组织、建立大团体的趋势,日见明显。

最早发出"非省界"呼声的是江西籍学生。1903 年《浙江潮》第 3 期刊登《寓江西陈君致浙江同乡会书》,主张"但有国界不有省界",呼吁消除地域界限,联合建立统一团体,"人人心忧国之心,人人事忧国之事"。《浙江潮》为此在同期发表了《非省界》社论,提出了破除省界的必要和提高非省意识的若干办法,以期引起留日学界的重视和讨论。同年 6 月,第一份以省区命名的留日学生刊物《湖北学生界》易名《汉声》,取"大汉之天声"的意义,可算是响应非省呼吁、打破省界的行动表示。此后,《江苏》、《浙江潮》等屡有刊载合小群成大群、建立大团

---

[1] 孙中山:《致陈楚楠函》(1905 年 7 月 7 日),《孙中山全集》第 1 卷,第 275 页。

体的论说。到 1905 年,宋教仁等创办《二十世纪之支那》杂志,就不再以省区命名了。

在国内,1903 年民主革命思潮的勃兴,迎来了 1904 年各地革命组织的蜂起。在湖南、湖北、江苏、浙江、上海、安徽、福建、江西、四川、陕西等省区,都出现了不少革命小团体。这些小团体,人数一般都很少,活动范围绝大多数局限于本省,有的仅几县,互不联络,各自为战,具有明显的地域性。它们中有的主要从事革命鼓吹,如福州的"益闻社"以设阅报所、秘密传布反清革命书刊等方法"惊醒国人之迷梦";四川的"公强会"、"公德会",或以在会员中树立革命思想为目标,或以"保障人权、铲除强暴为社旨";陕西的"励学斋",以广购书报、劝导有志之士;江西的"易知社","明则以诗文结社,暗则进行革命宣传活动"。这类组织,虽尚不及密谋起义,但开了当地结合社团的先河。有的专以联络会党作为发动起义的预备,如福州的"文明社"、嘉兴的"温台处会馆"。前者表面上以阅报社的公开面貌出现,实质上专以联络当地各山堂堂魁以图举事;后者则以联络江浙皖三省交界处的会党为职志。有的主要在学界发展成员,如安徽的"岳王会"主要成员是安徽公学师生,也有部分武备学堂学生;有的则以联络军界为己任,如南京的"强国会"、安庆的岳王会分会。这些情况表明,当时不少革命小团体的活动大都具有因地因时制宜的性质,还缺乏全局观和较为周密的计划性。它们虽在各自的活动区域内对传播革命思想和结集反清力量起过很大作用,但毕竟因地域分散、缺乏联络配合而显得势孤力单。

在上述众多的革命小团体中,活动范围不以省界为局限、组织发动比较深入细致、反清起义有切实计划、在辛亥革命史上有较大影响和重要地位的,当推华兴会、科学补习所和光复会。

华 兴 会

华兴会酝酿于 1903 年 11 月,正式成立于 1904 年 2 月 15 日。它的发起人和会长,是后来与孙中山齐名,世以"孙黄"并称的湖南善化人黄兴;副会长是衡山刘揆一(霖生)、桃源宋教仁(遯初)。黄兴原名轸,字杞园[1],从事秘密革命后改名兴,字克强,一字厪午、庆午。1874 年 10 月 25 日生于善化一户塾师之家。1893 年中秀才,后来又就读于武昌两湖书院。他最初仰慕的是谭嗣同和唐才常。1902 年以湖北官费留学日本进弘文学院速成师范科后,开始表现出革命的

---

[1] 黄轸字杞园,见房兆楹辑:《清末民初洋学学生题名录初辑》,第 26 页。

积极性。当年,他参与创办《游学译编》,又赞助湖北人刘成禺等创办《湖北学生界》。1903年参加拒俄义勇队和军国民教育会,不久又秘密加入以暗杀为宗旨的团体,并且练得一手好枪法。1903年6月毕业,以军国民教育会"自认特派员"身份回国,从事秘密革命活动。

黄兴为人敦厚淳朴,世人往往误以为他不善辞令。其实他极富辩才,当他回国途经武昌母校时受邀发表演说,倡言反清,曾与顽固派辩论终日,"卒使全场一致叹服"[1];他的演说也很有魅力,在担任明德、实业、修业三校教员时,课余常演说满人压抑汉人种种暴虐,据说"当时湖南所有各中学的学生都归附他,可说当时在湖南不讲革命的学生,好像是不成为一个好学生"[2]。

自戊戌维新以来,湖南一直是新学传播较为迅速的内地省份,培养了不少出身于新式学堂的知识分子;张之洞任湖广总督后,又选派了大批留日学生。许多湖南籍留日学生归国后,充任各级各类学堂的教习,他们将各种宣传革命的刊物秘密带回湖南,广为流传,尤其是省会长沙,人才荟萃,民主思潮弥漫学界。华兴会正是以留日学生和新式学堂出身的知识分子为主体组成的。其中著名的有宋教仁、刘揆一、陈天华、秦毓鎏、张继、吴禄贞、叶澜、姚宏业、杨守仁、苏子谷、谭人凤、章士钊、周震鳞、徐君勉、翁洁、彭渊恂、胡瑛、龙璋、刘道一等人。

华兴会没有留下任何政治文件,其宗旨至今不清楚。只知道它在筹划长沙起义时曾提出过"驱除鞑虏,复兴中华"的口号[3]。

华兴会从成立之日起,就积极筹备反清起义。为此,他们确定了"雄踞一省与各省纷起"的方针。"雄踞一省",选择革命形势较好的湖南。方法是运动本省军学两界和会党,使之联成一气,然后视情况或军学界先起,或会党发难。为此,专门成立了运动会党和策反军队的两个外围组织。前者称同仇会,以团聚马福益为首领的两湖哥老会;后者称黄汉会,作为联络军队的机关。"各省纷起",目的使长沙起义与各地形成战略协同,以达到挥师北伐、直捣幽燕的根本

---

[1] 刘揆一:《黄兴传记》,《辛亥革命》资料丛刊第4册,第276页。

[2] 《张溥泉先生全集补编》,台北1952年版,第137—138页。转引自薛君度:《黄兴与中国革命》,第25页。

[3] 华兴会不仅政纲至今不清楚,而且人数与成立日期也说法不一。人数方面,有的说五六百人(《黄兴传记》《鄂州血史》);有的说四五百人(《中华民国开国前革命史》上编,第165页);有姓名可考者共89人(《清季的革命团体》,第282页)。成立日期,据黄兴之子黄一欧回忆称:1903年11月4日开第一次筹备会,人数20余人;正式成立大会在1904年3月31日召开。刘揆一则称华兴会创立于1903年11月以后。一般都认为1904年2月15日正式成立,但这一日期,至今没有更多材料可以佐证。

大计。方法是由熟悉外省的会员分途活动,待有成效后再议相互策应之法[1]。为此,华兴会派宋教仁、胡瑛往武昌设立华兴会支部,并联络湖北革命组织科学补习所,约定湖南发难、湖北响应;派陈天华、姚宏业游说江西巡防营统领廖铭缙响应湖南起义;派周维桢、张荣楣接洽四川会党;派杨守仁、章士钊驻屯沪、宁以策应一切,并且由熟悉军务的会党分子数百人加入两湖、江西的军队,黄兴则统筹全局、居中指挥[2]。

起义日期,选定 11 月 16 日西太后七十寿辰之日,准备当天用炸弹轰毙齐集庆寿的全省文武要员,乘机占领长沙[3]。但因事机不密,长沙起义未及发动就被破坏,黄兴等华兴会骨干先后避往上海,马福益逃亡广西。11 月,黄兴在上海召集同志,准备再次运动大江南北军学两界,在宁、鄂同时起义;马福益则潜回湖南,准备发动洪江会党再次举义,并派人去上海与华兴会联络,请黄兴等前往指挥。不料,上海发生爱国志士万福华谋刺前广西巡抚王之春案件[4],黄兴、章士钊、苏鹏等受牵连入狱。黄兴化名安徽教员李某,得以混蒙出狱,与刘揆一等组织营救被捕同志。不久,法租界西捕侦知黄兴实情,再次通缉,黄兴不得不偕刘揆一避走日本。

在日本,黄兴得悉马福益洪江起义计划,于 1905 年 3 月偕刘揆一潜回湖南。行抵沅陵,得马福益被捕消息。至洪江,又得会党徒众报告详情,于是改道湖北到达汉口。不久,接东京同志来信,说孙中山将由欧洲到日本,黄兴乃与刘揆一于 6 月间再次东渡日本。华兴会重要骨干宋教仁、陈天华、张继、胡瑛、刘道一(刘揆一之弟)等也先后抵达日本。

科学补习所

科学补习所是湖北省一批革命知识分子运动军队的组织,发起人是吕大森、张难先,成立于 1904 年 7 月,所址设在武昌多宝寺街,后迁至武昌魏家巷 1 号。

---

[1][2] 参见刘揆一:《黄兴传记》,《辛亥革命》资料丛刊第 4 册,第 277、278 页。

[3] 黄一欧:《黄兴与明德学堂》,《辛亥革命回忆录》第 2 册,第 136 页。

[4] 万福华(1865—1920),合肥人。戊戌政变后,愤清廷腐败,倾向革命。1904 年曾与吴旸谷等在南京组织暗杀团体,拟谋刺清户部侍郎铁良,未果。不久与刘光汉等谋刺企图出卖广西权益的前巡抚王之春。万福华设计邀王在英租界金谷香西菜馆晚餐,待王抵达西菜馆时,万即举枪射击,因不懂手枪射击方法,一时打不出子弹而为闻警赶来的西捕逮捕入狱。章士钊曾去西牢探视,亦被作为同案嫌疑犯拘捕,并由此捕去黄兴、郭人漳、苏鹏等 11 人。后因查无实据,先后释放。万福华被判刑 10 年,至 1912 年获释。

像湖南一样,号称九省通衢的武汉是内地文化最为发达的地区之一。两湖、经心、江汉三个书院,武备、自强、农务三个学堂,聚集着湖广地区一批最优秀的知识分子。在20世纪初年留学热潮中,湖北又是派遣留学生最多的省份之一。尤其赴日留学的官费私费生在各省留学生中占了很大比例。湖北籍留日学生是留日学界最活跃的群体,他们中的积极分子如房县耿翼翚、黄陂蓝天蔚、云梦吴禄贞、江夏龚光明、潜江李书城、保康周维桢、恩施尹援一、汉川梁耀汉等,都是当时留日学界中富有革命积极性的人物。刘成禺在新春团拜会上的反清演说,《湖北学生界》在留学生自办刊物中的影响,蓝天蔚在拒俄运动中出任学生军队长,都在留日学生中引起过巨大反响。在以同乡会结合的形式下,湖北留日学生爱国爱家乡的乡土感情与反清革命的要求融汇一体,当他们回国之后,成了"不忍祖国之沉沦,同类之渐灭,发奋为雄,亟图挽救"的"革命志士"[1]。

　　湖北的革命志士早在1902年起就注意在新军中进行工作,方法是将倾向革命的学生和士子利用党人吴禄贞担任军界要职的机会,派入军队,对新军士兵进行革命思想的灌输。同时,又在武昌花园山设立秘密机关,使学堂和军队中的志士得以经常聚会。到1903年上半年,湖北新军中聚集了不少新型知识分子和革命志士,其中著名的有张难先、朱元成、陈从新、雷天壮、陈教懋、毛复旦、李胜美、刘静庵以及由湖南转入湖北的华兴会会员胡瑛等人;学界中有吕大森、冯特民、李亚东、范腾霄、欧阳瑞骅、曹亚伯、朱和中、贺子才、史青等。军学两界的工作初见成效之后,于是有发起组织之议。7月,科学补习所正式成立,公举武备学堂学生吕大森为所长,华兴会会员、新军第八镇工程营士兵胡瑛为总干事,由两湖书院学生曹亚伯任宣传,文普通学堂学生、华兴会会员宋教仁任文书,康建唐任庶务,并在军队与学堂中分设干事,以"革命排满"为宗旨。

　　科学补习所成立后,立即与华兴会联络,积极筹备响应长沙起义。但因湖南事发,科学补习所因之被张之洞派军警封闭。虽然,事发前已得黄兴来电而将文件销毁,组织并未遭到严重损失,但也因此不得不停止活动。后来由科学补习所所员刘静庵,利用担任圣公会附设阅览室"日知会"司理一职之便,团聚了湖北一批有志青年,为日后成立名为"日知会"的革命组织打下了较好的思想基础。

---

[1] 梁钟汉:《我参加革命的经过》,《辛亥首义回忆录》第2辑,湖北人民出版社1957年版,第8页。

光 复 会

光复会的成立比较复杂。先是 1897 年由章太炎等在杭州发起成立"兴浙会"并在同年 7 月出版的《经世报》第二、三册上发表了《"兴浙会"序》以及所附的《兴浙会章程》。

章太炎所撰《"兴浙会"序》,全文 926 字,共 5 个自然段[1]。其第一个自然段,说明浙江并非如人们所说是"非用武之地"。文章概述了自战国越王勾践以五千甲兵起于会稽,中经三国东吴、五代吴越经营的历史,破解了浙江"被文弱之名,谓之非用武之地"的偏见,指出"浙人非懦,浙士非不可用"。

第二自然段反驳时人认为浙江士子不参与康有为"公车上书"是浙人之"大诟"的说法。指出康氏此举是以"虚骄"的主战言论诋诬疆臣、谀媚清政府。因此,是列名上书者之耻辱,浙江举人不参加,不仅不是什么"大诟",反可引为"自豪"。章氏以其反清立场,对"公车上书"作了不同于时论的评判,并以此说明浙江举子不参与"公车上书"恰恰是不拥护清政府的表现。这一段仅 76 字,言简意赅,只表明章太炎的政治立场,并不表明他对维新的真正评价。

第三自然段 344 字,是序言中最长段落,也是章氏反清之志最显著的流露。该段大力弘扬浙江历史上刘基之助朱元璋推翻元朝;于谦拥立景帝反对南迁,抗击瓦剌入侵;王守仁反对宦官专权,平定"宸濠之乱",学与政兼之;黄宗羲、张煌言之抗清斗争事迹。他特别推崇黄宗羲、张煌言,认为可以作浙人的师法对象,其忠义可与微子、箕子、比干相将。很明显,章氏以历史上浙人抗击异族的人文传统,证明浙人非懦,浙江乃用武之地,激励浙人继承传统,立志反清。

第四自然段说明"兴浙会"创立的本旨,是有见于当时浙江人文精神之衰敝:言时务者"不能深探其本";持旧学者"其学不足以经世",所以倡言兴浙,希望有志之士以上举五人为榜样,洞通时事,以洗浙人"文弱之名",继承浙江用武传统,作为复兴中国、复兴亚洲的第一步。

第五自然段说明"兴浙会"与吴、楚、岭南各地成立的学会一样,"其意趣大同,而名实或少异"。所谓意趣大同,是指兴邦,即如 1894 之"兴中会";所谓名实或少异,是指章氏等发起人不愿像别处那样以"学"来掩其"志",明确宣告"兴浙会"是志在恢复浙人不懦,浙江固有的用武传统,以此作为反对清廷统治、兴浙的张本。

---

[1] 据朱维铮、姜义华编注:《章太炎选集》(注释本),上海人民出版社 1981 年版,第 10—18 页。

从《"兴浙会"序》的全文旨意看,正像学者所言:"兴浙会是继孙中山的兴中会之后出现的反清色彩较浓的政治组织。"[1]从其后的演变看,"兴浙会"很可能就是后来成立的光复会源头。

《"兴浙会"序》及章程发表后,遭到许多人指责。结果,章程被迫改订,组织名称也改为"兴浙学会"。此事,沈缦民的回忆称:"浙学会原设在浙江杭州,鼓吹革命,旋被清政府下令通缉,于是一部分会员恐惧万分,登报声明退会;有一部分会员继续斗争,由陈汉第(字仲恕,求是书院监院)改名浙学会,以为掩护,仍进行工作。"[2]他说的"浙学会"可能就是"兴浙会"易名的"兴浙学会"的别一种说法。为什么?首先,沈缦民说:"浙学会原设在浙江杭州"这与"兴浙学会"设在杭州,在地点上是一致的;其次,他说浙学会"鼓吹革命",这与"兴浙会"鼓吹浙江反清志士用武传统也是相同的;再次,他说一部分会员继续斗争,由陈汉第改名"浙学会"以为掩护,这与"兴浙会"被迫改名"兴浙学会"的情节,也是基本相符的。所以,沈缦民所说的东京"浙学会",很可能就是由章太炎等发起成立的"兴浙会"改名之后的"兴浙学会"。有的著作,称之为"浙会"[3]。名称各别,实际上都可能由"浙学会"演化而来。

我之所以使用"很可能"这一或然判断,是因为沈缦民在回忆中没有明确说明东京"浙学会"的前身是什么,何时在杭州成立?使人难以遽断就是由章太炎等发起成立的浙学会易名而成的兴浙学会。在目前尚未发现新资料足资说明杭州成立的"浙学会"不是章氏发起的"兴浙会",那么,我认为浙学会就是兴浙学会的别称也是极合逻辑的。因为在1897年,至今还没有出现过以反清为主旨的革命组织。有之,只能是浙学会。

随着20世纪初年社会思潮的转换,浙学会中的一批活跃分子也在各自所

---

[1]朱维铮、姜义华:《兴浙会序》"说明",见《章太炎选集》(注释本),第10页。

[2]沈缦民:《记光复会二三事》,《辛亥革命回忆录》第4册,第132页。

[3]张玉法在《清季的革命团体》一书中称:"1900年,杭州有'浙会'的出现,以研究时事为主,会员如王嘉榘、蒋方震、蒋尊簋、孙翼中、陈梦熊、敖嘉熊、张恭等,皆激进之士,孙翼中尤为活跃。"(该书第292页)张氏这段叙述,注明来自兰金:《早期的中国革命运动》(Mary Backus Rankin: *Early Chinese Revolutionaries*, p.141)一书,但未注明中文资料来源。按张氏所举"浙会"会员姓名,在沈缦民回忆文章中,大多是"浙学会"会员。则张氏所述"浙会",即沈氏所述"浙学会",由此类推,浙学会改名的时间应在1900年。

在中文资料中,最早提到"浙会"的,是陶成章的《浙案记略·敖嘉熊传》。内称:"戊戌政变后……寻与王嘉榘、蒋百里等十余人,倡一时事研究会,名曰'浙会'。庚子夏,……嘉熊自平湖徙嘉兴乡间,以改良农业、提倡教育为己任。"之后,冯自由撰《浙江之文字狱》一文,谈及"浙会",照录陶氏原话。陶氏明确指"浙会"系敖嘉熊发起,时间约在戊戌至庚子年间,人员10余人,地点则不具。但其所举人员,即张玉法所说"浙会"会员,亦即沈缦民所忆"浙学会"会员。由此可知,上述几种记载,基本上是相同的,即"浙会"就是"浙学会",它们都可能是被迫改名的"兴浙学会",其改名时间约在戊戌以后庚子以前,很可能在1900年。

在地区积极倡言反清。如 1901 年时任求是书院国文教习的孙翼中,将学生作文中的"本朝"改为"贼清",引起轩然大波,被称为"《罪辫文》案",几乎酿成大狱。后由监院陈仲恕设计掩护,孙翼中始得获免,但因之去职,转任绍兴东湖通艺学堂教习。此案在浙江影响巨大。1903 年,上海"苏报案"发生不久,浙江志士即乘机加紧进行革命宣传,他们把章太炎的《驳康书》、邹容的《革命军》、陈天华的《警世钟》、《猛回头》、敖嘉熊《新山歌》,以及留学生刊物《湖北学生界》、《浙江潮》、《江苏》等秘密散布于省内;同时,由金华志士刘琨、盛俊、张恭等创办的《萃新报》也大量刊登"讥刺时政"的文章,一时浙江革命思潮大盛,"农工平民亦多自相聚议,以谋举革命之事业者"[1],这就为光复会的成立和活动,奠定了必要的思想基础。同时也招来了清政府的忌疑与镇压,《萃新报》因此被封闭;传布《猛回头》一书的金华曹阿狗被杀,乐清陈梦熊因与《新山歌》一书作者敖嘉熊有旧而被诬为结党谋反,几兴大狱。

在清政府高压下,浙学会一部分成员如孙翼中、王嘉榘(即王嘉祎,字伟人、渭枕)、蒋尊簋、许寿棠、沈毓民等,先后留学日本。他们在东京仍以浙学会名义,假时任《浙江潮》编辑王嘉祎的寓所时相聚会。另一部分人如敖嘉熊、张恭等则仍留在当地积极联络浙江会党。敖嘉熊在嘉兴设立温台处会馆,作为联络会党以图大举的机关;张恭则在金华主持浙江重要会党"龙华会"的本部。这两部分会员虽然分处国内外,但都对光复会的成立及其活动特点的形成,作出了重要贡献。

1903 年 10 月,在东京的浙学会会员王嘉祎、蒋尊簋、许寿棠、沈毓民等 10 余人,密商于王嘉祎寓所,认为日俄在中国东北的矛盾十分尖锐,必将爆发战争,这是中国革命乘时而起的大好时机。决定另行组织秘密的革命团体,目的不仅要加强革命的宣传工作,首要在于力行,用暴力发动武装起义,地点应在湖南、安徽或浙江选定一省,实行武装占领作为根据地,再逐步扩展。最后议定另组的革命团体,应邀请浙江志士参加。为此,浙学会成员分别与正在东京的陶成章、即将回国的军国民教育会成员魏兰、龚宝铨以及就读于弘文学院的周豫才等进行联络。

同年 11 月,浙学会留日学生在王嘉祎寓所再次开会,陶成章等也都参加。为取得武装起义根据地,决定派陶成章、魏兰往浙江、安徽两地;龚宝铨往上海;张雄夫、沈毓民往湖南长沙,策动湖南起义,做到首尾响应[2]。

---

[1] 陶成章:《浙案纪略》上卷,《辛亥革命》资料丛刊第 4 册,第 12 页。
[2] 以上二次会议,均据沈毓民:《记光复会二三事》,《辛亥革命回忆录》第 4 册,第 131—132 页。

这两次会议,都是以浙学会名义召开的,却为以后成立的光复会作了组织上、工作方针上的最初准备。后来,陶成章、魏兰有目的、有计划地深入浙东、浙西联络会党,就是执行第二次东京会议决定的结果。

1904年初,陶成章偕魏兰离日回国。据陶自述,他与魏兰的浙江之行,有三项任务:一是进行秘密调查,内容包括清军的兵营情况、社会上贫富户情况、浙江地理情况、钱粮收支情况,一切都要真实记录;二是联合浙江会党;三是传播革命书籍,并代为购送革命报刊。三项任务中,以第二项最为重要,也最为艰巨。

浙江是会党林立之区,其中大部分会党组织是天地会、哥老会系统,但也有不属洪门的白莲教分支。自太平军起到义和团运动期间,浙江会党起事不下数十次,"几于无岁无之"。几十年的斗争、失败、再斗争,浙江会党势力不但没有被镇压下去,反而得到了更大发展,形成为"一村者求附于一县,一县者求附于一府,一府者又复与他府相联结"的局面,势力日见强大。举其要者,有终南会、伏虎会、双龙会、龙华会、白布会、金钱会、神拳会、千人会、平阳党、私贩党、乌带党等名色。会众多者数万,少则数千。地点几遍全省,尤以浙东的金华、衢州、严州、处州、温州、台州六府为主要地区。规模较大的如龙华会、终南会、白布会,分布地区跨及几个府,而一个府或一个县常常有几个会党组织同时存在,其中以金华最为集中,山头众多,会堂林立,成为浙江会党活动的中心。

1904年2月11日,陶成章、魏兰回国,途经上海,抵达杭州。在上海时,曾晤蔡元培"熟商方略",抵杭后,寓于《白话报》馆。当时已先期回国的浙学会会员孙翼中正担任该报主笔,他与被清政府收监于仁和县狱的白布会首领濮振声有交谊。陶成章经孙翼中介绍,于2月14日去县狱探望濮振声,两人颇为投契,濮为陶出介绍函及名片,称:"凡持余名片若往新城、临安、富阳、于潜、昌化、分水、桐庐等处,沿途均可有照料,不致有日暮途穷之感也。"[1]

陶成章自1903年以来就有联络秘密会党之志,此次受浙学会委托回浙运动,又得濮振声介绍,于是创建统一的组织之计划完全成熟,这就是现存《龙华会章程》中所说的"革命协会"。

现存的《龙华会章程》由两部分构成:第一檄文;第二会规十条。檄文署"天运岁次甲辰正月朔日新中国军政省檄",换算成阳历应是1904年2月16日。军政省,是陶成章计划成立的"革命协会"中为练兵而设立的最高机构。它分作

---

[1] 陶成章:《浙案纪略》,《辛亥革命》资料丛刊第3册,第22页。

内外二府,内府称"枢密府",外府称"都督府"。

整个章程宣传了民主革命的重要性,提出赶走满族皇家,收回大明江山,建设一个没有皇位的政府,主张"把田地改作大家公有财产,也不准豪富们霸占",全国四万万人中"不生出贫富的阶级",大家安稳享福有饭吃。由此可知,陶成章运动会党的目标,是要把传统的秘密社会从原有的"反清复明"宗旨引导到民主革命的道路。所以第一部分檄文一开始就说:"怎样叫做革命? 革命就是造反",革命的宗旨不仅是"赶去了满洲鞑子皇家,收回了大明江山",而且即使汉人来立宪,"还要再起革命",不准有皇位。成功之后,"或是因为万不得已",暂时设立总统,"或者用市民政体,或者竟定为无政府,不设总统,也未可知",完全以当时国民的程度来决定。这表明陶成章在坚决反对君主专制政体的同时,也存在着无政府主义的思想。在 20 世纪初年,无政府主义作为民主革命思潮的一个流派,受到不少革命者的青睐,陶成章有这种思想是很自然的。

陶成章

陶成章在章程里提出了土地问题的主张,即土地公有,不准豪富霸占,避免两极分化,人人有田可耕,有饭可吃。证明他懂得土地问题在民主革命中的重要性,也同情会党分子作为无恒产的无业游民所处的社会地位和生活方式。所以他以解决土地问题的承诺,作为取得会党支持的砝码。

在第二部分会规十条中,陶成章拟将各地山堂林立、互不统属的会党统一起来,按军事编制组成一个整体,即成立一个有权威的军政省,下辖内外二府。内府称枢密府,管理和筹划军饷、购置枪炮等大事;外府称都督府,纯粹是军事单位。都督府分中、前、后、左、右五军,相应设立五个都督府。每一府设大都督一人(即会党中传统的五堂),设左右都督各一人(即会党中的新副);都督之下设总制、军正使(总制即会党中的当家),军正使分三等,依次为正军政使(即会党中红旗正管事)、副军正使(红旗副管事)、协军正使(即不管事之红旗);军正使以下为巡察使,分正巡察使(即会党中的巡风)、副巡察使(蓝旗管事);巡察使之下为正副介士(正介士相当会党中的大九,副介士亦为大九)。从统制到副介士无定数。裁撤了会党中大九以下原有各职,以便与上述职官衔接起来。为了使会党中哥弟相称的传统习惯得以保留,上述职官中,正都督称老大哥,左右都督称大哥,统制使、军正使、巡察使称二哥,对平辈兄弟统称老三哥。考虑到会党原有各山堂各有自己的一套口号、暗号,不易统一、也不宜改动,所以会规明确规定各家各教所有口号、暗号照旧。此外,还就权限、黜陟、追恤、追罚、入会等内容都作了专条规定。所以就整个章程来看,旧式会党之实依然保留,只在形式上被纳入陶成章所规划的组织结构,目的在于消除山堂林立、不相统属的弊病,以利统一指挥、统一行动[1]。

从以上各点来看,现存的《龙华会章程》,显然不是早已存在的由沈云卿、张恭主持的浙江"龙华会"的章程,而是陶成章计划成立的"革命协会"的章程;从现存《龙华会章程》所署写作日期 1904 年 2 月 16 日看,是陶成章浙江之行、联络会党的一个组织准备的计划。具体说,是他原有联合浙江会党的思想,经过东京浙学会第二次密商,尤其是与濮振声接触后,作为联络浙江会党、建立统一组织的准备[2]。

拟议中的革命协会没有成立,但檄文和会规却使人们对陶成章在运动会党问题上的思想主张有了一个认识的依据。扩而大之,也可使后人得以了解当时的革命派以什么思想武器、组织模式去改造和规范会党。就这一意义上说,现存的《龙华会章程》,不失为资产阶级革命派与会党关系史上的一个重要文献。

2 月 17 日,陶成章偕魏兰离开杭州去桐庐。在桐庐,他们"历探各种秘密会之内状"。然后决定分途进行。魏兰由水道历兰溪、尤溪,回云和家乡,创办先志学校。陶成章由陆路,在桐庐、分水遍访白布会会员,然后历建德、寿昌、汤溪、龙游、遂昌、松阳再折返云和,在先志学校任教。魏兰在陶成章抵校后,奔走于瓯括两郡,边调查了解,边进行革命宣传。陶任教两个月后离开云和,经丽水、青田至温州。在温州,他遇到了自日本归国的军国民教育会成员龚宝铨,两人遂同去上海。不久,陶成章又返回嘉兴,结识了温台处会馆主持人敖嘉熊,并在杭州刊印了他所撰著的《中国民族权力消长史》一书。

魏兰在陶成章走后,即赴处州府城运动双龙会首领吴应龙、王金宝,并在府

---

[1] 以上引文均见《龙华会章程》,《辛亥革命》资料丛刊第 1 册,第 534—544 页。
[2] 以往的辛亥革命史研究者,都认为《龙华会章程》是浙江原有的会党组织龙华会的章程;或者认为是 1904 年光复会成立后,为了联络会党,又成立了外围组织龙华会,由陶成章制定檄文和会规。1961年,魏师建猷先生撰《龙华会与龙华会章程》(刊于《文汇报》1961 年 10 月 5 日),认为龙华会早在光复会成立前即已存在的一个独立的会党组织,并非在光复会成立后作为外围组织建立的。现存的《龙华会章程》不是 1900 年时已有的龙华会章程,可能是后来准备成立的"革命协会"的章程。从檄文署"天运岁次甲辰正月朔日"看,有可能是在 1903 年冬天,陶成章决定联络会党时,就拟定了这个章程。

城探得龙华会首领沈荣卿、周华昌等人侠义，便到永康、缙云与沈荣卿、吕嘉益、吕熊祥等结交。"所到之区，兰皆登台演说人种之分，民族之说，由是人人皆晓。"魏兰此行，结识了浙江最重要的会党组织龙华会，为运动会党奠定了良好基础。

9月，魏兰去上海，途经处州府城遇敖嘉熊派出考察的冯豹、陈乃新，遂与龙华会成员丁嵘、李造钟等在沈荣卿家集会订交，由沈介绍结识龙华会副会主张恭，然后到达上海。陶成章闻讯，也由温州赴上海与魏兰会合。

当时，湖南华兴会正准备于11月16日在长沙发动起义，黄兴派人与蔡元培研究，准备浙江与长沙同时起义。陶成章抵达上海后，蔡元培将此情况相告，陶认为浙江尚未准备妥当，共同起义恐有困难，但可以响应长沙起义。为此，陶魏二人经嘉兴会晤龚宝铨，去杭州、金华布置一切。议定在长沙起义发动后三天，浙江响应，先以计袭取金华、衢州、严州三府。然后分兵三路，一路由严州出安徽以扼南京；一路由衢州出兵以应长沙；一路以金华之师堵截杭州来援清军，并分道以扰绍兴、宁波、湖州诸府，震撼苏杭，窥探清军动静。

计划议定后，到时长沙并无消息，陶成章为之大疑，遂疾趋杭州探听，得知长沙已在11月3日事泄失败，于是急返金华布置改变原计划。不料，龙华会会主沈荣卿已将原计划通报了双龙会会主王金宝，并劝处州会党响应以与衢州之师共出江西。王金宝当即布置属下，命管事周某率部先取遂昌，预备出江西以为各路义军前导。周某接命后便出示晓谕遂昌守吏，令具酒席欢迎，这样，消息便自动泄漏，杭州下令戒严。陶成章到达金华通知沈荣卿计划改变，沈当即密报王金宝。王立刻下令解散已经集结的徒众，并亲赴永康会晤沈荣卿。然而事态发展已经不及挽救，清吏早已得悉王金宝有起事之举，悬赏捉拿。在桐庐，王金宝为叛徒出卖，至11月间被清政府杀害于青田。

浙江响应长沙起义失败后，魏兰回到家乡云和，陶成章则经永康、东阳、天台、黄岩等地返回上海，旋又去嘉兴，住敖嘉熊家，从敖嘉熊处详细了解了温台处会馆的情况。至此，陶成章对浙江会党已了然于胸，为后来光复会与浙江会党的关系打下了扎实的基础。

浙江志士中另一个积极联络会党的是敖嘉熊。

敖嘉熊自爱国学社解散后即回嘉兴，计划设立温台处会馆以交通浙东、浙西会党，谋握地方上财、兵二权，以便组成一支独立的军队。他看到浙东温台处三府土著居民与客籍居民之间为纳粮等事常有争斗，而当地政府则袒护土著压抑客民，对客民横征暴敛，无所不至。实际上客户殆居半数，若能创办团练，必取得地方上兵权,而统其事于温台处会馆,再由会馆出面为客民代输租税,客民必乐意,则又可因此渐握地方财权。一旦有事,即以团练保卫乡民,而以所入赋税充作兵饷,是为一举两得。为此,他游说清吏及温台处绅董,双方均表赞成。于是他以温台处绅董联名方式具请政府为会馆立案,自己则表示愿先出部分资本以促成其早日成立,此事一直进行到1904年上半年。

约在7月,陶成章到嘉兴访龚宝铨,龚又引陶见敖嘉熊,共同讨论温台处会馆的进行计划及筹商浙江独立军事宜。双方意见相同,认为浙江非可自守之地,要在浙江举义,必须先注意南京。而安徽又居东南上游,上接两湖,下通江浙,又不可不先有所布置。对此,陶、敖都认为可在浙江温台处会馆成立后,再设分馆三处,一建于江苏松江,以联络苏州、松江、太仓、常州各地秘密会党;一建于浙江湖州,以联络安徽广德、宁国及浙江严州、衢州各路会党;一建于浙江杭州,而以于潜、昌化、新城、临安之会党附入。同时,再招纳浙江盐枭,以窥南京。其右翼集广德、宁国的天地会,左翼用衢州、处州的会党,三路并进,出江西以阻隔两湖援敌。按这样的布置,一俟举义,即可苏、浙、皖、赣四省相互呼应,南京即成危城,可不战而下。

1904年10至11月间,温台处会馆经立案正式成立,以敖嘉熊为主事。敖聘魏兰为总理,陶成章、陈梦熊等为执事员。温台处会馆成了浙江会党的联络中心和本营。

综上可知,在光复会成立前,浙江志士正在对会党进行秘密联络和发动工作。这一工作,实际上有两条线并肩进行。一条是以陶成章、魏兰、孙翼中等留日学生组成,目的是为了在浙江建立一个能利用会党的革命团体;一条是以敖嘉熊为首的当地革命志士,目的在使会党组成一支反清的军事武装。两条线并行发展、未能结合,但有联系,居间联络者主要是陶成章。他虽已拟有组织革命协会以统一全省会党的计划,但结果未能实现。原因有三:首先,陶成章、魏兰等都没有相当资产。一般说,会党首领都是一些拥有一定经济实力的人物,否则难以"仗义疏财"招待各地党徒;其次,两人都没有一定社会地位足资号召。一般情况下,会党首领大多是当地的士绅及有势力人物。以浙江而论,如伏虎会会主王锡彤是宁海附生,白布会会主孙锵鸣是翰林院侍读,龙华会会主沈荣卿是财雄一乡的监生,副会主张恭是癸卯科举人,终南会会主何步鸿、副会主朱武都是湘军退职营官;有的虽出身贫贱,但自创会之日起已为徒众所拥戴,创会之后即成了一方势力。再次,当时革命志士缺乏一个强有力的领导人物和组织中心。陶成章、魏兰是在浙学会留日学生委托下去浙江联络的,他们虽有实干苦干精神,但在资历和威信方面并非浙江人望。浙江志士中最具威望的有两位:一是章太炎,他在知识界很受尊重,但他因"苏报案"已身陷囹圄;二是蔡元培,他在士大夫群中极有地位,但他是个学者,缺乏实际组织能力。从组织系统方面说,浙江没有一个足以号召的强有力团体,浙学会在国内已经瓦解,它的核心人员都在日本,且处于秘密活动状态,无法承担直接领导全省革命运动的责任;会党方面,重心在浙东、浙西,而这两处已由敖嘉熊组织的温台处会馆领导联络,陶成章自己又不是会党中人,他准备以会外人的身份,在没有任何山头支撑下,要拉起一个统一会党组织的"革命协会",当然是难以奏效的。

客观形势表明,浙江需要一个领导革命的核心组织,通过它,把全省志士和分散的会党组织起来。这个条件,在1904年已经具备:第一,从1903年起,浙江的知识界已经日趋革命化,鼓吹反清而遭政府迫害的案件时有发生;浙江的会党斗争也不断掀起,规模较大的有1900年6月温州神拳会的反洋教斗争,同年7月衢州终南会刘家福起义,1902年严州白布会濮振声起义,1903年宁海伏虎会王锡彤领导的反洋教斗争等。第二,经过陶成章等联络、发动,浙江的会党正在产生相互沟通的向心倾向,希望联合,以便应付日渐产生的新问题。第三,全国形势在1904年已经发展到由革命鼓吹到革命力量积聚、进而发动武装起义的阶段。湖南华兴会联合两湖哥老会筹划长沙起义,实行雄踞一省,各省纷起的方针,对浙江志士是个积极的促进。正是在这种形势的推动下,1904年冬才有光复会的成立。

关于光复会的成立,有两种说法。一种是冯自由《革命逸史》说。冯称:光复成立的源流,"出自癸卯清光绪二十九年留日学生所设军国民教育会"。其中一部组织暗杀团,团员龚宝铨返国后,在上海组织机关部,时蔡元培知其事,愿与合作,"于是将规章详加修订,定名曰光复会,又曰复古会"[1]。这一说法,为多数研究辛亥革命史者所沿用。

一种是沈瓞民的回忆。他说:"光复会的酝酿、密商、策划、组织,实肇始于日本东京。"1903年10月,浙学会在东京召开会议,"决定另行组织秘密的革命团体",首要在于力行,"要用暴力发动武装起义"。会后分别联络浙江志士陶成章、周树人(豫才)、军国民教育会魏兰(石山)、龚宝铨(味荪)等人。11月开第二次会议,决定派陶成章、魏兰分往浙江、安徽两地,派龚宝铨到上海,沈瓞民等往长沙。1904年,受浙学会东京秘密会议委派的军国民教育会暗杀团成员龚宝

---

[1] 冯自由:《光复会》,《革命逸史》第5册,第54—55页。

铨,也在上海成立了暗杀团,与陶成章、敖嘉熊、黄兴暗中配合。暗杀团成立后,人数极少,力量单薄,龚想扩大组织。是时,陶成章来上海,由于龚陶在东京时已成刎颈之交,两人密商后,根据东京浙学会的原议,组织一个革命团体。当时因章太炎尚在狱中,惟蔡元培系清朝翰林院编修,声望素高,欲推为首领,以资号召。陶素知蔡书生气重,恐不能相容,反而使工作不利。于是,由龚先与蔡商量,决定扩大暗杀团组织,并由蔡自动提出邀陶成章参加。于是光复会在这年10月间在上海正式成立[1]。

我赞成沈瓞民说。首先,冯自由不是亲历者,而沈瓞民是当事人;其次,冯对龚宝铨为什么到上海去没有说明,沈瓞民的回忆说明龚是受东京浙学会指派;再次,冯自由对龚到上海后与蔡元培的关系及蔡为什么"愿意合作"成立光复会,也没有交代。沈瓞民的回忆与冯自由《革命逸史》不同处在于:第一,增加了龚宝铨在上海成立暗杀团后想扩大组织的情节;第二,增加了陶成章来上海与龚宝铨密谋成立革命团体的情节;第三,说明了陶成章参与发起的曲折经过。就第一点说,龚在上海成立暗杀团人数不多,这是符合实情的。因为即使光复会成立之初,全体人员也不过40余人,可以想见以暗杀为宗旨的秘密组织,其人数决不会很多。第二点极为重要,它纠正了一般说法中由暗杀团成立到蔡元培参加后定名光复会的说法。这种说法具有明显的漏洞:暗杀团既为秘密组织,蔡元培自青岛回上海后何以得知?蔡加入后,暗杀团又何以要改名光复会?现据沈瓞民回忆,可以使漏洞得以弥补,即龚、陶已有将暗杀团扩大为革命组织的设想,蔡元培并非探得有暗杀团之事后主动要求加入,而是龚、陶密商后邀其参加,以资号召。第三点也合情理,表示龚、陶对蔡的尊重,由蔡邀陶参加,能达到主持者和谐合作的目的[2]。

光复会为什么要以"光复"两字作组织的名称?

"光复"一词,据章太炎的解释:"改制同族,谓之革命;驱除异族,谓之光复",含有明确的"反满"旨意。"反满"是当时最有号召力的政治口号和政治理念。以此为组织的题名,比之19世纪末20世纪初成立的"兴中会"、"华兴会"之要振兴中华,其"反满"宗旨彰显得多,旗帜鲜明,斗争目标明确。所以在辛亥革命准备时期的各个革命团体中,只有光复会这个团体的政治意向最明显。参

---

[1] 沈瓞民:《记光复会二三事》,《辛亥革命回忆录》第4册,第131—134页。

[2] 冯自由:《光复会》,《革命逸史》第5集,第54—55页。一般研究者均以冯自由此文阐述光复会成立。实际上冯自由系根据陶成章《浙案纪略》演绎成文。而陶之所以作如此描述,据沈瓞民回忆说是他不愿自居首功。魏兰也认为陶的《浙案纪略》多有隐晦。

加者都是具有"反满"志向的志士。诚如陈魏在《光复会前期的活动片段》一文中说:"光复会最初选择会友极严格,会内制度亦极严。会友彼此都不相识,只有在共同参加多次会议和秘密工作后,才相互知道是会友。会员入会时,须选一极秘密的地方举行入会仪式;要刺血和对天发誓,表示革命的决心。"[1]虽然,其他团体也都如此,但因光复会"反满"意向明确,为了组织安全,它的秘密色彩更明显。这套运作方式,显然是套用会党联络和入会模式,所以光复会和会党关系,较其他革命团体更密切的原因,也就可以理解了;两者在反对满族统治、光复汉族这个基本点上是相同的。

光复会又名"复古会",对这个名称,历来的研究论著都未作说明。原因是不少人把光复会成立的源头单纯地归结为军国民教育会暗杀团,但是若把章太炎于1897年在杭州成立的"兴浙会"作为源头,把章氏《"兴浙会"序》中的思想和政治主张联系起来,就可理解"复古"的意义是要恢复明末清初反清志士的"用武"传统。他在序文中写道:"如四公者,环地球之师也;如忠烈者,盖浙江一部之师也!"文中所说的"四公",就是于谦、王守仁、黄宗羲、张煌言,他们反抗满族统治的作为,被章氏称为具有全世界的榜样意义,即"环球之师";忠烈即是张煌言(谥忠烈),他以浙江一地之兵抗击清廷,被章推崇为"浙人不懦"、"浙士非不可用"的典型。章太炎是以浙江人文历史传统即用武、反清,作为光复会师法古人的寄托。

解读了光复会的名称,就对光复会"光复汉族,还我山河,以身许国,功成身退"[2]的宗旨有所了解。前三句既是浙江历史上抗清志士的写照,也是浙江反清、用武人文传统的概括;后一句"功成身退",表明光复会反清"复汉"不在做官,其志向尤为高洁,骎骎然有古君子之风。

由此可见,无论是光复会的名称,还是它的宗旨,都与章太炎创立的"兴浙会"一脉相承,都与《"兴浙会"序》中的浙江人文传统赓续一致。军国民教育会是反对沙俄侵占东北的产物,暗杀团只是为暗杀几个清朝权要,两者都不具有光复会蕴含的深刻涵义。只有作为暗杀团成员的龚宝铨受东京浙学会指派,肩负成立一个秘密组织的使命返国,才成为后来光复会成立过程中起组织作用的人物之一。

章太炎在《"兴浙会"序》中说:"悲夫!别于地球而为亚细亚,别于亚细亚而为震旦,别于震旦而为浙江,……恒星未伏,白水未涸,太行、华、岱未崩池,人发

---

[1][2] 陈魏:《光复会前期的活动片段》,《辛亥革命回忆录》第4册,第127页。

其愤,震旦犹可兴。抑不能兴震旦而言兴亚细亚,不能兴一部而言兴震旦,则夸严之谈已。吾胎萌于浙,虑从其近,是以树兴浙会。"很明显,他是把复兴浙江用武传统,作为复兴浙江,复兴中国,复兴亚洲的第一步。要求参加兴浙会的人,继承驱除满族统治者,坚持用武的传统,踏踏实实地从浙江做起,只有做好了浙江的反清,才能谈得上光复中国,复兴亚洲。

这一主张,从后来光复会坚持在浙江开展反清斗争的事实看,是被广大会员接受了的。由此可以理解为什么在成立了同盟会之后,光复会成员作为个人,可以参加同盟会,而作为团体仍在单独活动,显现了强烈的地域性革命团体的特点;由此也可以理解为什么在 1910 年光复会重建时会很顺利打出旗号。这样推理,虽然目前还没有资料佐证,但光复会会员坚持以自己的组织独立进行反清斗争,坚持以光复会为组织系统的行动(如徐锡麟的安庆起义,如秋瑾的大通学堂起义),在理念上是可以讲得通的。历史研究需要材料,但也需要合理的推论。材料只是支持历史情节合理、正确的一个点,无法支持思辨体系的全过程。而要说明一种思辨,没有合理的推论是困难的。光复会这种另类式的区域活动特点和鲜明的地域特色,只能从他们有着强烈的浙江人文传统影响予以解读。

最能说明光复会坚持在浙江活动的是徐锡麟、秋瑾创办大通学堂和组织光复军。他们确实发扬了浙江乃用武之地的传统。徐锡麟以一介书生而立志学习军事,为谋反清而捐资去安庆巡警学堂,把安庆起义和绍兴起义作为一个武装整体的计划,都是以"一部之师"实现"用武之地"的理念;秋瑾以革命女侠的姿态出现,正是"浙人非懦"的典型。他们这种以"反满"志向为内核的崇高精神,无不体现了浙江人文传统的深厚影响力。

"反满"在 20 世纪初期是一个最能激发激进青年的口号,也是最易被社会接受的一种政治立场。这固然与清王朝专制腐败的现实有关,也是复兴中国的第一需要。接受"反满"就是接受革命变革,只有推倒清王朝,中国才能有救。"反满"还是拥清,成了进步与落后,革命与不革命的分水岭。如果以孙中山的"三民主义"作为坐标,那么当时任何一个革命团体,乃至任何一个革命者,"驱除鞑虏"的"一民主义"是基本主张与共识。而把一个省份的"反满"目标之实现,作为复兴中国,乃至复兴亚洲的第一步,只有光复会,只有章太炎才有。所以尽管光复会成立之初以蔡元培为会长,但章太炎才是浙江志士的精神首领。后来,章太炎成为会长,更是顺理成章之事。试问,如果章太炎不主张"反满","兴浙会"公然不以"学"来掩饰其"反满"之志,而是文质彬彬地讲学,也会成为志士的偶像吗？所以，"反满"这个政治口号是当时中国现实政治斗争的需要，是顺应历史潮流的表现。章太炎毫不掩饰地宣传浙江历史上抗清斗争的传统，强调浙江"用武"传统，完全符合历史事实，对刚刚在国内形成的民主革命潮流起着重要的推波助澜的作用，对尔后形成的光复会具有鲜明地域人文精神传统起着重要的培育与影响。后世史学家有什么必要用不利于当今民族大团结的话语去指责他呢？有什么必要以所谓"一民主义"评价光复会的宗旨呢？

光复会成立后，围绕发展组织、联络会党、密谋起义三个方面展开工作。光复会发展组织的会务活动首先着眼于浙江。蔡元培等原拟发展敖嘉熊入会，但因敖自有一套计划，只表示有事可以相助而不愿入会。敖既不入光复会，"则温台处会馆一日存在，光复会即不能大有施展"[1]。不过，在绍兴，却由于陶成章入会而发展了一批志士[2]。敖嘉熊虽不加入光复会，但仍同意光复会把浙江的联络点设在温台处会馆，由他和魏兰主持。

1905年夏，温台处会馆因敖嘉熊家道中衰、无力维持，办事人员星散，会馆无形解散，联络点移至绍兴大通学堂，由陶成章、徐锡麟主持。

徐锡麟，字伯荪，浙江会稽人。精算数天文，1901年起任绍兴府学算学教师、副监督。1903年赴大阪参观博览会，顺道往东京结识陶成章、龚宝铨、钮永建等，"颠覆清政府之念由此益专"。归国后，创办热诚学堂于绍兴东浦。1904年冬去上海，访蔡元培，加入光复会；晤陶成章，与谈会党事。陶将自己历年在浙江访得的会党情况悉数相告，徐回绍兴后即从事联络会党工作。1905年徐与弟子数人历诸暨、嵊县、义乌、东洋四县，调查会党，结交志士。同年，"以浙省会党知识浅暗，非加之教练，以兵法部勒，不能为用"，乃与陶成章、龚宝铨等建大通师范学堂于绍兴，学制半年，于普通科目外，尤注意兵式体操。"由是绿林豪杰麇集其间，而势力亦益盛，官吏莫之知也。"[3]

徐锡麟"为人目光远大，热心公益，克己从公，对待亲友如家人手足，为众望所知归"。"他当时奔走于绍兴府属和邻近的其他府属各县，积极联系会党的工作，很少离绍他往。因此，上海和其他各处的革命党人，都来绍兴同他联系。于是绍兴成为会友集中之地了。"[4]在前期光复会中，陶成章虽熟悉会党，但度量较窄；蔡元培则因"短于策略，又好学，不耐人事烦扰"，所以在担任会长半年后

[1] 冯自由：《光复会》，《革命逸史》第5集，第56页。
[2] 陶成章：《浙案纪略》上卷，《辛亥革命》资料丛刊第3册，第17页。
[3] 冯自由：《光复军大元帅徐锡麟》，《革命逸史》第5集，第68、69页。
[4] 陈魏：《光复会前期的活动片段》，《辛亥革命回忆录》第4册，第127—128页。

便逐渐不问会务。这样,徐锡麟就实际上成了光复会的负责人,而绍兴也就成了光复会的活动中心。

光复会在国内还注意包括浙江、江苏、江西、安徽、福建五省的会务发展。陶成章原有组织革命协会的计划,光复会成立后,他以此事为己任。据魏兰《陶焕卿先生行述》称,1906 年夏,陶曾"自称五省大都督,分浙东、浙西、江南、江北、江左、江右、皖南、皖北、上闽、下闽为十军"。这五省十军的划分,与现存《龙华会章程》的五省十路是一致的。说明陶成章把计划中的革命协会推出迟至 1906 年已有所行动,但这项计划始终没有成功。

截至同盟会成立前,光复会的会务发展还较为集中于浙江、江苏和安徽三省,它成了与兴中会、华兴会三足鼎立的国内重要的革命团体了。

联络会党,始终是光复会活动的重要特点。如果说,光复会成立前,陶成章、魏兰等联络会党的目的是为了对浙江会党的情况作调查了解和以革命思想进行灌输,那么,光复会成立后,联络会党就跃进到扩大光复会组织、密谋起义的阶段。如果说,光复会成立前联络会党的核心人物是陶成章,那么,光复会成立后除陶之外,又多了一个徐锡麟。1906 年后又增加了秋瑾。这样,光复会在联络会党问题上,形成了陶—徐—秋一脉相系的锁链,从而使浙江会党一直处在革命派的影响和领导之下。会党与革命派的紧密结合,成了前期光复会区别于其他革命组织最重要的特点。

华兴会、科学补习所、光复会的相继成立及其反清斗争,标志着长江流域革命形势在 20 世纪初年的急速发展。这个中国最繁富、资本主义生产方式最集中的区域,由于帝国主义侵略和封建主义的残暴统治,它也是中国社会矛盾最尖锐的地区。1903 年开始的收回利权运动,1905 年反美爱国运动,都在长江流域兴起并汇成巨大斗争浪潮。随着时间的推延,这一地区在全国革命形势发展中的重要地位将愈来愈明显。及时而迅速地把握住这把可以打开革命胜利之门的钥匙,将是对中国民主革命派成熟程度的一种考验。

(三) 在日志士联合

孙中山约在 1905 年 7 月 19 日前后由欧洲回到日本。这一次,他自己和日本留学生都有尽快接触的强烈愿望。就孙中山来说,形势发展之快,使他顿有"时不我待"的急迫感。迅速抓住大好的有利时机,尽快地决定方针,成了回日的首要任务,这就需要与在日本的留学志士沟通思想、磋商讨论,以达到共思共识。

就留日学生来说,非省界的认识已经进到了需要建立组织的临界点,这既为近年来在日本鼓吹革命的留学生所体认,也为因躲避清政府迫害而流亡日本的国内革命志士所提倡。事实上,早在 1904 年 12 月,流亡日本的华兴会首领黄兴、宋教仁就已经联络湖南籍留学生程子楷、程潜、赵恒惕、欧阳振声、曾继梧、陈强、仇亮,云南籍学生杨振鸿、罗佩金、殷承瓛、郑开文、唐继尧,直隶姜登选、江苏章梓、伍崇实,河南曾昭文等百余人,组织革命同志会,从事民族革命[1]。1905 年 6 月,宋教仁、陈天华、程家柽、田桐、白逾桓等联络湖南、湖北、广东、江苏、安徽等省的留日学生,发起创刊《二十世纪之支那》杂志,由中国留学生会馆发行,俨然成了全国性的留学生刊物。约在 6、7 月间,黄兴、宋教仁等"以同志日渐加多,意欲设立会党,以为革命之中坚",就商于熟悉留日学界情况的湖北官费生、安徽休宁人程家柽。程"力阻之,谓革命者阴谋也,事务其实,弗惟其名,近得孙文自美洲来书,不久将游日本,孙文于革命名已大震,脚迹不能履中国一步,盍缓时日以俟其来,以设会之名奉之孙文,而吾辈得以归国,相机起义,事在必成"[2]。程家柽是当时在日本的老资格留学生,1899 年入帝国大学农科学习至今。他参加过励志会、青年会,联名发起了拒俄义勇队,又是学生军和军国民教育会本部的主要成员,作为留日学界的著名活动分子,目睹过留学界的分化组合情况;他又是留学生中最早拜访孙中山并与孙有通信联系的少数人物之一,作为留学界的著名革命者,是个少空言而务实际的组织家。他把组织大团体的希望寄托在孙中山身上,不仅是因为他熟悉和钦佩孙中山,而且也是他深知留学界无人可当其任的反映。这说明,留学界包括流亡日本的革命志士在内,都已深感有建立统一的大团体的必要,迫切希望孙中山早日到来,磋商一切。

在日本,了解孙中山行止的,一是宫崎寅藏,一是程家柽。他俩为孙中山的到来积极张罗。首先是安排孙与在日志士的接触。当时,宫崎与程对华兴会在日领袖黄兴、宋教仁都很熟悉。尤其是宋教仁,自 1904 年 12 月 13 日抵达日本东京后,即着手筹划创办杂志事宜[3],经常与程家柽往还,表现出非凡的组织、

---

[1] 程潜:《辛亥革命前后回忆片段》,《辛亥革命回忆录》第 1 册,第 70 页。

[2] 宋教仁:《程家柽革命大事略》,陈旭麓主编:《宋教仁集》下册,中华书局 1981 年版,第 436 页。黄兴等议立团体的时间,据程家柽上述对话中"近得孙文自美洲来书,不久将游日本"一语设定。当时,留学界只知孙中山赴美活动,不一定清楚孙由美赴欧情况,所以宋教仁在同一文章中把孙中山由欧抵日,仍写成"自美洲游日本"(同上书页)。

[3] 宋教仁抵日时间,见宋教仁:《我之历史》(宋教仁日记)第 1 卷,十一月初七日(12 月 13 日)条。其着手创办杂志,据日记,最早见于 1905 年 1 月 2 日。以上均见《宋教仁集》下册,第 506、508 页。

交涉才能。后来，《二十世纪之支那》创刊，程家柽出任主编，宋、程的关系进入一个新阶段。把孙中山到日的消息通报给宋教仁，自在情理之中。7月17日，宋教仁接得程的通知，约定19日上午与宫崎寅藏会见[1]。届时，宋先至程寓，与程同赴内藤新宿宫崎寓所。这次会见，宋在日记中有详细记述：

> 既抵滔天君家，则滔天已外出，惟其夫人在，速客入，属稍待之，余等遂坐。良久，一伟丈夫，美髯椎髻，自外昂然入，视之则滔天君也，遂起而行礼。润生则为余表来意，讫，复坐。滔天君乃言孙逸仙不日将来日本，来时余当为介绍君等云云。又言君等生于支那，有好机会，有好舞台，君等须好为之，余日本不敢望其肩背，余深恨余之为日本人也。又言孙逸仙所以迟迟未敢起事者，以声名太大，凡一举足，皆为世界所注目，不敢轻于一试，君等将来作事，总以秘密实行为主，毋使虚声外扬也。言次复呼取酒来，遂围坐而饮之。滔天君又言孙逸仙之为人，志趣清洁，心地光明，现今东西洋殆无其人焉。又言现今各国无一不垂涎于支那，即日本亦野心勃勃，日本政党中始终为支那者，惟犬养毅氏一人而已。余前往支那一切革命之事，皆犬养氏资助之，现今大隈重信之政策皆其所主张者也，孙逸仙亦深得其助动力，盖纯然支那主义者也。君等既有作事之志，不可不一见犬养毅氏，余当为介绍，改日偕余去可也。至下午四时始饮酒毕，……复闲谈良久，酉初始辞去。[2]

这是宋教仁第一次与宫崎见面。细审日记所记，一是通报孙中山即将来日，表示愿为引见；二是赞扬孙中山为人，推崇备至，同时又附带解释了自惠州失败以来孙何以没有起事的原因及告诫革命务求实行、不求虚声在外；三是介绍日本政情，力陈犬养毅之真心为中国出力，希望中国革命者与之联络。除第三点可以不论外，前两点明显带有为孙中山与在日革命志士间的接触铺路搭桥之意。宋教仁可说是华兴会在日同志中第一个得知孙中山即将来日确讯的人。

但是，宋教仁并不是华兴会在日志士中第一个会见孙中山的人。第一个人是黄兴。黄兴通过什么途径与孙中山会见，说法甚多。一是章士钊说，称孙到日后，首访杨度，由杨介绍与黄兴会晤[3]；二是郭之奇说，称孙来日后与宫崎同去柳大任处，时黄兴亦在柳寓，孙黄得以初次接触[4]；三是宫崎寅藏说，称孙到

[1] 宋教仁：《我之历史》，《宋教仁集》下册，第543页。
[2] 宋教仁：《我之历史》第2卷，《宋教仁集》下册，第543—544页。
[3] 参见章士钊：《与黄克强相交始末》，《辛亥革命回忆录》第2册，第141页。
[4] 参见郭之奇：《清末留东回忆》，《湖南文史资料选辑》第10辑，第24—25页。

东京后即至宫崎寓所拜访,谈次间,询问留日学界有些什么杰出人物,宫崎以黄兴相告,表示可以使孙黄在自己寓所相聚,但孙称不必麻烦,遂偕宫崎亲访黄兴寓所[1]。三说者都是亲历者,所说均细节毕具,在目前资料匮乏、无法论定的情况下,只能揣度情理选择较大可能的一说。依照现知孙中山的交往情况,我以为宫崎之说更有可能。依据宫崎的记述,他和孙中山去东京神乐坂附近的黄兴寓所拜访时,黄兴正有一批客人。后来,由黄兴和时在黄兴寓所的日本人末永节,将孙中山与宫崎领到一个名叫"凤乐园"的中餐馆聚谈。由于宫崎与末永节都不精通汉语,他们只有敬酒而已;孙黄二人"既不吃,又不饮,专心谈话",足足近两个小时。"最后,他们高呼'万岁'!并举杯庆贺他们的愉快会晤。"[2]

　　孙黄在凤乐园的首次会晤,宫崎实际上只说了些情节,没有记下具体内容。据宋教仁日记7月29日记载:"先是,孙逸仙已晤庆午,欲联络湖南团体中人,庆午已应之。"[3]则两人所谈是关于合成大团的问题,即兴中会与华兴会的联合问题。黄兴对联合的态度是积极的,无怪最后两人要举杯庆贺、高呼万岁了。凤乐园会晤,不仅奠定了孙黄领导的两个革命团体未来合作的基础,而且也奠定了中国民主革命时期两个最伟大的革命家长期合作、携手共事的基础。

　　为了进一步消除合作中可能出现的障碍,宫崎与程家柽还安排了宋教仁、陈天华与孙中山晤谈。7月25日,宋教仁得到程家柽的口头通知,称:"孙逸仙已至东京,君可与晤面",宋教仁当即"允之"[4]。三天后,即7月28日,又接程家柽来信,约定该天下午在《二十世纪之支那》社,与孙中山见面[5]。下午一时左右,宋教仁如约,见"孙逸仙与宫崎已先在",在场的还有陈天华(星台)。这次会晤,据宋教仁日记所记,情况如下:

　　　　余既见面,逸仙问此间同志多少,如何? 时陈君星台亦在座,余未及回答,星台乃将去岁湖南风潮事稍谈一二及办事之方法,讫。逸仙乃纵谈现今大势及革命方法,大概不外联络人才一义,言中国现在不必忧各国之瓜分,但忧自己之内讧,此一省欲起事,彼一省亦欲起事,不相联络,各自号召,终必成秦末二十余国之争,元末朱、陈、张、明之乱,此时各国乘而干涉之,则中国必亡无疑矣,故现今之主义,总以相互联络为要。

　　[1][日]宫崎寅藏:《中华革命军谈》,1912年东京版,第115—116页。薛君度:《黄兴与中国革命》,吴相湘《孙逸仙先生传》上册,均录有原文,可参照。
　　[2][日]宫崎寅藏:《中华革命军谈》,译文转录自薛君度:《黄兴与中国革命》,第47页。
　　[3]宋教仁:《我之历史》,1905年7月29日条,见《宋教仁集》下册,第546页。
　　[4][5]均见宋教仁:《我之历史》,《宋教仁集》下册,第545页。

又言方今两粤之间，民气强悍，会党充斥，与清政府为难者已十余年，而清兵不能平之，此其破坏之能力已有余矣，但其间人才太少，无一稍可有为之人以主持之。去岁柳州之役，彼等间关至香港招纳人才，时余在美国而无以应之也。若现在有数十百人者出而联络之，主张之，一切破坏之前之建设，破坏之后之建设，种种方面，件件事情，皆有人以任之，一旦发难，立文明之政府，天下事以此定矣（逸仙之言馀尚多，不悉记）。

谈至申正，逸仙约余等来日曜日往赤坂区黑龙会会谈，余允之，遂回。[1]

从上述记载中可以看到，孙中山虽长期孤处海外，但他不仅对国内革命形势的发展有清醒的认识，而且还保持着与国内反清力量之间的联系。他从历史与现实的比较中看出了国内革命形势发展过程中隐伏着地域主义、分散主义的危险，并从救亡图存的爱国主义出发，指出了这种"内乱"有可能导致"外患"乘机而入的可怕后果，以此说明革命团体之间的联合，既为革命事业取得成功所必需，也为避免列强乘机瓜分的上策。这种论断，不但切合当时国内小团体纷起而互不统一的实情，而且把历史经验和中国现实境遇有机地结合了起来。以历史经验说，一个统一的王朝在农民战争打击下，一旦垮台，就会出现群雄割据的纷争局面；从现实境遇来说，列强环视，亡我之心不死，内乱就有可能导致外患。这样，建立一个统一的革命组织，其重要性和必要性也就不言而喻了。

29日，黄兴召集在东京的华兴会骨干会议，讨论如何与孙中山联合的问题。原来自凤乐园孙黄会晤后，黄兴分别征求过华兴会骨干的意见，同人中有不愿与兴中会联合之说，黄兴不得不召开会议，"商议对于孙逸仙之问题"。据宋教仁日记所记：

既至，庆午先提议。星台则主以吾团体与之联合之说；庆午则主形式上入孙逸仙会，而精神上仍存吾团体之说；刘林生则主张不入孙会之说；余则言，既有入会不入会者之别，则当研究将来入会者与不入会者之关系如何。其余亦各有所说，终莫能定谁是，遂以"个人自由"一言了结而罢。[2]

显然，会议出现了明显分歧，最后决定采取"个人自由"即自愿的原则。这说明，华兴会并不是以集体的名义加入中国同盟会，而是在自愿的基础上，以个人身份加盟的。黄兴虽然有"形式上入会"之说，但从加盟后的表现看，他始终保持着全心全意为同盟会服务的精神，成了孙中山最亲密最重要的助手；刘揆

---

[1] 均见宋教仁：《我之历史》，《宋教仁集》下册，第545—546页。原文未分段，为便利读者，引用时作了分段处理。

[2] 同上书，第546页。

一虽有"不入孙会之说",但事实上不但参加了同盟会,而且在孙黄离开总部时曾长期主持总部工作。

华兴会是当时国内最重要的革命团体之一,在两湖,尤其在湖南有较好的基础。长沙起义尽管在未起之前流产,但华兴会的元气没有受到大的伤害,它的主要骨干都先后流亡日本,在日本留学生中仍然是一支活跃的力量。孙中山以华兴会作为联合大团的主要对象进行说服工作并取得了积极成果,证明他不愧是一个富有经验和富有魅力的革命家。

根据孙中山原定计划,7月30日在赤坂区桧町三番黑龙会的会所召开了被史家称之为同盟会成立前的预备会议。孙中山率兴中会会员梁慕光、冯自由自横滨莅会,各省同志之由黄兴、宋教仁、程家柽等通知到会者,有张继、陈天华、田桐、董修武、邓家彦、吴春旸、康宝忠、朱炳麟、匡一、鲁鱼、孙元、权道涵、张我华、于德坤诸人。由冯自由通知到会者,有马君武、何天炯、黎勇锡、胡毅生、朱少穆、刘道一、曹亚伯、蒋尊簋、但焘、时功玖、谢良牧诸人。由胡毅生带领到会者,有汪兆铭、朱大符、李文范、张树枬、古应芬、金卓、杜之杕、姚礼修、张树棠诸人。由宫崎寅藏通知到会者,有内田良平、末永节诸人。共计70余人[1]。会议推孙中山为主席,孙当场发表演说,申论"革命之理由及革命之形势与革命之方法"[2],"详言全国革命党各派应合组新团体"以从事反清革命之必要[3]。演说约一个小时,之后,由黄兴宣布今日开会宗旨在于成立组织,请与会者签名以示正式加入。曹亚伯率先签名,到会者随之也都"签名于一纸"[4]。

接着讨论组织名称。孙中山提议定名为中国革命同盟会,"时有主张用对满同盟会名义者,亦有谓本会属秘密性质,不必明用革命二字者"。孙中山表示"革命宗旨不专在对满,其最终目的尤在废除专制,创造共和",经过讨论,决定采用"中国同盟会"的名称。[5]

关于组织的宗旨,孙中山提议采用"驱除鞑虏,恢复中华,创立民国,平均地权"16字为纲领。但有数人对"平均地权"一节略有疑问,经过孙中山解释,获得了通过。

在讨论中国同盟会领导人时,"黄兴倡议公推孙中山先生为本党总理,不必经选举手续,众咸举手赞成"[6]。于是由总理拟定盟书,经会议公推黄兴、陈天

---

[1] 冯自由:《中国同盟会史略》,《革命逸史》第 2 集,第 137—138 页。参加人数说法不一,冯自由此文称 60 余人;田桐《同盟会成立记》称 40 余人;宋教仁日记记 70 余人。此处取宋教仁所说。
[2][4] 宋教仁:《我之历史》,《宋教仁集》下册,第 547 页。
[3][5][6] 冯自由:《中国同盟会史略》,《革命逸史》第 2 集,第 138 页。

华两人审定,誓词全文如下:"联盟人□□省□□县人某某,当天发誓,驱除鞑虏,恢复中华,创立民国,平均地权。矢信矢忠,有始有卒,如渝此盟,任众处罚。天运　年　月　日,中国同盟会会员某某。"然后由各人自书盟誓,由孙中山领导各人同举右手向天宣誓。誓毕,再由孙中山分别授会员暗号及秘密口号。最后,会议推定黄兴、陈天华、马君武、宋教仁、汪兆铭(精卫)等8人组成会章起草小组,约定在成立大会上提交讨论。

7月30日会议的圆满成功,为中国同盟会的正式成立奠定了良好的基础。自7月19日孙中山到达日本横滨起,仅仅10天左右的时间,就完成了在日志士的革命联合,这说明经过民主革命思潮的洗礼,建立统一的革命组织是人心所向,众望所归。在这一联合过程中,孙中山作为联合之议的首倡者,作为中国民主革命的先行者,受到众人的拥戴和推崇,从而确立了他在中国民主革命派中的领袖地位;他的名字,从此真正地超越自我、超越狭隘的兴中会小团体而成了中国民主革命派的象征。宫崎寅藏和程家柽,在联合过程中居间联络、搭桥牵线,功不可没;而以黄兴为首的原华兴会在日骨干,显然是促成联合顺利实现的主要力量,这就使他们在同盟会这一大联合团体中处于重要地位。后来,黄兴、宋教仁、刘揆一等成了同盟会东京总部的主要领导人员,除了他们自身的才具外,与他们在联合过程中作出的贡献,不是没有关系的。事实上,黄兴在这次预备会议上已经被公认为仅次于孙中山的第二号人物,而孙中山也已把他看作足资号召的领袖。从此,孙黄并称的时代开始了。

7月30日会议之后,程家柽、黄兴、宋教仁、张继、田桐等积极筹备召开留日学生欢迎孙中山的大会。宋教仁尤为出力。8月7日上午9时许,他去程家柽寓所晤孙中山,约定当晚6时与诸同志在山口方与孙相会。为此,整个下午他接连去鲁文卿、高剑公、彭荫云寓所通知。当夜7时许又到黄兴寓所,坐到9时许始回。8月9日下午,他先到程家柽寓所,"谈良久",至3时许,又与田桐、张步青同去富士见楼,为欢迎孙中山大会租房间。结果没有租到,他就将此事委托田桐处理。8月11日,田桐报告说:富士见楼房间已经租得,定于13日下午1时至6时开会。宋即嘱田桐"书邮片发各处",自己则到中国留学生会馆张贴会议通知。下午4点钟,又到黄兴寓所汇报一切。8月13日欢迎会召开当天的中午11时,宋教仁先到富士见楼,"经理开会一切事宜毕",12时正,至樱亭,嘱孙逸仙"早至会场",自己则再到富士见楼作会前检查[1]。宋教仁的上述活动表

---

[1] 以上均见宋教仁:《我之历史》,《宋教仁集》下册,第548页。

明，这次留日学界欢迎孙中山的大会，是在原华兴会在日志士的努力下进行筹备的，黄兴居中指挥，而宋教仁则承担了类似会议秘书长的角色。这一情况既说明了华兴会在革命大联合中的重要地位，又显示了孙黄合作的诚意。

8月13日下午一时，留日学生欢迎孙中山大会准时举行。会议盛况空前。宋教仁日记称："时到者已六七百人，而后来者犹络绎不绝，门外拥挤不通，警吏命封门，诸人在外不得入，喧哗甚。余乃出，攀援至门额上，细述人众原因，又开门听其进，遂罢。"[1]结果，只能容纳五六百人的会场，挤满了近三千人[2]，为留日学界历次会议所未见。时隔两年，孙中山在留学生中的形象已大大不同了。

会议先由宋教仁致欢迎词，与会者对孙中山的到来报以热烈的掌声和喝彩。接着，由孙中山发表演说。他首先对满腔热忱欢迎他的留学界表示感佩，接着就救国方针作了详细阐发，概而言之，就是充分认识中国固有的文明，认真学习西方的长处，以振兴中国为己任，创造一个20世纪头等的共和国。孙中山一开始就指出了认清中国固有文明和救国的关系。他说："顾诸君之来日本也，在吸取其文明也，然而日本之文明非其所固有者，前则取之于中国，后则师资于泰西。若中国以其固有之文明，转而用之，突驾日本无可疑也。"他根据自己欧美大陆之行的观察所得，指出西方文明的中心点已经由希腊、罗马转移到阿利安民族，所以西方的近代文明不过数百年的历史，"而中国之文明已著于五千年前，此为西人所不及，但中间倾于保守，故让西人独步。然近今十年思想之变迁，有异常之速度。以此速度推之，十年、二十年之后不难举西人之文明而尽有之，即或胜之焉，亦非不可能之事也"。显然，孙中山不仅看到了中国文明的悠久，也看到了"中间倾于保守"的事实，但他更主要的是把文明的载体——民族的努力振兴作为文明转换的原动力，把吸取先进民族的优秀文明作为固有文明发展的必要条件，这就使他对中国的前途充满信心。

在学习西方的问题上，孙中山主张"取法其上"。他批判了"中国今日亦只可为君主立宪，不能躐等而为共和"之说的荒谬，指出："世界立宪，亦必以流血得之，方能称为真立宪。同一流血，何不为直截了当之共和，而为此不完不备之立宪乎?"他说这种"不能躐等"论，是"择其中而取法之，是岂智者所为耶?"

孙中山在分析了中国各种优越条件之后，认为"生在中国，实为幸福"。"吾侪既据此大舞台，而反谓无所措手，蹉跎岁月，寸功不展，使此绝好山河仍

［1］以上均见宋教仁：《我之历史》，《宋教仁集》下册，第548—549页。
［2］宋教仁：《程家柽革命大事略》，同上书，第437页。

为异族所据，至今无有能光复之，而建一大共和国以表白于世界者，岂非可羞之极者乎"？因此，他衷心希望在座诸君"将振兴中国之责任，置之于自身之肩上"；把不能躐等的荒谬想法，"淘汰洁尽，从最上之改革着手，则同胞幸甚！中国幸甚"！

像历次演说一样，孙中山的这次演说也没有什么深奥玄妙的哲理，都是自己游历欧美的亲身感受，说得实在而且真切；在驳论时，所举事例通俗生动、观点鲜明易懂。惟其实在真切，才可使人信赖；惟其鲜明易懂，才可使人迷途知返。他的演说，使那些受保皇思想所惑的留学生，"涣然冰释"，而他作为革命党领袖所具有的那种真切实在的个性，从此深深地印在与会者的心中。

九　中国同盟会

（一）　组织结构

中国同盟会正式成立于 1905 年 8 月 20 日，成立大会的会场设在东京赤坂区灵南坂邻近清驻日公使馆的日本子爵阪本金弥府邸。在敌手的卧榻之旁，开革命司令部的成立之会，多少带有点戏剧性；而有些与会者因不认识子爵府邸，据说误将清使馆当作会场，更使这幕活剧平添了些许笑料。

参加成立大会的留日志士，一说约百余人，一说 300 余人[1]。总之都超过了筹备会议的人数，这无疑应是留学界欢迎孙中山大会产生的积极成果。会议在下午 2 时正式开始，议程两项：一通过会章，二选举干事。会章由黄兴代表 8 人起草小组宣读，共 30 条，"读时会员有不然者，间有所增减"[2]。干事选举，据宋教仁日记所载，举得司法部职员 8 人，议员 20 人，由总理指定执行部职员 8 人，合计 36 人。最后由黄兴提议，"谓《二十世纪之支那》杂志社同人半皆已入本会，今该社员愿将此杂志提入本会作为机关报"，这项建议获得与会者鼓掌通过，至于具体改刊办法则留待下次讨论。会议开到下午 5 时，在全场"大呼万岁"声中宣告结束。

同盟会东京本部的职员，根据参加成立大会职员选举的田桐所记，转录如下[3]：

执行部　总理孙文

庶务部　黄兴。黄兴他适，朱炳麟代理之；又他适，张继代理之；继他适，孙

---

[1] 约百人之说，见宋教仁：《我之历史》，《宋教仁集》下册，第 550 页；300 人之说，见冯自由：《中国同盟会史略》，《革命逸史》第 2 集，第 139 页。

[2] 宋教仁：《我之历史》，《宋教仁集》下册，第 550 页。

[3] 田桐：《同盟会成立记》，《革命文献》第 2 辑，第 3—4 页，总第 143—144 页。

毓筠继之；最后为刘揆一。

　　书记部　首定马君武。马未就职，由黄兴荐田桐继之；后孙中山又调胡衍鸿（汉民）、但焘、李肇甫三人。

　　内务部　朱炳麟、匡一。

　　外务部　程家柽、廖仲恺。

　　会计部　刘维焘。刘未就职，谢延誉继之；谢后赴南洋，何天炯继之。

　　经理部　谷思慎、程克。

　　评议部　议长汪兆铭。议员董修武、熊克武、于德坤、王琦、吴鼎昌、张树枏、冯自由、梁慕光、胡衍鸿、田桐、吴琨、但懋辛、周来苏、胡瑛、朱大符（执信）、范治焕、吴永珊（玉章）、康宝中。书记朱大符。

　　司法部　总长邓家彦。判事张继、何天瀚。检事宋教仁。

　　上录名单为辛亥革命史各种论著广泛采用，但事实上这份名单并不完整。据宋教仁8月20日日记称，当天"举得□□□等八人为司法部职员"，但田桐上录名单中，司法部职员一共4人，显然少记了4人。

　　从上录名单来看，同盟会最初是按西方资产阶级"三权分立"学说组建本部机构的。执行部是行政机构，司法部是执法机构，评议部是立法机构。它赋予了总理主持一切的权力，又以立法、司法分割和限止了总理权力的恶性膨胀；三部各自独立行使自己的职权，又相互制约以取得协调和平衡。在当时，无疑是最为民主的权力制约机制。它不仅可以避免本部在决策过程中产生个人独断专行的作风，而且在组织和效率方面确保本部成为一个权威的有效率的战斗司令部。可以说，同盟会东京本部最初奉行的建构原则及其组织结构，从根本上改观了以往兴中会存在的类似秘密会党的家长制色彩，改变了以往一切革命小团体存在的领导机构组织不健全的缺陷。它的产生，标志着以孙中山为首的民主革命派在组织建设方面的一次理性飞跃。

　　遗憾的是，同盟会在实践过程中并没有坚持最初奉行的"三权分立"体制。首先是以"手续繁复"为由，削弱评议、司法两部独立行使职权的地位。田桐记此事云："同盟会成立，仿三权分立制，置执行、司法、评议三部。惟当时以秘密结社，最忌手续繁复，稽考时日，司法、评议二部，尤难实行。同人提议开三部联合会。遇有重要之事，将三部人员结合，一次议决实行。自此制行后，司法、评议二部未曾独立行使职权矣。"[1]这就是说，时隔不久，司法、评议二部就形同虚

---

　　[1] 田桐：《同盟会成立记》，《革命文献》第2辑，第4页，总第144页。

设,"三权分立"名存实亡。其次,从1906年5月16日改订同盟会章程起,干脆将司法部除去,本部只设执行部和议事部二部。这可以从现存《中国同盟会总章》中得到佐证。

现存的《中国同盟会总章》,不是1905年8月20日在中国同盟会成立大会上通过的那个章程,而是次年5月16日的改订件。其中第九条规定了总理权限,第十条规定了执行部组织机构及职员设置,第十一、十二条规定了议事部议员的产生办法及权限,第十三条以下没有任何一条有设置司法部的规定。很显然,从1906年5月起,同盟会在章程上就已取消了司法部,则同盟会东京本部已经不再是"三权分立"体制了。许多研究者和辛亥革命史论著,在谈到同盟会组织体制时,往往只说成立大会时确定的执行、评议、司法三部,并以"三权分立"学说作为分析的出发点,很少有人注意到最初确定的"三权分立"经历着一个名存实亡到名实俱亡的变化过程。

司法部既然取消,那么原来的评议部也就相应地改为"议事部"。一字之改,它的职权也就发生了性质变化,从原先的类似西方的立法机构变成了只有"议本会规则之权"[1]的职能,权限范围有了特定的设定;评议部原先应有弹劾总部的权力,改订后的章程中没有片言只字的规定。

议事部的立法职能被削弱,司法部干脆取消,于是势必要扩大总理和执行部的权限。所以第九条专门规定了总理的职权:"总理对于会外有代表本会之权,对于会内有执行事务之权;节制执行部各员;得提议于议会,并批驳议案"[2],经这样的规定,执行部便变成了总理所属的事务性而非政务性的机构,所以改订后的章程第十条只规定了执行部所属机构及职员设置,没有说明它的职权。这样看来,中国同盟会实际上奉行的并不是什么"三权分立"原则。至少它从1906年5月起,实际实行的是"总理负责制"。总理不仅在名义上,而且在事实上成了同盟会的首脑和灵魂。

还有一点必须指出,按照最初确定的执行、评议、司法三部中,执行部属行政性质,它下属的庶务、书记、内务、外务、会计、经理六部,以庶务部最重要。"总理他适时,以庶务总干事代行一切。"首任为黄兴。所以黄兴在同盟会中事实上处于总理之下,其他职员之上的地位。其后,评议部形同虚设,司法部取消,他以执行部庶务总干事的身份,成了同盟会执掌实际政务与事务的领袖,加

---

[1][2] 均见《中国同盟会总章》,《孙中山全集》第1卷,第284—285页。又,《全集》编者在脚注中既明指《总章》系1906年5月16日的改订件,为什么又在《总章》标题后括注"1905年8月20日"呢?

以他的为人和才具堪称宰辅之列,孙中山倚为股肱,会员视作长城。后来尽管他离开东京与孙中山一起在内地和海外奔波,庶务总干事一职由张继、朱炳麟、孙毓筠、刘揆一先后继任,但没有一个人能取代他在会中的声望和地位。

同盟会东京本部按最初的组织,结构确是比较严整的,各部职员共 36 人,各有职司,但事实上不到一年,本部真正起作用的只有执行部,即使执行部下属的六部,有的也因职员归国而形同虚设了。如内务部,首任朱炳麟,继任匡一,"其后事权渐集中于庶务部,此部形同虚设";外务部,程家柽、廖仲恺主之,"后家柽赴北京活动,仲恺亦回国";经理部,首任谷思慎,继任程克,在 1906 年 5 月改订章程时经理部被取消,代之以"调查部"。所以事实上,同盟会东京本部长期处于组织不健全的状态中。

从现有史料看,中国同盟会成立后,最初只在本部之下设立分会,其统绪比较简单。最初设置的分会,按田桐所记如下:

（分会长)直隶张继。河南曾昭文,继刘积学;内地分会长杜潜。山东徐镜心,继丁惟汾。山西王荫藩,继荣福桐,继荣炳。江苏高剑公,继章梓,继陈剑虹,继张鲁。安徽吴春旸,继高荫藻。湖北时功玖,继张昉,继陈镇藩。湖南仇式匡,式匡入联队,因有争论,黄兴继之。广西刘崛,继卢汝翼。江西张世膺,继钟震川。云南吕志伊。贵州平刚。四川黄树中,继丁厚扶,继张治祥。陕西康宝忠。福建林时爽。浙江秋瑾。广东未设分会,其余以人少未成立。此外吴春旸回沪后,主张于江苏之外上海设分会,以蔡元培为分会长,本部允之。[1]

上述各地分会共 16 省另加上海地区。不过田桐只记了分会长,没有说明各地分会长如何产生以及分会长的职责。据冯自由称:"留东各省会员,亦各就本省会员中举出一人为本省分会长,专司本省留学界之入会主盟事务。"[2]则同盟会最初设立的分会,并不是国内分会,而是留日学生中的各省分会,即《中国同盟会总章》(改订件)第十五条:"本部当地之会员得按省设立分会,公举分会长;但须受本部之统辖。"[3]这种分会,可称之为直属分会。各直属分会的分会长,也就是各省留日学生的主盟人。由于田桐所记比较简约,兹根据冯自由所记转录于下[4]:

直隶:张继,继他适,杜羲继。

河南:杜潜,继曾昭文。

[1] 田桐:《同盟会成立记》,《革命文献》第 2 辑,第 4 页,总第 144 页。
[2][4] 冯自由:《中国同盟会史略》,《革命逸史》第 2 集,第 140—142 页。
[3]《孙中山全集》第 1 卷,第 285 页。

湖北：时功玖,继张昉,继陈镇藩。

湖南：仇式匡,继黄兴,继刘揆一。

广东：何天瀚,继何天炯。

四川：丁厚扶,继张治祥,继黄树中。

陕西：康宝忠,继赵世钰。

广西：刘崛,继卢汝翼,继曾彦。

山西：王荫藩,继荣福桐,继荣炳。

江苏：高剑公,继章梓,继陈剑虹,继张鲁。

山东：徐镜心,继丁惟汾。

安徽：吴春旸,继高荫祖。

上海：蔡元培。

江西：钟振川,继张世膺。

福建：林时爽。

贵州：平刚。

云南：吕志伊。

浙江：秋瑾,继陶成章。

大约在 1906 年 5 月前后,由于各省留日学生纷纷回国,留日学生中的同盟会会员和直属分会分会长在国内发展会员,成立组织,使同盟会下属组织不断发展,于是出现了辖于支部的分会。为此,改订后的《中国同盟会总章》增加了支部及支部所属分会二级机构。总章第十六条:"本会支部于国内分五部,国外分四部,皆直接受本部之统辖。"其区划如下:

国内支部
- 西部:重庆——贵州、新疆、西藏、四川、甘肃
- 东部:上海——浙江、江苏、安徽
- 中部:汉口——河南、湖南、湖北、江西
- 南部:香港——云南、广东、广西、福建
- 北部:烟台——蒙古、直隶、东三省、陕西、山西、山东

国外支部
- 南洋:新加坡——英荷属地及缅甸、安南、暹罗
- 欧洲:比利时京城——欧洲各国
- 美洲:金山大埠——南北美洲
- 檀岛:檀山大埠——"檀香山群岛"

总章第二十一条:"各支部及其所属分会会员盟书及入会捐一元,皆由支部长缴之本部,换给会员凭据,转交本人收执。"第二十二条:"各地分会皆直接受其支

部之统辖。"[1]

由上可知,同盟会的下属组织,有直辖于本部的留日学生各省分会;有直辖于本部的国内外支部及接受支部统辖的国内外分会。这是两元组织系统,由于直辖分会及支部所辖分会都称为分会,后人往往容易搞混。中国台北学者张玉法把各种不同的名称加以归纳分类后指出:同盟会的支分会,名称并不统一,"可分为五类:其一,称某地支部者,除南方支部及南洋支部辖有分会外,余皆为分会性质。其二,称某地分会者,多直属于本部,未必统辖于支部。其三,称某地同盟会者,均为分会性质。其四,同盟会中部总部,为支部性质,但具独立性。其五,称某地通讯处者,没有正式组织。"[2]张氏的这五个分类可以帮助后人阅读同盟会史料时对照参考。

同盟会在国内外的支分会,截至1911年武昌首义前夕,据张玉法统计共设立45处,其中海外共24处,国内(包括香港)21处。国外24处中,10处在南洋,7处在美洲,6处在欧洲,1处在澳洲;国内21处中,除2处在东北外,8处在华中,6处在华南,5处在华北。就成立年份看,除4处不详外,可考者共42处。其中1905年成立的,海外7处,国内3处;1906年,海外2处,国内8处;1907年,海外2处,国内2处;1908年,海外4处,国内3处;1909年,海外2处,国内1处;1910年,海外2处,国内1处;1911年,海外2处,国内3处[3]。张氏承认,这个统计数字(45处)限于资料,并不完全。另据周兴梁统计,武昌起义前,仅国内所立同盟会支、分会就有69个,分布在全国21个省区。其情况有如下页列表。[4]

自下表可见,同盟会国内支、分会的设立,1905年5个,1906年12个,1907年11个,1908年5个,1909年6个,1910年12个,1911年18个,则立会高潮分别在1906—1907年及1910—1911年。前一个高潮,与革命派和改良派大论战、革命思潮日益高涨有关,后一个高潮则与清王朝假立宪的面目日趋暴露、革命形势空前高涨相联系。必须指出,上述周兴梁的统计也不完备,这是因为不少地区的组织及参与者由于缺乏记载而湮没不彰,致使同盟会国内支分会的确数已不可考,这实在是个大遗憾。

---

[1]《中国同盟会总章》,《孙中山全集》第1卷,第285页。

[2]张玉法:《清季的革命团体》,第324—325页。

[3]同上书,第336—337页。按张氏所列各年海内外成立数总计,可考者应为42处,但张书误为41处。

[4]周兴梁:《武昌起义前同盟会在国内的活动和斗争》,《纪念辛亥革命七十周年青年学术讨论会论文选》上册,第257—264页。

1905—1911 年武昌起义前全国所立同盟会支分会简表

省份	成立年份(年)	名　称	负责人
广东	1905	香港分会	陈少白、冯自由
	1909	南方支部	胡汉民、林直勉
	1909	海口支部	宋子臣、林格兰
	1909	广州分会	高剑父、徐宗汉
	1909	番花分会	徐维扬、徐进坤
	1909	化州同盟会	徐　昌、张瑞海等
	1910	澳门支部	谢英伯、林君复等
	1911	香港统筹部	黄　兴、胡汉民、赵　声
	1911	肇庆支部	陈子忠等
江苏	1905	上海分会	蔡元培、李　衡等
	1906	江苏分会	高　旭、马君武
	1906	南京长江同盟会	吴春旸、柏文蔚等
	1911	上海中部同盟会	宋教仁、陈其美等
	1911	南京分会	华梁玉、林　毅等
山西	1905	山西分会	荣　柄
	1910	大同支部	续西峰等
广西	1906	桂林分会	黄　兴、郭人漳等
	1907	南宁支部	雷鲲池、杜右臣
	1910	广西支部	耿　毅、赵正平
	1910	学兵营分部	刘建藩
	1910	陆军干部学堂分部	杨明远
	1910	陆军小学分部	梁　史
	1910	广西谘议局分部	蒙经等
	1911	柳州分会	王冠三、刘震寰
	1911	梧州广西分会	刘崛等
四川	1906	泸州四川支部	熊克武、黄树中
	1906	成都分会	邓家彦、林冰谷
	1907	重庆分会	童文勤等
	1907	富顺县分部	谢　持
	1910	重庆支部	张培爵、杨庶堪
	1911	成都支部	董修武等
	1911	中部同盟会四川分会	吴玉章、张懋隆
湖南	1906	长沙分会	禹之谟、陈家鼎
	1907	长沙湘支部	刘　谦、黎尚雯等
	1911	中部同盟会湖南分会	焦达峰、杨　任

省份	成立年份(年)	名　　称	负责人
奉天	1907	辽东支部	宋教仁、白逾桓等
	1911	奉天支部	钱　拯、张根仁等
江西	1906	江西支部	黄格鸥、蔡复灵
	1906	永新分部	蔡复灵等
	1906	赣川同盟会	魏会英、张周垣等
	1907	临川分部	王镇华
	1907	宜黄分部	陈宗杰
	1907	崇仁分部	吴　鑫
福建	1906	福建分会	郑祖荫、刘　通
	1911	福州特别军警同盟会	彭寿松、彭荫祥
湖北	1906	湖北分会	余　诚、刘静庵等
	1911	中部同盟会湖北分会	居　正、查光佛等
直隶	1907	河北分会	陈幼云、郝仲清等
	1907	保定中华同盟会支部	郭瑞浦、钱定三
	1911	保定分会	马德润、邓三元
山东	1907	烟台鲁省分会	徐镜心、谢一尘
	1911	山东分会	丁惟芬等
浙江	1906	浙江分会	顾乃斌、夏超等
	1911	宁波支部	赵家芝、陈训正
陕西	1905	蒲城东路支会	井勿幕、常明卿
	1908	西安分会	井勿幕、李仲特
	1910	陕西分会	郭希仁、李仲特
河南	1908	开封支部	杜　潜、杨源懋等
	1908	新蔡县分部	刘积学、刘芬佛等
	1910	河南分会	张仲瑞等
安徽	1905	芜湖江淮别部	吴春旸、常恒芳等
	1909	安庆分部	吴春旸、韩　衍
	1911	中部同盟会安徽分会	范鸿仙、郑赞丞
黑龙江	1911	黑龙江支部	匡　一、孟继周
贵州	1908	贵州分会	张　铭、张百麟、彭述文
新疆	1908	伊犁同盟会	冯特民、郝可汉
云南	1910	大理分会	马　骧等
	1911	昆明滇支部	黄毓英、王九龄、范石生
台湾	1910	台湾分会	王兆培、翁　樵

同盟会继承了兴中会时期在海外华侨中发展组织的传统,在南洋、美洲、欧洲乃至澳洲等地积极建立海外支、分会。其中,由孙中山主持或派人组织的团体,占了大多数。最早建立海外同盟会组织的是南洋地区的安南(今越南)。1905年10月,为了筹集起义经费,孙中山偕黎仲实等自横滨赴越南,并在堤岸成立了同盟会分会,以刘易初、李卓峰为正副会长。由于当时孙中山拟在滇越边界发动武装起义,经营越南是题中之义,因此,他于1907年3月再次来到越南,在河内设立策动粤桂滇起义的指挥中心,并将河内兴中会改组为同盟会分会。同年又在海防设立同盟会分会,以刘岐山为会长,加盟者数百人。

　　南洋的新加坡,孙中山早与当地爱国华侨陈楚楠、张永福等联络,在同盟会成立前后时有通信往还。1906年2月,他自越南西贡抵新加坡,受到陈楚楠等欢迎。不久,即在晚晴园成立了同盟会分会,以陈楚楠、张永福为正副会长。首批入会者仅10余人,后发展至400余人。"继复派员分赴英荷两属及缅甸各埠设立分会。"据称凡组织分会及设通信处者,多至"百数十埠",概归新加坡统辖。为了统一领导各处会务,1908年秋,孙中山自河内移居新加坡,并设立同盟会南洋支部,以胡汉民为支部长,"另订中国同盟会分会总章十六条及通讯办法三条,通告各处团体一律遵守"[1]。但是,南洋支部设立后不久,由于河口起义失败,清政府借端要求英国干涉党人行动,"因之党务进行愈形棘手"[2]。1909年,孙中山决定将南洋支部迁至槟榔屿,命胡汉民归香港扩充南方党务,支部事务由邓泽如、吴世荣等主持,自己则赴欧美进行活动。不料,自孙中山离开后,会务仍难起色,"无形中失其领导之地位"[3],直到1910年孙中山重返南洋后,会务渐形活跃。

　　槟榔屿(又名庇能)是英属马来亚半岛的首府。1906年新加坡同盟会分会成立后,孙中山派陈楚楠、林义顺等赴槟榔屿设立同盟分会,先后加盟者有吴世荣、黄金庆、陈新政、辜立亭、林志诚等30余人。公举吴世荣为正会长,黄金庆为副会长,设立槟城书报社为宣传机关。此后,马来亚半岛的吉隆坡、怡保、芙蓉、爪胜卑那、麻六甲、关丹、金宝、林明、太平、式叨、麻坡、砂胜越等埠,先后设立了分会或通讯处;并在各埠设立书报社,"其中有纯粹为同盟会分会者,有与同盟会员具相当关系者,有因当地商会或中华会馆为守旧派或保皇会所把持,故另创新团体以树对抗者。此类书报社有百数十处"[4]。

---

　　[1] 冯自由:《华侨革命开国史》第80页。
　　[2][3] 同上书,第88、93页。
　　[4] 同上书,第80、88、93页。

荷属各埠的同盟会分会成立于1906—1907年间,由同盟会东京本部先后派出谢良牧、李柱中、李天邻、陈方度、曾连庆、梁墨庵等人赴各埠组织。泗水、巴城、八打威、文岛、双溪烈、勿里洋、勿里洞吗吃、武陵、流石、日里棉兰、坤甸、三宝珑等埠均成立支分会,"因避荷官干涉,多称书报社或某某学堂,以掩饰耳目"[1]。1908—1909年,陶成章遍游荷属群岛,大倡光复会,用江浙皖赣闽五省革命军名义募款,不受同盟会本部节制,泗水、文岛等地光复会势力大盛。直至1910年黄兴为募集广州起义经费而赴南洋后,尽力消除同盟、光复两会意见,情况才趋好转,同盟会会务始有复苏之势。

缅甸的同盟会分会较南洋英荷两属组建稍迟。1908年4月由东京本部委任的川籍同盟会员王群到缅甸仰光,主盟发展徐赞周、陈仲赫、陈守礼等10余人参加同盟会。不久,在仰光大贺胥园开成立大会。其后,会员增至400余人。同年10月,孙中山特派汪兆铭、吴应培两人到仰光指导会务,整顿组织。12月,公举庄银安、卢喜福为正副会长,选出财政、会计、庶务、书记等人选,仰光同盟分会渐入正常。旋派居正、陈仲赫两人赴缅甸各埠成立分会,其中规模较大者有木各具、沙巴、毛淡棉、榜地等25处,会员截至1911年共2343人,名册俱在[2]。

暹罗分会是在1908年由孙中山亲自组建的。该年11月,孙中山偕胡汉民、胡毅生、何克夫、卢仲琳等自新加坡抵暹罗,大受侨商欢迎。为避免当地政府干涉,孙中山在暹秘密发展了萧佛成、陈景华等20余人加入同盟会,组织分会,以萧、陈为正副会长。

菲律宾同盟分会是南洋地区成立最迟的组织,原因在于入境条例森严,革命党难于派人前去开展工作。直到辛亥年春季才由同盟会会员李其奉派自香港至马尼拉,通过当地名医郑汉琪的联络,建立分会,参加者仅郑汉琪、黄三记、王忠诚等数人。旋发刊《公理日报》为宣传机关,以郑汉琪为总理。

综上可知,南洋地区的同盟会分、支会,大多是在孙中山直接指导下组建的,其中以新加坡为南洋革命活动的中心,其后虽移至槟榔屿,但新加坡仍因其地理之便而成为党人常常驻足的所在。

美洲地区的同盟会组织,因受移民律限止、不易领取入境护照而迟迟不得建立,直至1909年11月,孙中山为筹饷,由欧洲抵达纽约后,局面才为之一变。当孙甫抵纽约,即有当地爱国华侨赵公璧、陈永惠等请求谒见并商谈成立组织

---

[1] 冯自由:《华侨革命开国史》,第80、88、93页。

[2] 据冯自由称,民国成立后各地同盟会会员名册大多因事毁灭,或者遗失,独缅甸名册,今尚保存于徐赞周处。见《缅甸华侨与中国革命》,《革命逸史》第2集,第236页。

等事。12 月下旬,由孙中山主盟,发展了赵公璧、陈永惠、黄溪记、钟性初等 7 人入会,组织了美东纽约同盟会,推吴朝晋为会长。这是同盟会在美洲成立的第一个分会。次年 1 月 21 日,孙中山由纽约抵芝加哥,当地华侨、基督教牧师萧雨滋父子约同志多人迎于车站,并开欢迎会于聚英楼。孙中山在宴会上发表演说,并提议设立同盟分会。到会者咸表赞同,于是成立了芝加哥同盟分会,入会者有萧雨滋、萧汉卫、梅培曹等数十人,推萧雨滋、梅乔林为正副会长,以梅寿所设之泰和店为通讯处。

2 月 7 日,孙中山到达旧金山,受到以李是男为首的少年学社社员的欢迎[1]。孙中山指令李是男等改组少年学社为同盟会,26 日正式宣告成立,由孙中山主盟,入会者有李是男、黄芸苏、黄伯耀等 10 余人。宣誓时,孙中山将同盟会 16 字纲领改为"废灭鞑虏清朝,创立中华民国,实行三民主义"并改称"中华革命党党员",但对外对内"仍令照旧通用同盟会名义如故"[2]。旧金山同盟会以黄芸苏、李是男为正副会长。不久,美国西部洛杉矶等城市也相继建立分会,加盟者数百人。为统一领导,孙中山于 3 月间指令将旧金山同盟会改名为"美国总支部",全美各分会由总支部统辖。1911 年 6 月,孙中山漫游加拿大及美东各地后重返旧金山,他为了更好地联络洪门致公堂,指令旧金山总支部一律加入致公堂,并提议组织洪门筹饷局。孙中山手订洪门筹饷局缘起章程及革命军筹饷约章。洪门筹饷局对外称国民救济局,局中职员由致公堂及同盟会两团体选用,黄三德出任监督,朱三进、罗敦怡为总办,李是男任会计。自此,美洲华侨社会中具有最大势力的洪门致公堂,与同盟会在美组织合二而一,这对革命事业在该地区的发展和为革命军募款助饷,奠定了可靠的基础。

1910 年 3 月下旬,孙中山由旧金山抵达檀香山,兴中会会员卢信、曾长福、梁海等到码头欢迎。自同盟会成立以来,檀香山兴中会一直未能改组为同盟会。原因在于当地侨商有惧于清政府驻檀领事多次移文两广总督,要求查抄兴中会会员李昌及保皇会会员梁荫南的原籍家产,"故未便大张旗鼓,从事改组"。孙中山的到来,使兴中会成员深为高兴。4 月 4 日召开欢迎大会,侨众参加者千余人。孙中山在会上发表革命演说,称"全国军人,多已趋向革命,如军饷充足,即可随时大举",听众为之鼓舞[3]。当晚即将兴中会改组为同盟会分会,加盟者

---

[1] 少年学社为同盟会会员李是男于 1909 年创立,参加者有温雄飞、黄芸苏、黄杰廷、黄伯耀、许炯藜等人,以黄伯耀所设永生殡仪馆为通讯处。
[2] 冯自由:《华侨革命开国史》,第 66—67 页。
[3] 同上书,第 37 页。

有曾长福、梁海、温雄飞、孙科等 20 余人,公推梁海为会长。为使不便公开入会者参加,又另组"同盟会秘密团",参加者有钟工宇、卢信等近 10 人,以杨广达为团长。其后,茂宜、希炉两地兴中会也相继改组为同盟分会。

同盟还在保皇党大本营加拿大发展分会。这项工作由冯自由筹措,但孙中山从中起了潜移默化的作用。冯自由于 1910 年 6 月应温哥华洪门致公堂之邀,任该堂机关报《大汉日报》主笔。冯来加之后,"有志青年多以发起同盟会为请",但冯以志在筹饷、怕因此使洪门人士误解为由,"不欲公开组织同盟会"[1]。1911 年 2 月,孙中山来温哥华筹饷,演说民族革命等问题,"每日听讲者逾千人",使不少洪门人士倾向革命。黄花岗起义之后,人心愤激,冯自由遂乘机组织同盟会分会。在温哥华,先后加盟者有刘儒坤、叶求茂、杨芳等百数十人;在维多利亚先后加盟者有高榜、朱礼、方干谦等 10 余人。5 月,成立加拿大同盟会支部,举冯自由为支部长,周连盛为副支部长。9 月,冯自由应孙中山之召离加赴美,支部长由原任中文书记的黄希纯担任,当时会员约 200 人。

欧洲的同盟会,由原先组织的留欧学生革命团体奉命改名而成。由于欧洲各国留学生数量不多,欧洲同盟会会务没有大的进展,只在比、德、英、法、瑞士各国设立通讯处。

大洋洲的新西兰,在 1908 年由惠灵顿华侨吕杰、朱楷等征得时在香港的冯自由同意,以自填盟书邮寄香港的方式加入了同盟会,但似未组织分会。按照同盟会章程规定,入会者必须由主盟人或代理主盟人在场主持,吕杰等自填盟书邮寄获准,可说是个特例。

中国同盟会的成立及其在海内外的发展,使它完全摆脱了以往革命小团体那种地域性、分散性、互不属联、势孤力单的状况。它是一个全国性的统一的中国资产阶级革命力量的大联合组织。它的诞生,标志着中国民主革命开始进入到有组织、有领导、有计划的群体作战的新阶段。对此,孙中山深感鼓舞。他说:"自革命同盟会成立之后,予之希望则为之开一新纪元。盖前此虽身当百难之冲,为举世所非笑唾骂,一败再败,而犹冒险猛进者,仍未敢望革命排满事业能及吾身而成者也;其所以百折不回者,不过欲有以振起既死之人心,昭苏将尽之国魂,期有继我而起者成之耳。及乙巳之秋,集合全国之英俊而成立革命同盟会于东京之日,吾始信革命大业可及身而成矣。于是乃确定立'中华民国'之名称而公布于党员,使之各回本省,鼓吹革命主义,而传播中华民国之思想焉。

---

[1] 冯自由:《华侨革命开国史》,第 110 页。

不期年而加盟者已逾万人,支部则亦先后成立于各省。从此革命风潮一日千丈,其进步之速,有出人意表者矣。"[1]

(二) 宗旨与主义

中国同盟会是以孙中山提出的"驱除鞑虏,恢复中华,创立民国,平均地权"为立会宗旨的。这16字,原是兴中会"驱除鞑虏,恢复中国,创立合众政府"誓词的继续和拓展,初次使用于1903年东京青山革命军事学校的入校誓词中,后来一直为孙中山坚持使用于他所创建的革命团体。就这方面说,中国同盟会与兴中会,尤其是兴中会后期的组织活动,在思想体系上是一脉相承的。

这16字的宗旨,蕴涵着一个完整的思想体系。这就是1905年10月孙中山在《〈民报〉发刊词》中揭橥的民族、民权、民生"三大主义"。由于该文中提到"是三大主义皆基本于民",因此,冯自由把"三大主义"简称为"三民主义"。他说:

> 三民主义即民族民权民生三大主义简称之代名辞。此简称之名辞,始用于香港《中国日报》,盖《民报》出版后,南方各省由《中国日报》任总代理。余时任中国报社长,以在广告上介绍《民报》总称民族民权民生三大主义为冗长不便,乃简略称之曰三民主义,以资号召。数月以后,海内外各党报相率从之,遂成为一普通名辞……胡汉民于丁未(1907年)春自日本莅香港,屡向余言,民族民权民生之三大主义,不当以简称之三民二字代之,且指为不通。及己酉(1909年)从南洋归港,亦常以此为谈柄。然是时此名辞在世上已成确定不易,不独各种刊物通用之,即孙总理自亦以为适合而采用之焉。[2]

尽管胡汉民对此简称曾一度指斥不当,但从孙中山借用欧美三大主义"皆基本于民"的宗旨看,冯自由将此简称为"三民主义",是契合孙中山本意的。

从现在已经出版的孙中山史料看,孙中山最早使用"三民主义"一词,是1907年在南洋槟榔屿对侨胞的演说,其中提到:"我们三民主义中的民族主义,就是要使中国人和外国人平等,不做外国人的奴隶。"[3]但此后他仍一直使用

---

[1] 孙中山:《建国方略》之一《孙文学说》第8章《有志竟成》,《孙中山全集》第6卷,第237页。

[2] 冯自由:《二民主义与三民主义》,《革命逸史》第2集,第134页。

[3] 孙中山:《在槟榔屿对侨胞的演说》,陈旭麓、郝盛潮主编,王耿雄等编:《孙中山集外集》,上海人民出版社1990年版,第44页。

"三大主义"来说明同盟会与革命党的宗旨,如:1911年12月29日《在上海中国同盟会本部欢迎大会的演说》称:"本会持三大主义,唱导于世"[1];同年12月30日《中国同盟会意见书》称:"国之与民因果相环,往往为常智之所忽,其端至微,毋可以语卤莽躁急者哉! 则吾党所标三大主义,由民族而民权、民生者,进引之时有先后,而欲造成圆满纯固之国家,以副其始志者,则必完全贯彻此三大主义而无遗。"[2]1912年4月1日《在南京同盟会会员饯别会的演说》称:"八九年前,少数同志在日本发起同盟会,定三大主义:一、民族主义,二、民权主义,三、民生主义。"[3]直到1912年4月16日《在上海南京路同盟会机关的演说》中,才正式使用"三民主义"一词:

> 愿诸君以推翻满洲政府之精神,聚而求以后之进步,使吾人向持之三民主义实行无遗,夫然后为吾人目的到达之日,而对于政纲所负之义务,庶几无憾矣。[4]

自此以后,孙中山无论在讲演、著述中,都不再使用"三大主义",而专用"三民主义"一词来概括他所指的民族、民权、民生的内涵。

三大主义或曰三民主义,是孙中山从世界历史的递嬗变易和中国革命面临的社会实际中得来的悟性。他在《发刊词》中说:

> 余维欧美之进化,凡以三大主义:曰民族,曰民权,曰民生。罗马之亡,民族主义兴,而欧洲各国以独立。洎自帝其国,威行专制,在下者不堪其苦,则民权主义起。十八世纪之末,十九世纪之初,专制仆而立宪政体殖焉。世界开化,人智益蒸,物质发舒,百年锐于千载,经济问题继政治问题之后,则民生主义跃跃然动,二十世纪不得不为民生主义之擅场时代也。[5]

从这段话中可以看到,孙中山所谓民族主义,其基本内涵是反对清政府一贯推行的民族歧视和民族压迫政策,建立"民族独立的国家";民权主义是反对帝制专制、争取民主立宪政体;民生主义是产业革命时代为解决日见严重的经济问题而实行的社会革命。

> 今者中国以千年专制之毒而不解,异种残之,外邦逼之,民族主义、民

---

[1]《孙中山全集》第1卷,第574页。
[2]同上书,第578页。
[3]《孙中山全集》第2卷,第318页。
[4]同上书,第337页。
[5]孙中山:《〈民报〉发刊词》(1905年10月29日),《孙中山全集》第1卷,第288页。

权主义殆不可以须臾缓。而民生主义,欧美所虑积重难返者,中国独受病未深,而去之易。是故或于人为既往之陈迹,或于我为方来之大患,要为缮吾群所有事,则不可不并时而弛张之。[1]

从西方的历史陈迹和当前面临的困境,反观中国社会,则以民族主义解决清政府压迫与列强入侵;以民权主义解决千年专制;而民生问题既然将成为中国今后之大患,则应与民族民权同时解决。这就是孙中山主张中国革命必须以三大主义作为宗旨的理由。

西方历史的递嬗变易是否按民族、民权、民生三个阶段截然分开并不重要,重要的是孙中山悟出了西方历史和现实的症结所在,并把它用作解决中国革命的钥匙,以此构成自己的革命思想体系。所以,孙中山的三民主义既反映了当时的先进中国人学习西方、寻求救国救民真理的思维轨迹,又显示了他对中国革命思考的卓越识见。

当然,孙中山的这种悟性和思考不是一次完成的。从大的阶段说,冯自由把它分成"二民主义"和"三民主义"两个时期,原则上是正确的,但在划分标准和起迄时间上仍可商榷。冯自由称,自 1894 年檀香山兴中会提出"驱除鞑虏,恢复中国,创立合众政府"起,到 1905 年同盟会成立的 10 年间,是孙中山和其他革命团体如华兴会、光复会等主张民族、民权的"二民主义时期";从 1905 年同盟会成立起,尤其是《〈民报〉发刊词》明确提出"三大主义"起,"可称为三民主义时期"。冯认为尽管"平均地权"早在 1905 年前就已提出,但平均地权只是实行社会革命的第一步,因而不能把它与民生主义等同起来[2]。显然,冯自由只强调了民生主义内涵的完整意义,忽视了"平均地权"在民生主义中的重要地位。众所周知,民生主义有三个重要内核,首先是核定地价、增价归公的平均地权论,其次是土地国有以实现"耕者有其田"和发展国家资本以"节制私人资本"。在民国成立前,孙中山的民生主义思想主要还停留在平均地权说上,直到民国成立后,才进而提出后两项主张。所以,冯自由以平均地权只是民生主义的第一步而非全部内涵为理由,忽视它在民生主义思想中的作始意义是不应该的;如果强调民生主义内涵的完整意义,那么把 1905 年《〈民报〉发刊词》中提出民生主义作为划阶段的起点,也是自违其说的。可以说,从 1903 年"平均地权"主张提出起,孙中山就已进入到"三大主义"的理论构作时期。

---

[1] 孙中山:《〈民报〉发刊词》(1905 年 10 月 29 日),《孙中山全集》第 1 卷,第288 页。
[2] 冯自由:《二民主义与三民主义》,《革命逸史》第 2 集,第 132—133 页。

"驱除鞑虏,恢复中华",体现了孙中山的"民族主义"思想。就孙中山早期三民主义思想体系的形成时序看,民族主义思想萌发最早。1893年广州兴中会开会成立时,孙中山就以"驱逐鞑虏,恢复华夏"作为立会的宗旨。1894年檀香山兴中会的入会誓词中,这两句话略作修改,成为"驱除鞑虏,恢复中国"。1903年东京青山革命军事学校的入校誓词,最终确定为"驱除鞑虏,恢复中华",后来就一直沿用。就字面意义看,这8个字的核心是反清,目的要建立一个以汉族为首的民族国家。反清思想渊源于传统的汉族正统观,又因清王朝残暴的统治而激化。就孙中山受到的影响而言,主要不是从明末清初反清志士和思想家的言论著作中接受养料,而是从民间秘密结社的反清斗争和太平天国历史中获得感应,通过西式教育的启迪而萌生推倒腐败的清朝政府之志。因此,孙中山的反清情绪虽然也带着狭隘的民族主义内涵,但是较之同时代的章太炎却较少理性的思考,更多的是对现政府专制腐败的直感。思考并不深沉,现实感却极为强烈。这就使他容易较快摆脱传统的圈限而注入民主主义的时代内容。所以他一心向往的"恢复中华",本质上不是"光复故物"式的回归,而是建立一个以汉族为主体的包括各族在内的"中华国",即近代民族国家。孙中山在1906年12月的一次演说中,曾对之有过明确的解释,他说:"民族主义,并非是遇着不同族的人便要排斥他,是不许那不同族的人来夺我民族的政权。""惟是兄弟曾听见人说,民族革命是要尽灭满洲民族,这话大错。民族革命的原故,是不甘心满洲人灭我们的国,主我们的政,定要扑灭他的政府,光复我们民族的国家。"[1]显然,孙中山的民族主义不是建立在狭隘民族主义基础上的,而是以西方民族国家为指归的。

　　不少研究者在肯定孙中山民族主义思想的同时,常常批评它没有正面提出反对帝国主义的内容。其实,作为旧式的资产阶级民主革命,它的主要革命对象是本国的封建专制主义。清王朝作为中国封建专制的象征,推翻它的统治,符合社会主要矛盾的实际。所以反清既合民心,也顺乎潮流。况且清王朝从20世纪初年起已成了帝国主义统治中国的工具,推翻这个"洋人的朝廷",客观上也就反对了帝国主义对中国的侵略,"革帝国主义的命"。问题倒是中国的民主革命派们只着眼于"排满",没有强调反对汉族封建统治者,这就使他们的民主革命纲领中的反封建显得不完整,也不彻底,从而在实际斗争中往往容易模糊

---

　　[1]孙中山:《在东京〈民报〉创刊周年庆祝大会的演说》(1906年12月2日),《孙中山全集》第1卷,第324、325页。

自己的视线,在反清的同时,轻轻地放过了汉族封建主义这一大敌。

"创立民国"体现了孙中山的民权主义思想。孙中山的民权思想主要不是来自传统的"民为邦本"的民本思想,而是直接得自西式教育中有关英美政体的知识。作为政治革命的根本所在,孙中山的民权主义核心是建立一个"民主立宪政体"。早在 1894 年檀香山兴中会的入会誓词中,孙中山就提出了"创立合众政府"的主张,但"合众政府"一词的含义还很含糊,似不能据此断定就是美国式的联邦制,只能说它反映了孙中山力图用西方国家的政体来改造中国。1897年,孙中山在与宫崎寅藏、平山周的一次谈话中,第一次明确表示要建立"联邦共和"制。他说:"今欲求避祸之道,惟有行此迅雷不及掩耳之革命之一法;而与革命同行者,又必在使英雄各充其野心。充其野心之方法,唯作联邦共和之名之下,其夙著声望者使为一部之长,以尽其材,然后建中央政府以驾驭之,而作联邦之枢纽。"[1]但这种联邦共和制政体的内部结构究竟如何?孙中山并没有进一步说明。在革命派中,第一次把民主共和国方案说得最具体的,当推邹容的《革命军》。稍后,孙中山在东京青山革命军事学校的入校誓词中,也提出了"创立民国"的主张。1903 年 12 月,他在檀香山发表演说,就革命成功之后的政体问题作了说明,明确表示要"效法美国选举总统,废除专制,实行共和",这就是说,直到那时,孙中山心目中的未来"民国",实行的是美国式的联邦共和制。1905 年同盟会成立时,孙中山根据他提出的 16 字纲领,规定了未来共和国政体建设的三个依次衔接的阶段,即军法之治,约法之治,宪法之治。表明孙中山已经放弃了早年主张的联邦共和制,而主张按照五权宪法原则建立总统制式的共和政体。所以 1906 年他在《民报》创刊周年演说中谈到民权主义时,才会强调防止革命派内部相争、各据一方、造成国家四分五裂的状况。他说:"惟尚有一层最要紧的话,因为凡是革命的人,如果存有一些皇帝思想,就会弄到亡国。因为中国从来当国家做私人的财产,所以凡有草昧英雄崛起,一定彼此相争,争不到手,宁可各据一方,定不相下,往往弄到分裂一二百年,还没有定局。今日中国,正是万国耽耽虎视的时候,如果革命家自己相争,四分五裂,岂不是自亡其国?"[2]把这段话与上引 1897 年孙中山对宫崎、平山所说的话两相对照,可以看出孙中山民权主义思想的发展变化。当他主张联邦共和时,呼唤的是"英雄革命",而当他进到总统制式的共和政体时,强调的是"平民革命,建国民政府"[3]。

---

[1] 孙中山:《与宫崎寅藏、平山周的谈话》(1897 年 8 月中下旬),《孙中山全集》第 1 卷,第 173 页。

[2][3] 孙中山:《在东京〈民报〉创刊周年庆祝大会的演说》(1906 年 12 月 2 日),《孙中山全集》第 1 卷,第 326 页。

从"英雄革命"到"平民革命",从"联邦共和制"到总统制的"国民政府",这就是孙中山早期民权思想演进的轨迹。

孙中山民权思想中一个创造性的内容,就是所谓"五权宪法"。即在学习西方三权分立的基础上,根据中国的国情,把对官吏的"考选权"和"纠察权"独立出来,形成行政权、立法权、司法权、考选权、纠察权五权分立的宪法体制。1906年孙中山在《民报》创刊周年庆祝大会上的演说中,就三权分立体制的优劣和分立考选、纠察权的意义作了阐明。他认为,共和制度中的国家官吏,都是人民的公仆,美国过去对官吏的铨选不是通过考试而是通过选举和委任的方式,结果造成政治上的腐败与散漫。"所以将来中华民国宪法,必要设独立机关,专掌考选权,大小官吏必须考试,定了他的资格,无论那官吏是由选举的抑或由委任的,必须合格之人,方得有效。这法可以除却盲从滥举及任用私人的流弊。"对于官吏的监督弹劾,在西方立宪各国都是立法机关兼有监督的权限,因此生出无数弊端,从理论上说,"裁判人民的机关已经独立,裁判官员的机关却仍在别的机关之下,这也是论理上说不去的,故此机关也要独立"。孙中山指出,五权分立"这不但是各国制度上所未有,便是学说上也不多见,可谓破天荒的政体。兄弟如今发明这基础,至于那详细的条理、完全的结构,要望大众同志尽力研究,匡所不逮,以成将来中华民国的宪法"[1]。

既要进行民族革命,又要进行政治革命,两者的关系怎样?孙中山从理论上将二者区分开来,在实际操作中则把二者结合起来。他说:"至于民权主义,就是政治革命的根本。将来民族革命实行以后,现在的恶劣政治固然可以一扫而尽,却是还有那恶劣政治的根本,不可不去。"中国数千年来都是君主专制政体,"不是专靠民族革命可以成功"。这就是两者的区别。他又说:"至于着手的时候,却是同民族革命平行。我们推倒满洲政府,从驱除满人那一面说是民族革命,从颠覆君主政体那一面说是政治革命,并不是把来分作两次去做。"[2]这就是两者的联系。区别是为了认清两者的性质,推倒清政府不等于建设了民主立宪政体;联系是为了把反清和反封建结合起来,使反清的民族革命超越单纯的民族复仇主义而从属于民主主义的政治革命需要。于是民族主义与民权主义在革命实践中统一了起来,构成了孙中山早期三民主义理论体系中相辅相成的两大支柱。

---

[1] 孙中山:《在东京〈民报〉创刊周年庆祝大会的演说》(1906年12月2日),《孙中山全集》第1卷,第330—331页。

[2] 同上书,第325页。

"平均地权"体现了孙中山的民生主义思想。这是孙中山早期三民主义理论体系中超越同时代革命者的最突出最具光彩的部分,也是孙中山作为近代杰出的爱国主义者对国运民生殚精竭虑之所在。

　　"平均地权"之说,最早见诸于1903年孙中山制定的东京青山革命军事学校的入校誓词:"驱除鞑虏,恢复中华,创立民国,平均地权。"[1]1905年成立中国同盟会时,又将其作为同盟会的政治纲领。据说,当孙中山提出这四句话十六字为誓约时,"在座会员有数人对于'平均地权'有疑义要求取消",经孙中山"剀切解释至一小时之久,众始无言"[2]。

　　为什么有人会对"平均地权"有疑义乃至要求取消? 这个问题,以往的研究都没有作过说明。其实,这件事关系到孙中山当时的"平均地权"理念,有必要予以解析。由于目前已出版的各种孙中山著述,都没有收录1903—1905年孙中山关于"平均地权"的任何言论,致使这个问题的考察缺乏第一手资料佐证。所以,只能从已知孙中山与他人谈话的零星口碑资料中,寻绎和作出梳理。

　　土地问题是和农民的生计联在一起的。孙中山对民生问题的思考,早在1891年前后写作《农功》篇时就已开始。他说自己"日鳃鳃然忧贫患寡,奚为哉?"为的是思考何以能使国家富强。根据他对中外历史的考察,认为"以农为经,以商为纬,本末备具,巨细毕赅,是即强兵富国之先声,治国平天下之枢纽也"[3]。1894年《上李鸿章书》中,又进而提出人尽其才,地尽其利,物尽其用,货畅其流,"此四事者,富强之大经,治国之大本也"[4]。民生问题关乎国家根本,思考的理路前后是一贯的。

　　1895年广州起义失败留居英国伦敦时,孙中山耳闻目睹了号称富强的欧美各国,由于贫富悬殊正面临着社会革命的阵痛,可谓感触良深。他希望能寻找出一种在中国政治革命成功后,避免贫富两极分化的社会改造方案,以防止社会革命在中国重演。他阅读了当时盛行的各种社会学说,最服膺亨利·乔治的单税论[5]。开始从土地问题入手,思考中国社会改造的方案。

　　1899年孙中山在日本横滨和关心西学的梁启超讨论过土地国有的问题。孙中山说:"今日耕者,率贡其所获之半于租主而未有己,农之所以困也。土地

　　[1]《孙中山全集》第1卷,第224页。
　　[2] 冯自由:《二民主义与三民主义》,《革命逸史》第2集,中华书局1981年版,第132页。
　　[3] 孙中山:《农功》,《孙中山全集》第1卷,第8页。
　　[4] 孙中山:《上李鸿章书》,同上书,第8页。
　　[5] 参见夏良才:《论孙中山与亨利·乔治》,《近代史研究》1986年第6期。

国有后,必能耕者而后授其田,直纳若干之租于国,而无复有一层地主从中朘削之,则农民可以大苏。"他甚至还有"夺田"的想法,说:"大乱之后人民离散,田荒不治,举而夺之。"[1]

1901 年至 1902 年,他又和精熟中国历史与典章制度的章太炎及秦力山等多次聚谈"我国古今之社会问题及土地问题",举凡三代之井田,王莽之王田,王安石之青苗,洪秀全之公仓,"均在讨论之列"[2]。章太炎认为:"后王视生民之版,与九州地域广轮之数,而衰赋税,大藏则充。"[3]意思是说:革命成功后的治国者,可以根据地主拥有土地的多寡与全国土地总数的比例关系来确定征收赋税的额度,则国库就可充裕。他以可耕的熟田(露田)为标准,将土地分成几等来制定赋税征收的等级,认为"赋税所获,视今日孰若?"[4]

孙中山不同意章氏所说,指出:"兼并不塞而言定赋,则治其末已。"在他看来,不杜绝土地兼并而谈定赋,那是舍本治末,不能从根本上解决土地问题。因为土地兼并是造成贫富悬殊的根源,而"贫富斗绝者,革命之媒",社会革命就难以避免。孙中山指出:"方土者,自然者也。"土地是自然的产物。解决土地问题,只能是"不躬耕者,无得有露田。……夫不稼者,不得有尺寸耕土,故贡彻不设。不劳收受,而田自均。"[5]很明显,孙中山是以"不躬耕者"不能拥有土地的办法来根绝土地兼并;消除因兼并造成的"贫富斗绝",达到"均田"的目的。这一说法,与他在 1899 年对梁启超说的"必能耕者而后授其田"是一致的。

章太炎同意孙中山的观点:"善哉!田不均,虽衰定赋税,民不乐其生,终之发难。有帑廥而不足以养民也。"[6]后来,章太炎写的《均田法》中,规定"凡土:民有者无得旷。其非岁月所能就者,程以三年。岁输其税什二,视其物色而衰征之"[7]。有研究者认为《均田法》是"根据他们的讨论",由章氏草拟而成的[8]。其实细读这条规定,我认为并不符合孙中山"兼并不塞而言定赋"的原意,只有"岁输其税什二",以及"凡诸坑冶:非躬能开浚薶采者,其多寡阔陋,得恣有之,不以露田园池为比"[9],算是采纳了孙中山的意见。

---

[1] 梁启超:《社会革命果为今日之中国所必要乎?》,《新民丛报》第 86 号。

[2] 冯自由:《同盟会四大纲领及三民主义溯源》,《革命逸史》第 3 集,第 206 页。

[3][4][5] 章太炎:《定版籍第四十二》,朱维铮校点:《訄书重订本》,见《章太炎全集》(三),上海人民出版社 1984 年版,第 273、274、275 页。

[6][7] 同上书,第 275 页。

[8] 李新主编:《中华民国史》第 1 编,《中华民国的创立》(上),中华书局 1981 年版,第 326 页。

[9] 章太炎:《定版籍第四十二》,《章太炎全集》(三),第 275、276 页。

根据与梁启超、章太炎谈话的资料，可知 1902 年时，孙中山关于土地问题的理念，一是主张"土地国有"以防止"兼并"；二是主张"必能耕者而后授以田"，借以达到"均田"目的，防止社会革命发生；三是可以在大乱后田荒不治的情况下"举而夺之"；四是主张赋税之"取于佣耕者，率参而二"[1]。其核心思想就是通过上述手段，达到地权平均的社会改造原旨，避免"贫富斗绝"的社会革命在中国重现。正是本着这些理念，他在 1903 年将此概括为"平均地权"的思想主张，并在东京青山革命军事学校的入校誓词和 1904 年改订美洲致公堂章程中正式提出，将原来檀香山兴中会的"驱除鞑虏，恢复中国，创立合众政府"，拓展为"驱除鞑虏，恢复中华，创立民国，平均地权"的完整纲领。

　　理清了孙中山"平均地权"的最初理路，就可以理解他在 1905 年 5 月访问第二国际执行局时的谈话。5 月 20 日布鲁塞尔《人民报》称：

　　　　孙同志首先扼要地解释了中国社会主义者的目标……，他们的纲领：第一，驱除篡权的外来人，从而使中国成为中国人的中国。第二，土地全部或大部分为公共所有，就是说很少或没有大的地主，但是土地由公社按一定章程租给农民。而且中国有一种十分简单的财政制度：每人按其财产付税，而不是象欧洲那样，把负担放在大多数没有财产的群众身上。

　　　　我们黄种的同志希望改进这种制度，使之同我们党的原则更趋一致，防止往往一个阶级剥夺另一个阶级，如象所有欧洲国家都曾发生过的那样……。

　　该报道还援引孙中山的话："孙同志说：'几年内我们将实现我们梦寐以求的理想，因为届时我们所有的行会（沈案："会"恐"为"之误）都是社会主义的了。那时，当你们还在为实现你们的计划而努力的时候，我们将已生活在最纯正的集体主义制度之中了'。"[2]

　　报导所概述孙中山纲领的第二点，即关于土地问题的谈话内容，与前面梳理出来四点理念是基本一致的。报道称"我们黄种的同志希望改进这种制度"以及援引孙中山所说的那些话，与我所说"平均地权"核心思想是达到社会改造原旨，避免社会革命之重现于中国，也是吻合的。

　　两相对证，说明 1905 年 8 月中国同盟会成立时，孙中山提出"平均地权"作为同盟会政纲之一，有人表示疑义要求取消者，就是前述的四项要旨。孙中山

---

[1] 章太炎：《定版籍第四十二》，《章太炎全集》（三），第 274 页。
[2]《访问国际社会党执行局的谈话报导》，《孙中山全集》第 1 卷，第 273 页。

作了一个小时之久的解释，其内容既有对四项要旨的说明，又着重于防止社会革命之必要。冯自由记此事称：

> 孙总理乃起而演讲世界各国社会革命之历史及其趋势。谓："现代文明国家最难解决者，即为社会问题，实较种族政治二大问题同一重要。我国虽因工商业尚未发达，而社会纠纷不多，但为未雨绸缪计，不可不杜渐防微，以谋人民全体之福利。欲解决福会问题，则平均地权之方法，乃实行之第一步。本会系世界最新之革命党，应立志远大，必须将种族政治社会三大革命，毕其功于一役"等语。剀切解释，至一小时之久，众始无言[1]。

"众始无言"不等于众始赞同。因为孙中山当时的"平均地权"理念在某些人看来太激进了：既要实行"土地国有"，又要直接纳租税于国家，取消"地主从中朘削之"；既要实行"能耕者而后授其田"，又要规定"不稼者不得有尺寸耕土"。革命革到自己头上了，能不反对吗？只是听了孙中山关于防社会革命于未然以及"毕其功于一役"的解释之后，才"众始无言"，没话可说了。但是，疑义还在，没有消除。后来有人将"平均地权"改为"平均人权"[2]，也就可以理解了。

一个值得注意的现象是，从文本爬梳看，孙中山对"平均地权"第一次作出解释，是在1906年秋冬间与黄兴、章太炎等制定的《中国同盟会革命方略·军政府宣言》。宣言在逐项阐明同盟会16字纲领时，对"平均地权"作了如下说明：

> 平均地权　文明之福祉，国民平等以享之。当改良社会经济组织，核定天下地价。其现有之地价，仍属原主所有；其革命后社会改良进步之增价，则归国家，为国民所共享。肇造社会的国家，俾家给人足，四海之内无一夫不获其所。敢有垄断以制国民之生命者，与众弃之[3]。

这一解释，显然与孙中山"平均地权"的最初理念不完全相同。原来持有的"能耕者而后授其田"、"不稼者不得有尺寸耕土"、"直纳若干之租于国"等说法都不见了，变成了"核定天下地价，现价仍归原主；涨价归国家，为国民所共享"。两相比较，前者激烈，后者温和。而后者竟与亨利·乔治的"单一税社会主义"完全一致。据此，我认为孙中山"平均地权"思想，从1903年最初提出到1906年《军政府宣言》正式表述，其间经历着一个由激进到温和的变化过程。促成变化的动因之一，很可能是为了消除前述同盟会部分成员对"平均地权"初旨的疑

---

[1][2] 冯自由：《二民主义与三民主义》，《革命逸史》第2集，第132、134—135页。
[3]《孙中山全集》第1卷，第297、328—329页。

忌和反对,以求得会员对 16 字政纲的共识和拥护。

还有一个为研究者所忽视的问题,即孙中山在何时将"平均地权"纳入"民生主义"?

有趣的是,尽管孙中山很早在思考民生国计的大事,并于 1903 年形成了"平均地权"的理念,但却一直找不到合适的简洁正确的用语,把它与自己一贯主张的"民族革命"、"民权革命"统合起来。直到中国同盟会成立后,为了受众人之请撰写《〈民报〉发刊词》时,才接受党人邓慕韩的建议,第一次使用"民生主义"一词,以与"民族主义"、"民权主义"相对应,构成"三大主义"的理论体系。有关此事的经过,邓慕韩著文追忆称:"一日,请国父撰一发刊词以冠篇首。国父慨然允诺,爰命汉民纪录其意,曰:'吾国定名民国,党曰民党,权曰民权;现欲将吾平日所提倡之种族革命、政治革命、社会(亦名经济)革命,以一民字贯之。种族则拟为民族,政治则拟为民权,社会则尚未能定。'当时座中各有献议,均未能当。余无意中提出吾国常用国计民生,可否定名民生?众均曰善。遂以社会革命定名民生。由是,民族、民权、民生三大主义之名词,于《民报》发刊词确定之。"[1]

必须指出:《〈民报〉发刊词》中,孙中山虽使用了"民生主义"一词,以与民族、民权合成"三大主义",但对"民生主义"的内涵并没有作具体说明,只是论述了中国实行民生主义之必需和政治革命、社会革命"毕其功于一役"之可行。换言之,《发刊词》尚未将平均地权作为民生主义的内容予以解释。联系前述平均地权遭到部分同盟会会员的疑忌和反对,孙中山需要改变初衷、重新定义的事实和分析,《发刊词》这样处理也就可以理解了。

那么孙中山何时将"平均地权"作为"民生主义"的内容作出解释?从文本爬梳看,应是 1906 年 12 月 2 日在《在东京〈民报〉创刊周年庆祝大会的演说》。孙中山说:

> 闻得有人说民生主义是要杀四万万之半,夺富人之田为己有;这是他未知其中道理,随口说去,那不必去管他。解决的法子,社会学者所见不一,兄弟最信的是定地价的法。比方地主有价值一千元,可定价为一千,或多至二千;就算那地将来因交通发达价涨至一万,地主应得二千,已属有益无损;赢利八千,当归国家。这于国计民生,皆有大益。少数富人把持垄断

---

[1] 邓慕韩:《追随国父之回忆》,《三民主义半月刊》第 10 卷第 3 期;陈锡祺主编:《孙中山年谱长编》上册,中华书局 1991 年版,第 363 页。

的弊窦自然永绝，这是最简便易行之法。……中国行了社会革命之后，私人永远不用纳税，但收地租一项，已成地球上最富的国。这社会的国家，决非他国所能及的[1]。

这一解释，明眼人一看便知就是亨利·乔治的单一税论。显然，孙中山至迟在 1906 年 12 月初，就已把同年秋冬间制定的"平均地权"内涵，即核定地价、涨价归公、与民共享，称作"民生主义"了。

为什么说，"至迟在 1906 年 12 月初"？因为事实上而非文本溯源的意义上，大约在该年的 4—5 月间已经有人把"平均地权"称之为"民生主义"了。证据之一是 1906 年 4 月 18 日出刊的《民报》第 3 号上，刊发了胡汉民按孙中山原意而写成的《〈民报〉之六大主义》一文。其中第三点即为"土地国有"。文曰："原大土地国有之论，以反对私有者而起。以言其理由，则土地为生产要素而非人为造成，同于日光空气，本不当有私有者。……故且土地价值因时代而异，社会文明则其进率益大，此进率者非地主毫末之功而独坐收其利，是不啻驱社会之人而悉为之仆也。"[2]显然，文章所论，即为孙中山服膺的亨利·乔治之"土地国有"论。

证据之二，是同年 5 月 1 日发行的《民报》第 4 号所刊冯自由的《录中国日报民生主义与中国政治革命之前途》。如果说上引胡汉民文章还没有把"土地国有"称为"民生主义"，仅作为《民报》六大主义之一，那么冯自由此文，明确称："所谓国家民生主义之纲领为何？则土地问题是也。括而言之，则平均地权也。此学说于英人轩氏佐治(Henry George)鼓吹之为最力。"[3]可见，早在孙中山将"平均地权"作为"民生主义"含义之前，党人中之笔杆子已经根据孙中山的原意在作阐述了。他们笔下的"平均地权"，与同盟会成立会上孙中山所持的激烈内容显然不同，而是核定地价、涨价归公的单税论，也就是《军政府宣言》所解释平均地权的内容。据此，可以大体上断定：孙中山"平均地权"的主张，由最初的激进手段演变到完全采纳亨利·乔治的单税社会主义，应在 1905 年 8 月同盟会成立后至 1906 年上半年之间；而孙中山本人将此种变化了的、温和的"平均地权"主张，作为"民生主义"内容，从文本追溯看，则在 1906 年 12 月《民报》周年

---

[1]《孙中山全集》第 1 卷，第 297、328—329 页。

[2] 汉民（胡汉民）：《民报之六大主义》，《民报》第 3 号（1906 年 4 月 18 日发行），影印合订本第 1 册，科学出版社 1957 年版，第 12 页。

[3] 自由（冯自由）：《录中国日报民生主义与中国政治革命之前途》，《民报》第 4 号（1906 年 5 月 1 日发行），影印合订本第 1 册，第 110 页。

纪念会的演说中，第一次作了公开的解释。自此，核定地价、涨价归公，成了"民生主义"在土地问题上"平均地权"的本义。尽管"平均地权"的操作手段和初旨相比变得温和，但两者的基本主旨，即反对土地兼并，防止社会贫富两极分化，"肇造社会的国家，俾家给人足"的社会改造目标，则始终如一。

这一论断，还可以从梁启超在《新民丛报》上对"平均地权"之责难得到外证。

如前所述，孙中山曾于 1899 年在日本横滨和梁启超讨论过土地国有问题，梁对孙中山关于以土地问题为核心的社会革命理念是了解的。当 1903 年孙中山将此理念概括为"平均地权"并在 1905 年提出民族、民权、民生三大主义揭之于《民报》创刊号后，梁氏即在《新民丛报》上刊文指责孙中山的社会革命是"博一般下等社会之同情，冀赌徒光棍大盗小偷乞丐流氓狱囚之悉为我用"[1]。"行土地国有于政治革命时，同于攘夺"[2]；富人为保其财产，必成政治革命之阻力[3]。这些措辞尖刻的指责，显然是针对孙中山"平均地权"初旨时的激进主张而发的。及至孙中山采纳亨利·乔治的单税论后，梁氏即未复有上述指斥，表示："行社会主义学说，其属于改良主义者，吾固绝对表同情，其关于革命主义者，则吾未始不赞美之，而谓其必不可行，即行亦在千数百年之后。"[4]在梁氏看来，"夺富人之财产以散诸平民"是激进的社会主义，而核定地价、涨价归公、与民共享的单税论'，则是社会主义中的"改良主义"，他非但不反对，而且"绝对表同情"。所以在尔后的论战中，他仅就奖励本国资本家与外资的关系；生产与分配的关系；地价涨落原因；核定地价后是否收买；仅以涨价归公是否能使财政充裕等问题驳诘，少谩骂而多理性。梁启超在 1906 年上半年以后对平均地权态度的变化，恰好印证了孙中山关于平均地权主张有一个从激烈到温和的变化过程。

"平均地权"本义的第二次变化，是在"核定地价，涨价归公，与民共享"之外，增加了"定价收买"的内容。这在民国初期孙中山不少讲演中已见端倪。最早提到此意的，应是 1912 年 4 月 1 日《在南京同盟会会员饯别会的演说》。孙中山说："本会从前主义，有平均地权一层。若能将平均地权做到，那么社会革

---

[1] 梁启超：《开明专制论》第 8 章，《新民丛报》第 4 年第 3 号（1906 年 2 月 23 日），第 45 页。

[2][3] 县解（朱执信）所写《论社会革命当与政治革命并行》一文中摘录《新民丛报》责难社会主义言论。见《民报》第 5 号（1906 年 6 月 30 日发行），合订本第 1 册，第 44 页。

[4] 汉民（胡汉民）所写出《告非难民生主义者》一文中征引梁启超《新民丛报》第 14 号上非难民生主义之原文。见《民报》第 12 号（1907 年 3 月 6 日发行），合订本第 2 册，第 47 页。

命已成七八分了……求平均之法,有主张土地国有的。但由国家收买全国土地,恐无此等力量,最善者莫如完地价税一法。……然只此一条件,不过使富人多纳数元租税而已。必须有第二条件,国家在地契之中,应批明国家当须(需)地时,随时可照地契之价收买,方能无弊。……有此两法互相表里,则不必定价而价自定矣。"[1]之后,《在广州报界欢迎会的演说》(1912年5月4日)、《在广州对报界公会主任的谈话》(1912年5月13日)、《在广州行辕对议员记者的演说》(1912年6月9日)、《在山西同盟会欢迎会的演说》(1912年9月19日)、《在上海报界公会欢迎会的演说》(1912年10月12日)、《在上海中国社会党的演说》(1912年10月14—16日)[2]等讲演中都谈到了国家在必要时可按核定的地价照价收买一法。

"定价收买"一说,既是对两报大论战时期梁启超责难的回应,又是孙中山对"平均地权"学说的完善。后来,他始终坚持,直到1924年由他手订经讨论通过的《中国国民党第一次全国代表大会宣言》,对"平均地权"的要旨,作了最具权威性的阐述:

> 国民党之民生主义,其最要之原则不外二者:一曰平均地权;二曰节制资本。盖酿成经济组织之不平均者,莫大于土地权为少数人所操纵。故当由国家规定土地法、土地使用法、土地征收法及地价税法。私人所有土地,由地主估价呈报政府,国家就价征税,并于必要时依报价收买之,此则平均地权之要旨也[3]。

根据上述口碑资料和孙中山著述的文本爬梳,可以看到"平均地权"作为"民生主义"的内容之一,其本义从同盟会成立前的激进的初旨到同盟会成立后演变成核定地价、涨价归公的温和的单一税论,再由亨利·乔治的单税论到民国时期加入"定价收买",形成核定地价,定价收买;涨价归公,与民共享的完整学说。从而使"平均地权"论具有了不同于乔治之说的内容。亨利·乔治虽也反对土地因私有而形成的贫富差距,但他不主张收买土地,更反对把私人的地产归公,这与孙中山主张国家在必要时可以按地主报价实行收买是有所不同的。"定价收买"之法,得自于英国古典经济学家约翰·穆勒的理论;[4]而且"平均地权"中规定"以现有之地价,仍属原主所有",比起乔治所主张为了给予地主

---

[1]《孙中山全集》第2卷,第320—321页。
[2] 以上各篇,均见《孙中山全集》第2卷。
[3]《孙中山全集》第9卷,第184页。
[4] 参见赵全钰:《论孙中山早期的平均地权思想》,《辛亥革命史丛刊》第4辑,中华书局1982年版。

替国家征收地租以一定的报酬,而将地租的一小部分给予地主,在数量上也不尽相同。所以尽管亨利·乔治的理论对孙中山平均地权思想的形成有重要影响,尽管平均地权的主要内容曾一度来自于乔治的理论,但最终的定义仍杂糅了西方其他经济学家的学说。这一点,孙中山自己也说过他的民生主义是综合数家之长,"有所斟酌去取"[1]。

以定价收买之法实现土地国有;以核定地价、涨价归公之法限止地主的剥削并逐步达到消灭地主,"使国家为唯一的地主,而国内人人皆为租地者"[2];以只向土地的价值征税的方法,废除所有的税收,达到消除"少数富人把持垄断的弊窦"[3],并使国库充裕,人民富足,最终达到社会改造的目的。这些都表明孙中山的平均地权思想,既包容了中国历史上土地国家论者某些朴素的经济平等观念,又扬弃了小农的绝对平均主义;既要均社会的贫富,又否定了暴力剥夺方式。把温和的改良主义引进激进的民主主义土地纲领,这正是体现了孙中山作为"中国式的革命家,究不过抱温和主义"[4]的特点。

孙中山在晚年,曾有过把"耕者有其田"的思想重新注入"平均地权"学说的设想。1924年1月至8月,他在广州国立高等师范学校作"三民主义"系列演讲,讲到"民生主义"时说:"至于将来民生主义真是达到目的,农民问题真是完全解决,是要'耕者有其田',那才算是我们对于农民问题的最终结果。"[5]同年8月,孙中山在广州农民运动讲习所第一届毕业典礼的演说中,再次提到:"我们解决农民的痛苦,归结是要耕者有其田。"[6]虽然,作为权威文献的《中国国民党第一次全国代表大会宣言》在阐述"平均地权之要旨"时,没有明确提出"耕者有其田",只是规定:"农民之缺乏田地沦为佃户者,国家当给以土地,资其耕作。"[7]这一规定后来也未能实现,但孙中山这个设想的提出,对"核定地价"、"涨价归公"、"定价收买"后的土地国有给出了最后归宿,从而使"平均地权"有了新的内涵和新的意义。

1924年4月,孙中山在广东第一女子师范学校校庆纪念会上,发表了有关"三民主义"的长篇演说。其中谈到实行"民生主义"的目的时说:英美国家"富者愈富,穷者愈穷。所以他们的社会,小康之家是很少的。没有中产阶级,只有

[1][2]汉民(胡汉民)所写《告非难民生主义者》文中称:孙中山曾对斯宾塞、亨利·乔治、约翰·弥勒诸家学说"将有所斟酌去取"。见《民报》合订本第2册,第145页。

[3]孙中山:《在东京〈民报〉创刊周年庆祝大会的演说》,《孙中山全集》第1卷,第329页。

[4]孙中山:《在香港大学的演说》,《孙中山全集》第7卷,第116页。

[5][7]《孙中山全集》第9卷,第120、399页。

[6]《孙中山全集》第10卷,第23、558页。

两种绝相悬殊的阶级,一种是资本家,一种是穷人。在这两种阶级的中间,不穷不富的人很少。这种现象,不是好现象,这就是社会上的毛病。……现在是民国十三年。再过十三年,到民国二十六年,中国或者不穷,也是象英国、美国一样的富足;社会上也是象英国、美国一样,生出两种阶级的人,一级是大富人,一级是大穷人,中间没有第三级的人民,那便是不均。……我们的民生主义,是做全国大生利的事,要中国象英国、美国一样的富足;所得富足的利益,不归少数人,有穷人、富人的大分别,要归多数人,大家都可以平均受益。"[1](着重号为引者所加)很明显,孙中山希望在中国实行民生主义后,形成一个众多"小康之家"的社会,出现一个不穷不富的"中产阶级",这样不仅可以避免欧美那样的贫富两极对立,而且可以促使社会和谐与稳定。因此,民生主义本质上是一种社会改造方案,目的在于培育和造就社会的中产阶级。

"平均地权"作为孙中山民生主义的重要内容之一,从最初的理路到后来的演变,都以社会改造为原旨。在土地所有制问题上,不主张消灭地主,主张通过地主报价,将原租的一部分给予地主,涨价部分归公,与民共享;必要时照定价收买,实现土地国有,最终采取"耕者有其田",使占全国人口绝大多数的农民,成为具有独立经济地位和独立人格的自耕农;在赋税问题上,实行照价纳税,利归国家,用之于民,以消除贫富悬殊的社会矛盾。实行上述地权平均的办法,是制定土地法、土地使用法、土地征收法及地价税法等一系列法令,以国家干预手段,保障实施。随着城市工商实业和农村经济的发展,农民中的一部分人,将成为农村中的中产阶级,"不贫不富"的"小康之家"将日益增多,社会结构也就出现新的变化。

核定地价、按价收买、涨价归公,只是平均地权学说的早期内容,其中许多问题如土地增价如何收归国有? 如何防止地主在土地报价时以贵报贱? 土地国有后是否限止租田面积? 谁有租田的资格等,在同盟会成立时都还没有得到阐发,有待于进一步丰富和完整。但即使如此,平均地权作为防止未来社会革命的第一步,已经充分体现出孙中山的卓识远见。由于当时大多数革命者只着眼于现实的政治斗争,考虑的只是反清的民族革命和反专制的民权革命,而对革命成功后的社会问题尚缺乏关注,因此,当孙中山揭橥平均地权主张时,有人表示怀疑,有人表示不理解,有人干脆不接受。可见同盟会内部对孙中山三民主义中最突出最具光彩的民生主义一节的认识上是不一致的。

---

[1]《孙中山全集》第10卷,第23、558页。

平均地权在保皇派中也引起了巨大反响。梁启超主持的《新民丛报》对平均地权的理论原则和操作方法提出了许多非难与质疑,一时成为两派争论的焦点。

针对内部的误解和外部的责难,孙中山一方面向同志们反复阐述自己的主张,一方面率领革命派对梁启超的攻击进行了坚决的反击。

对内,孙中山强调了革命党员"应高瞻远瞩,不当专问种族政治二大问题,必须并将来最大困难之社会问题亦连带解决之,庶可建设一个世界最良善最富强之国家"[1]。孙中山指出,"近时志士舌敝唇枯,惟企强中国以比欧美。然而欧美强矣,其民实困,观大同盟罢工与无政府党、社会党之日炽,社会革命其将不远"[2];"这真是前车可鉴,将来中国要到这步田地,才去讲民生主义,已经迟了。这种现象,中国现在虽还没有,但我们虽或者看不见,我们子孙总看得见的。与其将来弄到无可如何,才去想大破坏,不如今日预筹个防止的法子"[3]。为此,他提出了"诚可举政治革命、社会革命毕其功于一役"的主张[4]。他说:"总之,我们革命的目的是为众生谋幸福,因不愿少数满洲人专利,故要民族革命;不愿君主一人专利,故要政治革命;不愿少数富人专利,故要社会革命。这三样有一样做不到,也不是我们的本意。达到了这三样目的之后,我们中国当成为至完美的国家。"[5]

对外,孙中山率领同盟会中的一批笔杆子在《民报》上公开反击保皇派诋毁民生主义的谬论,并具体解答有关平均地权的若干理论和方法。

根据同盟会宗旨和对外政策,胡汉民写成《〈民报〉之六大主义》一文,其中第三条即阐明了土地国有主张。文章指出实行土地国有,其目的"则使人民不得有土地所有权,……如是则地主强权将绝迹于支那大陆。国家之课于土地上者,必经国会之承认,亦必无私有营利之弊,以重征而病农,地利既厚,而非躬耕无缘授诸国,则民日趋业而无旷土。地主夙昔坐而分利,今亦与平民比,而转为生利之企业,此于一国经济,已著莫大之良果,而以吾国已为民权立宪政体之故,则地利所入虽丰,仍以为民政种种设施之用,其为益愈大[6]。"所谓"非躬耕无缘授诸国",即是孙中山所说"必能耕者而后授以田"。针对梁启超对"定价收买之法"的责难,《民报》在孙中山授意下发表汪兆铭、朱执信等文章进行答辩,

[1] 冯自由:《中国同盟会史略》,《革命逸史》第 2 集,第 138 页。
[2][4] 孙中山:《〈民报〉发刊词》,《孙中山全集》第 1 卷,第 288—289 页。
[3][5] 孙中山:《在东京〈民报〉创刊周年庆祝大会的演说》,同上书,第 327、329 页。
[6]《民报》第 3 号,1906 年 4 月 5 日。

指出由于全国土地价值总额巨大,所以定价收买将采取相辅相成的两种方法,首先由国家发给"国债券",然后分期偿还;其次,划定地价后增值归公,然后按定价随时收买。整个收买过程将是相当长时间而非三数年内一蹴而就的[1]。在全部土地收归国有以前,土地交易非但不禁止而且势必更频繁,不会发生地主吝卖土地之事。如果在核定地价后地主不想出卖,也是可以的,但必须缴纳增价的价值;如地主将土地不卖给国家而卖给私人,则地主只能得到土地经核定的原价,增价部分由买主缴给国家。所以"无论其买卖之成立否,国家皆受其增价之益"[2]。针对梁启超认为中国地租收入不足以供国用,所以单一土地税之法将对中国财政带来困难的说法[3],朱执信在答辩中指出了梁氏所根据的计算理论不及"宅地",而只就耕地的地租立论,所以才会得出不足八十亿之数而不足供国用的结论。"吾人所以主张以土地为国有者,其主要之目的全在宅地。"据估计,中国乡村宅地地租总额约为地市宅地租的五分之一,这两部分地租是一个重要收入,因此,土地国有不仅及于耕地,同样也及于地市和乡村的宅地,"吾辈之言土地国有者,本指全土地言,而尤重宅地"。实行单税法后,国用不仅不会发生困难,而且足供有余[4]。

比较全面阐述民生主义、反击保皇派攻击的是由孙中山口授、胡汉民写成的《告非难民生主义者》一文。文章针对梁启超把平均地权与古代井田制等同起来,进而否定平均地权作为土地国有的新学说意义,考察了它与井田制的异同,指出,平均地权就土地国有而言,"颇合古者井田之意",但二者的根本区别在于"井田之法为数理的分配,吾人社会政策为心理的分配",即前者表现为土地面积绝对数的平均分配,后者则是土地面积按能力与需要分配,其绝对数量不一定相等。国家对租地面积也不作限制,只规定不准转租他人,目的在于不使其人成为地主[5]。

国家既然不限止租田数量,梁启超问:"谁不欲多租者,国家又安从而给之?"[6]胡汉民在文章中回答说:"凡农田之租者,不得废耕;业场之租者不得废业。则无资本劳动力以经营者,自不能久拥虚地,而社会上亦必无愿掷黄金于虚牝者。"梁启超又问,"若位置由租者请愿也",则人人都想得到地理有利的好

---

[1] 精卫:《杂驳〈新民丛报〉》(续),《民报》第 12 号,1907 年 3 月 6 日。

[2][4] 县解(朱执信):《土地国有与财政》,《民报》第 16 号,1907 年 9 月 25 日。

[3] 梁启超:《再驳某报土地国有论》,《新民丛报》第 4 年第 18 号,1907 年 9 月 15 日。

[5] 胡汉民:《告非难民生主义者》,《民报》第 12 号,1907 年 3 月 6 日。以下引文及阐述均据此文,不另注明。

[6] 梁启超:《杂答某报》,《新民丛报》第 86 号。

地,政府该怎么满足他的欲望呢[1]？胡汉民回答说,"则政府亦视其能出租最高者贷与之斯已耳。岂人人欲得地,即必人人而与之耶"？梁启超再辩之曰:如果"必有资本者乃能向国家租地,其无资本者,无立锥如故也"[2]。胡汉民回答说:一般稍有"锹锄斧斤之属"的农民,就可向国家申请租地,国家按各国惯例也不要他事先缴纳地租,只需在收获后上缴;若有困难,连续两年以上不能纳租者,国家则"废其契约"。这样,"虽甚贫之佃户,不患无耕地也"。但若"其人倘并锹锄斧斤之属而亦无之,其不能不为他人作嫁固耳"。这就是说那些真正的赤贫户只能沦为他人的雇佣者。胡汉民在文章中指出:如果租地者在租地之后无法顺利进行生产,国家将收回其租地;即使是一般佃户所租之地,也要订立 30 年或 40 年的期限,在此时间内禁止转租他人或转贷他人。由于上述的规定,"土地国有之制行,国中之生产业必有大进,何者? 既无坐食分利之地主,而无业废耕者,国家又不令其久拥虚地,则皆尽力于生产事业也"。

通过《民报》对平均地权的阐发,孙中山的土地国有思想和平均地权过程中一系列具体的操作方法得到阐明,使得平均地权学说的内容日见丰满,从而使它蕴含着的反对封建土地所有制、限止地主对土地和土地价格的垄断、促进资本主义工商业发展的积极意义,日益深入人心。

平均地权只是实现民生主义的第一步,与平均地权同等重要的是关于节制资本的问题。在辛亥以前孙中山关于节制资本只有若干思想萌芽。作为民生主义学说的重要组成部分,节制资本的理论建构是在辛亥以后完成的。不仅民生主义理论形态的完成有一个过程,即使民族主义、民权主义的内容,自同盟会成立之日起,随着革命斗争的发展也有若干观点上的演化和变易。尽管如此,16 字宗旨和"三民主义"的提出,使中国民主革命派有了一个基本上能反映社会历史发展需要的纲领和思想体系。就这一意义上说,同盟会的宗旨和主义,确属当时中国社会政治学说中最先进,最具革命性的理论架构,它的提出,奠定了孙中山作为近代中国最杰出的思想家的光辉地位。

(三) 革命方略

《中国同盟会革命方略》的制定,集中体现了同盟会东京本部作为中国资产阶级民主革命派的战斗司令部,对中国革命的规划和谋略。因而,它也成为研

[1][2] 梁启超:《杂答某报》,《新民丛报》第 86 号。

究同盟会指导中国革命的重要文献。

《革命方略》是同盟会会务发展的产物。自同盟会成立到 1906 年秋冬间，"会员增多千余人，各省运动布置亦大进步"[1]。为了使各地同盟会组织在革命进行中步调一致，口径统一，于是有《革命方略》的制定。

《革命方略》是中国同盟会一系列重要文告的总称。它由孙中山、黄兴及自上海西牢出狱后抵日不久的章太炎[2]，于 1906 年秋冬间磋商订定。最初包括《军政府宣言》《军政府与各处国民军之关系》《军队之编制》《战士赏恤》《军律》《略地规则》《因粮规则》《安民布告》《对外宣言》《招降满洲将士布告》《扫除满洲租税厘捐布告》共 11 个文件，1908 年河口起义后，孙中山、胡汉民、汪精卫三人在新加坡对之作了增订，增加了《招军章程》和《招降清朝兵勇条件》，成为 13 个文件的总汇。它虽然不是孙中山手订，但基本上反映了孙中山在建设民主共和国的斗争中，对内对外一系列重要问题上的认识与态度；同时也反映了同盟会领导集团在这些问题上的共识。

在《革命方略》的一系列文告中，最引人注目的是《军政府宣言》。它犹如历史上屡见的檄文，宣布了军政府的宗旨以及实施宗旨的三个历史时期的主要任务，号召国民"踔厉坚忍，共成大业"。值得注意的是它第一次使用了"国民革命"的概念。在此以前，孙中山有英雄革命、平民革命的提法，尚未提及"国民革命"。《军政府宣言》称："所谓国民革命者，一国之人皆有自由、平等、博爱之精神，即皆负革命之责任，军政府特为其枢机而已。"[3]可知这个名词的提出，反映了 20 世纪初年，中国人中的先进者，在西方资产阶级民主主义精神激励下，民权意识高涨，国民权利与责任感成为共识的事实。从此，"国民革命"一词渐次通行，成了旧民主主义革命时期资产阶级革命的代名词。

军政府以同盟会"驱除鞑虏，恢复中华，建立民国，平均地权"16 字宗旨作为"今日革命之经纶暨将来治国之大本，布告天下"，并逐条作了简要解释：

"驱除鞑虏　今之满洲，本塞外东胡。昔在明朝，屡为边患。后乘中国多事，长驱入关，灭我中国，据我政府，迫我汉人为其奴隶，有不从者，杀戮亿万。我汉人为亡国之民者二百六十年于斯。满政府穷凶极恶，今已贯盈。义师所

---

[1] 孙中山：《致张永福函》（1906 年 10 月 16 日），《孙中山全集》第 1 卷，第 295 页。

[2] 章太炎因 1903 年"苏报案"被清政府勾结租界工部局拘捕，判刑三年。在西牢中历尽折磨，但素志不减。1906 年 6 月刑满出狱，由同盟会东京本部派龚炼百、仇式匡、邓家彦等迎往日本，主持《民报》编辑工作。

[3]《中国同盟会革命方略·军政府宣言》，《孙中山全集》第 1 卷，第 296 页。以下所引，均据此书，不另作注。

指，覆彼政府，还我主权。其满洲汉军人等，如悔悟来降者，免其罪；敢有抵抗，杀无赦！汉人有为满奴以作汉奸者，亦如之。"

"恢复中华　中国者，中国人之中国；中国之政治，中国人任之。驱除鞑虏之后，光复我民族的国家。敢有石敬瑭、吴三桂之所为者，天下共击之！"

"建立民国　今者由平民革命以建国民政府，凡为国民皆平等以有参政权。大总统由国民公举。议会以国民公举之议员构成之。制定中华民国宪法，人人共守。敢有帝制自为者，天下共击之！"

"平均地权　文明之福祉，国民平等以享之。当改良社会经济组织，核定天下地价。其现有之地价，仍属原主所有；其革命后社会改良进步之增价，则归国家，为国民所共享。肇造社会的国家，俾家给人足，四海之内无一夫不获其所。敢有垄断以制国民之生命者，与众弃之。"

上述 16 字纲领的内容，是同盟会东京本部惟一一次所作的自我解释。它以军政府的名义公布，不仅对于统一各地同盟会组织的宣传口径、对于时人了解革命宗旨有权威意义，而且对于后人研究孙中山思想和同盟会纲领，也有第一手资料的价值。

如何实现上述四纲十六字宗旨？《宣言》根据循序以进，养成国民自由平等之资格，规定了以次递进的三个时期：第一期为"军法之治"。这是"军政府督率国民扫除旧污之时代"。在此时期内，军政府总揽国务与地方行政。"军队与人民同受治于军法之下"，一切有关地方的兴利除弊、改良社会的工作，都由军政府直接领导进行。军法之治的时间，规定每县以三年为限，其未及三年已有成效者，皆解"军法"而布"约法"。

第二期为"约法之治"。这是"军政府授地方自治权于人民，而自总揽国事之时代"。在此时期内，地方自治权由人民选举产生的议会及地方官负责；"凡军政府对于人民之权利义务，及人民对于军政府之权利义务，悉规定于约法，军政府与地方议会及人民各循守之，有违法者，负其责任"。约法之治的时间，规定"以天下平定后六年为限，始解约法，布宪法"。

第三期为"宪法之治"。这是"军政府解除权柄，宪法上国家机关分掌国事之时代"。这时期中，军政府解除兵权和行政权，国民公举大总统，选举议员以成立国会，"一国之政事，依于宪法以行之"。中国真正进入宪法国家的行列。

很显然，孙中山和他的同志们对于未来中国政体的设计，目标是实现宪政，而在具体操作上则充分考虑了中国国情，采取有领导、有计划的逐步过渡方法。从理论上说，一个无法制、无民主传统的国家，在经过暴力革命夺取政权后，有一个增进国民民主意识、健全法制、改造官僚机构、摧毁专制传统的渐进时期，而领导这项重大改革的新权威机构在这个时期中必须逐步放权，以适应改革的需要。它不是通过改革来完成自身的民主改造，而是在改革进程中逐步有计划有目的地消亡自身的权力和权威，以达到最终还政于民、成立民选政府的目的。就这一意义说，孙中山和他的同志们设计的三个时期的施政方案是正确的，符合中国当时的国情，不存在什么表现了资产阶级革命家迷恋权力、不信任群众管理能力的问题。

从实际状况考察，当时的中国确实民智未开，在政治生活中几乎没有民主权利和与之相应的思想、习惯。几千年的专制统治造成的精神创伤只能在一个相当长的民主新环境中得到医治和获得新知，因之，给国人以一个政治环境的适应过程，既是防乱求治的需要，也是转换国人政治素质的需要。孙中山和他的同志们，一方面在批判改良派"不能躐等"的斗争中，既坚持了"以革命开民智"、反对君主立宪的主张，又清醒地看到了中国专制政治对国民造成的严重影响，在实现民主立宪大目标时谨慎地设计了依次递进的三个阶段，"俾我国民循序以进，养成自由平等的资格"，充分表现了理想与现实的有机结合，是应该得到肯定的。至于后来有人篡改了孙中山的本意，利用三个时期的政治设计搞军事法西斯专政，那是另一回事，决不能因此对这个次序本身加以指摘和否定。事实上，任何一项良好的政治决策，在不同目的政治家手中都会发生违背原意的结果。

由此可见，《军政府宣言》中规定的为实现同盟会四大纲领而设计的三期次序，无论在理论上和实践上都是应该给予肯定的。它的出现，显示了孙中山和他的同志们在对未来政体思考上的成熟与进步。比起梁启超和康有为的君主立宪方案，它坚持了共和政体、宪法政治的根本大计；比起同时代革命家和先进分子主张民权政治而缺乏切实操作过程的思考，它设计了实现民权、养成国人自由平等观念的"循序以进"的三阶段。从此，民主共和国政体不仅是一个激动人心的口号，也是一个可以一步步达到的切实目标。

但若就国家与社会的关系来说，民权主义政府建构的程序和民生主义的目标之间，又是自相矛盾的二律背反。民生主义本质上是一个以培育中产阶层为目标，实行社会财富全民共享的社会改造方案；民权主义设计的却是以程序论为制约的大政府小社会模式。因此，在国家建设和社会发展中，两者形成了理论上的悖论。

民权主义的本义是要给人民自由平等、当家作主的权利，即孙中山所说：

"政治是人民所共管"，但程序论却是表现了国家权力支配社会的理念。且不说"军法之治"时期，军政府总揽国务及地方行政，以兵权统制民权，即使是兵权与民权转掖关键的"约法之治"时期，军政府对地方事务仍具有支配和操控的制约力。首先，在这一时期内成立的地方议会，是在军政府授权下组成的，它的职能不同于国家议会。孙中山与汪精卫的谈话指出："其议会非遽若今共和国之议会，第监督军政府之果循约法与否，是其重职。"[1]显然，地方议会的权力是不充分的。它以监督军政府是否遵循约法为要务，不是以自主决定实行地方自治为指归，只有监督权，没有立法、行政权。

其次，作为这一时期标志的约法如何产生，《军政府宣言》未作说明。但联系第一时期"军法之治"军政府大权独揽的规定看，约法实际上是在没有民意的参与下，由军政府自行制定的。那么，以一个自己制定的法治文本作为全社会必须遵守的准则，其结果，只能是兵权对民权、政府公权对地方自治权的制约与支配。

再次，约法之治的期限，规定为"天下平定后"六年。形式上看，设定期限似乎递进可期，但实际上，以"平定天下"作为结束约法之治的前提条件，反而为拖延进入第三时期"宪法之治"提供了借口。后来的事实证明，果然如此。前提条件的不确定性，为时限可长可短的弹性埋下伏笔。

从上述分析中可以看出，兵权与民权、政府公权和地方自治权之间，并不是一种和谐互动的良性对应关系。程序论体现的恰恰是一种类似国家主义的"大政府小社会"理念。这种理念和民生主义需要造就以中产阶级为社会主体的社会改造目标，在国家和社会对应发展的关系上是矛盾的、相悖的。在实践中，不仅不利于激发社会精英和民间社团自治自主的活力，而且为国家权力的恣意扩张、挤压地方自治空间，提供了理论与实践的依据。[2]

《革命方略》中的《对外宣言》，也是一个有影响的文件。处于半殖民地地位的中国的革命，有一个如何处理外国关系的严重问题。作为清王朝统治中国的支柱，西方列强对中国革命力量虽然因自身利益的需要而在不同时期有不同的策略，但骨子里却无不抱着深深的敌意。作为谋国家之独立的革命党，一方面对列强的侵略表现了深深的民族义愤，反帝反侵略成了"救亡图存"的要旨；但另一方面却天真地以为只要取得了推翻清王朝的胜利，就可使中国免于瓜分之

---

[1] 孙中山：《与汪精卫的谈话》，《孙中山全集》第1卷，第290页。

[2] 关于这方面的问题，我在《论"三民主义"理中国家与社会的关系》一文中有较为充分的阐述。见《复旦学报》（社会科学版）2005年第5期。

祸。正是在这种对帝国主义本质缺乏清醒认识的前提下,孙中山和他的同志们在《对外宣言》中表现了对帝国主义的矛盾惶遽态度:他们规定以军政府发布《对外宣言》之日为对外关系的分界线。在此之前,举凡中国与各国缔结之条约,皆继续有效;偿款外债照旧担认;所有外人之既得权利一体保护等,采取一揽子承担责任的态度,以表现自己"对于友邦各国益敦睦谊"的最大度的诚意。在《宣言》发布之后,"所有清政府与各国所立条约、所许各国权利及与各国所借国债",军政府"概不承认";"外人有加助清政府以妨害国民军政府者,概以敌视";"外人如有接济清政府以可为战争用之物品者,一概搜获没收"[1],表现了一个独立国家主权政府在对外关系上应有的严正立场。

这种前后判若天渊的对外方针,虽说是孙中山和革命派在反清和反帝关系上以反清为根本、反帝从属反清的策略思想的反映,但企图以维持列强对华侵略特权来达到所谓"益敦睦谊",显然是弱者的一种天真的侥幸心理。事实上,当辛亥武昌首义之后,外国列强对清政府仍明里暗里支持,支援清军的外国军火从未间断,对革命政权时时作出明显的敌意,而各地军政府却未能按《对外宣言》规定的内容作出严肃的反应,倒是匆忙不迭地到处宣布保护租界,高唱"益敦睦谊"的友谊曲。软弱的资产阶级革命派并没从幻想中醒来以显示他们的反帝立场。所以,《对外宣言》只有它的前半部分在各地革命党人中有着重要影响,这正是他们作为中国资产阶级政治派别的一翼与生俱来的弱点。

《革命方略》中的其他文件,大多数没有在实际斗争中被完全照本执行。它们的制定,主要体现了同盟会领导集团对革命全局中若干重要环节的设计能力,在中国近代政治史上留下了可资参考的一束文献。

(四) "三民主义"与中华文化的近代转型

要探讨"三民主义"理论对社会意识形态产生的巨大影响,光阐述它在辛亥革命时期如何初步形成,是远远不够的。必须联系辛亥以后,三民主义逐步完备,最终成为一个系统的理论体系才能说清楚。这虽不是本书承担的任务,却又是题中之义。为此,我不得不超越时空,就"三民主义"与中华文化的近代转型试作述论。

---

[1]《中国同盟会革命方略·对外宣言》,《孙中山全集》第1卷,第310—311页。

中华文化面临历史性转折

中华文化是以儒学为核心，儒、释、道兼营并包，博大精深的文化体系：儒学与儒家思想，自孔子首倡以来，历两千多年发展变化，到宋明理学，已趋于极致，失去了继续发展的内驱力。这可以从两方面予以说明：

第一方面，从儒学发展的历史看。

孔子儒学来自民间。其核心观念是"礼"，而礼之最大者惟"祭"。孔子根据文王、周公一脉相承之"礼"，批判贵族奢侈腐败的"非礼"行为，批判的依据是"礼"的历史真实。所以儒学的本性是批判的。孔子又根据"祭"的本义，认为祭的原始是缘于人类的孝悌本性，推而广之就是"仁"、"忠恕"。这是人与人相处最重要的准则。所以儒学的原旨又是教化的。孔子把"礼"（政治制度）与"仁"（社会关系）合二而一，主张"克己复礼"，回到"三代之治"的理想社会。这种貌似倒退、实质前进的儒学原旨，是为了建立一个和谐有序的大一统国家，并使中华文化在社会道德统序上赓续久远，存亡继绝。

儒学又是发展的。儒学发展的历史背景就是百家争鸣。孔子儒学既是在对王官之学的批判中逐渐确立其自身的学术地位；又是在教育、讲学的辩难、传承下得以弘扬光大。孔子死后，继起者为墨、道两家。儒家学说既有与两家对立的一面，又有相近相通的一面。正是在相斗相通的争鸣中，儒学得以学派的繁盛。据《韩非子·显学》篇称："自孔子之死也，有子张之儒，有子思之儒，有颜氏之儒，有孟氏之儒，有漆雕氏之儒，有仲良氏之儒，有孙氏之儒，有乐正氏之儒，儒分为八。"春秋战国的百家争鸣，导致孔门后学一传再传，学派繁多复杂，后世所称的思孟学派、荀子之学，即是其中脱颖而出者。

两汉时代，儒学定为一尊。既没有了百家争鸣、互补短长的学术环境，又失去了批判现存制度、学术独立的本性，儒学开始成为维护大一统君主制度的工具而逐步僵化。虽然，汉初道家兴起曾对汉儒以道释儒或以儒释道产生过一定影响，但整体而言，两汉儒学转向了内向式的注释经典的发展路径，形成了经今古文之争。当然，两汉儒学除经生的解经方法外，出现过如董仲舒、马融、郑玄等一批儒学大家。他们的儒学思想，自成格局，对后世产生过重要影响。其中，董仲舒的《春秋繁露》一书，阐发《春秋》的微言大义而运用于社会；主张成善抑恶的"性三品"说而平议孟子、荀子的性善、性恶论；承阴阳五行之说而倡"天人合一"，以阐幽发微自然界与人类社会的应对关系，被后世誉为"汉代孔子"。

魏晋时代，儒家受道家学说影响，儒士引老庄入儒，崇尚清谈，儒学因之别开生面,儒家发生变动。其中,排击汉儒,以《易》、《老》注经而自成新学的,是王弼。他和晋韩伯康所注的《周易》,保存在《十三经注疏》之中。[1]调和儒老、蔑视礼法,崇尚虚无、清谈的,就是"竹林七贤"。嵇康调和儒道;阮籍《达庄论》,阐"无为"之可贵。这种儒道奥援现象,正如梁启超《儒家哲学》所说:"儒家自身,本来有类似道家的话,两汉时代未能发挥,到了魏晋,因为发生变动,才把从前的话,另外估定一番。"[2]由此可知,儒学不同时代的发展变化,自有学术渊源可循:不同学术思想的影响,自是学派发展变化的内在驱动力。这种流风,一直影响到隋唐。

隋唐时代,佛教大兴。隋代儒家,调和儒、佛,颜之推、王通,是为代表。唐代的纯粹儒家,均不及佛学和文学家显露头角,用梁启超的话,"不过是二三等脚色。专就儒学而论,唐代最无光采"[3]。但梁氏提醒我们,华严宗佛学家宗密法师即圭峰所著《原人论》和唐末李翱所著《复性书》,却是宋学之先驱。所以唐代儒学,仍不失其启迪新知、另辟蹊径的开拓功能。

两宋时期,是儒学大放异彩的时代。一方面,长期动乱、民不堪命之后,社会趋于安定,休养生息,重文轻武,学术得以繁荣;另一方面,私家讲学渐成风气,门徒聚集,道统赓续。更重要的是儒佛融通之后,社会思想起了很大变化,要求儒家别出心裁、另创新说。于是,北宋周敦颐(世称濂溪先生)著《太极图说》,邵雍(谥康节)成"象数之学",张载(横渠先生)著《易说》,程颢(学者称明道先生)著《定性书》。程颐(称伊川先生)著《易传》,各立学说,聚徒讲学,后世称之为"北宋五子",奠定了宋学基础。宋学不同于汉儒治经重名物训诂,多以阐释义理性命为主,故有理学之称。传至南宋,朱熹、陆九渊集其大成,汇为朱、陆两大学派。朱学祖述伊川,讲求涵养用敬,格物致知,认定"理"先天地而存在;陆学踵武明道,讲求义利之辩,发明本心,提出"宇宙便是吾心",与程朱一派对立。两派主张各有不同,辩难互有消长。其后,程朱之学立于官府,尤其朱熹《章句》、《集注》为八股取仕的张本,朱子之学得而大倡。

明代中叶,浙江余姚王阳明,继承陆学而有所发展。力主"心外无物"、"心外无理",不同意朱熹对"格物致知"的诠释。朱熹讲格物,是教人对天下万物"莫不因其已知之理而益穷之,以求至乎其极",即用已有知识考求万物至极之理。阳明

---

[1]《十三经注疏》,十三部儒家经典的注疏,包括《周易》、《尚书》、《毛诗》、《周礼》、《仪礼》、《礼记》、《春秋左传》、《春秋公羊传》、《春秋谷梁传》、《论语》、《孝经》、《尔雅》、《孟子》。其中《周易》用魏王弼、韩伯康注,唐孔颖达等正义。南宋以后开始合刻,历明清均有刊本。清代学者阮元据宋本重刊,写有校勘记。

[2]梁启超:《儒家哲学》,《饮冰室文萃·清代学术概论、儒家哲学》,天津古籍出版社2003年版,第134页。

[3]同上书,第139页。

认为,应本孟子所说"人之所不学而知者,其良知也"的良知,去"慎独"、致知。朱熹认为致知过程,先要知,然后能行。阳明认为人有良知,自能行,已有行,自有知在,主张"知行合一"。所以,"致良知"与"知行合一",既是王学"心外无物"、"心外无理"宗旨的发微,又是王学有别于朱学的两大要点。王学起于浙而盛于赣。发展到明末清初,学者空谈心性,"束书不观,游谈无根",流于衰微末路。

宋明理学是儒学发展的极致。清初诸大儒,如孙奇逢(夏峰)、黄宗羲(梨洲)、顾炎武(亭林)、王夫之(船山)、颜元(习斋)等虽各有建树,但都围绕程朱、陆王学说发挥,跳不出宋明理学的藩篱。孙奇逢宗王学而不非难程朱;黄宗羲发扬王学而改其末流空疏置悟之弊;顾炎武敬程朱而有所修正,倡经世之学并在考证方面成就显著;王夫之学无师承,非朱非王,却自成一家。他在史学上成就卓越,学术上却接近程朱;颜习斋则无论程朱、陆王一概予以反对,斥为与孔孟之学门径相异。但他虽排斥宋明理学最力,于汉学传注考据亦表菲薄,其学卒不显于清世。至于死后谥"文正"的清初大儒陆陇其(稼书),更以程朱为正统,斥陆王为异端而深受朝廷青睐。及至清代文字狱大兴,文士避祸惟恐不及,纷纷钻到古纸堆中,整理经籍和考据之风大盛。乾嘉考据之学兴起之后,儒学再无学术上的创新学派出现了。

笔者不治学术史,上述梳理亦多有拾人牙慧之处。之所以不揣冒昧,贻笑方家,是为了说明自宋明理学之后,儒学已陷入无所休止的性理之争和进到考据之学的阶段,虽日趋精微,却无整体创新。在笔者看来,儒学实际上已经僵滞,失去了发展变革的内驱力。

第二个方面,从学术应对社会需求的互动关系看。

儒学作为自然经济时代的学术体系,其产生、发展是与小农经济相适应的。孔子儒学是奴隶制经济转化为封建制经济的产物。秦汉以后,分封制削弱到消失,小农经济有了长足发展。文化上道教、佛教昌盛,形成多元文化格局。儒、释、道融会,奠定了以儒学为核心的中华文化体系,儒学历一千多年的发展变化,自在情理之中。两宋起,中国经济重心南移,明中叶起商品经济发展,社会繁荣、物欲增长,于是专讲天理人欲的宋明理学随之而兴。程朱理学更定为官方哲学,朱子的《章句》、《集注》被钦定为科举取仕的解经、诠释依据。利之所趋,程朱理学历宋元明清而不衰。陆王心学也因其对程朱批评辩难中,得到儒士的认同而广为流传。

鸦片战争后,外国资本主义入侵,中国自然经济开始受到冲击,社会面临两千多年来从未经历过的变局。异质文化的不断涌入,改变着人们的价值取向。

晚清中国的社会形态变化,在在都要求以儒学为核心的中华文化如何应对变化了的现实。但是,大多数儒生仍热衷于琐碎饾饤的考据和经学的今古文之争,少数学者虽有糅合中西学问而有所更张,但终因西学知识的浅薄且深受传统学术的羁绊,产生不出新的理论体系。美国学者列文森曾对当时中国儒学的未来命运作过推测,他认为:儒学如果坚守它那一套传统而不去回应发展了的历史,它真有可能成为"博物馆中的陈列品了"[1]。确实切中了儒学的困境和要害。

儒学当然不是中华文化的全部,但儒学是中华文化的核心理论和社会道德统系。说儒学自宋明理学后趋于僵滞,当然不是说中华文化没有发展前途。但是儒学需要历史性的转型以面对变化了的中国之需求,却是中华文化在鸦片战争后共同的命运。事实上,早在鸦片战争之前,中国内部的吏治败坏、专制统治和外部的鸦片入侵、西学东渐,就已对中华文化提出了挑战。但当时的中国思想界、学术界沉闷困顿,一如龚自珍《己亥杂诗》所描述:"九州生气恃风雷,万马齐喑究可哀。我劝天公重抖擞,不拘一格降人才。"他已经看出了知识界与现实世界断裂的不堪局面,呼吁不世人才之出,冲破万马齐喑的可悲可哀状态。确实,以儒学为核心的中华文化,不能再在原地踏步,需要抓住历史机遇,推进近代化转型,以应对社会需求。

近代志士仁人推进中华文化近代转型的探索

近代志士仁人,对冲破传统文化与近代转型之间的瓶颈,曾作过努力与探索。曾国藩的"经世致用",张之洞的"中体西用",康有为的"托古改制"和梁启超的"新民说",都在当时的思想界、学术界产生过重要影响。但由于他们的文化背景囿限和政治识见的制约,都难以形成近代化理论体系,也无力使中华文化更新。只有孙中山的"三民主义",才使中华文化在应对千年变局的历史机遇中,形成为一个完备的理论体系,符合中华文化近代转型的需要。

曾国藩的学术思想,根本上是程朱理学一脉。鸦片战争前夕,曾问学于当代理学大家唐鉴,做过孟子所倡"慎独"之说的"研几"功课。在"日省自身"的心性修养上,虽不如同时受学的倭仁,但在与太平军作战、保卫清王朝的实践中,却主张儒学原旨的"经世致用",不尚空谈,倡导实学,对咸同之间的学术界有过开风气的作用。不过,整体上仍跳不出儒家原有的藩篱,自不能成为更新学派。

---

[1] [美]列文森著,郑大华、任菁译:《儒教中国及其现代命运》,中国社会科学出版社 2000 年版,第 374 页。

张之洞总结洋务派实践,在《劝学篇》中,概括出"中体西用"思想,以西学之用,辅中学之体,维护儒家的纲常名教。学术上并没有创新,道术上却为嫁接异质文化提供了一个可资参考借鉴的途径。

康有为宗《公羊》之说而立"孔子改制"之论,谓六经皆孔子所作,孔子是"托古改制"的祖师,以为其维新变法制造根据。由此,康倡言因时而变的"通三统"和"张三世"之说。"三统"者,谓夏、商、周三代不同,当随时因革;"三世"者,曰社会变革循据乱世、升平世、太平世而递进。时当据乱世,应以君主立宪之政体救弊政而改制。其另一著作《新学伪经考》,则承集阎若璩、刘逢禄等怀疑古文经典之风,谓凡东汉晚出之古文经传,皆刘歆所伪造,乃新莽一朝之学,与孔子之学无关。所以,始作伪、乱圣制者,出自刘歆;而布行伪经,篡孔统,则成于郑玄,历两千年,竟无一人敢违、敢疑者。其实,且不说《新学伪经考》非其自创而剽窃川人廖平,[1]已属贪天之功。即使助康氏参与纂书之康门弟子陈千秋、梁启超,也不以此说为然,时时病其师之武断,称其"以好博好异之故,往往不惜抹杀证据或曲解证据"。认为其所以自成家数、崛起一时者;不能立健实之基础者,缘皆在其凭主观自信,蔑视客观事实,"必欲强之以从我所致"。[2]弟子之评,可知其学术上牵强附会、主观武断,自难以服众,更遑论改造旧学,促成转型了。

与上述诸子的文化背景、政治识见不同,孙中山不是传统意义上的儒士,而是一个受过西式教育系统训练、立志推翻清王朝的革命家。所以当他于1895年与康有为相识时,康有为要他具门生帖,拜己为师,很瞧不起他。其实,孙中山在西学和对西方政体、社会民生方面的认知上,远比仅有声光化电浅薄知识、未在域外生活过的康有为强了百倍;中学方面,自1893年赴香港求学起,就一直延聘国文老师,学习中国文化,不仅研读过中西合璧的四书五经[3],而且认真读过马史班书[4],了解历史的兴亡因革。"于圣贤六经之旨,国家治乱之源,生民根本之计,则无时不往复于胸中。"[5]虽不比康有为旧学专精,但知识结构的中西融通却远胜康氏,称得上是当时风流人物乃至反清革命阵营内中西学问兼

[1] 钱穆:《中国近三百年学术史》下册,商务印书馆1997年版,第713页。

[2] 梁启超:《清代学术概论》,《饮冰室文萃》本,第70页。

[3] 邵元冲:《总理学记》,见尚明轩等编:《孙中山生平事业追忆录》,人民出版社1986年版,第694页。

[4] 据1895年11月6日《镜海丛报》刊《是日邱言》称:孙"壮而还息乡邦,而不通汉人文,苦学年余,遂能读马、班书,撰述所学"。见黄明同等著:《孙中山的儒学情结》,社会科学文献出版社2010年版,第21页。

[5] 孙中山:《上李鸿章书》(1894年6月),《孙中山全集》第1卷,第16页。

备的通才。中华文化面对千年变局的转型,正是需要这样的人来抓住历史机遇。孙中山在革命实践中,既承袭了中国固有的学理",又规抚了西方学说之适用于中国实际者,创造性地提出了"三民主义",成了推进中华文化近代转型的第一人。历史往往以诡异莫测的方式完成它的逻辑发展过程。中华文化的近代转型不是由精深儒学的儒士来实现,而是让一个被儒士瞧不上眼的民主主义革命家充当第一推手。这不能不使人感慨系之。

为什么说它是第一个完整的理论体系?

关于"三民主义"的形成过程和基本内涵,前节已有所论述,本节将从两方面申述为什么说它是中华文化近代转型的第一个完整的理论体系。先说第一点:三民主义在哪些方面对传统思想推陈出新,以应对近代中国社会需求。

1. "民族主义",是孙中山利用西方关于民族问题的理论,结合中国传统的种族旧说,创造性地运用于反清革命的纲领。所谓"民族",一般是指人们在历史上经过长期发展而形成的稳定的共同体。狭义的民族概念,是指资本主义时代形成的具有共同语言、共同地域、共同经济生活以及表现于文化上具有共同心理素质的稳定的共同体。"民族主义",是西方资本主义上升时期形成的关于处理民族关系的理论。

中国古代典籍中,没有"民族"一词,更没有"民族主义"说法,只有"夷"、"夏"的区隔,如"夷夏之防"、"华夏之辨"等。所谓"夷",是指居于中国之外的种族,即"非我族类"之人[1];所谓"夏",就是"中国之人"[2],"夏,谓中国也"[3]。历代儒士,一直将偏居于中原之外的民族列为"四夷"。这在社会经济生活、思想文化尤其是礼制服饰,处于不同发展阶段的民族之间,自有其识别、区隔的意义。但也铸就了"天朝自大"和"非我族类,其心必异"的文化心态。

孙中山生当清季,自小深受太平天国反清"复汉"斗争影响。及长,对清政府内而专制腐败、外而妥协卖国,目历身受。自确立"决覆清廷"之志后,大倡"反满复汉",鼓吹革命"排满",以应对当时普遍存在"满汉"矛盾的紧张心理和民怨沸腾的社会需要。从形式上看,清朝统治两百多年了,"满汉"矛盾已不像清初那样尖锐,正在逐步缓和。但是满族统治、尤其是清军入关后对汉人的残暴屠杀,以及清代文字狱等,永远在汉族士大夫心灵中刻上了一道道抹不去的

---

[1]《春秋左传·成公四年》。
[2]《说文解字新订》,中华书局 2002 年版,第 354 页。
[3]《尚书正义》,《十三经注疏》,北京大学出版社 1999 年版,第 292 页。

伤痛;清政府对百姓的苛捐杂税和政治压榨,也在社会下层民众中激起着日益增长的怨愤与不满。孙中山就是借用"反满复汉"的社会心理,唤起历史记忆,揭示现实矛盾,提出了"驱除鞑虏,恢复中华"的革命纲领。可以说,"反满"是辛亥革命前十年间最激动人心的口号,比之民主、宪政,民众更听得懂也更能引起共鸣。既然知识阶层和普通百姓对"驱除鞑虏,恢复中华",都从各自的文化心理和现实处境中有强烈感受,那么"反满"也自然成为最能动员革命激情的批判武器。不过,1905年以前的"反满复汉"宣传,仍带有狭隘民族主义色彩。学理上的思考并不深沉,更多的是对清王朝统治专制腐败的实感。1906年,孙中山对"驱除鞑虏,恢复中华"的纲领作了明确解释,指出:"民族革命是要尽灭满洲民族,这话大错。民族革命的原故,是不甘心满洲人灭我们的国,主我们的政,定要扑灭他的政府,光复我们民族的国家。这样看来,我们并不恨满洲人,是恨害汉人的满洲人。假如我们实行革命的时候,那满洲人不来阻害我们,决无寻仇之理。"[1]并把这八个字的纲领,倡之为"民族主义"。

经此解释,可以看出:孙中山倡导的革命"排满",已经超越了传统典籍"夷夏之辨"的旧说,明确地把民族关系区分为压迫民族和被压迫民族,又把压迫民族中统治阶层与一般人民区分开来;他一心向往的"恢复中华",也不是"光复故物"式的回归,本质上是要建立一个以汉族为主体的包括满族在内的近代民族国家。于是,"民族主义"作为民族革命的一个理论,既对旧说推陈出新,又促成了中华文化在民族问题上的近代转型。

2. "民权主义",主要不是来自传统儒学"民为邦本"的思想,而是直接得自西式教育中有关欧美国家制度的知识。作为政治革命的根本,民权主义的核心是要建立民主共和的国家。

两千多年的儒学和儒家思想,一个重要原旨就是重民养民。"民为贵,社稷次之,君为轻"[2],"民惟邦本,本固邦宁"[3]一类的言论,充斥着不同历史阶段的儒家典籍中。这类言论,或作为训诫君主善待庶民,调适君民关系,以凸显儒学的教化功能;或用作对统治者残暴无道、苛虐百姓的抨击抗议,以尽儒学的批判本性。但是从来没有一个有良知的儒者或思想家,有过将君民政治地位颠覆倒置的言论和主张,即使像严复,直斥秦以来的君王皆为"大盗窃国者",但在现实政

---

[1] 孙中山:《在东京〈民报〉创刊周年庆祝大会的演说》(1906年12月2日),《孙中山全集》第1卷,第325页。

[2]《孟子·尽心下》。

[3]《尚书·五子之歌》。

治主张上，仍认为不可"弃吾君臣"。他在《辟韩》一文中称："然则及今而弃我君臣可乎？曰是大不可。何则？其时未至，其俗未成，其民不足以自治也。"[1]连一个讲进化论的近代思想家都如此，更遑论治旧学的硕儒了。

　　孙中山读过儒学经典和马史班书，当然深知"民为邦本"的儒学原旨。但在推翻清王朝后建立一个什么样的国家问题上，他的思想资源主要来自于西方。他在 1903 年就已说过："我们必要倾覆满清政府，建设民国。革命成功之日，效法美国选举总统，废除专制，实行共和。"[2]1906 年在对同盟会 16 字政纲中"创立民国"一纲的解释时说：

　　　　今者由平民革命以建国民政府，凡为国民皆平等以有参政权。大总统由国民公举。议会以国民公举之议员构成之。制定中华民国宪法，人人共守。敢有帝制自为者，天下共击之！[3]

　　这样，由 1905 年《〈民报〉发刊词》所揭出的"三大主义"之一的"民权主义"，有了一个基本的理论框架：未来的国家名称叫"中华民国"；国民平等皆有参政权利；国民公举大总统，没有了皇帝；国民公举议员组成议会，废除了一人君临天下的帝制；制定宪法人人共守，废除了君主、皇帝"朕即法律"的专制统治。简言之，从政治地位、政体建构、法律制度上保证中华民国是一个民有、民治的国家。所以"民权主义"从根本上说，是对旧学"民为邦本"的拓进，真正把儒学"重民养民"思想中君民关系，推进到"主权在民"的高度，以适应"平民革命"需要。从此，儒家思想中关于"民为邦本"的学说有了崭新的意义，而"民贵君轻"之说，也就成了历史陈迹。

　　3. "民生主义"，是孙中山对同盟会十六字政纲中"平均地权"的理论表述。这是孙中山三民主义理论体系中，超越同时代思想家和革命者最突出、最具光彩的部分；也是孙中山作为中华文化近代转型第一推手的最重要贡献之所在。

　　从孙中山对民生主义思考过程看，这个问题触发于西欧发达资本主义国家面临贫富两极分化的社会矛盾，而欲在中国"防患于未然"的解决方法，则既包含着西方庸俗社会主义者的理论资源，又有着中国传统学说中有关"均贫富"的思想主张。所以，孙中山的民生主义最初的核心思想"平均地权"，既不是亨利·乔治"单税社会主义"的翻版，也不是历史上土地改革方案的重现，而是糅

---

[1] 严复：《辟韩》，转引自李泽厚：《中国近代思想史论》，天津社科院出版社 2003 年版，第 258 页。
[2] 孙中山：《在檀香山正埠荷梯厘街戏院的演说》(1903 年 12 月 13 日)，《孙中山全集》第 1 卷，第 226 页。
[3] 孙中山：《中国同盟会革命方略·军政府宣言》(1906 年秋冬间)，同上书，第 297 页。

合中西、自成一格的理论。

孔孟儒学在社会财富分配问题上一个重要理念,就是既承认贫富差别,又要避免差距过大而造成社会脱序,主张行"仁政"以均贫富,达到长治久安。孔子对弟子冉求说:"丘也闻有国有家者,不患寡而患不均,不患贫而患不安。盖均无贫,和无寡,安无倾。"[1]孟子告诫齐宣王治国之道曰:"明君制民之产,必使仰足以事父母,俯足以畜妻子、乐岁终身饱,凶年免于死亡。然后驱而之善,故民之从之也轻。"[2]董仲舒在《春秋繁露·度制》篇中,对孔子"均富"思想有所发挥:"孔子曰:'不患贫而患不均',故有所积重,则有所空虚矣。大富则骄,大贫则忧。忧则为盗,骄则为暴,此众人之情也。圣人则于众人之情,见乱之所以丛生,故其制人之道而差上下也。使富者足以示贵而不至于骄,贫者足以养生而不至于忧。以此为度而调均之,是以财不匮而上下相安,故易治也。"[3]

众所周知,在古代、中世纪社会里,造成贫富差距的根本原因,是土地私有制。地主占有大量土地,农民则缺田少地。地主对农民残酷剥削和土地兼并,既造成农民破产,又加竭贫富分化。土地问题成为中国农民的根本问题,也是社会安定与否的根本问题。

孙中山生于农村,自小懂得稼穑艰难,深知贫富差距源于土地私有之故。他读过"四书",对孔孟的"均富"论必有所心悟;他了解历史上黄巢、李自成、洪秀全等提出的"不纳粮"、"均贫富"口号和土地分配方案,并和梁启超、章太炎讨论过这方面的问题。[4]正是在传统儒家思想熏染和历史启示下,孙中山结合西方社会主义土地学说,创造性地提出了"平均地权"的"民生主义"理论。平均地权作为民生主义的核心,不是采取暴力手段剥夺地主的土地,而是以核定地价、原价归地主所有,涨价归公,由国民共享的办法,来消灭贫富差距[5],以"肇造社会的国家,俾家给人足"[6],避免政治革命后再发生社会革命的可能。所以,民

---

[1]《论语·季氏》。

[2]《孟子》卷一《梁惠王章句》上。

[3]董仲舒:《春秋繁露·度制》,转引自黄明同等著:《孙中山的儒学情结》,第144页。着重号为引者所加。

[4]事见冯自由:《同盟会四大纲领及三民主义溯源》,《革命逸史》第3集,中华书局1981年版,第206页。

[5]孙中山关于平均地权的最初理念,一是"土地国有"以防止兼并;二是主张"必能耕者而后授以田",借以达到均田目的;三是大乱后荒田不治时可"举而夺之";四是主张赋税之"取于佣耕者,率参而二"。这一理念与1906年《中国同盟会革命方略·军政府宣言》中,关于"平均地权"的解释,即核定地价、原价归地主所有,涨价归公,由国民共享已有所不同。参见拙文:《"平均地权"本义的由来与演变——孙中山"民生主义"再研究之二》,《安徽史学》2007年第5期。

[6]孙中山:《中国同盟会革命方略·军政府宣言》(1906年秋冬间),《孙中山全集》第1卷,第297页。

权主义既与儒家"均富"思想有内在联系之处，又在土地制度的变革上超越了儒学肯定土地私有的原意。这种不剥夺地主土地原价而把土地增值的财富进行全社会分配，以消除贫富两极分化的做法，目的就是为了既符合农民的利益，也顾及了地主的利益，不失为一种温和的社会主义方案。孙中山坚持用暴力革命推翻清王朝，又宣称自己终究是个温和的革命家[1]，原因就在于他用非暴力的社会财富分配方案，实行社会改革之故。

由上可知，"民族主义"以建立近代民族国家为指归，符合民族独立的历史需求。"民权主义"以创立民主共和的国体政体为目标，反映了政治革命的追求和社会被统治阶层的公意。"民生主义"以"平均地权"达到土地增值的财富归全民共享，应对了中华文化社会主义方向的发展趋势。后来，孙中山把民族、民权、民生三大主义的内涵，概括为"民有"、"民治"、"民享"，既体现了儒学"以民为本"的真髓，又推陈出新地构成了中华文化的近代转型。

综上所述，可以看出孙中山"三民主义"对儒学的推陈出新，我以为主要不是在"道"的方面，而是在"术"的部分。儒学原旨或曰儒学最高目的是"内圣外王"。格物致知，正心诚意修身，就是修己及内圣的功夫；齐家、治国、平天下，就是安人及外王的功夫。内圣的功夫可谓儒学之"道"，外王的功夫就是儒学之"术"。虽然，儒学的道、术是联为一体、相互依存的，道中有术，术中有道，但诚如梁启超所言："道字本来可以包括术，但再分细一点，也不妨事。道是讲道之本身，术是讲如何做去，才能圆满。儒家哲学，一面讲道，一面讲术；一面教人应该做什么事，一面教人如何做去。"[2]孙中山的"三民主义"主要把儒学的"外王"之术，推向了适应近代需要的层面。其中，儒学"外王"的"治国"之术，被赋予近代民族国家和创立民国政体的内涵，实现了制度层面的新意；"平天下"的儒学原义，转变为平均地权以均贫富的民生主义，成为解决社会民生和避免贫富差别的社会主义理论。

明乎此，就可以划定三民主义与儒学关系的三条界线：第一，孙中山的三民主义不包含对儒学全部的推陈出新，因而中华文化的近代转型，主要指应对社会需要的方法论层面的转变；第二，儒学的"道"并没有因三民主义理论的出现而失去普适价值。甚至"术"的一部分内容如"齐家"、"慎独"、"知行"、"善恶"等，也因与"道"相系而自有教化意义。因而儒学作为中华文化的核心，并没有

---

[1] 孙中山：《在香港大学的演说》(1923年2月19日)，《孙中山全集》第7卷，中华书局1985年版，第116页。

[2] 梁启超：《儒家哲学》，《饮冰室文萃》本，第103页。

因制度、社会层面的近代转型而可以一笔抹杀、彻底打倒，尤不应把它与三民主义等同起来。第三，孙中山作为中华文化近代转型的第一推手，不能因此推断是儒学道统的继承者，也不是新儒学家。他毕竟是作为民主主义革命家而确立其历史地位的；他所倡立的三民主义理论，也决非新儒学派，它毕竟是一种融会中外，应对现实需要的政治、社会学理。

再说第二点：为什么说三民主义是中华文化近代转型第一个完整的理论体系？

这可以从三民主义内涵的逐步完备来说明。

在社会科学和人文科学领域内，任何一种学说或理论，都有一个从提出到逐步完整的发展过程。这个过程，可以由创说者自我完善；也可以由他人予以诠释、阐发，即集众人智慧而成体系。孙中山的三民主义成为中华文化近代转型第一个完整的理论体系，同样经历着提出、发展到定型的过程。难能可贵的是，这个过程的每一步，都是孙中山亲自完善而不是依靠集体智慧。所以三民主义是孙中山的三民主义。

1. "民族主义"在 1905 年提出到 1906 年首次阐述，它的基本内涵如前所述：是"要建立一个以汉族为主体、包括满族在内的近代民族国家"，以实现"驱除鞑虏，恢复中华"的革命纲领。1911 年武昌首义，全国响应。1912 年 1 月 1 日中华民国南京临时政府成立，反清革命已取得决定性胜利。孙中山不失时机，在就任临时大总统发表宣言时，明确指出："国家之本，在于人民。合汉、满、蒙、回、藏诸地为一国，即合汉、满、蒙、回、藏诸族为一人。是曰民族之一。"[1]于是民族主义从最初的"驱除鞑虏"提升到"五族共和"的民族平等阶段，更加适合中国是个多民族国家的国情。

在对外关系上，同盟会十六字政纲中没有反帝纲领。但是孙中山的革命实践，尤其自武昌首义后，一度在向欧美寻求外交支持却处处碰壁的亲身经历中，深感中国独立之必要。1912 年，他在一次演说中表示：同盟会"之民族主义，为对于外人维持吾国民之独立"[2]。隐约寄寓着反帝立场。1919 年 11 月，在与留法学生的谈话中，把反帝作为"立国的基础"，已经明显有所表示：

我们中国虽然已经推翻了满清专制政体，建立了五族共和的中华民

---

[1] 孙中山：《临时大总统宣言书》(1912 年 1 月 1 日)，《孙中山全集》第 2 卷，中华书局 1982 年版，第 2 页。

[2] 孙中山：《在上海南京路同盟会机关的演说》(1912 年 4 月 16 日)，同上书，第 339 页。

国,可是我们的立国的基础还没有巩固。……中国还是一个贫弱的国家,事事都受世界列强的干涉和压迫。我们全国同胞,尤其是知识分子,必须要大家齐心参加革命,才能使中国得到独立、自由和平等。[1]

1924年,孙中山在中国共产党帮助下,召开了中国国民党第一次全国代表大会,发表《大会宣言》,重新解释"三民主义"。称:"国民党之民族主义,有两方面之意义:一则中国民族自求解放;二则中国境内各民族一律平等。"[2]《宣言》指出第一方面的内涵是反帝争民族解放;第二方面是承认国内各民族之自决权,在反对帝国主义及军阀的革命胜利后,"当组织自由统一的(各民族自由联合的)中华民国"[3]。

于是,孙中山的"民族主义",经由了最初狭隘民族主义色彩的"反满复汉"——以汉族为主体包括满族在内的近代民族国家——五族共和——以反帝求民族独立解放与国内各民族一律平等。与时俱进,逐步提升,前无古人,后资借鉴,成为中华文化在民族问题转型中第一个系统、完整的理论。

2. "民权主义"理论构架,在1906年《中国同盟会革命方略》中已基本形成,即从人民的政治地位、国家的政体建设和法律制度上保证民国是一个"民有"、"民治"的国家。但由于中国没有近代民主的传统,如何建设民主共和国,孙中山不得不殚精竭虑加以充实完备,使民权主义从最初表述,形成为切合中国国情、可操作、可持续的方案。

首先,他在国民的政治地位上,强调"主权在民"的理念。指出"中华民国者,人民之国也。君政时代则大权独揽于一人,今则主权属于国民之全体,是四万万人民即今之皇帝也。"[4]据此理念,提出了"权能区分"说,即权在民众,能在政府。民众有如阿斗,政府有如诸葛亮。人民把一切权力交给政府,才能造成一个代表民众利益的全能政府而管好国家。政府官吏,"不过为公仆之效能者"[5]。权能区分,有如历史上"选贤与能"政治理想之新修正,改变了君主专制政体中的君、臣、民三者的根本关系,确立了民国政府官吏仅是人民公仆的地位。

---

[1] 孙中山:《与留法学生的谈话》(1911年11月中旬),《孙中山全集》第5卷,中华书局1985年版,第165页。

[2][3] 孙中山:《中国国民党第一次全国代表大会宣言》(1924年1月23日),《孙中山全集》第9卷,中华书局1986年版,第116、119页。

[4] 孙中山:《建国方略》(1917—1919年),《孙中山全集》第6卷,中华书局1985年版,第211页。

[5] 孙中山:《讨伐曹锟贿选总统檄文》(1924年),《孙中山全集》第11卷,中华书局1986年版,第536页。

为了防止官吏滥权和人民有效监督政府,孙中山坚决丢弃了西方现行的"一般民权",提倡国民拥有选举、罢免、创制、复决四大权利的"直接民权",[1]规定从国家最基层的县级地方自治中行施。"直接民权"作为"主权在民"、"权能区分"的有效保障,根本否定了儒学传统中"劳心者治人,劳力者治于人"的旧说,推进了中华文化的近代转型。

　　其次,在政体建构上,孙中山接受了武昌首义后各省代表会议制定的《临时政府组织大纲》,坚决主张实行总统制。在承认立法、司法、行政三权分立的体制下,临时大总统有统治全国并统率军队之权,经会议同意有宣战、媾和及缔结条约之权,有任命政府各部部长及派遣外交使节之权[2],以实现非常时期行非常之事的需要。南京临时政府的成立,标志着"民权主义"从理论倡导变成了实际政体。尽管《临时政府组织大纲》并非孙中山手订,但它符合孙中山一贯主张实行总统制以组建政府的原意。

　　民国初年,孙中山根据"民智未开"的国情,及时修正了原先提出的建国程序:"军法之治"——"约法之治"——"宪法之治"[3],变为"军政时期"——"训政时期"——"宪政时期"[4],并规定了各该时期主要任务。"军政时期"以武力统一全国,奠定民国基础为指归[5];"训政时期"以在县级地方自治行施"直接民权"为目的[6];"宪法时期","俟地方自治完备之后,乃由国民选举代表,组织宪法委员会,创制宪法"[7]。

　　建国程序的规定,使以"创立民国"为核心的"民权主义",成为一个可资持续发展、形成民主共和国的完整过程。这样,从临时政府到宪政政府,组成了环环相扣、依次递进的系统工程,完整体现了孙中山"主权在民"、"宪政国家"的民权理论。

　　再次,为了最终成为宪政国家,孙中山结合西方三权分立体制,糅合中国历史上的优秀传统,独创了"五权宪法"的理论。宪法是国家的根本大法。它凝聚着统治者治理国家的理念和国民共同遵守的规则。所谓"五权宪法",是在承认欧美立法、司法、行政三权分立的基础上,加进中国历史上行之有效的考试、纠

---

　　[1] 孙中山:《在广东省教育会的演说》(1921年4月4日),《孙中山全集》第5卷,第499页。

　　[2]《临时政府组织大纲》,见刘星楠遗稿:《辛亥各省代表会议日志》附录,载《辛亥革命回忆录》第6集,文史资料出版社1981年版,第244—246页。

　　[3] 孙中山:《中国同盟会革命方略·军政府宣言》(1906年秋冬间),《孙中山全集》第1卷,第297—298页。

　　[4][5][6][7] 孙中山:《中华革命党总章》(1914年7月8日),《孙中山全集》第3卷,中华书局1984年版,第97页。

察制度,形成五权独立、相互制衡的法制体系。这是孙中山的独创,显示了中华文化在历史转折中,中西兼容以我为主的独特魅力,也是孙中山对西方,特别是美国成文法的大胆创新。"五权宪法"说的提出,使"民权主义"从"主权在民"的核心理念,到政体建构中一系列规制,有机组合成有法可依的一个整体,对后来者建设民主共和制度和法治国家,从理论与实践两方面,提供了足资参考借鉴的范式。

3. "民生主义"内涵的逐步完备,最值得注意。如前所述,民生主义的提出,最初是以"平均地权"为核心的土地问题,以实现社会财富全民共享为指归的。民国初年,孙中山在一次演说中,把防止资本家垄断的流弊列入民生主义,并将之称为"社会主义"[1],这就是后来"节制资本"的发端[2]。土地问题加资本问题组成了民生主义的两大基本内容。按照孙中山的阐述,"节制资本"包含私人资本和发展国家资本两大方面。节制私人资本是为了防止私人大资本操纵国计民生、实行垄断,但并不对中小资本加以限制,相反,予以积极扶植与鼓励;发展国家资本,则规定影响国计民生的工厂企业如银行、铁路、航运等不能私人占有,收归国家,由国家经营。经营所得利益,由全民共享,以实现"社会主义"。他认为社会主义可以分成两个阶段:"共产社会主义"属于"社会主义上乘";"国家社会主义"或"集产社会主义"则是社会主义的初期阶段,"实为今日惟一之要图"[3]。正因为如此,孙中山反复阐说"民生主义就是社会主义"[4],"民生主义即时下底社会主义"[5]。

把包涵"节制资本"在内的民生主义,作为社会主义的初期阶段,是目前中国惟一可以实行的"要图",表明了中华文化的近代转型,确实包涵着社会主义的发展趋向。因为社会财富的全民共享,毕竟是社会主义理论中最重要的一环。至于后来国家资本演变为官僚资本,并以官僚资本的畸形发展摧残民族资本,那是承继者的不肖,不是民生主义即社会主义理论的错失。

---

[1] 孙中山:《在南京同盟会会员饯别会的演说》(1912年4月1日),《孙中山全集》第2卷,第323页。

[2] 孙中山:《中国国民党第一次全国代表大会宣言》(1924年1月23日),《孙中山全集》第9卷,第120页。

[3] 孙中山:《在上海中国社会党的演说》(1912年10月14—16日),《孙中山全集》第2卷,第508—509页。

[4] 孙中山:《在广东省第五次教育大会上的演说》(1921年6月30日前),《孙中山全集》第5卷,第560页。

[5] 孙中山:《在中国国民党本部特设驻粤办事处的演说》(1921年3月6日),同上书,第476页。

土地问题上,孙中山以"平均地权"作为早期民生主义的核心内容。但对于农民的土地问题,一直是他思考的重心所在。早在1899年同梁启超讨论时,就已有土地国有,"必能耕者而后授以田"[1]的思想。1902年在与章太炎讨论土地问题时,又强调"不稼者,不得有尺寸耕土"[2]。不过,在提出"平均地权"作为民生主义内涵时,并没有涉及这一主张。但是,"耕者有其田"的主张,成了孙中山关于土地问题的归宿。直到晚年,在中国共产党帮助和俄国社会主义革命影响下,孙中山才真正把"耕者有其田"作为土地问题的纲领确定下来。他说:"民生主义真是达到目的,农民问题真是完全解决,是要耕者有其田。"[3]他甚至宣称要仿效俄国"推翻一般大地主,把全国的田地都分到一般农民,让耕者有其田"[4]。但是,作为一个温和的革命家,孙中山毕竟没有效法俄国强行剥夺地主土地的办法,而是通过联络农民与政府合作,"让农民可以得到利益,地主不受损失"的"和平解决"[5]。可见,在解决农民土地问题上,"耕者有其田"与"平均地权"的温和主义思想是如出一辙的。

发展经济,是解决民生的重要推动力,也是民生主义理论得以最终实现的根本保障。孙中山一贯注意把发展经济作为振兴中华的大经。从1894年上书李鸿章,提出"人尽其才、地尽其利,物尽其用,货畅其流",作为"富强之大经,治国之大本",批评洋务派"徒惟坚船利炮之是务,是舍本而图末"[6]起,到民国初期积极从事中国的铁路建设事业,一直环绕着中国经济的近代化进行思考和实践,发表了大量的言论。后来因忙于政事、军事斗争,不能旁顾,但素志未减。直到1919年稍得休整,即把历年思考,汇为成帙,著为《实业计划》一书[7]。书中关于港口建设、铁路系统、制造业和民生工业的布局,相互配套,互为联动,规划周详,体系完整,构成了中国社会经济近代化的宏伟蓝图,体现了中华文化面向世界的博大胸怀和中华民族自立于世界之林的雄心壮志。

通过上述简要梳理,可知孙中山的"三民主义"从最初提出,到晚年的重新

---

[1] 梁启超:《社会革命果为今日之中国所必要乎?》,《新民丛报》第86号。

[2] 章太炎:《定版籍第四十二》,朱维铮校点:《訄书》重订本,见《章太炎全集》(三),上海人民出版社1984年版,第274页。

[3] 孙中山:《三民主义·民生主义》(1924年1月至8月),《孙中山全集》第9卷,第399页。

[4] 孙中山:《在广州农民运动讲习所第一届毕业礼的演说》(1924年8月21日),《孙中山全集》第10卷,中华书局1985年版,第556页。

[5]《孙中山全集》第10卷,第558页。

[6] 孙中山:《上李鸿章书》(1894年6月),《孙中山全集》第1卷,第8页。

[7]《实业计划》最初发表于1919年《远东时报》6月号,1921年由上海民智书局出版英文本,10月出版中文本。后编为《建国方略之二:物质建设》,见《孙中山全集》第6卷,第247—411页。

解释,经历了充实、发展、定型的过程,形成为一个完整的理论体系。

必须指出,"三民主义"作为近代政治、社会理论,不是儒学的一个新学派,但本质上又与儒学有着内在联系。它与同时代思想家的学说相比,在理论形态的完整性、系统性上,不仅超迈前人,而且更适应社会需要。且不说"民有"、"民治"、"民享",既承袭了儒学"民贵君轻"的价值观,又将之推进到"以民为本"的高度,彻底颠覆了旧说中君民的位势,已经不再是儒学原生态的学理。单就儒家关注的"礼"即政治体制而言,孙中山的"民权主义"理论,特别是其中的"五权宪法"学说,比之儒学恢复"三代之治",是一个顺应世界潮流的历史进步。众所周知,儒家以齐家、治国、平天下作为"外王"的极致功夫。所谓"齐家",就是家族制度的齐一问题;所谓"治国",就是管理国家即政治体制问题;所谓"平天下",根本上就是社会民生和风俗改良问题。"齐家"要维护以血缘为纽带的家族制度;"治国"要维护以君主为"天子"的统治地位;"平天下"要在维护社会财富级差等级基础上,调适有度,以及将社会风尚保持在古礼允许的规范内。儒学的外王之术,在孔孟所处时代,由于礼崩乐坏,贵族奢侈而又非礼,孔子主张"克己复礼",回到"三代之治",是进步的。孔子死后,历代儒士祖其法而泥其古,则有点不识时务。特别是到了千年变局的近代社会,再不因时更张,那就是倒退了。

康有为的高明,就在于看到了这一点。维新派在儒学之"礼"即政治制度上,有所更张。他们鼓吹民权,并以孔子改制为名,把孔子塑造成改革家,附会西方君主立宪,主张君民共治,怂恿光绪帝"开制度局"以议新政。根本上仍是"中体西用",维护君主地位。无论在学理上、操作上,远逊于孙中山的民权主义理论体系,更遑论"五权宪法"对儒学礼制的近代化改造了。

在民族问题上,康梁一再吹倡"满汉"矛盾已经缓和,反对革命"排满",并同孙中山为首的民主革命派展开大论战。尽管梁启超也搬运了西方近代民族国家的理论,但不敢如同孙中山那样区分压迫民族与被压迫民族,号召用革命暴力推翻清王朝,尤其不敢实行民族革命以创建五族共和、争取民族独立的新国家。

在民生问题上,康梁反对孙中山平均地权和节制资本的主张,认为土地国有论是煽动流氓、乞丐的工具,而且在政治上、财政上仅靠地租收入,不足以供国家财政支出。他早年虽曾与孙中山讨论过土地问题,但最终没有能形成像孙中山那样丰富的有关民生问题的系统理论,更不要说"耕者有其田"的主张了。

经此比较,就可明白,三民主义与五权宪法,确实比之前人和同时代思想家高出许多，是中华文化近代转型第一个完整的理论体系，孙中山作为中华文化近代转型的第一推手，是无可疑义的。

如果没有三民主义理论对社会意识形态产生的深刻影响，显示着以儒学为核心的中华文化不再以原生态出现，而是以近现代政治、社会理论体系的形态成为发展趋向，那么，中华文化真有可能僵持在儒学情结里，不能回应时代变局的需要了。孙中山是第一人，后来者踵武其后而有所超越。中华文化必将生生不息，光跃于世界。

十　两条战线

（一）论战：打出"三民主义"的旗帜

论 战 的 由 来

中国同盟会成立后，除了发展组织、建立国内外分支会外，主要在文字宣传和武装起义两条战线上进行斗争。这两条战线都在同盟会东京本部的统帅下，尤其是在孙中山、黄兴的直接领导下进行的。同盟会的孙黄体制也是在这两条战线的斗争中形成的。不过若细究两者的努力，则孙黄在反清武装起义上的注意力和投入，较之在文字宣传上的着力更多，尤其是黄兴，几乎把全副精力都花在协助孙中山领导和指挥反清起义上，因而在同盟会中被喻为革命的实行家。

孙中山作为中国同盟会的总理，自同盟会成立之日起，就担起了运筹帷幄的责任。与改良的立宪派进行要不要革命的大论战，就是在他指导下进行的一次文字宣传的大战役。

革命派和改良派，原是在 19 世纪 90 年代中期几乎同时登上政治舞台的两股政治力量。在与清政府封建专制势力的斗争中，两派有过共同的遭遇与处境。如前文所示，1898 年戊戌变法失败后，两派在日本曾一度有过合作的意向，可说本无芥蒂。直至 1900 年梁启超在孙中山介绍下赴檀香山活动前，尽管维新派成了保皇论者，与革命派推倒清王朝的主张南辕北辙，但两派尚无大矛盾，谈不上有反目之举。及至 1901 年梁在檀以"名为保皇，实则革命"的幌子夺取兴中会在檀地盘，两派开始产生裂痕，但仍未到交恶的地步。紧接着，在东京的大同学校，被保皇派窃夺并发生驱孙事件；横滨兴中会又为康党潜移默化，自会长冯镜如以下皆奉保皇之说。革命派原有的薄弱基础势将全盘丧失，孙中山才开始感觉必须反击"保皇毒焰"。于是，两派由组织之争进而发生文字宣传的舆论之战,交恶便日甚一日了。因此,两派之间的论战,肇始于组织上的纷争,原带有党派斗争、争取群众的色彩,而论战的演进,愈益加激组织上的对立,终至闹到水火不容、不共戴天的程度。

应该指出,交恶的起因即组织纷争,在当时对两派的存在和发展具有头等意义,因而舆论斗争的重要性也就不言而喻。自戊戌政变后,维新派和革命派在国内的势力都几被摧毁,所以,在海外获得发展机会,就成了能否东山再起的基本保证。革命派虽到日本较早,在海外发展也未获大进,但檀香山和横滨两处兴中会的存在尚差堪自慰。尤其是檀香山兴中会,无疑是革命派自认为最具实力的支撑点;维新派初到异国,在海外一无凭借,而保皇立宪之心不死,于是设法取得地盘,不仅具有立足的意义,而且也有再图发展的潜意。问题在于保皇派采取鸠占鹊巢的手段,挖革命派墙脚,终于使革命派不堪容忍。因此,追本溯源,责任在于保皇派的不义手段和攘窃野心。

保皇派攘窃地盘,除进行拉拢、游说外,主要方式是办报宣传。在 20 世纪最初几年里,保皇论之所以在海外风行,大有压倒革命、鳌头独占之势,一个重要原因在于他们一开始就注意了文字宣传、制造舆论、进行思想导向的重要性。在笔杆子问题上,孙中山为首的兴中会很少有可以驰骋论坛、叱咤风云的秀才。有了吃亏的教训,迫使孙中山也抓舆论工具。于是,双方通过报刊文字,竭力宣传自己一派的政治主张、攻讦对方的政见,成了两派争取群众、扩大影响、培植势力的主要斗争方式,战线与阵地也就因此形成。

1905 年前,两派在海外的报刊由于记载不全已经很难了解全貌,现根据所知材料制成简表(见下页)。

从简表中可知:

第一,两派都注意利用报纸作舆论工具,但保皇派进行较早。当 1898 年保皇派在日本横滨创办《清议报》时,革命派尚未有一张报纸。到 1899 年,保皇派在日本、新加坡、檀香山、温哥华四处办报,把保皇论伸展到南洋和南北美洲时,革命派仍尚未有舆论阵地。正是在 1898—1900 年间,保皇派利用革命派没有宣传工具这一弱点,在上述地区大造保皇舆论,使上述兴中会势力被保皇派侵夺,当地兴中会会员普遍受到保皇立宪思想的侵蚀而纷纷改易宗旨、倾向保皇。

第二,革命派虽在 1900 年创办《中国日报》及《中国旬报》,但在最初的半年里"以不审英人对华政策所在,一时未敢公然高唱革命排满之说",而且也没有在别处另创局面;保皇派则在 1901 年又掀起办报热潮,进一步把势力伸入美洲大陆,连续在美国华人聚居区纽约、旧金山利用报纸加强对华侨的影响。

1898—1905年两派创办报纸简表（包括中国香港，不含内地）

年份（年）	革命派 报纸名称	创刊日期	创刊地点	备注	保皇派 报刊名称	创刊日期	创刊地点	备注
1898	—	—	—	—	《天南新报》	1898年5月—6月间	新加坡	1899年成为保皇会南洋分会机关报
1899	—	—	—	—	《清议报》	1898年12月	横滨	1901年12月停刊，共出100期
					《新中国报》	1899年	檀香山	—
					《日新报》	1899年	温哥华	康有为在加拿大所创保皇会之机关报
1900	《中国日报》	1900年1月	香港	1913年被迫停刊		—	—	—
	《中国旬报》	1900年1月	香港	1901年初停刊				
1901	—	—	—	—	《大同日报》*	1901年	旧金山	美洲致公堂机关报，1902年起为保皇会把持
					《文兴报》	约1901年	旧金山	保皇派在旧金山之机关报
					《世界报》	不详	旧金山	创刊时间可能在本年
					《维新报》	不详	纽约	创刊时间可能在本年
1902	—	—	—	—	《新民丛报》	1902年2月	横滨	保皇派最重要舆论阵地

年份(年)	革命派				保皇派			
	报纸名称	创刊日期	创刊地点	备注	报刊名称	创刊日期	创刊地点	备注
1903	《檀山新报》(《隆记日报》)	1895—1896年间	檀香山	1903年起为檀香山兴中会机关报,1907年易名《民生日报》	—	—	—	—
	《世界公益报》	1903年	香港	—				
	《广东报》	1903年	香港	—				
	《有所谓报》	1903年	香港	—				
1904	《图南日报》	1904年	新加坡	1905年夏因资金短缺停刊	《仰光新报》*	1904年	仰光	仰光保皇会机关报,1905年倡言革命,同年11月停刊
	《大同日报》*	1901年	旧金山	1904年起倡言革命	《商报》	1904年	香港	—
1905	《南洋总汇报》*	1905年	新加坡	1906年为保皇派窃夺	—	—	—	—
	《槟城新报》*	1905年	槟榔屿	言论温和,以中立自居				

注：①有 * 号者为两派争夺,报纸性质有变化者。
②资料来源:冯自由:《广东报纸与革命运动》,《革命逸史》初集;《南洋各地革命运动》,《革命逸史》第4集;《美洲革命党报述略》,冯冰峰:《清末革命与君宪的论争》,台北"中央研究院"近代史研究所专刊(19),1966年。

第三,革命派吃亏之后,自 1903 年起以孙中山为首加强了办报活动。相比之下,保皇派则有所停滞,刻意加强《新民丛报》的经营。由于该报在梁启超主持下,他那笔端常带感情的文字,风靡知识界,所以,保皇派尽管办报不多,但帅旗飘扬、气势不减。

第四,革命派办报方向集中于中国香港、南洋两地,对北美注意不够。统计这一时期革命派所办或由革命派掌握的报纸,在中国香港共 5 份,南洋 3 份,北美 2 份,这可能是北美为保皇会根据地,势盛力强之故。相比之下,保皇派则注意于北美和南洋,尤其是北美共办了 6 份报纸。这种情况,冯自由有文说:"要而言之,革命党驻美洲各机关报之出世,远在保皇党各机关报全盛时期之数年⋯⋯然以缺乏同志文人襄助,且无言论机关为之宣传,故收效不著。反观康梁师徒自己亥(沈案:即 1899 年)立党以至己酉(沈案:即 1909 年)之十一年间,美国、加拿大、檀香山、墨西哥、古巴各地,无一处不根深蒂固。其机关报则有旧金山之《文兴报》、《世界报》,纽约之《维新报》,檀香山之《新中国报》,加拿大之《日新报》等等;其利用实业名目以行棍骗之商店,则有上海广智书局,墨西哥银行,纽约琼彩楼、杂碎馆,香港振华实业公司,墨西哥轮船公司,广西天平山锡矿,香港华益公司等等。所募集资本当在一千五百万元以上。吾侨胞多年积蓄物资之精华,竟为若辈剥夺大部,良可愤慨。革命党直至民国前九年癸卯(沈案:即 1903 年)上海苏报案发生后,始渐从事于海外之宣传。"[1]冯自由所说革命党驻美洲各机关报之出世远在保皇党前数年,按之上表,仅《檀山新报》一份,创刊于 1895—1896 年间(原名《隆记报》),其余并非如此。即使《檀山新报》,其宣传革命,也迟至 1903 年孙中山赴檀之后,故冯自由此说或有稍过,但他说在美洲的革命宣传不及保皇派倒是实情。美洲以外,日本、南洋亦属落后。以日本而言,保皇派的大本营名曰在北美之加拿大,实质在日本之横滨,则革命派在日本的舆论阵地似也很难开辟。试看 1905 年《民报》创刊前,久居日本的孙中山和其他兴中会成员,居然没有创办出一张可资宣传的报纸,即可概见。此事非不可为也,实在是不能为也。孙中山统帅下的兴中会,除陈少白算得上是个能文的才子外,几乎没有第二人可以肩起文字鼓吹的大旗。理论修养的不足,文章写作功底薄弱,是兴中会成员的普遍缺陷,与保皇派能文者众相比,表现得尤为明显。所幸这方面的缺陷,由留日学生纷纷创办杂志的举动作了弥补。在这个意义上说,留日学生的办杂志热,对中国民主革命高潮的生成,自有其不可磨灭的功绩。

---

[1] 冯自由:《美洲革命党报述略》,《革命逸史》第 4 集,第 137 页。

就南洋而言,孙中山等兴中会成员,虽注重于南洋华侨中发展势力,但创办报刊一直未能举措。这项工作,主要借助于新加坡爱国华侨陈楚楠、张永福的努力,才以两人所办之《图南日报》为南洋革命报刊的本营。虽然在孙中山致陈楚楠的信中谈到 1905 年 6、7 月间西贡"已有同志欲创一报馆于此,以联络各埠之声气。惟不知办法,及欠人员"。表示自己将协助弥补这两个缺点,"大约二三个月后由东洋南回,则此事可以成矣"[1]。但验之事实,这一计划并未实行,南洋一带,仍以《图南日报》一力支撑。到是年夏秋间,该报以营业不佳停刊。陈楚楠、张永福于冬初复集资创办《南洋总汇报》,吹倡革命。当时,陈、张二人既未加入兴中会,也未加入同盟会,完全凭借一腔热情在自发奋斗。其间虽得到兴中会成员尤列的支持,但尤列也仅是个挂名的编辑而已。

早在大论战发生之前,革命派和保皇派就已通过各自的舆论阵地进行着局部的小规模的争论。首开记录的是 1903 年洪全福起义失败后,保皇派在广州的《岭海报》和革命派在香港的《中国日报》围绕着要不要用暴力推翻清政府进行笔战。《岭海报》诋革命排满为"大逆不道",《中国日报》"严辞驳斥",双方笔战逾月,"粤垣志士纷纷投稿为《中国日报》声援,而革命书报在粤销场为之大增"[2]。

紧接着是同年 6 月起上海的《苏报》和《中外日报》的论战。《苏报》原是由湘人陈范接办的一份营业性小报,自 1903 年 6 月聘任爱国学社社员、原南京陆师学堂退学生章行严(士钊)担任笔政后,言论为之一变。从 6 月起,它连续刊载了《康有为》、《驳〈革命驳议〉》、《呜呼保皇党》、《康有为与觉罗君之关系》等抨击保皇派的文章,与保皇派的《中外日报》进行论战。

《中外日报》为汪康年于 1898 年创办,在宣传维新思想中曾起过积极作用。20 世纪初年起力主保皇,反对革命。1903 年 6 月 8 日至 9 日,该报连载《革命驳议》一文,反复论说中国不可行革命之理,认为革命必启外人干涉而召瓜分之祸;中国民智未开,不懂自由平等,以革命相号召,毫无益处。《苏报》在该文刊登三天后即发表《驳〈革命驳议〉》一文,针锋相对予以反击。文章指出:外人干涉不足慑,若国民人人操"不自由毋宁死之主义"而与列强拼搏,其结果未必能"尽歼我族类";中国民智之未开,在于受专制压制之故,并非天生奴性,革命就是冲决专制藩篱;保皇党仰望清政府行立宪,以满政府种种暴虐愚昧,纯属痴人说梦。《康有为与觉罗君之关系》是章太炎所作《驳康有为论革命书》一文的摘

---

[1] 孙中山:《致陈楚楠函》1905 年 7 月 7 日,《孙中山全集》第 1 卷,第 275 页。
[2] 冯自由:《陈少白时代之中国日报》,《革命逸史》初集,第 68 页。

要。康有为在 1902 年为稳定海外华侨和康门弟子对保皇立宪的信仰,撰写了《致美洲华侨论中国只可行君主立宪不可行革命书》及《与同学诸子梁启超等论印度亡国由于各省自立书》两封长信。梁将此二信以《南海先生辨革命书》为题,刊于《新民丛报》第十六号。后来,又由康门弟子以《康南海先生最近政见书》为名,合刊印行。对此,章太炎采取公开信形式对康氏论点逐条驳斥,他用中外历史,特别是清王朝残酷统治汉人的历史和现状,论证了建立以汉民族为主体的近代民族国家是历史发展的必然趋势;指出依靠光绪帝中国决不可能实行立宪,文章直呼光绪帝是"载湉小丑,不辨菽麦";揭露了康有为出于私利的保皇面目:"甘与同壤,受其豢养,供其驱使,宁使满洲无自立之日,而必为满洲谋其帝王万世、祈天永命之计,何长素之无人心一至于是也。"章太炎批判了康所说革命将招致乱亡的说法,认为革命不但不会招致瓜分,反而可以救国,中国只能行革命才可摆脱受侵略被奴役的悲惨境地,也只有革命才可以开发民智,"公理之未明,即以革命明之;旧俗之俱在,即以革命去之。革命非天雄大黄之猛剂,而实补泻兼备之良药"。章太炎此文在《苏报》以摘要形式公布后,清政府闻之震悚,知识界阅之大快,对上海乃至全国的民主革命思想形成,起了极大的推动作用。1903 年 7 月发生的震动全国的"苏报案",正是在这样的背景下发生的。章太炎和年轻的同志邹容,在中外反革命一手制造的迫害案中被捕入狱。但清政府始料不及的是,"苏报案"反而促进了国内民主革命思潮的高涨。如果说留日学界革命思潮高涨的促发剂是拒俄运动中清政府充当了反面教员,那么,把上海乃至全国民主革命思潮推向高峰的,正是这场迫害案。它逼得知识界中的激进者只有奋起战斗之路可走。这两件事先后迭起,沤浪相逐,使 1903 年成了中国进入 20 世纪后具有重大意义的一年。

1903 年 12 月至 1904 年 1 月,孙中山在檀香山《檀山新报》上撰文与当地保皇派机关报《新中国报》的论战,是同盟会成立前孙中山第一次公开批判保皇派的斗争。如前文所示,这次论战的主要问题成了日后革命派和君宪派大论战的基本内容;这场论战的结果,使深受保皇论影响的广大檀香山华侨从"保皇即革命"的谬说中解脱出来,重新振奋了革命精神和增强了识别保皇论的能力。

1904 年《中国日报》和《商报》的论战。这一年,康有为命门生徐勤在香港创办《商报》,倡言保皇。《中国日报》予以反击,陈少白连续写了数十篇文章进行驳斥。具体情况,因乏资料不得其详[1]。

---

[1] 参见亓冰峰:《清末革命与君宪的论争》,台北"中央研究院"近代史研究所专刊(19),1966 年,第 108 页。

以上是同盟会成立前两派论争的大体情况。从中可以看出论战初期的特点：第一，两派论战采取"捉对儿地厮打"的形式，但并非有计划、有组织、有系统地展开，往往是从具体问题开始，漫及两派的基本主旨，显得散乱而无章法；第二，每次争论规模不大、时间很短，往往是一二个回合即告结束，较长的也仅及一两个月。革命派的主要宣传阵地《中国日报》虽倾以全力，但保皇派的《新民丛报》却未全力投入；第三，论战的结果，革命派并未获胜而使保皇论消弭，但扩大了革命的影响；保皇派也未失败，但因理亏而日渐失去人心。特别是经过"苏报案"后，内地革命舆论大盛，革命报刊纷纷出版，表明民主革命思潮正在渐次形成。

争论既起，势必扩展。随着中国同盟会的成立和《民报》的创刊，这场关系到两派争夺群众的论争，也就进到了一个新阶段，这就是1905—1907年的两派大论战。

论战的趋势及其性质

《民报》自1905年11月26日创刊以后，就在孙中山指导下，举起了革命与批判的两大旗帜。它的发刊词明确揭载了孙中山提出的民族、民权、民生"三大主义"，成为近代中国比较完整意义上的资产阶级民主革命纲领。《民报》的出版，也结束了改良派在舆论宣传战线上占优势地位的时代。一大批经受西学训练、具有世界意识的留学生加入革命宣传的行列，使兴中会时期革命派缺少文

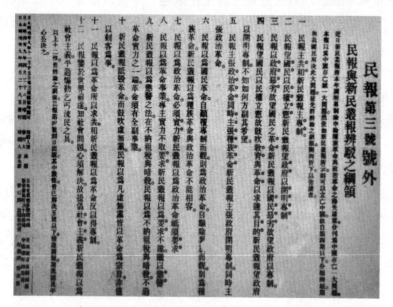

《民报》第三号号外刊登的革命派同保皇派论战的提纲

人的困境得到根本改观,他们成了这条战线上冲锋陷阵的斗士。《民报》创刊号上刊登的朱执信《论满政府虽欲立宪而不能》,陈天华《论中国宜改创民主政体》等文章,向康梁为首的保皇立宪论进行了尖锐的批判,从而宣告了革命派在理论战线上发动总攻击的到来。

从1905年《民报》创刊起,到1907年8月《新民丛报》停刊止,两派围绕着各自的政治纲领和进行方法展开了旷日持久的大论战。从政治纲领说,革命派奉行孙中山的三民主义,保皇派则主张光绪帝复辟,实行君主立宪。分别地看,在民族问题上,革命派主张"种族革命",驱逐满族统治,建立近代民族国家,认为"国民革命,自颠复专制而观,则为政治革命,自驱逐异族而观,则为种族革命",保皇派反对种族革命,认为"种族革命与政治革命不能相容";在民权问题上,革命派"主共和","望国民以民权立宪",保皇派则"主专制","望政府以开明专制";在民生问题上,革命派"鉴于世界前途,知社会问题必须解决,故提倡社会主义",保皇派"以为社会主义,不过煽动乞丐流民之工具[1]"。

目的决定手段。两派在方法上的争论,丛集于要不要推翻清政府。革命派"以政府恶劣,故望国民以革命",用革命方法"以求达其目的"。在革命派看来,政治革命必须以武力进行,不能用请求得之,更不能以不纳税与暗杀得之,虽然两者是革命方法之一部分,但革命必须调动全部力量;保皇派则相反,以为国民恶劣,所以不能进行国民革命,只能望政府实行开明专制,采取请愿方法要求政府行君主立宪。若要求不达目的,继而采取不纳税与暗杀手段对政府惩警以求达到目的。

这场大论战前后长达一年零九个月,但真正战得激烈的是1906年。这一年,两派争论丛集于革命还是立宪,革命会不会招致列强瓜分,要不要实行土地国有,怎样看待和解决"民智未开"等一系列带根本性的问题。论战主要在《民报》和《新民丛报》上展开,双方的其他报刊虽在个别问题上亦有若干呼应,但未能形成互为对手的态势,所以这场论战是两派主要舆

保皇派论战的主要阵地《新民丛报》

[1] 以上引文,均据《民报》第3期号外:《民报与新民丛报辩驳之纲领》一文。

论阵地的对垒战,也可以说是两派主帅——孙中山和梁启超在理论问题上的战略决战。

梁启超是保皇立宪论的主将,《新民丛报》的挂帅人物。他在这场论战中左冲右突、全力以赴,写作极勤,据其自称约有百万言之多[1]。但是,保皇派方面仅梁启超一人参战,孤军奋斗,其他康门弟子大有噤若寒蝉之势。只有一个"打圆场"式的中派偏右分子徐佛苏偶尔写过一两篇文章[2]。这种主帅操戈、全无将卒的难堪局面,在近代中国政治思想史上可说是绝无仅有的特例。这恐怕与当时人心向背的形势有关。自从1901年的《辛丑条约》签订、1903年抗法拒俄运动、"苏报案"事件及1905年波澜壮阔的反美爱国运动以来,清政府外而勾结帝国主义,内而镇压革命的面目日益暴露,保皇之说,渐为国人所不齿,附和梁启超观点几有"不识时务"之嫌了。至于保皇派内部何以无人参战,至今仍没有史料可资说明,但这个现象至少反映了康门弟子之间并非铁板一块、矛盾甚多的事实。

《民报》方面,虽然孙中山没有亲自撰写过论战文章,但整个论争不仅由他挂帅,常加过问,而且革命派完全是以他所倡导的三民主义思想为立论基础。《民报》的发刊词是他写的,其中"三大主义"的提出,奠定了《民报》的性质和宣传方针;《民报》第1、2号上刊载的由汪精卫署名的《民族的国民》,第6号汪精卫所撰的《驳革命可以召瓜分说》,第12号由胡汉民署名的《告非难民生主义者》等重要论战文章,都是由孙中山口授而成的;论战最激烈的1906年,大部分时间孙中山都在日本。凡此种种,都说明了这场论战是在孙中山主持与指导之下进行的。与梁启超孤军奋战形成鲜明对照的是,革命派方面兵将如云,主帅则运筹帷幄。一批留日学生会员和革命派的精英如朱执信、胡汉民、陈天华、汪精卫、冯自由、汪东、章太炎、黄侃、刘师培等都纷纷作文参加论战,锐气十足,锋芒毕露,表现了同盟会初生时期的勃勃生机。他们中一些人虽然在尔后的岁月中,有的成了国人不齿的汉奸,有的与孙中山的三民主义真髓背道而驰,但在那时革命论坛上作过的贡献还是应该肯定的。如果说梁启超自称他在论战中为《新民丛报》写下了百万余言的文字,那么,革命派的论战文章,远不止此数。这些文章,不仅是中国民主革命史上一份丰厚的宝贵资料,而且也是他们各自生

---

[1] 梁启超1907年7月17日致康有为书,见丁文江、赵丰田编:《梁启超年谱长编》,上海人民出版社1983年版,第409页。

[2] 徐佛苏写过《劝告停止驳论之意见书》及《答精卫书》两文,分别刊于《新民丛报》第11、13号上。第一篇是应梁之约,属"打圆场"式的呼吁。

命史上留下的足印。

两派的大论战经过 1906 年的高潮之后，到 1907 年逐渐减弱。原因一是通过辩论，君宪派的主要观点已被驳斥，梁启超已经很难写出有分量的文章进行驳诘；二是保皇党在 1907 年正积极筹组帝国宪政会和政闻社，革命派则集中力量于武装起义，双方的注意中心都有所转移。加上同盟会内部开始形成一股反孙中山的派别势力，分裂趋向已显端倪，也使理论战线的斗争受到影响。同年 8 月，《新民丛报》停刊，标志着论战因一方失去阵地而宣告结束，但《民报》在章太炎主持下仍继续刊登批判文章，只是没有了针锋相对的对手而变成单方面的表演，虽有点乘胜追击或痛打落水狗的意味，不过究竟不如以往好戏连台的景况了；况且，8 月以后的多数文章，从论题到内容较多地流露大汉族主义色彩，也不如以往摆事实讲道理的耐看。

《新民丛报》的停刊，一个直接原因是上海支店被大火焚毁，使原已经费绌紧的困难更加突出。但更深层的原因在于因稿源困难而刊物经常脱期，销数减少而经济不能支持。梁启超在致徐佛苏的信中说：

> 弟前此所以欲停《新民报》者，则一因党报将出，弟一人之力，不能兼顾此报，以余力办之，若赘疣然，无复精神，亦复何取。一因出报既屡愆期，则阅者生厌，销数亦窒，而经济不能支。以去年计之，既亏绌矣。[1]

梁启超以一夫而挡全军的做法与革命派论战，自然会弄得心力交瘁，所以有人建议重新恢复《新民丛报》，他坚决不干了。

随着《新民丛报》的停刊，"捉对儿地厮打"的论战已经结束。对这场论战的结果，两派当事人各有说法。论战期间担任《民报》编辑、积极撰文投入的胡汉民说："交战结果，为民报全胜，梁弃甲曳兵，新民丛报停版，保皇之旗，遂不复见于留学界。"[2]但梁启超却说法不同。1907 年 6 月 8 日当论战接近尾声时，他写信告诉乃师康有为说："革命党之势力，在东京既已销声匿迹，民报社各人相互噬啮，团体全散，至于并报而不能出，全学界人亦无复为彼所蛊惑者。盖自去年新民丛报与彼血战，前后殆将百万言，复有中国新报（晳子所办）、大同报（旗人所办）助我张目，故其势全熄，孙文亦被逐出境，今巢穴已破，吾党全收肃清克复之功，自今已往，决不复能为患矣。"[3]

两造都说自己全胜，对方失败。其实，双方都有矫饰之词。胡汉民说梁弃

---

[1][3] 梁启超：光绪三十三年《致佛苏我兄书》，《梁启超年谱长编》，第 386 页；《与南海夫子大人书》，第 409 页。

[2]《胡汉民自传》，《革命文献》第 3 辑，第 390 页。

甲曳兵,显属夸张;把《新民丛报》停版说成论战失败的表现,也不尽符事实。但他说经此论战,保皇势力在留学界已失旗帜,这确是实情。1907年以后的留学界已经不再是保皇立宪的天下了。梁启超的说法尤其离奇,指鹿为马,捕风捉影,完全是谎报战果,欺骗远在加拿大的康有为:革命势力在日本依然存在,同盟会东京本部照样在领导指挥;《民报》内部之争起于经费分配上的矛盾,并非由于论战之故;孙中山离日赴越,是为了筹集起义经费,"被逐出境"并非主因,与论战更不搭界。至于说革命派其势全熄,完全是不顾事实。1907年后,民主革命思潮已不像20世纪初年那样只在一部分激进的近代知识分子中传播,而是成了拍岸的惊涛,以君宪论者意想不到的汹涌之势席卷而来,不到几年的时间就把清王朝冲垮了。

通过论战,革命派在理论上占了上风,这是无可争辩的事实;说革命派战胜了立宪派也大体上可以成立。但是对于这场论争的性质及其结果的评议仍然有许多问题需要讨论。

首先,这场旷日持久的大论战是什么性质的斗争?我认为两派之间的论争不是两个根本利益对立的阶级之间的斗争,而是资产阶级内部两个不同政治派别间的斗争。它们之间在一系列问题上确实存在着严重分歧,但决非革命与反动的分野。

判别一个政治派别的进步与反动,主要不是看他们对旧事物采取了何种变革手段,而是看他们的手段为何种目的服务。在这个问题上,我们首先是目的决定论,然后才是手段优劣论。从维新派演变而成的保皇派以及由保皇派变成的君宪派,他们在不同时期的政治主张虽有侧重点的不同,但他们要求变革封建君主专制制度、实行资产阶级政权形式之一的君主立宪政体这一根本目的,始终没有大变化。他们把自己争取立宪的活动称之为"政治革命",认为"政治革命者,革专制而成立宪之谓也。无论为君主立宪,为共和立宪,皆谓之政治革命"[1]。把君主立宪称作革命,似乎是挂羊头卖狗肉,但当时的革命派非但没有作如是看,而且都接受了这个说法。因为从革专制并代之以立宪政体这一点上说,无论君主立宪还是共和立宪,确实都需要付出代价才能得到。可以说,在反对封建专制制度、建立资产阶级国家政权上,两派有着大体相同的目标。

在经济问题上,两派作为中国资产阶级不同派别的利益代言人,同样都热切地向往资本主义的发展。梁启超就曾反复指出:若要避免亡国而为人牛马的

---

[1] 梁启超:《申论种族革命与政治革命之得失》,《新民丛报》1906年第76期。

危险，"惟有奖励资本家"[1]；"今日中国必奖励企业为最重要之政策"[2]。值得注意的是后来成为国内君宪派首领和骨干的不少人物，都是当年中国资本主义工商业的创办者或投资者。张謇、汤寿潜、蒲殿俊等即是典型。张謇不仅创办和投资了二十多个企业，而且还雄心勃勃地要把江苏南通办成发展资本主义的模范地区。为此，他几经颠蹶、不辞辛劳，奔走规划、游说支撑，历尽了创业的艰辛。因此，否定君宪派强烈要求发展资本主义的愿望，只从他们反对暴力革命着眼，把他们划入地主阶级的营垒，称他们是反动派，显然是有欠公正的。

诚然，梁启超在论战中竭力反对孙中山的土地国有论，不过，若细析梁的言论，可以看到他所反对的理由，纯粹是学理上的探讨，从学理上怀疑土地国有论能否实行。他从财政上认为光依靠地租的单一税收入，不足以供给国家的支出，因而断定土地国有论不能成立。原来，孙中山把核定地价后的土地涨价部分归国家所有的前景，估计得确实过于乐观，他认为仅地租一项每年可以有 80 亿的收入。因为当时清政府课于人民的土地税仅为地租的1/20，据赫德估计，如中国经营得法，每年租税可达 4 亿，将来民国成立，土地收归国有，核定地价，10 年后地租率的增长不至一倍，可得 80 亿，归国有后便可经营一切而有余[3]。对此，梁启超讥为"空中楼阁"，他估计实行土地国有后，每年的地租总额只有 6 亿，根本不足国家的财政支出。显然，梁启超虽有把土地国有论称为煽动乞丐流民的工具之说，但决非因为反对土地国有而主张地主可以剥削农民。他只是认为革命派的办法从政治上、财政上看都行不通，这与清政府将革命派视为仇寇，骂为贼匪是有根本区别的。

两派在实现各自目的的方法、道路上有明显区别。君宪派主张采取自上而下的变革方法，通过请愿的合法斗争以达到实现资产阶级君主立宪政体。革命派则主张采用自下而上的方法，以武装起义的暴力手段达到推翻清政府建立资产阶级民主共和国。相比之下，君宪派的变革温和，革命派的起义激烈；君宪派对清朝皇帝寄予幻想，革命派不仅不愿拥戴清帝，而且声称革命胜利后也不能出现帝制。两者在方法、道路上有急进与缓进之分，有优劣之别。然而，手段、方法的差异，不必然就是目的相歧。两者要实现资产阶级专政的目的是一致的。问题在于保皇派和君宪派都主张依靠那个已经彻底腐朽了的卖国政府和被历史证明懦怯无能的光绪帝实行变革，建立君主立宪政体。这既显得迂腐，

---

[1] 梁启超：《社会革命果为今日中国之必要乎？》，《新民丛报》1906 年第 86 期。
[2] 梁启超：《收回干线铁路问题》，《国风报》1911 年第 11 期。
[3] 胡汉民：《告非难民生主义者》，《民报》第 12 号。

又脱离实际。结果，不仅使他们的方法与目的发生矛盾，也使他们的目的在现实中碰壁。他们因陷入悖论而难以自圆其说，常常发生前后矛盾而授人笑柄，受到了革命派的尖锐批判；历史也没有最终选择他们，到头来他们不得不放弃主张，被革命潮流裹挟而去。

其次，究竟应该怎样看待君宪论者对清政府的态度？不可讳言，无论维新时期的改良派、戊戌政变后的保皇派还是立宪时期的君宪派，对清政府是存有幻想的。作为三者一体的梁启超，在论战中充分表现了依靠清政府、拥护光绪帝实行君主立宪的态度，指出他们在这个问题上错误是完全正确而且必要的。但是，也应该看到他们同时也有大量批判清王朝实行封建专制制度的言论。即以梁启超而言，他对专制的批判，无论是文章的数量还是措辞的激烈，都不在革命派之下；《新民丛报》大量刊载西方民主主义理论以批判封建伦常的做法，成了它一个最重要的特点。著名的君宪论者、在大论战中曾帮助梁启超"敲边鼓"的杨度，就曾在文章中指斥清政府"对于内，惟知窃财；对于外，惟知赠礼，人民之生命财产，非其所问"，原因就在于"中国之政体为专制之政体，而其政府为放任之政府也"[1]；梁启超在其手撰的《政闻社宣言》中直言不讳地指出：清政府是一切恶果的根源，"改造政府，则恶根拔，而恶果遂取次以消除矣"[2]。因此，他们在对待清政府问题上既有寄幻想的一面，又有批判的一面，尽管前一点是主要方面，但若忽视后一方面，甚至把这方面说成是奴才与主子之间的小骂大帮忙也是不应该的。

不仅要如实地考察他们对待清政府的两面态度，而且也要看到他们在形势感召下，同样具有忧国丧时的爱国热忱和改造中国的强烈愿望。早在戊戌变法时期，康有为在保国会的演说中痛诉中国"听人驱使、听人宰割"的"奇惨大祸"之后，发出了"人人有亡天下之责，人人有救天下之权"的呼声。戊戌政变后，维新志士惨遭镇压，但立宪言论更加勃兴。日俄战争的结果，使"天下之人皆谓专制之政，不足复存于天下"。梁启超等一致认为"非立宪不足以振民心，强国家"，大批国内资产阶级分子和工商实业的投资者，都卷入了立宪运动的热潮中。造成这种形势的诸多因素中，最基本一点就是民族危机空前严重，使志士仁人们忧愤交加，迸发出了改造中国的热情。可见他们之主张君主立宪，与革命派之所主张民主立宪，同样出于救亡图存的爱国愿望。抹杀或无视这个基本

---

[1] 杨度：《中国新报叙》，《中国新报》1907 年第 1 期。
[2] 《政闻社宣言书》，《辛亥革命》资料丛刊第 4 册，第 105 页。

点,把论战的背景简单说成是支持还是打倒清政府并引申出是维护还是反对封建专制制度,既不符合君主立宪论在社会思潮中还未消退的事实,也割断了从维新派到保皇派到君宪派前后一贯的爱国救亡思想的联系。

再次,在大论战中,以梁启超为代表的保皇立宪论有没有值得重视的合理成分?我认为对他们所持的主要论点进行实事求是的分析,不仅有利于弄清他们的政治主张,而且也可探究他们究竟在什么环节上失足。例如:

关于"种族革命"的认识。这是两派争论得最为激烈的问题之一,其实质是如何看待"满汉"矛盾。梁启超等人以满汉之间早在政治上、经济上和社会地位上处于平等的地位,满汉两民族在语言文字、居住区域、风俗习惯上已经同化,或者"即使有一二未同化者,而必终归于同化"[1],来反对革命派实行"种族革命"。这种观点,忽视和抹杀了两百多年来满族统治者残酷压迫汉族人民的事实,回避了客观存在的民族矛盾,显然是错误的。

但是,他们在论战中对革命派在民族问题上的理论缺陷的分析,有其可取的一面。杨度就曾指出,把民族主义作为达到民主革命的手段是正确的,而"以满易汉"或"以汉易满",都与民族主义无关。他说:"前明时代之中国,即为满汉蒙回共栖,而君主为汉人,二百年来易为满人,然而朱氏与爱新觉罗氏的君主,其为国家机关则同,其立于满汉国家之外则同。前者以满易汉,今即以汉易满,皆不过国家机关之易人,其与民族主义有何丝毫关系?"[2]杨度忽视了压迫民族与被压迫民族的区别,但他同时也不承认汉族因此可以反过来压迫满族,这不能不说是对大汉族主义的批评。同样,梁启超固然竭力反对革命派的民族革命,但他竭力反对的不是革命派"反满"宣传中的反封建内容。对于这一点,他承认清政府是封建专制政府,并对汪精卫文章中列举的清政府实行歧视汉族、禁锢汉族人民思想,保守落后,大兴文字狱,倡君臣大义破坏汉族的种族思想等,都一一承认(见梁所写《申论种族革命与政治革命之得失》)。他所反对的,主要是革命派反清宣传中的民族复仇主义。他针对革命派利用汉族正统观念宣传"以汉易满"言论,写了《论正统》一文,论证了"正统"观念的荒谬,指出正统之说,一是"当代君臣自私本国"所造成,其实质,都是当时的"霸者"和"霸者之奴隶",缘饰附会,以为保其一姓之私产为谋耳";二是"由于陋儒误解经义,煽扬奴性"所造成,其实质,无疑"成即为王,败即为寇"。他声言,"不论正统则亦已

---

[1] 梁启超:《申论种族革命与政治革命之得失》,《新民丛报》1906年第76期。
[2] 杨度:《致新民报记者》,《中国新报》1907年第4期。

耳,苟论正统,吾敢翻数千年之案而昌言曰:自周秦以后,无一朝能当此名者也"。他还针对革命派强调"易姓为之革命"的论点,写下了《释革》一文,指出"易姓者固不足为 Revolution,而 Revolution 又不必易姓",认为变革所关系者不在一事一物、一姓一人。君在一国中所占的位置仅亿万分之一,其荣枯于国无关。"故近百年来世界所谓变革者,其事业实与君主渺不相属,不过君主有顺此风潮者,则优而容之,有逆此风潮者,则锄而去之。"[1]梁氏此论既不符合中外历史事实,又无视君主在封建制度中的绝对权威和象征,但在错误的陈述中,无非要论证革命是政体的变革而不是民族的相嬗。他说,"为国民者,当视专制政体为大众之公敌;为君主者,当视专制政体为一己之私仇",而君民共治,君主可得为荣,反之,"则国民仇专制政体,而不得不并仇专制政权之保护主—君主"[2]。

纵观立宪派对"满汉"矛盾的认识和态度,可以看出:第一,他们都是为了实现其君主立宪的目的而强调了满汉两族的融合和同化的一面;第二,他们在主张国内民族应该平等的同时,仍然坚持批判了封建专制制度;第三,他们期望的君主,不应受民族的限制,而主要看君主能否与民共治,顺之者拥护,逆之者去之。这些都是他们认识中可取的一面。但是他们抽去了清王朝的专制实质,认为它还不是一个恶劣政府,还有自我变革的可能与前途;他们用满汉融合来反对民族革命,把"个人主义"作为当前大敌,以转移人们对满汉封建势力的视线,这些都是错误的。他们受到革命派的严厉批判,也就是势所必然了。

再如,梁启超等人认为中国"民智未开","中国国民非有可以为共和国民之资格"。这是他们主张君主立宪、反对暴力革命以达民主共和的基本论据。对此,仅用简单否定的办法是不够的。事实上,只要具体分析一下中国的国情,特别是几千年封建统治者实行的愚民政策给中国人民造成的落后闭塞状况,并把它与中国走向文明进步的艰难历程联系起来,就会承认梁启超等人的这种估量不能说毫无道理,他们对中国遽然采用民主共和体制可能产生的后果的担忧也不是多余的。"众生尚醋睡,民气苦不扬"[3],当时的一些革命党人,也看到了"民智"问题的严重性。有人直率地指出,"以我国民之程度,尚在低级,自来无远大之图"[4];陈天华在其《绝命书》上也说:若多数人不知革命之义,"而即实

---

[1]《释革》,《新民丛报》1902 年第 22 期。
[2]梁启超:《论专制政体有害于君主而无一利》,《新民丛报》1902 年第 21 期。
[3]柳亚子:《放歌》,《柳亚子诗词选》,人民文学出版社 1981 年版,第 3 页。
[4]卫种:《二十世纪之支那初言》,《二十世纪之支那》1905 年第 1 期。

行,恐未足以救国,而转以乱中国也"。在认识民智,教育群众的重要及艰难这个问题上,陈天华与梁启超是不谋而合的。他就曾因流露了"开明专制"的思想而受到在日本的原华兴会领导人的不满和批评,但他直到死仍对民智产生忧虑,这是值得后人深思的。

问题是梁启超等君宪论者虽然看到了"民智未开"的事实,但解决民智的方法只承认循序渐进,反对躐等,用消极的办法坐待民智的进步;把君宪、共和看作依次递进、不可逆转的阶梯,甚至认为首先得实行"开明专制",然后再君民共治。这种迂腐、僵化的观点既不符合世界政治史已经证明了的多元化变革道路,也严重脱离了清王朝不知变革、一贯实行专制主义的文化愚民政策的实际。相比之下,革命派虽也看到民智未开的事实,但他们采取既不回避、又"取法其上"的态度,用革命以开民智,显得比君宪论者积极得多;他们指出决不能依靠清政府开民智,也比君宪论者清醒得多。

君宪派这种在正确事实基础上进行错误推论、得出错误结论的例子不少,需要进行认真的分析,才能真正了解他们是怎样跌进泥淖的。例如,梁启超认为用暴力革命实行民主共和,其结果反得专制。"历史上久困君主专制之国,一旦以武力颠覆中央政府于彼时也,惟仍以专制行之,且视前次之专制更加蓰。"[1]梁提出这个命题是为了强调民智未开、不能马上实行民主共和,他认为若不顾国情,匆促举事,势必引起内乱。这又是把正确前提推向极端引出错误结论的表现。应该说,革命因打破了原有的秩序和力量平衡,推倒了旧有的政治权威,在一定时期内确会产生局部或全局的动乱。这是一种力量重新组合和建立新的政治权威的过程,但决不能因其分化组合就可否定革命的必要性。在这个问题上,梁的说法是错误的。当然,问题还有另外一个方面,即治与乱本身是相互制约、互为条件的。由乱到治,需要两个基本条件,那就是一为革命力量的强大,二为决策的正确。在这两点上,梁启超看出了革命派的弱点,也意识到中国社会各种政治势力的潜能对中国政治格局可能产生的影响。他认为除满族贵族地主的旧势力外,还包含了"旧政府党人",即汉族官僚、军阀势力,这一部分人在力量上、在统治经验上、在策略手段上有着不可忽视的优势和能量,将会对革命带来种种困难,因此,必须要有清醒的认识。这表明,在梁氏错误的结论中,也包含着若干有益的见解,值得时人注意,也需要后人对之作认真的剥离。

---

[1] 梁启超:《申论种族革命与政治革命之得失》,《新民丛报》1906 年第 76 期。

又如梁启超认为革命将招致国家被瓜分，这一观点遭到了革命派的驳斥。但他认为帝国主义"往往有利用法理、曲解法理为护符者"[1]；它的对华政策，"未尝不随客观方面之变迁而相与推移"，为了保持和争夺对华权益，它将对革命采取打拉结合的政策等。这些看法比之革命派迷信"国际公法"、争取帝国主义承认为"交战团体"、幻想帝国主义会支持中国革命，要头脑清醒得多。如果指责他是"利用帝国主义侵略势力恫吓革命派，进行反革命宣传"，这显然是有欠公正的。

综上所述，革命派与立宪派之间的这场大论战，从根本上说，是资产阶级两个政治派别在如何改造中国问题上的争论。它不是要做什么的目的之争，而是应该怎么做的方法、手段、道路之争。立宪派的理论宣传存在着严重的错误和缺陷，遭到革命派的严词驳斥是理所当然的。但是，他们决不是维护清王朝反动统治的反动派，更没有与大地主大资产阶级结成政治联盟。他们虽然在一些根本性、全局性问题上的观点是错误的，但并非所有的论据都是无的放矢，都是恶毒攻击，其中包含着某些合理的成分，某些对时局发展的估计，也具有一定的思想深度。因此，当着我们重视对革命派理论体系研究的同时，对立宪派理论体系的研究和分析，同样是必要的。

通过这场大论战，孙中山的三民主义得到了张扬，同盟会的政治纲领广泛传播。可以说，同盟会正是在论战中显示了它作为中国资产阶级革命司令部的政治威望，而孙中山的名字，也在大众传播媒介效应下获得了国内外更多的知音。从更深远的意义上说，这场大论战无疑地促成了近代史上又一次思想解放潮流，为辛亥革命的胜利奠定了必要的思想基础。

（二） 起义：转战粤桂滇城镇

屡扑屡起的边疆革命

毛泽东曾经指出："从孙中山组织的革命小团体起，他就进行了几次反清的武装起义。到了同盟会时期，更充满了武装起义的事迹，直至辛亥革命，武装推翻了清朝。"[2]确实，用武力反抗清王朝，通过革命战争打出一个民主共和的新

---

[1] 梁启超：《暴动与外国干涉》，《新民丛报》1906 年第 82 期。
[2] 《毛泽东选集》第 2 卷，人民出版社 1991 年版，第 545 页。

国家,是孙中山毕生致力的伟大事业。他在总结自己的革命生涯时,曾充满激情地描述了自己领导的 10 次反清起义经过,以致使他的大半生传记看起来就像是一部武装反清的斗争史。

其实,辛亥革命时期整个革命派都像孙中山一样地认为,象征着君主专制制度的清王朝,内而镇压人民的反抗,外而勾结帝国主义出卖国家和民族的权益,其腐败、落后、专制、残暴,已经没有丝毫自行改革、重新振作而使中国独立富强起来的可能,只有不为它的任何改革欺骗迷惑,坚持用暴力手段推翻它的统治,中国的前途才有希望,人民的痛苦才能解除。因此,武装反清成了任何革命团体共同的斗争方式。辛亥革命的胜利,根本上是靠武装斗争取得的。

从 1895 年孙中山发动第一次广州起义,到 1911 年 4 月广州黄花岗起义失败,革命派发动的武装起义,按时序可以编成下列简表(见第 356 页)。

根据简表,可以看出:在起义时间上,孙中山领导的兴中会发动起义最早,孙中山不愧是中国民主革命的先行者;起义的高潮是在同盟会成立之后,尤其以 1907—1908 年次数最多,1908 年后稍趋沉寂。在起义发动的地点上,集中在四个区域:一是两广云南地区,主要由同盟会组织经营;一是江西湖南交界处,即 1906 年的萍浏醴起义,这是当地矿工掀起的自发起义,同盟会总部派人参与;一是安徽安庆,这是光复会系统所组织经营,其中 1907 年徐锡麟领导的安庆起义还获得了绍兴秋瑾的呼应配合。一是四川,这是同盟会四川籍志士奉孙中山指示组织发动的。这四个区域中以两广云南边陲地区的发动为多数,尤其是广东,占了 9 次之多。从发动起义的团体看,同盟会组织的共 16 次,占了绝大多数,但光复会系统也组织了 2 次,表明它在同盟会成立后仍在活动,自有方针,是一股不可忽视的力量。这个事实进一步证明了同盟会并不是由兴中会、华兴会、光复会三个革命小团体合并而成。华兴会虽然因大部分骨干参加了同盟会而停止了它的组织活动,但光复会却并不因它的领导人蔡元培、骨干秋瑾等参加了同盟会而不复存在,它仍然作为一个独立的革命团体而与同盟会并行发展着。

在同盟会本部发动的 8 次武装起义中,只有 1907 年的镇南关之役孙中山曾亲临战地,其余大多由黄兴直接领导并组织策划。但毫无疑问,整个起义都是在孙中山计划下进行的。即使是四川同盟会会员发动的起义,也都得到过孙中山指示和授意。

早在惠州起义失败后不久,孙中山就开始酝酿利用北部湾接济军火的方便,在两广滇越边境发动起义的计划。为此,他曾积极寻求法国方面的援助。

1895—1911 年 4 月革命派主要反清起义时序表

时间	兴中会		华兴会		光复会		岳王会		同盟会		备注
	起义地点	负责人	起义地点	负责人	起义地点	负责人	起义地点	负责人	起义地点	负责人	
1895 年	广州	孙中山									1
1900 年	广东惠州	孙中山									2
1904 年			湖南长沙	黄兴							
1906 年 12 月									萍、浏、醴	蔡绍南	3
1907 年 5 月									潮州黄冈	许雪秋、余继成	
1907 年 6 月									惠州七女湖	邓子瑜	4
1907 年 7 月					安徽安庆 浙兴绍兴	徐锡麟 秋瑾					
1907 年 9 月									钦州防城	黄兴、王和顺	5
1907 年 11 月									四川泸州	余英	
1907 年 12 月									广西镇南关	黄兴、黄明堂	6
1908 年 1 月									四川叙府	谢奉琦、熊克武	
1908 年 3 月									钦廉上思	黄兴	7
1908 年 4 月									云南河口	黄兴、黄明堂	8
1908 年 11 月							安徽安庆	熊成基	广州（防营）	谭馥	
1908 年 12 月									云南永昌	杨振鸿	
1909 年 3 月									四川广安	熊克武	9
1910 年 1 月									四川嘉定	熊克武	
1910 年 2 月									广州（新军）	倪映典	
1910 年 12 月									四川黔江	温朝钟	
1911 年 4 月									广州	黄兴	10

说明：备注栏内编号，系据孙中山《有志竟成》一文中自述领导的 10 次起义时序编次。

虽然 1902 年底与法国的接触没有获得丝毫承诺,但他发动边境起义的计划并未放弃。此后,他一直注意在南洋一带包括印度支那半岛开辟革命活动基地,以创造未来起义的必要条件。

孙中山的边境起义计划,在 1905 年同盟会成立后就已大体上形成,这可以从他和法国情报军官布加卑(Boucabeille)的短暂合作中得到若干旁证。1905 年 10 月,同盟会刚刚成立不久,孙中山就从横滨赴越南筹募革命经费。船经吴淞口时,法国军官布加卑声称奉本国陆军大臣之命登轮求见。这位法国陆军情报部门在华特别情报网的头头,在和孙中山长达 8 个小时的密谈中,不仅表达了他对孙中山反清革命的钦佩和兴趣,并且还暗示法国政府也有可能对此感到关切,但他反复申明这仅是他个人的意见,法国政府的态度"将根据运动的规模与力量而定"[1]。那时,孙中山为了发动预计中的滇越起义正需要谋求与法国有关方面的私下合作,这种谋求至少可以追溯到 20 世纪初年他与法国驻印度支那总督韬美之间的私人联系。后来,当他于 1905 年在欧洲组织留学生革命团体时,他曾先后拜访过法国外交部的两位官员,一位是曾在中国担任过外交职务的菲力浦·贝特洛(Philippe Bethelot),一位是曾任法国驻香港领事馆官员的拉法埃·罗(Raphael Reau),希望法国能够"取代日本,成为他的革命运动的主要支持者"[2]。但由于法国对华政策方面的原因,孙中山的愿望未能实现。这次布加卑的求见,是对方主动送上门的机会;而且此人又是一个可以直接与法国陆军部门对话的人物,孙中山的希望又恢复了。双方一拍即合,布加卑表示:"在视察南方诸省并与各革命组织领导人会晤期间,他的考察团成员将接受孙中山的指示。孙中山则表示他所领导的秘密组织将作为布加卑在中国南方的情报机构。"[3]事后,双方各按达成的默契行动。布加卑派出了法国驻天津参谋部的军官 7 人归孙中山调遣;孙中山则命廖仲恺赴天津设立机关,命黎仲实与法国某武官调查两广,胡毅生与某武官调查川滇,乔义生与某武官往南京、武汉。据孙中山自述,这三路中乔义生一路受到了两地新军中倾向革命的官兵们热烈欢迎。南京新军标统赵声,约同营长以上各官相见,秘密会议,策划进行;武昌新军中的革命党人刘家运,约集同志在圣公会的日知会开会,到会者甚众,纷纷发表演说,大倡革命,而法国武官也演说赞成。结果,由于清方有人混入会场,会后向湖广总督张之洞告密,引起了清政府与法国政府之间的交涉,以致此事半途而废[4]。

---

[1][2][3][美]金姆·曼荷兰德:《1900 至 1908 年的法国与孙中山》,《辛亥革命史丛刊》第 4 辑,第 232 页。

[4]孙中山:《建国方略》之一《孙文学说》,第 8 章《有志竟成》,《孙中山全集》第 6 卷,第 237—238 页。

通过这次短暂的合作，布加卑在向法国政府有关部门的报告中说，他的考察团获得了以下的印象和结论："中国南方的起义不久将会爆发"；"中国革命有成功的可能"。布加卑认为，"正因如此，他才极力主张法国政府作出同情孙中山的姿态，以便为未来的法中关系铺平道路"[1]。法国驻上海领事于 1906 年 10 月 4 日给外交部的信及法国驻北京公使同月 15 日给外交部的信中，都谈到"孙中山原计划于 1906 年秋季在中国南方发动起义"，但是因"布加卑活动时期建立起来的革命团体，遭到清政府的严重破坏，起义只得推迟"[2]；同时，"因法国殖民当局的封锁，使云南革命组织从印度支那购进武器的希望落空"[3]。这些史料中提到的"中国南方"，当然是一个比较宽泛的地域概念。按照中国的自然地理区划，凡长江以南都可称为中国的南方，但若联系到孙中山亟寻求援助的法国是印度支那半岛的殖民统治者这一事实，那么法国人所说的中国南方，主要应是指与法属越南接界的云南、广西以及濒临东京湾海域的广东西南部。这就从一个侧面证明，孙中山原计划在 1906 年发动边疆起义，地点可能选择滇越边界和南临东京湾的广东廉州府。

由于布加卑事件带来的麻烦和法国政府的封锁，利用越南从陆路接济军火的希望落空，使得与越南接壤的云南边疆发动反清起义的可能性受挫，孙中山把注意力移到了广东廉州府属的廉州、钦州和与之毗连的广西南宁府属的上思州。大约在 1906 年 6 月间，当孙中山在新加坡结识并吸收许雪秋加入同盟会后，这个边疆起义计划中又增加了广东接连福建的潮州府及接连江西的惠州府，这两府的府治所在地潮州和惠州城。

许雪秋是潮州富商，三合会首领。1906 年 6 月，他在新加坡经陈楚楠、张永福介绍在晚晴园会见了孙中山。他向孙中山报告了潮州、嘉应州、惠州一带的革命形势。孙闻之极为高兴，认为"岭东为百粤重要之区，若取为根据，大有可为"。许雪秋既在潮、嘉等处有相当势力，孙中山便任命他为"中华国民军东军都督"，并授意他在潮嘉惠一带联络会党，筹划起义。

孙中山计划在广东的东西两端地区即潮、惠、钦、廉同时起义，夺取全省，进入广西，以窥南宁，然后以粤、桂、滇为依托，北出长江以定中原。这个计划的首着是夺取两广，其中尤需以广东为发难之先，所以钦廉潮惠并举，正是题中之义。但是，从取得军火接济、进退有回旋余地、易于聚集人员等因素考虑，应以

---

[1][2][3]〔美〕金姆·曼荷兰德：《1900 至 1908 年的法国与孙中山》，《辛亥革命史丛刊》第 4 辑，第 233、234 页。

接近越南和濒临北部湾的钦廉两处较潮惠更为有利。所以,当1907年初许雪秋电告孙中山潮州准备已经就绪,拟于春节过后发动起义时,孙中山复电指示:"起义时间,须与惠州、钦廉约同,以便牵掣清军,万勿孟浪从事,致伤元气。"[1]

为此,孙中山于同年3月初偕胡汉民离日再赴越南,在河内设立了领导边疆起义的指挥中心,亲自坐镇;命胡汉民回香港,协助冯自由指挥潮惠起义,以为策应;召黄兴离日来越,嘱其亲入钦廉,策动新军郭人漳部,并任命王和顺为"中华国民军南军都督",协助黄兴指挥钦廉军事行动。同年4月,惠州地区会党首领邓子瑜,也奉孙中山之命在惠州归善、博罗等地布置军事,邓本人则在香港购置弹械,准备亲自押解入惠,接济起义。

潮惠钦廉约同起义的计划,因1907年5月潮州黄冈突然举义而被打乱,最终变成了1907年间一连串孤立、分散的起义,这就是1907年6月由邓子瑜、陈纯等领导的惠州七女湖起义,同年9月由黄兴、王和顺组织指挥的钦州防城起义以及12月间由黄明堂领导的广西镇南关起义。在镇南关被起义军夺占的次日,孙中山曾亲率黄兴、胡汉民等登临炮台,发表演说,勖勉将士并表示了革命必定成功的坚定信心[2]。

1907年间连同潮州黄冈之役在内的两广边地4次起义虽然逐个被清军击败,孙中山本人也被法国印度支那殖民当局驱逐出境,但他坚持发动边疆起义的决心不减。1908年3月,孙中山离开河内前,决定再次在钦廉地区和滇越边境发动起义。他命胡汉民驻守河内机关部,以黄兴为战地总司令,在钦廉上思地区组织起义,并以云南河口作为偏师,以资策应。1908年3月,黄兴在越南边界宣布起义,率军进攻钦州。4月初,起义军在粤桂边界的马笃山击败了一度投机革命、首鼠两端的清军郭人漳部。这次以少胜多的激战,使黄兴善战的声名鹊起,从此,他以革命党中知兵的军事家而名闻天下。马笃山大捷后,义军由原起时的不足300人扩增至600余人,在黄兴率领下转战于钦廉上思地区。5月下旬,终因弹械不继、缺乏援军而被迫自行解散。

原拟作为策应之师的河口起义,在关仁甫、黄明堂的经营下,于同年4月30日发动,当天占领河口,宣布成立云贵都督府,黄明堂即以"中华国民军南军都督"名义布告安民。不久,义军分兵占领新街、万河、南溪等地,声势大振。5月6日,作为战地总司令的黄兴由越南海防经河内抵达河口,以孙中山任命的"云

[1]《丁未潮州黄冈二役别记》,《革命之倡导与发展》,中国同盟会三,第77页。
[2] 郑惠琪等口述,李静生等整理:《镇南关起义见闻》,《辛亥革命回忆录》第2册,第435—436页。

南国民军总司令"身份督师,但不料义军中的清军降卒及会党游勇,习气未改,不听号令,竟使黄兴寸步难行,只得被迫离开、折回河内。黄明堂等也因此难以实现原定进军个旧、蒙自的计划。偏师不偏,援师不援,既使钦廉上思起义无法呼应,又使自己成了孤军。5月下旬,终于在清军接连反扑下丢失南溪、河口等地而惨遭失败。黄明堂等率残部60余人退至越南,被法国殖民军强行缴械,人员遣散至新加坡等处。至此,孙中山、黄兴在滇、桂、粤边境先后发动的6次反清武装起义均告失败。

在孙中山、黄兴等发动南方6次起义期间,同盟会会员佘英、熊克武、谢奉琦等奉孙中山和东京本部之命,于1907年11月至1908年1月间,在四川先后发动了泸州、成都、叙府三地的反清起义。光复会系统的徐锡麟、秋瑾,也于1907年7月发动了安庆和绍兴两地的起义。安徽巡抚恩铭,在安庆起义中被徐锡麟刺伤几死,成了清政府封疆大吏中被革命打击的第一人,而秋瑾则以女革命家喋血沙场,两者都在朝野引起了巨大震动。1908年11月,安徽革命组织岳王会成员熊成基,在安庆发动新军起义,开创了新军武装反清的先例。连同打响同盟会成立后反清起义第一枪的1906年12月萍浏醴矿工起义,可以看到,自1906年12月到1908年12月的整整两年中,在中国中部的湘赣交界、在东南部的安徽省,在西南地区的四川省,在南部边疆的两广云南省,一个月接着一个月,一处接着一处,在在都有反清起义的枪声,此起彼伏,前赴后继,组成了辛亥革命准备阶段革命派武装反清的高潮,加上全国各地的群众自发斗争,不仅严重打击了清王朝的统治,而且对清末政情和政局的演变,产生了直接的影响。

孙中山自从1908年3月被清政府勾结法国驻印度支那殖民当局驱逐出境后,不得不离开苦心经营的河内机关部。从此,他转辗南洋、欧美,无法直接领导和参与国内的反清起义,只能通过黄兴和其他同志间接地指导内地革命,自己则在海外筹款募饷、发展组织和进行革命宣传。黄兴也不负众望,毅然挑起领导同盟会,组织起义的重任。他切实执行孙中山的指示,不避艰险,出生入死,调解内部矛盾,顾全革命大局,表现了作为革命领导人的优秀品质,获得了党人的拥护与支持。可以说,原先确立的同盟会孙黄体制,正是在1908年之后才得到真正的体现,黄兴成了与孙中山齐名的革命领袖。

河口起义失败后,同盟会系统组织的武装起义暂告沉寂,第二次起义高潮未能形成。这在很大程度上与孙中山希望养精蓄锐、做好充分准备的思想有关,其中特别是措筹军费,尤为症结之所在。事实上,自1907年两广义师初起之后,经费欠缺、财力不裕,一直严重影响着起义的前途,为此,孙中山在两年内八方呼吁，四处奔走，常为措筹经费所困扰。从收录在《孙中山全集》内这两年致友人的函电看，绝大多数是呼吁对方给予财力支持或请对方为义军筹饷的内容。兹节录数通，即可概见：

1907年6月7日致平山周电："两广义师已分道并起，云南、四川皆可响应。现□资械为联合之要需，日本义士能否相助？若助资，可电寄河内，用Longsang（沈案：隆生，即新加坡富商黄隆生）名收；同时以电通告Chantung（沈案：陈同，即胡汉民化名）。若助械，可托三上（即日人三上丰夷）船运来。得回电，当再定授受之地。"[1]

同年8月23日复张永福、陈楚楠函："许雪秋兄再办潮事，深望各同志竭力扶助。……惟雪兄尚缺运动费，前在星坡得各同志捐助三千元，其数实不敷用。……以星坡会员之众，风气之开，而又气雄力厚，诚能奋发义侠，所得必不止三千元之数。""潮事只欠运动费，若能得数千元之数专为潮用，更得数千元交子瑜兄再举于惠州，以谋牵制，则东路之师必大盛。此万余元之运动费，不能不望之星坡同志也。"[2]

1908年5月20日致邓泽如、黄心持函："吾党财政之困难，真为十余年来所未有，前各函电已屡述之。自云南义师起后，更急如星火。兹得河内总机关处来函，更知非急得十万之款，则不能进取裕如。……惟此十万大款，将从何得？其能为力者，舍弼翁（沈案：即吉隆坡富商陆佑。陆字弼臣），实无其人。……弟是以有更望兄等接此信时，再三向弼翁游说，必得承诺而后已也。盖此事所关非小，吾党今日成败得失则在于此，此实为数千年祖国四万万同胞一线生机之所系也，故必欲兄等再三四而图之，必抵于成而后已也。"[3]

此外如致宫崎寅藏函（1907年9月13日）、致何佩琼函（1907年10月1日）、致邓泽如函（1907年10月8日）、致流石同盟会员函（1908年3月4日）、致林义顺函（1908年4月中上旬）、致挂罗庇胜同盟会员函（1908年4月22日）等[4]，无不如是。

义师虽起而军费无着、弹械不济、捉襟见肘、勉为其难。这使孙中山痛感经费问题是一大要着，财力不充时不可轻易发动，即使发动了也难以支持。所以当1908年11月间，光绪帝和西太后相继去世、朝廷内外人心浮动，而各地革命组织纷纷派员来新加坡，希望孙中山乘时举义时，他认为"时机虽好，而财力未

[1][2] 以上均见《孙中山全集》第1卷，第337、338—339页。
[3] 同上书，第367—368页。
[4] 以上各信均载《孙中山全集》第1卷，分见第342—343、344、347、359—360、363、365—366页。

充,仍嘱稍为缓候,以俟同时大举"[1]。12月19日,他在致邓泽如函中,对此又进一步作了说明:"各省同志因虏家子母之死,各派专员来星洲,以取进止。弟以机局固佳,然吾人财力未充,此次当为大举,为一劳永逸之计,吾人仍要养足实力以待之。且此时海内人心已大动摇,惟彼虏自亦张皇戒备,倘稍迟半载,则吾人蓄锐方周,而彼虏戒严已懈,益易图也。"

但是,一部分革命党人却不甘失去有利形势,他们凭借原先积累的有利条件,自行策划起义,这就是1908年12月朱执信、赵声、邹鲁等策动的广州防营起义和同月由杨振鸿组织的滇西起义。前者,因在联络防营过程中散发"保亚票"布不慎泄密,未及起义即遭破坏,党人谭馥、葛谦、严国丰死难;后者拟在云南永昌发动乡民,因消息外露、清军早有准备而未得发难。

直到1909年3月,孙中山仍认为还不能轻易发动。他在致宫崎寅藏的信中说:"自与足下握别之后,事变万端,革命军曾于防城、南关、河口三举,皆未能一达目的,无非财力之不逮,布置之未周。故自河口以后,已决不再为轻举,欲暂养回元气,方图再发。乃自虏丧帝后之后,各省人心为之一变,无不跃跃欲动,几有不可终日之势。惟遇吾人财力极乏,不能乘时而起,殊为可惜。"[2]有利的形势和缺饷少械的矛盾,使孙中山深为慨叹,他决定离开南洋,向欧美各国华侨募集经费。行前,于5月间将同盟会南洋支部由新加坡迁至槟榔屿,以胡汉民全权负责支部事务,并命黄兴、胡汉民主持国内革命运动,自己则赴欧洲宣传革命、筹饷筹款。6月抵法京巴黎,8月赴英京伦敦,10月去美国,直到辛亥武昌首义后,才由美回国。

在黄兴、胡汉民等领导下,国内革命的重心仍放在筹划武装起义上。1909年10月,为统一领导华南各省的革命运动,在香港成立了同盟会南方支部,胡汉民出任支部长。支部下设筹饷、军事、民军、宣传等组,另设实行委员会。支部费用,由香港同志承担,林直勉、李海云更倾家相助。胡汉民与黄兴、赵声等即着手谋划广州起义,计划以新军为主力,以防军、民军为配合。为此,省中新军运动,以倪映典为总主任;以姚雨平、张醁村等运动广州附近的防营,又以朱执信、胡毅生联络番禺、南海、顺德等地的民团作为响应。胡汉民则与黄兴、赵声在港规划一切[3],于是就有1910年2月的广州新军起义。

这次起义,标志着同盟会以运动会党为主转向运动新军为主的策略方针得

---

[1] 孙中山:《致符树兰等函》(1908年12月15日),《孙中山全集》第1卷,第399页。
[2] 孙中山:《致宫崎寅藏函》(1909年3月2日),同上书,第404页。
[3] 参见《胡汉民自传》,《革命文献》第3辑,总第403—404页。

到体现。原来,自河口起义失败后,孙中山和胡汉民在新加坡曾就总结起义失败教训、商讨未来方略,作过长谈。胡汉民认为会党系乌合之众不足依靠,会党首领难为革命所用,应当注全力于正式军队。孙中山说:"会党性质我固知之,其战斗自不如正式军队;然军队中人辄患持重,故不能不以会党发难,诸役虽无成,然影响已不细。今后军队必能继起,吾人对于革命之一切失败,皆一切成功之种子也。"胡同意孙的上述分析,建议加强对下级军官和士兵的工作。他说:"余察军队中标统以上官,往往持重,其部队未有革命之思想,则更无怪其然;军队运动,宜加注重于连排长以下。"孙中山对胡的建议:"深以为然,于是密下数令于党员之负有任务者。"[1]这次讨论,为同盟会今后的工作重心由会党向新军转移奠定了基础。南方支部成立后积极在广东新军进行工作,策划以新军为主力的广州起义,正是忠实执行了上述方针。负责策动新军工作的倪映典,就是新军的排长,他的工作方针也专注于新军的下级军官和士兵。胡汉民说他在新军中的运动"进步至速,数月已和本团之连排长结纳","至 1909 年冬(己酉),士兵加盟入同盟会者三千余人"[2]。这足可证明新军中确实酝藏着巨大的革命积极性,革命派及时转变工作重心的决策是完全正确的,后来的武昌首义和纷起响应的各省光复,主要是以新军为起义主力而获得成功的。

广州新军起义原定 2 月 24 日元宵节发难,但由于突发事故而被迫一再提前。2 月 12 日倪映典在清军早有戒备下,决定冒死一搏,率炮一营仓促发动,当天即被清军击溃,倪映典力战牺牲。余部百余人潜往香港;另百余人退至白云山遭清军围捕,同盟会员黄洪昆、江运春、尤龙标等被捕就义,新军起义至此失败。

广州新军起义失败后,同盟会骨干中弥漫着严重的悲观情绪。"时在东同志概灰心,党事已无人过问。"[3]孙中山在美国旧金山闻讯后,取道檀香山、日本而至槟榔屿,召黄兴、赵声、胡汉民等来会,以商卷土重来之计划。孙中山记此事称:

> 时各同志以新败之余,破坏最精锐之机关,失却最利便之地盘;加之新军同志亡命南来者实繁有徒,招待安插,为力已穷;而吾人住食行动之资,将虞不继。举目前途,众有忧色。询及将来计划,莫不唏嘘太息,相视无言。予乃慰以:"一败何足馁? 吾曩之失败,几为举世所弃,比之今日,其困难实百倍。

---

[1][2]《胡汉民自传》,《革命文献》第 3 辑,总第 401、404 页。

[3] 谭人凤:《石叟牌词》,甘肃人民出版社 1983 年版,第 80 页。

今日吾辈虽穷,而革命之风潮已盛,华侨之思想已开,从今而后,只虑吾人之无计划、无勇气耳！如果众志不衰,则财用一层,予当力任设法。"[1]

在孙中山的鼓励下,与会党人镇定了情绪,决定再次筹划大规模的武装起义,这就是1911年阴历三月廿九日的广州起义,史称"黄花岗起义"。

为了筹集起义经费,孙中山当即召集槟榔屿爱国侨商,"晓以大义,一夕之间,则酿资八千有奇。再令各同志担任到各埠分头劝募,数日之内,已达五六万元,而远地更所不计"[2]。有了头批用款,已可分头进行。当时总会倾全力以赴,成立机关部,分派交通员,动员海外华侨捐款,设法购置枪械弹药,组织先锋以为起义中坚,联络军队会党约期响应,同盟会重又出现紧张活跃的局面。

筹备了近一年的广州起义,在匆忙中发动,各省也未能响应,结果又以失败告终,牺牲了不少精英。这对革命党人来说,确实是一个沉重打击。许多人因之对革命前途深怀忧虑,有的竟致失去信心。胡汉民退避三舍,深居不出;赵声气愤得呕血身亡;黄兴"决意行个人主义,狙击张(鸣岐)、李(准)二凶以报同志"[3];孙中山孤掌难鸣,只好再赴美洲,以图东山再起。

被捕后临刑前的黄花岗诸烈士

[1] 孙中山:《建国方略》之一《孙文学说》,第8章《有志竟成》,《孙中山全集》第6卷,第241—242页。
[2] 同上书,第242页。
[3] 黄兴:《在南京黄花岗之役周年纪念会上的演讲》,湖南省社会科学院编:《黄兴集》,中华书局1981年版,第183页。

纵观革命派发动的历次武装起义,大多脱不了单纯军事冒险的窠臼。他们只注意了利用会党、策反新军,而未能充分依靠和发动群众,使武装起义和日益高涨的群众自发斗争结合起来,以致每次起义都成了孤立无援的军事行动而遭到失败。

辛亥以前,中国各地的群众自发斗争正在不断高涨。当时的群众自发斗争主要有三种形式:一是反洋教斗争。从 1901—1908 年,各地"焚教堂"、"戕教士"的斗争此起彼伏。这是中国人民不堪忍受帝国主义侵略势力压迫、力图保家卫国的一种曲折反映。其中 1903 年的浙江,1904 年的江西、山东,1905 年的湖北,1906 年的江西、安徽等地,都发生过为数众多的反洋教斗争。尤其是 1906 年的南昌教案,朝野为之震动。二是抗捐抗税斗争。这是农民和城镇平民反封建剥削的传统斗争方式。自 20 世纪初年起,因清政府实行所谓新政、苛捐杂税名目繁多,群众无法忍受而在城乡不断骚动。其中规模最大的是 1910 年山东莱阳地区的抗捐斗争,从最初的"聚众哄闹"发展到武装对抗,清政府派出大批新旧军队才得以镇压。同年广东连州地区爆发的抗钉门牌事件,发展到要求废除"新政"各捐,公开与清军作战,自该年 9 月坚持到次年年初,始告失败。三是抢米风潮。这是历来屡见的饥民暴动在新的历史条件下的继续。清政府长期置水利事业而不顾,农业歉收,灾荒频仍,而地主豪绅又勾结外国洋行抢购粮食、囤积居奇,致使大量饥民不得不铤而走险。据不完全统计,从1907—1910 年间,较大规模的抢米风潮约有八九十次之多,其中最激烈的地区,恰恰是在两湖产米区,仅湖南一省,在 1910 年初就有 10 万饥民之多。该年 4 月的长沙饥民暴动,波及宁乡、益阳、安化等 10 余个州县,形成一股巨大的反抗风暴。

除上述三种传统的斗争方式外,自 20 世纪初年起连绵不绝、波及全国的收回利权运动,正在从争回矿权向收回路权的方向发展。江浙、湖广、四川、广东等省,上至绅商,下至黎民,纷纷投入。情绪之激烈,声势之浩大,一年甚于一年,严重打击了帝国主义掠夺野心和清政府媚外卖国的统治策略。

群众日益高涨的自发斗争,客观上为革命派发动武装起义创造了有利条件。对此,孙中山是体察到的。他在不少文章、函电中都曾揭示过中国劳动群众因无法忍受清政府的压榨而奋起反抗的形势,并且申言革命党将利用这种形势来实现自己推翻清王朝的大业。例如 1910 年 10 月,他在南洋槟榔屿得知广东连州抗钉门牌而聚众捣毁总捐、屠捐各公司,并焚毁美国教堂及教会学校的消息后,在致邓泽如的信中称:"近日内地因钉门牌、收梁税,各处人心不服,皆思反抗,机局大有可为,吾党不可不乘时图大举。"[1]这证明了他对国内群众自发反抗的动向是十分关注的。但是体认并利用这种自发力量乘时而起和下决心发动农村、动员群众,毕竟是两回事。就革命派历次反清起义的类型来说,黎澍很早就在他的著作中归纳为三种情况:"第一类是由境外运送军火及敢死队到一定指定地点起义,如1908年云南河口之役,1911年广州黄花岗之役;第二类是单纯的军队起义,如1908年熊成基安庆之役,1910年黄兴、赵声广州新军之役;第三类是借人民的反饥饿与抗捐暴动起事,如1906年萍乡、浏阳之役,及次年潮州、惠州、钦县、廉州、防城各役",黎澍认为"第一第二两类的输入革命、军队起义,都不是与当地人民的反抗运动相结合的军事冒险行动。第三类有相当群众基础,但革命派方面又缺乏有计划、有远见的领导,坚持并扩大革命战斗,使各地继起响应"[2]。这个分析,从类型说到性质,通常为辛亥革命史的研究者所接受。但是,即使是第三类有相当群众基础的起义,孙中山等同盟会领导也仅止于派人调查钦、廉、三那地区的农民抗捐抗税斗争情况,没有与群众的自发斗争进行联络和呼应,甚至在粤西起义中也没有及时提出过土地问题,这就不可避免地放弃了良好的群众基础而使自己陷于孤立的军事冒险。钦、廉、上思起义中,革命派深感"民心日不如前,所到前极欢迎者,今则都不许停宿……故极好之乡,亦止能一宿而已"[3]。虽然,出现这种局面,据当事人之一的胡汉民分析有特殊原因,但至少说明这次起义的群众基础薄弱。没有依靠和发动农民,缺乏必要的群众基础,这是革命派领导的武装起义最根本的弱点。而没有群众支持的武装起义,尽管事先作了精心筹划和较周密的准备,一旦发动,终究成了单纯的军事冒险。

指出革命派历次武装起义大多带有军事冒险的性质,决无低估这些起义在个体上和全局上所具有的意义及影响。辛亥革命的胜利是靠武装斗争打出来的;武装斗争也是革命派一切活动的轴心,其他如筹款募饷,联络会党,策反新军,组织宣传等,都是为着配合武装斗争展开的。在这个意义上,也可以说没有反清武装起义,就没有民主革命派,更不会有辛亥革命的胜利。

风行一时的暗杀活动

辛亥革命时期,与反清武装起义相辅而行的另一项暴力行动,就是暗杀活

---

[1] 孙中山:《致邓泽如等函》(1910年10月14日),《孙中山全集》第1卷,第485页。

[2] 黎澍:《辛亥革命前后的中国政治》,人民出版社1954年版,第23页。

[3] 冯自由:《胡汉民致孙总理报告钦军解散及滇桂军务书》,《革命逸史》第5集,第136页。

动。无论是孙中山，还是黄兴、章太炎，都有论及暗杀的文字，而不少革命党人，则把暗杀满汉权要视之为配合起义的一种辅助手段。

暗杀活动的盛行，固与传统文化中歌颂游侠刺客的义行有思想渊源，但就当时革命派对它的认知与追慕而言，则与西方的无政府主义思潮在中国知识界的流布有更直接的关联。

无政府主义产生于19世纪40年代的西欧。德、法、俄国都曾是它的发生地。它鼓吹绝对自由，反对一切权威，主张废除国家、政府和法律，实行无种族、无国界、无政府的绝对自由的社会。从本质上说，无政府主义是极端个人主义。列宁说："无政府主义是改头换面的资产阶级个人主义，个人主义是无政府主义整个世界观的基础。"[1]普列汉诺夫也认为无政府主义者的原则"是个人绝对自由。"

无政府主义在西欧风行一时，约在19世纪80、90年代。特别是恩格斯逝世后，第二国际思潮抬头时，无政府主义者鼓吹"以行动作宣传"，于是，恐怖活动盛行，伴随着他们的恐怖活动，无政府主义逐渐形成一股思潮，在许多西欧国家的知识分子中有了较大的传播和影响。

日本是近代中国无政府主义思想最初传播的中介，留日学生是这一思潮最早的信奉者和宣传者。日本的社会主义运动一度受到无政府主义的影响，他们翻译了不少西方和俄国无政府主义的著作，使身处其地而又渴望反清革命、改造中国的留日学界受到感染与共鸣。在留学界的刊物中最早刊登无政府主义作品的，要数《湖北学生界》。1903年5月27日出版的《湖北学生界》第5期上刊登了《敬告同乡学生》一文，在声讨俄国侵华罪行后宣称：

> 既认定此目的矣，即当操钜刀，纵阔斧，斩除种种阻碍，达我报国之血诚。有么魔鬼物障碍其间，拔剑斩之，牺牲一身，以除巨蠹，此仁人君子大丈夫之所为。其风最盛于日本，而现今之俄罗斯尤神出鬼没，毒人莫测，酿成大恐怖时代。其秘密法将遍传于中国志士，设令断送一二顽躯于化合药料之中，彼畏死者将鼠伏蝟缩，不敢再作诸君之劲敌矣。[2]

这是把无政府主义的恐怖手段与反清的暗杀活动直接结合起来的鼓吹。此后，《江苏》等刊物也开始宣传无政府主义的暗杀手段。如该刊第3期《政体进化论》、第4期《露西亚虚无党》等文章都是。即使是保皇派，也注意到了这个

---

[1] 列宁：《无政府主义和社会主义》，《列宁选集》第1卷，人民出版社1960年版，第218页。
[2] 杨天石、王学庄编：《拒俄运动》，第284页。

问题。1903年11月,梁启超在《新民丛报》第40、41期合刊上发表了《论俄罗斯虚无党》的长文,对无政府主义作了介绍,表示钦佩但不赞成它的主张。同盟会机关报《民报》,也发表了不少文章,宣传的重点在对俄国虚无党人的暗杀活动表示钦仰,并把无政府主义作为社会主义的一个流派加以介绍。

留日学生刊物对无政府主义的宣传和鼓吹,很快从海外流播到了国内。1903年6月19日《苏报》刊载的《虚无党》一文,杨笃生所写的《新湖南》,都有这方面的内容。一时,中国人把无政府主义作为一种新思潮,把暗杀活动作为英雄侠义行为,加以理解和追慕。

无政府主义在中国的早期传播中,中国的知识青年最注意于汲取的不是它的学理部分,而是它的操作部分中最不重要的暗杀方式。这与当时腐朽专制的清王朝实行爱国有罪的反动政策,民族矛盾和阶级矛盾日趋激化的现实有关,也与知识青年报国无门、反政府情绪日渐高涨的特殊境遇有关。这些青年学生,从钦仰俄国无政府主义者的英勇行为出发,号召国人舍身成仁,反清排满,把它视为革命的一种不可或缺的方法。《江苏》第3期《政体进化论》一文宣称:"尝考各国独立之已事,大抵可划为三时期:首言论,次暗杀,终乃大举。""故堂堂正正之国民军出现以前,未有不以如鬼如蜮之侠客壮士为先锋者。"社会需要正是社会思潮得以流布的必要条件。

无政府主义是一种社会变革的学说,它在中国早期传播过程中,虽然也有人注意到了它的学理部分,但就像西方其他社会学说在中国的历史命运那样,它的学理部分介绍得既不系统,也不完整。比较地说,1903年张继翻译出版的《无政府主义》一书,尚可列入较为系统介绍的一种。真正把无政府主义作为一种学说予以信奉的,是1907年革命派内部形成无政府主义派别后的事。1907年春,在日本东京的张继、刘师培、何震、汪公权等,发起成立了"社会主义讲习会",出版《天义》半月刊(1907年6月10日创刊于东京,次年3月停刊,何震主编);同年,在法国巴黎的张静江、李煜瀛、吴稚晖、褚民谊等出版了《新世纪》周刊(1907年6月22日创刊于巴黎,1910年5月21日停刊,由张静江出资,吴稚晖、李煜瀛主编),两地同时鼓吹,形成了革命派内部的无政府主义派别。他们的政治主张及宣传重点,一般的辛亥革命史著作都有介绍,尤其以金冲及、胡绳武著的《辛亥革命史稿》论述得较为详细,此处就从略了。

应当指出,早期无政府主义的宣传,包括革命派内部的无政府主义者的派别活动,都还是整个资产阶级民主革命思潮的一部分,是资产阶级革命派总营垒中的一个派别。他们在反对帝国主义侵略和推翻清王朝的斗争中,与革命派的整体目标有相同的部分。其中,对帝国主义侵略的揭露有着较一般革命者更为尖锐的眼光和更为激烈的抨击;对土地问题的宣传也很突出,强调应发动"农民革命"和"劳民革命"以推翻地主统治,没收地主的土地以实现耕者有其田,并在此基础上逐步以公有制代替私有制。这种思想,在当时具有闪光的色彩,与民国以后对抗马克思主义传播而沦为反动思潮是不相同的。当然,他们宣传无国界、无种界、无政府那套理论,以及攻击民主共和国方案,与革命派的政治主张是有区别的。不过,作为一种思潮,在整个革命队伍中的影响并不大,作为一个政治派别,他们的政治活动也较多地局限在宣传方面。因此孙中山等同盟会的领导者对他们也没有引起特别的不安。孙中山本人,对无政府主义抱着一种超然的态度,他说:"无政府主义之理想至为高超纯洁,有类于乌托邦,但可望而不可即,颇似世上说部所谈之神仙世界。吾人对于神仙,既不赞成,亦不反对,故即以神仙视之可矣。"[1]

正是在这样的背景下,革命党人的暗杀活动才逐渐展开。最早把暗杀作为革命的一种手段,似是东京留日学生组织的军国民教育会。其进行方法中就专有暗杀一种。冯自由记此事称:"是年(1903)五月间(7月),上海同文沪报等忽传学生军北上特派员钮永建、汤尔和在天津被杀害之说,各会员闻之,愈为激昂,决定进行三种方法,一曰鼓吹,二曰起义,三曰暗杀。"[2]为此,军国民教育会秘密成立了暗杀股,"欲先狙击二三重要满大臣,以为军事进行之声援。所订规章,极为严密"[3],并派人回国推行这一活动,龚宝铨即是其中之一。"宝铨既返回,遂在沪招集同志,组织机关部",后来成立的光复会,即是暗杀团的变名与扩大。

从1904年起到武昌首义爆发前夕,党人的暗杀活动,著名的有以下几次[4]:

1. 1904年万福华枪击王之春于上海,未遂,万被捕入狱。
2. 1905年王汉枪击铁良于河南彰德,未遂,王投井死。
3. 1905年吴樾炸出洋五大臣于北京前门车站,未遂,吴当场殉难。
4. 1907年刘思复谋炸水师提督李准,未遂,思复自受伤。
5. 1910年汪精卫、黄复生等谋炸清摄政王载沣于北京,未遂,汪被捕入狱。
6. 1911年温生才枪杀广州将军孚琦于广州,事成,但温遭捕杀。

---

[1] 冯自由:《同盟会四大纲领及三民主义溯源》,《革命逸史》第3集,第209—210页。
[2] 冯自由:《东京军国民教育会》,《革命逸史》初集,第112页。
[3] 冯自由:《光复会》,《革命逸史》第5集,第54—55页。
[4] 革命党人中最早实行暗杀的是1900年史坚如谋炸署粤督德寿,但这次行动似与无政府思潮无关。

以上六次主要的暗杀活动,除万福华枪击王之春一案已在叙述华兴会时有所介绍外,兹将其余五起略述于下:

王汉谋刺铁良 王汉(1883—1905),字竹庵,后名潮,号怒涛,湖北圻水人。父兄俱当地诸生。少年时代即通学五经,尤好《易》。治经之暇,间涉报章杂志,觉亡国之痛,愤而学兵书、讲剑术。1904年去长沙,结识刘静庵、胡瑛诸人,不久加入科学补习所,积极参与长沙起义。起义事泄,王汉与胡瑛在汉阳南郊鹦鹉洲密租一室,而刘静庵则避于美教堂圣公会。时清廷将假立宪名义,派户部侍郎铁良南下。三人密商,决意以暗杀手段除灭此顽固反对汉族革命之满族大员。王汉自请谋刺任务,携手枪而去。先拟在汉口大智门车站行刺,及至,火车已开往河南彰德。王汉尾随至彰德,投宿于一旅店静候。当侦知铁良已抵彰德,即混杂于人群,以手枪击之,未中。王汉杂于混乱人丛得以逃逸,返回旅店。清军搜索急,王汉恐遭识破被逮,乃投井自杀。旅店主人隐其实情,以商人折本自杀报闻,并募金以葬之,时在1905年1月间,死时年22岁,婚娶仅月余。王汉事迹,在党人中传流颇广,吴樾之刺五大臣,即受其影响。

吴樾

吴樾谋炸出洋五大臣 吴樾(1878—1905),字孟侠,安徽桐城人。20岁至上海,欲入广方言馆习外国语,不果,旋北上,由族人吴汝纶介绍入保定高等学堂。课余常浏览革命书报,并与人合办两江公学及《直隶白话报》,自任教员、主笔,皆为义务,不取报酬。25岁毕业,以耻于清吏授奖,未参加毕业典礼而出游关外以避之。时"苏报案"起,吴樾愤清廷之无道,益倾心革命志士,结交陈天华、杨笃生、赵声等人。"是时,革命党员最热心暗杀事业者,以杨笃生为最,尝在日本与黄克强、胡瑛诸人秘密研究制造炸弹方法,颇有心得。"[1]吴樾"决意暗杀满清一二重臣,以鼓动全国民气,而完成王汉未竟之志",即从日本购得手枪。后以手枪威力不大,欲改用炸弹,惟不谙此法,遂商诸赵声,赵为之介绍于杨笃生。时笃生居北京,乃授樾制

---

[1] 冯自由:《炸清五大臣者吴樾》,《革命逸史》第3集,第192页。

造及装配诸法,并与之往京郊做掷弹试验。

吴樾谋炸目标最初为铁良,以竟王汉未成之志。后闻清廷派五大臣出洋考察宪政,乃变更计划,自天津到京,购得官差衣饰,乔装跟班,混入前门车站人丛中,拟随五大臣登车而炸之。不料遭卫士盘问系何部跟班,吴因口音不似北语,被阻上车。时恰值端方登车,吴即乘机随入,站立于专车前段之夹道,而炸弹则暗藏于衣袍内。讵是时列车适与机头拍合,车身猝然被撞,来客为之倾倒。吴所用炸弹为撞针式,遭此冲撞倾跌,遂自行爆炸,铁片四散。吴下半身被炸碎,肠腹崩裂,手足皆断,伤重即死,血肉模糊,面目莫辨。车旁伤毙3人,中有端方亲属。五大臣中,惟载泽、绍英同受微伤;徐世昌仅帽及袍带被弹片炸破,其跟班则受重伤。送行大臣中,伍廷芳两耳被震伤。事变后,清廷大震;徐世昌、绍英因此不再出洋考察,改派山东布政使尚其亨、顺天府丞李盛铎代行。

吴樾尸体经警厅用药水洗涤,用玻璃匣装置,招人认领;复摄影多帧,使警士遍访姓名,久无所得。至十月某日,桐城会馆前一小女孩见警士所示相片,指而识之曰:"此非吴老爷乎?"警士跟踪查问,始悉为安徽桐城吴樾。

刘思复谋炸李准 刘思复(1884—1915),又名师复,广东香山人。少习举业,后改研西学及算术。1902年与同邑徐桂等发起演说社于石歧,又创办女学堂一所,以改良社会、振兴女学为己任。1904年赴日留学,渐与革命志士往还。次年加入同盟会,旋至横滨学制炸弹。1906年回国从事革命活动,至香港,任《东方报》(《有所谓报》改名)编辑。1907年参与潮惠起义策划,刘偕汪精卫同寓普庆坊机关部。时党人以粤督岑春煊及水师提督李准为革命公敌,非去其一,不足以消除阻力而张党人之势,因有选派实行者专任刺杀任务。刘思复慨然请行,遂在《中国日报》社四楼密制炸药。香港机关部指派张谷山、朱执信等助其进行。刘思复使张谷山等租广州城内旧仓巷凤翔书院附近一僻静处为机关,议定谋刺镇压潮惠起义之水师提督李准,俟其班师回粤时下手;又使张伯乔侦查李准每日来往必经之路,以便相机行事。旋接伯乔报告称李准每月朔望二日必赴督署参谒,每行必乘怒马疾驰,大可邀击于道等语。刘不待谷山回报,即于四月二十九日(5月30日)乘轮抵省,密居于凤翔书院,并连日偕谷山往督署及水师行台处熟悉路径,约定五月初一日早晨,由伯乔报以暗号,刘即密伺于要道狙击。不料届时张伯乔到凤翔书院报信而刘思复尚未准备就绪,机会因此失去。原来当天早晨刘起床已迟,匆忙配置炸药而不及如约行刺。李准已去,刘仍装置炸弹时炸药爆发,面部受伤,五指全废。未几,警察闻声来,搜得炸弹,知自称李德山者必党人,因其负伤,送医院就医,拟俟伤愈后审讯。谷山在事发后,托辞外出,易服潜至香港。思复被判系香山县狱两年。1909 年出狱。

汪精卫谋炸载沣 同盟会在两广发动的潮惠钦廉镇南关诸役连连失败后,党人灰心怨望情绪滋生,而陶成章、李燮和诸人,又在南洋大倡光复会。1908 年 4 月,河口革命军发难,汪精卫奉孙中山之命至文岛募款,被陶、李诸人大加攻击,无功而返。"精卫大愤,遂不告中山,私自密赴香港,谋一击满清重臣以雪耻",事为黄兴所知,乃与中山联名电劝汪,并电令香港冯自由设法堵截。

汪精卫抵港后,以行踪为同志所知,乃暂停进行。旋赴日本,又密与黎仲实、黄复生、喻云纪、曾醒、万君瑛、陈璧君组织暗杀团。以日本试验炸药爆炸不便,汪与诸成员两次去香港邓荫南之农场试验掷弹及电气发火、化学发火、钟表发火诸法。"中山、克强及南洋诸同志屡阻其行险,均弗听。"是年秋,同盟会南方支部在香港成立,汪被举为书记。时党人倪映典正运动广州新军反正,日渐得手。众人咸劝汪留港为助,汪坚不肯从。至 12 月上旬,偕黎仲实、陈璧君悄然北上。抵京后,在宣武门外流璃厂火神庙西夹道,设立守真照相馆为据点。初,汪谋刺对象未定,先拟炸清廷派赴欧洲考查海军之载恂、载涛二贝勒,因不识二人而罢。后欲炸庆王奕劻,也因其戒备森严而未能下手,最后决定炸摄政王载沣,择定什刹海旁之甘水桥为爆炸地点。1910 年 3 月 31 日(二月二十一日)夜,由黄复生、喻云纪至桥下掘坑,因犬声四起,未能竣事。4 月 1 日夜,黄、喻照常去桥下掘坑,将盛满炸药之大铁坛罐埋入坑中,及敷电线,发觉所携电线过短,故又未能竣事。次日重添购电线,至夜 12 时,续行敷设。忽见桥上有人窥伺,复生大惊,乃使云纪去清虚观精卫居处,止其勿来,自己隐于树后窥测动静。初见一人持小灯笼下桥,且照且看,多时始离去。复生见其去,即疾驰至桥下,收去电线,因铁坛罐太重不能携走,又拟将螺旋盖取去,以避检查,然仓卒不能拔出,只能用土覆盖其上,仍潜匿树后窥伺。旋见有三人来,一警察,一宪兵,一常人,至桥下寻觅。复生见事发,仓皇返回,与汪等连夜讨论。众人咸谓应实行第二次爆炸,但现存炸药无多,决定派喻云纪赴东京购买,黎仲实、陈璧君往南洋筹款,黄复生、汪精卫在京留守。

原来 4 月 2 日夜所见持灯笼下桥者,系一赶大车之车夫,因其妻三日不归而四处寻找,见桥下有人,初疑为奸夫,后发现掘地埋物诸事,骇而奔报警察。续而三人同至,发现铁罐电线等物,即回报警署及步军统领衙门、民政部。众人至出事地点,相视莫敢动。后由日本技师取出,判定为烈性炸药。北京警厅查验铁坛罐之铁盖螺丝,知为本国所造,乃辗转查访,查出系守真照相馆中人定造。因趁该馆修屋时,密派探员混入工匠内,将往来函件一大包窃去,中有可疑者二通,始确定该馆为党人机关。遂于4月16日(三月七日)搜捕照相馆,捕去黄复生及馆内司事一名。旋由汪日常所用小厮带路,至东北园汪精卫住地,将汪逮捕。经审讯,判汪精卫、黄复生二人永远监禁,及至武昌起义后,始由清廷开释。

温生才枪杀孚琦 温生才(1870—1911),一名生财,字练生,广东梅县人。家贫失怙,依母成人。及长,投入行伍。后退役去香港,改习机器。学成,至荷属印尼,为烟草种植园工人,备尝辛苦。后又在英属吡叻锡矿做工,加入同盟会。1909年与同业组织广益学堂,日则作工,夜则聚首。1911年3月,"见时事日非,瓜分日迫,因而实行暗杀之热度,益高涨而不可制,乃愤然回国,有所进行"。寄居于广州东市街,在广九铁路做工。4月,广州将军孚琦往燕塘参观飞机师冯如演试飞机,温预伏要路。孚琦观毕,自燕塘返回,至谘议局前商店麒麟角门前,温抢步至轿前,迎面放枪,击中孚琦面颊,再放,中头部,旗兵惧而走避。温又放二枪,一中头部,一中腹部。前后共4枪,孚琦立死。温杂于人丛向东门逸去。当温枪击时,为谘议局守卫巡士郑家森所见,郑即尾随,行至竹林,温脱衣弃枪,向盘龙里走去,出永胜街,郑忽冲上抱住温,并大呼诸巡士偕来。生才与之搏斗,卒被拿获。审讯时,生才气壮无惧色,被判死刑,英勇赴难。

从上述主要暗杀事件中可知,几乎每次暗杀活动的主持者和参与者,都是在民族危亡、政府败坏的刺激下,为打击反动统治者的嚣张气焰而作的一种努力,而不是泄私愤、图报复;也不是为一己小集团的私利而作亡命之举,这就与历史上的所谓侠客行刺有本质上的区别。王汉之枪击铁良,是在亡国之痛的刺激下产生;万福华之枪击王之春,是为了抗议清吏出卖国家主权、引狼入室;吴樾之炸五大臣,在于反清救国,刘思复之炸李准,温生才之杀孚琦,都是为了打击镇压革命的凶顽。

就暗杀与革命的关系上看,大多数的暗杀活动主持者和参与者,都认为它是与革命相辅相成的手段。吴樾在其遗著《暗杀时代》的序言中,更认为当今应是暗杀先于革命的时代。他写道:"夫排满之道有二,一曰暗杀,一曰革命。暗杀为因,革命为果。暗杀虽个人而可为,革命非群力即不效。今日之时代,非革命之时代,实暗杀之时代也。"[1]因之,他们都把自己视为扭转乾坤的英雄,甘愿牺牲一身,换来大好转机。但是,暗杀活动本质上是个人恐怖手段,它可以造成一定影响,却无法实现革命目标;它可以打击清政府,却无法推倒它的统治。所以暗杀活动的兴起,反映了这部分人思想上的急躁冒进情绪和个人英雄主义的

---

[1] 冯自由:《炸清五大臣者吴樾》,《革命逸史》第3集,第195页。

历史观;反映了他们把暗杀活动作为革命"捷径"的片面性。

孙中山曾对暗杀活动的可行性有过评议。他说:"暗杀须顾当时革命之情形,与敌我两者损害孰甚;若以暗杀而阻我它种运动之进行,则虽歼敌之渠,亦为不值;敌之势力未破,其造恶者不过个人甲乙之更替,而我以党人之良博之,代价实不相当;惟与革命进行事机相应,及不至动摇我根本计划者,乃可行耳。"[1]孙中山这番话,提出了三个条件,即一是必须衡量对革命与反革命双方损害之程度,以利于革命、不妨害它种运动之进行为原则;二是以花出代价之大小为原则;三是以不动摇根本计划为原则。可知孙中山并不一般反对暗杀,其他党人也如此。所以当辛亥三月廿九日广州起义失败后、黄兴决意行暗杀主义时,胡汉民才会积极支持,认为"此不止为复仇计,亦以寒敌之胆,而张吾军"。于是有 8 月 13 日陈敬岳、林冠慈以炸弹击李准于广州双门底的未遂事件;有 10 月 25 日李沛基炸毙广州将军凤山的事件。据说这两次暗杀活动,使"清大臣与各省疆吏,人人自危,不止张鸣岐、李准胆落而已也"[2]。其实,胡汉民自己也和黄兴一样,在黄花岗起义后同样存在着严重的急躁冒险情绪。

在历次暗杀活动中,惟有汪精卫等谋炸摄政王一事为同盟会干部所反对。孙中山也说汪系失望而为之。他说:"由黄冈至河口等役,乃同盟会干部由予直接发动,先后六次失败。经此六次之失败,精卫颇为失望,遂约合同人数人,入北京与虏酋拼命。"[3]这个评说,确实道出了汪当时的心态。而汪坚不听从同志劝告、不愿留港参加统筹部筹备大规模的广州起义,执意行恐怖手段,更使人怀疑是否有着沽名钓誉的阴暗动机。

总之,辛亥革命时期的暗杀活动,是一种复杂的社会历史现象。它既与当时的无政府主义思潮传播有关,也与资产阶级革命派的历史观与阶级局限有关;它既是反清暗杀者的牺牲精神的表现,也反映了他们中的一些人在特定条件下的急躁悲观情绪。它并非是一种可允许常用的手段,有着条件性的制约。对于这样一种因时、因事、因人而异的历史活动,需要进行具体分析,才能肯定其之可肯定者。

辛亥革命时期的会党

在革命派发动的反清武装起义中,长期来是依靠会党作为主要军事力量

---

[1]《胡汉民自传》,《革命文献》第 3 辑,总第 412 页。

[2] 同上书,总第 412—413 页。

[3] 孙中山:《建国方略》之一《孙文学说》,第 8 章《有志竟成》,《孙中山全集》第 6 卷,第 241 页。

的。虽然,1908 年后,孙中山为首的革命派把注意力由会党转向新军,但利用会党参与起义却并未中止。因此,会党与革命派的关系问题,成了讨论武装起义动力的重要问题。

会党是盛行于中国南方的民间秘密结社天地会及其支派的通称。其分支及分布区域,情况极为复杂,至今还没有比较完整的材料和统计可资说明。辛亥革命时期,对会党有广泛了解的陶成章,写过《教会源流考》一文[1],对后人了解这一时期的会党分布情况,提供了一个大概的轮廓。据陶文称:会党的分支极多,除天地会本支外,主要有三合会、三点会、哥老会、庆帮、江湖团等。其中,江湖团据我私见似不属原始性质的秘密会社,其他各主要分支的分布据陶成章说:

天地会　"名称已变,其不改名称之本支,惟福建有之。"据此,可以福建作为考察天地会成员的代表性区域。

三点会　"广东最盛,福建、江西次之,广西又次之。"

三合会　"广东最盛,广西次之,福建、江西又次之,湖南之邻近广江者,亦间有之。"据此,可以把广东作为三点会、三合会抽样分析的代表性区域。

哥老会　"湖北湖南最盛,四川、浙江、云南次之,安徽、江苏、河南、山西又次之,江西附近长江处又次之,陕西、甘肃、新疆又次之,山东、直隶亦间有之。"哥老会分布广阔,且已越出长江,北至直鲁,西至甘新,但既以两湖为最盛,则可以两湖地区为抽样分析的代表性区域。

庆帮　"多在长江下游",江苏南部、淮南、浙东、赣东北各地都有分布。据此,可以长江下游作为考察区域。

以上是根据陶成章所说的分布区域,确定出各个分支的考察地区;考察的重点为各代表性区域内各分支的成员结构,以说明辛亥革命时期各主要会党的性质。

福建天地会　该省天地会组织因在清初时受到极大摧残而致寥落。清中叶起稍见恢复。但自太平天国时期黄德美领导的闽南小刀会起义失败后,又趋沉寂。现存文献中有关辛亥革命时期福建天地会的材料不多,很难寻绎出其成员的主要构成。邹鲁在《中国国民党史稿》中称:"当时福建军队,自咸、同时代左宗棠率兵入闽以来,所有官兵,类多湘籍;且以入哥老会者为多,均富于排满扶汉思想及冒险性质。"[2]可知福建在清末有大量哥老会众存在,成员以现役官

---

[1]《教会源流考》为陶成章在南洋从事革命活动时作的演讲稿,1910 年陶著《浙案纪略》出版单行本时,作为"外纪"附入。文中所述会党分支及其分布,多为辛亥革命时期的情况。该文现已收入《辛亥革命》资料丛刊第 3 册。以下所引,均据此书,不另注明。

[2]《辛亥革命》资料丛刊第 7 册,第 277—278 页。

兵为主体。联系到黄德美领导的小刀会起义,成员多为歇业的商船水手及部分自海外归来的侨眷[1],则福建天地会本支在辛亥革命时期已隐而不彰,其支派小刀会、哥老会却较为活跃,成员不是农民,而是以失业水手为主体的流民群和现役兵丁。

广东的三点会、三合会 据遂溪知县李钟珏(平书)在 1898 年时称,“以一县计之,大约三点有四成”[2],则三点会成员占遂溪全县人口十分之四。粤东潮汕地区会党成员“多属当地苦力”[3]。潮、嘉、惠三府“人民十居八九已入反清复明之会”[4],“一月之内,可集山林剽悍之徒三四十万”[5]。粤北韶州“素为会党渊薮,不特民间大半拜会,即衙役勇丁亦多有入会者”[6]。可知广东三点、三合会成员有苦力、绿林、胥吏、兵丁等,但以农民为大多数。不少农村“挂名会籍者甚多”[7],“甚至有全乡被迫入会”[8]的情况,真正在会党中起作用的是游民。所以《最近支那革命运动》一文说:“三合会于广东之内地,到处拔扈……其人素无恒产,又无恒业。”如曾参与孙中山发动的两广 6 次武装起义的王和顺、黄明堂、李福林等会党首领,或为绿林好汉,或为散兵游勇,都可列入游民一层。

广西是三合会次盛之区,会党成员中游勇成分比例之大,它省难以比拟。据辛亥老人林宝航的回忆:“自 1895 到 1904 年的八九年间,在左右两江流域及云南、贵州、南北盘江流域大为活动的游勇,声势是相当浩大的。”除桂东漓江流域各县及省会桂林外,“广西全省几乎尽为游勇纵横驰骋的区域”。加入游勇行列的,有遣散的兵勇、无业游民、衙门差役,以至乡绅殷富。兼容并蓄,良莠不齐[9]。广西著名的会党人物如关仁甫、何伍、梁亚珠、韦元卿等,全都是游勇首领。

两湖地区的哥老会 其主要成分,据湖南巡抚俞廉三在 1900 年的一件奏折称:“窃查湖北地方,素多匪类,然皆军营散勇、无业游民。”[10]同年湖广总督张之洞也奏称:“窃臣访闻湖南岳州文武衙署、水陆兵勇各营,多有富有票匪混迹

[1] 参见魏建猷:《黄德美与闽南小刀会起义》,上海师院学报专辑《近代中国史论丛》,第 101 页。

[2]《广东历史资料》1959 年第 2 期,第 65 页。

[3]《丁未潮州黄冈二役别记》,丘权政、杜春和选编:《辛亥革命史料选辑》上册,湖南人民出版社 1981 年版,第280 页。

[4][5] 孙中山:《与宫崎寅藏等笔谈》,《孙中山全集》第 1 卷,第 183 页。

[6]《宣统三年闰六月二十一日两广总督张鸣岐致内阁电》,《辛亥革命》资料丛刊第 7 册,第 256 页。

[7][8]《岭东日报》1905 年 12 月 17 日;9 月 8 日。

[9] 林宝航:《广西游勇》,《辛亥革命回忆录》第 6 册,第 531、541 页。

[10]《光绪二十六年闰八月二十一日湖南巡抚俞廉三奏折》,《辛亥革命》资料丛刊第 1 册,第 271 页。

其间。"[1]另一件奏折说:湖北"襄阳、枣阳、随州、应山等处,界连豫边,素多刀匪,豫省年来旱荒,饥民颇众,亦遂有会匪开堂放飘之事"[2]。张之洞所说的"富有票匪",实是接受唐才常自立军领导的哥老会众;所说的"刀匪",虽不全是哥老会,但成员多为饥民则无疑。可知,两湖地区自20世纪初年起,其成员中无业游民、散兵游勇和饥民等占了相当大的数量。

长江下游各省的庆帮 庆帮有所谓清帮、围帮之分,清帮俗讹为青帮,"半东皖徐海一带青皮光棍";围帮俗称红帮,即哥老会众,"多两湖三江散勇在内"。无论青帮、红帮,其成员多从事私盐贩运,号称枭贩。此外,操下九流职业者也多。早在同治年间即有人指出:"及撤防益久,匪务益横,曰哥老会,曰安清道友,多脚夫、船户、肩贩、手艺及游民、游勇者流,借烟馆、赌场、茶坊、小押为巢穴,行劫为非,声气甚广……此类根底为(扬州)仙女庙,枝叶于苏、沪,蔓延于京、瓜、青、淮,萌蘖于金陵、芜六。"[3]

综上各地区各支派的成员构成,除广东三点会、三合会文献记载有大量农民参加外,其余如哥老会、庆帮等,是一个庞杂的游民群体。正如陈天华所说:"那些走江湖的,种类很多,就中哥老会、三合会,各省游民最占多数。"[4]当然,会党分支极多,各省各地山堂、帮口的成员构成不尽相同,但若就共性而言,会党的主要成分并非附着于土地的农民,而是被称为"下等社会"的游民者流。

如果结合遗存的会党文献及已整理出版的清方档案进一步考察,这一结论就有更多的佐证。天地会文献中有所谓"三十六誓"、"二十一则"等誓词会规。其中如"江湖之客到来,必要留一餐两餐";"兄弟患难之时,无银走路,必要相帮"[5]等,明显地证明了天地会是个以江湖之客、无业之民为主的团体。至于文献中的手语、指诀、茶阵、入会问答、诗歌对联、隐语黑话乃至路遇盘诘、入会仪式等,无不流露出游民无产者的生活方式及相互照顾的江湖义气。所以,对会党有深切了解的孙中山曾指出:会党"固结团体,则以博爱施之,使彼手足相顾,患难相扶,此最合夫江湖旅客、无家游子之需要也"[6]。

已经出版的天地会清方档案表明,被清政府俘获的天地会成员,几乎没有一个是附着于土地的农民。如乾隆末年拿获的许阿协、赖阿边,是"以贩曲度

[1]《光绪二十六年八月三十日湖广总督张之洞奏折》,《辛亥革命》资料丛刊第1册,第270页。
[2]《光绪二十六年八月二十日湖广总督张之洞、湖北巡抚于荫霖奏折》,同上书,第268页。
[3]陈锦:《勤读文牍》,转引自《中国近代农业史资料》第1辑,第944页。
[4]《陈天华集》,第84页。
[5][日]平山周:《中国秘密社会史》,第44—45页。
[6]孙中山:《有志竟成》,《孙中山全集》第6卷,第231—232页。

日"的酒贩子；林阿俊及其子林阿真,"向在漳州福兴班唱戏"；涂阿番"平日趁墟卖饭",无固定职业,林功裕"平时到漳浦、平和各省唱戏度活"；张破脸狗"向无行业,以开场窝赌为生"；严烟"向来卖布为生"[1]等。他们的供词,都没有说到农民入会和土地要求。这说明,早在乾隆末年时,复兴的天地会已是游民为主体的秘密结社。

游民无产者既不是一个阶级,也不是一个阶层,而是中国社会中处于底层、具有极大流动性的庞杂群体。生活方式的不稳定性和活动区域的不固定性是这一群体最基本的特点；解决温饱,改变受歧视的社会地位是他们的第一需要。他们在会党这一原始形式的秘密结社中,受到的是江湖义气、迷信思想和封建等级观念的熏染,养成了盲目服从与凶狠好斗、愤嫉世俗与谋求私利、见义勇为与卖友攀附、恪守帮规与吃里扒外等极端矛盾的思想和扭曲分裂的性格。在特定条件下,这些特点、需求、思想和性格就会向各自相反的方向转化。所以,以流民为主要成分的会党,始终是中国社会中既具战斗力又具破坏性,既有活动力又最不安分的社会势力。辛亥革命之后会党纷纷叛革命而去,从根本上说,正是因为其主要成分本身隐伏着危险的基因。

学术界普遍认为,辛亥革命时期会党所以能与资产阶级革命派结合,是由于它的"反清复明"宗旨与革命党"驱除鞑虏,恢复中华"的纲领有共同语言。

从现存天地会文献、已出版的清方天地会档案及其他史料看,天地会及其支派的反清复明宗旨,自乾隆后期已在成员中十分模糊,到辛亥革命时期,绝大多数会党成员早已没有反清复明思想；大多数会党组织成了生活上互助互济的秘密团体。他们之与革命派结合,主要不是因为反清宗旨明确,而是革命派出于反清革命的需要,去唤醒他们的原有宗旨并加以改造的结果。

天地会创始于清初,原是个奉行"反清复明"宗旨的秘密结社,有强烈的政治色彩。随着南明抗清政权次第覆灭和东南沿海抗清斗争日趋沉寂,备受清王朝摧残的天地会本支秘密转移,分支增多而宗旨日晦。乾隆中叶,福建漳浦县僧洪二和尚复兴天地会时,虽有恢复反清复明宗旨之意,但因怕罹遭清政府高压,只得化为隐语、联缀成诗,授之党徒,以冀流传。然而,当时入会者成分滥杂,目的需求各异,久之,复兴的天地会政治色彩日薄而互助互济特色日强。乾隆五十二年(1787)被俘的天地会成员许阿协供称,他因怕被人抢劫才加入天地会。同伙告诉他,入会不仅可免抢,而且被抢的银子亦可要回；"如遇抢劫,伸出

---

[1]《天地会》第1册,第69、70、71页。

大拇指来，便是天字，要抢的人必定将小拇指伸出，就是地字，彼此照会就不抢了"。会内教了他四句诗，他说只记得其中一句是"木立斗世知天下"[1]。许阿协的供词说明，天地会在当时的互助互济色彩已很重，会中人讲江湖义气，而对诗句的意义多不理解，也不重视。同案犯赖阿边供词也大体相同，但他记得四句诗中的三句："头一句是'日月车马三千里'，第二句忘了，第三句是'木立斗世知天下'，第四句是'替天行道合和同'。"[2]两人供出的诗句，正是复兴天地会隐含的反清复明宗旨。其头一句日月两字合起来便是"明"字，第三句木立斗世，按其隐义，代表清灭之意。"木"字由"六"及"一"两字合成，隐含康熙在位六十一年；"斗"字由"十"及"三"字合成，隐含雍正一朝十三年；"世"字由"卅"及"二"字合成，隐含乾隆一朝将在三十二年寿终正寝。全诗的隐义是，清王朝将在乾隆三十二年覆灭，明朝将届时复兴，天地会就是替天行道的组织[3]。很明显，这是乾隆二十六年(1761)间复兴天地会煞费苦心将奉行的宗旨编成的隐诗，可悲的是到乾隆五十二年(1787)，天地会成员们对此已经不甚了然。

清王朝自嘉道年间起，阶级矛盾、民族矛盾交相迭现，社会日见动荡，但天地会各支派成员对会内原有宗旨并未完全复苏。其中一部分人，在反清起义中重新揭出了"反清复明"的旗号；另一部分却背道而驰，投靠清军，参与镇压农民起义。如太平天国时期广西天地会员大头羊张钊、大鲤鱼田芳及张嘉祥等人都是。所以，1852年太平天国东王杨秀清曾指出："盍思洪门歃血，实为同心同力以灭清，未闻结义拜盟而反北面于仇敌者也。"[4]太平天国运动失败后，各地民变中虽多有会党参与，但打出反清复明宗旨的会党起义，则并不多见。到辛亥革命时期，情况依然如此。因此，陶成章在浙东联络会党时反复晓以反清大义，在所写的《龙华会章程》中，竭力宣传会党原有的宗旨。孙中山也说："会党之宗旨本在反清复明，近日宗旨已晦，予等当然为之阐明，使恢复原状，且为改良其条数，俾尔辈学生亦得参加。"[5]不少革命党人抱着对会党"导之而起伏者也"的态度，积极引导会党徒众复苏原有的宗旨，使之纳入革命派反清的"民族革命"的轨道。

会党何以反清复明宗旨日晦、政治色彩日削？这与清王朝统一大业的渐次

[1]《天地会》第1册，第110、104页。

[2] 同上书，第110页。

[3] 以上"木立斗世"的含义，均按天地会传统说法。现存天地会文献中，有"木立斗世清皆绝"，"天下知世清该绝"等，俱与所引隐诗含义相同。

[4]《颁行诏书》，见《太平天国印书》(上)，江苏人民出版社1979年版，第107—108页。

[5]《与旅比中国留学生的谈话》，《孙中山全集》第1卷，第271页。

完成、政权日趋巩固,国内矛盾的转化和会党成分日见滥杂等因素有直接关系。清代前期经顺、康、雍三朝,奠定了统一大业。其对内政策也屡经调整,逐步改变入关初期采取的民族高压手段,改用怀柔、笼络汉族地主阶级及其知识阶层的方法,松弛了原先极度紧张的满汉地主阶级之间的矛盾。到乾隆中叶,清王朝国力达于鼎盛,社会经济繁荣。原先以反清争取复明为职志组织起来的秘密结社,自然日益失去它激荡人心的魅力。"复明"的大目标既有揽月之难,"反清"的手段便成为无可傍依的盲干。日见滥杂的党徒们既然不可能理解社会主要矛盾早已复归于阶级之间的相搏而作出自觉的反应。那么,互济互助以求得生存也就成了他们在会吃会的第一要义。近代史上,会党举行的反清斗争屡见不绝,但很难说都是宗旨明确的自觉行动。把他们与资产阶级革命派的结合归结为自觉的反清斗争的需要,似乎过高地估计了会党成员的政治意识。

在会党中,有比较明确的宗旨与民族复仇意识的,是一部分山堂首领。革命派正是通过对会党首领作艰苦的说服教育,才得以争取到会党群众集于反清"民族革命"的旗帜之下。会党是以首领为核心、以江湖义气为维系纽带的秘密团伙。首领大多是有一定文化、社会地位和家产的人,也有少数无身家财产但有血性、有一技之长、有号召力的人物。革命党人对两类人物不分彼此,专择有影响、有实力者努力争取。会党首领倒向革命或加入革命党后,徒众也就跟着附从革命。反之,若首领不愿合作,或合作后与革命党分道扬镳,徒众也就或公开抵制革命,或随首领以去。所以,革命派对会党的争取,根本上是对会党首领的争取。辛亥革命时期,从未出现过未经革命派对首领进行艰苦说服教育,因首领出于反清需要而主动倒向革命的事实;更未出现过会党群众出于反清复明宗旨而主动为革命派反清起义效命的史实。

会众何以依首领的意志为转移? 这与会党所固有的特点有关。

作为原始形式的民间秘密结社,会党长期来形成并凝聚着以下三个主要特点:

其一是江湖义气。会党成员多数是没有文化的下层群众,社会地位低下,生活无着,势不得不相互依靠、相互照顾。这就形成了会众之间取法刘、关、张桃园三结义、同生共死的心态。所以,会党分子推崇《三国演义》,以江湖义气相标榜,会内皆称兄弟,入会者一体对待,不像北方秘密结社教门那样以严格的宗法制度相维系,会党组织的结构比较松散,别开山堂也较容易。会众既以兄弟相称,首领自成大哥,会众咸属兄弟;会众既以义气相维,大哥的意志也就成了是否有义的准则。

其二是山头主义。会党成员既多为生活飘零、无固定职业的游民,为互助互济,既需要以江湖义气相维系,又需要相对稳定的聚集处以资联络,这就形成了会众取法《水浒传》中梁山泊聚义的需求。所以,会党各支派山堂林立,互不统属,互不节制,各依首领为中心,霸占一方土,缺乏如教门那样一以贯之的组织系统,往往因维护小山头私利闹矛盾、搞械斗,养成了恶性的山头主义。

其三是帝王思想。会党在清初产生时,有强烈的政治色彩,服从于反清复明的需要,这就形成了会众取法《说唐》中瓦岗寨聚义、辅佐帝王建功立业的思想。所以,会党各支派的内部组织机构,大都效法封建王朝组织机构的名称而略加变动。如哥老会有坐堂左相大爷、盟证中堂大爷、陪堂坐相大爷、理堂东阁大爷、刑堂西阁大爷、执堂尚书大爷、京内外军师、京外总督粮饷、三江总理粮饷军机等各级职衔[1]。山堂的首领俨然小朝廷的头头,上下之间,等级、名分层层相递,各掌职司,各有责任。这种组织结构,表面上与兄弟相称的"江湖义气"似有矛盾,实际上却反映了全体成员潜意识层中固有的"皇权主义"。

十分明显,会党的上述特点都离不开首领而存在,这就客观上、传统上赋予了首领以特殊的身份与地位。所以,绝不可能出现没有首领的山堂,而一个首领兼领几个山堂的情况则屡见不鲜。正是由于会党的这些特点,才使它在复杂的政治斗争中,既易为革命派所争取,也易被反动阶级利用成为中国社会的一股恶势力。

辛亥革命时期是会党运动史上的黄金时代。会党自清初开创山堂、秘密团伙的两百多年来,第一次遇到了一个比以往任何政治指导者更高明、更先进的阶级力量。在资产阶级民主革命派指导下的会党运动,摆脱了历来处于单纯自发、孤立无援的斗争困境,并面临着通过资产阶级民主革命洪流的冲刷以荡涤自身污垢的宝贵机会。

在辛亥革命准备阶段和爆发阶段,会党与资产阶级革命派保持着密切的关系。从革命派方面说,主要是利用会党这一现存的社会力量,并试图改造其落后性与痼疾,使之适合资产阶级民主革命的需要,其基本态度是利用,改造是次要的;从会党方面说,他们在一定程度上接受了革命派的部分政治主张,并积极参与了反清革命,但同时又固守着自己的特点,其基本态度是合作而不是融化。结果,指导者只是采用实用主义态度,被指导者又嗜痂成癖。良机失去,会党走到了自己的反面。

---

[1] 徐珂:《清稗类钞·会党类》。

革命派利用会党作为反清武装力量，是做过艰苦工作的。综观辛亥革命准备阶段各地革命党人对会党的主要工作方式，有如下四种：一是走访各山堂，进行民主革命的说服动员，如陶成章、魏兰之遍访浙东哥老会诸堂口[1]，万武、刘道一之亲往湘潭密访马福益[2]，谭人凤之游说长江会党，黄申芗、居正之联络湖北会党等[3]，都属于这种方式的例证；二是打进去，以个人身份参加会党组织，取得党徒的信任，获取对首领进言、参谋的地位，如陈少白之参加三合会受封为"白扇"(军师)[4]，钱鼎等在西安与哥老会首领歃血为盟，结成三十六弟兄[5]，秋瑾、刘复权等人之参加横滨三合会，受封为"白扇"、"洪棍"(掌刑)、"草鞋"(将军)[6]，林述唐、黄兴在湘、鄂人哥老会被封为"龙头"(首领)[7]，陈其美之在上海加入青帮成为大头目等[8]，都是属于躬亲深入的例证；三是拉出来，使会党分子加入革命组织，进而通过作为革命党人的会党首领得以指挥其所属的山头，这是革命派争取会党最重要的一法，仅以兴中会为例，在有姓名、事迹可考的兴中会286名成员中，会党分子入会者共44人，超过了1/6[9]；四是建立联络会党的秘密机关或外围组织，前者如光复会在浙江利用温台处会馆并在上海设立联络点，兴中会在广州设立咸虾栏、张公馆为秘密机关等，后者如兴中会为联络长江流域、两广地区的会党而成立兴汉会，华兴会为团聚两湖哥老会而成立同仇会等。

由于革命党人的艰苦努力，不少会党的山堂成了革命派得以依靠的重要反清起义力量。可以说，没有会党的支持、参加，辛亥革命很难取得全国性的胜利。武昌起义后，长江以南绝大多数省份和地区的光复，都得益于会党的积极参加与勇敢战斗。革命派的艰苦运动取得了应有的成果，会党在其历史上因此而留下了光荣的一页。

革命派在利用会党的同时，确实有过改造会党反清复明宗旨与分散主义、山头主义的意图和行动。对会党原有宗旨的改造，主要通过民主主义的宣传教育。其内容，一是痛陈民族危机和清政府的腐败，以唤醒会党首领和徒众的反

[1] 参见陶成章：《浙案纪略》第3章《进取纪事》，《辛亥革命》资料丛刊第3册，第21—25页。
[2] 万武：《策动马福益起义之经过》，《辛亥革命回忆录》第2册，第245—247页。
[3] 谭人凤：《石叟牌词叙录》，《近代史资料》1956年第3期。
[4] 陈少白：《兴中会革命史要》，《辛亥革命》资料丛刊第1册，第60页。
[5] 朱叙五、党自新：《陕西辛亥革命回忆》，《辛亥革命回忆录》第5册，第2页。
[6] 王时泽：《回忆秋瑾》，《辛亥革命回忆录》第4册，第225页。
[7] 冯自由：《革命党与洪门会之关系》，《革命逸史》第6集，第42页。
[8] 莫永明：《陈其美传》，第24页。
[9] 据冯自由：《兴中会时期之革命同志》一文列名统计，见《革命逸史》第3集。

清意识;二是宣传历史发展的大势,以冀改变会党原有的"复明"宗旨,使之接受革命派建立民国的主张和同盟会的民权主义思想;三是强调各山堂联合的必要,以求改变各自为政互不相统的山头主义。对会党组织的改造,主要采取求同存异、协商讨论的方法,使会党在可以接受的前提下组织起来。组织的形式,因时因地制宜,即使如同盟会这样具有全国性的统一的资产阶级性质的政党,也没有对会党拟定出改造模式,所以,各地革命党各行其是,形式各别。有的是以革命团体为中心,把若干会党山堂联成大团,充作外围,如兴中会之组织兴汉会,华兴会之设立同仇会,光复会之倡建五省会党大联合的革命协会等;有的以办学方式对会党成员进行军事和组织方面的训练,使之编入革命武装,如秋瑾举办大通学堂训练浙东会党并组建光复军;有的以代为修订宗旨、章程的方式,使之接受革命党主张而不同于以往的性质,如孙中山之改订美洲致公党章程,规定其宗旨为:"驱除鞑虏,恢复中华,创建民国,平均地权。"并申明:"凡国人所立各会党,其宗旨与本堂相同者,本堂当认作益友,互相提携。其宗旨与本堂相反者,本堂当视为公敌,不得附和。"[1]有的则是以会党开山放票的旧形式,以革命为宗旨组织一个新的山堂,如焦达峰、张百祥之组织共进会;胡寿山之在贵州组织贞丰同济会,"想以哥老会的组织从事对清朝专制的革命"[2]等。

应当承认,革命派对会党的改造是有成绩的。凡经革命党人工作过的会党,大都成了反清武装起义中有战斗力的队伍;不少会党首领和骨干成了具有民主主义思想的革命者。但是,革命派工作中的弱点和缺陷也极为明显。首先,革命派对会党的根本态度只是"可以偏用,而不可视为本营"[3],所以从未在思想上有过把会党组织改造为革命团体的认识和方案。其次,革命派只是为了发动反清武装起义而争取会党,对会党的江湖义气、帝王思想、山头主义的痼疾,往往采取宽容姑息的态度。即使是吸取了会党参加革命组织,也仍然让他们保持原有的旧规,如光复会对浙东会党的争取中,由陶成章主持,反复协商后,"规定会党成员入光复会者,所有会党口号、暗号、各家各教一切仍其旧,一切照洪家、潘家的旧规"[4]。另外,革命派虽然在历次反清武装起义中看到了会党的弱点和劣性,但只是消极地把工作重心从会党转移到策反新军上,知难而退,没有能肩起以往自承领导"下等社会"的责任。所以,革命党对会党的改造,

[1]《致公党重订新章要义》,《孙中山全集》第1卷,第262页。
[2] 胡寿山:《自治学社与哥老会》,《辛亥革命回忆录》第3集,第467页。
[3] 此为陈天华《绝命书》中语,见曹亚伯:《武昌革命真史》前编,第4章《陈天华投海》,第29页。
[4] 沈飚民:《记光复会二三事》,《辛亥革命回忆录》第4集,第135页。

至多只唤醒了会党成员"反清"的意识,使之明白"复明"宗旨之不合时趋,接受了"驱除鞑虏、恢复中华"的民族主义纲领。至于民权主义、民生主义的内容,并未为会党所接受。一旦推翻清王朝,革命派对会党的兴趣日减,会党则恃反清有功,更加独立不羁,两者关系日见疏远,终至脱钩。

从会党方面说,在革命派的宣传教育下,确也曾激发了革命热情,并接受过革命党的部分纲领,但他们不愿放弃山头,尤重江湖义气,即使在与革命党合作组成联合体后,也往往以小山头利益为转移,或不听调遣、自行其是[1],或任意脱离,依然故我[2],或与其他革命团体取不合作主义[3]。所以经过革命派工作之后的会党,并没有像平山周所说的那样:"三合会其宗旨始不过反清复明,自孙逸仙变化其思想,至易而为近世之革命党";"三合会化为革命党,哥老会亦复为革命党,于是全国各省之会党,悉统一而为革命党焉"[4]。其实,会党并没有因接受革命派的反清宗旨而融化了它固有的江湖义气、山头主义和帝王思想;也没有因此改变其固有的宗教色彩、礼教色彩和互助共济色彩。革命派缺乏强大的思想武器,无法真正肩起改造会党的责任;会党的特点是历史的社会的落后、消极因素长期积淀的产物,具有极大的惰性,不可能在短时期内有根本改变,特别是它的封建性所得以寄寓的组织形式没有破坏以前,要根本上把会党改造成民主主义的团体,更为困难。所以,当我们分析辛亥革命时期会党与资产阶级关系时,既不能把革命派的成绩估计过低,但也不可忽视会党固有的落后性和破坏性,革命派在呼唤会党的政治潜力、释放其活动能量时,没有也不可能对它进行真正有效的改造。当民国成立后,会党在反动阶级利诱下走向自己的反面时,它固有的邪恶危险的基因随之恶性膨胀,终于变成了潘多拉盒子里释放出来的魔鬼。

---

[1] 如苏北一带的春宝山堂堂主徐宝山,在接受革命派款通后,仍独立不羁,自行其是。
[2] 如与兴中会联合组成兴汉会的长江哥老会首领杨鸿钧等,不久即参加唐才常的自立会活动。
[3] 如共进会与文学社之间一直关系不洽,共进会不愿与之合作。
[4] [日]平山周:《中国秘密社会史》,第 29、80—81 页。

十一　兄弟阋于墙

（一）　细故引出"窝里斗"

正当革命派在文武两条战线上与保皇的立宪派及专制的清王朝进行激烈斗争之时，自己的营垒也发生了矛盾与裂痕。

革命营垒的内部矛盾，从形式上看，多为一些细故而起，但实质上却反映了主要干部之间在认识水平和思想层次上的差异。这种始于具体问题认识不同的争论，竟然发展到对本部和领导者的攻击谩骂，甚至出现自行其是，闹独立、搞分裂的派别活动，不仅严重削弱了革命派自身的战斗力，而且使革命工作与日益高涨的革命形势发生严重的脱节，以致在革命高潮到来时，整个革命营垒显得张惶失措、莫衷一是，种下了失去胜利成果的祸根。

同盟会的成立，使中国主要的革命力量凝聚在一个统一的革命组织里；16字纲领的提出，又使参加同盟会的每个革命者，有了共同奋斗的目标。但是，处在刚从专制统治桎梏下挣脱出来又被西方民主自由思想冲击的革命者，在接受人权天赋学说时，往往个性张扬有余而自我约束不足。当他们结合团体、表现为一种政治力量时，这种张扬的个性又使他们难以处理诸如自由与纪律、民主与集中、局部与整体等作为政治团体赖以维系的基本组织原则，不是走极端而执其一词，便是以个人的好恶为标准而决定取舍。组织观念不强、政党意识薄弱，恰恰是近代中国第一代参与政治斗争的知识青年常见的幼稚病。前一种缺陷，造成了脱离组织、独行其是而不以为非的错觉，后一种缺陷，表现为对党的纲领缺乏完整统一的认同而各取所需。这两者都不利于党的紧密团结和坚强统一。所以，同盟会作为近代中国第一个类似政党的革命团体，它的组织松懈、思想认识参差、自由主义泛滥，乃至闹窝里斗等，实在是与生俱来的历史局限，它的组织涣散和分裂的前途，也就不可避免。

就同盟会的 16 字纲领来说,会员对它的理解与接受是远非一致的。事实上,整个同盟会成员尽管接受了孙中山提出的"驱除鞑虏,恢复中华"的民族革命纲领,却未必完全接受孙中山在《民报》创刊周年纪念会上演说辞的观点。对于涉及民族革命中最敏感的"满汉"矛盾问题,就存在着几种不同类型的认识。

一种是孙中山、黄兴、朱执信等人所主张的,把反清和民族团结联系起来的认识。他们所宣传的反清,主要是反对满洲贵族残暴的民族压迫和腐败的政治统治。他们之所以主张民族革命,"因不愿少数满洲人专制",而不是尽灭满族人。所以,孙中山等人的民族观,一是反对民族压迫,主张民族平等;二是主张驱除满族统治者与反对封建专制相结合。这种认识,已经达到了区分压迫民族与被压迫民族、压迫民族与专制统治存在同一性的理性认识层次。用孙中山的原话说,就是"我们并不恨满洲人,是恨害汉人的满洲人"[1]。

一种是以章太炎为代表的主张严格夷夏之防的带有比较浓重民族革命色彩的认识。他们所宣传的反清,着重于满汉民族的区别。章太炎那篇脍炙人口的《驳康书》,从言语、政教、饮食、起居等各个方面指出了满族与汉族的不同,进而列举了满人对汉人的种种酷虐统治与迫害,得出了"汉族之仇满洲,则当仇其全部"的结论[2]。虽然他后来在致留日的满族学生书中已不再提"仇其全部"之说,而是明确指出"非欲屠夷满族",在"反满"策略上有了改变,但强调"满汉"矛盾则一以贯之。团聚在他周围的《国粹学报》、国粹保存会等刊物、团体中的撰稿人,大多也是热烈主张"爱国保种,存学救世"、带有较重传统文化思想的人物。他们把"反清"称之为"光复",即所谓"改制同族,谓之革命,驱除异族,谓之光复",民主革命色彩比较孙中山而言,显得淡薄多了。特别是孙中山发现了革命宣传中存在着种族主义的弱点,对民族革命作了明确解释之后,章太炎等人仍然大讲汉族祖先的光荣、坚持夷夏之辨,更显得迂阔和落后了。

一种是以宋教仁、陈天华等人所主张的既歌颂黄汉历史、宣传"排满",又把"排满"和反对外国瓜分联系起来的认识。宋教仁对宣传汉族正统是极为热衷的,他采用黄帝纪元来否定清朝帝王年号;刊登黄帝画像以激励炎黄子孙。但同时又在杂志上刊载反对满族统治以抵制帝国主义瓜分的文章。陈天华宣称:"凡不同汉种、不是黄帝的子孙,统统都是外姓"[3],中国要免于瓜分,首先要易姓"排满";但他又说,"为汉人就是为满洲","汉人强了,满洲也就无忧了",在反

[1] 孙中山:《在东京〈民报〉创刊周年庆祝大会的演说》,《孙中山选集》第 1 卷,第 325 页。
[2] 章太炎:《驳康有为论革命书》,《章太炎全集》第 4 册,上海人民出版社 1985 年版,第 175 页。
[3] 陈天华:《警世钟》,《辛亥革命》资料丛刊第 2 册,第 130—131 页。

帝事业中满族同样也是中华民族的成员。这种认识,既不同于将满族排除在民族大家庭之外,也有别于各族人民团结的主张。

此外,还有一批无政府主义者,把反清宣传一概称为"自私主义",宣传所谓"无国界、无种界、无人我界,以冀大同;无贫富、无尊卑、无贵贱,以冀平等;无政府、无法律、无纲常,以冀自由"[1]这简直是以取消民族差别来取消客观存在着的"满汉"矛盾,以取消现存的社会制度来取消民主革命。貌似激进的言词,反映着不识时务的空想。

由此可见,即使是16字纲领中最为革命派接受的民族主义一条,实际上存在着不同类型、不同层次的认识,更毋论很多人不理解、不少人拒绝接受的民生主义纲领了。

革命派思想认识的分歧,不仅表现在对纲领认识水平的差异,而且在不少具体问题上的认识也是不一致的。自同盟会成立之日起,在下列几个问题上表现出明显的歧见:

(1)对"取缔中国留日学生规则"所持态度的争论

1905年11月,日本政府颁布《关于令清国人入学之公私立学校规程》,即通常所说的取缔留日学生规则。《规程》全文共15条,主要内容是加强对中国学生的约束和禁管,其中第1、4、9、10条等,特别严重伤害了留日学生的民族自尊心和限止了自由选择学校的可能。11月26日,各个接纳中国学生的学校,根据文部省颁布的《规程》,纷纷贴出布告,限令留日学生将原籍、现在住址、年龄、学历等在三天内向学校具报,过期不交,后果一概自行负责,于是引起了全体留日学生的愤怒与抗议。12月4日,中国留日学生8 000余人举行总罢课。12月8日,陈天华蹈海自杀,留下《绝命书》,希望全体留日学生不忘日本人所说中国人"放纵卑劣"的侮辱,"力除此四字,而做此四字之反面,坚忍奉公,力学爱国"。表明自杀的原因,"恐同胞之不见听而或忘之,故以身投东海,为诸君之纪念"[2]。陈天华之死,激起留日学界更大的愤怒,一个轰轰烈烈反对取缔规则的斗争便全面展开了。当时,有不少学生表示不甘受辱,主张集体退学归国,但另一部分学生却主张忍辱负重、继续留学,双方展开了激烈的辩论,并自行结成团体,以示壁垒分明。主张回国的,成立"留日学生联合会",以胡瑛为会长,宋教仁为外交长,孙武为纠察长;主张留在日

---

[1] 民:《伸论民族、民权、社会主义之异同,再答来书论〈新世纪〉发刊之趣旨》,《新世纪》第6期(1907年)。

[2] 曹亚伯:《武昌革命真史》前编,第4章《陈天华投海》,上海书店1982年版影印本上册,第27页。

本的，成立"维持留学界同志会"，以汪精卫、胡汉民、朱执信等为书记。显然，这两个组织的主要成员，都是同盟会的骨干，他们在对待取缔规则上的态度，有着严重的分歧。当事人之一的胡汉民，在其所写的自传中说到了这场斗争："同盟会党员对此，分为两派意见：宋教仁、胡瑛等主张学生全体退学归国，谓即可从事革命。余与精卫、执信、伯翘、湘芹、君佩则反对之，以为此事纵出于最恶之动机，吾人自可运动打消之，退学归国为下策；且本党新成立党机关报（《民报》），始发刊第二期，若一哄归国，无异为根本之摇动，使仇外者快意。至谓相率归国即行革命，尤属幼稚之见。"[1]尽管胡汉民等人反对罢学回国，但他承认党内倾向于宋教仁、胡瑛"之主张者乃多数"。由于当时孙中山已离日赴南洋活动，黄兴也已去广西，同盟会东京本部在这场重大斗争中没有发挥应有的领导作用，对党内两派意见竟然未能作出明确统一的对策。后来，由归国派中态度最为激进的革命女杰秋瑾发起，约同各省分部长邀留日派主将胡汉民、汪精卫对话，汪精卫推辞不赴，由胡汉民单独与秋瑾等会见。双方从革命利益为重的立场出发，表示"当在党中更为一致之决议，庶不致因此而生分裂"[2]。数天后，同盟会召开各省代表会，经辩论，通过了继续留日学习的主张，而使胡瑛解散"联合会"。

反对取缔规则的斗争虽告平息，但它第一次公开暴露了同盟会内部在猝发事件上认识不统一、本部领导乏力的弱点。许多态度激烈的同盟会籍留日学生如秋瑾、刘道一、杨卓林、黄复生、熊克武、谢奉琦等仍然愤而归国参加革命，大约有两千人左右的留日学生在斗争中先后分批回国，其中就有不少同盟会会员[3]。这个行动，一方面给国内革命运动增添了新鲜血液；另一方面，也使同盟会东京各省分部的实力大为削弱。如果说1905年以前，中国民主革命的中心在海外的日本，民主主义思潮的传播先锋是留日学界，那么，自大批留日学生归国之后，这一地位和勃勃生气已经不复存在，留日学界开始沉寂了。

（2）对未来国旗的争论

1907年2月底3月初，孙中山与黄兴在使用未来国旗样式问题上，发生了激烈争论。孙中山主张使用青天白日旗，黄兴主张使用井字旗，以示平均地权之意。孙认为井字"既不美术，又嫌有复古思想"[4]；黄兴则认为"以日为表，是

---

[1]《胡汉民自传》，《革命文献》第3辑，总第390—391页。
[2] 同上书，总第391页。
[3] 参见景梅九：《罪案》，《辛亥革命》资料丛刊第2册，第243页。
[4]《胡汉民自传》，《革命文献》第3辑，总第393页。

效法日本,必速毁之"[1]。双方看法大相径庭,以致发生争吵,孙中山严厉指出:"仆在南洋,托命于是旗者数万人。欲毁之,先摈仆可也。"[2]据说当时同盟会员"悉从先生",倾向孙中山的主张[3],黄兴则因此极为不快,申言"欲退会断绝关系"[4]。同盟会两位领导人几乎闹到翻脸的程度。后来黄兴以豁达大度的主动态度同意了孙中山的意见,事情始告平复。

使用什么样的旗式,并非小事一桩,它集中寄寓着党的理想和目标。就此而言,孙、黄各有选择,应该说都是对党负责的积极态度。即使因意见不同而发生争论乃至争吵,也无须大惊小怪。当事人之一的黄兴,虽在气头上有退会之说,但不久即表示"为党之大局,已勉强从先生意耳",后来,再也不提此事,与孙中山合作得一如既往;孙中山也不因旗帜之事心存芥蒂,仍把领导反清起义的全权托之于黄兴。但是,章太炎、宋教仁却对此借题发挥。章在叙述争执之后接着写道:"是时日本人入同盟者八人,自相克伐。汉人亦渐有同异。"[5]把同盟会内部存在的意见和认识上的分歧与国旗事件扯在一起;宋教仁则匪夷所思,在日记中写道:"余则细思庆午不快之原因,其远者当另有一种不可推测之恶感情渐积于心,以致借是而发,实则此犹小问题。盖□□素日不能开诚布公,虚心坦怀以待人,作事近于专制跋扈,有令人难堪处故也。今既如是,则两者感情万难调和,且无益耳,遂不劝止之。又思□会自成立以来,会员多疑心疑德,余久厌之,今又如是,则将来之不能有所为,或亦意中事,不如另外早自为计,以免烧炭党人之讥。遂决明日即向逸仙辞职,庆午事亦听之。"[6]宋教仁猜测黄兴自与孙中山合作以来,心中有一种"恶感情",争旗是借题发挥,至少目前缺乏材料佐证;他由此得出结论说两者间的感情从此"万难调和",则已被无数事实证明了判断错误;他对黄兴声言欲退会和不快,采取"不劝之"、"亦听之"的态度,无论从朋友之义、从党的利益角度说,都是不应该的;他看到了会员认识不一、不能同心一德的现状而准备"早自为计",表明他早有独立行事的意向,联系到他后来去东北运动"马贼"、搞同盟会中部总会等行动,很难说他对本部的态度是积极的。但是,他说到的有关孙中山个性的那些话,则令人想起以往谢缵泰在日记中对孙的评语。撇开"专制跋扈"之类过分带着个人主观色彩的用词,反映出孙中山在处理问题时有着刚烈性格的一面。本来,作为一个革命领袖在面对重大问题决策时,自不应优柔寡断、犹豫不决,但在当时个性过度张扬、个人英雄

[1][2][5] 章太炎:《太炎先生自定年谱》,《近代史资料》1957年第1期,第121页。
[3]《胡汉民自传》,《革命文献》第3辑,总第393页。
[4][6]《宋教仁日记》,《宋教仁集》下册,第718页。

主义盛行的小资产阶级知识分子心目中,反而变成了不可容忍的缺点。他们以英雄自居,不甘屈从人下,就不免藐视权威,妄作月旦之议了。

所以,国旗问题的争论,主要不是反映了孙中山、黄兴之间的感情危机,倒是反映了同盟会中的一些重要骨干对总部领导的不满情绪。

(3)《民报》经费问题上的风波

1907年3月,孙中山被日本政府驱逐出境。行前,日本政府送程仪5 000元,神户商人铃木久五郎资助1万元。孙中山慨然接受,并以其中2 000元作为《民报》出版经费,一部分充作他与同行的胡汉民路费,其余悉数作为发动潮惠起义的经费。但章太炎既对孙中山接受日本政府赠款认为不妥,又对只给《民报》2 000元觉得太少,认为《民报》经费绌紧,应该全数留给出版之用。为此他大肆散布对孙中山的不满情绪,甚至把报社中原悬挂的孙中山照片拿下,用笔写了"卖民报之友孙文应即撤去"几个字,随后寄到香港[1]。未几,孙中山派员到日本购买军火,章太炎因所购军火是村田式,"就乱吵乱嚷地说道:'孙某所购军火是村田式,这种式子在日本老早不用了,用到中国去不是使同志白白地丢了性命吗? 可见得孙某实在是不道理,我们要破坏他!'他说了这些话便使别的同志也附和了起来"。"几批的军火都是这样被他们破坏,后来只有一批军火了。"[2]在附和章太炎的"别的同志"中,就有宋教仁,他与章一起致电香港中国日报社,反对在日本购买军火。

6月,潮惠起义败讯传到日本,章太炎伙同张继、宋教仁、谭人凤、白逾桓等,以孙中山"自己落用了八千元"为词,借机重提经费问题,对孙进行人格方面的攻击,甚至扬言要召开大会罢免孙中山的总理职务,改选黄兴担任。他们对当时以庶务代行总理职权的刘揆一进行催逼,要他召集大会,但刘揆一坚决不同意、力排众议。张继竟然发展到揪打刘揆一。经刘辩说,才"猛然省悟,大声认错"。为了平息风波,刘揆一既函致香港请同志转告黄兴;又作书致冯自由、胡汉民,请劝孙中山向东京本部引咎。但是,孙中山复函表示:"党内纠纷,惟事实足以解决,决无引咎之理可言。"黄兴回信指出:"革命为党众生死问题,而非个人名位问题。孙总理德高望重,诸君如求革命得以成功,乞勿误会,而倾心拥护,且免陷兴于不义。"[3]这场历时数月之久的风波,终于在黄兴坦诚维护孙中山的光明磊落态度感染下,暂时得到了平息。

---

[1][2] 冯自由:《胡汉民讲述南洋华侨参加革命之经过》,《革命逸史》第5集,第191页。

[3] 刘揆一:《黄兴传记》,《辛亥革命》资料丛刊第4册,第289页。

由上可见,同盟会的内部矛盾,自 1907 年上半年起就已经开始表面化。在矛盾发生和积聚的过程中,同盟会东京本部既然不能进行有效的化解,而一般的党人又各自从自己的认识、需要去接受西方的民主自由观念,那么思想上的独立情绪,行动上的分离倾向,也就难以避免。加之同盟会组织涣散,会员除填表宣誓外没有任何纪律约束,也缺乏经常性的组织活动;本部主要领导人孙中山、黄兴又经常脱离岗位,热衷于在国内组织筹划反清起义,领导会务的工作一再指定他人代理,基本上放弃了组织建设工作;而被指定的代理人,又不具有足够的威望,结果使本部成了一个缺乏权威性的事务机构,凡此,都给离心倾向以有机可乘的条件。所以自 1907 年下半年起,同盟会的内部矛盾随着边疆起义的接连失败而日趋发展,终于出现了一连串违反同盟会章程的非组织活动。这就是 1907 年 8 月同盟会员张百祥、焦达峰、邓文翚等创立的"共进会",1910 年 2 月同盟会员章太炎和光复会员陶成章在东京重建光复会总部和 1911 年 7 月同盟会成员宋教仁、谭人凤、陈其美在上海成立的同盟会中部总会。这些人的活动和这些组织的出现,如果脱离了革命派自同盟会成立后在思想上、行动上的歧见、纷争乃至对立和个人恶感等这些客观存在,而去孤立地评论孰是孰非,是既难看清又无意义的。他们的表现,正是一个资产阶级政党在思想上、组织上、纪律上、行动上,无法保持坚强统一的反映,也是革命派历次起义不断失败,党内弥漫悲观失望情绪这种特殊氛围下,因分歧而导向分裂的合乎逻辑的结果。

(二) 接踵而至的分裂活动

共进会另立"一统"

自 1907 年下半年起,同盟会内部的分裂趋势逐渐表现出来,首开其端的是共进会的成立。

共进会是 1907 年 8 月在东京成立的。它的酝酿却在这年的 4 月间。从酝酿到成立,共进会循着一条逐渐与同盟会相分离的轨道发展。

最初考虑成立共进会的动机,并非为了分离,而是为了加强对会党的联络。我们知道,同盟会虽然把运动会党作为一项重要工作,但其组织机构中却没有专门设立联络会党的机关。1906 年黄兴因离日回国领导反清武装起义,其庶务一职改由孙毓筠继任。孙对同盟会本部实行改组,在执行部内设立调查科,"多设调查员,以结纳豪杰"[1],由谢奉琦任书记。调查科虽作为兼有联络会党责任的机构,但职能规定得很模糊。1907年4月,刘揆一继任庶务,他对同盟会没有专门联络会党的机构感到不足,计划再进行一次改组,设立联络部,专门联络各省会党,拟以吕志伊为部长,张百祥为副部长,焦达峰为调查科长,并定下了开会商议的日期,但届时吕志伊竟告缺席,与会者以吕失信,均愤愤不平,会议没有开成,联络部计划因之流产。

会议虽未开成,但张百祥、邓文辉等人却对之很有兴趣。他们认为会党头脑简单,必须在同盟会之外另设小团体,否则很难收效,"又以同盟会誓约内之'平均地权'四字意义高深,非知识幼稚之会党所能了解"[2],主张成立一个不附属于本部机构、专门联络会党的组织。

不久,由于发动起义频繁,东京本部负责人把主要精力放在起义的组织工作上,总部工作逐渐涣散。四川籍同盟会会员吴永珊(玉章)邀集在东京的各省同盟会负责人,无形中成了一个联席会议。吴永珊、焦达峰等人提出:"最近一个时期,同盟会只顾去搞武装起义,差不多把会党工作忘记了,现在何不趁各省会党都有人在日本,把全国所有的会党通通联合起来。"[3]这个主张得到了大家的赞同。经奔走联络,各地哥老会、孝友会、三合会、三点会在日本的会员都应约加入。1907年8月,在东京开成立大会,取名"共进会"。参加大会的,计有:湖北:居正、刘公、杨时杰、刘英、张维汉、宋镇华、彭汉遗、袁麟阁、冯振骥、郑江灏、冯镇东、李基鸿、张次青、李国骥、张公道、许汉武、彭惠群、王炳楚、向寿荫、李寿泉、董祖椿、罗杰等;四川:张百祥、熊克武、王正雅、李肇甫、舒祖勋、吴永柽、吴文叔、何枢桓、张知竟、翟蓬仙、雷桂臣、秦遂生、黄晓晖、何其义、晏祥五、陈宗祥、周滔苏、李香山、胡香白、刘锡华、李德安、余竟成、苏理成、薛晋贤、尹桐、唐敖、谭毅公、喻培伦、郑襄臣等;湖南:焦达峰、杨晋康、潘鼎新、钟剑秋、黄小山等;江西:邓文辉、彭素民、黄格鸥、汤增璧、曾小岩、邹怀渊、卢式偕、文群等;浙江:傅梦豪、陶成章、龚味荪、张恭、金鼎、王军等;广东:聂荆、熊越珊、温而烈、陈兆民、夏重民、孙光庭、黄宵九等;广西:谭嗣黄、刘玉山、邓鸥群、黄镕等;云南:王武、赵声、张大义、乔宜斋、杨鸿昌、杜恒甫等;安徽:孙作舟、方汉成等近90人。公推四川孝义会首领张百祥为会长。共进会成员"十九皆同盟会会员"[4]。1908年张百

[1]《谢奉琦之惨死》,《民立报》1912年10月10日。
[2] 张难先:《湖北革命知之录》,商务印书馆1945年版,第179页。
[3] 吴玉章:《吴玉章回忆录》,第49页。
[4] 杨玉如编:《辛亥革命先著记》,科学出版社1958年版,第14—15页。

祥回国离职，改选邓文翚继任，未几，邓又离日，举湖北刘公为第三任会长，以居正为参谋，孙武任军务部长，焦达峰任参谋部长，陈兆民任调查部长，潘鼎新任党务。

从上述共进会的成立过程看，能不能称它分裂尚可讨论，但它的部分领导人对同盟会总部领导不满，思想上存有独立情绪，却是无可否认的事实。张百祥和焦达峰对孙中山一再在南方发动起义、放弃联络会党工作是很有意见的。可以说，它的成立是一部分同盟会成员企图独树一帜的反映。

那么共进会在哪些方面反映了对同盟会的分离意向？首先是它发表的宣言。共进会一共发表了两个宣言，一为文言，一为白话。文言主要写给知识界看的，它宣称："共进者，合各党派共进于革命之途，以推翻满清政权、光复旧物为目的。"白话文是写给会党看的，除上述内容外，还宣扬了反清救国思想。两种文体的宣言，都将同盟会的"平均地权"改为"平均人权"。众所周知，同盟会16字纲领是一个完整的不可分离的整体，但共进会宣言所申述的，只有"驱除鞑虏，恢复中华"的一部分，没有了"创建民国"的民权主义，也没有了"平均地权"的民生主义，三民主义成了一民主义，这足以说明他们另有自己的纲领。

其次是它的组织结构。共进会的组织，完全不同于各省支分会，它模仿会党的组织结构格局，采取开堂、烧香、结盟、入伙的办法。像一切旧式会党一样，共进会也有山、水、香、堂的名称。它的山称"中华山"，水名"兴汉水"，香称"报国香"，堂称"光复堂"，每字各系一诗，如"光复堂"诗："堂上家家气象新，敬宗养老勉为人；维新守旧原无二，要把恩仇认得真。"[1]共进会还制定了三等九级军制，确定了十八星军旗(红底、黑心、轮角，外加十八黄星，表示黄帝子孙、十八省人民铁血主义精神)，同时还推定了各省都督人选。很明显，共进会组织结构已完全与同盟会章程的规定不同。它所规划的这一套固然与联络会党的需要有关，但若不是为了"拟结一有势力之团体，照绿林开山堂办法，分道扬镳"[2]，何至于自行割断与总部的统属关系呢？

不过，共进会作为第一个从同盟会分离出来的组织，它的领导人对孙中山和同盟会还保持着"适度的尊重"。它的头头最初也称总理，后因同盟会成员议决：凡属革命党员，只奉孙中山一人为总理，无论何党何派，决不得用总理二字，故改称会长；他们不愿承担分裂的恶名，自称是以更激进的方法来达

---

[1] 邓文翚：《共进会的原起及其若干制度》，《近代史资料》1956年第3期。
[2] 谭人凤：《石叟牌词叙录》，《近代史资料》1956年第3期。

到同盟会的目标,是同盟会的"行动队"、"实行者"。尽管如此,它的出现仍然引起了同盟会领导和一部分骨干的忧虑和不满。1908年夏,黄兴自越南回到东京,"问达峰何故立异? 答言:同盟会举趾舒缓,故以是趋急,非敢异也。兴曰:如是,革命有二统,二统将谁为正? 达峰笑曰:兵未起,何急也? 异日公功盛,我则附公;我功盛,公亦当附我。"[1]这段话,正好说明了共进会领导人对同盟会的态度。它的成立和活动,客观上确实造成了革命有"二统"的局面。在同盟会组织涣散、人心异思的形势下,这种另立一统的做法不是削弱了统一的领导力量吗?

光复会重建"山头"

如果说,共进会领导人对同盟会的分离意向还有点羞答答的模样,他们对孙中山和同盟会还保持着"适度尊重"、若即若离的态度,那么,陶成章、章太炎、李燮和等同盟会会员在对待孙中山和同盟会的态度上,就走得更远。他们在1910年重建光复会的活动,是一次不折不扣、极其典型的分裂事件。

1904年成立的光复会,尽管其会长蔡元培、章太炎和副会长陶成章先后加入了同盟会,但一部分成员如徐锡麟等,仍坚不加入而以光复会名义独立活动。1907年的安庆、绍兴起义,即是光复会单独发动的反清武装起义。起义失败后,光复会受到极大摧残,活动几陷于停顿。

加入了同盟会的章太炎、陶成章,并没有在组织上脱离光复会。他们既是同盟会成员,又是光复会骨干,一身二任,但就他们的主要身份与活动看,更多的是以同盟会成员的身份参与同盟会的工作。章太炎自1906年出狱后,被同盟会派员接往日本东京,受到会员热烈欢迎。同年7月,章太炎接替张继,出任《民报》主编。自第6期起至1907年12月第18期,都是在他主持下出版的,因此《民报》与《新民丛报》的论战,大部分时间都在章太炎担任主编时展开,他为这场斗争作出了重要贡献。大约从1907年的下半年起,章太炎的头痛病频频发作,到年底,几有不堪阅写之苦,于是1908年2月出版的第19期《民报》,改由张继主编。不久,张继离日赴南洋,《民报》自1908年4月出版的第20期起,由陶成章接任主编。陶只主持了3期,到第23期(1908年8月出版)起又改为章太炎任主编,汤公介为副主编。陶成章主持《民报》期间,编辑方针侧重于发挥民族主义,与论战时宣传三民主义相比,格调显有不同。所以有人评论说:

---

[1] 章太炎:《焦达峰传》,《湖北革命知之录》第232页。

"民报之所以发挥民族主义,期于激动感情为事者,盖自陶氏编辑时始,实则章氏仍撰文如故也。"[1]而自章、汤主持后,鼓吹暗杀为急务、激励侠风的文章多了起来,格局又为之一变。

作为同盟会的重要骨干,章太炎、陶成章对同盟会本部的工作都有过贡献,但他们却常常带着派系的眼光看待孙中山和本部的活动,时而支持,时而不满,牢骚特多,私心过重。1907年的《民报》经费问题风波,就是他们私心膨胀的一场闹剧。当然,章太炎的情况与陶成章相比,有所不同。他脾气古怪,书呆子味极重,又自以为是,常常把自己视为客卿,摆名士派头,稍一不合,往往破口大骂,乃至拂袖而去,是个喜怒形于色的人。陶则比较内向,工于心计;派系观念重而不忘情于自己设计的五省联合计划。所以经费风波虽告平息,他对孙中山的恶感与对同盟会本部的不满依然如故。

1908年9月,《民报》经费更形困难,编辑部同人几乎断炊,章太炎不得不派陶成章去南洋募款。陶化名唐继高南下。在新加坡,陶先是向孙中山索要《民报》印刷费3 000元及要求增加股款和维持费。当时,孙中山及南洋支部为安排河口起义失败后南来人员而焦头烂额,自顾不周,虽经四处张罗,实在无法筹措,陶因之与孙"争持不休"。嗣后又要孙筹款5万,以供其回浙办事需要。孙明确表示以目前南洋经济状况,断难办到,但可以为之介绍同志,望陶亲去各地筹募。"陶得函后,亲至各埠,而应之者只允为从缓筹集,未即交现。"[2]陶怀疑孙在"暗中设法播弄",便开始了攻击孙中山、分裂同盟会的活动。

1909年初,陶成章到南洋文岛,即散布流言,说孙中山将华侨捐款据为己有;河口起义用款不过千余,而就地筹饷得款万余,仅胡汉民即从中攫走3 000余元云云。"文岛同志闻其言,多怀不平"[3],严重损害了孙中山的名誉。同年9月,陶又到荷属槟港,拉拢原华兴会会员、同盟会派赴南洋发展分会的李燮和等人,大肆攻击孙中山、公然打出光复会旗号。

李燮和,湖南安化人,1904年参加华兴会,次年8月东渡日本,由黄兴介绍加入同盟会。1906年为参加萍浏醴起义回国,在上海闻义军已一蹶不振,乃改途赴香港,不久,即由冯自由推荐,被同盟会本部派赴南洋荷属各部发展组织。他的公开职业是中学教员,曾先后在文岛槟港中华学堂及双溪烈启智学堂任

---

[1]曼华:《同盟会时代民报始末记》,《建国月刊》第7卷第2期;另见《辛亥革命》资料丛刊第2册,第443页。

[2]郑螺生:《华侨革命之前因后果》,《南洋霹雳华侨革命史迹》卷首。

[3]汪精卫:《致蓝瑞元、黄癸风书》,《革命之倡导与发展》,中国同盟会一,第591页。

教,颇得华侨信任,"每有兴废,辄咨而后行"[1]。1907年他首在槟港成立同盟会分机关部,前后发动华侨入会,立分会共10个区,设书报社多处,同盟会势力由此大振。但是,李燮和虽在南洋以同盟会名义行事,却对孙中山多有看法,尤其对同盟会南洋支部的设立,怀有深见。原来,孙中山见南洋英荷各属同盟分会已纷纷成立,为集中领导,于1908年秋在新加坡成立以胡汉民为支部长的同盟会南洋支部,并另订章程及通讯办法,函告下属组织执行。当时,孙中山本人以及追随他的胡汉民、汪精卫均在新加坡居留,南洋支部无形中成了与东京本部并列的第2个中心。出现这种局面,本意无可厚非,因为孙中山已被日本政府驱逐出境,势不可能再在本部直接领导革命,只能在日本以外的海外地区活动,南洋原是华侨集中之区,同盟会力量也较他处可观,在此设立支部,自在情理之中。但南洋支部既然作为统辖南洋各处同盟分会的总机关,势必使李燮和在槟港成立的分机关部地位下降。李因之对孙中山及南洋支部十分不满。陶成章一来拉拢,两人一拍即合,成了倒孙风潮和分裂同盟会的伙伴。

陶、李二人,一方面为重新打出光复会名号积极准备。他们印刷了光复会盟书、会章,刻制了光复会图印,并在缅甸《光华日报》上发表了陶成章撰写的《浙案纪略》,宣传光复会的历史与业绩;又以五省革命军决行团名义筹饷,伪称同盟会即光复会之改名。一方面蓄意炮制攻击孙中山的材料。他们纠合柳聘农、陈方度等人,以江浙湘楚闽广蜀七省在南洋办事人名义,杜撰了一份《孙文罪行》(即《七省同盟会员意见书》)"罗列孙文罪状十二条,善后办法九条",诬陷孙中山系"残贼"、"蒙骗"同志,"败坏全体名誉"等罪,捏造孙中山在香港、上海汇丰银行贮款20万元,孙眉在九龙建屋,曾得孙中山汇款资助等情,提出要求同盟会召开大会,"开除孙文总理之名,发表罪状,遍告海内外";解散南洋支部;废除南洋支部章程等内容[2]。

1909年秋,陶成章携带上述《孙文罪行》及李燮和等提供的孙中山往来信札,返回日本东京,对本部实行要挟。他痛诋孙中山并要求本部开会罢免孙的总理职务,遭到黄兴、刘揆一等总部领导的严词拒绝。黄兴还针对《孙文罪行》作书逐条驳斥,以他和刘揆一、谭人凤三人的名义致寄南洋,希望李燮和等人反省改过。

陶成章见黄兴等不予支持,便决心与本部翻脸。他一面嘱南洋诸人将《罪

---

[1] 龚翼星:《光复军志》,《辛亥革命》资料丛刊第1册,第532页。

[2] 魏兰:《陶焕卿先生行状》,《辛亥革命浙江史料选辑》,第343页。

行》油印,分寄中外各报,把内部分歧向社会公开;一面在东京运动多人,要求召开会员大会,遭到黄兴及大多数同盟会员的反对,"在东京与陶表同情者,不过江浙少数人与章太炎而已"。陶因之对黄兴大为不满,攻击黄与孙"朋比为奸"。同时,又运动章太炎反对即将继续出刊的《民报》,谓此《民报》专为孙中山一人"虚张声势",非先革除孙中山之总理,不能办《民报》。章太炎原对孙中山成见颇深,又因续出的《民报》将自己排除在编辑之外而以汪精卫为主编,妒意正浓,在陶的运动下,即毫不犹豫地撰写了《伪〈民报〉之检举状》,刊登在《日华新报》上,进一步把同盟会的内部矛盾公之于世[1]。陶、章二人甚至还冒用同盟会名义,致函美洲各中文报刊,诋毁孙中山。

陶、章等人掀起的第二次倒孙风潮,不仅破坏了党的威信和党内团结,而且把党内矛盾公开到社会上去,造成了亲痛仇快的严重后果。南洋保皇党主持的《南洋总汇新报》发表了陶、李等人炮制的《孙文罪行》和章太炎攻击续出民报的文章,美洲各中文报纸登载了陶、章冒同盟会名义污蔑孙中山的函件,一时对孙的诋毁和谣传在南洋和美洲甚嚣尘上,使身在美洲进行募款和革命宣传的孙中山名誉和工作开展都受到严重影响。最初,他不清楚对自己的诬陷源自何方,出自谁手,不得不写信询问于战友黄兴,当他从黄的复函中备悉底里后,一面向各省同志解释经费真相,一面授意有关报刊对陶、章丑行予以还击。

陶、章的倒孙活动,受到了以黄兴为首的同盟会本部领导的坚决抵制。黄兴尤其表现了维护组织团结、维护孙中山领导地位的坚定态度,成了力挽狂澜的中流砥柱。他既批评了陶、章的恣意妄为,又作书促使李燮和等南洋诸人反省;既认为陶、章"将来必大为一番之吵闹而后已",又希望孙中山对此能从大局出发"海量涵之",表示"陶等虽悍,弟当以身力拒之",请孙中山"毋以为念"[2]。他还亲自致函欧美各埠同志,指出"有人自东京发函美洲各埠华字日报,对于孙君为种种排挤之词,用心险毒,殊为可恨",并提出了今后对付类似行为的三条对策,希望各地同志"乘孙君此次来美,相与同心协力,以谋团体之进步,致大业于成功"[3]。同时,为了减杀陶、章气焰,同盟会还公布了章太炎致刘师培夫妇的函件5通,揭发章一度通过刘师培想与清吏端方建立暧昧关系的不光彩行径[4]。这一切,都起到了遏制风潮扩大、稳定会员情绪、明辨是非曲直的良好作

---

[1] 以上引文均见黄兴:《复孙中山书》(1909年11月7日),《黄兴集》,第9—10页。
[2] 黄兴:《复孙中山书》(1909年11月7日),《黄兴集》,第10页。
[3] 黄兴:《致美洲各埠中文日报同志书》(1909年11月7日),《黄兴集》,第10—11页。
[4] 参见杨天石、王学庄:《章太炎与端方关系考》,《南开大学学报》1979年第6期。

用,使大多数会员不为陶、章煽惑,而局外人也因之得以认清陶、章之狂悖。可以说,在同盟会内部纷争、人心涣散的困难时期,正是由于黄兴的努力,才使这个革命派的大联合组织艰难地支撑下来,乱而不散,危而不倒。

陶、章虽受大多数同盟会员的反对,甚至遭到东京地区非同盟会员的斥骂,但他们却不思己过,决心走分裂之路,重新打出光复会的旗号。此事,陶成章作为主谋,在南洋作了布置之后返抵东京不久,即向章太炎透露了心机。章氏在《自定年谱》中说:"焕卿自南洋归。余方讲学,焕卿亦言:'逸仙难与图事,吾辈主张光复,本在江上,事亦在同盟会先,曷分设光复会?'余诺之。同盟会人亦有附者。"[1]在取得章的支持后,他暗中邀集了"旧时同志最可靠者",进行了数次商议,订立了光复会重建的"草章",并将此寄往南洋李燮和处,要李把南洋同盟会各埠分会纳入光复会系统,"各处局面,可以收拾者则收拾之,不则弃之可也,何妨另开新局面乎?"[2]一切安排定当之后,终于到1910年2月,在东京成立了光复会总部,公开走上了分裂同盟会的道路。

重建的光复会,以章太炎为会长,陶成章为副会长,章梓为庶务,沈家康为书记;以李燮和、沈钧业、魏兰三人组成南洋执行总部,"代东京总部行事,以便就近处置一切事宜"[3]。李燮和便以南洋执行员的身份,将原由他发展的南洋各地同盟分会改组为光复会分支机构,并以江浙皖赣闽五省名义筹集经费,一时"骎骎有取同盟会而代之势"[4]。由于重建的光复会其主要力量和发展目标是在南洋,李燮和成了光复会中最有力量的领导人之一。

光复会重建,不仅使一部分原同盟会员如魏兰、陈方度、柳聘农、许雪秋、龚宝铨、章梓、沈家康、谢良牧、李天邻、曾连庆、陈威涛等人从同盟会分化出来,而且使同盟会在荷属南洋各埠的组织发展受到了严重影响。这两者,都削弱了同盟会的力量。

重建的光复会与1904年在上海成立的光复会不尽相同。首先,它的总部已经彻底改组,原会长蔡元培也未参加;其次,它的工作和活动重心已由国内移向南洋,由原来主张的发动武装起义以谋"中央革命",变成寄希望于暗杀活动来达到把满族权贵一网打尽的目的。所以,重建的光复会是为了分裂同盟会而新拉出来的一个小山头。但它决不是与原光复会毫无关系的新山头。且不说它的名称仍沿用老组织之名,即使是陶成章在南洋、东京煽动另立组织时也利

[1] 章太炎:《太炎先生自年定谱》,《近代史资料》1957年第1期,第122页。
[2][3]《陶成章信札》第22、25、50页。转引自金冲及、胡绳武:《辛亥革命史稿》第2卷,第394页。
[4] 冯自由:《光复军司令李燮和》,《革命逸史》第2集,第217页。

用了原光复会的名号和业绩作为资本。此外,它的宗旨也未改变,我们至今没有发现重建的光复会有关于新倡宗旨的文献,那么,考虑到抬出章太炎、沿用旧名称等情节,说它仍以"光复汉族,还我河山,以身许国,功成身退"的原誓为宗旨,当无大错。所以,重建的光复会虽说是一个新拉出来的小山头,但它与昔日的光复会仍有着割不断的联系。

中部总会"独立行动"

共进会的成立,是同盟会分裂过程中出现的一种类型。它虽然从同盟会分离出来,但对总部和孙中山还保持着适度的尊重。光复会的重建又是一种类型,它公然与总部闹翻并对孙中山进行肆无忌惮的攻击。介于两者之间的是1911年7月在上海成立的同盟会中部总会。从酝酿到成立,它是在打着修正总部工作失误、主张另辟起义地区的旗号之下进行的。所以它既对总部的经营方略多所不满,又要以同盟会的名义相号召而独行其是;它对孙中山多所不敬、准备另觅豪贤,又不敢公然发动攻击。这就使它不得不奉总部为主体却又不经总部授权而独树一帜。可以说,它的成立标志着在新的历史条件下,同盟会不仅在宗旨很少相同的一部分人中产生了分裂,而且在宗旨较多相同的一部分人中也发生了分裂。这种分裂明显反映了资产阶级革命党人在革命高潮到来前已处于分崩离析的状态中,显出了辛亥革命必然失败的前兆。

中部总会的酝酿,始于1910年6、7月。这是陶成章、章太炎掀起第二次倒孙狂潮并打出光复会旗号不久的时刻。当时,东京本部无人主持,孙中山在北美,黄兴去了南洋,宋教仁心灰意懒,"拟避人避世,遁迹烟霞"。党事已无人过问而形势非常涣散[1]。是维护总部权威、团结党人共同奋斗,还是节外生枝,使本部继续涣散,这是摆在同盟会每个成员面前必须考虑的严重问题。

孙中山为挽回本部涣散的趋势,再次发动大规模的反清起义而积极奔走。广州新军失败后不久,孙中山立即与美国人布思、咸马里举行多次会议,通过布思向纽约财团商贷350万美元巨款,由咸马里训练中国革命党人。贷款条件是俟革命成功后,美国债权人可享有在华开矿、兴办实业等特权。3月14日,孙中山以中国同盟会总理名义,委任布思为同盟会驻国外的唯一财务代表,"全权处理接洽贷款、收款与支付事宜"[2],并把此事以电文方式通知了在香港的黄兴。

---

[1] 谭人凤:《石叟牌词》,甘肃人民出版社1983年版,第80页。
[2] 孙中山:《给布思的委任状》,《孙中山全集》第1卷,第448页,另参见该页编者注。

3月28日,孙中山又致长函于黄兴,详告他与荷马李讨论训练党人的计划和准备在广东边远地区起义的设想,征询黄兴及在港同志的意见。黄兴接函后与赵声作了充分研究,于5月13日复信孙中山,称各同志读了孙的来函,认为"有此极大希望,靡不欢跃之至"。对于再次发动起义的计划,黄兴与赵声认为,"图广东之事,不必于边远,而可于省会。边远虽起易败(以我不能交通而彼得交通故),省会一得必成。事大相悬,不可不择";对于保证起义成功的应援问题,认为"联络他省之军队及会党,此最宜注意者"。复信提出可联络"满洲之马杰及渤海之海贼",以为惊撼北京之出奇制胜之着;可联络已有党人在其中活动的"北清之新军";此外,长江一带之会党,湖北之陆军,湘中之新军等均有可能与必要,总之,"此次巨款若成,择其紧要,办其缓急以图之,必有谷中一鸣众山皆应之象,而吾党散漫之态,亦从而精神活动可无疑也"。对于组织总机关之人才,复信指出:"必多求之各省同志中,以为将来调和省界之计",信中开列了孙毓筠、杨笃生、蔡元培、景梅久、黄侃、李肇甫、张通典、商震、刘揆一、宋教仁、于右任、章梓、丁惟芬等名单,认为都是能办事之人,"若我辈能虚怀咨商,不存意见,人未有不乐于共事者也"。黄兴在信中特别推荐了赵声,表示"可委广东发难之军事于伊,命弟为之参谋以补其短,庶于事有济"[1]。

孙、黄的书信往返,为后来发动的广州黄花岗起义奠定了方针与方法。也可以说,黄花岗起义的准备早在广州新军之役失败后不久已经开始,孙、黄与赵声都在为这次起义设计蓝图。

孙中山在黄兴、赵声复信之前,就千方百计为筹款而努力。约在5月24日接到复信后,因信中有"若能得一次大会议,分担责任,各尽其才,事无不成矣"之语[2],决定于5月30日由檀香山秘密潜往日本。行前,他作书通知咸马里,党内同志已采取措施准备在广州湾向法国当局租地,以作军事训练之用[3];又发致纽约同盟会员函,希望当地会员能资助中国革命[4]。6月10日,孙中山到达日本[5],稍事休息后即从横滨去东京,与谭人凤、宋教仁、赵声等进行秘密磋商,讨论为再次举行起义而整顿本部党务等问题。商谈中涉及如何对待陶成章、章太炎重建光复会一事时,双方发生争吵,但最后孙中山表示可约集东京同

[1] 以上均见黄兴:《复孙中山书》(1910年5月13日),《黄兴集》,第17—21页。
[2] 同上书,第21页。
[3] 孙中山:《致咸马里函》(1910年5月24日),《孙中山全集》第1卷,第459页。
[4] 孙中山:《致纽约同盟会员函》(1910年5月25日),同上书,第461页。
[5] 孙中山:《复布思函》(1910年6月22日),同上书,第465页。

盟会各省分会长再议。不料,孙中山的行踪早已被日方侦知,而清政府又"千方百计"要日政府驱逐孙中山出境。孙在日本逗留两星期后,于6月25日被勒令离境,致使原议准备与各省分会长的"约谈",未及进行。

孙中山离开日本,使不明事实真相的谭人凤极为不满。他认为孙中山"暗地而来,又暗地而去,置党务于不议不论",说自己因此而"大不慊于中山矣"。谭人凤在同盟会中年岁居长,也很受人敬重,但他心直口快,也往往因此免不了主观片面。早在《民报》经费风波中,他就对孙中山接受日政府资助有看法,成了这场风波扩大的最初一批推波助澜者之一。在第二次倒孙风潮中,他虽不同意陶成章等的肆意诋毁,却私下也认为孙中山专注边疆革命而骗取华侨巨款,又对党务不闻不问,希望孙能主动辞去总理职务。这次孙匆匆离日、不告而别,更加深了他的不满情绪。于是,他在没有孙中山与总部的授权下,开始酝酿对同盟会的改组方案。"因与赵伯先等商改组,以长江为进行地点";接着又与宋教仁、邹永成、林时爽、李伯中、张懋隆、陈勤宣、周瑟坚、刘承烈、张斗枢

谭人凤

等,在宋教仁寓所寒香园集议,决定发起在东京的11省区同盟会分会长会议,讨论成立新的组织。

谭人凤的这一行动,是不是出于一个老资格的革命者对前途的焦虑,在同盟会本部组织涣散情况下主动挑起领导革命的责任? 事实并非如此。据参加寒香园集会的邹永成回忆说:"开会的主要原因是因为有人说:孙总理只注重广东,对于长江各省一点也不注重,华侨所捐的钱也只用到广东方面去,别处的活动一个钱都不肯给,现在我们要自己商筹一个办法去进行。"[1]很明显,说这些话的人是借着对同盟会本部起义方略中偏重于广东地区发难的不满,企图另行其是,词头语尾,充溢着对孙中山的不信任和对总部的独立情绪。邹永成没有明指是谁说的,但谭人凤自己在回忆录中称:"中山以同盟会总理资格,放弃责任,而又不自请辞职,同人不得已商议改组。非同盟会负中山,实中山负同盟会

[1]《邹永成回忆录》,《近代史资料》1956年第3期。

也。"[1]这就是说,改组的目的是不愿再接受孙中山的领导。把这两段话联系起来看,所谓"自己筹商一个办法"就是指对同盟会实行"改组",而改组的根本目的是不再继续服从孙中山的领导。试问,这种说法、做法,与两次倒孙高潮中借故要孙中山下台,本质上有何不同? 既然我们可以直率地甚至是充满义愤地指出陶成章等人倒孙的目的是为了拉出一个新山头,和同盟会相分裂,那么何以对谭人凤、宋教仁等借故要孙中山主动辞职,拉出一个同盟会中部总会,不能说也是个分裂行动呢?

孙中山在指导同盟会工作上是有可议之处的,在两广云南边地发动起义的方针是否妥当也是可以讨论的。但必须指出,前者的缺陷是由于自 1907 年 3 月起他被日本政府驱逐出境这一重要原因所制约,无法直接领导东京本部的工作;后者的决策在当时的历史条件下也只能如此。因为自 1905 年以来内地革命势力虽有所发展,但距离集合力量、发动起义的条件还很远。即使发动,诸如输送武器弹药以保证后勤支援,集结和疏散起义人员以保证安全等问题都有极多麻烦。所以,当孙中山和黄兴订交之始,在东京凤乐园见面时,就对发难地点进行了认真讨论。黄一开始"主张从长江一带开始干,孙则主张从广东开始干"。黄对孙说:"你不要光讲自己的老家好不好?"孙说:"你要在长江一带干,但从哪里运送武器呢? 长江一带很难运送武器进去,你知道吗? 而广东则有几个运送武器的地方。"最后,黄兴被说服[2]。从此,同盟会在孙黄体制领导下,把主要精力放到了以广东为中心的边疆起义上。上述这两点,作为同盟会重要骨干的谭人凤、宋教仁等,都应该是清楚的,那么何以当历次起义屡遭失败后会以发难地点作为理由,并且妄加华侨经费等莫须有的问题作为要孙中山去职的口实呢? 至于说孙中山放弃责任,那完全不符合事实。这次他潜回日本不就是为商讨党务而冒险吗? 广州新军起义失败后党人弥漫悲观失望情绪时,不是由他主动与黄兴筹商再次发动反清起义吗? 而谭人凤等在孙中山匆匆离日之后,即擅自主张召开 11 省区同盟会分会长会议,计划把"五部同盟并作中南两部分设"的改组方案[3],成立一个中部总会,正是发生在孙中山、黄兴等为筹备新的反清起义之时,试问这难道是顾全大局而主动挑起革命重担的正确行动? 五部同盟是列入同盟会总章上的组织体制,把五部并作中南二部这样重大的改组,在没有征得总部与总理的授权下开会讨论的做法,说得轻一点也是一种越权

[1] 谭人凤:《石叟牌词》,第 82 页。
[2] 《宫崎滔天谈孙中山》,《广东文史资料》第 25 辑,第 316—317 页。
[3] 谭人凤:《石叟牌词》,第 79 页。

行为。

越权的行为中,反映着一种对总部的独立情绪。这种情绪的典型代表人物就是宋教仁。谭人凤对宋教仁十分器重。据章太炎说:谭"不甚喜海外学人,尤厌清谈,与孙黄好尚异,独重桃源宋教仁,以为隽才"[1]。宋教仁则因国旗风波而对孙中山横生恶感。他早就认为同盟会人心不齐而难有作为,一直在谋求"另外早自为计"。他不仅如是思,且有所为:坚决辞去了在本部担任的职务,接着就跑到东北运动"马贼"。不久,于6月间被张继从奉天请回来,立即投入第一次倒孙高潮,支持章太炎反对孙中山在日本选购军火。《民报》经费风波平息后,他对总部和孙中山的不满情绪并未消除。广州新军起义失败后不久,他和谭人凤、居正等先后谈起过要成立一个专主长江流域革命的机关,因此,谭人凤的上述想法得到了宋教仁的欢心与支持。

1910年7月,11省区同盟会分会长会议按时在小石区陈犹龙寓所举行。会上散布了对孙中山的许多不满之词;讨论了宋教仁提出的革命"三策"(即边地进行为下策,长江流域进行为中策,首都及北方进行为上策。),决定采取中策即在长江流域进行发动的方针[2]。这次会议不但商定了具体的策略方针:发难宜中,不宜偏僻;战期宜短,不宜延长;战区宜小,不宜扩大[3],而且还讨论了具体进行的方法。会上,宋教仁提出分几步作法,"从长江结合,以推行河北,为严密之组织。期以三年,养丰羽毛,然后实行,庶几一举而成"[4]。但宋的意见遭"主急派"反对,最后谭人凤提出"'事权统一,责任分担',以不限时期为原则"[5]。由此可见,这次会议名为酝酿,实质上根据宋教仁的设计,为未来中部总会的成立和以后的行动,规定了方针、策略和方法。它在没有取得总部授权之下,擅自召集大会,制定策略,规定行动方案,明显反映出具有独行其是的意向。因此,要讨论中部总会成立的性质,就不能不注意这次会议。

谭人凤在这次分会长会议之后,为了给中部总会筹集活动经费,曾去香港找黄兴商量,并把会议情况向黄兴作了介绍,黄兴表示"别无意见,惟谓须有款项方可"[6]。据此,能否说组织中部总会是请示了黄兴并得到他同意的,因此不能说它是分裂?其实,召开分会长会议在先,黄兴表示"别无意见"在后,不能以

[1] 章太炎:《前长江巡阅使谭君墓志铭》,《湖北革命知之录》,第213页。
[2] 参见夏敬观:《宋教仁传》,《国史馆馆刊》第1卷,另见《邹永成回忆录》,《近代史资料》1956年第3期。
[3] 徐血儿:《宋教仁先生传略》,《宋渔父》第1集前编,第2页;另见《湖北革命知之录》,第68页。
[4][5] 居正:《辛亥札记》,《辛亥革命在湖北史料选辑》,第112、113页。
[6] 谭人凤:《石叟牌词》,第81页。

此说明分会长会议上酝酿中部总会的成立是得到黄兴同意或批准之下进行的；只能说明黄兴在中部总会呼之欲出的既成事实下"别无意见"。正是由于谭人凤、宋教仁等不是根据总部授权行动，所以同盟会南方支部长胡汉民才会对成立这个"冀把五部同盟并作中南两部分设"的改组方案发生怀疑，表示不赞成，指出这样做"又将有无谓之总理问题发生，非笑话乎？"[1]胡汉民一语中的，气得谭人凤几乎老拳相见。情急中，谭指责胡汉民、孙中山一伙只有"骗取华侨巨款"和吹牛的本领，别无建树，自己把底牌无意中亮了出来。

由于经费无着，拟议中的中部总会不得不暂时搁浅。

孙中山自6月下旬离日后，一直为发动广州起义张罗经费。到10月，形势日见成熟，决定择期举行干部会议进行讨论[2]。11月13日，孙中山在南洋槟榔屿召集同盟会干部会议，就发动广州起义的各项准备工作进行会商。会后，同盟会在以黄兴、赵声为首的香港统筹部领导下，分头进行活动，一扫自广州新军失败后党内弥漫着的悲观失望情绪；会员团结在总部周围，为即将发动的广州起义尽心尽力。由于孙、黄在拟定广州起义的计划中有联络各省以为牵制清军的打算，所以在统筹部下属的8课中，专设交通一课，负责联络江浙皖鄂湘闽桂滇各省，由赵声亲兼课长。考虑到谭人凤熟悉两湖地区的情况，黄兴、赵声于1911年2月电召谭人凤来港，请他去两湖联络，并给予活动经费2 000元。

谭人凤以香港统筹部特派员的身份于2月下旬到达武汉。他是怎样活动的呢？据张难先称："辛亥正月廿五日，谭人凤果抵武汉，与居正、孙武、杨时杰、刘英、查光佛等商于旅舍。人凤曰：'余奉黄先生命，督率长江革命进行。南京、九江，已有联络。两湖尤关重要。因黄先生与胡展堂、赵伯先诸兄均在香港，各省同志毕集，决在广州起事。谋既定，款亦有着。最短期间，当能实现，两湖宜急起响应。'并出八百元交居正为运动费。复谓：'中部同盟会将发宣言，现在结合力渐次迷漫，南京主任为郑赞丞、章木良等。九江新军自南京开来五十三标，亦由南京主任通声气。各视其时机，而定响应之先后。武汉宜加紧努力。'均韪其言。"[3]又据李春萱回忆：谭人凤来武汉的目的，主要是广州起义，武汉必须响

---

[1] 谭人凤：《石叟牌词》，第81页。

[2] 孙中山在1910年10月16日致檀香山同盟会员函中称："乃者时机日逼：外而高丽既灭，满洲亦分，中国命运悬于一线；内而有钉门牌，收梁税，民心大变，时有反抗。吾等新军之运动，已普及于云南、两广、三江、两湖，机局已算成熟。……弟今承内地各地同志之催促，并有办事领袖人员到此商议，已决策定计，不久再举。"(《孙中山全集》第1卷，第486页)可知约在10月中旬，孙中山已决定召开同盟会干部会议，讨论广州起义计划。

[3] 张难先：《湖北革命知之录》，第235页。

应。"同时说明宋教仁、陈其美在上海组设了中部同盟会,其目的是借此联络长江上下游,其性质与东京同盟会一样。谭并说:因为孙、黄都已离开东京,会内无人主持,形同虚设,上海交通便利,组织这个机关,等于把同盟会搬到上海,希望武汉地区的革命同志加入中部同盟会,以便联成一气,一致响应广州。"[1]李春萱所说宋教仁、陈其美在上海组织了中部同盟会是实有其事的。原来,宋教仁在东京11省区分会长会议后,因经费无着,中部总会计划不得不搁浅而离开了东京,到上海于右任办的《民立报》担任编辑,开始与上海党人陈其美等筹建中部总会,并与南京党人相联络。到1911年初,筹建工作已接近就绪,只因全党都在为广州起义积极准备,才未能召开正式成立大会。谭人凤完全了解进展情况,所以在武汉曾对党人如是动员。这两份资料都说明了谭人凤在执行总部广州起义计划时,夹带了中部总会的私货。所以我曾在文章中指出:"值得注意的是辛亥正月,中部总会尚未成立,但谭人凤已对湖北党人宣称'中部同盟会将发宣言'、'宋教仁、陈其美在上海组设了中部同盟会',这难道不是证明中部总会早在广州起义之前就已经准备破门而出吗? 谭人凤此行是执行总部广州起义而来,但他却宣称总部无人主持,形同虚设,并要拉武汉党人加入中部总会,这不但是迹同欺混,而且是在招兵买马。这难道不是证明宋教仁、陈其美等人早有独立于总部之外的分裂企图吗? 在这件事上,谭人凤充当了一个并不很光彩的角色。"[2]

筹备了近一年的广州起义又以失败告终,对革命党人打击巨大。谭人凤也

---

[1] 李春萱:《辛亥首义纪事本末》,政协湖北省委员会编:《辛亥首义回忆录》第2辑,湖北人民出版社1957年版,第127页。

[2] 参见拙作:《论同盟会中部总会的成立》,原载《江海学刊》1963年第8期,另见辛亥革命史研究会编:《辛亥革命史论文选》(1949—1979)上册,第473页。有的学者认为,"谭人凤大力宣传组织中部同盟会是为了联合长江各省的革命力量,响应广州起义",并说他"顾全大局,毫无保留地服从同盟会总部关于发动广州起义的军事部署,将接近成立的中部同盟会的工作暂停下来,全力以赴地投入广州起义"。且不说谭是以什么身份、因何目的去武汉,上述说法即使在逻辑上也有矛盾。试问,既然谭大力宣传中部总会是为了联合长江革命力量,响应广州起义,为什么又要所谓顾全大局,把接近成立的中部总会停下来呢,这不是自相矛盾吗? 问题很清楚,谭此行是以广州起义统筹部特派员身份去武汉活动的,目的是为广州起义做联络工作,不是以中部总会发起人的身份去宣传并拉人入会。他在完成所任使命时又大力宣传了本意不在为响应广州起义而组设的中部总会,说他"夹带了私货"又有什么"不妥"? 至于以谭人凤参与了广州起义来作为否定他是个"不光彩角色"的理由,也是离题之论。需要讨论的是中部总会从酝酿到成立是不是分裂行动,不是要讨论他们是不是革命者。我们指出谭人凤等组设中部总会已经构成了分裂的性质,并不是说他们因分裂而成了不要革命如刘师培那样的败类。即使是典型地分裂同盟会的陶成章、章太炎、李燮和等人,以及由他们重建的光复会,也仍然是属于革命营垒的人物和组织。李燮和作为重建光复会的重要骨干,就被孙、黄、赵声等吸收到广州起义的筹备工作中来。难道因为李燮和曾积极参加了筹备广州起义,就可以说他参与光复会的重建活动不是在搞分裂吗?

"心志俱灰",一度准备回湖南老家,不问党事,在焦达峰等劝说下,才渐见振作;宋教仁则仍回上海民立报馆办事。同盟会真正处于瘫痪状态。这种形势正需要革命内部消除畛域之见,团结一致,维护同盟会的统一领导。但谭、宋等人恰恰相反,他们决定乘机独树一帜,以实现"早自为计"的主张。当谭自湖北顺江而下抵达上海后,即与宋协商中部总会的成立工作。他请宋拟定中部总会简章,自己承草宣言,陈其美则四出联络。1911 年 7 月 31 日,同盟会中部总会于上海四川北路湖北小学召开成立大会,参加者有谭人凤、宋教仁、陈其美、范光启、吕志伊、章梓、曾杰、潘祖彝、杨谱笙等包括苏、浙、皖、闽、湘、川、滇等省在沪同志 29人,选出谭人凤任交通,陈其美任庶务,潘祖彝任财务,宋教仁任文事,杨谱笙任会计,组成总务会。8 月 2 日,总务会干事又公推谭人凤为总务会议长。酝酿已久的中部总会终于在同盟会最艰难的时刻亮出了名号,发表了成立宣言。

宣言明显地流露了对同盟会总部,特别是对孙中山的不满情绪,体现了独树一帜的分裂意向。宣言共由三部分内容构成。第一部分专为指责总部以往革命活动中的缺点及其后果。宣言指出,以往活动的缺点是"有共同之宗旨,无共同之计划;有切实之人才,无切实之组织"。前一缺点,"病不合,推其弊,必将酿旧史之纷争";后一缺点,"病不通,推其弊,必致叹党员之寥落"。宣言强烈谴责总部领导"惟挟金钱主义,临时召募乌合之众,搀杂党中,冀侥幸以成事,岂可必之数哉"?宣言第二部分说明为什么要组织中部总会。宣言称广州起义失败后,总部领导人"一以气郁身死,一以事败心灰,一则燕处深居,不能谋一面",而自己则"何以对死友于地下"?"迫于情之不能自己,于是乎有同盟会中部总会之组织"。第三部分阐述中部总会的体制及其与总部、分部的关系。宣言说:中部总会"奉东京本部为主体,认南部分会为友邦,而以中部别之,名义上自可无冲突也。……机关制取合议,救偏毗,防专制也。总理暂虚不设,留以待贤豪,收物望,有大人物出,当喜适如其分,不致鄙夷不屑就也"。[1]这两部分虽然词头语尾闪烁曲折,但其矛头所向指的是孙中山,则是不问便知的。它不以孙中山为"贤豪"、"物望",则所谓"奉东京本部为主体",显然不包括作为总理的孙中山;它所期待的"大人物",说穿了主要是指黄兴,那么,拆散了孙黄体制的"东京本部"还有什么同盟会可言?所以吴玉章在论述中部总会的成立时说:"这个组织虽号称是同盟会的一个分支机构,但是从他们所发表的宣言来看,实际上是

---

[1] 以上均见杨谱笙辑:《中国同盟会中部总会史料》(1)《中国同盟会中部总会成立宣言》,上海社会科学院历史所编:《辛亥革命在上海史料选辑》,上海人民出版社 1981 年第 2 版,第 6—7 页。

因为对同盟会领导有些不满而采取的独立行动。"[1]

中部总会没有发表新的政纲,但有明确的宗旨:在成立大会通过的由宋教仁拟就的《章程》中,"第三条,本会以推覆清政府,建设民主的立宪政体为主义"[2]。很明显,它的宗旨,或曰主义,只包含了民族、民权两个内容,而平均地权的民生主义给丢掉了,这就阉割了孙中山创立的完整的三民主义思想体系,也不同于同盟会16字纲领。一个自称奉东京本部为主体的组织,连本部的总理和作为全体成员都应遵循的共同纲领都不要,却不愿放弃"中国同盟会"这面大旗,试问这说明了什么? 联系到同盟会一系列分裂活动的背景,难道不是证明了一部分资产阶级革命党人在革命不利的情况下,各自闹独立、搞派别、争地位的事实吗? 所以中部总会的成立,不仅是同盟会自身分裂过程的产物,而且也是分裂同盟会的一种行为。它虽然打的仍是同盟会旗号,宣称奉东京本部为主体,显出了与共进会乃至重建的光复会有所不同,但在"早自为计"、"自己商筹一个办法去进行"的思想指导下,其分裂的性质是同一的。

中部总会成立后,约在7月间曾去信香港黄兴处。由于此信至今未见,内容不得其详,估计是报告成立组织及规划长江流域革命等情。10月3日,黄兴复信给中部总会,称:"欣悉列公热心毅力,竟能于横流之日,组织干部,力图进取,钦佩何极! 迩者蜀中风云激发,人心益愤,得公等规划一切,长江上下自可联贯一气,更能力争武汉。老谋深算,虽诸葛复生,不能易也。光复之基,即肇于此,何庆如之!"[3]对中部总会的成立和参与其事者,给予高度评价。那么能否据此认为黄兴既然予以肯定,似不能说它的成立是分裂行动呢? 其实,诚如我在前面指出,中部总会尽管是分裂的结果,但它和它的成员仍属于革命营垒。对于一个已经成立并确在进行革命活动的组织,作为革命领袖之一的黄兴,当然只能肯定并支持。但是黄兴并没有同意北上主持湖北起义的工作。他在复信中极为婉转地说:"及天民、芷芬两兄来,始悉鄂中情势更好,且事在必行。弟敢不从公等后以谋进取耶? 惟念鄂中款虽有着,恐亦不敷,宁、皖、湘各处需用亦巨,非先向海外筹集多款,势难联络办去。今日与朱君执信等商议,电告中山先生(汉民现赴西贡亦电知)及南洋各埠,请先筹款接济。……弟之行止,尚不能预定,以南洋之款或许弟一行亦未可知。数日后接其复电,方能决

---

[1] 吴玉章:《辛亥革命》,第15页。
[2] 杨谱笙辑:《中国同盟会中部总会史料》(2)《中国同盟会中部总会章程》,《辛亥革命在上海史料选辑》,第9页。
[3] 黄兴:《复同盟会中部总会书》,《黄兴集》,第63页。

策也。"[1]他以筹款需要为理由,并仍尊重孙中山,没有直接参与中部总会的领导工作。这也可算作黄兴对这个组织的另一种态度。

指出中部总会成立的原因中,分裂是主要的,并不排斥它对辛亥革命所起的历史作用。当时,长江流域的革命形势空前高涨,两湖地区的革命党人在会党和军学两界做了大量工作,亟待同盟会派员指导和协调各革命团体之间的关系,以便集中力量、统一部署。中部总会的成立恰好适应了这种形势发展的需求,弥补了同盟会东京本部自广州黄花岗起义后形同瘫痪的局面。从这一方面看,它确实在客观上曾对辛亥革命的胜利起到了一定的促进和领导作用。这种主观与客观不相一致的情况,在历史上是一种常见的现象,即使是重建的光复会,也曾对辛亥革命的胜利作出过有益的贡献。所以,在指出同盟会日趋分裂的过程中,既要指出那些组织者的个人主观因素,又要看到那些分离出来的组织在整个革命大业中客观上仍有着或大或小的积极作用。因为他们和同盟会本部及其领导的矛盾和争斗,从根本上说仍然是同志间纷争,他们拉出的山头仍然是为着共同的革命事业。我们不能因为看到了前者而低估了后者,但也不能因为它们有着一定的历史作用而把他们主观上的分裂行为轻轻地放了过去。

(三) 总部领导的措置

当着我们指出同盟会自 1907 年就呈现出内部矛盾和裂痕,并着重分析了几个小山头从同盟会中分离出来的过程时,就已经包含了问题另一面,即同盟会总部领导在这个组织分裂过程中所存在的缺陷与不足。正如俗话所说:"一只碗不响,两只碗叮当。"没有总部领导自身存在的缺点,没有他们在内部矛盾乃至分裂过程中的处理不当,不少因细故引起的矛盾或者可以化解,闹独立者的恶感也因之可以减弱乃至消失。不幸的是总部领导事先既没进行细致的说服教育,听之任之;事情发生时又处置失当,领导乏力;事后也不思总结、注意吸取教训。结果,前车之覆,成不了后车之鉴,裂痕越益扩大而不可收拾。作为同盟会的总理,孙中山在处理内部矛盾时所表现的失误尤多。

同盟会的成立,使孙中山极为欣喜,感到有如此众多的精英聚合成团,革命大业可以"及身而成"。但是,他没有意识到即使是这一大批中国最先进分子,同样也存在着需要以纪律制约过度张扬的个性,更没有进一步从海外兴中会组

---

[1] 黄兴:《复同盟会中部总会书》,《黄兴集》,第 63—64 页。

织建设薄弱造成队伍涣散的状况中汲取教训,于是作为革命派大联合组织的同盟会,在章程中竟然没有一条有关组织纪律的条文,也没有关于组织活动的规定。虽然,在入会誓词中有"任众处罚"一句,但由于没有议及处罚的内容,结果处罚也成了一句空话。这种缺乏纪律约束、组织建设不健全的缺陷,使得同盟会成了一个松散的联合体,只要履行了入会宣誓,就算是会员,彼此成了同志,"会员不相聚集,亦不识面,且不知为何人"[1];因此,大多数会员既不相往来,且自由散漫,组织观念薄弱,很少表现出统一意志、统一行动的党派意识。不少人甚至以自由加入其他组织为常事,这就使他们在思想上、组织上、行动上与总部闹独立、搞分裂而不以为非。这些都说明孙中山、黄兴等同盟会领导人,对创建一个坚强统一的政党还缺乏认识与经验。无怪中部总会宣言中会指责本部领导不力,"有共同之宗旨,无共同之计划;有切实之人才,无切实之组织"了。

忽视思想建设和组织建设,只重视行动,是孙中山在建党问题上长期存在的缺陷。同盟会时期,这种缺陷表现得尤为明显。同盟会成立后,孙中山忙于筹划反清武装起义而经常离开东京本部,本部事务实际上由黄兴负责处理。不久,黄兴也卷入武装起义活动而离开本部岗位,本部事务先后由朱炳麟、张继、孙毓筠、刘揆一主持。他们都难成物望,无论在威信、经验等方面,都不能承担起指导的重任,所以实际上只是维持本部不散而已。无事故发生,维持尚可勉为其难,一旦突发事故,往往显得束手无策。1907年第一次倒孙风潮初起时,主持会务的刘揆一手足不知所措,就是因为人微言轻,不能服众,加上孙毓筠、张继等人出面煽动,更加难以应付,不得不一面函告黄兴,一面采取息事宁人的调和态度要孙中山向本部引咎。作为东京本部的两大领袖,孙黄二人长期不在其位,虽说孙有被驱逐出日本的客观原因,黄有代替总理指挥国内反清起义的重任在身,但面对总部领导乏力的现状而竟长期没有改革措施出台,这就在客观上使人产生错觉,即同盟会是否一定要由孙中山担任总理,大可不必。特别在一些重要骨干的思想中,要求孙中山引咎辞职,改选总理意向是确实存在的。这除了他们不了解孙中山即使在欧美南洋活动也一刻不忘为革命操劳的真相外,与孙中山长期脱离本部领导岗位,较少过问总部工作,不无关系。

对于这种情况,孙中山在处理时确有失当之处。当因《民报》经费问题掀起第一次倒孙风潮时,孙中山对于向本部引咎一事,采取了坚持以事实驳斥章太炎等污蔑的做法,决不引咎辞职,但同时又采取不承认自己为同盟会及章太炎

---

[1] 胡汉民:《星洲同志分帮原因及办法》,《革命文献》第2辑,总第245页。

之总理,并在两广、云南发动起义时,不用同盟会名义而用"革命党本部之名义"的做法,这显然不利于化解矛盾,也易于授人以柄。不仅如此,孙中山甚至一度有另立总部的意向,并在发展组织时出现改变同盟会入会誓词,更改同盟会名称的情况。[1]1908年秋成立的南洋支部,虽说是为了统一领导南洋各埠同盟会分会的需要,但它发布的《中国同盟会分会总章》,号称分会,却在16条章程中始终不提与东京本部的关系,甚至连本部的字样都没有出现;从它成立后的活动及地位来看,俨然是与东京并列的另一个总部,至少像一个具有相当权力的指挥中心。无怪李燮和对此会感到不满,陶成章攻击它"与东京同盟会不为同物",说孙中山在南洋"从新组织团体",[2]以此证明事在光复会重建之先。陶的攻击显属无理,但孙的做法,客观上确易使人误解。

1910年2月,孙中山在旧金山改李是男等组织的少年学社为旧金山同盟分会时,将同盟会入会誓词由16字改为"驱除鞑虏清朝,创立中华民国,实行民生主义",[3]入会者也改称为"中华革命党党员"。1910年7月,孙中山移居槟榔屿,"曾通告南洋各埠,令仿美洲党员新例,将盟书内'中国同盟会会员'字样,改为'中华革命党党员',然为日无多,事实上未易实行"[4]。这些重大的变更,事先既未与总部其他领导商量,事后也未向总部报告或备案,联系到他在1909年11月复张继信中所说他自"前、去两年"起已不承认为同盟会、章太炎之总理,已不用同盟会名义发动起义的话,他在1910年美洲及南洋的上述做法完全是与第二次倒孙风潮对着干。作为革命组织的领袖,孙中山这样做法,说得轻点是"使性子",重一点则是自摈于组织之外,自弃于总理职责。这样的处置,很明显是失当的。

由此可见,同盟会的分歧、裂痕乃至分裂,除了那些闹独立者不顾大局外,与总部领导,尤其是作为总理的孙中山,在领导工作上存在着事先缺乏教育,事后措置有所失宜的缺陷也有相当关系,至于成为不少会员诟病的专注边疆起义,缺乏全局考虑的起义方针,在1910年后全国革命形势高涨、群众自发斗争风起云涌的历史条件下,没有及时转移,严格地说,也是一种失策。这个问题,金冲及先生已有专文论述[5],我同意他的分析,本书也就从略了。

就这样,资产阶级革命派自1907年起,在内部矛盾日益暴露,分裂倾向日见明显,同盟会领导又措置失宜的情况下,仓促地迎来了辛亥革命的胜利。

---

[1][2] 参见孙中山:《复张继函》(1909年11月12日前后),《孙中山全集》第1卷,第426页。

[3] 冯自由:《中国同盟会史略》,《革命逸史》第2集,第147页。

[4] 冯自由,《华侨革命开国史》,第87页。

[5] 参见金冲及:《同盟会领导的武装起义二题》,《历史研究》1984年第1期。

十二 "有志竟成"

（一） 武昌首义与上海光复

1911年10月10日的武昌首义，敲响了清王朝覆灭的丧钟。这次起义，既在情理之中，又出于革命党的始料之外，充分显示了偶然性在历史发展必然中蕴含的巨大力量。

所谓在情理之中，首先是形势发展到清王朝必将垮台的临界点，一个小小的火星，就足以使充满火药的大厦腾空崩裂。清政府的专政腐败为人们所知虽由来已久，但由于它采取高压政策而使一般社会阶层不敢轻举妄动，所以革命只可能在无私无畏的勇士中秘密进行。革命者总是少数。尽管起义不断，可歌可泣，但若没有全社会的共识，没有各阶层对现政府的绝望，总归只是少数人的行动。事实证明，同盟会的无数次起义，并不能从外部达到颠覆这个有着一整套专制统治体制和积数千年王朝统治经验的反动政府。历史往往显示出一个独裁政权坚持高压，再配以严密的行政管理，会产生延长寿命、苟延残喘的奇迹，这就是为什么封建统治者欣赏权力的缘由。但是，事情还有另外一面，当清王朝自鸦片战争以来被迫面对世界时，它的统治方式和统治机制就不再可能保持以前封闭时代的旧形态，而在各种外在和内在的不同目的、不同形式的压力下，不得不有所改造和变化。为了适应时代趋势，它只能有限度地放弃某些传统统治程式，作出改革而与世界潮流接轨。1901年起，清政府重新收拾起被它自己践踏在地的维新旗帜，实行所谓"新政"，1905年派五大臣出洋考察宪政，次年又宣布"仿行宪政"搞预备立宪，就是这种自我作态。

清政府预备立宪的本意，用出洋五大臣之一的载泽奏折原话来说，一是可得"皇位永固"、"外患渐轻"、"内乱可弭"之利；二是"不过明示宗旨，为立宪之预备，至于实行之期，原可宽立年限"。即开一张连自己也不知道何时兑现的空头支票,又可收三大利,何乐而不为?但是,清王朝哪里知道,封建专制与授民以权是水火不容的两种政治体制,一旦实行,哪怕是仅仅装点门面,必然会造成以自己权威的身份否定自己某些权威的矛盾,从而使自己的臣民在价值取向上发生转换,通过合法的途径争取往日不可得而今日可能得的权利。于是客观上给予自 1905 年日俄战争以来中国士绅及知识阶层中早就弥漫着的立宪思潮以合法发展的机会。1906 年以张謇等为首成立的江浙预备立宪公会和 1907 年以马相伯挂名实际上以梁启超为精神领袖的政闻社成立,标志着中国资产阶级维新派在新的条件下起死回生,成了君宪派。随之而来的,是在这两个海内外君宪组织推动下的争取立宪运动。

清政府的预备立宪为专制政权的垮台创造了重要条件。例如"清末新政"中,清政府于 1905 年废除科举制度,办新式学堂。科举制度确实有很多人所共知的弊病,但毕竟是广大士子读书做官的主要途径。捐官也可以入仕,但不是正途,为士子所不齿。废科举等于绝了士子向上发展的路,这使广大士子没有奔头了,只得找新的出路。而从新式学堂出身的知识分子,包括出国游学、留学的洋学生,虽然可得政府赏给的举人、进士等空头衔,但很难在实际上得到入仕做官的机会。于是读书为了什么?"学而优则仕"价值观破灭了。所以在某种意义上说,辛亥革命就是知识分子找出路的一场运动,包括个人出路、国家出路相辅相成的方面。不要低估废科举带来的负面影响。因为君宪派大都是社会上有名望、有地位的士绅,他们是整个社会结构中最具有活动能量的层面。自古以来,就是社会构架中的重要支柱。说得严重一点,一个封建政权的运转,虽然有其行政方面的组织系统,但在操作过程中,若得不到士绅阶层的支持,就难以达到有秩序的起动,所以士绅阶层的政治态度,往往对王朝命运起着极重要的作用。1905 年清政府着手搞预备立宪活动时,得到了君宪论者的喝彩。但是,由于它是一场没有诚意的骗局,结果使得中国社会中这部分最有号召力的阶层叛离而去。

只要简扼地勾勒君宪派对预备立宪的行为和心态,就可发现形势的发展愈来愈对革命派有利。或者说,清王朝在武昌首义后的迅速垮台,君宪派在客观上也有一份不可小视的劳绩。

中国立宪言论的勃兴,撇开维新运动康梁鼓吹的时代,起始于 1905 年日俄战争之后。伧父在《立宪运动之进行》一文中说:"甲辰,日俄战争起,论者以此为立宪专制二政体之战争。日胜俄败,俄国人民群起而为立宪之要求,土波诸国,又闻风兴起。吾国之立宪论,乃亦勃发于此时。"这一说法,符合历史实际。

在预备立宪初期,即 1905 年清政府派五大臣出洋考察到 1906 年下诏宣布"仿行宪政",从厘定官制着手进行,君宪派的基本态度是欢迎。他们对清政府这一重大政治姿态充满了希望,表示了欢欣鼓舞的心情。说五大臣出洋,是"将取列邦富强之精髓,以药我垂亡之锢疾",是"中国自立之权舆,吾人莫大之幸福"[1];"人人意中,皆若有大希望之在前,以为年月之间,必将有大改革以随其后,人心思奋,则气象一新"[2]。

从 1906 年下诏宣布预备立宪到 1908 年下诏实行 9 年预备止,君宪派在欢欣中夹杂着焦虑。他们看出了清政府故意拖延预备的心机,颇为焦躁不安,但又不放弃利用预备立宪的有利条件以争得合法地位的机会,因此,他们在言论中屡屡表现出对政府拖延的不满,而在行动上则纷纷建立团体,积极参加地方谘议局的选举和中央资政院的选举,以乘机获取权位。

从 1909 年到 1911 年 5 月,君宪派对清政府迟迟不实现召开国会的做法深感失望。因而在言论中,表现出积极呼吁的迫切心态,并且在呼吁中加强了威胁性内容。在行动上,于 1910 年 1 月、6 月、10 月间,接连发动了三次国会请愿、规模一次大过一次,态度也一次比一次激烈,但每次都以失败告终。清政府只答应缩短预备期限,却坚持不愿即开国会,并且把第三次请愿团体也给强行解散了。

从 1911 年 5 月皇族内阁成立,到辛亥武昌首义前夕,这是君宪派从失望到不满的时期。皇族内阁的成立,使君宪派对清政府最后的一丝期望宣告破灭,有些人开始考虑自己的政治出路。于是,在言论上,君宪派不仅尖锐抨击清政府欺骗民意,而且流露出同情革命的趋向;在行动上,不少地区的君宪分子开始暗中或公开与革命党人建立联系。清政府以自己的虚伪,把属于第三种政治势力的君宪派推到了对立面的地位,一个全国范围内君宪派和革命派两大政治力量合作的可能性局面正在迅速形成。这样,清王朝变成了真正意义上的"孤家寡人",陷入了众叛亲离的境地。

其次,自 20 世纪初年掀起的收回利权运动,到 1911 年 5 月由于清政府宣布铁路收归国有而演变成声势浩大的保路运动,严重地打击了它的卖国媚外政策。

收回利权是中国人民政治觉醒的表现,收回路权,则是其中最主要的内容。

---

[1]《论立宪与教育之关系》,《东方杂志》第 2 年(1905 年),第 12 号。
[2]《时报》1905 年 7 月 18 日。

中国的铁路,大部分为帝国主义所控制,少量的自主铁路,也由政府官办经营和兴建。政府以"借债筑路"的方式,使官办的自主铁路实际上处在帝国主义债权国的控制下,严重损害了民族利益。自1905年前后起,随着民族觉醒的到来,中国人民掀起了收回路权、要求商办铁路的热潮。几年间,江苏、浙江争办沪杭甬铁路,四川争办川汉铁路,两湖、广东三省争办粤汉铁路,都获得了程度不等的胜利,办起了铁路公司,在绅商乃至普通居民中募捐集款,有些省份已经开始了修筑部分线段。在上述几省商办铁路热潮鼓舞下,北方的直隶、山东、河南乃至边省云南等省区也先后开展了收回路权的斗争。一个全国性的争路商办高潮迅速形成。

帝国主义不甘失去控制铁路的权益,压迫清政府收回商办、借债筑路;而成了"洋人的朝廷"的清王朝,也不敢违犯主子的旨意。几经讨论,清政府于1911年5月悍然宣布铁路收归国有,不准商办的政策。这一卖国政策,既违背民族利益,又不合时代潮流,而且使已经集资的千百万股东利益化为乌有。于是,一场轰轰烈烈的群众性的保路运动,从粤汉、川汉铁路沿线省份迅猛掀起,波及全国。清王朝在被君宪派抛弃后,再次陷入"屋漏偏遭连夜雨"的惨境。

保路运动是在君宪派领导下展开的,方法是上书和集会,甚至集体跪请,要求政府收回成命,虽然温和但却具有韧性。由于清政府一心媚外,不思更张,对参加保路的群众采取镇压,对领导保路的君宪派和士绅进行分化,对同情保路的地方官撤职查办,不仅进一步显出了贼民残民的嘴脸,而且充当了反面教员。温和合法的争路既然无望,人心思乱的局面因之而起。湖北的革命党人喊出了"大乱者,救中国之药石也"的呼声;四川的保路运动在川督赵尔丰一手制造血腥的成都惨案后,发展为保路同志军的武装起义。到1911年的9月间,中国的政治形势已经发展到人心共愤,盼望天公殛此厉鬼的阶段。武昌起义之所以谷中一鸣,众山皆应,就是因为它顺天应人,出于情理之中。

再次,武昌起义也是湖北革命党人长期来默默进行艰苦工作的必然结果。种瓜得瓜,种豆得豆,规律如此,莫可违背。虽然发难得于偶然,成功则早已孕育其间。湖北党人对军学两界的发动始于吴禄贞在军界任职之时,继续于科学补习所成立之后,中经日知会、湖北同盟分会的努力,到1907年前后,已在军队中站稳了脚跟,有了30余个革命小团体的成绩。1908年,湖北新军中的革命党人实行联合,组成了湖北军队同盟会,成员遍及各标营。湖北新军成了党人重要的活动基地。同年12月,军队同盟会改组为群治学社,改变主要在新军军官中发展成员的方针,以士兵为主要对象,并与另一个革命组织共进会湖北分会进行联络。

共进会自 1907 年在东京成立后,目标在发动国内会党参加革命。其首任会长四川张百祥,继任会长江西邓文翚于 1908 年先后回省进行发动。第三任会长湖北刘公,于 1909 年春,派军务部长孙武回鄂进行,而担任参谋部长的焦达峰也与孙武同时离日回湖南策动。孙武抵鄂后,即在武昌建立共进会组织,并在会党中物色人才。对于新军,共进会也一度以"联络帮会方式"发展成员[1],因此与群治学社有所联络,但因双方各有方针、各有计划,所以只有联系而没有联合。

群治学社于 1910 年初与湖北同盟会接上关系。同盟会员蒋翊武、刘复基和原《商务报》主笔詹大悲相继加入群治学社:蒋、刘以入伍方式加入学社,詹则以《商务报》作为学社的机关报,进行鼓吹。同年 4月,群治学社参与焦达峰乘长沙抢米风潮而在湘鄂同时举义的计划,但因消息外泄而未成,为了保存组织不被破坏,群治学社会务停顿。到同年 8 月,党人决定改变名称继续活动,于是,改名振武学社,推杨玉鹏为社长,并制定了一套更为严密的制度。但结果仍为新军 21 混成协统领黎元洪侦

黎元洪

知,黎为保自己前程,不愿采取高压手段,仅以开除杨玉鹏等学社骨干了事。振武学社在蒋翊武主持下,以停止活动方式隐蔽了下来。1911 年初,在詹大悲建议下,振武学社改名文学社再次公开活动。文学社以蒋翊武为社长,刘复基为评议部长,詹大悲为文书部长兼机关报《大江报》主笔。文学社成立后,仍以发展新军为主要对象,同时又在学界和商界开展组织工作。到同年夏秋间,新军中已有 2 000 余士兵及少量下级军官入社为社员,并在武昌小朝街设立机关,成了武汉地区最具革命实力的团体。

湖北共进会在谋湘鄂举义失败后,发展势头一度受挫。1910 年夏,刘公自日本回鄂,与孙武等重振旗鼓。除了仍在省内倾以全力联络会党外,还积极在新军中发展会员。于是不可避免地与文学社发生某些磨擦与不快。这种情况,

---

[1]《座谈辛亥首义》,《辛亥首义回忆录》第 1 辑,第 3 页。

直到 1911 年 2 月下旬同盟会香港总筹部特派员谭人凤为联络两湖革命势力响应广州黄花岗起义而到鄂后,才得到调解。双方开始酝酿联合并举行了若干次联席会议讨论联合事宜。但因双方都有山头主义倾向,一时未能携手合作。

1911 年夏秋间各地保路风潮大盛,四川尤为激烈,发展到武装起义的阶段。保路同志军在川籍同盟会员领导下,于 9 月初围攻成都,清廷震动。为镇压川路风潮、防止起义扩大,清政府急调湖北新军 31 标及 32 标一营入川。湖广总督瑞澂则调 29 标、41 标、马 8 标及 32 标另在鄂第 2、第 3 营驻防宜昌、沙市、郧阳、岳州、襄阳、恩施等地,以控扼川鄂、豫鄂、湘鄂等冲要。湖北新军中的革命力量实际上处于分散的局面。

面对这一突然发生的新形势,文学社决定加紧筹备武昌起义。在 9 月 12 日举行的代表会议上,议决若武昌发难,移防各地各标营必须立即响应;为筹备起义,立即与共进会捐除成见,携手合作。14 日,文学社、共进会召开联合会议讨论起义计划。双方决定各自废除原有组织名称,建立统一领导机构;并派人往上海请同盟会中部总会派黄兴、谭人凤、宋教仁来鄂主持大计。不料中部总会那位号称专主长江革命的宋教仁,却对湖北是否有能力起义表示怀疑,一再借故推宕,迟迟不愿作武昌之行;而谭人凤则因身体有病,在医院治疗;陈其美一心谋划南京与上海联合发动,心志不在武昌;黄兴时在香港。在中部总会领导一时无意北上的情况下,奉命来沪的居正、杨玉如只得快快回到武昌,据实向两团体负责人报告。湖北革命党人决定靠自己力量组织起义。9 月 24 日,选出了起义的领导班子,以蒋翊武为临时总司令,孙武为参谋长,刘公为军政府总理;决定实行起义总动员,并确定以中秋日(10 月 6 日)为起义日期;设军事指挥部于小朝街文学社机关,设政治筹备处于俄租界宝善里;会议还就起义计划中的各项具体问题如起义信号的发布,攻占目标的设定,警戒地点的部署,弹药补给及输送的方法,侦察敌情与联络湖南响应的人选等,都落实到专任其事的各标营及有关人员。这样,一场苦等了 8 年之久的起义,终于在几茬革命党人接连努力下,筹备成熟。对于湖北革命党人来说,武昌起义犹如十月

1911 年 10 月 10 日武昌首义告捷,革命火种迅以燎原之势遍燃全国,孙中山日后书写行书斗方"四方风动",以志纪念

怀胎的婴儿,它呱呱坠地的日子是计日可待了。只是由于突然事件的发生,给产妇多折磨了几天,10月10日,终于发出了致旧世界的第一声啼哭。

武昌首义,全国响应。刹时间,一场革命狂飙席卷神州大地。到11月底,短短50天内,内地18省中,除直隶、甘肃、河南3省外,其余15省,都先后举义光复或宣布独立。其中,山东在独立不久后因封建旧势力重占优势而宣布取消独立。所以,到12月初,革命与反革命之间,无形中形成了大体上以长江为分界的南北对峙格局。南方各省是清一色的光复政权,北方虽仍由清政府所控制,但陕西、宁夏、山西3省已经落入革命派之手,而其他未独立省份也先后爆发了反清起义。清政府陷入了四面楚歌、朝不保夕的险境。

在响应起义的各省区中,上海的光复,具有重要意义。

早在武昌起义前,上海地区的革命党人在舆论宣传、组织建设等方面作了艰苦而又充分的准备。

舆论宣传方面:从1905年到1911年,革命党人在上海先后创办了10多种报刊。主要有:《国粹学报》、《竞业旬报》、《中国女报》、《神州女报》、《民呼日报》、《民吁日报》、《民声丛报》、《民立报》等。这些报刊,以不同风格适应上海市民不同文化层次、不同社会阶层的需要,力求将民主革命思想普及一般市民,促进了民主思潮的高涨。其中,尤以《民立报》的影响最大。《民立报》是在《民吁日报》被迫停刊后,于1910年10月创办的,于右任为社长。馆址在上海报刊林立之区的四马路望平街(今山东中路)。宋教仁、吕志伊、范鸿仙、徐血儿、章太炎等先后担任主笔,主要撰稿人还有叶楚伧、张季鸾、陈其美等。1910年冬,宋教仁来沪后,即以《民立报》作为活动据点,许多重要社论均出自其手。《民立报》公开倡言民族主义,鼓吹革命精神,热情支持各地反封建专制的民主运动,以其言词激烈、高昂直露,深受读者欢迎。发行量也随之飙升,最多时达2万余份,成为当时国内销量最多,影响最大的革命报刊之一,与其前身《民呼日报》、《民吁日报》被后人称为"竖三民报"。

组织建设方面:中国同盟会在日本东京成立不久,黄兴自日本回国到达上海,进行发展组织的工作。他了解蔡元培主持中国教育会、爱国学社的革命活动后,深知元培是上海学界、教育界的人望,遂于1905年10月亲自主盟,吸收蔡元培加入同盟会,成立"同盟会上海分会",委任元培为会长,并设秘密机关于吴淞中国公学及上海老西门宁康里健行公学内,以学校教育为掩护,发展与吸收革命知识分子入会。从此,上海知识界、教育界的进步人士,改变了以往单独、自发的革命聚合方式,有了一个与孙中山及其革命司令部——中国同盟会

陈其美

直接沟通的平台,服膺同盟会革命纲领,以"三民主义"理论为指导,接受东京本部领导的分会机构。

随着长江流域革命形势的发展,宋教仁、陈其美、谭人凤、居正等革命党人,在"早自为计"的思想影响下,经过一年筹备,于1911年7月,在上海成立了"同盟会中部总会"。与会者33人,选陈其美、宋教仁、潘祖彝、谭人凤、杨谱笙为总务会干事,分执庶务、财务、文书、交通、会计各部,并以史家麟、吕志伊、范鸿仙、谭毅君为各部后补人(其中史家麟兼庶务、会计两部)。8月2日,第二次会议,又公推谭人凤为总务会议长,决议以《民立报》为机关报。

中部总会的成立和选举并未得到同盟会东京总部授权,是对总部的独立行动,但客观上有利于推进长江流域各省的革命形势,起到促进各省交相呼应、互为奥援的协调作用。

在上海革命组织,除了同盟会系统外,还有光复会系统的"光复会上海支部",负责人是李燮和。

李燮和(1873—1927),字柱中,号铁仙,湖南安化人。家世业商,经营茶叶。燮和"少负异禀,性幽默,躯仅中人,目炯炯有光"[1]。幼从学,16岁中秀才。1900年入长沙求实书院,在民族危机加深和清廷腐败刺激下,思想为之一变:"盖自戊戌变法,庚子外侮,燮和读书湘南,稍窥时事,慨思满清皇室之不足以保我国家也,谬思以匹夫之愚,分任天下之责"[2],开始萌发反清革命之志。1904年加入华兴会,参与策划长沙起义。事泄,走避上海,加入光复会。1905年赴日本,"晤孙文、黄兴",由黄兴介绍,入同盟会[3]。时间约在1906年10月中旬[4]。12月回国参加萍浏醴起义,但半途闻起义已被镇压,而自己又被鄂督悬赏通缉,不得已走避香港,在冯自由介绍转赴南洋文岛与双溪烈埠任中学教员。1909年,受好友陶成章影响,卷入第二次"倒孙风潮",列名发表《南洋革命党人宣布孙文罪状

[1] 陈浴新:《李燮和先生传》,《辛亥人物碑传集》,团结出版社1991年版,第769页。

[2] 李燮和:《光复军事略》,《近代史资料》第57辑,第96页。

[3] 冯自由:《光复军司令李燮和》,《革命逸史》第2集,第216、217页。

[4] 饶怀民:《李燮和与沪宁光复》,湖南师范大学出版社1998年版,第43页。

传单》。1910年又参与光复会重建。该年2月，光复会在日本东京正式成立，以章太炎任会长，陶成章为副会长，在南洋设"执行总部"，代行东京本部职权。李燮和为执行员，虽然，光复会重建是对同盟会的分裂行动，但仍是一个革命团体。李燮和反清革命夙志不减。1910年冬，同盟会决定在广州大举，黄兴致函燮和，邀他"捐除意见，同任艰巨，燮和等欣然从之"[1]。参加了孙中山在槟榔屿召开的军事会议，并在荷属东印度等地筹募起义经费。1911年回国参加了黄花岗起义。失败后赴上海，组织光复会机关部于法租界锐进学社内，以尹锐志、尹维俊主机关部事务。于是"光复会上海支部"，成为上海的同盟会中部总会外，另一个有力的革命团体。

三个革命组织，为了推进上海革命形势，都各自进行了艰苦的组织发动工作。

同盟会中部总会主要工作放在争取上海民族资产阶级上层人物身上。以陈其美为首的党人，积极联络和发展沈缦云、叶惠钧、王一亭、李平书等头面人物。他们都是上海社会各阶层中最具影响力的绅商代表。

沈缦云(1869—1915)，原名张祥飞，入赘沈家后改姓沈，名懋昭，字缦云，以字行。江苏无锡人，秀才。后弃科举经商，致富后，于1906年创办上海信成商业储蓄银行，由协理而经理，在上海金融界声誉鹊起。他关心时事，有改良维新思想。早在1903年拒俄运动期间，就与部分绅商"愤国势之不振，学问之欠缺"，又"鉴于国民躯体赢弱，致蒙'东亚病夫'之诉，欲图强国必先强种"[2]，遂倡设上海南市商业自治会，鼓吹尚武精神。1907年，担任上海南北市商会董事和上海城厢内外总工程局议董，积极从事地方自治活动，在上海绅商中有较高威望。1910年10月，沈缦云代表上海商务总会(上海总商会前身)，进京参加立宪派发动的第三次国会请愿活动，遭清政府拒绝，深知清政府气数将尽，感叹："釜水将沸，而游鱼不知，天意难回，人事已尽，请自此辞"[3]，即束装返沪，思想为之一变，与革命党人日益接近，尤其与他曾出资资助过的《民呼日报》、《民吁日报》、《民立报》创办人于右任日相过从。同年冬，终于在于右任等介绍下，加入同盟会。他加入上海革命组织后，成为党人联络上海绅商的重要居间人。

---

[1] 冯自由：《光复军司令李燮和》，《革命逸史》第2集，第216、217页。
[2] 伍特公遗稿：《上海商团光复上海纪略》，上海社科院历史研究所编：《辛亥革命在上海史料选辑》，上海人民出版社1981年版，第142页。
[3] 沈氏家藏：《沈缦云先生年谱》，同上书，第982页。

叶惠钧(1863—1932)，名增铭，上海人。13岁在上海习豆米业，逐渐成为上海豆米、杂货业界代表人物之一。中日甲午战争后萌发改革思想。1905年参与成立上海商业体操会。不久，组织杂货业成立志盛商团，亲任团长。1911年参与成立商团公会，任副会长。同年春，在陈其美影响下，参加同盟会。

比叶惠钧早入同盟会的是时任日清轮船公司买办的王一亭。

王一亭(1867—1938)，名震，字一亭，号梅花馆主、海云楼主，别号白龙山人，浙江吴兴(今湖州)人，生于上海浦东周浦。少年辍学，13岁入慎余钱庄当学徒。业余自习绘画，后师从沪上著名画家任伯年的入室弟子徐小仓，得任伯年真传，奠定了绘画的坚实基础。在上海慎余钱庄学徒期间，王一亭还经常去上海广方言馆学习外语，博取新知。这使他后来长于日语，成为日清轮船公司(又称日清汽船株式会社)任买办，作了必要的语言和知识的准备。由于天资聪颖、勤劳踏实，1886年20岁时，被慎余钱庄业主李家委任为"天余沙船号"的跑街，不久升任经理。这又使他熟悉商情与航运业务创造了条件。1902年36岁时，终于被日资大阪商船会社聘为买办，走上了发家致富、在上海商界脱颖而出之路。两年后，王一亭应张謇之邀，投资入股由张创办的大达内河轮船公司，任董事、经理。1906年2月，参与成立上海华商公议会，被推为董事。10月，沪南商务分会成立，被举为总董。12月，任上海预备立宪公会董事，与沪上立宪派张謇、赵凤昌等时相往还，并与沪上著名绅商沈缦云、李平书、叶惠钧等交往甚密。这年，他与沈缦云、周延弼等集资创办了上海信成商业储蓄银行，被推为董事，又出任上海商务总会议董。1908年，大阪商船会社的长江航线并入日清汽船株式会社，王一亭继任华人总买办。并与李平书、顾馨一、袁保生、沈缦云等集资创办立大面粉厂，次年又与人合作创办申大面粉厂。1910年，在陈其美影响下，加入同盟会[1]。

上海上层资产阶级中，最孚人望的是李平书。

李平书(1854—1927)，原名安曾，改名钟珏，字平书，晚号且顽老人。江苏宝山县(今属上海市)人。早年关心时务，1883年任《字林沪报》主笔。1890年任广东清厘积案局委员等职。1895年以优贡历署广东隆丰、新宁、遂溪等县知县，有政声。1899年署遂溪知县时，因支持民众武装抗击法军侵占广州湾，被革职。次年，入张之洞幕，襄办文案。嗣任湖北武备学堂总稽查、提调。1903年调

---

[1] 参见陈祖恩、李华兴:《白龙山人王一亭传》附《王一亭生平大事年表》，上海辞书出版社2007年版，第252—254页。

任江南制造局提调。1904 年与陈莲舫在上海创立医学会,并参与管理上海内地自来水公司。1905 年任通商银行总董,创设女子中西医学堂。次年与曾铸发起组织华成保险公司,自任经理,并与朱晓岚合办昆新垦牧公司。1907 年任轮船招商局董事、苏省铁路局董事、粤省自来水厂商股总董,并担任南市商团公会会长。1909 年创办闸北水电公司及上海医院,1910 年经营南京模范马路商场,设立上建公司。影响力遍及上海、江浙,远及粤省。事业涉及水、电、银行、保险、医学教育及铁路、航运。上通官府、下联绅商,是上海资本家阶级中的头面人物。

李平书

　　李平书又是个主张改良社会、实行地方自治的开明士绅。早在 1900 年,革职在籍的他,就已思考如何"仿行文明各国地方自治之制"以图自强[1]。同年,闸北绅商禀准两江总督刘坤一,由上海、宝山两县士绅自筹资金,在闸北一带建桥、筑路,兴办华人商场,以遏租界扩张。1903 年,李平书禀请苏松太道袁树勋,建议创办警察,以维持地方秩序[2]。1905 年,李又联络沪上绅商郭怀珠、叶佳棠、姚文枬、莫锡纶等人,禀请袁树勋创办上海城厢内外总工程局建议,所有马路、电灯以及城厢内外警察等一切事宜,均由地方绅商公举董事兴办,得到袁的批准[3]。同年 11 月,上海城厢内外总工程局正式成立,李平书任领袖总董。这是晚清地方自治运动前,全国最早由绅商自发创办的自治团体,开了风气之先。李平书以其身份、地位及其在上海绅商中的影响力,起了极重要的作用。

　　及至 1909 年清政府颁布《城镇乡地方自治章程》,上海城厢内外总工程局因成绩卓著、已具规模,不再另行筹设,仅改名为城自治公所,开始了遵旨筹办的阶段,但其一切活动仍由绅商议定,除市政建设权、民政管理权、地方税收权及公用事业管理权外,还拥有部分工商管理权和文教卫生管理权[4]。李平书仍

---

　　[1] 叶佳棠等:《李平书先生六十寿序》,见李钟珏:《且顽老人七十自叙》(四),中华书局聚珍版,第206 页。
　　[2]《且顽老人七十自叙》(三),第 176 页。
　　[3] 杨逸等:《上海市自治志·公牍甲编》,第 1 页。
　　[4] 周武、吴桂龙:《上海通史·晚清社会》,上海人民出版社 1999 年版,第 462 页。

任城自治公所总董。

　　李平书在进行地方自治活动时,促成并掌握了上海商团这一上海资产阶级的武装团体。上海商团正式成立于1911年3月,是由上海20余个行业性和区域性商团组合而成。它的第一次联合是在1907年,而肇始的基础则可追溯至1905年上海若干商学研究机构附设的体操会,包括上海沪学会体育部、商余学会、商业体操会、商学补习会、沪西士商体操会。1907年,革命党人在两广、安徽发动反清武装起义,清廷震动,指令各地严加防范,上海道命上海城厢内外总工程局领袖总董李平书,商请五体操会保卫地方治安。于是五会会长"遂组织临时商团,设司令部,分区驻扎,出队梭巡"[1]。不久,为求事权集中、指挥裕如,五体操会组成"南市商团公会",由李平书任会长,归总工程局领导,请政府拨给枪支弹药。"上海商团之基础于焉奠定"[2]。

　　南市商团公会成立后,上海各行业纷纷效法,组成商团。"至辛亥春,已达一千余人,皆各业领袖,遴选同业有志之士,训练成团。"[3]保卫地方,以补警力之不足,这样,民间的团体涂上了官方的色彩;业余体操教育组织,朝着"武化"的方向发展。1910年后,革命形势迅速发展,上海银根浮动、米价腾贵,社会动乱、人心思变。1911年2月,部分绅商要求自治公所组织"国民军"以加强治安。经李平书等自治公所讨论,"不如先将已经开办薄著成效之商团公会,极力推广,以作日后国民军之准备。"[4]于是由上海发函各处,劝导组织商团会。3月22日,在上海道同意下,上海南、北市商团公会假斜桥西园举行大会,发起成立"全国商团公会",会上,推李平书为"全国商团联合会"正会长,沈缦云、叶惠钧为副会长,荷兰银行买办虞洽卿为名誉会长。全国商团联合会虽没有成立,但斜桥西园集会却促成了上海各行业商团的联合,上海商团由此正式诞生[5]。

　　李平书既热心地方自治,又倾心立宪主张。他和江浙预备立宪公会的核心人物张謇、汤寿潜、赵凤昌等人过从亲密,常在赵凤昌的惜阴堂聚首、观察形势。但同时,又和加入同盟会的沈缦云、叶惠钧、王一亭等相善。他与不同政治派别的这种关系,成了上海政坛上一个举足轻重的关键人物。上海革命党人对他的争取,采取了稳慎、耐心的态度,不到关键时刻,不轻易发动。

---

　　[1]《上海县续志》卷十三《商团》。
　　[2]辛亥革命光复上海商团同志会:《上海商团小史》,中国近代史资料丛刊《辛亥革命》第7册,第86页。
　　[3]李平书:《且顽老人七十自叙》(三),第286页。
　　[4]《时报》1911年2月16日。
　　[5]参见沈渭滨、杨立强:《上海商团与辛亥革命》,《历史研究》1980年第3期。

除了联络绅商外，陈其美还积极联络会党组织。早在 1908 年陈其美自日本回国后，就已与会党接触，经常往来于沪、杭之间，广泛联络会党群众[1]。同年秋，在宁波调解青帮"大"字辈应桂馨为筹建学堂发生的校产纠纷，从此与应桂馨及上海青帮有了更深交往。后来，应桂馨在陈其美影响下，参与革命，与此事不无关系。据说，陈其美为联络青帮，也加入了青帮，属于"大"字辈人物[2]。

1911 年 10 月，经于右任介绍，得识中国公学学生张承櫆，通过张的关系，吸纳了上海帮会人物刘福彪、田鑫山、孙绍武、王老九等青红帮头目。刘福彪"决心将他所有弟兄三百余人随余（沈案：即张承櫆）为敢死队，在上海发难"[3]。于是，中部总会在上海光复前不仅联络了上海的青红帮组织，也掌握了一支由帮会分子组成的反清武装。

李燮和

光复会上海支部的李燮和，则着力于策反上海军、警两界。当时，上海的清军兵力约 5 000 人左右，分布于 5 个部分。(1)巡防营，约 1 500 余人，共 5 营，由统领梁敦绰指挥；(2)济军 3 营，约 600 余人，扎于吴淞，由统带黎天才指挥；(3)江南制造局卫队营，约 500 余人，由制造局总办张士珩节制；(4)南市、闸北防营，约 1 300 余人；(5)水师巡防营一营，计 300 余人，归管带王楚雄指挥；海巡盐捕营 300 人，归统领朱廷燎指挥。此外，还有泊于长江口的军舰数艘。警界方面，主要是闸北巡逻队武装，由队官陈汉钦统带[4]。这些管江防、海防的军官以及巡官警长，多是湘人，而且在人心思变的形势下，也多有自谋退路的心态，这为李燮和利用同乡关系、晓以大义进行策反，提供了可乘之机。

[1] 莫永明、范然：《陈英士纪年》，第 32—33 页，南京大学出版社 1991 年版。沈案：陈其美于 1906 年赴日留学，初入东京警监学校，学习警察法律。1907 年秋，转入东斌陆军学校，学习军事。该校由孙中山措筹经费，请日人寺尾亨博士出面创办，专门收容有革命思想、被振武学校拒之门外而有志学习军事的自费中国留学生，旨在秘密训练革命干部。陈其美在校内外结识了包括同情中国革命的日本人在内的很多志士。1908 年，受同盟会指派回国从事革命活动。

[2] 樊崧甫遗著：《上海帮会内幕》，《上海文史资料》1980 年第 3 辑，第 156 页。

[3] 《辛亥革命上海光复实录》（革命军敢死队队长张承櫆之自述），《革命逸史》第 5 集，第 253 页。

[4] 饶怀民：《李燮和与沪宁光复》，第 98 页；《辛亥革命上海光复实录》，《革命逸史》第 5 集，第 252 页。

李燮和首先争取了吴淞巡官黄汉湘,接着由黄汉湘介绍与闸北巡逻队官陈汉钦接触,再由陈汉钦牵线,与巡防营管带章豹文、巡防营水师管带王楚雄以及江南制造局附近炮兵营哨官成贵富等建立了联系。此外还与海巡盐捕营统领朱廷燎、吴淞警务区长杨承溥等相会,争取他们支持革命。这样,李燮和通过耐心细致的工作,将上海及其附近的军警串通起来,基本上控制了淞沪军警,使之"静待后命以应起义"[1]。

武昌首义消息传来,上海市民群情激昂。10月24日,陈其美、范鸿仙、叶惠钧和将赴武昌的宋教仁等,在民立报馆会议,讨论上海响应的具体计划。"决议以联络商团,媾通士绅为上海起义工作之重心"[2],决定由沈缦云、叶惠钧、王一亭去争取李平书及其上海商团。沈缦云等即向李平书进行试探,并晓以大义,敦促其共谋上海光复大业。李平书心有所动,表示:"此时非东南急起响应,无以救武汉之危。"[3]10月29日,经沈缦云介绍,李平书在贞吉里寓所与陈其美相见。他陈述了商团及自治公所的保民宗旨,并表示"彼此随时协商,取相互尊重主义"[4]。李平书的倾向革命,不仅标志着立宪派在大势所趋下的转向,而且也带动了自治公所前任议长沈恩孚、时任议长吴馨及中区商团会长莫锡纶、自治公所议员王引才、警务长穆抒斋等一批绅商头面人物,使上海自治公所、上海商团的主要领导人由立宪转向革命,商团成了上海辛亥光复中重要的武装力量。11月1日,陈其美与李平书、吴馨、叶惠钧及刚从欧洲抵沪的党人钮永建等人集议,确定了"上海先动,苏杭应之"的行动方针。同天,上海商团集于沪南九亩地,举李平书族侄李英石为临时总司令。

经过半个月的发动联络,革命武装就绪。11月2日,陈其美、李燮和会于民声丛报馆,商量上海起义的具体部署。决定11月3日午后4时,分闸北与上海县城同时发难,得手后再攻取吴淞。闸北方面以反正后的巡警为主力,由陈汉钦任总指挥,商团接管沪宁车站,以防清军南下;县城方面,由商团派队接管道、县两署,并保卫地方治安;最后集中力量攻打制造局。会后,陈其美、李燮和即分别进行部署。

1911年11月3日,上海起义爆发。先是,中午时分,闸北方面由于负责传达起义指令的陈汉钦被警方察觉,陈与侦探队队官汪景龙发生争执,汪发枪击

[1] 钱基博:《辛亥江南光复实录》,中国近代史资料丛刊《辛亥革命》第7册,第42页。
[2] 沈焕唐:《上海光复前夕的一次重要会议》,《辛亥革命回忆录》第4册,第48页。
[3] 《沈缦云先生年谱》附言:李平书撰《哀文》,未刊稿本。
[4] 《通敏先生行状》参见《纪念辛亥革命七十周年论文集》上册,第822页。

陈不中,局中警士大哗。适遇警局隔壁民房失火,巡警局长姚捷勋误以为革命党已发动起义,仓皇逃走。陈汉钦乘势集合警士,提前起事。巡警、商团均臂缠白布,出队巡逻。各军营地也都易帜反清。闸北地区未经战斗即被民军占领。随后,闸北商团速派队伍接管沪宁车站,控制了上海与外界联络的陆上通道。

县城方面,11月3日上午,陈其美、李平书、沈缦云等在斜桥西园召开会议,决定午后4时在九亩地举行誓师大会,宣布反清独立。会后,商团受命分段出防,维持治安。此时,闸北光复消息传来,上海道刘燕翼、知县田宝荣闻讯,慌忙逃出县城,避入租界,其他文武官员也乘机走避,城内军警则转向革命党。起义军未遇抵抗,即占领城厢,接管道、县两署。

就在上海县城顺利得手的同时,陈其美自率张承槱的敢死队两百余人,从南市出发进攻江南制造局。江南制造局位于南门外高昌庙,占地数百亩,是当时全国最大的军火制造厂之一,有重兵把守。总办张士珩,字楚宝,安徽合肥人,李鸿章外甥。他靠镇压义和团起家,仇视革命党。亲信卫队均是安徽人,效忠张士珩。自武昌起义以来,张士珩即严行戒备,"安置机关炮,预备抗拒民军,所辖卫队以其亲属领之"[1]。成了抗拒革命的顽固堡垒。下午5时,敢死队乘制造局放工之际,冲入局内。驻守清军拼命抵御,敢死队员被打死一人,伤二

革命军占领后的江南制造局东路大门

---

[1] 李燮和:《光复军志》,《近代史资料》第57辑,第99页。

人,后面队员顿时阵势大乱,而正在指挥的陈其美在慌乱中被局内守军俘虏[1],首攻制造局失利。李平书闻讯后立即赶到高昌庙,企图以自治公所、县商会名义作保,但被张士珩拒绝。回到自治公所后,与王一亭、叶惠钧等人商议。王一亭表示"进或亦死,退则必死",与其引颈待戮,不如为国殉身,若此事成功,"则于民国前途裨益良巨"[2]。李平书得众人支持,随即发令再攻制造局。李燮和得知陈其美被俘,即召陈汉钦,令诸营民军会师以援。11月4日凌晨,李燮和率巡防营、沪军营、闸北警士、水师营,合同上海商团、张承櫆敢死队,发起第二次攻打制造局的战斗。经过6个多小时激战,在局内工人配合下,终于攻占制造局,救出陈其美。张士珩见大势已去,乘小火轮逃往租界。至此,上海完全光复。到11月7日,上海周边宝山、松江、青浦、崇明、嘉定、南汇、奉贤、川沙等县、厅,也相继宣布反清独立。

上海光复后,革命党人即以同盟会发布的《革命方略》筹建革命政权。还在起义过程中,陈其美等就曾以"上海军政分府"的名义发布宣言和告示,并委任李平书为"民政总长"。11月6日下午,上海各界代表近60人在县城海防厅署集会,筹组军政分府,推选都督。会议由李平书主持,会上有人提议:上海为交通大埠,仅有军政分府不够,应另行举一沪军都督,招集大队雄军北进,以定国是,并为我东南门户之备。与会者表示赞同,陈其美当即提出预先拟就的都督府人选名单;以陈其美为沪军都督,李燮和、陈汉钦、钮永建、章梓、李英石、叶惠钧、黄郛、俞凤韶、杨兆鋆、沈翔云为参谋。11月7日下午,沪军都督府正式成立。

沪军都督府直辖司令、参谋、军务三部,受都督指挥、命令,执行主管事务;另设外交、民政、财政、交通、海军五部,但不由都督府直辖,部长也不由都督任命。沪军都督府都督及各部正副部长名单如下[3]:

都督:陈其美

司令部:部长　陈其美　　　副长　盛典型

参谋部:部长　黄郛　　　　副长　刘基炎

军务部:部长　钮永建　　　副长　李英石

外交总长:伍廷芳

民政部长:李平书

---

[1] 一说陈其美入局内说降被执。

[2] 伍特公:《上海商团光复上海纪略》,《辛亥革命在上海史料选辑》,第151页。

[3]《申报》1911年11月19日,《辛亥革命在上海史料选辑》,第307—309页。

财政部长:沈缦云

交通部长:王一亭

海军部长:毛仲芳

以上沪军都督府主要领导人中,除伍廷芳为社会名流、李平书为自治公所总董、毛仲芳为清海军起义将领、盛典型身份待查外,其余均为同盟会会员。这表明,沪军都督府是以革命派为主体的革命政权。在上海光复中出过大力、作过重要贡献的光复会上海支部李燮和,只得了个"参谋"的虚名,不满之下,跑到吴淞,另组"吴淞军政分府",自任都督了。

上海光复,是武昌首义和湖南、陕西、山西、云南、江西等省起义推动的结果。同时,它的成功反过来又对首义之区的安定和其他省份的反清斗争,起了重要的促进作用。孙中山曾在事后指出:武昌起义后,"响应之最有力而影响于全国最大者,厥为上海"[1]。可以说,上海光复是辛亥革命的转折点。细析其作用有下列4点:

第一,上海光复,促成了苏浙独立和加快了攻占南京的进程,从而形成了以上海为中心的江浙革命区域。

上海是江苏大埠,扼长江入海口。江苏进出口货物全靠上海集散,一切政治、经济、文化,全以上海为中心。"淞沪光复,而江苏震惊,人心思汉,土崩势成。"[2]所以,当11月4日上海光复后,依附革命的上海商团会长李平书率民军50余人连夜"由专车赴苏",劝说苏抚程德全独立,程不得不俯首应命,第二天,江苏即宣布脱离清廷独立。

浙江素与江苏休戚相关。革命党人原拟沪、杭两地联合发难。武昌起义后,上海同盟会中部总会多次派人去杭州联络,商定起义计划,"拟先占杭州为根据地,再由专车派兵夺上海制造局,进攻苏州,直达南京",并议定了起义指挥机构的组织、人选与发难日期。上海光复后,革命党人、光复会会员尹维俊(女)、张伯歧,也于4日率敢死队到杭州协助起义。次日,杭州光复。

南京地处大江之滨,气吞三河,势控两江,向为兵家必争之区。武昌起义后,上海《民立报》撰文指出:"今日之形势,以天下言之,则重在武昌;以东南言之,则重在金陵。"[3]夺取南京,一直是同盟会中部总会着意经营之所在。上海光复后,中部总会上海支部立即着手组织江浙联军会攻南京。12月2日,联军

---

[1] 孙中山:《建国方略》之一《孙文学说》,第8章《有志竟成》,《孙中山全集》第1卷,第244页。

[2] 钱基博:《辛亥江南光复实录》,《辛亥革命》资料丛刊第7册,第47页。

[3] 渔父(宋教仁):《湖北形势地理说》(一),《民立报》1911年10月15日。

攻占南京。

苏浙光复,南京攻克,其成功都与上海光复后的积极支持有极大关系。而江浙革命区域的出现,又使已经独立的湖北、湖南、江西三省与下游连成一片,不仅大大减轻了武昌地区的压力,而且造成了长江流域的强大革命形势,底定了辛亥革命胜利的大局。正如《民立报》一篇文章所说:"自革党割据武汉后,谈形胜者皆谓西不得宜昌,南不得荆州,则无地势可凭;不沿江而攻下东南各省,则天下大势尚不至全去"[1],东南各省相继光复,清政府确实大势休矣。

第二,上海光复,切断了清军的军火补给来源和南北交通,并迫使清海军反正,从而在军事上直接支援了武昌首义区,为各省光复减轻了压力。

清军的军火来源,除直接购自各帝国主义国家外,在国内,主要靠汉阳枪炮厂与上海江南制造局调拨供应。两者,尤以江南制造局为最大军火工业。武昌起义后,汉阳枪炮厂为革命军占领。11月4日,江南制造局又被李燮和所率民军攻占。这样,清军的军火补给被切断。

清政府的陆路运输,主要靠南北铁路大动脉京汉、粤汉两线相接。武昌起义后,南北交通中断,清政府依靠沪杭铁路北连济南、北京,南接粤汉,作为陆上通道。上海是其中枢。上海起义时,商团奉命接管沪宁车站,再次切断了这条南北补充干线。

民军占领上海后派兵保护沪宁车站

武昌首义后,清军水陆两途急赴湖北镇压革命。海军方面,由萨镇冰统长

---

[1]《鄂豫军事地理谈》(一),《民立报》1911 年 10 月 23 日。

江舰队赴汉口,其中一部分舰艇留泊上海高昌庙、杨树浦等处,以为策应。上海光复后,李燮和亲登驻泊吴淞的鱼雷艇"策电"号,晓以大义,使"策电"号官兵倒向革命。然后,又策反了建安、钧和、楚有、登瀛洲、辰字、湖鹏各舰艇,致使萨镇冰所统海军舰队首尾不能相顾。加以舰队官兵同情革命,不愿出力进攻武汉,于是,萨镇冰不得不率舰下驶,在九江宣布反正。可见清海军反正,一在同情武昌革命,是为内因;一在上海各舰宣布起义,使在汉口江面的舰队"情见势拙,而成坐困"[1],是为外因。海军脱离清廷,对清军是个重大打击。参加海军反正的张怿伯事后回忆说:"清军占领汉口、汉阳,革军未曾得手。自得海军来归,革军声势遂一大振"[2],这确实不是虚语。

第三,上海光复,使以张謇为首的江浙立宪派加速了倒向革命的步伐,清政府在政治上陷于极大孤立,从而造成了有利革命的阶级力量对比。

在君宪派争取立宪运动中,江浙预备立宪公会是最有号召力的国内立宪团体。三次大规模的请愿运动,主要是由它发动而影响全国的。其首脑人物张謇,更是君宪派的人望。他在武昌起义后,还到南京劝说两江总督张人骏派兵赴武汉镇压革命;又到苏州,代苏抚程德全起草奏疏,吁请政府速开国会以收买人心。上海起义前,他潜回南通,观望形势,直到起义成功、大局已定,才由南通抵沪,表示拥护共和,倾向革命,并写信致电,劝说袁世凯及其他清廷将领归顺革命。以他为首的江浙君宪派联合起来,向清政府劝说行共和弃君主立宪,这就是形势发展合乎逻辑的表现。君宪派在上海起义前虽说已有湖北汤化龙、湖南谭延闿倒向了革命,但如果没有张謇牵头,就少了一个主心骨。而江浙君宪派倒向革命,无疑对孤立清政府更具威慑力。

第四,上海光复,使革命领导中心发生转移,从而为南北议和、建立南京临时政府,创造了有利条件。

武昌是首义之区,革命的领导中心本应在武汉。但上海光复后,领导中心却逐步移向上海。发生重心东移的现象,一方面固然由于资产阶级革命派在稍获胜利后就进行了争权夺利的斗争;另一方面,确实也有客观上的原因使得重心有东移的必要和可能:

首先,武昌革命党领导机构,在首义前夕已遭破坏,致使首义成功后没有一个足资号召的人物出来领衔压阵。黎元洪毕竟是个旧军官,在全国革命党人的

---

[1] 钱基博:《辛亥江南光复实录》,《辛亥革命》资料丛刊第7册,第47页。
[2] 张怿伯:《辛亥海军举义记》,同上书,第475页。

心目中,显然不足以代表革命派。在这种缺乏人望的情势下,武昌不可能长期保持重心地位。

其次,同盟会中部总会在广州黄花岗之役后,事实上已取代了总部的领导。它设在上海,成为长江中下游各省革命组织的核心所在。宋教仁、陈其美等早在武昌起义前就以上海为中心策划长江革命,上海起义成功,势必成为革命党人的荟集之处,无形中形成为另一个中心。

再次,武汉三镇自首义后不久立即遭到清军围攻,能否保卫,前途未卜,各省代表会议人心惶惶。上海为华洋巨埠,既有江浙为之拱卫,又有广阔的租界可资利用。从安危角度考虑,上海作为政治重心确较武昌略优。所以当各省都督代表会议在武昌召开不久,便转移至南京继续开会了。会议虽在南京,中心却仍在上海。

最后,上海及江浙区域,不仅经济实力雄厚,商贾辐辏,而且在中外关系方面也具有重要地位。在帝国主义虚伪中立的幌子下,不少革命党人把上海看作是谋求列强外交支持最有利的所在,加上革命派在国内最有影响的报刊集中在上海,进行舆论宣传以扩张革命的影响,上海较武汉更为利便。

所有这一切,使得光复后的上海成了革命重心势必转移的处所。南北议和及酝酿临时政府组织等决策主要都在上海进行,也就可以理解了。

革命形势的发展,总是后浪推前浪式的递进运动。没有后浪的冲击,不会有前浪的汹涌。在武昌首义后形成的强大革命浪潮中,上海光复所起的作用,确实是埋葬清王朝的一股巨大冲击力量。

(二) “不在疆场之上,而在樽俎之间”

武昌首义,虽在形势发展的情理之中,但又大大出于同盟会领导的始料之外。这就使他们在突然到来的胜利面前手脚慌乱,既拿不出一个全局性的应对计划以扩张胜利成果,又未能及时赶赴第一线对武昌革命党人以有效的指导。结果,武昌首义后各地陷入自发起义的无序局面,各种政治势力在这一盛大节日中纷纷出台表演,对革命胜利后的政局带来了极为严重的后果;首义后的武昌新政权也在湖北革命党人的政治幼稚中落入到曾经沾满革命者鲜血的混成协统黎元洪及湖北君宪分子的手里,革命元勋反成了革命盛宴上的陪客。

武昌起义爆发时,同盟会第二号领袖黄兴正在香港。自从黄花岗起义失败后,他作为这场起义的总负责人,陷入了极端痛苦的自责状态中。为了替死难同志报仇,他决意组织暗杀机关以谋刺镇压广州起义的元凶。所以自1911年4月底到9月中旬,他"未尝与一友通只字。其所以断绝交通如是之孤行者,冀有以解脱一切纠缠,以促其进行之速"。[1]直到四川保路运动发展到同志军起义的阶段,他才在形势感召下,从痛自刻责的状态中解脱出来,重新肩负指导运动的责任。

当时,黄兴对全局的考虑,有过以云南发动为首着的设想,认为"云南方面较他处稍有把握,且能速发,于川蜀亦有犄角之势"[2],但在四川保路同志军围攻成都,"私电均以成都为吾党所得,然未得有确实消息"[3]的情况下,究竟如何布局,尚未有确当办法。他在致冯自由信中说:云南虽可速发,但"难望其成功,以武器甚少,不足与外军敌也。滇为蜀应则有余,为自立计则不足,倘蜀败,亦同归于消灭而已。是以弟等尚未能决其如何办法,专符蜀事得有确信方敢为也"[4]。不过,这时他不主张湖北方面轻易发动的意向是明确的。这年9月间,他曾作书致湖北同志称:"革命迭次失败,损失太多,此次经营武汉,要格外慎重。各省没有打通以前,湖北一省千万不可轻举。必须迟至九月初旬,与原定计划中之十一省同时举义,方可操必胜之券,希望武汉同志暂行忍耐。"[5]

当湖北方面派员赴上海向中部总会详述湖北起义情况,表示决心已定,并由吕志伊、刘止芬到港对黄兴面陈一切后,黄兴对武汉方面的看法有了改变。他在致冯自由的第二封信里谈到了自己对武汉党人决心起义的看法,并就以往专注广东作了反省与比较:

> 盖鄂省军界久受压制,以表面上观之,似无主动之资格,然其中实蓄有反抗之潜力;而各同志尤愤外界之讥评,必欲一申素志,以洗其久不名誉之耻。似此人心愤发,倚为主动,实确有把握,诚为不可得之机会。若强为遏抑,或听其内部自发,吾人不为之指挥,恐有鱼烂之势,事诚可惜。即以武汉之形势论,虽为四战之地,不足言守,然亦视其治兵之人何如。……今汉阳之兵器厂既归我有,则弹药不忧缺乏,武力自足与北部之兵力敌,长江下游亦驰檄可定。沿京汉铁路以北伐,势极利便。以言地利,亦足优为。前吾人之纯然注重于两粤而不注意此者,以长江一带,吾人不易飞入,后来输运亦不便,且无确有可靠之军队,故不欲令为主动耳。今既有如此

---

[1][2]黄兴:《复同盟会中部总会书》,《黄兴集》,第63页。
[3][4]黄兴:《致冯自由书》(1911年9月30日),《黄兴集》,第65页。
[5]黄兴:《致武汉同志书》(1911年9月),同上书,第62页。

之实力,则以武昌为中枢,湘、粤为后劲,宁、皖、陕、蜀亦同时响应以牵制之,大事不难一举而定也。急宜趁此机会,勇猛精进,较之徒在粤谋发起者,事半功倍。[1]

黄兴的信,是写给冯自由请转孙中山的,所以,也可以说是写给孙中山看的。上述关于鄂省为中枢,首先发难;以湘粤为后劲,江苏、安徽、陕西、四川同时响应的设想,也是为着说服孙中山放弃只注意两广云南边疆发动的方针。他希望孙中山能为此而设法筹集巨款以助之。但是,他尽管有此设想,却没有答应湖北党人请他南下领导起义的要求。这可能是为了等候远在美国的孙中山的指示与答复,从而丧失了躬亲指导武昌首义的天赐良机。如果他那时能当机立断,随吕志伊、刘止芬和居正回鄂,那么,武昌首义后群龙无首的局面就能避免,以后各省纷争的混乱现象就不会出现,历史将会变成另一种情况。由于他优柔寡断,当他在 10 月 28 日到达武昌时,既成事实形成的政权格局早已排除了革命党领袖控制局势的地位,他只能在一个旧军官充当都督的麾下,以"民军战时总司令"的身份,在枪林弹雨中和清军拼杀了。从 10 月 5 日发出致冯自由的第二封信到 10 月 28 日,短短的 23 天,武汉形势的迅速发展打乱了同盟会领袖苦心经营达 6 年之久的整个计划,一个多中心即无中心的混乱时期随之到来。

最早到达武昌的同盟会重要骨干,是中部总会的谭人凤。他在首义后的第 4 天,即 10 月 14 日早晨,由居正陪同到达武昌。当时,黎元洪虽已居都督之位但仍徒有其名,实际权力操在党人之手。由于原文学社首领蒋翊武与共进会首领刘公、孙武等在起义前就离开了武昌,起义后的实际负责人是参谋部长蔡济民。如果谭人凤其时能坚持加强革命党在军政府中的地位并减弱旧政府旧势力的影响,情况可能会对革命派愈益有利。但他却计不出此,反而以中部总会领导人的身份,为黎元洪举行盛大的授权仪式,亲自把象征革命的十八星军旗及标志权力的佩剑授予黎元洪;不仅如此,还指令居正起草军政府组织条例,确定都督拥有对内对外的最高权力;军政府下辖的军政、民政两大部中,民政部下属机构的人选可由部长提名、都督委任。从此,黎元洪成了名符其实、有职有权的真都督,原先那副愁眉苦脸、战战兢兢的可怜相一扫而光,立即变成了趾高气扬的大人物;而湖北地区的君宪派头面人物,也在民政部长汤化龙的引荐下,担任部属各局的司局长,得以弹冠相庆,咸称共和了。谭人凤的自作聪明,使革命

---

[1] 黄兴:《致冯自由书》之二(1911 年 10 月 5 日):《黄兴集》,第 66—67 页。

党作茧自缚。尽管就整体而言,政权还操在革命党人手里,军政府最有权威的机构军政部尤其是党人的天下;尽管民政部后来改组,各司局尤其是内务、财政二局仍由党人充当领导,汤化龙自觉没趣,在汉阳失守后悄然离职,但由此造成的革命君宪不分彼此、咸与共和的思想混乱局面,却一直在社会上弥漫,而黎元洪则因此长踞要职,变成了革命的功臣。革命派在首义之区的这一举措,成了响应各省在组织政权时效法的样板。一时间,革命派与君宪派共享权力、旧军官充当新政府都督的局面,比比皆是。同盟会的声名和领导地位,无形中受到了极大的削弱。出现这种事与愿违的状况,难道不正是同盟会这个松散的联合体在武昌首义前因为自身的分裂造成了涣散无力局面的恶果吗?不正是同盟会领导集团在猝然到来的胜利面前毫无统筹大局的应对之方的反映吗?不正是自称专主长江流域革命而在革命到来前又犹豫不决,失去指导武昌首义良机的同盟会中部总会领导人政治幼稚病所产生的不良影响吗?中国资产阶级革命派的不成熟,由此可见一斑。

孙中山对于湖北党人发动首义也是始料不及的。武昌起义前,他只得知党人将在云南首起响应川路风潮的打算,并正为此而奔走筹款。9月25日,他在致咸马里的信中说:"近日四川省起大风潮,为民众与政府之间发生铁路争端所引起。我党在华南的总部诸君大为激动,因为谣传四川军队已卷入纷争。如所传属实,则我党人拟策动云南军队首先响应,而广东军队亦将继起。但我不相信此一传闻,因我们从未打算让四川军队在国民运动中起首倡作用,这方面它尚毫无准备。据官方报导,四川新军拒不服从总督的作战命令,但亦未加入民众一边,即持中立态度,我认为此与事实相符。"[1]这封信,与上引黄兴《复同盟会中部总会书》说到"滇为蜀应"的方略是一致的,证明当时革命党人确实没有考虑长江革命的计划,仍把注意力集中于滇粤方面。

约在10月初,孙中山接到黄兴密电一件,由于密码本夹在行李箱中已先期运走,孙一时无法译出。10月11日,孙中山到达美国北部科罗拉多州的丹佛(Denves)市,当夜译出电文:"居正从武昌到港,报告新军必动,请速汇款。"[2]显然,这是黄兴在听取武汉同志汇报后,改变云南发动为支持湖北先起的计划。孙中山因不知详情,准备复电"令勿动"[3],不同意湖北发难。不料,电文尚未拟定,第二天即10月12日,孙中山从当地报纸上看到"武昌为革命党占领"的消

---

[1] 孙中山:《复咸马里函》(1911年9月25日),《孙中山全集》第1卷,第540页。
[2][3] 孙中山:《有志竟成》,《孙中山全集》第6卷,第244页。

息,意外之余,深为欣奋,立即赶赴美东芝加哥市。13 日,以同盟会芝加哥分会的名义,发布了"预祝中华民国成立大会"的布告。布告称:"武昌已于本月十九日(沈案:即 10 月 10 日)光复,义声所播,国人莫不额手相庆,而虏运行将告终。本会谨择于二十四日(沈案:10 月 15 日)开预祝中华民国成立大会,仰各界侨胞届期踊跃齐临庆祝,以壮声威。"[1] 这是孙中山对武昌首义作出的第一个反应。当时,还没有一个省份继武昌而起(首先响应的湖南省在 10 月 22 日起义成功),他就已敏锐地看出武昌起义的成功,意味着清王朝覆灭命运已定,民国必将诞生。这不仅是一个革命家对未来充满信心的表现,而且也是他作为革命领袖对时局估量能力的体现。联系到以往历次起义失败、党人灰心失望时,他经常以起义产生的良好影响来鼓舞士气、振作精神的一系列言论,证明他确实比一般同志具有更高的判断力与更深刻的观察力。

武昌首义成功,使长期流亡海外的孙中山面对去留问题的抉择。他闪出的第一个念头是归国亲自指挥革命战争,以快生平之志。但再三思考、权衡轻重后,认为自己"当尽力于革命事业者,不在疆场之上,而在樽俎之间,所得效力为更大也。故决意先从外交方面致力,俟此问题解决而后回国"[2]。这是孙中山作出的第二个反应:留在海外,为未来新政权获取欧美列强承认与支持尽力奔走。这不失为一个扬长避短的决定。孙中山虽多次谋划反清武装起义,但几乎没有一次是在他亲自指挥下进行的;而他作为海内外公认的中国革命党领袖,长期的流亡生涯,使他与各国政界、商界有着广泛的接触。这一特殊的地位与优势,确实在党内没有任何同志可以替代与媲美。加之当时所有革命党人,对能否取得列强的外交支持都看得极重,把革命成败与有否外交支持直接联系起来。这虽说是一种幼稚的识见,却是处在半殖民地社会中,一个软弱的阶级力量渴望战胜强劲对手唯一可能产生的心态。弱者总是寄希望于幻想,而强者只相信力量。

根据孙中山的观察,认为"列强之与中国最有关系者有六焉:美法二国,则当表同情革命者也;德俄二国,则当反对革命者也;日本则民间表同情,而其政府反对者也;英国则民间同情,而其政府未定者也。是故吾之外交关键,可以举足轻重为我成败存亡所系者,厥为英国;倘若英国右我,则日本不能为患矣[3]"。于是,他起程赴纽约,开始英国之行。

---

[1] 孙中山:《中国同盟会芝加哥分会预祝中华民国成立大会布告》(1911 年 10 月 13 日),《孙中山选集》第 1 卷,第 542 页。

[2] 孙中山:《有志竟成》,《孙中山全集》第 6 卷,第 244 页。

[3] 同上书,第 245 页。

从 10 月 13 日孙中山为芝加哥同盟分会代拟布告起,他就直接投身于为中华民国催生的活动中。可以说,他是所有同盟会重要人员中,第一个替武昌起义胜利后的新政权奔走呐喊的人。

孙中山外交活动的重点虽然放在争取英国对中国革命的支持上,但在他由美赴英、由英去法、由法回国的旅程中,每到一处,都积极进行了力所能及的游说和呼吁。

10 月中旬,孙中山偕表弟、芝加哥华侨朱卓文一起离开该市,20 日抵达纽约。他曾中途赴华盛顿,"意在探索美国政府之底意,并藉以疏通感情"[1],但并未获得成功。考虑到日本是中国近邻,对未来新政府支持与否将产生重要外交影响,尽管日本民间人士同情中国革命,但其政府之方针"实在不可测"[2]。由于他已被日政府下令驱逐,为了能堂堂正正以中国革命党领袖的身份访问日本,他在抵达纽约后曾致电宫崎寅藏,探询日本政府的意向。24 日,得友人萱野长知复电,称"如肯改名,则登陆或停留均无妨碍"。萱野同时又将此事电告已在纽约与自己素有交谊的鹤冈永太郎,鹤冈在与日本驻纽约总领事水野幸吉商量后,于 26 日以水野私人代表的身份拜会孙中山,了解他赴日活动的意向。孙中山明确表示:"目前华中起义系由本人所指挥";"当此之际,本人无论如何亦愿前往一行",但"总愿以公开身份停留"。日本政府如能同意,自己将在回国途中再次取道美国,经西雅图前往日本。他认为,日本政府对自己若能作出这个决定,那么"既可鼓舞革命军之士气,又可消除外界认为日本国政府暗中庇护北京政府之疑虑,对双方均为有利"。他希望鹤冈能将此事转告日本代理驻美大使埴原,电请日本政府考虑[3]。大概日本政府不愿考虑孙中山不更姓名而登陆,此事也就不了了之。

11 月 2 日,孙中山离纽约赴伦敦。11 日到达伦敦后,立即进行了一系列的外交活动,目的是寻求英国给予新政权经济上的资助和停止对清政府的贷款。清政府曾与英、美、德、法组成的四国银行团签订过两笔各 1 亿元的借款合同,以备收回川汉路后进行修筑和实行币制改革之用。武昌起义后,英国为了迫使清政府把权力交给它所属意的新强人袁世凯,就以拒付贷款的方式压迫清政府就范,四国银行团因之决定推迟与清政府借款的谈判。但孙中山并不了解四国银行团在巴黎作出的上述决议,到英国后,他请由美国人咸马里事先代为约定

---

[1] 孙中山:《与鹤冈永太郎的谈话》,《孙中山全集》第 1 卷,第 544 页。
[2] 孙中山:《有志竟成》,《孙中山全集》第 6 卷,第 245 页。
[3] 孙中山:《与鹤冈永太郎的谈话》,《孙中山全集》第 1 卷,第 543 页。

的英国制造马克沁机枪等军火厂厂主达耳生先生（Sir Trevor Dawson）代表他与英国政府接触。11 月 14 日,达耳生与英国外交大臣爱德华·格雷爵士会晤,递交了由孙中山与咸马里共同签署的一个文件,希望成立一个"盎格鲁撒克逊联盟"以联络英美,并拟经由美国国务卿诺克斯及参议员卢特取得联系,请格雷电询华盛顿。在这一文件中,孙中山表示如英国同意,他将通过咸马里等向美国借得 100 万镑。他希望英国政府能积极支持中国革命,而由他领导的革命新政权也将给英美以特殊的权利[1]。同时,达耳生还向格雷提出了孙中山的三项请求:"一,止绝清廷一切借款;二,制止日本援助清廷;三,取消各处英属政府之放逐令,以便取道回国。"[2]

英国外交大臣格雷爵士没有接受孙中山在文件中的要求,但对三项请求则在口头上表示同意。因为第一项关于给清廷的借款,四国银行团已经在巴黎作出了暂时停止与清政府谈判的决定;第二项也与英国反对日本乘干涉中国革命之机把势力伸入中国的既定政策原则相符;第三条则在不久就由英国政府发出训令所证实。格雷在和达耳生晤谈中,明确表示英国将在革命党和清政府的交战中"保持中立",并声言"中国似有一立于革命党反对方面的良好的人即袁世凯,英国人将尊敬袁。所有外国人以及反满的团体都可能给予袁世凯以总统的职位——假如他能驱逐满清并赞成共和"[3]。这是英国政府公开表明它不接受孙中山为首的革命政权,支持袁世凯取代清王朝充当共和政府总统的意向。根据这个意向,清政府将在把权力移交给袁世凯后结束自己的统治,而袁世凯则必须赞成共和政体和迫使清王朝垮台。

达耳生是否把格雷爵士的上述意向原原本本地转告孙中山,现在还缺乏资料证明,但孙中山在关于由谁担任民国总统问题上的态度变化却值得深思:

在达耳生与格雷晤谈前,孙中山对革命党将拥戴自己担任革命政府元首是充满自信的。1911 年 10 月 31 日,他在纽约致咸马里的电报中说:黎元洪"缺乏将才,无法久持。各地组织情况甚好,都希望我加以领导。如得财力支持,我绝对能控制局势"[4]。11 月中旬抵达伦敦后,英国记者在采访他的报导中透露:孙中山说"倘国人召彼前往组织中央政府,以总理一席属之,彼必乐为效力"[5]。即使是他以个人名义刊登在 11 月 16 日上海《民立报》上的《通告各国书》,虽自

---

[1][3] 参见吴相湘:《孙逸仙先生传》下册,第 984 页。

[2] 孙中山:《有志竟成》,《孙中山全集》第 6 卷,第 211 页。

[4] 孙中山:《致咸马里电》(1911 年 10 月 31 日),《孙中山全集》第 1 卷,第 544 页。

[5] 孙中山:《与英国记者的谈话》(1911 年 11 月中旬),同上书,第 559 页。

称"我辈中华之国民也",但全文的旨意,显然是以民国政府首脑的身份,根据同盟会《革命方略》中的《对外宣言》内容,向各国宣布新政府对外关系的一系列政策和措施[1]。

达耳生与格雷晤谈之后,孙中山突然宣称自己对担任新政府首脑一事"毫不介意",由黎元洪或袁世凯当总统都可以。11 月中旬,在与大学时代的老师康德黎博士的谈话中说:"余于共和政府之大统领毫不介意。惟维持中国前途之责任,余可担当。今之中国似有分割与多数共和国之象,余甚希望国民速建设一善良之中央政府。"[2]11 月 16 日在致民国军政府的电文里称:"总统自当推定黎君。闻黎有请推袁之说,合宜亦善。总之,随宜推定,但求早巩国基。满清时代权势利禄之争,吾人必久厌薄。此后社会当以工商实业为竞点,为新中国开一新局面。至于政权,皆以服务视之为要领。"[3]11 月中旬,他在和伦敦《滨海杂志》记者的谈话中说:"不论我将成为全中国名义上的元首,还是与别人或那个袁世凯合作,对我都无关紧要。我已做了我的工作,启蒙和进步的浪潮业已成为不可阻挡的。"[4]

孙中山上述态度的变化,虽不能说完全是受到格雷爵士的谈话所致,但英国政府从武昌首义后不久起即暗中或公开支持袁世凯,早已不是什么秘密。

还在武昌起义的第二天,四国银行团中的美国代表司戴德就公开宣称:"如果清朝获得一个像袁世凯那样强有力的人襄助,并承诺某些立宪革新,叛乱自得平息。"[5]英国驻华公使朱尔典也伙同美国公使嘉乐恒,多次与摄政王载沣会晤,表示英美对袁世凯能镇压革命的信任,胁迫清政府起用被它开缺回籍的袁世凯。正是在帝国主义强大压力下,清政府于 10 月 14 日任命袁世凯为湖广总督,"督办剿抚事宜"。袁世凯也认准了列强准备扶他上台镇压革命的大势,以此要挟清政府给予他军、政、财大权。清政府在各省纷纷响应、全国陷入失控局面而亲贵大臣无人可以用命的窘迫情势下,不得不于 11 月 1 日解散以奕劻为首的皇族内阁,授袁世凯为内阁总理大臣,重新组阁。11 月 13 日,袁世凯在中央资政院公举他为总理大臣之后,抵达北京。

孙中山对北京政情的变化并非无知,但他总认为列强不会不同情中国革

---

[1] 孙中山:《通告各国书》(1911 年 11 月 16 日刊于《民立报》),《孙中山全集》第 1 卷,第 545 页。

[2] 孙中山:《与康德黎的谈话》(1911 年 11 月中旬),同上书,第 559 页。

[3] 孙中山:《致民国军政府电》(1911 年 11 月 16 日),同上书,第 547 页。

[4] 孙中山:《我的回忆——与伦敦〈滨海杂志〉记者的谈话》(1911 年 11 月中旬),同上书,第 557—558 页。

[5] 克罗利:《司戴德》(M. Croly:Willard Straight),纽约 1925 年版,第 417 页,转引自林家有主编:《辛亥革命运动史》,中山大学出版社 1990 年版,第 537 页。

命,尤其对在各国驻华公使团中最有举足轻重影响的英国,抱有不切实际的幻想。因此,他不仅把外交活动看作自己尽力为革命服务的最重要使命,而且把说服英国政府支持新政权视为革命成败存亡之所系。他也知道美国是英国亲密的外交伙伴,所以,他想以美国同情中国革命作为争取英国的砝码,建立一个英美结合在一起的盎格鲁撒克逊联盟,并表示自己可以取得100万镑美国贷款以显示自己有掌握新政权的能力。当这一计划被英国拒绝而自己的三项请求获得格雷爵士的口头保证后,孙中山从急需推翻清王朝、建立共和国的全局出发,对自己在新政权中的进退表示了无所谓的态度;对袁世凯则强调必须在拥护共和、推倒清廷的条件下才可担任民国总统。高尚志洁的大度中,反映出对掌握政权的重要性缺乏正确认识的幼稚,这正是孙中山政治命运的悲剧性所在。可以说,孙中山在这一阶段内对于谁来掌权问题上的态度变化,奠定了他今后一个长时期中政治认识和参政行为的基本格调。他之所以会把民国大总统的位置让给袁世凯,之所以热衷于搞实业建设,其主因即在于这种"东郭先生"式的善心与大度,而根本则出于对帝国主义压力的恐惧。看来,保皇派一贯指责革命将会招致瓜分的话语,时时像梦魇一样压在他和其他革命者的心头,久久不能拂去,以至在他们作出任何重要决策时,都摆脱不了帝国主义的魔影。

　　11月中下旬,孙中山在英国对报界发表了最后一次演说。其主旨不再涉及新政权的首脑人选问题,而是以建设一个什么样的政府以及这个政府将如何对待各国为内容。他宣布中国革命的目标在建立一个"联邦共和政体"。这个共和国将以欧美的民主政治为楷模,同时又融通了中国传统文化的优秀成分。因此,满族皇室固然再无统治的希望,即使是"袁世凯之君主立宪办法,也决不为人民所允许"。接着,他强调了中国革命党人在推翻旧有统治的斗争中,决非无秩序的乱党,而是都能"维持秩序,保护外人之生命财产",完全与列强"相亲",决不与之"相仇"。新政权建立后,"当将中国内地全行开放,对于外人不加限制,任其到中国兴办实业;但于海关税则须有自行管理之权柄,……总之,新政府之政策在令中国大富。凡此以上办法,自当设法不与以前各国在中国所已得之利益相冲突也"。最后,他表示,独立后的中国,将以其物产丰富、人口众多的固有特点,成为各国良好的投资场所;中国的共和政府,在发展工商实业的同时,努力于和平事业,保卫国家独立和领土完整,但"决不扩张军备","决无帝国派之野心"[1]。显然,孙中山谈话的对象,主要不是各国政府,而是各国人民。

---

　　[1] 孙中山:《在欧洲的演说》(1911年11月中下旬),《孙中山全集》第1卷,第560—561页。

他利用大众传媒的影响,使欧洲各国人民消除对中国革命的疑惧,鼓励他们踊跃对华投资;确信独立后的中国决不是威胁世界和平的"黄祸",而是一个"致力平和"、造福人类的共和国。

11月21日,孙中山离开伦敦抵达巴黎。在巴黎逗留的三天里,他广泛接触了法国的在野派人士和报界、银行家,谋求法国政界对中国革命的支持。他接触的在野政界人物有时任参议院议员、参议院外交委员会及军事委员会成员克里孟梭和众议院议员阿尔弗雷得·马赛、吕西尔·于贝尔、博雷安等人[1],其中以克里孟梭对孙中山和中国新政权的态度"最为恳挚"[2]。孙中山接触的法国银行家是东方汇理银行经理斯特路易斯·西蒙。他想从西蒙那里得到贷款,但西蒙表示拒绝;他希望得到一笔借款以作偿还庚子赔款之用,西蒙表示可以考虑,但必须有使法国方面满意的抵押条件。孙提出以矿权、土地税等作为取代以关税作抵押的条件,被西蒙一口回绝;他向西蒙提出自己和同志们都担心列强将会以四国银行团那样的形式,对革命政权施加影响,成为"控制中国财政和债务的工具",西蒙表示,中国为求改善装备和整理善后所需的款项是为数可观的,各国政府对此在"事先成立一个集团,分摊其重要性,将不足为奇"。此外,孙中山还请求西蒙协助,使法国政府尽力劝阻俄国不与日本结盟,西蒙以自己无能为力表示拒绝效劳。他反过来要中国政府"让俄人深信,你们并无意收回俄人已取得的地位"[3]。

这样,孙中山在法国政界和金融界的活动,都没有取得任何实质性的收获。

孙中山在巴黎逗留期间,还与同盟会巴黎通讯处的成员胡秉柯、张翼枢等人会晤,讨论过谋求法国政府支持革命新政权的问题。11月24日,胡秉柯曾以孙中山私人代表的身份,访问过法国外交部,"询问法国政府对革命的态度"。他受到了时任外交部亚洲处负责起草公文的专员布瓦梭纳的接见,而中国事务正是由亚洲处所主管[4]。但胡秉柯此行,也没有得到预期的结果,法国与英国一样,只表示了所谓"中立"的姿态。

就在胡秉柯访问法国外交部的当天,孙中山由马赛乘船回国。他把归国的行程,包括所经之处的时间与地点都以电报方式通报了当时革命党在上海的喉舌《民立报》馆。《民立报》得电后,立即全文发表[5]。因此,孙中山将取道香港

---

[1] 参见张振鹍:《辛亥革命期间的孙中山与法国》,《近代史研究》1981年第3期。

[2] 孙中山:《有志竟成》,《孙中山全集》第6卷,第246页。

[3] 孙中山:《与西蒙的谈话》(1911年11月23日),《孙中山全集》第1卷,第563—566页。

[4] 张振鹍:《辛亥革命期间的孙中山与法国》(续篇),《近代史研究》1983年第3期。

[5] 孙中山:《致上海〈民立报〉电》(1911年11月29日),《孙中山全集》第1卷,第566—567页。电文中称"二十二号(冬月初二)可至香港",按12月22日,应是阴历冬月初三日,孙中山换算有误。

返回内地的消息,在他本人到达之前,早已为舆论所关注,这对当时的政局政情变化,无疑是有积极影响的。

12月16日,孙中山所乘的"地湾夏"号邮船在新加坡停泊,他电约当地侨商、同盟会会员邓泽如、张永福、林义顺等在船上相见,并向他们谈到了自己迟迟归国的原因是"要在欧洲破坏满清之借外债,又谋新政府之借入"。表示"此次直返上海,解释借洋债之有万利而无一害,中国今日非五万万不能建设裕如"[1]。看来,当时孙中山对新政权巩固最为担忧的,并不是袁世凯或其他旧官僚掌握政权的问题,而是新政权的财政问题。联系到后来南京临时政府财政困难的窘况,孙中山在欧美的外交活动以借款为首着,确实不失为未雨绸缪。他估计需要5亿才能裕如,据近人研究临时政府存在的3个月中,一切最必要的开支总计需1550万元[2],还不包括应该兴革和必要的建设费用,5亿元这一概数并非过巨。邓泽如是新加坡侨商,以往历次反清起义在南洋筹款,孙中山主要是通过他设法进行的。这次回国途中特意电召会晤,目的是将来或有可能请他"回国帮忙"[3]。

12月21日,孙中山比原定行程早一天到达香港,受到了广东军政府都督胡汉民、枢密处廖仲恺等的迎接。广东是在革命党人的军事压力、绅商学界的强烈要求下,于11月8日由两广总督张鸣岐同意后独立的。孙中山曾在纽约时发电劝告张鸣岐"速率部反正,免祸生灵"[4]。张鸣岐一度首鼠两端,最后不得不同意独立。9日,在革命党人陈景华、邓慕韩等人主持下,召开各界代表千余人大会,正式宣布独立,组织军政府,推张鸣岐为都督,龙济光为副都督,蒋尊簋为军事部长。张鸣岐曾残酷地镇压过黄花岗起义,是黄兴等决意谋刺的重要对象之一;龙济光也曾参与镇压同盟会发动的镇南关等起义,后来虽暗中与革命党有过联络,但始终没有真心倒向革命。他们自知双手沾满过革命党人的鲜血,都不敢出任军政府要职。张鸣岐先期逃往香港隐匿,龙济光也未接任。于是公众重推胡汉民继承都督一职。10日,胡汉民自香港抵广州接任都督,组织军政府,增选陈炯明为副都督,成立由廖仲恺、朱执信、陈少白等人组成的枢密处。所以广东虽然由旧官僚等同意独立,但新政权基本上掌握在革命派手里。

孙中山被胡汉民、廖仲恺自香港接至广州后,立即讨论今后进止的对策。

---

[1] 孙中山:《与邓泽如等的谈话》(1911年12月16日),《孙中山全集》第1卷,第567页。
[2] 参见李荣昌:《南京临时政府财政问题初探》,《辛亥革命史丛刊》第5辑,第55—66页。
[3] 孙中山:《致邓泽如函》(1911年12月20日),《孙中山全集》第1卷,第568页。
[4] 孙中山:《致张鸣岐电》(1911年10月下旬至11月上旬),同上书,第544页。

当时,胡汉民等希望孙中山留在广东,以广东为基地,开创统一新局面。他说,清政府已经失去人心,只是依靠北洋数镇的兵力才得苟延残喘。袁世凯心怀叵测,对清政府和革命党首鼠两端,也是因为依靠了这点兵力。所以这些兵力未打破之前,革命将不可能彻底,破坏建设也两无可言。先生若一至沪宁,"众情所属,必被推戴",政府当然设在南京,但因手中没有兵力,你用什么"直捣黄龙"?不如留在广东,整编广东各军,可立得精兵数万,然后举兵北伐,就可操得胜券。袁世凯即使尽北洋数镇兵力,两三个月内未必能摧毁东南大局,而我们利用这段时间,已经整备了军力,"以实力廓清强敌,乃真成南北统一之局[1]"。显然,胡汉民是以实力粉碎袁世凯的恃兵要挟,作为巩固革命政权、完成南北统一大业的理由来劝说孙中山的。在他看来,与其做一个无兵可用的总统,不如当一个拥有兵力的地方实力派,才能真正打击敌人、统一南北。

孙中山不同意胡汉民的分析与看法。他认为,以形势而论,沪宁在前方,自己若不亲临第一线,而退居广东以修战备,这不仅是"避难就易",而且会失去"引领属望"的四方同志的信任,"我恃人心,敌恃兵力,既如所云,何故不善用所长,而用我所短"?他指出,目前湖北已"稍萌歧趋",南京也有"内部之纠纷",不去沪宁前方,等于把这两处送给敌人,"所谓赵举而秦强",有利形势完全失去之后,再举兵以图恢复,怎能说是得计呢?"朱明末局,正坐东南不守,而粤桂遂不能支,何能蹈此覆辙?革命军骤起,有不可向迩之势,列强仓猝,无以为计,故只得守其向来局外中立之惯例,不事干涉。然若我方形势顿挫,则此事正未可深恃;戈登、白齐文之于太平天国,此等手段正多,胡不可虑?"他说,袁世凯诚然不可相信,但我因此利用他推翻二百六十余年贵族专制的清王朝,"则贤于用兵十万",即使他"欲继满洲以为恶,而其基础已远不如前,覆之自易,故今日可先成一圆满之段落"。孙中山认为自己若不去沪宁,"则此一切对内对外大计主持,决非他人所能任"。他希望胡汉民与自己一起北上[2]。

孙中山与胡汉民这场"由晨至晚"的辩论,某种意义上可以说是他对时局的宣言。由于辩论是在"屏人"的秘密状态下进行的,因此双方都谈得相当彻底,毫无忌讳。纵观孙中山的谈话,可以看到他对时局估量的基本出发点是利用帝国主义目前的中立形势和袁世凯在共和与君宪问题上首鼠两端的心态,迅速地完成推翻清王朝、实现共和政体的大业。他不同意胡汉民提出以广东为基地,

---

[1]《胡汉民自传》,《革命文献》第3辑,总第425—426页。

[2]孙中山:《与胡汉民、廖仲恺的谈话》(1911年12月21日),《孙中山全集》第1卷,第569页;另见《胡汉民自传》,《革命文献》第3辑,总第426页。

用自己掌握的军队与袁世凯进行武力对抗,消灭北洋军以实现统一南北、建立革命政权的办法,而是企图利用袁世凯推翻清王朝以建立共和国的办法达到目的。孙中山的这一计划,从根本上说,显然是顾虑采用武力会招致列强干涉的不堪局面;而实现这一计划,也就包含着必须把共和国元首的位置让给垂涎已久的袁世凯。作为代价,或者说作为诱饵,促使袁世凯去推倒清王朝。孙中山也知道袁世凯不可信,认为袁若不为利诱所动继续清王朝的统治,那时因其基础已被削弱,再推翻他也就更加容易。他自信只有自己才能主持实施这套对内对外的方针大计,而其首着,只能亲去沪宁而不是留在广东进行这项工作。

孙中山上述对时局的分析与对策,是他在欧洲进行外交活动时关于政权问题认识变化符合逻辑的结果,也是他一贯具有为着实现革命目标而不惜放弃局部利益的策略思想的反映。从他后来进行的政治斗争方式看,基本上就是这套方针方法的体现和运用。正是由于这一计划是建筑在对帝国主义抱有幻想和对汉族军阀官僚缺乏深刻认识的基础之上,辛亥革命才是一场廉价的胜利。当着袁世凯窃得胜利果实、施行专制统治时,再要举兵讨袁、维护共和政体,就不再如孙中山所想象的那样容易了。政权的归属,不能作为政治交易的筹码。这一原则的重要性,是需要花血的代价,才能为忽视它的政治家们所体认的。

12月下旬,孙中山带着胡汉民离粤去沪。辛亥革命这首气势磅礴的交响乐,至此奏响了最后也是最重要的一章。

(三) 筹建临时政府的僵局

1911年12月下旬,中国正处在共和国这个新生儿出世前的阵痛中。

自从11月9日,黎元洪以首义都督身份倡议已独立省份各派代表集会武昌讨论组织中央政府以来,围绕着一个"权"字,各省各代表之间的明争暗斗就一直不断。

先是会议地点之争。沪军都督陈其美在不知道黎元洪有此通电的情况下,于11月14日,响应江苏都督程德全、浙江都督汤寿潜的建议,发出通电请各省都督派代表到上海开会商讨组织临时议会机关,并于15日,在只有江苏、福建、上海三地代表报到的情况下,匆忙召开了第一次会议,打出了"各省都督府代表联合会"的旗号。一方要在武昌集会组织政府,一方已在上海开会组织议会。表面上,府与会有所不同,实质上争的是哪个地区是革命中心,权由谁掌?黎元洪明显利用首义之区相号召,陈其美则俨然以专主长江革命的同盟会中部总会为资本。

　　隐藏在沪汉之争的背后，还有立宪派利用革命形势企图分享权力的意向。从这层意义上说，沪汉之争正是他们导演的一幕活剧。如前文所示，君宪派因皇族内阁成立而气沮意丧，开始谋求革命派的奥援。一些君宪派的头面人物，或者自己出马，或者通过与自己有亲密关系的同志友朋，正在与革命党人接触。武昌起义后不久，在上海的江浙君宪派重要谋士赵凤昌，就曾约集部分省份的君宪分子集议应对办法。11 月 11 日，距上海光复仅仅一星期，张謇、赵凤昌、雷奋、杨廷栋、沈恩孚、庄蕴宽、伍廷芳、温宗尧等，即在上海开会讨论组织临时国会的计划，并拟定了《组织全国议会团通告书稿》，派人送交苏督程德全和浙督汤寿潜，于是就有 12 日程、汤联电陈其美，建议在上海集议讨论"设立临时议会机关"，办法是由各省"旧时谘议局"和"现时都督府"各出一人为代表，常驻上海，只要有"两省以上代表到会，即行开议"，续到者，随到随议[1]。陈其美正求之不得，于是便有 14 日的通电和 15 日三地代表召开第一次会议的发生。虽然，陈其美通电中不提旧谘议局派代表一节，但他故意把有此内容的程、汤联电与自己的通电，同时在 11 月 14 日的《民立报》上发表，结果，陆续应邀来沪集会的代表中，既有苏、浙、沪、闽、湘、鲁等已独立省区都督府代表，也有直、豫等独立省份谘议局的代表。所以号称"各省都督府代表联合会"的上海方面，事实上是个大杂烩，但它比之仅有赣、粤、桂、鄂等省都督府代表参加的武汉集团，则人多地众，占了明显优势。

　　应该说，在当时的形势下，君宪派要求参与权力分配，既合情，也合理。所谓合情，是因为革命派虽然一度与他们闹得水火不容，但在武昌起义前，各地都程度不等地发生了双方相互靠拢、相互同情的趋势；所谓合理，是指在孤立清政府的斗争中，确实也有他们的一部分功劳，而不少省份的独立乃至起义过程中，都曾得到过君宪派麇集的谘议局和地方自治组织的助力，在各省区的军政府初建时，君宪人物都参加了政权机构，从而在社会上确实存在着"咸与共和"的气氛。如果仅仅限于他们要求权力而指责他们，那是有欠公允的。问题的复杂性在于他们向革命派争权的目的是要把权力转交给他们所中意的铁腕人物袁世凯，而不仅仅是要与革命派分享权力。这就使他们一手制造的沪汉之争，加速着革命派失去胜利果实的危险。

　　沪汉之争的第一个回合，虽以上海先期集会而取得优势，但第二个回合，却

---

[1]《民立报》，专电，1911 年 11 月 14 日。

以武汉方面坚持"代表会议应在政府所在地"举行而占了上风。11月20日,上海"各省都督府代表会议"议决:"承认武昌为民国中央军政府,以鄂军都督执行中央政务。"[1]这本是张謇等所主张"政府设鄂,议会设沪"方案的体现,但却为武昌方面提供了把柄。在武昌代表居正等人来沪力争下,上海不得不于23日决定各省代表北上开会,25日又补充规定各省留一人在沪"联络声气,以为鄂会后援"[2]。所以尽管武昌集会讨论组织临时政府,上海仍保留着一个留沪代表机构。值得注意的是20日的上海会议实际上承认了鄂军都督黎元洪在中央政府的权力,而没有考虑虚位以待同盟会领袖孙中山的问题。后来的事态演进,虽说有临时政府首脑的选举之争,但争论双方都未提及孙中山作为人选,这是足可深思的。

武汉方面的上风地位没有多久,便被北洋军进占汉阳、炮轰武昌的军事行动所改变。从11月底到12月8日,鄂、湘、闽、鲁、苏、皖、桂、直、豫、浙、川11省代表,在北洋军的炮声中集会于汉口英租界一个洋行内,讨论出的唯一结果是通过了《临时政府组织大纲》和同意南北双方各派代表进行和谈。条件是只要袁世凯承认共和、推倒清政府,就可公举为临时大总统! 由于12月2日南京光复,消息传来,各省代表会议于12月4日议决以南京这个六朝古都作为中华民国临时政府所在地,并决定把会议搬到相对安定的南京,继续开会讨论。8日起,代表们便陆续东下。武汉作为革命势力重心的地位,由此转移。

南京光复,为江浙集团争夺权力提供了地利、天时的条件。陈其美、程德全、汤寿潜,也在12月4日约集各省留沪代表开会,议决以南京为临时政府所在地,并推选黄兴为大元帅,黎元洪为副元帅,以大元帅负责筹建中央政府工作。江浙方面以此取得了沪汉之争第三个回合的主动权。及至12月12日自汉东下的各省代表齐集南京时,只能在这一既成事实下做文章了。

从12月12日起,沪汉方面的会议地点之争,变成了临时政府首脑人选之争。这场争论,由于直接涉及袁世凯的窃权阴谋而显得更为复杂。

袁世凯利用武昌首义、各省响应,清政府手足无措而帝国主义又属意自己的形势,从开复起用到被任命湖广总督、钦差大臣、内阁总理,一步步地获得了清王朝财政、军事、行政大权,成了中外瞩目的"新强人"。这个有着丰富政治经验的野心家,早就看出了清王朝终将流水东去的趋势,一方面广交朝野中的君

---

[1]刘星楠:《辛亥各省代表会议日志》,《辛亥革命回忆录》第6册,第242页。

[2]同上书,第243页。

宪人士,把自己伪装为趋时的新派,而显出与颟顸的满汉守旧官僚异趣;一方面利用自己控制的北洋新军,对革命的武昌政权进行打拉结合的反革命两手,以窃取势在必成的共和国的最高权位。早在 11 月中旬之初,他就挟攻占汉口、兵临汉阳的余威,派出蔡廷干、刘承恩潜入武昌,向黎元洪提出在君主立宪的基础上实现停火的和谈方案。黎本是被人用枪口抵着胸脯而上马的假共和者,对袁军压境心有余悸,准备接受诱和方案,而其他革命党人却坚决反对。袁世凯虽诱和未成,但因此摸清了武昌内部的政治底蕴,更增强了篡权信心。所以近人有"此为袁世凯与革命军议和阴谋初步之成功"的评论[1]。

紧接着,袁世凯一面下令清军猛攻汉阳,以制造对武昌革命政权更大的军事压力;一面亲去北京,以内阁总理大臣的身份与列强积极进行外交活动,利用帝国主义对武昌方面施加和谈的影响。在这种打拉结合的反革命伎俩下,湖北革命党人很快瓦解了斗志。11 月 27 日,汉阳失守,湖北军政府通过英国领事戈飞,向北方吁请停战议和。袁见武昌上钩,再在军事上加码,命汉阳清军炮轰武昌。12 月 1 日武昌都督府中炮起火,都督黎元洪吓得慌忙转移葛店。武昌军民人心惶惶,革命党士气低落。同天,戈飞派盘恩持袁世凯与英公使朱尔典一手拟定的停战条款到武昌,要军政府盖印认可。因黎元洪避在葛店,都督印信随带而去,军政府只得赶刻一个相同的印信加盖其上。12 月 3 日起,双方停战三天。此后,随着"非袁莫属"的论调甚嚣尘上,革命派内部妥协倾向加剧,南北双方的幕后交易开始走到幕前;而武昌前线的三天停战,也因此一再延期。把临时政府大总统的位置让给袁世凯,在革命派、君宪派的心目中,只是时间和条件的问题了。12 月 5 日,各省代表会议在武昌召开了最后一次会议,讨论决定南北双方和谈条款,委派伍廷芳为代表,与袁世凯的代表在上海进行谈判。所以当各省代表齐集南京、讨论人选时,另一个更为中外瞩目的"南北和谈"正在上海英租界进行。这样,围绕着筹建临时政府的争斗,也就更加微妙复杂。

12 月 13 日,从武昌和上海到达南京的 15 省区代表继续开会。会议对上海方面作出的选举黄兴、黎元洪为正副元帅的决定是不满的。早在 12 月 6 日,武昌集会代表得此消息后就要求黎元洪查实取消[2]。8 日,黎即致电各省都督,声称此事情节支离,"如确有其事,请设法声明取消,以免淆乱耳目"。在代表方面言,上海留沪者只是联络机构,"以资鄂会后援",越权选举,将置代表会议于何地?

---

[1] 胡鄂公:《辛亥革命北方实录》,中华书局 1948 年版,第 74 页。
[2] 刘星楠:《辛亥各省代表会议日志》,《辛亥革命回忆录》第 6 册,第 247 页。

在黎元洪言,自己是首义都督,黄兴只是麾下一个战时总司令,以黄为正,大有酸葡萄之感。因此,南京会议决定于 16 日选举临时大总统。但 15 日忽接由武汉续到的浙江代表陈毅报告:"袁内阁代表唐绍仪到汉时,黎大都督代表已与会晤,据唐代表称,袁内阁亦主张共和,但须有国民会议议决后,袁内阁据以告清廷,即可实行逊位,并谓伍代表廷芳如不能来鄂,可移在上海开议云云。"[1]这条虽说是关于南北议和的消息,却带来了一个重要动向:袁世凯赞成共和,清政府将因此垮台。这使对上海选举愤愤不平的代表们立即意识到还是承认现实、暂缓选举为好。于是当即决议:"缓举临时大总统,承认上海所举大元帅、副元帅";并追加《临时政府组织大纲》一条:"大总统未举定以前,其职权由大元帅暂任之。"[2]很明显,南京与上海虽在人选上有矛盾,但都奉行着"虚位以待"的方针。虚什么位,待什么人? 明眼人一看便知,大家都想把大总统之位待袁世凯担任。

黄兴对自己被推为大元帅并不热乎。他于汉阳失守后心境一直欠佳。12月 1 日,他离武昌到上海,5 日,被陈其美、程德全等恭请莅任,但他谦不肯就,主张重行选举,推黎元洪为大元帅,由各省都督中择一人为副元帅,自己愿领兵北伐,征战疆场。革命党中也有人如章太炎等对黄任大元帅有微词,更使黄兴不愿出任。只是在陈其美等坚请下,才勉强答应,却始终没有就职。12 月 17 日,他终于发出通电,力持改选黎元洪为大元帅。于是,南京各省代表会议即于当天开会改举黎元洪为大元帅,黄兴为副元帅,黎暂居武昌,由副元帅代行大元帅职权,组织临时政府。黎元洪则于 21 日通电表态,同意担任大元帅职位,并委副元帅代其职务。

黄兴为什么辞不肯就大元帅一职? 原来,他像孙中山一样地有"东郭先生"的心态。认为当此形势,若袁世凯能反正,主张共和、推覆清廷,全国就可统一,无数生灵即可免于涂炭。所以他曾私下和公开呼吁,希望袁世凯出建拿破仑、华盛顿之功。为此,他曾致电时任同盟会京津保支部长、已与袁世凯勾搭上的汪精卫,请其力促袁世凯与民军采取一致行动。12 月 9 日,他在复汪精卫的电文中说:"现已有各省代表拟举兴为大统领,组织临时政府,兴正力辞尚未允许。万一辞不获已,兴只得从各省代表之请,暂充临时大元帅,专任北伐,以待项城举事后即行辞职,便请项城充中华民国大统领,组织完全政府。此非兴一人之言,全国人心皆有此意。惟项城举易速,且须令中国为完全民国,不得令孤儿寡妇尚拥虚位。万一迁延不决,恐全国人皆有恨项城之心,彼时民国临时政府如

---

[1][2] 刘星楠:《辛亥各省代表会议日志》,《辛亥革命回忆录》第 6 册,第 250 页。

已经巩固,便非他人所能动摇。"[1]12月20日,他又通过苏浙联军的苏军总参谋长顾宗琛向袁世凯亲信、陆军小学总办廖宇春转达口信:"前次各省推举某为临时总统,某所以坚辞不受者,正虚此席以待项城耳。"[2]与此同时,黄兴还与正在上海进行南北和谈的北方总代表唐绍仪进行私下接触,把自己的意见作了表白。所以当20日南北和谈举行第2次会议时,唐绍仪公开对南方总代表伍廷芳说:"黄兴有电致袁内阁云:若能赞成共和,必可举为总统。此电由汪君(沈案:即汪精卫)转杨度代达袁氏。"又说:"昨夜见黄兴,当以告君。"[3]显然,所谓临时政府的人选之争,不仅有革命党与旧军官孰来掌权,而且还包含着大家都想让权给袁世凯的微妙心态,所以,无论上海方面还是南京方面,都只在大元帅一级职位上打转,没有考虑选举大总统的问题。黄兴始终不肯就职,使组织临时政府的工作就此搁浅,名为讨论组织中央政府的各省代表会议,也就因此无议可决,干吃饭和干着急。

孙中山来到上海,打破了筹建临时政府的僵持状态。

清廷媾和全权代表　唐绍仪　　　　　　中华民国议和全权大使　伍廷芳

(四) 回国后在上海的活动

12月25日,孙中山偕胡汉民等乘"地湾夏"号邮轮到达吴淞口。时值细雨,

[1] 黄兴:《复汪精卫电》(1911年12月9日),《黄兴集》,第94页。

[2] 廖宇春:《新中国武装解决和平记》,丘权政、杜春和选编:《辛亥革命史料选辑》下册,湖南人民出版社1981年版,第326页。

[3] 观渡庐编:《共和关键录》,《辛亥革命》资料丛刊第8册,第77、79页。

海口有雾。沪军都督府派兵轮"建威"号往吴淞口迎接。此事,上海《民立报》有所报道:

先生乘香港船入港,沪军都督府派建威兵轮,由沈参谋虬斋往吴淞口迎迓。时值细雨如织,海口雾集,致建威升旗时,该舰不及瞭见停轮。

孙先生偕美将郝门李(沈案:即通译荷马李上校)夫妇同行,又有日本同志随孙先生来华者六人(原按:即宫崎寅藏、池亨吉、山田纯三郎、太田三次郎、郡岛缝次郎、绪方二三),又有国人随孙先生来者十人,其姓名如下:胡汉民、谢良牧、李晓生、黄子荫、陈琴舫、朱本富、余森郎、朱卓文、陆文辉、黄菊生。孙先生登岸,即由黄宗仰先生招待,至哈同花园午膳后,由伍外交总长(沈案:即沪军都督府外交总长伍廷芳)互商政要。黄元帅(沈案:即黄兴)、陈都督及胡都督汉民、汪精卫诸君同往。[1]

上述《民立报》报道,虽记述了与孙中山同行的日本志士6人及伴同孙中山来沪的广东方面10人,但对孙中山如何上岸及上岸后的行止,未有具体报道。当时,上海公共租界工部局的"警务报告",可以补此不足:

孙逸仙搭狄凡哈号(S. S. Devanha)抵沪,由一艘悬挂两面革命军旗子的专用汽艇将其接至租界码头,然后乘坐176号汽车驶往静安寺路哈同公馆。孙在哈同公馆接见了伍廷芳先生及其他来客约三十人,后于下午二时三十分前往爱文义路(沈案:今北京西路)100号伍廷芳寓所,并一直停留至下午四时二十分。晚上,孙在戈登路(沈案:今江宁路)7号彭济时家(沈案:应为"庞青城")与友人共进晚餐,至夜晚十一时离去。孙现住宝昌路(沈案:今淮海中路)408号,此屋系法国人屠树(Toche)之产业。[2]

从这份用英文写成的"警务报告"可知,孙中山并非由"建威"号兵轮送上码头,而是由一艘专用汽艇至租界码头的。"洋鬼子"办事确实认真,连孙中山乘坐汽车的号码、伍廷芳寓所门牌及逗留、离去的时间,都记录下来,使后人了解12月25日孙中山等抵沪的具体情况有确切的根据。

那么,沪军都督府何以知道孙中山要来上海?原来,孙中山到广州的当晚与胡汉民彻夜长谈后,胡汉民知悉孙去上海意决,即发电报:"上海陈都督、黄元

[1]《民立报》1911年12月26日,转引自王耿雄:《孙中山史事详录(1911—1913)》,天津人民出版社1986年版,第62页(以下称"王耿雄书",不另注明)。

[2]《辛亥革命期间上海公共租界工部局警务报告》,《历史档案》1981年第4期,转引自王耿雄书,第63页。

帅鉴:汉民到港接孙先生,同座英邮船到申,乞招待。汉民叩。"[1]陈其美接电后即作出安排,派兵轮迎接,并以宝昌路408号作为行馆。

至于孙中山登岸后为何不直接去行馆安顿将息,而去了哈同花园?这和乌目山僧黄宗仰有关。上海《申报》12月26日有一则报道称:"孙中山于初六日(沈案:即12月25日)上午九点三刻抵埠,由公共租界三马路(沈案:今汉口路)外滩登岸。抵沪后由黄宗仰、谢蘅窗、陈根香向宁波轮船公司商借江利轮,于初五日开至吴淞欢迎。翌晨,随英公司船停泊吴淞码头,即由三君接上江利轮驶至三马路海关码头。上岸时,中西人士手提快镜摄影,并脱帽致敬者甚多。孙中山即乘汽车至哈同花园中膳,一时车马盈门,甚为热闹,黄兴、伍秩庸与各省都督均往见,颇形欢洽。"[2]这则报道与工部局警务报告、《民立报》报道串读,就可知道建威兵轮因天有雾,未能看见地湾夏号轮船,但由黄宗仰等租借的江利轮提前一天到吴淞等候,第二天即25日早晨接到了孙中山一行,然后由专用汽艇送至租界三马路海关码头。因为宁波轮船公司船只,按规定是不能直接停泊在租界码头的,所以沪军都督府才用悬挂革命军旗的专用汽艇接驳上岸。

孙中山在租界码头上岸后,接受了《民立报》记者的采访。他说:

> 武昌举师以来,即由美旅欧,奔走于外交、财政两事。今归海上,得睹国内近状,从前种种困难虽幸破除,而来日大难尤甚于昔。今日非我同人持一真精神、真力量以与此困难战,则过去之辛劳将归于无效。(《民立报》记者报道:孙中山"并言在欧洲时破坏清政府借款事甚详"。)[3]

《民立报》是革命派在东南地区的喉舌,孙中山发表的这一谈话,其基本主旨是希望革命党人捐弃前嫌、团结一致,本着革命精神与各种困难作斗争。他这样说,决非泛泛而谈的应酬,而是针对当时同盟会涣散、革命营垒内部出现了与旧官僚、旧政策拉扯关系、争权夺利的情况,有感而发的。

接受采访后,孙中山一行偕黄宗仰等乘车去哈同花园午餐。黄宗仰既是个出世的僧人,又是个入世的革命者。他不仅与孙中山关系很好,时有书信往返,而且也是哈同夫人罗迦陵的座上客。由他出面在哈同花园为孙中山接风,当然是得到沪军都督府同意、有意安排的。哈同虽是犹太富商,但性喜附庸风雅,常接待沪上名流在花园喝茶聚会。孙中山名闻海内外,是革命党领袖,把迎宾的第一站置于此,既可显示自己的身价,又可拉近与革命政府的距离。他甚至还

---

[1]《申报》1911年12月23日,转引自王耿雄书,第60页。
[2]《申报》1911年12月26日,转引自王耿雄书,第62—63页。
[3] 孙中山:《与上海〈民立报〉记者的谈话》,《孙中山全集》第1卷,第571—572页。

让孙中山当夜留宿于哈同花园，只是因为沪军都督府已布置好了宝昌路行馆，才作罢。孙中山与黄宗仰、哈同夫妇道别后去了伍廷芳寓所。当夜 11 时，告别了晚宴东道主庞青城，去行馆休息。至此，结束了抵沪第一天劳累困乏的活动。

12 月 26 日是孙中山在上海活动中，富有重大意义的一天。首先是接受美国人在沪所办英文日报《大陆报》主编的采访，阐述了他对中外瞩目的若干问题的看法。其中有如下对话：

主笔：君与日本政府有关系否？

孙：吾辈将与各国政府皆有关系。吾辈将建设新政府，岂不愿修好于各国政府？

主笔：君是否中国民主国大总统之候补者？

孙：吾不能言。

主笔：郝门李（沈案：即荷马李）君告我，君由十四省代表请至中国作大总统，其说然否？

孙：既李君如是相告，我不赞一词。

主笔：君带有巨款来沪供革命君乎？

孙大笑：何故问此？

主笔：世人皆谓革命军之成败，须观军饷之充足与否，故问此。

孙：革命不在金钱，而全在热心。吾此次回国，未带金钱，所带者精神而已。

主笔：革命军中有内讧否？

孙：吾辈从无内讧之事。《大陆报》中或有言内讧者，吾党中无此事也，黎都督曾派代表十人来此致欢迎之意，各省皆然，更安得有内讧之事？[1]

上述对话，涉及四个方面：一是未来新政府的外交，将愿与各国修好；二是未来新政府的总统人选，孙中山避而不答，但从《大陆报》主笔的问话中，已经是非孙莫属；三是关于是否带有巨款，孙明确表示革命成败不在金钱，而在是否有敢于将革命进行到底的精神；四是革命阵营的内讧问题，孙断然否认有内讧之说。

这四个方面都是当时中外瞩目的重大问题。孙中山作为公认的革命领袖，对外交阐述了未来革命政府将奉行与各国修好的睦邻政策。这一声明，对于当时西方各国不干涉中国革命，采取所谓中立的态度，是一种明确的通告，借此，

---

[1] 孙中山：《与〈大陆报〉主笔的谈话》，《孙中山全集》第 1 卷，第 572—573 页。

希望西方各国能对未来的革命政府确立友好的外交方针和正确的政策。

关于是否带有巨款，涉及革命成败的关键。这向来是孙中山严重关注的问题。武昌首义后孙中山去欧洲访问游说，就是为了争取西方的外交支持和筹措革命政府的经费。坦率地说，他最担忧的不是袁世凯掌控政权与否，而是未来新政权一旦建立后的财政问题。当他访问欧美后，知道依靠向西方筹措经费势所不能后，在回国途中停泊新加坡时，曾约请一贯资助革命的南洋华侨邓泽如等人在船上相见，向他们说明自己之所以迟迟归国的原因，是为了"要在欧洲破坏清政府借外债镇压革命，又谋求新政府借得外债"，表示这次到上海，要向各国去解释"借洋债有万利而无一害"，因为据他估计新政府要巩固，"非得五亿元不能建设裕如"，所以希望华侨一本初衷，将来对新政权给予经济上的支持[1]。后来，南京临时政府显现的财政困难，证实了他的预见正确。但是，孙中山既是个现实主义者，更是个理想主义者，在无巨款可得的情况下，就物质与精神的关系而言，他更看重精神。所以，他在昨天（25 日）回答《民立报》记者的采访和今日对《大陆报》主笔的对话中，都强调了精神的重要，前后的思想是一致的。这两方面的思考，表明他确实具有比一般人的远见和高一个层次的革命情怀。

当不当未来政府的大总统，当然不能自己作表态。但从《大陆报》主笔的问话中，可以发觉孙中山早已是众望所归。这说明，虽然当时在组建政府问题上南北争执而陷入僵局；虽然武昌首义不是他直接领导发动，但是孙中山作为革命旗手，无论中外，都把他看作是辛亥革命的精神领袖，未来大总统最合格的人选。虽说当时有些政治家，乃至革命者存有不同意见，乃至事隔数十年的今天，也有人对此质疑，但都不符合当时的"人心所归"这一基本历史背景。

至于革命军中有否"内讧"？孙中山的回答，十分策略。一个政治家，必须懂得"内外有别"。就当时的情势而言，党内确实已有矛盾。胡汉民在后来所写的《自传》中称：

> 国内同志以先生既归，乃共谋建立政府，举先生为总统。时章炳麟、宋教仁已先在沪。章尝倡言若举总统，以功则黄兴，以才则宋教仁，以德则汪精卫，同志多病其妄。章又造为"革命军兴，革命党消"之口号。盖章以革命名宿自居，耻不获闻大计。其在东京破坏军器密输之举，党未深罪之，章仍不自安，阴怀异志。江浙之立宪派人，如张謇、赵凤昌、汤寿潜之属，阳逢迎之。章喜，辄为他人操戈，实已叛党。钝初居日本，颇习政党纵横之术，

---

[1] 孙中山：《与邓泽如等的谈话》，《孙中山全集》第 1 卷，第 567 页。

内挟克强为重，外亦与赵、张、汤化龙、熊希龄相结纳，立宪派人因乐之以进，宋之声誉乃骤起，故章炳麟才之。[1]

胡汉民这段自传，对章、宋苛责太重，情绪偏激，反映了他因章、宋等曾指责过自己挪用华侨起义募款的怨望，不足以据此评论二人功过是非。但他指出章太炎不以孙中山为众望，造作"革命军兴，革命党消"口号，宋教仁挟黄兴自重，这些都符合事实。章太炎曾在12月2日复谭人凤电文中称：

> 武昌都督府转谭人凤诸君鉴：电悉。革命军起，革命党消，天下为公，乃克有济。今读来电，以革命党人召集革命党人，是欲以一党组织政府。若守此见，人心解体矣。诸君能战则战，不能战，弗以党见破坏大局。章炳麟文。[2]

当时，谭人凤作为湖南省都督府代表，参加各省代表会议，被推为临时议长。他曾致电章太炎，主张成立一个由革命党执政的政府，征询章的意见，章就发表了如上见解。细审章的原意，在于反对一党专制，团结一切政治力量，统一在"革命军"旗帜下与北军斗争。其中当然也包括君宪派及各省谘议局人物。章的这一见解应该说原则上是正确的，但在当时形势下又是不现实的。政局混乱，群思权力，政见党见蜂起之时，正需要革命党统摄全局、实现既定共和目标。吹倡"革命党消"，势必造成无秩序局面，使大局失控而给不同政治目的的政治力量有机可乘。事实上，自章氏口号一出，立宪派头面人物张謇立即附和，以实现其让权给袁世凯的心志。所以，章氏口号，本意甚善而客观效果则适得其反。至于他对孙中山的成见，对宋教仁的偏爱，前事均在。胡汉民说他和宋教仁获得立宪派的青睐，确实事出有因。同盟会在武昌起义后的涣散形势，并未因各省纷起响应而有所改观，党内矛盾已不是什么秘密，党人争权争利也非偶见。所以，上海《大陆报》主笔在采访孙中山的问话中曾问及："革命军中有内讧否？"孙中山回答说："吾辈从无内讧之事。"孙中山这一回答，显然是因内外有别而避不回答。不过虽有矛盾，还没有到"内讧"的程度，大家都希望尽快建立革命政府。孙中山的回答，在策略中又体现了真实性。他希望同人"持一真精神、真力量"与困难作斗争，看来难矣哉！

其次，涉及讨论了组织临时政府的主题。26日当天，黄兴、陈其美再次在哈同花园宴请孙中山。席间，为讨论组织临时政府，孙中山与宋教仁产生分歧。

---

[1]《胡汉民自传》，《革命文献》第3辑，总第427—428页。

[2]《章炳麟之消弭党见》，天津《大公报》1911年12月2日。转引自王有为：《章太炎传》，广东人民出版社1984年版，第116页。

此事,章天觉有文回忆说:

> 初七日(沈案:即公历 26 日),黄兴、陈其美宴孙逸仙于哈同花园,并邀在沪各省代表作陪。席次,黄、陈密商举孙逸仙为大总统,分头向各代表示意。马君武主《民立报》著论,唤起民众,孙善之。遂会议组织临时政府方案。宋教仁主张以内阁制为大纲。孙逸仙持异议颇力,宋坚决不可。黄兴耳语宋,劝撤回主张,宋频摇其首,几成僵局。陈其美说缓商,俟撤席后,至孙寓再谈。[1]

这次宴请,是中午还是晚宴,因无资料旁证,待考。但它留给编年史的,主要不是东道主对孙中山的洗尘和敬意,而是组织临时政府的主题。从上引章天觉的回忆可知,在未来政体结构上,究竟是总统制还是内阁制,孙中山和宋教仁产生了严重分歧,"几成僵局"。只是由于陈其美的转圜,才不致闹到不欢而散,才有当夜的同盟会最高干部会议。

26 日夜,孙中山在宝昌路行馆召开同盟会在沪会员中"最高级干部"会议。参加者除孙中山外,有黄兴、汪精卫、胡汉民、陈其美、宋教仁、张静江、马君武、居正等人。会议主题为"选举及组织政府问题"。会上,一致推举孙中山为民国政府总统。接着讨论政府体制。宋教仁仍主张行内阁制,孙中山则坚持总统制。他说:"内阁制乃平时不使元首当政治之冲,故以总理对国会负责,断非此非常时代所宜。吾人不能对于惟一置信推举之人,而复设防制之法度。余亦不肯徇诸人之意见,自居于神圣赘疣,以误革命之大计。"[2]显然,孙中山认为在此非常时期应集权力于总统一身,他不愿因循而受他人牵制,只作个政治附庸而贻误革命大业。态度鲜明,观点明确。张静江率先表态:"善!先生而外,无第二人能为此言者。吾等惟有遵先生之意而行耳。"于是,"众皆翕然"[3]。大多数人都同意行总统制,宋教仁"至是亦不得不服从党议,然仍主张内阁制"。他在组织原则上,少数服从多数,表示服从党议,但在政治主张上,保留个人意见。

26 日的同盟会最高干部会议,对打破选举问题上僵持局面,催生中国历史上前所未有的共和国,起了重大作用,但同时也表现出资产阶级革命家"一党专政"的思想苗子。胡汉民记这次会议召开之由称:"以克强光复诸省,由革命军首领派代表者,悉同盟会党员,只直隶、奉天为非党员。选举及组织政府问题,当然由党而决,遂开最高干部会议于先生寓邸。"[4]这就是说,因为各省代表中,

---

[1] 章天觉手稿:《回忆辛亥革命》,《辛亥革命史丛刊》第 2 辑,第 66 页。
[2][3]《胡汉民自传》,《革命文献》第 3 辑,总第 425—426、428 页。
[4] 同上书,总第 428 页。着重号为笔者所加。

不少是同盟会会员，因此，选举及组织政府应该由同盟会作出决定。这无疑是把同盟会与各省代表会议等同起来，以同盟会的意志为意志。应当承认，同盟会作为辛亥革命的元勋，并且是当时中国各种反清势力中最强大的一股政治力量，在组织未来革命政权中自然有权对政府的组织形式、政府首脑人选提出自己的方案和推派自己的候选人。它的决定，无论从对革命事业的贡献，还是它所处的实力地位说，都应受到代表会议的高度重视。但同盟会毕竟不是一个受权组织政府的立法机构，它只能赋予各省代表中的同盟会员以贯彻党的意志的职责，而不能凌驾于立法会议之上，以一党的意志代替会议的决定。所谓"选举及组织政府问题，当然由党而决"，既不符民主政治的组织原则，也违背民主政治的操作顺序。这种思想苗子，正是后来"一党专政"、"党天下"的滥觞。当然，指出与会者有这种思想苗子的存在，并不等于否定 26 日同盟会最高干部会议在组织临时政府问题上所作的努力，更不等于否定孙中山在组织政府中应该占有的地位。

这里还有一个问题，即如何看待孙中山、宋教仁在总统制与内阁制上的分歧？

就孙中山而言，这与他长期生活在欧美的政治文化背景有关。他 13 岁到美国属地檀香山读书，对美国政治体制与政治文化耳濡目染；从事革命后，又对美国独立战争和法国大革命十分推崇，尤其向往以美国政治体制作为中国未来革命政府的建构模式。早在 1897 年与宫崎寅藏、平山周的谈话中，他就设想建立一个联邦共和制政府[1]。1900 年，为谋求南方独立，在致香港总督卜力书中，提出设立中央政府，"举民望所归之人为首，统率水陆各军，宰理交涉事务"[2]。1903 年，在檀香山正埠的演说中，更明确主张在推翻清王朝后，将建立共和政体，因为"中国各大行省有如美利坚合众国诸州，我们需要的是一位治理众人之事的总统"[3]。翌年，他在《中国问题的真解决——向美国人民的呼吁》一文中，再次表示："我们要仿照你们的政府而缔造我们的新政府。"[4]值得注意的是：1905 年 8 月讨论通过的《中国同盟会总章》，规定同盟会设总理一职，"总理对于会外有代表本会之权，对于会内有执行事务之权；节制执行部各员；得提议于议会，并批驳议案"[5]。这一规定，已经类似革命政府体制中，总统与内阁、议会的

---

[1] 孙中山：《与宫崎寅藏平山周的谈话》，《孙中山全集》第 1 卷，第 173 页。
[2] 孙中山：《致港督卜力书》，同上书，第 193 页。
[3] 孙中山：《在檀香山正埠的演说》，同上书，第 227 页。
[4] 孙中山：《中国问题的真解决——向美国人民的呼吁》，同上书，第 255 页。
[5] 《中国同盟会总章（1905 年 8 月 20 日）》，同上书，第 284 页。

关系。同盟会的总理有如未来政府的总统,而执行部的庶务长(黄兴),也有如国务总理。可以说,孙中山思想上是一贯主张仿效美国政体选立总统的;在实践中,他长期担任类似政府总统的角色在做革命党的总理。所以武昌首义后,他在欧美谋求列强支持中国革命时,于1911年11月下旬,对法国《巴黎日报》记者发表谈话中,明确说:"中国革命之目的,系欲建立共和政府,效法美国,除此之外,无论何项政体皆不宜于中国。"[1]正因为如此,当他与宋教仁辩论时,他不同意行内阁制。他举了两点理由:一是内阁制"断非此非常时代所宜";二是"不能对于唯一置信推举之人",设防限制,自己也不肯做一个类似傀儡的"神圣赘疣"以误革命大计。

所谓"非常时代",就是指他从海外回到广州后,与胡汉民彻夜辩论自己一定要去上海的那些理由所构成的时代征候。简而言之,一是党内已有分歧亟需解决;二是列强仓猝之间宣布中立,亟需抓紧时间成立政府,以防列强改变态度,干涉中国革命;三是袁世凯正依违于共和、立宪之间,可以利用。一句话,他担心"今之中国似有分割与多数共和国之象",而他则"希望国民迅速建设一善良之中央政府"[2]。非常时期需要非常之人。在他看来,非己莫属,"一切对内对外大计主持,决非他人所能胜任"[3]。

他主张总统制,不是贪权。1911年11月中旬,他在和老师康德黎的谈话中,就明确表示:"余于共和政府之大统领毫不介意。惟维持中国前途之责任,余可担当。"后来,他在许多场合都申明只要袁世凯推倒清王朝,他就把大总统让给袁世凯。事实证明,他主张总统制,不是为一己私利,而是出于当时形势考虑,为了国家民族的利益。

那么宋教仁主张内阁制是不是为了自己想当内阁总理?在这个问题上,同盟会内外确有一些人对此有所怀疑。胡汉民称宋教仁早就有推戴黄兴为大总统,自任内阁总理的意向[4]。各省代表会议中也有此看法[5]。其实,都是误解。客观地说,宋教仁考虑得比孙中山更深远。如果说,孙中山在辩论中的两点理由,主要着眼于当前的所谓"非常时代",那么,宋教仁更多考虑的是实行大总统制后的中国未来。孙中山的为人和品性他是了解的。胡汉民在其《自传》中对

[1] 孙中山:《附:在巴黎的谈话》,《孙中山全集》第1卷,第563页。
[2] 孙中山:《与康德黎的谈话》,同上书,第559页。
[3] 孙中山:《与胡汉民廖仲恺的谈话》,同上书,第569页。
[4] 《胡汉民自传》,《革命文献》第3辑,总第425页。
[5] 参见李剑农:《戊戌以后三十年中国政治史》,中华书局1965年版,第121页。

宋的内阁制主张所作的非议,不足为训。宋教仁之所以坚持内阁制,同样出自公心,也深有研究。我们知道,宋教仁留学日本期间,对日本的内阁制有过深入观察。1911年8月,日本桂太郎内阁总辞职,代之而起者为西园寺公望任内阁总理大臣。9月初,宋教仁在《民立报》发表《日本内阁更迭感言》一文,分析了更迭原因及西园寺内阁的组成,指出:"立宪政治以代表国民公意为准则,而最适于运用此制者,则莫如政党政治。"[1]

这一看法,可以说是宋教仁主张实行内阁制和政党政治的最具代表性的表述。虽然他也说过"美利坚合众之制度,当为吾国他日之模范"[2],但目的是为了组织类似美国国会而不是指美国的大总统制,是为配合江浙立宪人士组织全国议会团之倡议而拟定会议召开办法,所以全文以《组织全国会议团通告书》为题。后来,陈其美11月14日通电,即是以此为张本,揭开了沪汉之争的序幕。在宋教仁看来,总统制隐含着一个最大危险:若总统不德,就无法变更他的法定职位。1913年2月29日,他在国民党上海交通部欢迎会上发表演说,对总统制和内阁制有如下一段说法:

> 若关于总统及国务院制度,有主张总统制者,有主张内阁制者,而吾人则主张内阁制,以期造成议院政治者也。盖内阁不善而可以更迭之,总统不善则无术变易之,如必于变易之,必致动摇国本,此吾人所以不取总统制而取内阁制也。欲取内阁制,则舍建立政党内阁无他途,故吾——第一主张即在内阁制也。[3]

这段话,虽在孙、宋争辩之后,但就政体主张而言,与宋教仁力主内阁制是前后一贯的。民元(辛亥)以后,他改组同盟会为国民党,竭力鼓吹政党政治,并以此为武器,与专制独裁的袁世凯作斗争,就是为了实现议会民主的政党政治,实现内阁制的政治理想。为此,他被袁世凯派人刺杀于上海。

值得深思的是:自袁世凯起,历届民国政府的大总统,或者专制独裁,置国会而不顾;或者治国无术,为军阀所玩弄;民初因时而生的政党政治化为泡影,少数幸剩的政党,大多成了野心家的御用工具;府院之争不断,军阀混战连年,民不聊生,社会动乱,民主共和国成了一块空招牌。这种局面的出现,难道与宋教仁当年所预见的总统制弊病无关吗? 所以,就当年孙中山主张总统制说,是无可厚非的,因为他是个不恋权位正派的政治家;宋教仁则是在审察国情的基

---

[1]陈旭麓主编:《宋教仁集》上册,中华书局1981年版,第306页。
[2]宋教仁:《组织全国会议团通告书》(约1911年10月),《宋教仁集》上册,第365页。
[3]宋教仁:《国民党沪交通部欢迎会演说辞》,《宋教仁集》下册,第460页。

础上,认为总统制不适用于当时。两人都是为着国家、民族的前途考虑,只是着眼点不同而已。

26日晚上同盟会在沪最高干部会议,既是孙中山革命生涯的关节点,也是以他为首的革命党人催生中国历史上前所未有的民主共和国的转折点。两者都具有里程碑意义。

孙中山抵沪,不仅受到在沪党人、沪军都督府、沪上名流等各界人士的热烈欢迎,函电纷呈;而且还激起了上海部分大中学校学生的仰慕。由他们组成的"中华民国学生军团",准备开往前线与清军作战,得知孙中山到上海,订于27日在上海张园召开演说大会,邀请孙中山到会演说,孙中山接到邀请函后,于26日作函回复,因27日他有个重要会见,不克分身,只能委派代表参加"到聆伟论"[1]。

12月27日上午,孙中山会见南京各省代表会议专程来沪欢迎的代表,商谈组织临时政府问题。下午2点钟,在行馆接见沪军敢死队司令刘福彪。当晚,在行馆继续召开同盟会最高干部会议。这次会议,据居正回忆:"议决举中山为总统,克强为内阁总理。克强不允。中山、汉民主张不设总理;但宋教仁内审国情,外察大势,鉴于责任内阁之适于民国也,起而力争。"结果,孙中山表示认可,派张继与宋磋商,"以黄兴不允任总理,拟请宋教仁担任。宋不允,邀居正、田桐、吕天民至克强处力劝,克强始允。于是中山为总统,克强为总理之议始定。"[2]当夜,还讨论了《临时政府组织大纲》,对其规定不设国务总理提出修正案。由于各省代表会议决定在11月29日举行选举总统,会议派居正、宋教仁同赴南京向各省代表会议提出修正案。"代表有不知在沪所决议者,起而反对,致未通过。"[3]

12月28日,在宝昌路行馆接待来访的中外人士。据《申报》报道称:

> 孙中山抵沪后,中外人士皆望见颜为快,投刺相访者络绎不绝。孙原定晤客时间为下午二时至五时为止,盖不敢以无谓之应酬,致误办事之晷刻也。惟来访者众,不能一一接洽,故常自晨至暮无休息云。[4]

这表明,孙中山作为革命党领袖,确实众望所归,谁都想一睹风采。其间,广东北伐军总司令姚雨平,专程由宁赴沪拜会孙中山,请予补充兵员弹药。孙中山详细询问情况后,勉励说:"革命军队,有这样的实力,可以说是很充裕的了。他

---

[1] 孙中山:《复沈剑侯函》,《孙中山全集》第1卷,第573—574页。
[2][3] 居正:《辛亥札记、梅川日记合刊》,台北文物供应社1956年版,转引自王耿雄书,第70页。
[4]《孙中山一刻千金》,《申报》1911年12月29日,转引自王耿雄书,第71页。

举出欧美各国革命史实,说明都是以少胜多的,指出部队要训练得好,提高作战能力。"[1]

当天,沪军北伐先锋队司令刘基炎布告称:孙中山不日将偕美国人荷马李将军来观本队操练[2]。告示一出,引起美、日驻华使馆关注。《大陆报》记者立即访问了美国驻沪官员。美方官员当即声明:荷马李此举,违反了美国宣布的中立态度。美国禁止本国公民干预中国革命,"违者罪在不赦"。荷马李闻悉后,立即向《大陆报》发表谈话:"我来中国参加中国革命,是我个人的行动,与美国政府毫无关系……我并不是美国的现役军官,自无受美国军律限止的必要……我是一个世界正义的拥护者。当墨西哥革命,我也参加策划。我国军官之参加墨西哥革命的人数很多,美国政府从来未加干涉。我今次来华参加革命,岂有可以干涉之理?"[3]

《大陆报》又向日本驻沪领事馆询问:偕孙中山来沪的日本人,为民军办事是否合法? 领事馆回答:"凡人民以个人名义协助交战团,国家不能阻止。……但可阻止日人执戈临战,而不能阻止个人非临战之协助。"[4]

以上是孙中山在沪时的两支外事方面的插曲,从一个侧面反映了他的一举一动具有重要影响的事实。孙中山在上海万众瞩目,他到上海活动成为中国革命一件备受中外注目的大事。他的一言一行都关系着中国未来的前途与命运。这是未来新政府诞生前夕的历史背景中真实的写照。

12月29日,各省代表会议在南京开会选举临时大总统。孙中山当选为临时大总统。当天下午3点钟,孙中山接到被选为总统的正式报告[5],立即电复南京各省代表会议表示将"克日赴宁就职"[6]。同时,又发《致各省都督军司令长电》、《致黎元洪电》及《致袁世凯电》。黎元洪是这次选举中三个候选人(孙、黄、黎)之一,孙中山发电致黎,自然有抚慰之意。给袁世凯电报,却寓有深意。电文称:

> 公方以旋转乾坤自任,即知亿兆属望,而目前之地位尚不能不引嫌自避;故文虽暂时承乏,而虚位以待之心,终可大白于将来。望早定大计,以慰四万万人之渴望。[7]

---

[1] 简单:《姚雨平传略》,《广东文史资料》第38辑,转引自王耿雄书,第72页。

[2] 《中华民国史事纪要》下册,第477页,转引自王耿雄书,第73—74页。

[3] 黄季陆:《国父军事顾问咸马李将军》(初稿),第15页,转引自王耿雄书,第74页。

[4] 《从孙中山而来者》,《申报》1911年12月29日,转引自王耿雄书,第75页。

[5] 《申报》1911年12月30日,转引自王耿雄书,第77页。

[6] 孙中山:《复南京各省代表电》,《孙中山全集》第1卷,第575页。

[7] 孙中山:《致袁世凯电》,同上书,第576页。

显然，这是孙中山既为将来必当让位于袁世凯的申明，又是促袁早日推翻清政府、宣示赞成共和之忠告。孙中山为实现共和政府大业，不计个人进退的高尚情操，表露无遗。

当天下午，孙中山出席中国同盟会本部发起的欢迎大会，并发表演说。《民立报》报道称："是日午后三时，由中国同盟会本部发起，在黄浦滩汇中旅馆开会欢迎孙中山先生大会。四点半，孙先生到，即入演说堂，先由本部职员述开会词及欢迎词毕，孙中山起立演说，略谓：'本会持三大主义，唱导于世。今民族主义、民权主义二者虽已将达，而欲告大成，尚须多人之努力。况且民生主义至今未少着手，今后之中国首领须在此处着力。此则愿与诸君共勉者也。'众见先生语语含精彩，信仰理想之坚，形于颜色，满场肃然静听，继以拍掌。演说毕，先生以有要务，遂即归。"[1]

12 月 30 日是孙中山在上海最忙碌的一天。一是会务。孙中山召开了中国同盟会本部临时会议。会议通过由孙中山主持讨论而定稿的《中国同盟会意见书》，并改订了同盟会的暂行章程。《意见书》以同盟会奉行的民族、民权、民生三大主义之关系，批评了党风"偏怯者流"吹倡"革命军起，革命党消"的主张，申明同盟会之责任，"不卒于民族主义，而实卒于民权、民生主义。前者为之始端，后者其究极也"。表示同盟会将"顺乎时势，俟民国成立，全局大定之后，再订开全体大会，改为最闳大之政党，仍其主义，别草新制，公布天下"[2]。这是孙中山到上海后第一次以同盟会本部名义公开党内矛盾，宣告同盟将要改组为一个大政党，坚持三大主义，别立新章，以适应时势需求。他和他的同志们已经意识到同盟会的组织体制和新的形势不相适应的一面，决心随时而进，进行改组，仍其主义，把民权、民生主义进行到底。所以，后来同盟会改组为国民党，乃至孙中山重新解释三民主义，把国民党改组为中国国民党的努力，由此可见其端倪。依我私见，国民党的改组，虽然有中国共产党和第三国际的帮助，但更是孙中山与时俱进、认清潮流的结果。

二是会见。这一天，孙中山在行馆接见了社会党本部江亢虎。江亢虎向孙中山介绍了社会党的历史，以及对社会主义的看法。孙中山表示社会党提倡社会主义，自己是赞同的。"至于方法，原非一成不变者，因时制宜可耳。"[3]我认为孙中山的社会主义，在实行方法上以平均地权、实行单一税制为其特征，虽与

---

[1]《民立报》1911 年 12 月 30 日，转引自王耿雄书，第 77—78 页。

[2] 孙中山：《中国同盟会意见书》，《孙中山全集》第 1 卷，第 577—578 页。

[3] 孙中山：《与江亢虎的谈话》，同上书，第 579、580 页。

其他社会主义方法不同,但本质上都与社会主义要求把社会收益进行全社会分配、与民共享的基本点相一致。所以江亢虎表示孙中山的民生主义关于平均地权、专征地税之说,"实与本党宗旨相同"。孙中山指出:"不但此一端而已。余实完全社会主义家也。此一端较为易行,故先宣布,其余需与贵党讨论者甚伙。"[1]显然,孙中山自认是个"完全社会主义家",不同意江亢虎只认为他的民生主义只有平均地权的"一端"。他正在进一步构建"民生主义即社会主义"的学理体系。后来,他果然提出了民生主义另一重要内涵——节制资本,并且在"核定地价、涨价归公、与民共享"中,加进了"定价收买"一法,进而主张"耕者有其田",使平均地权有了新的内涵和新的意义。

谈话后二日,孙中山托人赠交社会党四种书籍,即《社会主义概论》、《社会主义之理论与实行》、《社会主义发达史》、《地税原论》。不过,那时他已人在南京了。

三是接受采访。同天,孙中山再次接受了《大陆报》记者的采访,就当选大总统、何时能恢复旧规、与外国进行商务及自己的反清起义等问题发表了谈话[2]。充满了乐观主义的展望,表现了因陋就简的务实态度。

四是筹措经费。他一直考虑未来政府急需经费的问题。这天,为此而致电侨商邓泽如、陆弼臣、谭扬等,称:"现为组织中央政府,需款甚巨。委任阁下等向南京侨商征集大款,国债票日间附上。"[3]这份电报,与他由海外返国时在新加坡约见邓泽如的谈话是一致的。不同在于,他提出了用"国债票"的形式作担保,以昭信用。这比之于以前为反清起义向华侨筹款的办法,更具法律上的保证。

晚上,出席旅沪广东各团体在靶子路(沈案:今武进路)宸虹园举办的宴会。上海公共租界工部局警务报告记此事称:"若干旅沪粤人在靶子路 111 号宴请孙逸仙博士、伍廷芳及温宗尧,参加此宴会的有旅沪粤商约四十人。孙逸仙博士于晚七时五十分到达,九时零五分乘坐 345 号汽车离开。"[4]

12 月 31 日是孙中山在上海的最后一天。这天,他应《民立报》之请,为它写了中、英文两种题词。[5]据时任《民立报》编辑和英文翻译的刘文典先生回忆:

> 辛亥革命后,中山先生归国,就被推举为临时大总统。后来我在上海

---

[1] 孙中山:《与江亢虎的谈话》,《孙中山全集》第 1 卷,第 579、580 页。

[2] 孙中山:《与上海〈大陆报〉记者的谈话》,同上书,第 580—581 页。

[3] 孙中山:《致邓泽如等电》,同上书,第 576 页。

[4]《辛亥革命时期上海公共租界工部局警务报告》,《历史档案》1981 年第 4 期,转引自王耿雄书,第 81 页。

[5] 孙中山:《为上海〈民立报〉题词》,《孙中山全集》第 1 卷,第 581 页。

《民立报》当编辑和英文翻译，有一天中山先生到报馆来，大家一齐围着他，中山先生发表了一段简单的谈话。邵力子先生请他写几个字，要做铜版报上登，中山先生拿起一张便条写了"戮力同心"四个字。又请他写英文，他拿起毛笔又写了"Unity is our watch word"四个字。后来我把这两张便条珍重地保存起来，夹在一本书里，视为宝籍。可惜卢沟桥事变后，藏书荡然无存，这两张墨宝也化为飞灰了。[1]

这篇回忆文章，把孙中山为《民立报》题词的经过和细节都说清楚了。孙中山的英文题词全文为：

To Minlipao

Unity is our watch word.

Sun Yat Sen

释文为："合"之一字最足为吾人警惕。赠《民立报》。孙逸仙。[2]孙中山强调一个"合"字，显然是针对党内已有歧见，作为喉舌的革命报刊，应持平各方意见，多从合作、和谐的大局出发，进行报道和评论，以求得"同心戮力"，共图革命大业。

这一天，宝昌路行馆的人都到南京去了，只剩下孙中山和仆人。日本友人宫崎寅藏和末永节应孙之请，到行馆谈借款事宜。[3]宫崎有文记此事：

那时在南京成立了政府，孙作为总统第二天就要从上海抵达南京。我在前一天，到孙那里去过。大家几乎都到南京去了，只剩下孙一个人。可以说只有仆人和孙没有走。我对孙说："今天你不觉得寂寞吗？"孙说："那里！大家都到南京去了，只剩下我一个人。"这时裁缝给孙送来总统制服。孙穿上土黄色的制服对着镜子照。问我："如何，有没有总统的派头？"总统明天就要到南京去了，但还身无分文。孙问我："能否借给我五百万元？"我说："你明天就要走了，我又不是魔术师，一个晚上去哪弄这么多钱。"我是和山田纯三郎一同去的。孙说："明天身无分文也关系不大，但你如不保证在一周内给我弄到五百万元，我当了总统也只好逃走。"我对他说："临近年关，明天就是元旦了，肯定是难的。姑且让我找三井的藤濑（政次郎）商量一下，看有无办法。"孙说："那就劳驾你跑一趟啦。"[4]

---

[1] 刘文典：《孙中山先生回忆片断》，《云南日报》1956年11月12日，转引自王耿雄书，第85页。

[2] 释文见《孙中山全集》第1卷，第581页。

[3]《宫崎滔天年谱稿》，载《辛亥革命史丛刊》第1辑，第158页。

[4]《宫崎滔天谈孙中山》，《广东文史资料》第25辑《孙中山史料专辑》，第313—314、315页。宫崎谈话中称，他和山田纯三郎同去见孙中山，但年谱稿称是与末永节同去，两者说法不一，待考。

后来,宫崎派山田请来了三井物产会社上海支店长藤濑政次郎,请他设法,藤濑只拿了50万给孙中山。"孙说:'暗地里借钱用,会遗留恶例的。好意我心领了,不胜感谢。'所以,钱还是还给了藤濑。"[1]为了新政府的经费问题,孙中山真是绞尽脑汁,到处央求。当时,很少有人能体察孙中山的良苦心志。

1912年1月1日上午,孙中山乘专车赴南京就职,结束了在上海七天半的活动。

(五) "新纪元的曙光"

孙中山来沪的消息传到南京,使彷徨无策的各省代表深为兴奋。还在24日,代表会议就已得知他将到上海的信息[2]。当天,就由代理议长景耀月指定马伯援、王有兰、许冠尧等赴沪欢迎。26日,代表王正廷报告:"前数日黄克强君已允来宁组织政府,迨孙中山先生抵沪后,黄君又变更主张,请速由代表会议选举临时大总统。"于是代表会议议决定于12月29日(十一月初十日)开会选举临时大总统。

赴沪欢迎的马伯援、王有兰等一行6人于26日(十一月初七日)晚乘火车离宁,27日早上到沪,即去静安寺路斜桥总会后一幢小洋房谒见孙中山。在致欢迎之意后,双方即谈到组织政府问题。据王有兰回忆,当时的谈语要点如下:

同人谓:代表团拟举先生为临时政府大元帅,先生之意如何?

先生答:要选举,就选举大总统,不必选举大元帅,因为大元帅的名称,在外国并非国家之元首。

同人谓:在代表会所议决的临时政府组织大纲,本规定选举临时大总统,但袁世凯的代表唐绍仪到汉口试探议和时,曾表示如南方能举袁为大总统,则袁亦可赞成共和,因此代表会又决议此职暂时留以有待。

先生答:那不要紧,只要袁真能拥护共和,我就让给他。不过,总统就是总统,临时字样,可以不要。

同人谓:这要发生修改组织大纲问题,俟回南京与代表会商量。

先生又谓:本月十三日为阳历一月一日,如诸君举我为大总统,我打算在那天就职,同时宣布在中国改用阳历,是日为中华民国元旦,诸君以为

---

[1]《宫崎滔天谈孙中山》,《广东文史资料》第25辑;《孙中山史料专辑》第313—314、315页。
[2]刘星楠:《辛亥各省代表会议日志》,《辛亥革命回忆录》第6册,第251页。

如何？

　　同人答：此问题关系甚大，因中国用阴历已有数千年的历史习惯，如毫无准备，骤然改用，必多窒碍，似宜慎重。

　　先生谓：从前换朝代，必改正朔，易服色，现在推倒专制政体，改建共和，与从前换朝代不同，必须学习西洋，与世界文明各国从同，改用阳历一事，即为我们革命成功后第一件最重大的改革，必须办到。

　　同人答：兹事体大，当将先生建议报告代表团决定。

　　是日谈话约三小时，并尝就其他重要问题交换意见，大家都得到结论，遂辞出当时感到惊异的是先生的语气，真挚亢爽，直捷了当，有当仁不让、舍我其谁之概，一洗中国缙绅虚伪谦逊、矫揉造作之态，虽细微处，亦见伟大。[1]

　　赶赴南京的黄兴，于27日抵宁，当晚出席在江苏谘议局召开的各省代表会议。在会上他提出三项议案：第一，改用阳历；第二，起义时以黄帝纪元，今应改为中华民国纪元；第三，组织政府，取总统制。经众讨论，第一、第二两案并为一案；惟民间习惯已久，且关系农村之农事兴作问题，当于阳历下注明阴历节序，全体赞成。第三，总统与内阁制案，宋教仁仍主张内阁制，讨论颇久，但大多数主张总统制，照提案通过。宋教仁提议，临时政府组织大纲既已决定，应即按照大纲选举临时大总统，隔日举行，即由代表会准备一切。他的提议获得通过[2]。

　　这样，原先准备虚位以待袁世凯而只考虑选举大元帅的各省代表会议，终于在孙中山抵沪、同盟会重要人物黄兴、宋教仁等坚持下，迈出了决定性的一步：选举临时大总统！这倒不是代表们、包括黄、宋在内决心不顾袁世凯这股政治力量，把政权牢牢掌握在革命派手中的表现；而是经过与孙中山、黄兴等接触，大家都了解了各自的意图，只要袁世凯主张共和、推翻清王朝，大总统一席终归于袁所有，代表会所选举者，只是临时的大总统而已。选举也有利于促袁早日赞成共和。因为在上海召开的南北和谈会议上，北方代表虽同意废除清政府、承认共和，但一再坚持要召开所谓"国民会议"、听取"国民公意"来决定国

---

　　[1] 王有兰：《辛亥建国回忆》，《辛亥革命史料选辑》下册，第295—296页。案，王有兰此文称到沪欢迎代表共六人，其中有马君武、景耀月、王竹怀；并称12月26日（十一月初七日）乘车赴沪，27日晨到达上海。这些均与常见史料不同。马君武时已在上海参加同盟会高干会议，景耀月时为各省代表会议代理议长，他仅指定王有兰等三人赴沪欢迎，似不应在赴沪之列。孙中山于25日抵达上海，南京代表会议于24日即已得到消息，当天即指定赴沪欢迎的代表，何以要迟至26日乘夜车出发？这些可能王有兰事后回忆有误。但他回忆与孙中山谈话的内容，对照同盟会26日最高会议讨论，似可肯定。

　　[2] 蔡寄鸥：《鄂州血史》，龙门联合书局1958年版，第164页。

体。袁世凯不愿承担恶名,使得筹建中央政府的工作迟迟不能实现。南方毕竟是独立了的革命区域,自有自己的主意。

据说,赴沪欢迎孙中山的代表,在了解孙中山意图后,于27日(十一月初八日)当夜返宁,28日晨8时到达南京,10时赴代表会开会,由马君武报告在沪与孙中山洽谈的结果。"代表会对于保留总统位置予袁一节,认为不必要;惟临时大总统名称,除去'临时'字样,因各省有未独立者,正式宪法尚未制定,正式总统亦无从产生,认为仍须冠以'临时'字样。"[1]当天,代表会议通过了采用无记名投票法选举临时大总统和实行差额选举法,"推举临时大总统候补者"[2]。

1911年12月29日(十一月初十日),选举中华民国临时大总统的庄严时刻终于到来。这一天上午9时,选举开始。山西代表景耀月、李素、刘懋赏,陕西代表张蔚森、马步云、赵世钰,江苏代表袁希洛、陈陶遗、雷奋、马良,安徽代表许冠尧、王竹怀、赵斌,江西代表林森、赵士北、俞应麓、王有兰、汤漪,浙江代表汤尔和、黄群、陈时夏、陈毅、屈映光,福建代表潘祖彝,广东代表王宠惠、邓宪甫,广西代表马君武、章勤士,湖南代表谭人凤、廖名搢、邹代藩、刘揆一、欧阳振声,湖北代表马伯援、杨时杰、王正廷、胡瑛、居正,四川代表萧湘、周代本,云南代表吕志伊、段宇清、张一鹏,山东代表谢鸿焘、雷光宇,河南代表李盤、黄可权,直隶代表谷钟秀,奉天代表吴景濂,共17省49人到会[3]。先开箱检出候选人选举票,然后根据候选人以无记名方式投票选举临时大总统。

当天会议由议长汤尔和担任主席,王宠惠为副主席,袁希洛为书记。原定担任监选员的程德全、徐绍桢二人,因风闻是日将有人在议场投掷炸弹,而于28日逃避上海,改为由刘之洁担任。在刘的监视下,将28日先行投票选举的候选人揭示,结果获得临时大总统候选人资格者共三名:孙中山、黎元洪、黄兴。然后进行正式选举。按规定,每省一票,到会代表17省,共计17票,凡满投票人数2/3以上者当选。投票结果,孙中山得16票,黄兴得1票,孙中山当选为临时大总统。

选举当天,代表会议作出了三项决议:第一,各省代表具签名书,交正副议长,到沪欢迎临时大总统来宁;第二,通电各省都督府,请每省选派参议员三人来宁组织参议院;参议员未到院以前,由本省代表暂留一至三人,代行参议员职

---

[1] 王有兰:《辛亥建国回忆录》,《辛亥革命史料选辑》下册,第297页。
[2] 刘星楠:《辛亥各省代表会议日志》,《辛亥革命回忆录》第6册,第252页。
[3] 同上书,第252页。又,一般著述多称十七省四十五人,但均不具姓名;刘文所记共十七省四十九人,且均具姓名,故从之。

务;第三,照临时政府组织大纲,参议员系由各省都督府所派,至各省谘议局所派代表,仍称某省代表,得列席于参议院。次日,12 月 30 日,各省代表会议又通过决议:"清内阁代表唐绍仪要求开国民会议一节,应由本会致电伍廷芳代表,请其答复唐代表:本月初十日(沈案:即 12 月 29 日)十七省代表在宁开会,选举临时大总统,已足见国民多数赞成共和,毋庸再开国民会议。"[1]选举孙中山为临时大总统和严正拒绝袁世凯召开国民会议"公决"国体这两件事,是各省代表会议召开以来,干得最有意义和颇具骨气的举动。它向世人表明,尽管有党见、政见的差异,但孙中山作为伟大的民主革命先行者和中国革命派的领袖,终究为历史所选择,成了领导中国人民开拓民主共和新纪元的旗手;而一旦获得独立的人民,完全有权藐视骄横不可一世的旧权威!

选举完成后,即由代表会议电告在上海的孙中山,请他入都就职。孙中山当即回电,全文如下:

> 南京各省代表诸公鉴:电悉。光复中华,皆我军民之力,文子身归国,毫发无功。竟承选举,何以克当?惟念北方未靖,民国初基,宏济艰难,凡我国民皆具有责任。诸公不计功能,加文重大之服务,文敢不黾勉从国民之后,当刻日赴宁就职。先此敬复。孙文叩。[2]

1912 年 1 月 1 日,孙中山在南京特派代表汤尔和、王宠惠、陈陶遗三人专程来沪迎接下,在沪军都督陈其美派马队护送下,由上海启程乘专车赴南京。"沿途军队及绅商人民来送者,人山人海,拥挤非常。开车时,送者皆脱帽为礼,总统亦还礼。沿途各站,共和万岁的呼声,闻于数里。花车到南京,总统下车与各欢迎人握手为礼,改坐蓝色绣花彩绸马车至总统府,由黄兴、徐绍桢迎入。"[3]

当晚 10 时,在原两江总督衙门时为总统府的大礼堂内,举行大总统就职仪式。仪式在徐绍桢司仪下,以鸣礼炮 21 响开始,由各省代表会议公推的景耀月致词:"今日之举,为中国五千年来所未有。我国人所希望者,在共和政府之成立,及推倒满清专制政府,使人人享自由幸福。孙先生为革命创始之人,富有政治学识。各省公民选定后,今日任职。愿孙先生始终爱护人民自由,毋负全国人的期望。请大总统就职,宣读誓词。"[4]孙中山在军乐悠扬声中登上讲台,当众宣读誓词:

> 倾覆满洲专制政府,巩固中华民国,图谋民生幸福,此国民之公意,文

---

[1] 刘星楠:《辛亥各省代表会议日志》,《辛亥革命回忆录》第 6 册,第 252—253 页。
[2] 孙中山:《复南京各省代表电》(1911 年 12 月 29 日),《孙中山全集》第 1 卷,第 575 页。
[3][4] 蔡寄鸥:《鄂州血史》,第 165 页。

实遵之,以忠于国,为众服务。至专制政府既倒,国内无变乱,民国卓立于世界,为列邦公认,斯时文当解临时大总统之职。谨以此誓于国民。

中华民国元年元旦　孙文[1]

孙中山读毕,即由景耀月捧着大总统印信,送于大总统座前。大总统接印后取出《大总统宣言书》,盖印其上,印文为"中华民国临时大总统之印"。然后,由胡汉民代读临时大总统宣言书。读毕,各界推徐绍桢致颂词。致词毕,由孙中山致答词。至此礼成,在全场高呼"中华共和万岁"声中散会。

1912 年 1 月 1 日,孙中山就任临时大总统并宣告中华民国的成立,不仅标志着辛亥革命的胜利,也标志着中国历史上一个前所未有的新时代的到来。正如孙中山在 1904 年《中国问题的真解决》一文中所指出:

孙中山就任中华民国临时大总统时的留影

　　一旦我们革新中国的伟大目标得以完成,不但在我们美丽的国家将会出现新纪元的曙光,整个人类也将得以共享更为光明的前景。普遍的和平必将随中国的新生接踵而至,一个从来也梦想不到的宏伟场所,将要向文明世界的社会经济活动而敞开。[2]

尽管当他就职时距离这样一个伟大目标还很遥远,甚至要实现他在《临时大总统宣言书》中所宣布的诸如"民族之统一"、"领土之统一"、"军政之统一"、"内治之统一"、"财政之统一";除去"满清时代辱国之举措与排外之心理",开展睦邻外交,持和平主义,使中国见重于国际社会等内外治政方针[3],也还要作艰苦的努力。但推翻几千年的封建君主专制统治,建立共和国,毕竟使中国真正透露了迈出中世纪、进入近代社会的一线曙光!这不仅是孙中山个人长期为之奋斗的"恢复中华、创立民国之志,于斯竟成"[4];而且也是中国人民自 1840 年鸦片

---

[1] 孙中山:《临时大总统誓词》(1912 年 1 月 1 日),《孙中山全集》第 2 卷,第 1 页。

[2] 孙中山:《中国问题的真解决》(1904 年 8 月 31 日),《孙中山全集》第 1 卷,第 255 页。

[3] 孙中山:《临时大总统宣言书》(1912 年 1 月 1 日)《孙中山全集》第 2 卷,第 2 页。

[4] 孙中山:《有志竟成》,《孙中山全集》第 6 卷,第 246 页。

战争以来进行的反帝反封建斗争,从比较正规的资产阶级民主主义革命的意义上获得的伟大胜利。孙中山的就职和民国的诞生,谁能说中国历史不是进到了一个新纪元的时代? 谁能说不是使封建古老的中国露出了它新生的一线曙光?

可惜的是,它就像昙花一现那样短暂,曙色很快消退。由于内外各种政治势力对这个新生共和国的种种压力,也由于以孙中山为首的革命派既定的让位给袁世凯的方针,临时政府成立只有三个月就被袁世凯得到了政权。从此,民国成了一块空招牌。随之而来的依然是帝国主义与封建军阀的专政。中国重新陷入半殖民地的苦难深渊。孙中山为了实现就职宣誓和宣言书的初愿,毅然从实业救国的活动中走出来,率领人民与独夫民贼袁世凯、与卖国的北洋军阀进行艰苦斗争,这种与时俱进的奋斗,都是为着使中国重现辛亥革命胜利所透露过的"新纪元的曙光"。孙中山的这些奋斗,有激动人心的事迹,有挫折失败的痛苦,也有胜利成功的喜悦。这位伟大的革命家,始终是中国历史上最值得人们永远怀念的人物,也始终是中国人的骄傲。当我结束本书的时候,我真想在我的有生之年,以我浅薄的学识,再写一部《孙中山与中华民国》的书,作为本书的续篇。因为他确实是中国近代历史上少数几个最值得后世作传的伟人之一。

主要参考文献

一、报刊

《东方杂志》

《国风报》

《国民报汇编》

《湖北学生界》

《江苏》

《民报》

《民立报》

《清议报》

《时报》

《时务报》

《新民丛报》

《新世纪》

《新世界学报》

《游学译编》

《浙江潮》

《中国时报》

《中国新报》

二、文集与史料

本社编:《章太炎全集》(1—6 册),上海人民出版社,1982—1986 年。

曹从坡、杨桐编:《张謇全集》,江苏古籍出版社,1994年。

陈旭麓、顾廷龙、汪熙主编:《辛亥革命前后》(盛宣怀档案资料选辑之一),上海人民出版社,1979年。

陈旭麓、郝盛潮主编,王耿雄等编:《孙中山集外集》,上海人民出版社,1990年。

陈旭麓主编:《宋教仁集》(上下),中华书局,1981年。

陈旭麓:《陈旭麓文集》(1—4卷),华东师范大学出版社,1996年。

陈义杰整理:《翁同龢日记》全5册,中华书局,1997年。

陈真、姚洛编:《中国近代工业史资料》第2辑,三联书店,1957年。

邓慕韩:《追随国父之回忆》,《三民主义半月刊》第10卷第3期。

丁致聘:《中国近七十年来教育纪事》,国立编译馆1935年版。

樊崧甫遗著:《上海帮会内幕》,《上海文史资料》1980年第3辑。

房兆楹辑:《清末民初洋学学生题名录初辑》,"中央研究院"近代史研究所史料丛刊,1962年。

[日]福岛安正:《对支回顾录》,东京1936年版。

傅德华编:《于右任辛亥文集》,复旦大学出版社,1986年。

故宫博物院明清档案部编:《清末筹备立宪档案史料》(上下),中华书局,1979年。

广东省社会科学院历史研究室、中国社会科学院近代史研究所中华民国史研究室、中山大学历史系孙中山研究室合编:《孙中山全集》(全11卷),中华书局,1981—1986年。

郭之奇:《清末留东回忆》,政协湖南省委员会文史资料研究委员会编:《湖南文史资料选辑》第10辑,湖南人民出版社,1979年。

国家档案局明清档案馆编:《义和团档案史料》上册,中华书局,1959年。

郝盛潮主编、王耿雄等编:《孙中山集外集补编》,上海人民出版社,1994年。

胡滨译:《英国蓝皮书有关辛亥革命资料选译》(上下),中华书局,1984年。

胡毅生:《同盟会成立前二、三事之回忆》,《开国文献》第1编第10册。

湖北省图书馆辑:《辛亥革命武昌首义史料辑录》,书目文献出版社,1981年。

湖南省社会科学院编:《黄兴集》,中华书局,1981年。

湖南省哲学社会科学研究所编:《唐才常集》,中华书局,1980年。

华中师范学院辛亥革命史研究室、中南地区辛亥革命史研究会编辑:《国外辛亥革命史研究动态》第 3 辑,华中师范大学出版社,1984 年。

黄帝子孙之多数人:《黄帝魂》,黄帝纪元四千六百十四年版。

黄彦、李伯新选编:《孙中山藏档选编》(辛亥革命前后),中华书局,1986 年。

居正:《辛亥札记、梅川日记合刊》,台北文物供应社,1956 年。

李伯新撰:《孙中山史迹忆访录》,《中山文史》第 38 辑,政协广东省中山市委员会文史编辑部出版,1996 年。

李华兴、吴嘉勋编:《梁启超选集》,上海人民出版社,1984 年。

李燮和:《光复军志》,《近代史资料》第 57 辑。

李新、孙思白主编:《民国人物传》(1—4 册),中华书局,1978 年。

梁启超著、林志钧编:《饮冰室合集》(文集、专集),中华书局,1989 年。

刘晴波、彭国兴编:《陈天华集》,湖南人民出版社,1982 年。

刘文典:《孙中山先生回忆片断》,《云南日报》1956 年 11 月 12 日。

罗家伦主编:《革命文献》第 2 辑,台北 1978 年影印本。

曼华:《同盟会时代民报始末记》,《建国月刊》第 7 卷第 2 期。

彭泽益编:《中国近代手工业史资料》第 2 辑,三联书店,1957 年。

萍乡市政协、浏阳县政协、醴陵市政协合编:《萍、浏、醴起义资料汇编》,湖南人民出版社,1986 年。

丘权政、杜春和选编:《辛亥革命史料选辑》(上下),湖南人民出版社,1981 年。

丘权政、杜春和选编:《辛亥革命史料选辑续编》,湖南人民出版社,1983 年。

上海社会科学院历史研究所编:《辛亥革命在上海史料选辑》,上海人民出版社,1981 年。

上海市文物保管委员会编:《康有为与保皇会》,上海人民出版社,1982 年。

史坚如:《致妹书》,肖平编:《辛亥革命烈士诗文选》,中华书局,1962 年。

舒新城编:《中国近代教育史资料》,人民教育出版社,1961 年。

孙常炜主编:《蔡元培先生全集》,台湾商务印书馆,1968 年版。

汤志钧编:《章太炎政论选集》(上下),中华书局,1977 年。

王耿雄:《孙中山史事详录(1911—1913)》,天津人民出版社,1986 年。

王耿雄:《孙中山与上海》,上海人民出版社,1991 年。

王韬:《扶桑游记》,湖南人民出版社《走向世界》丛书。

隗瀛涛、赵清主编:《四川辛亥革命史料》(上下),四川人民出版社,1982 年。

魏育邻译:《宫崎滔天谈孙中山》,政协广东省委员会文史资料研究委员会编:《广东文史资料》第 25 辑《孙中山史料专辑》,广东人民出版社,1979 年。

吴玉章(永珊):《甲午战争前后到辛亥革命前后的回忆》(一),《文汇报》1961 年 9 月 15 日。

武汉大学历史系中国近代史教研室编:《辛亥革命在湖北史料选辑》,湖北人民出版社,1981 年。

夏东元编:《郑观应集》,上海人民出版社,1982 年。

薛君度、毛注青编:《黄兴未刊电稿》,湖南人民出版社,1983 年。

严中平等编:《中国近代经济史统计资料选辑》,科学出版社,1955 年。

杨立强、沈渭滨等编:《张謇存稿》,上海人民出版社,1987 年。

杨天石、王学庄编:《拒俄运动(1901—1905)》,中国社会科学出版社,1979 年。

张继撰、"中央"改造委员会党史史料编辑委员会编:《张溥泉先生全集·补编》,台北"中央"文物供应社,1952 年。

张枬、王忍之编:《辛亥革命前十年间时论选集》(全 2 卷 4 册),三联书店,1960—1963 年。

张难先:《湖北革命知之录》,商务印书馆,1945 年。

章开沅主编、饶怀民编:《刘揆一集》,华中师范大学出版社,1991 年。

章有义编:《中国近代农业史资料》第 1 辑,三联书店,1957 年。

浙江省辛亥革命史研究会、浙江省图书馆编:《辛亥革命浙江史料选辑》,浙江人民出版社,1981 年。

政协上海市委员会文史资料工作委员会编:《辛亥革命七十周年》(文史资料纪念专辑),上海人民出版社,1981 年。

政协浙江省萧山市委员会文史工作委员会编:《汤寿潜史料专辑》(萧山文史资料选辑四),萧山市文广印刷厂印刷,1993 年。

中国人民政治协商会议湖北省委员会编:《辛亥首义回忆录》(全 4 辑),湖北人民出版社,1957—1961 年。

中国人民政治协商会议全国委员会文史资料研究委员会编:《辛亥革命回忆录》(全 8 册),文史资料出版社,1982 年。

中国社会科学院近代研究所近代史资料编辑组编:《近代史资料专刊:辛亥革命资料类编》,中国社会科学出版社,1981 年。

中国社会科学院近代史研究所中华民国研究室主编、邹念之编译:《日本外交文书选译——关于辛亥革命》,中国社会科学出版社,1980 年。

中国史学会主编:"中国近代史资料丛刊"《戊戌变法》(全4册),上海人民出版社,1957年。

中国史学会主编:"中国近代史资料丛刊"《辛亥革命》(全8册),上海人民出版社,1957年。

中国史学会主编:"中国近代史资料丛刊"《洋务运动》(全8册),上海人民出版社,1957年。

朱和中:《辛亥光复成于武汉之原因及欧洲发起同盟会之经过》(续),《建国月刊》第2卷第5期。

朱维铮、姜义华编注:《章太炎选集》(注释本),上海人民出版社,1981年。

[日]宫崎寅藏:《中华革命军谈》,1912年东京版。

《光绪朝东华录》,中华书局,1958年排印本。

《交通大学四十周年纪念特刊》(1936年4月)。

《军国民教育会纪事》,军国民教育会1903年自印本。

《太平天国印书》(上),江苏人民出版社,1979年。

《辛亥革命期间上海公共租界工部局警务报告》,《历史档案》1981年第4期。

《邹永成回忆录》,《近代史资料》1956年第3期。

三、 年谱与传记

卞孝萱、唐文权编:《辛亥人物碑传集》,团结出版社,1991年。

陈锡祺主编:《孙中山年谱长编》(上下),中华书局,1991年。

陈占勤:《陈少白年谱》,岭南美术出版社,1999年。

陈祖恩、李华兴:《白龙山人王一亭传》附《王一亭生平大事年表》,上海辞书出版社,2007年。

邓慕韩:《史坚如事略》,《建国月刊》第2卷第6期。

丁文江、赵丰田:《梁启超年谱长编》,上海人民出版社,1983年。

高平叔编著:《蔡元培年谱》,中华书局,1980年。

广东省哲学社会科学研究所历史研究室、中国社会科学院近代史研究所中华民国史研究室、中山大学历史系合编:《孙中山年谱》,中华书局,1980年。

贺觉非编:《辛亥武昌首义人物传》(上下),中华书局,1982年。

胡去非编、吴敬恒校:《孙中山先生传》,商务印书馆,1933年。

简单:《姚雨平传略》,政协广东省委员会文史资料研究委员会编:《广东文史资料》第 38 辑,广东人民出版社,1983 年。

李平书:《哀文》,《沈缦云先生年谱》附言,未刊稿本。

李又宁:《一位被遗忘的革命女性——陈粹芬》,台湾《传记文学》第 39 卷。

李钟珏:《且顽老人七十自叙》,中华书局聚珍版。

李宗一:《袁世凯传》,中华书局,1980 年。

梁启超:《李鸿章传》,海南国际新闻中心、海南出版社,1993 年。

刘厚生:《张謇传记》,上海书店影印出版,1985 年。

罗香林:《国父家世源流考》,商务印书馆,1942 年。

罗香林:《国父之大学时代》,重庆独立出版社,1945 年。

马洪林:《康有为大传》,辽宁人民出版社,1988 年。

马叙伦:《〈太炎先生自定年谱〉补遗》,《近代史资料》1958 年第 1 期。

马兢生:《孙中山在夏威夷:活动和追随者》,台北近代中国出版社,2000 年。

毛注青:《黄兴年谱》,湖南人民出版社,1980 年。

孟祥才:《梁启超传》,北京出版社,1980 年。

莫永明、范然:《陈英士纪年》,南京大学出版社,1991 年。

尚明轩主编:《孙中山的历程——一个伟人和他未竟事业》(上下),解放军文艺出版社,1998 年。

尚明轩:《孙中山传》,北京出版社,1982 年。

盛永华主编:《宋庆龄年谱(1893—1981)》(上下),广东人民出版社,2006 年。

谭人凤:《石叟牌词》,甘肃人民出版社,1983 年。

汤志钧:《戊戌变法人物传稿》,中华书局,1961 年。

汤志钧编著:《章太炎年谱长编》,中华书局,1979 年。

唐振常:《蔡元培传》,上海人民出版社,1985 年。

陶英惠:《蔡元培年谱》,"中央研究院"近代史所,1976 年。

王蘧常:《严几道年谱》,上海商务印书馆,民国二十五年(1936)。

王栻:《严复传》,上海人民出版社,1975 年。

王韬:《弢园老民自传》,《弢园文录外编》卷十一,1897 年上海重排铅印本。

王有为:《章太炎传》,广东人民出版社,1984 年。

王云五等:《我怎样认识国父孙先生》,台北《传记文学》丛刊之三,1967 年。

吴其昌:《梁任公》,胜利出版社,1944 年。

吴相湘:《国父的一位汉文教师:杜南》,台北《近代史论丛》第 3 集。

吴相湘:《孙逸仙先生传》(上下),台湾远东图书公司,1982 年。

夏敬观:《宋教仁传》,《国史馆馆刊》第 1 卷。

萧致治:《黄兴评传》,中国思想家评传丛书,南京大学出版社,2001 年。

谢世诚:《李鸿章评传》,中国思想家评传丛书,南京大学出版社,2006 年。

忻平:《王韬评传》,华东师范大学出版社,1990 年。

易惠莉:《郑观应评传》,中国思想家评传丛书,南京大学出版社,1998 年。

于醒民、唐继无:《宋氏家族第一人——宋耀如全传》,东方出版社,2008 年。

苑书义:《李鸿章传》,人民出版社,2004 年。

张荣华:《张元济评传》,百花洲文艺出版社,1997 年。

章开沅:《开拓者的足迹——张謇传稿》,中华书局,1986 年。

庄安正:《张謇先生年谱》(晚清篇),吉林人民出版社,2006 年。

左舜生:《黄兴评传》,《传记文学》丛刊之十,台北传记文学出版社,1968 年。

[美]林伯克著,徐植仁译:《孙逸仙传记》,上海三民公司,1926 年。

[日]宫崎滔天著,林启彦改译并注释:《三十三年之梦》,花城出版社、三联书店香港分店 1981 年联合出版。

[日]宫崎寅藏:《孙逸仙传》,《建国月刊》第 5 卷第 4 期。

《胡汉民自传》,《近代史资料》1982 年第 2 期。

《胡汉民自传续篇》,《近代史资料》1983 年第 2 期。

《太炎先生自定年谱》,《近代史资料》1957 年第 1 期。

四、 著作与论文集

蔡寄鸥:《鄂州血史》,龙门联合书局,1958 年。

蔡建国:《蔡元培与近代中国》,上海社会科学院出版社,1998 年。

陈春生:《庚子惠州起义记》,《建国月刊》第 5 卷第 3 期。

陈胜粦主编:《孙中山与辛亥革命史研究——庆贺陈锡祺先生九十华诞论文集》,中山大学出版社,2001 年。

陈锡祺:《同盟会成立前的孙中山》(修订本),广东人民出版社,1984 年。

陈锡祺:《孙中山与辛亥革命论集》,中山大学出版社,1984 年。

陈旭麓:《近代史思辨录》,广东人民出版社,1984 年。

陈学恂主编:《中国近代教育大事记》,上海教育出版社,1981 年。

方汉奇：《中国近代报刊史》（上下），山西人民出版社，1981年。

冯自由：《革命逸史》（1—6集），中华书局，1981年。

冯自由：《华侨革命开国史》，商务印书馆，1947年。

冯自由：《中国革命运动二十六年组织史》，商务印书馆，1948年。

冯自由：《中华民国开国前革命史》上编，上海革命史编辑社，1928年。

冯自由：《中华民国开国前革命史续编》，中国文化服务社，1946年。

复旦大学历史系、《历史研究》编辑部、《复旦学报》编辑部编：《近代中国资产阶级研究》，复旦大学出版社，1984年。

复旦大学历史系、《历史研究》编辑部、《复旦学报》编辑部编：《近代中国资产阶级研究（续辑）》，复旦大学出版社，1986年。

戈公振：《中国报学史》，三联书店，1955年。

顾长声：《传教士与近代中国》，上海人民出版社，1981年。

广东省社会科学院孙中山研究所编：《孙中山与近代中国论集》，广东人民出版社，1995年。

广东省社会科学院孙中山研究所编：《辛亥革命与孙中山》，广东人民出版社，1991年。

何启、胡礼垣：《新政真诠》初编，上海格致新报馆1901年铅印本。

胡鄂公：《辛亥革命北方实录》，中华书局，1948年。

湖北省哲学社会科学学会联合会编：《辛亥革命五十周年纪念论文集》（上下），中华书局，1962年。

湖北省史学会编：《辛亥革命论文集》，湖北人民出版社，1981年。

黄健敏：《翠亨村》，文物出版社，2008年。

黄明同等：《孙中山的儒学情结》，社会科学文献出版社，2010年。

黄彦：《孙中山研究和史料编纂》，孙中山基金会丛书，广东人民出版社，1996年。

江苏历史学会编：《一次反封建的伟大实践——江苏纪念辛亥革命七十周年学术论文集》，江苏人民出版社，1982年。

姜义华：《大道之行——孙中山思想发微》，孙中山基金会丛书，广东人民出版社，1996年。

金冲及、胡绳武：《辛亥革命史稿》（全4卷），上海人民出版社，1991年。

金冲及、胡绳武：《从辛亥革命到五四运动》，湖南人民出版社，1983年。

黎澍：《辛亥革命前后的中国政治》，人民出版社，1954年。

李吉奎:《孙中山与日本》,广东人民出版社,1996年。

李剑农:《戊戌以后三十年中国政治史》,中华书局,1965年。

李新主编:《中华民国史》第一编上册,中华书局,1982年。

李泽厚:《中国近代思想史论》,天津社科院出版社,2003年。

梁启超:《清代学术概论》,商务印书馆,1947年。

梁启超:《戊戌政变记》,中华书局,1950年。

梁启超:《饮冰室文萃·清代学术概论、儒家哲学》,天津古籍出版社,2003年。

[苏]列宁:《列宁选集》第1卷,人民出版社,1960年。

林家有、[日]高桥强主编:《理想·道德·大同——孙中山与世界和平国际学术研讨会论文集》,中山大学出版社,2001年。

林家有、李明主编:《看清世界与正视中国:孙中山与世界国际学术研讨会论文选集》,天津古籍出版社,2005年。

林家有主编:《辛亥革命运动史》,中山大学出版社,1990年。

林家有:《孙中山振兴中华思想研究》,孙中山基金会丛书,广东人民出版社,1996年。

刘成禺:《先总理旧德录》,《国史馆馆刊》创刊号。

刘大年:《赤门谈史录》,人民出版社,1981年。

刘望龄:《黑血·金鼓——辛亥前后湖北报刊史事长编》,湖北教育出版社,1991年。

柳亚子:《柳亚子诗词选》,人民文学出版社,1981年。

毛泽东:《毛泽东选集》(合订本),人民出版社,1966年。

亓冰峰:《清末革命与君宪的论争》,"中央研究院"近代史研究所,1966年。

钱穆:《中国近三百年学术史》(下),商务印书馆,1997年。

秦绍德:《上海近代报刊史论》(复旦大学博士丛书),复旦大学出版社,1993年。

邱捷:《孙中山领导的革命运动与清末民初的广东》,孙中山基金会丛书,广东人民出版社,1996年。

饶怀民:《李燮和与沪宁光复》,湖南师范大学出版社,1998年。

桑兵:《庚子勤王与晚清政局》,北京大学出版社,2004年。

桑兵:《孙中山的活动与思想》,中山大学出版社,2001年。

上海市孙中山宋庆龄文物管理委员会、上海中山学社、上海宋庆龄研究会编:《孙中山:历史·现实·未来国际学术研讨会论文集》,中国福利会出版社,2007年。

尚明轩主编:《孙中山生平事业追忆录》,人民出版社,1986年。

史和、姚福中、叶翠娣编:《中国近代报刊名录》,福建人民出版社1991年。

汤志钧:《乘桴新获》,江苏古籍出版社,1990年。

王杰主编、广东省社会科学院孙中山研究所编:《辛亥革命与中国民主进程》,燕山出版社,2001年。

隗瀛涛:《四川保路运动史》,四川人民出版社,1981年。

魏源:《圣武记》,中华书局,1984年。

吴承明:《帝国主义在旧中国的投资》,人民出版社,1955年。

吴玉章:《辛亥革命》,人民出版社,1961年。

武昌辛亥革命研究中心编:《辛亥革命与近代中国论文选(1980—1989年)》,湖北人民出版社,1991年。

谢缵泰:《中华民国革命秘史》,《广东文史资料·孙中山与辛亥革命史料专辑》,广东人民出版社,1981年。

辛亥革命史丛刊编辑组编:《辛亥革命史丛刊》(1—7辑),中华书局,1980—1987年。

辛亥革命史研究会编:《辛亥革命史论文选》(1949—1979)》(上下),三联书店,1981年。

熊月之:《中国近代民主思想史》,上海人民出版社,1986年。

徐鼎新:《近代中国商业社会史迹追踪》,香港天马出版有限公司,2005年。

许师慎编著:《国父革命缘起详注》,正中书局,1947年。

杨玉如编:《辛亥革命先著记》,科学出版社,1958年。

张磊:《跨世纪的沉思》(上下),广州出版社,2002年。

张磊:《孙中山:愈挫愈奋的伟大先行者》,孙中山基金会丛书,广东人民出版社,1996年。

张磊:《孙中山论》,广东人民出版社,1986年。

张朋园:《立宪派与辛亥革命》,"中央研究院"近代史研究所,1969年。

张玉法:《清季的革命团体》,北京大学出版社,2011年。

章开沅、林增平主编:《辛亥革命史》(全3册),人民出版社,1981年。

章开沅:《辛亥革命与近代社会》,天津人民出版社,1985年。

中国人民政治协商会议全国委员会文史资料委员会编:《辛亥革命在各

地》,中国文史出版社,1991年。

中国社会科学院近代史研究所、《近代史资料》编辑部编:《华侨与辛亥革命》,中国社会科学出版社,1981年。

中国社会科学院近代史研究所文化史研究室丁守和主编:《辛亥革命时期期刊介绍》(第1—2集),人民出版社,1982年。

中国史学会编:《辛亥革命与20世纪的中国》(上中下),中央文献出版社,2002年。

中国孙中山研究会编:《孙中山和他的时代》(上中下),中华书局,1989年。

中华书局编辑部编:《纪念辛亥革命七十周年学术讨论会论文集》(上中下),中华书局,1983年。

中华炎黄文化研究会、上海炎黄文化研究会编:《孙中山与现代文明》,苏州大学出版社,1997年。

中南地区辛亥革命史研究会、湖南省史学会编:《纪念辛亥革命七十周年青年学术讨论会论文选》(上下),中华书局,1983年。

中山大学孙中山研究所编:《孙中山与华侨——"孙中山与华侨"学术研讨会论文集》,中山大学出版社,1996年。

中山大学学报编辑部编:《辛亥革命论文集》,1981年。

周武、吴桂龙:《上海通史·晚清社会》,上海人民出版社,1999年。

庄政:《孙中山的大学生涯》,台北"中央日报"出版部,1995年。

邹鲁:《中国国民党史稿》(全6册),中华书局,1960年。

[美]列文森著,郑大华、任菁译:《儒教中国及其现代命运》,中国社会科学出版社,2000年。

[美]史扶邻著,丘权政等译:《孙中山与中国革命的起源》,中国社会科学出版社,1981年。

[美]薛君度著,杨慎之译:《黄兴与中国革命》,湖南人民出版社,1980年。

[日]平山周:《中国秘密社会史》,商务印书馆,1935年。

[日]实藤惠秀著,谭汝谦、林启彦译:《中国人留学日本史》,三联书店,1983年。

《回顾与展望——国内外研究述评》,中华书局,1986年。

《马克思恩格斯选集》(全4卷),人民出版社,1972年。

《孙文与华侨:纪念孙中山诞辰130周年国际学术讨论会论文集》,财团法人孙中山纪念会,神户,1996年。

［法］白吉尔著，黄庆华译：《辛亥革命时期的中国资产阶级》，《国外中国近代史研究》第2、4辑。

［美］韦慕廷著，杨慎之译：《孙中山——壮志未酬的爱国者》，中山大学出版社，1986年。

［美］周锡瑞著，杨慎之译：《改良与革命——辛亥革命在两湖》，中华书局，1982年。

五、 论文（凡第四类"论文集"所收论文均不另录）

蔡少卿：《论辛亥革命与会党的关系》，《群众论丛》1981年第5期。

陈福霖：《台湾学者研究孙中山及中国革命的趋向和成果》，《中山大学学报》1985年第1期。

陈建明：《孙中山早期的一篇佚文——〈教友少年会纪事〉》，《近代史研究》1987年第3期。

陈匡时：《〈猛回头〉和〈警世钟〉的写作年代》，《光明日报》1963年4月24日。

陈漱渝：《宋庆龄祖籍考察纪实》，《文史资料选辑》第21辑。

陈旭麓：《论宋教仁》，《历史研究》1961年第5期。

陈旭麓：《辛亥革命史的分期和研究中的若干问题》，《学术月刊》1961年第10期。

陈旭麓等：《清末的新军与辛亥革命》，《学术月刊》1961年第4期。

戴学稷等：《略论光复会与同盟会的分歧》，《浙江学刊》1985年第2期。

丁日初：《辛亥革命前上海资本家的政治活动》，《近代史研究》1982年第2期。

丁日初：《辛亥革命前夕的上海民族资本》，《学术月刊》1981年第8期。

段本洛：《辛亥革命与中国知识分子》，《江苏师院学报》1981年第3期。

段云章：《辛亥革命前资产阶级革命派与改良派在华侨中的斗争》，《中山大学学报》1961年第3期。

方式光：《论民初孙中山的实业建国思想》，《广东社会科学》1986年第4期。

冯契：《青年梁启超的自由学说》，《学术月刊》1987年第1期。

高平叔：《蔡元培与"苏报案"》，《南开学报》1985年第6期。

戈止曦（武曦）：《对〈一八九四年孙中山谒见李鸿章一事的新资料〉补正》，

《学术月刊》1982 年第 8 期。

耿云志：《1905 年反美爱国运动中的资产阶级》，《近代史研究》1985 年第 1 期。

龚书铎：《论孙中山的文化观》，《北京师范大学学报》1986 年第 6 期。

郭汉民：《同盟会"非团体联合"史实考》，《湖北社会科学》1987 年第 6 期。

郭骥：《上海孙中山故居藏书研究现状述评与展望》，上海市孙中山宋庆龄文物管理委员会编：《孙中山宋庆龄文献与研究》第 2 辑，上海书店出版社，2011 年。

郭豫明：《1905 年上海人民的抗美爱国运动》，《历史教学问题》1958 年第 11 期。

何泽福：《陶成章与同盟会》，《华东师大学报》1985 年第 1 期。

胡国枢：《论光复会》，《浙江学刊》1982 年第 1 期。

胡绳：《辛亥革命中的反帝、民主、工业化问题》，《历史研究》1981 年第 5 期。

胡绳武、金冲及：《辛亥革命准备时期革命与改良两条路线的斗争》，《学术月刊》1963 年第 1 期。

黄德发：《基督教对孙中山思想之影响透视》，《学术论坛》1989 年第 1 期。

黄福庆：《清末的留日政策》，《"中央研究院"近代史研究所集刊》1971 年第 2 期。

黄如桐：《关于官僚资产阶级问题的一些看法》，《近代史研究》1984 年第 2 期。

黄彦：《论孙中山开放思想》，《广东社会科学》1988 年第 4 期。

黄彦：《孙中山与檀香山兴中会的成立》，《广东社会科学》1984 年第 1 期。

姜义华：《孙中山的革命思想与同盟会——上海孙中山故居西文藏书的一项审视》，《史林》2006 年第 5 期。

金冲及、胡绳武：《论孙中山革命思想的形成和兴中会的成立》，《历史研究》1961 年第 5 期。

金冲及：《同盟会领导的武装起义二题》，《历史研究》1984 年第 1 期。

来新夏：《南昌教案》，《历史教学》第 3 卷第 1 期（1952 年）。

李恩星：《试论武昌首义中的黎元洪》，《山西大学学报》1986 年第 4 期。

李华兴、姜义华：《梁启超与清末民权运动》，《复旦学报》1979 年第 5 期。

李润苍：《章太炎是什么派？——与唐振常同志商榷》，《历史研究》1979 年第 1 期。

李时岳:《近代中国社会的演变和辛亥革命》,《吉林大学学报》1981 年第 5 期。

李时岳:《论光复会》,《史学月刊》1959 年第 8 期。

李时岳:《论民生主义——近代中国革命民主派对资本主义的批判及其预防资本主义的祸害的主观主义》,《史学集刊》1956 年第 1 期。

李文海:《论清末的"预备立宪"》,《历史档案》1982 年第 1 期。

李育民:《论孙中山的"权能区分"》,《学术月刊》1987 年第 11 期。

李泽厚:《二十世纪初年中国资产阶级革命派思想论纲》,《历史研究》1979 年第 6 期。

李泽厚:《论孙中山的民权主义思想》,《历史研究》1956 年第 1 期。

李泽厚:《章太炎剖析》,《历史研究》1978 年第 3 期。

林增平:《评辛亥革命时期的立宪派》,《湖南师院学报》1981 年第 4 期。

林增平:《辛亥革命时期天地会的性质问题》,《学术月刊》1962 年第 2 期。

林增平:《中国民族资产阶级形成于何时?——中国资产阶级刍论(三)》,《湖南师院学报》1980 年第 2 期。

刘大年:《辛亥革命与反满问题》,《历史研究》1961 年第 5 期。

陆天祥:《孙中山先生在翠亨》,《广东辛亥革命史料》,广东人民出版社,1991 年。

闾小波:《论二十世纪初资产阶级的"国民学说"》,《兰州学刊》1986 年第 5 期。

罗福惠:《光复会的特点及其悲剧》,《华中师院学报》1985 年第 1 期。

马自毅:《论孙中山的进化观》,《近代史研究》1987 年第 5 期。

毛注青:《黄兴与萱野长知》,《求索》1983 年第 5 期。

祁龙威:《论清末的铁路风潮》,《历史研究》1964 年第 2 期。

祁龙威等:《关于〈张謇日记〉》,《江海学刊》1962 年第 5 期。

饶怀民:《读〈石叟牌词〉评谭人凤事功》,《湖南师院学报》1982 年第 4 期。

荣孟源:《兴中会创立的时间和地址考》,《大公报》1951 年 3 月 16 日。

桑兵:《1905—1912 年的国内学生群体与中国近代化》,《近代史研究》1989 年第 5 期。

桑兵:《孙中山与留日学生及同盟会成立》,《中山大学学报》1982 年第 4 期。

尚明轩:《邹容和孙中山》,《天津社会科学》1986 年第 5 期。

沈寂:《孙中山与社会主义》,《安徽史学》1984 年第 3 期。

沈渭滨：《试论辛亥革命时期的社会主要矛盾——与夏东元先生商榷》，《学术月刊》1961 年第 4 期。

沈渭滨、杨立强：《上海商团与辛亥革命》，《历史研究》1980 年第 3 期。

沈渭滨：《"平均地权"本义的由来与演变——孙中山"民生主义"再研究之二》，《安徽史学》2007 年第 5 期。

沈渭滨：《会党与政党》，《革命史资料》第 10 期，上海人民出版社，1990 年。

沈渭滨：《论"三民主义"理论中国家与社会的关系》，《复旦学报》（社会科学版）2005 年第 5 期。

沈渭滨：《论同盟会中部总会的成立》，《江海学刊》1963 年第 8 期。

沈渭滨：《论辛亥革命时期的会党》，《复旦学报》1987 年第 5 期。

沈渭滨：《一八九四年孙中山谒见李鸿章一事的新资料》，刊于《辛亥革命史丛刊》第 1 辑，中华书局，1980 年。

孙健：《华侨与辛亥革命》，《历史研究》1978 年第 4 期。

汤志钧：《戊戌政变后的唐才常和自立军》，《近代史研究》1979 年第 1 期。

唐克敏：《辛亥云南"重九"起义的特点、意义及其历史地位》，《云南日报》1981 年 10 月 2 日。

唐文权：《陶成章论略》，《江汉论坛》1981 年第 2 期。

唐振常：《论章太炎》，《历史研究》1978 年第 1 期。

唐振常：《苏报案中一公案：吴稚晖献策辩》，《上海社会科学院学术季刊》1986 年第 3 期。

汪敬虞：《中国近代社会、近代资产阶级和资产阶级革命》，《历史研究》1986 年第 6 期。

王笛：《"清末新政"与挽回利权》，《四川大学学报》1984 年第 2 期。

王笛：《辛亥革命时期孙中山的对外态度》，《历史研究》1986 年第 2 期。

魏建猷：《共进会的成立及其特点》，《教学与研究》1962 年第 1 期。

魏建猷：《黄德美与闽南小刀会起义》，上海师院学报专辑《近代中国史论丛》。

魏建猷：《龙华会与龙华会章程——辛亥革命时期一个重要会党的考证》，《文汇报》1961 年 10 月 5 日。

吴承明：《中国资产阶级的产生问题》，《历史研究》1965 年第 9 期。

吴伦霓霞：《孙中山早期革命活动与香港》，中山大学学报论丛《孙中山研究论丛》第 3 集。

吴乾兑:《上海光复和沪军都督府》,《历史研究》1981 年第 5 期。

吴乾兑:《孙中山与宫崎滔天》,《江汉论坛》1981 年第 5 期。

吴雁南:《刘师培的无政府主义》,《贵州社会科学》1981 年第 5 期。

吴雁南:《试论清末社会思潮的特点》,《中州学刊》1985 年第 4 期。

夏良才:《国际银行团和辛亥革命》,《近代史研究》1982 年第 1 期。

夏良才:《论孙中山与亨利·乔治》,《近代史研究》1986 年第 6 期。

夏良才:《孙中山的民生主义与摩里斯·威廉的〈社会史观〉》,《历史研究》1988 年第 1 期。

萧致治:《孙中山与黄兴关系研究综述》,《武汉大学学报》1985 年第 3 期。

谢刚:《论孙中山的"平均地权"》,《历史研究》1980 年第 4 期。

熊月之:《论辛亥革命准备时期的资产阶级民主思想》,《近代史研究》1982 年第 1 期。

熊月之:《论上海租界与晚清革命》,《上海社会科学院学术季刊》1985 年第 3 期。

徐允明:《"新民"学说及其命运》,《北京社会科学》1987 年第 3 期。

杨立强、沈渭滨:《略论辛亥革命时期中国民族资产阶级的性格》,《复旦学报》1981 年第 5 期。

杨念群:《孙中山梁启超历史观比较论》,《近代史研究》1988 年第 1 期。

杨天石、王学庄:《同盟会的分裂与光复会的重建》,《近代史研究》1979 年第 1 期。

杨天石、王学庄:《章太炎与端方关系考》,《南开大学学报》1979 年第 6 期。

杨晓敏:《同盟会中部总会的成立》,《上海师大学报》1980 年第 1 期。

余绳武:《辛亥革命时期帝国主义列强的侵华政策》,《历史研究》1961 年第 5 期。

越之:《上海拒俄运动述论》,《档案与历史》1986 年第 1 期。

张国辉:《辛亥革命前中国资本主义的发展》,《近代史研究》1982 年第 2 期。

张海鹏:《湖北军政府"谋略处"考异》,《历史研究》1987 年第 4 期。

张继:《平均地权与土地改革》,刊《平均地权史话》,商务印书馆,1914 年。

张枬、王忍之:《辛亥革命前资产阶级革命派与改良派的斗争》,《历史研究》1962 年第 6 期。

张振鹍:《辛亥革命期间的孙中山与法国》,《近代史研究》1981 年第 3 期。

张振鹍:《辛亥革命期间的孙中山与法国》(续篇),《近代史研究》1983 年第

3 期。

张仲礼等:《国外有关资产阶级研究概述》,《历史研究》1983 年第 3 期。

章开沅:《"排满"与民族运动》,《近代史研究》1981 年第 3 期。

章开沅:《论孙中山与同盟会的建立》,《华中师院学报》1978 年第 1 期。

章开沅:《论辛亥国魂之陶铸》,《江汉评论》1983 年第 2 期。

章开沅:《民主"争都"浅释》,《北方论丛》1979 年第 1 期。

章开沅:《辛亥革命与江浙资产阶级》,《历史研究》1980 年第 5 期。

章开沅:《张謇的矛盾性格》,《历史研究》1963 年第 3 期。

章开沅等:《从辛亥革命看资产阶级的性格》,《江汉学报》1961 年第 2 期。

赵金钰:《论章炳麟的政治思想》,《历史研究》1964 年第 1 期。

赵金钰:《辛亥革命前后日本的大陆浪人》,《中国社会科学》1980 年第 2 期。

赵宗颇:《试论同盟会中部总会》,《江海学刊》1963 年第 2 期。

郑德华:《辛亥革命前革命派与保皇党在南洋的论战》,《学术研究》1984 年第 2 期。

郑螺生:《华侨革命之前因后果》,《南洋霹雳华侨革命史迹》卷首。

钟卓安:《随康有为后期策动武装勤王的再评价》,《学术研究》1987 年第 2 期。

周兴梁:《兴中会在同盟会成立过程中的作用》,《中山大学研究生学刊》1980 年第 1 期。

朱金元:《试论清末五大臣出洋》,《学术月刊》1987 年第 5 期。

朱维铮:《〈民报〉时期章太炎的政治思想》,《复旦学报》1979 年第 5 期。

朱英:《清末商会与抵制美货运动》,《华中师院〈研究生学报〉》1984 年第 1 期。

朱英:《清末商会研究述评》,《史学月刊》1984 年第 2 期。

朱英:《清末商会与辛亥革命》,《华中师大学报》1988 年第 5 期。

[美]金姆·曼荷兰德:《1900 至 1908 年的法国与孙中山》,《辛亥革命史丛刊》第 4 辑。

[日]吉野作造著,陈鹏仁译:《宫崎滔天著〈三十三年之梦〉解说》,刊[日]宫崎滔天著,林启彦改译并注释:《三十三年之梦》。

[法]M. C. 白吉尔:《中国近代资产阶级的社会结构》,《社会科学战线》1984 年第 4 期。

[日]石田米子:《近年来日本对辛亥革命研究的成果》,《国外社会科学动

态》1981 年第 3 期。

[日]小岛淑男:《中国国民会与辛亥革命》,《现代外国哲学社会科学文摘》1982 年第 8 期。

六、 工具书

复旦大学历史系资料室编:《中国近代史论著目录:1949—1979》,上海人民出版社,1980 年。

复旦大学历史系资料室编:《五十二种文史资料篇目分类索引(创刊号—1081 年)》,复旦大学出版社,1982 年。

复旦大学历史系资料室编:《辛亥以来人物传记资料索引》,上海辞书出版社,1990 年。

林增平、郭汉民、饶怀民主编:《辛亥革命史研究备要》,湖南出版社,1991 年。

刘望龄、严昌洪、罗福惠、朱英编著:《国内外辛亥革命研究史综览》,湖北教育出版社,1991 年。

钱实甫编:《清季重要职官年表》,中华书局,1959 年。

上海孙中山故居管理处、日本孙文研究会合编:《上海孙中山故居藏书目录》,日本汲古书院刊,1993 年。

王荣华主编:《上海大辞典》(上中下),上海辞书出版社,2007 年。

严昌洪主编:《中国内地及港台地区辛亥革命史论文目录汇编》,武汉出版社,2003 年。

张磊主编:《孙中山辞典》,广东人民出版社,1994 年。

张宪文、方庆秋、黄美真主编:《中华民国史大事典》,江苏古籍出版社,2001 年。

章伯锋编:《清代各地将军都统大臣等年表(1796—1911)》,中华书局,1965 年。

中国社会科学院历史研究所资料室编:《1900—1975 年七十六年史学书目》,中国社会科学出版社,1981 年。

初版后记

这部书稿,是我在复旦大学历史系为研究生和高年级学生开设辛亥革命史选修课所撰讲义基础上改写而成的。为了服从现在书题的需要,我把与此无直接关系的许多历史内容或全部省略,或只作背景泛泛介绍,以期集中论述与孙中山有关的史事。由于本书是介于孙中山传记与辛亥革命史专著的一种特殊体裁,而新中国成立以来对类似这种体裁从历史编纂学的角度很少作过理论性的探讨,甚至也很少总结过实践方面的经验。因之,我只能凭自己的理解与感受予以取舍。是否得宜,有待于专家和读者的批评。古人有云:"文章千古事,得失寸心知。"其实,除自己"知"外,最好也让读者"指"一下,这对繁荣历史研究方法,似乎更有意义。

我对孙中山与辛亥革命史的兴趣,发生很早。最初是业师魏建猷先生的导引,中经汤志钧先生的带教,但受益最多的,则是恩师陈旭麓先生对我的指导和教诲。自从 1961 年我首次聆听陈师关于辛亥革命史分期与研究方法的讲演后,我就一直把他视作终生追慕的导师。1963 年曾报考过陈师的研究生,惜乎未能录取。此后,又多次向陈师求教过学习与研究中的问题。1975 年我试写的辛亥革命史稿第一卷,就经陈师过目和评判。后来与陈师接触多了,更是经常得到指点与开导。回忆往事,恍若眼前。现在当此书付梓之日,陈师已离我等驾鹤仙去几近四年。兴思及此,能不流涕?

还有一件事也要提及,我早年在研习辛亥史事时,也曾向中山大学陈锡祺教授请教过。陈教授不仅修函详为答问,还把重印的大著《同盟会成立前的孙中山》应我之求,专邮寄来。老学者对后学的诚挚提携,真令我感奋不已。

本书写作过程中,力求吸取时贤的研究成果,凡有转引,多注明来源,以示不掠人之美。书中不少论点,在教学过程中都曾与教研室同仁陈绛、陈匡时、杨立强等先生有所切磋。王明根先生、沈丰苏女士、傅德华、后志刚等同志,在提供资料方面助力尤多。杨国强兄百忙中为本书作序,使之增色不少。出版社胡小静同志为本书付出了辛勤劳动。凡此,均表衷心感谢。

至于我的夫人汤先华给我的支持,是谁都不能替代的。

沈渭滨

1992 年 11 月 18 日记于蒲溪寓所冬凉夏炎楼

重印后记

　　本书自 1993 年初版后，上海、南京、广东、武汉等地学者曾分别撰文给予好评。一部著作能得到学界支持、社会关怀，这对作者是莫大安慰。书评中提到的若干不足，我正考虑有机会出增订本时予以充分修改。这次蒙出版社准予重印，只改正了原稿中几处错字，增加了几条注释，行文及论点均未改动。

　　这几年，孙中山与辛亥革命的研究取得了长足进步。许多研究有素的老专家和迅速成长的中青年学者，发表了一系列专著、论文和资料汇编，数量和质量都堪称一流，引起了海内外学人的注意。最近我接触了一些台湾方面的同行，他们对大陆学术界重视孙中山与辛亥革命史研究，而台湾方面颇多冷寂、寥落，深有感慨。谈次间双方共勉努力，情恳意挚，足见这项研究，确实是沟通海峡两岸学界的一个重要学术领域。但愿本书能对此有绵薄的贡献。

沈渭滨谨识

2001 年 2 月于蒲溪抱墨轩

增订后记

今年是辛亥革命一百周年，蒙上海人民出版社热诚邀约，要我为拙著《孙中山与辛亥革命》作一次增订，作为辛亥百年纪念的一个出书品种。从商签合同到交稿，前后只有四个月。时间紧迫，年老体衰。初颇犹豫，最后还是同意。

我从 20 世纪 50 年代末到 60 年代初，开始研究辛亥革命。断断续续，已经半个世纪。这本著作，是我研究和教学过程中的一个小结。初版面世后，承史学界几多好评，同时也指出若干不足。我在"重印后记"中表示："我正考虑有机会出增订本时予以充分修改。"现在，出版社主动给我机会，我理应乘目前还有些精力可用时予以接受，一则践诺；二则也可以给这项研究画上一个完满的句号。

在与出版社充分协商后，我对拙著的增订，采取了以下几点做法，向读者诸君报告：

1. 增加本书初版写作时被我删掉的部分内容，如"国内民主思潮勃兴"补为第六章，与本书第五章"东京掀起革命潮"相呼应，以说明 20 世纪初革命思潮在国内外知识界沤浪相逐、层层递进。

2. 增加了本书初版后，我历年来发表的相关成果，如将有关光复会研究的已刊论文移植增订本。从章太炎所撰《兴浙会序》说起，写到光复会成立的原因、经过，使初版中有关光复会一节的内容较为完整丰满。再如"中国同盟会"一章，新增了"'三民主义'与中华文化的近代转型"一节。把三民主义理论置于以儒学为核心的中华文化上下两千年大时段中考察，以说明中华文化应对近代社会变迁的发展趋向，论证了孙中山是中华文化近代转型的第一推手。诸如此类，成为增订的主要内容。

3. 适当吸取时贤的最新研究成果，或编入正文，或列为注释。凡有转引，一律注明出处。

4. 若干带有全局性的问题,限于本书体例结构,只能点到为止。为此,特设"导论",简抳说明我的看法和观点,向读者与专家求教。原想补写"辛亥革命是中国近代史的开端"作为"余论",由于交稿时间紧迫,只得放弃。好在我已有专论发表[1],读者如有兴趣,可以参看。

5. 本书是传记史与事件史相结合的一种体裁。我在写作初版与这次增订时,力图从两者的上下、左右、前后寻求互动与观照,既使孙中山的革命活动与清王朝"自改革"走向反面的历史有所映衬,又寻绎辛亥革命酝酿时期社会思潮变迁与孙中山思想取向的互动。通过写孙中山写出一个历史时代,写时代写出对历史人物产生影响与作用的给力点,达到传记史学与事件史研究有机结合的境界。叙事时,尽可能避免仅是过程始末式的平面铺叙,能粗则粗,该细则细,努力探求前后呼应,上下联通;分析、论证中,尽可能与相关的人事作横向的左右观照,呈现非线性的多元化的立体面相。我自知才疏学浅,虽执著追求,但是否能臻于这种境界,敬请读者与专家有以教我。

经过四个月的紧张笔耕,备尝只能自知的艰辛,终于如期完成交稿任务。我要感谢老伴对我生活起居的悉力照料,感谢崔美明编审在我与出版社之间的热心沟通,感谢张剑研究员协助我编制本书的主要参考文献,感谢龙成武硕士给我寻找相关图片,感谢画家冯念康先生应我之请为本书设计封面和版式,感谢出版社同志为本书顺利出版付出的辛勤劳动,没有他(她)们的全力支持,我真难以在短短几个月内完成紧迫的增订工作。

紧张之后带来的疲劳,至今仍困乏着老弱之躯。我是在疲惫中写这篇后记的。看来,今后像这类急迫的写作任务真的不能再干了。余生有限,还是悠着点好。

辛亥革命虽然已经百年,但仍有很多问题没有研究清楚。我期待学界才俊的努力和创新。

沈渭滨
2011 年 6 月 30 日于蒲溪抱墨轩

---

[1]《辛亥革命与中国近代史的开端》,《探索与争鸣》2001 年第 9 期;《论辛亥革命与东南地区社会结构的变迁——兼论中国近代史的开端》,《复旦学报》2002 年第 2 期。

图书在版编目(CIP)数据

孙中山与辛亥革命/沈渭滨著.—3版.—上海:
上海人民出版社,2016
ISBN 978-7-208-13867-4

Ⅰ.①孙… Ⅱ.①沈… Ⅲ.①孙中山(1866—1925)
-人物研究 ②辛亥革命-研究 Ⅳ.①K827＝6 ②K257.07

中国版本图书馆 CIP 数据核字(2016)第 133666 号

责任编辑 马瑞瑞 王继峰
装帧设计 范昊如

孙中山与辛亥革命

沈渭滨 著

出 版 上海人民出版社
　　　　(200001 上海福建中路 193 号)
发 行 上海人民出版社发行中心
印 刷 常熟市新骅印刷有限公司
开 本 720×1000 1/16
印 张 31.75
插 页 5
字 数 528,000
版 次 2016 年 7 月第 3 版
印 次 2019 年 6 月第 3 次印刷
ISBN 978-7-208-13867-4/K·2518
定 价 108.00 元